JN023683

SHOW-HEY

シネマルーム

坂和的中国電影大観

弁護士 坂和章平

はじめに

1）1974年4月に大阪弁護士会に弁護士登録をした私は、2024年3月末で弁護士50周年を迎えることになります。他方、2002年に出版した『シネマ1』の出版から、2023年12月に出版する『シネマ53』まで、『SHOW-HEYシネマルーム』は計53冊になります。そのうち、中国映画特集は『シネマ5』、『シネマ17』、『シネマ34』、『シネマ44』の4冊で、そこに収録した中国映画は計297本に上ります。

そして、2019年10月30日の『シネマ44』の出版から丸4年が経過した今、その間に観た中国映画は73本に上りました。そこで、今回はそれをまとめて『坂和的中国電影大観5』（シネマルーム54）として出版することにしました。なお、公益社団法人日本中国友好協会が毎月1回発行している機関紙『日本と中国』への「熱血弁護士・坂和章平　中国映画を語る」の連載は、2023年11月1日号で80作目に達しています。そこで、本書に収録した各中国映画で同新聞に掲載されたものについては、それをすべて添付しました。

2）本書は、＜巻頭特集　アカデミー賞2作＞＜第1編　監督別＞＜第2編　ジャンル別＞＜第3編　地域別＞＜第4編　名作をデジタル・リマスター版で！＞に分け、それぞれ目次の通り構成しました。

まず、＜巻頭特集＞では、アカデミー賞について「アジアの風が吹いた」と言わしめ、全世界の注目を集めた2人の中国人女性に注目！趙婷（クロエ・ジャオ）監督の『ノマドランド』って一体何？また、『エブエブ』と略称された『エブリシング・エブリウェア・オール・アット・ワンス』という、バカ長いタイトルのハチャメチャな映画に見る、60歳を迎えた女優ミシェル・ヨーの大活躍とは一体ナニ？政治的、軍事的には“米中対立”が色濃くなっていますが、映画の世界における“米中融合”の姿をしかと“目撃”して下さい。

3）＜第1編　監督別＞は、「第1章　第5世代監督」（5本）、「第2章　第6世代監督」（4本）、「第3章　第8世代監督」（6本）、「第4章　女性監督」（6本）に分類して各監督の最新作を収録しました。

日本では、戦前派VS戦後派、昭和生まれVS平成生まれ等々の世代の違いが明白ですが、中国では、一方では“八〇后”“九〇后”という言い方が、他方では“第〇世代監督”という言い方が一般的です。本書には、たまたま第7世代監督作品はありませんが、第8世代監督作品はてんこ盛り。中国では近時、20代～30代の感性豊かな第8世代監督の躍進が相次いでいますので、本書でそれを確認してください。

他方で目立つのは、第5世代監督を代表する張芸謀（チャン・イーモウ）監督の活躍です。北京オリンピックの総合プロデューサーの重責をこなしながら、一方で、いかにも張芸謀らしい『ワン・セカンド　永遠の24フレーム』（20年）のような心温まる感動作を撮り続け、他方で、『崖上のスパイ』（21年）や『狙撃手』（22年）のような国策映画（？）も撮る、変幻自在ぶりと疲れを知らない創作意欲には脱帽です。

日本は先進国の中で、政治への女性参加が乏しい国のトップである上、映画界でも女性監督の活躍は極めて不十分です。その点、中国は政治参加の面でも映画界の面でも女性の活躍ぶりは日本より数段マシ・・・？その現状を第4章に掲げた6本の女性監督作品から感じ取ってください。

世代交代は世の常ですが、中国の映画界で現在展開されているダイナミックな“新旧のぶつかり合い”を実感しながら、各世代別監督の“作風”を確認したいものです。

4）＜第2編　ジャンル別＞は、「第1章　これぞ中国！戦争映画大作、国威発揚映画大作」（3本）、「第2章　これぞ中国！心温まる感動作」（2本）、「第3章　これぞ中国！中国流娯楽大作」（7本）、「第4章　これぞ中国！中国流問題提起作」（2本）、「第5章　これぞ中国！中国流アニメ」（3本）に分類しました。

かつての“東西冷戦”に変わる新たな“米中対立＝新冷戦構造”が顕著になっている昨今、中国映画で目立つのは、第1章の＜戦争映画大作＞＜国威発揚映画大作＞の人気です。『シネマ44』の第1編第1章「中国直近の話題作5作」のトップを飾った作品は、興行収入1000億円、中国歴代トップの大ヒットを記録した、呉京（ウー・ジン）監督の『戦狼2 ウルフ・オブ・ウォー2』（17年）でしたが、『シネマ51』にも掲載した『1950　鋼の第7中隊』（21年）がその興行収入を更新する大ヒット作品になりました。その原題である『長津湖』を知っている日本人はほとんどいませんが、「朝鮮戦争」が今なお、遠くて近い記憶である中国人と中国人民解放軍にとって、朝鮮半島の「長津湖」は激戦地として長く記憶に残るもののようです。2023年7月27日には“朝鮮戦争休戦70周年”を迎えましたが、北朝鮮では毎年のように、その日を“戦勝記念日”と位置付け、軍事パレードを実施しています。そして、中国でもこんな大規模な“国威発揚映画”が作られ、大ヒットしている昨今、日本人である私たちも、太平洋戦争（大東亜戦争）とともに朝鮮戦争についても、こんな映画を“反面教師”としてしっかり勉強したいものです。

第2章では、私が中華人民共和国駐大阪総領事館主催の中日国交正常化50周年記念「わたしの好きな中国映画」作文コンクールで三等賞に入賞した『こんにちは、私のお母さん』（21年）に注目！日本では、2023年9月に山田洋次監督90作目、吉永小百合主演123作目の『こんにちは、母さん』（23年）が公開されて、大ヒットしていますが、両者を比較対照してみるのも一興です。

第3章に収録した作品は、日本人には馴染みの薄いものですが、鑑賞すれば「これぞ中国！」ということがよくわかる名作ばかりです。ちなみに『トゥ・クール・トゥ・キル』（22年）は2023年7月から日本でも公開されました。同作は三谷幸喜が監督、脚本した『ザ・マジックアワー』（08年）（『シネマ20』342頁）の中国版リメイクですから、その公開に彼も大喜び。三谷版もメチャ面白いものでしたが、中国版はそれ以上に腹を抱えて大笑いできること確実です。

第4章では、原題の『误杀』が物騒なら、邦題もかなり物騒な『共謀家族』（19年）の面白さに注目！ここまでトコトン面白さを追求できるのは、「さすが中国映画！」と感服するはずです。最後に、日本アニメは世界的に有名ですが、ひょっとして中国流の3DCGアニメは“その先”を行っているのでは？第5章に収録した作品を見れば、どれだけのカネをかけているのか想像もできない、その見事さに見惚れてしまうこと確実です。

5）<第３編　地域別>は、「第１章　内モンゴル、チベット」（４本）、「第２章　香港」（９本）、「第３章　台湾」（５本）、「第４章　日本が舞台、日本人が主役、日中友好」（７本）に分類しました。

中国は広い。とにかく広い。“一国二制度”という、いかにもわかったような、わからないような制度（？）は、1949年10月１日に成立した新中国が急成長を遂げる中で生み出された“苦肉の策”ですが、台湾や香港にみるその実態は？政治の世界では、それは極めて難しい問題ですが、さて映画の世界では・・・？ちなみに『カンフースタントマン　龍虎武師』（21年）は70年代以降のブルース・リーを含むカンフー映画、香港アクションを集大成したドキュメンタリーですが、その評論を書いた私のWeiboの閲覧数は5000名を超える人気になりました。また、朝青龍や白鵬等を日本の大相撲界に輩出した“モンゴル国”だけでなく、“内モンゴル自治区”もあることを『大地と白い雲』（19年）や『草原に抱かれて』（22年）でしっかりと。

なお、田中角栄と周恩来の握手に象徴される日中国交正常化から50周年を迎えた2022年は、日中両国でそれを記念した企画が次々と生まれました。その成果を「第４章　日本が舞台、日本人が主役、日中友好」に収録した作品でしっかりと。

6）<第４編　名作をデジタル・リマスター版で！>は、「中国・香港」（２本）、「香港」（２本）、「台湾」（４本）に分類し、計８本を収録しました。

張芸謀と共に中国第５世代監督を代表する陳凱歌（チェン・カイコー）監督の『さらば、わが愛　覇王別姫』（93年）は2023年８月にも上映されていますが、名作は何度観ても感動的なもの。日中戦争を絡めた中国現代史の中で展開していく、２人の京劇の舞台俳優と１人の女性の生きザマは、壮絶かつ見事なものです。また、『悲情城市』（89年）の侯孝賢（ホウ・シャオシェン）監督と並ぶ台湾の巨匠が、『牯嶺街（クーリンチェ）少年殺人事件』（91年）の楊徳昌（エドワード・ヤン）監督ですが、第４編の「台湾」には、侯孝賢（ホウ・シャオシェン）監督の『フラワーズ・オブ・シャンハイ』（98年）と楊徳昌（エドワード・ヤン）監督の『エドワード・ヤンの恋愛時代』（94年）を収録しています。映画ってホントにいいものだナァ！そんな実感をデジタル・リマスター版であらためて体験して下さい。

7）さあ、『中国電影大観』1、2、3、4に続いて、本書に収録した中国映画73本の評論をたっぷりとお楽しみ下さい。

2023（令和５）年10月30日

弁護士・映画評論家　坂　和　章　平

『坂和的中国電影大観５』(シネマルーム54)

目　次

巻頭特集
アカデミー賞2作

≪第93回、95回のアカデミー賞で2人の中国人女性が大活躍！≫

1）"自由の国" 米国では、1863年のリンカーン大統領による "奴隷解放宣言" にもかかわらず、黒人差別が米国最大の社会問題、政治問題として存在し続けてきた。しかし、"南北分断" 後の韓国で南北分断や（二重）スパイをテーマにした名作が数多く誕生したように、米国ではグレゴリー・ペック主演の『アラバマ物語』（62年）やシドニー・ポワチエ主演『野のユリ』（63年）、『いつも心に太陽を』（67年）等、黒人差別をテーマにした名作が数多く誕生している。
2）1960年代後半の "公民権運動" の中、黒人差別は少しずつ是正されてきたが、100年近い歴史を誇るアメリカのアカデミー賞では、近時、"白いオスカー" VS "黒いオスカー" 論争が盛り上がっていた。ところが、第93回アカデミー賞では、『ノマドランド』の登場によって、突然 "アジアの風" が注目を集めた。
3）しかして、第95回アカデミー賞では、10部門11候補にして7部門を受賞した "エブエブ" こと『エブリシング・エブリウェア・オール・アット・ワンス』（EEAAO）の話題で持ち切りに。第94回は、授賞式でのウィル・スミスの平手打ち事件が衝撃を呼んだが、第95回はウクライナのゼレンスキー大統領のスピーチ要請を断るなど、政治色を最小限に抑えた演出になった。その中で、『EEAAO』の作品賞、監督賞、脚本賞に会場は大盛り上がりになった上、主演女優賞も『TAR ター』（22年）のケイト・ブランシェットを尻目に、ミシェル・ヨーが受賞した他、助演女優賞、助演男優賞まで独占したからすごい。
4）もっとも、キネマ旬報4月下旬特別号の「第95回アカデミー賞　現地リポート」は "アジアの風" が吹いたと言われる中、「『EEAAO』はアカデミー一賞の受賞作にはふさわしくない」と説いた、筆頭映画評論家で中国系米国人のジャスティン・チャンの記事が "群を抜いていた" ことを伝えている（81頁）。このように、『EEAAO』の評価は難しいから、同作については、あなた自身の目で確認した上で、しっかり評価してもらいたい。

Data

監督・製作・脚色・編集：クロエ・ジャオ
原作：ジェシカ・ブルーダー『ノマド：漂流する高齢労働者たち』（春秋社）
出演：フランシス・マクドーマンド／デヴィッド・ストラザーン／リンダ・メイ／シャーリーン・スワンキー／ボブ・ウェルズ

みどころ

“ノマド”って一体ナニ？また、テレワークは知っているが、ノマドワークとは？ノマドランドとは？

女優、フランシス・マクドーマンド×ノンフィクション女性作家、ジェシカ・ブルーダー×北京生まれの女性監督、クロエ・ジャオ。この３人の女性の息がピッタリ！彼女たちは、広大なアメリカ大陸を旅する本物のノマドたちの生き方を如何にスクリーン上に描き出すの？

ベネチア国際映画祭で絶賛！ゴールデングローブ賞で絶賛！アカデミー賞でも６部門にノミネート！こりゃ必見！対抗馬は米国に移住した韓国人監督、リー・アイザック・チョンの『ミナリ』だが、その“頂上決戦”は如何に！？

――＊――＊――＊――＊――＊――＊――＊――＊――＊――＊――

■□■ノマドとは？ノマドワークとは？原作は？■□■

辞書を調べると、「ノマド」（Nomad）とは、英語で「遊牧民」や「放浪者」の意味。遊牧民や放浪者のことを「ノマドロジー」とも言うそうだ。なお、ノマドの語源は、フランス語の「遊牧民」だ。また、「知恵蔵」の解説を読むと、近年、IT 機器を駆使し、オフィスだけでなく様々な場所で仕事をする新しいワークスタイルを指す言葉としてノマドが定着したため、このような働き方をノマドワーキング、こうした働き方をする人をノマドワーカーと呼ぶそうだ。２０２０年1月以降、新型コロナウイルスがパンデミック化する中、「テレワーク」という言葉が普及し、定着したが、それより以前の２０１０年頃からは、情報化社会の広がりの中でノマドワーキング、ノマドワーカーという言葉も生まれていたわけだ。なるほど、なるほど・・・。

もっとも、『ノマドランド』と題された本作のノマドは、IT 機器を駆使してノマドワークをしている人が主人公ではなく、「現代のノマド（遊牧民）」と呼ばれている女性、ファーン（フランシス・マクドーマンド）が主人公。「現代のノマド」とは、家を持たずにキャンピングカーで暮らしている人々のこと。彼らは旅の先々で仕事を見つけながら、各地を転々としているそうだ。日本でも、レジャーの１つとしてキャンピングカーでの気ままな長期の旅が人気になっているが、米国で近時大量のノマドが発生したのはそうではなく、２００８年に世界を襲った金融危機によって経済的豊かさを失い、それまでの日常世界からはじき出された人たちが、止むを得ず始めた生き方だ。キャンピングカー１台さえあれば、広いアメリカなら何とか生活できるから、それもいいのでは？そんな風に気楽に考えることができればそれでいいのだが、何の何の！！その実態は？

本作の原作は、女性作家、ジェシカ・ブルーダーの『ノマド　漂流する高齢労働者たち』。これは、彼女が３年間にわたって、何百件ものインタビューをこなしながらノマドたちをレポートしたノンフィクションで、キャンピングカーに乗った彼女は、時には高齢者たちに交じり、低賃金労働の現場に潜入したこともあるそうだ。

■□■主演女優は？女性監督は？女性３人のタッグに注目！■□■

２０１７年にそのノンフィクションを読んで衝撃を受けたのが、『スリー・ビルボード』（17 年）（『シネマ 41』18 頁）で第９０回アカデミー賞主演女優賞、第７５回ゴールデングローブ賞最優秀主演女優賞を受賞したハリウッドのベテラン女優フランシス・マクドーマンド。マクドーマンドは直ちに本作の映画化権を購入したうえで、本作の監督には長編第2作たる『ザ・ライダー』（17 年）の出来栄えに感動したクロエ・ジャオを起用すると決めたそうだ。

１９８２年に北京で生まれた女性クロエ・ジャオは、子供時代にはモンゴル草原に憧れたそうだが、その後米国で生活し、成長していく中で、西部開拓の米国の歴史を知り、西へ西へと広大な大地を移動する姿に憧れを持ったらしい。そんな北京生まれ米国育ちのクロエ・ジャオ監督にとっては、マクドーマンドが持ち込んできたブルーダーの原作は、絶好の素材だったはずだ。ある新聞紙評で、彼女は「私は北京生まれで、モンゴルの大平原に憧れていました。米国に移り住み、それが中西部の風景への憧れになった。自分を見失った時、私は西に向かいたくなるんです」と語っているが、これは、目下鋭く対立しているとはいえ、大陸国の中国と、大陸国のアメリカで生まれ育ったからこそ言えること。如何に四季豊かな美しい日本国であっても、ちっぽけな島国にすぎない日本に生まれ育ったのでは、到底理解することのできない感覚だろう。

ドキュメンタリー映画のような本作を撮影するため、クロエ・ジャオ監督率いる撮影隊は、５カ月間、７つの州を旅しながらノマドのコミュニティーと共に暮らしたそうだ。また、マクドーマンドは実際にアマゾンの配送センターや赤カブの収穫工場などで働き、彼女自身の生き方、考え方を投影しながらファーンの人物像を作り上げたそうだ。まさに女優マクドーマンドは、ホンモノのノマドになりきるべく懸命な努力をしたわけだ。本作に登場する本職の俳優はこのフランシス・マクドーマンドとデヴィッド・ストラザーンの２

人だけで、他の出演者は実際に車上生活を送っている人々ばかりだから、『ノマドランド』と題されたドキュメンタリータッチの本作での存在感はホンモノだ。なるほど、なるほど・・・。

日本では、森喜朗元東京五輪・パラリンピック実行委員会会長の「女性蔑視発言」後、東京オリンピック・パラリンピック大会組織委員会は女性理事の数を１２人に増やし、割合を４２%に引き上げる等の改善がなされた。そんな、ジェンダー・ギャップ指数が先進国で第１２１位の日本に比べれば、本作は原作、主演、監督のすべてが女性だから、本作を鑑賞するについては、そんな点にも注目！

■□■主人公はなぜ"現代のノマド"に？彼らの必需品は？■□■

本作の主人公は、"現代のノマド"の１人であるファーン。したがって、別の言い方をすれば、本作は夫を亡くした６０歳過ぎの女性・ファーンを主人公にしたロードムービーだ。日本でもロードムービーの名作は多いが、やはりロードムービーは広い大地のアメリカが最もよく似合う。西部劇で見た、馬によるロードムービーもそれなりの味があるが、"現代のノマド"たちの移動手段はもっぱらキャンピングカーだ。日本でも軽自動車を改装したものから大型バスを改装したものまで、大小も金額もさまざまなキャンピングカーがあるが、さて、ファーンが乗るキャンピングカーは？私が老後の時間を暇とカネに任せて"現代のノマド"になるのなら、改装した大きなバスを選択するはずだが、ファーンが乗るのは小さな自家用車を改装したもので、その中に最低限の家財道具を積み込み、日雇いの仕事を求めつつ全米を移動する旅に出ることになったが、それは一体なぜ？

『ミナリ』の舞台は、２０１６年１１月８日に投開票された米国大統領選挙で有名になった８つの激戦州ではなく、アメリカ南部のアーカンソー州だった。しかし、ファーンが住んでいたのは、アメリカ西部のネバダ州のエンパイア。２００８年に世界を襲った“金融危機”は多くの人々の境遇を変えたが、ネバダ州でも炭鉱閉鎖で町が寂れてしまったため、ファーンはやむなく住居を処分し、キャンピングカーで暮らす道を選んだらしい。なるほど、なるほど・・・。

■□■ホームレス？いやいや、私はハウスレス！■□■

本作では、かつて代用教員をしていたファーンに対して、教え子の１人から「先生はホームレスなの？」と聞かれた時、ファーンが「私はホームレスではない。ハウスレスよ」と反論するシークエンスが大きなポイントになる。しかし、ホームレスとハウスレスは、何がどう違うの？本作を鑑賞するについては、その点をしっかり突き詰めて考える必要がある。

本作後半、故障したキャンピングカーの修理代を借りるため、久しぶりに訪れた姉の家で、結婚して幸せに暮らしている姉から、ファーンが「なぜ早くから家を離れたの？」、「なぜ夫を亡くした後、家に戻ってこなかったの？」と質問されるシーンが登場する。この姉に限らず、誰でもそう考えるのが普通だが、ファーンの「ホームレスではなく、私はハウスレスよ」という言葉を聞けば、ファーンの心の中には、“ハウス”はなくとも、ホーム、つまり、先に旅立った夫をはじめ、多くの家族の思い出が詰まっていることがよくわかる。『パラサイト　半地下の家族』(19年)(『シネマ46』14頁)では、主人公たち貧乏家族は、より立派な“ハウス”を求めて悪戦苦闘していたが、ファーンにとって、ハウスはキャンピングカーで十分、家族の思い出と共に生きるほうが大切だ、そう考えていたことが明らかだ。日本人も、１９６０年代の高度経済成長の中でマイホームを求めてあくせく働いてきたが、２０２１年の今、大切にすべきはホーム？それともハウス？

■□■この老齢女性ノマドに注目！彼女のライフスタイルは？■□■

ロードムービーたる本作のストーリー形成に大きく貢献するノマドは２人。その１人は、まず７０代の女性ノマド、スワンキー（シャーリーン・スワンキー）だ。キャンピングカーで町から町へ移動するだけでなく、キャンピングカーを長期間駐車させたまま、ハウス代わりにして毎日働きに出るノマドにとって、車の維持は命の維持と同じ。したがって、タイヤがパンクした場合に備えてスペアタイヤを備えておくべきことはノマドのイロハのイだが、突然ノマドになったファーンはそんなことも知らなかったらしい。そんなファーンに対してスペアタイヤの不可欠さを説き、ファーンより１０歳以上年長であるにもかかわらずパンクの修理をしてくれたばかりか、あれこれとサポートしてくれたのが彼女だ。

ノマドはある意味気楽だが、体の具合が悪いときは大変。末期がんを抱えたままノマド生活を続けているスワンキーに、そんな不安はないの？彼女はどんな人生観の中でノマド生活を楽しんでいるの？女優ではない本物の老齢ノマド、スワンキーは「病室で残された人生を過ごすより、ノマドとして旅して再びカヌーの旅をしたい」と語っていたが、さて、そのココロは？そして、彼女の最期の日はいつ、どこで？

■□■この男性ノマドにも注目！■□■

ノマドになったファーンが本作の旅の中で出会う多くの本物のノマドたちは、乗っているキャンピングカーと同じように本当に多種多様。移動先もそれぞれの好みに任されているから、日本列島の感覚なら、普通は寒い時は南へ、暑い　時は北へ、というパターンだが、広いアメリカではそうでもないらしい。スクリーン上では当初、アマゾンの倉庫で働きながらノマド生活をするファーンの姿が映されるが、ノマド仲間から情報を集めるうちに、アリゾナ州で「砂漠の集い」というノマドのイベントがあることを知ったファーンはそれに参加することに。このイベントは著名なノマド生活者の作家や活躍中のユーチューバーがノマド生活者を支援するために開催しているものだが、ファーンはそこに参加する中でさらにノマド仲間が広がり、ノマドの生き方を学ぶ良い機会になったらしい。

そんな中で知り合った老ノマドが前述のスワンキーだが、新たに移動したサウスダコタ州のキャンプ場で新たな仕事を見つけ新たなノマド生活に入ったファーンは、そこでは「砂漠の集い」で知り合ったデヴィッド（デヴィッド・ストラザーン）と再会することに。ちなみに、別れの挨拶は、日本語では「さようなら」、英語では「Good bye」だが、中国語では「再見」。それと同じように（？）、ノマド語（？）では、別れの時に「さようなら」とは言わず、「またどこかの旅先で（See you down in the road）」というそうだ。したがって、一度はこの言葉を交わして別れたデヴィッドと再会できたファーンは大喜びだが、デヴィッドはそれ以上に喜んだばかりでなく、どうもファーンに対して“ある種の感情”を持ち始めたらしい。そんなデヴィッドは息子に孫が生まれたことを契機にノマド生活に別れを告げたが、そこでデヴィッドがファーンにかける言葉に注目！

本作に登場する本物の俳優はファーンを演じるマクドーマンド以外はデヴィッドを演じるデヴィッド・ストラザーンだけだが、ノマドだって当然男と女。そこでは互いにどんな感情が？２人のプロの俳優はそれをさすがの演技で見せてくれるので、この男性ノマド、デヴィッドにも注目！

■□■ベネチア・GG賞で快挙！アカデミー賞の頂上決戦は？■□■

本作は①第７７回ベネチア国際映画祭で金獅子賞、②第４５回トロント国際映画祭で観客賞（最高賞）等を受賞したほか、③第７８回ゴールデングローブ賞で最優秀作品賞と最優秀監督賞を受賞し、④第９３回アカデミー賞では作品賞、監督賞、主演女優賞、脚色賞、撮影賞、編集賞の６部門にノミネートされている。

日本で３月２６日に公開された本作の“対抗馬”は、同じようにアカデミー賞の作品賞、監督賞、主演男優賞、助演女優賞、脚本賞、作曲賞の６部門にノミネートされた米国育ちの韓国人監督リー・アイザック・チョンによる『ミナリ』（20 年）だ。同じ日にこの両作を鑑賞した私は、両作の“頂上決戦”に注目！　　　　２０２１（令和3）年4月7日記

『日本と中国』２２５３号（２０２１年６月１日）

（さかわ・しょうへい）
１９４９年愛媛県松山市生まれ、大阪大学法学部卒。都市開発に関わる訴訟を数多く手がけ、日本都市計画学会「石川賞」、同年に日本不動産学会「実務著作賞」を受賞。『坂和的中国電影大観』（２００４年）、『ナニワのオッチャン弁護士、映画を斬る！』シリーズをはじめ映画に関する著書多数。（公社）日中友好協会参与、NPO法人大阪府日中友好協会理事。

作品賞・監督賞・主演女優賞をゲット！―女性パワーの結集に注目―

就任１００日、初の議会演説を行ったバイデン大統領の背後には2人の女性が立っていたが、第93回アカデミー賞で作品・監督・主演女優の3冠をゲットした『ノマドランド』は3人の女性が結集！

ジェシカ・ブルーダーの原作は、かつて西部劇で描かれた広大な米大陸を自らキャンパー・ヴァンで横断しながら「ノマド：漂流する高齢労働者たち」を描いたもの。主演のフランシス・マクドーマンドは本物のノマド（放浪者）と3年間生活を共にし、演技ではない〝生の女〟を出ずっぱりで熱演！

トランプ元大統領は米国中西部〝ラストベルト〟の危機を訴えたが、今なお息づく西部開拓の精神を感じ取った中国人監督クロエ・ジャオは米大陸の自然と共に生きる現代のノマドに共感！　ヒロイン（老女？）はなぜノマドに？　彼らの仕事は？　収入は？　もし病気になったら？　〝砂漠の集い〟にみる仲間同士の絆は？　恋模様の展開は？　島国ニッポンのキャンプ場巡りとはスケールも意味合いも全く異質なノマドとノマドランドの実態をしっかり学びたい。

現代のノマドの必需品は、日本でも人気のキャンピングカー。最低限の家財を積んだ車での大移動はホームレスの悲哀にあふれているが、「いや私はハウスレス！」との反論は力強い。別れの挨拶は、日本語は「さようなら」、英語は「Good bye」だが、中国語は「再見」、ノマド語（?）は「またどこかの旅先で（See you down the road）」。そのココロは？

子ども時代にモンゴル草原に憧れたというクロエ監督。２０１７年某映画祭での自己紹介「私は西部劇を撮っている北京人」がユニークなら、本授賞式で『三字経』から引用した挨拶「人之初　性本善」（人は生まれながらに善良。正反対のことが起きようとなお善良）も超異色！『無依之地』と彼女の快挙は中国国営テレビ（CCTV）等で報道されず、微博（ウェイボー）でも検索不能になっているのは残念だ。私はこの名作が中国を含む全世界で大ヒットすることを願いたい！

ノマドランド

TOHOシネマズ日比谷ほか全国公開中

監督・製作・脚色・編集：クロエ・ジャオ
出演：フランシス・マクドーマンド、デヴィッド・ストラザーン
製作年：2020年、アメリカ、108分
配給：ウォルト・ディズニー・ジャパン

2023－33

監督・脚本：ダニエル・クワン／ダニエル・シャイナート
製作：ジョー・ルッソ／アンソニー・ルッソ
出演：ミシェル・ヨー／ステファニー・スー／キー・ホイ・クァン／ジェームズ・ホン／ジェイミー・リー・カーティス／タリー・メデル／ジェニー・スレイド／ハリー・シャム・Ｊｒ

みどころ

この長ったらしいタイトルは一体ナニ？略して『エブエブ』の意味は、「あらゆることが、あらゆる場所で、いっぺんに」。そして、そのキーワードはマルチバース（多元宇宙）。そう言われても、"メタバース"をやっと理解した７０代のじいさんには、そんな"奇想天外""ぶっ飛んだ内容"の理解はムリ。"トンデモ脚本"も"〇〇宇宙"も"△△世界"も理解不能！そう思いつつ鑑賞してみると・・・。

アカデミー賞最多１０部門１１ノミネートの本作は、作品、監督、脚本の他、主演女優、助演男優、助演女優等７部門をゲットしたからすごい。もっとも、アジサイの七変化、大和撫子七変化ならぬ、ミシェル・ヨー扮するヒロインの"８４変化"を観て、楽しさワクワク？それともバカバカしさにうんざり？

―＊―＊―＊―＊―＊―＊―＊―＊―＊―＊―

■□■略して"エブエブ"が大ヒット！このタイトルはナニ？■□■

私が高校３年生の時にハマった映画が、『ドレミの歌』や『エーデルワイス』等で有名な『サウンド・オブ・ミュージック』（６５年）。同作に主演したジュリー・アンドリュースの次回作として、私が続いて観たのが『メリー・ポピンズ』（６４年）だが、そこでは"supercalifragilisticexpialidocious"（スーパーカリフラジリスティックエクスピアリドーシャス）という、"世界一長い言葉"をテーマにした曲があった。

それと同じように、本作の邦題『エブリシング・エブリウェア・オール・アット・ワンス』は、原題英語の「Everything Everywhere All at Once」をそのままカタカナにしたものだが、ひょっとしてこれは世界中で１番長いタイトル・・・？ではないだろうが、こんな長ったらしい英題をそのままカタカナで邦題にしてしまうのは、あまりに横着すぎるのでは？そう思われるが、英題の『Everything Everywhere All at Once』とは一体ナニ？それは、直訳すれば「あらゆることが、あらゆる場所で、いっぺんに」だが、その意味は一体ナニ？

■□■マルチバース（多元宇宙）がキーワード！その意味は？■□■

本作のパンフレットには、次の４本のレビューがある。すなわち、

①町山智浩氏（映画評論家）の「マルチバースとニヒリズム、そして親切」

②大森望氏（書評家、翻訳家）の「SFの世界で昔から描かれてきた並行宇宙に独特のアイデアを加えたアクションコメディ」

③稲垣貴俊氏（ライター／編集者）の「『エブエブ』元ネタの宇宙を旅する」

④傭兵ペンギン氏（ライター／翻訳者）の「多元宇宙の可能性を広げてみせた傑作」

このように、上記４本のレビューは、タイトルだけでも、「マルチバース」「並行宇宙」「多元宇宙」の文字が躍っているし、本文中ではさらに、「マルチバース（多元宇宙、平行宇宙）」「量子力学の多世界解釈」「パラレルワールド（並行世界）」「アルファバース」「バース・ジャンプのジャンプ台」「マルチバース大戦」等の文字が躍っている。しかして、本作はなぜこんなテーマで４本のレビューが収録されているの？

■□■監督は？脚本は？プロデューサーは？■□■

本作の脚本を書き監督したのは、１９８８年生まれのダニエル・クワンと１９８７年生まれのダニエル・シャイナート。この２人はダニエルズというニックネームで呼ばれている映画監督コンビだが、私は全く知らなかった。それはきっと、「多数のミュージックビデオ、CM、短編映画に始まり、１８年以上もの間、映画やTV番組の脚本・監督を手がけてきた。一見ばかげた話に、心温まるパーソナルなストーリーを取り入れたスタイルで評価を高め、ユニークな視覚効果や特殊技術を用いることで、ジャンルにとらわれない作品を制作している」とパンフレットで紹介されているが、その方面に私が疎いためだろう。他方、パンフレットにあるプロダクション・ノートには、「どんな映画なのか説明を求められると、今でもうまく答えられません（笑）」の見出しで、本作誕生のすべてが語られているので、これは必読！

このような本作の奇想天外MAXのトンデモ脚本に惚れ込み、プロデューサーに名乗り出たのが、１９７０年生まれのアンソノー・ルッソと１９７１年生まれのジョー・ルッソのルッソ兄弟。私はアメコミが嫌いなので『アベンジャーズ』シリーズは敬遠しているが、その完結編『アベンジャーズ／インフィニティ・ウォー』（１８年）、『アベンジャーズ／エンドゲーム』（１９年）を監督したのが、ルッソ兄弟だが、この兄弟も私は全く知らなかった。

■□■主演女優は？助演男優は？２人の助演女優は？■□■

本作は前述したとおりのマルチバース、多元宇宙モノであると同時に、ブルース・リーやジャッキー・チェンの系譜に通じるカンフー映画。すると、そんな本作の主演を張れる女優はマレーシア生まれのミシェル・ヨーしかいない。彼女はジャッキー・チェン主演の

『ポリス・ストーリー３』（９２年）などで香港を代表するアクションスターとなり、『００７／トゥモロー・ネバー・ダイ』（９７年）でハリウッドデビューを果たしている。私が強く印象に残っているのは、『宗家の三姉妹』（９７年）、『グリーン・デスティニー』（００年）と『SAYURI』（０５年）（『シネマ９』５９頁）だ。とりわけ『グリーン・デスティニー』ではチャン・ツイィーとのカンフー対決が見ものだった。

そんな彼女は１９６２年生まれだから、御年ちょうど６０歳。本作冒頭、家族で経営しているコインランドリーの中でイライラしているミシェル・ヨー演じるエヴリンの姿を見ると、かなり"ふけ顔"のやつれた"おばさん風"。さあ、本作はここからどんなトンデモ脚本になっていくの？

本作のストーリーは父親のゴンゴン（ジェームズ・ホン）の誕生会と春節のお祝いを兼ねたパーティーの準備で朝から大忙しなのに、コインランドリーに監査が入り、国税庁に出向かなければならない、という状況設定から始まる。エヴリンがイライラしているのはそのためだが、もう一つのイライラの理由は優柔不断な夫のウェイモンド・ワン（キー・ホイ・クァン）が全く頼りにならないためだ。ところが、そんな頼りない夫がストーリー展開の中では、別の宇宙で別の人生を歩んでいるというウェイモンドに何度も変身し、「全宇宙にカオスをもたらそうとしている強大な悪ジョブ・トゥパキを倒せるのはエヴリンだけだ」とハッパをかけるので、そんなウェイモンドに注目！

他方、中国からアメリカへ移住して何年も経つものの、税金の専門用語は英語ではさっぱりわからないエヴリンのために、娘のジョイ（ステファニー・スー）が通訳を務めるはずだったが、国税局に出向かなければならないという肝心の日に、ジョイは恋人のベッキー・スリガー（タリー・メデル）を連れてきたから、アレレ。これでは、エヴリンのイライラに輪をかけること確実だ。そして、エヴリンが提出した控除の申請書類の不備を指摘し、「これは経費にならないでしょう」と、とことんエヴリンを絞り上げるのが、ジェイミー・リー・カーティス演じる国税局の監査官ディアドラ・ボーベアドラだ。

本作ではミシェル・ヨーの他、キー・ホイ・クァンが助演男優賞に、ジェイミー・リー・カーティスとステファニー・スーが助演女優賞を全てゲットしたからすごい。主演のミシェル・ヨーの他、この３人の助演者の演技力に注目！

■□■作品、監督、脚本、主演女優等、最多７部門を受賞！■□■

本作を鑑賞した翌日は、２０２３年の第９５回アカデミー賞発表の日。そこで最も注目されていたのは、作品賞、監督賞、脚本賞、主演女優賞、助演男優賞、助演女優賞等、最多１０部門で１１ノミネートされていた本作が、どの賞をどの程度ゲットするか、それともしないのか、だった。作品賞の対抗馬とされていたのは、『トップガン マーヴェリック』『イニシェリン島の精霊』『フェイブルマンズ』『エルヴィス』『アバター：ウェイ・オブ・ウォーター』『逆転のトライアングル』等の９作品だし、各種個人賞についても、対抗馬は多い。そんな注目の中、『エブエブ』は、作品賞の他、ダニエル兄弟が監督賞と脚本賞を、ミシェル・ヨーが主演女優賞を、キー・ホイ・クァンが助演男優賞を、ジェイミー・リー・カーティスが助演女優賞を受賞する等、計７部門を受賞したからすごい。

計７部門受賞は、今世紀に入って、①１１部門を受賞した『ロード・オブ・ザ・リング／王の帰還』（０３年）（『シネマ４』４４頁）、②８部門を受賞した『スラムドッグ＄ミリオネア』（０８年）（『シネマ２２』２９頁）に続くものだ。また、監督賞と脚本賞を含め主要部門をこれほど総ざらいしたのは久しぶりだ。６０歳のミシェル・ヨーの受賞式でのスピーチは、「女性の皆さん、『もう旬を過ぎた』と誰にも言わせないでください」というものだったが、あなたはそれをどう受け止める？

■□■トンデモ脚本にみる"強大な悪"は？■□■

マルチバースはもとより、メタバースの概念すらよくわからなかった私には、本作のような映画は苦手。そのため、キアヌ・リーブス主演で大ヒットした、『マトリックス』シリーズ（９９年、０３年、２１年）にも、私はあまり興味を持てなかった。私が"ワープ"という言葉や概念をはじめて知ったのは、子供の頃に SF ドラマ『スタートレック』を観ていた時。

それが本作では、国税局の監査官ディアドラにトコトン絞られている最中、いつの間にか気が遠くなってしまったエヴリンが、用具室に"ワープしてしまう"という形で登場する。そこで、別の宇宙で別の人生を歩んでいるというウェイモンドが乗り移った夫から、「全宇宙にカオスをもたらそうとしている強大な敵ジョブ・トゥパキを倒せるのはエヴリンだけだ」と、ハッパをかけられたところから、エヴリンと巨大悪ジョブ・トゥパキとの"対決"が始まることになる。しかし、なんじゃ、そりゃ？？そもそも、巨大悪ジョブ・トゥパキとは、一体ナニ？

■□■アルファバース？バース・ジャンプ？ディアドラ？■□■

導入部で見たエヴリンの夫ウェイモンドは全く頼りにならない男だったが、エヴリンにハッパをかける別の宇宙で別の人生を歩んでいる男ウェイモンドは、力強い男。今は"アルファバース"に住んでいるというそのウェイモンドは、エヴリンに対して強大な敵ジョブ・トゥパキと闘う術を伝授しようとしたが、異次元の自分とリンクし、別の自分が持つ技能にアクセスするためには、"バース・ジャンプ"することが必要らしい。また、バース・ジャンプするためには、"最強の変な行動"が必要となるうえ、変な行動がバカバカしければバカバカしいほど、それが燃料となってジャンプを早く確実に成功させるらしい。

突然与えられたそんな使命がのみ込めず混乱するエヴリンに、別次元の悪の手先ジョブ・トゥパキに乗っ取られた"ディアドラ"が襲いかかってきたから、さあ大変だ。命の危険に晒されたエヴリンは、ギリギリのところでなんとかバース・ジャンプし、カンフーの達人である別の宇宙のエヴリンにアクセスすることによって、ディアドラと対決したが、その勝敗は？

天下分け目の「関ヶ原の合戦」では、豊臣秀吉の養子からさらに毛利の大名・小早川隆景の養子となった小早川秀秋が豊臣方（石田三成）を裏切り、大御所方（徳川家康）についたため、東軍の勝利に終わった。それに対して、エヴリンがディアドラに勝利できたのは、カンフーの達人である別の宇宙のエヴリンにアクセスすることができたためだが、そもそもアルファバースとは？バース・ジャンプとは？そして、ディアドラとは？

本作を腹の底から楽しむためには、そんなワケのわからない概念をしっかり理解する必要がある。それはエヴリンも大変だが、観客も大変だ。ウェイモンドと結婚せず、山にこもってカンフーの特訓を受けた後、アクションスターとして華々しく日々を送っているミシェル・ヨー演じるエヴリンのカンフー姿はいつ見てもカッコいいが、スクリーン上に次々と登場してくる闘いのシーンはバカバカしいものばかり。その撮影手法の面白さはわかるものの、このトンデモ脚本とトンデモ演出は、ハッキリ好き嫌いが分かれそうだ。

■□■楽しさにワクワク？それともバカバカしさにうんざり？■□■

かつて一世を風靡したTV番組が、ザ・ドリフターズの『８時だョ！全員集合』。１９６９年～７１年及び７１年～８５年までの２期にわたって、毎週土曜日に放送されたこの番組は人気絶大だったが、他方で“俗悪番組”との批判も呼んだ。それと同じように（？）、本作については、“トンデモ脚本”、“キテレツな快作”、“奇想天外というより、まさにぶっ飛んだ内容”等々の“きわどい”評価が並んでいる。

“この宇宙”のエヴリンはコインランドリーのおばさんだが、“別の宇宙”のエヴリンは、①看板をまわしてピザ屋の宣伝をしている世界、②腕のいい鉄板焼きのシェフになっている世界、③歌手になっている世界、等々で大活躍！そんな世界でのエヴリンの活躍はそれなりに面白いし、エヴリンの姿もそれなりに美しい。しかし、④人間の指がソーセージになった世界、⑤エヴリンとジョイが人形の世界、⑥エヴリンとジョイが岩になっている、生物が発生しなかった世界、等々はあまりにバカバカしすぎて笑うに笑えない。

しかして、パンフレットには、見開き１ページをさらに倍に広げて、３×７×４＝８４通りに変化したエヴリンの顔が写っている。アジサイの七変化や大和撫子七変化、さらに怪人二十面相、等々は昔から有名だが、この“エヴリンの８４変化”を見れば、楽しさにワクワク？それともバカバカしさにうんざり？

２０２３（令和5）年3月１７日記

追記　第９５回アカデミー賞7冠ゲットおめでとう！

本作は、第９５回アカデミー賞で作品賞、監督賞、主演女優賞、助演男優賞、助演女優賞、脚本賞、編集賞、作曲賞、歌曲賞、衣装デザイン賞の１０部門で１１ノミネートされ、作品賞、監督賞、主演女優賞、助演男優賞、助演女優賞、脚本賞、編集賞の７部門で受賞した。おめでとう！

２０２３（令和5）年4月１０日記

熱血弁護士
坂和章平
中国映画を語る〈75〉

（さかわ・しょうへい）１９４９年愛媛県松山市生まれ。大阪大学法学部卒。都市開発に関わる訴訟を数多く手がけ、日本都市計画学会「石川賞」、同年に日本不動産学会「実務著作賞」を受賞。「坂和的中国電影大観」（２００４年）、「ナニワのオッチャン弁護士、映画を斬る！」シリーズをはじめ映画に関する著書多数。（公社）日中友好協会参与、NPO法人大阪府日中友好協会理事。

“エブエブ”が七冠をゲット！そのハチャメチャぶりに拍手！
―ミシェル・ヨーのアジア人初、６０歳での主演女優賞に拍手！―

『メリー・ポピンズ』（64年）には世界一長い言葉をテーマにした曲があったが、〝エブエブ〟こと『エブリシング・エブリウェア・オール・アット・ワンス』って一体ナニ？デジタル化、AI化の中でも長い間ガラケーを愛用していた私は2年前にスマホデビューを果たしたが、マルチバース（多元宇宙）とは？パラレルワールド（並行世界）とは？それは子供時代に見たSFドラマ『スタートレック』にあった〝ワープ〟という概念らしいが、さて？

ミシェル・ヨー（MY）扮するエヴリンが国税庁の査察で絞られている中、別の宇宙で別の人生を歩み別人に変身した頼りない夫から「全宇宙にカオスをもたらす強大な敵を倒せるのはお前だけだ」とハッパをかけられたところからワープし、大変身！何じゃ、それは！そこから見せるアジサイの七変化、大和撫子七変化ならぬ、エヴリンの姿に注目！ダニエルズによる奇想天外MAXのトンデモ脚本は驚愕のテンコ盛り！異次元の自分とリンクし別の自分が持つ技能にアクセスするためには最強の変な行動が必要だが、カンフーの達人である別の宇宙のエヴリンにアクセスしたのは大正解！それなら俺にもわかる。アカデミー賞では作品賞・監督賞・脚本賞を。更にMYが主演女優賞を。助演女優賞と助演男優賞も。60歳を迎えたMYは「これは希望と可能性の印です。女性の皆さん『あなたはもう盛りを過ぎた』なんて誰にも言わせてはなりません」と述べた。

将棋界・囲碁界では既にAI（人工知能）が棋士を凌駕。今やチャットGPTの利便性と危険性が大問題となり、日本では戦略会議が設置された。5月のG7広島サミットは対面での会合だが、万一本作のようなトンデモ脚本でサミットが構想されたら？今やそんな時代！それを本作で再確認したい。

エブリシング・エブリウェア・オール・アット・ワンス

U-NEXTにて配信中

監督：ダニエル・クワン、ダニエル・シャイナート
出演：ミシェル・ヨー、キー・ホイ・クァン、ステファニー・スー、ジェイミー・リー・カーティス
原　題：Everything Everywhere All at Once
配給：ギャガ
2022年／アメリカ／140分

表紙撮影の舞台裏（43）—山東省ツアー2005年—

1）私の中国旅行は、中国人の女子留学生と知り合ったことによる2000年8月の大連旅行に始まり、その後、西安・敦煌旅行（01年8月）、台湾旅行（05年3月）と続き、2015年の大腸ガン手術まで、延べ20数回に及んだ。皇帝サマの黄色の衣装に身を包み、冠を被った表紙の写真は、05年10/20～24の山東省クルーズで撮影したものだ。

2）あなたは「一山（さん）、一川（せん）、一聖人」を知ってる？これは、泰山と黄河そして孔子を表す言葉。この3つがすべて備わっているのが山東省の自慢というわけだ。青島から済南（東から西）へ、そして済南から泰山・曲阜（北から南）へ山東省の整備された高速道路を延べ1400kmも走るツアーは勉強と遊び心の魅力でいっぱいだ。岱廟は、“北京の故宮”、“曲阜の孔子廟”と並ぶ中国三大廟のひとつで、約千年前の北宋時代に拡張された敷地と建物が現在の岱廟の基になっており、9.6km^{2}という広大なもの。泰安市の北部の泰山にある岱廟は秦の時代に天の神を祀る場所として創建されたもので、歴代皇帝の多くがここを訪れている。それは、ここで「封禅の儀式」を済ませるまでは皇帝と見なされなかったためだ。皇帝の座をめぐる権力闘争は大変だが、写真だけなら10元（約150円）を貸衣装屋に払えば、たちまち始皇帝もたどった“あの時代”に夢を馳せながら、気分は皇帝サマに！

3）「中国に五岳あり。」五岳とは①湖南省の衡山（南岳）、②河南省の嵩山（中岳）、③陝西省の華山（西岳）、④山西省の恒山（北岳）、⑤山東省の泰山（東岳）だが、私は華山に続いて泰山へ！泰山はBC219年に秦の始皇帝が「封禅の儀式」を行ったため、以降「聖なる山」とされ、その頂上から拝む御来光は中国人のあこがれだ。泰山は、7412段の石段と全長9kmの道のりを自分の足で登るのが理想だが、それには6～7時間もかかる。そこで、私は、①ロープウェイで南天門へ、②700段の石段を歩いて天街へ。その途中には碧霞祠や青帝宮がある。そして、③泰山の頂上は海抜1545mの美しい玉皇頂だ。

4）ツアーの4日目は、ドイツの租界地として有名な青島へ。夕方に貴都大酒店にチェックインした後、友人となった2人のツアー客と共に青島のカラオケ店へ行き、中国語で歌えるテレサ・テンの名曲『月亮代表我的心』を熱唱。一曲歌えば、その後は美人ホステスの薦めもあり、次々とあゆ、松田聖子、KinKi Kidsから冠二郎の『望楼の果て』まで、次々と歌い続けることに。さあ、更けゆく“ナイトクラブイン青島”の展開は如何に？

5）青島はドイツに代わって日本も占領した街だから日本人街もあるが、ドイツ風の美しい町並みが残る市街地は魅力いっぱい。前日の酔いを少し残したまま、早朝には五四広場（海浜公園）を散策し、真っ赤に塗られた面白い形のシンボルタワーを見学。そして、小魚山公園や天主堂を見学した後、お昼にはビール博物館を訪問し、試食でお馴染みの味を少しだけ！表紙の写真にはそんなこんなの思い出が！！　2023年10月20日記

第1編　監督別

1）1972 年の司法修習生時代から、「スター誕生！」「ザ・ベストテン」等の歌番組をTV で見ていた私は74 歳の今、自宅での6 時からの夕食を、75 インチの大型TV3 台＋3 台のVTR のリモコンを駆使しながら食べている。2015 年の大腸ガン手術、2016 年の胃ガン手術によって食が細くなった上、時間をかけてゆっくり食べなければならないこともあって、このスタイルが確立したわけだが、プロ野球中継を複数観たり、ドラマ＋歌謡番組を組み合わせたりするので、全体としての情報量はメチャ多くなっている。そんな中、イレギュラーながら放送時には必ず観ているのが、堺正章が司会する「THE カラオケ★バトル」。他方、毎週欠かさず観ている歌番組は、「武田鉄矢の昭和は輝いていた」だ。そんなタイトルの番組が成立するのは元号があるためだが、「昭和は遠くなりにけり」の今、同番組の魅力は高い。

2）王朝対立の歴史を繰り返してきた中国でも元号がお馴染みだったことは、全60～70話もある『ミーユエ　王朝を照らす月』、『コウラン伝　始皇帝の母』、『孤独伽羅～皇后の願い～』、『大明皇妃－Empress of the Ming－』等の中国の時代劇ドラマを録画して観ているとよくわかる。しかし、1949 年10/1 の新中国建国以降は元号がなくなり、毛沢東（第一世代）をはじめ、リーダーたちも“世代”ごとに呼ばれてきた。

3）それと同じように、中国の映画界では概ね、第1 世代（1905～49 年）、第2 世代（1949～56 年）、第3 世代（1957 年～75 年）、第4 世代（1976 年以降）を経て、1980 年代に張芸謀、陳凱歌に代表される第5 世代監督が“中国ニューウェーブ”として全世界への発信を開始した。その後、第6 世代の賈樟柯、婁燁、刁亦男、等が頭角を現したが、今や第7 世代、第8 世代と呼ばれる新たな才能が次々と・・・。

第1章
第5世代監督

≪張芸謀（チャン・イーモウ）監督≫

Data

監督：張芸謀（チャン・イーモウ）
脚本：張芸謀（チャン・イーモウ）／リー・ウェイ
出演：鄧超（ダン・チャオ）／孫儷（スン・リー）／鄭愷（チェン・カイ）／王千源（ワン・チエンユエン）

みどころ

何と大胆な邦題を！『影武者』と聞けば誰だって、パルム・ドール賞を受賞した黒澤明監督の名作『影武者』（80年）を思い出すが、本作の影武者とは？

『三国志』は映画ネタの宝庫。ジョン・ウー監督の『レッドクリフＰａｒｔⅠ』（08年）『レッドクリフＰａｒｔⅡ』（09年）は「赤壁の戦い」に焦点を当てたが、チャン・イーモウ監督は本作で「境州争奪戦」と呉の都督・周瑜に焦点を当てたうえで、新進の女性脚本家と共に脚本を大幅に修正。オリジナルな物語に作りかえ、人物もセットも戦闘方法もオリジナルなものに！

１人２役の物語は何かと面白い。『キングダム』（19年）では早い目に影武者が命を失ったが、さて「影武者と権力者、そして２人の間で揺れる女の物語」たる本作では・・・？

ホウ・シャオシエン監督の『黒衣の刺客』（15年）と同じく、モノクロの水墨画の美しさの中で展開される圧倒的なチャン・イーモウ流美学を堪能したい。

——＊——＊——＊——＊——＊——＊——＊——＊——＊——＊——

■□■張芸謀監督が黒澤明監督に挑戦？！■□■

私は張芸謀（チャン・イーモウ）監督最新作の原題が英語の『SHADOW』と聞いてビックリ。そして、邦題が『SHADOW　影武者』だと聞くと、日本人の映画ファンなら誰でも黒澤明監督の『影武者』（80年）を思い出すはずだ。黒澤明監督の『影武者』は勝新太郎降板の話題を呼んだが、中国第五世代の旗手であり、かつ中国映画のハリウッド進出を牽引してきた１９５１年生まれの張芸謀監督の『SHADOW　影武者』とは？今年３月に公開された『キングダム』(19 年) は原泰久原作のコミック本1～6巻を映画化したもの。そこでは若き日の秦の始皇帝、嬴政の影武者になる漂が登場し、冒頭から面白いストーリーの牽引役になっていた (『シネマ 43』274 頁)。その時代は紀元前3世紀だ。

しかして、本作冒頭、沛国の「朝議」の席で、都督の子虞 (ダン・チャオ) が若き王、沛良 (チェン・カイ) から叱責される姿が登場するが、それは一体なぜ？本作をしっかり観賞するためには、まずは本作の物語の歴史上の位置づけをしっかり勉強する必要がある。そして、その上で、張芸謀監督が黒澤明監督の向こうを張るかのように、本作で「影武者」をテーマにした理由と、その問題意識をしっかり確認したい。

■□■炎国 vs 沛国、都督らの設定の原型は『三国志』だが■□■

呉宇森 (ジョン・ウー) 監督の『レッドクリフ Part I』(08 年)、『レッドクリフ Part II』(09 年) は、三国志の中の「赤壁の戦い」をテーマにした面白い映画だった。その主人公は金城武演じる蜀の国の諸葛孔明だったが、その対抗馬になったのが呉の国の都督である周瑜。勢力を伸ばし呉への侵攻をもくろむ魏の曹操に対抗すべく、呉と蜀の同盟を目指す男たちのドラマはメチャ面白かった。また、それと同時に同作では、姉の大喬と共に「江東に二喬あり」と言われるほどの美貌を誇る周瑜の妻・小喬と、後に劉備の妻となる呉王・孫権のおてんばな妹・尚香ら女性陣の活躍も目立っていた。そのため、同作はホントに面白いエンタメ大作に仕上がっていた (『シネマ 34』73 頁、79 頁)。

本作のパンフレットにある「PRODUCTION NOTES」によれば、「影武者」をテーマとした本作の元の脚本は『レッドクリフ』と同じく『三国志』を忠実に描いた内容だったらしい。しかし、従来の"三国志作品""中国の歴史を再現する作品"などとは全く違う作品を志していたチャン・イーモウ監督は、才能溢れる若い女性脚本家のリー・ウェイを共同脚本に加え、18か月をかけて物語を練り上げて、"影武者と権力者、そして二人の間で揺れる妻の物語"に変えていったそうだ。ちなみに『三国志』における「赤壁の戦い」前後では、荊州の争奪を巡って蜀の劉備玄徳と呉の孫権との対立があった。しかして、本作の境州争奪戦は、その荊州争奪戦をアレンジしたものだ。また、弱小国・沛国から境州を奪った強国・炎国の武将として境州を守っているのが楊蒼将軍で、その勝負に敗れ、境州奪還を誓ったのが沛国の都督・子虞だ。しかして、沛国の都督・子虞は呉の都督・周瑜のアレンジだ。したがって、その妻・小艾 (シャオ・アイ) (スン・リー) は周瑜の妻・小喬のアレンジだから、絶世の美人である上、琴の名手に設定されている。

なお、『レッドクリフ』では「赤壁の戦い」や「荊州争奪戦争」で一時的に曹操の軍門に下っていた関羽のウエイトが大きい上、関羽の息子・関平も一定の存在感を見せている。そのため、本作でも炎国の将軍・楊蒼の息子・楊平が父親とともに境州を守る武将として一定の存在感を見せているから、そこにも注目！

■□■穏健派VS開戦派の対立は？影武者の役割は？■□■

私は近時、華流のTVドラマに凝っており、『ミーユエ　王朝を照らす月』『賢后　衛子夫』『王女未央』『独孤加羅　皇后の願い』『麗王別姫　花散る永遠の愛』等を観ているが、そこでは各国の軍事・外交を巡って開かれる"朝議"の姿が興味深い。そのスタイルは大国でも小国でも同じで、朝議に参列している大臣たちは、王に対して自由に意見を述べることができるのが原則だ。２０年前に強大な炎国と休戦同盟を結んだ沛国の民は今、いつまた炎国が攻めてくるのかと脅える日々を送っていた。そのため、今こそ境州の奪還を目指すべしという開戦派が日々勢力を増し、炎国との休戦同盟の継続を目指す穏健派との対立を深めていた。沛国の王・沛良は穏健派で、開戦派のリーダーが都督の子虞だ。

冒頭の"朝議"は、勝手に炎国の楊蒼将軍に境州での対決を申し込んだと報告する子虞が沛王から叱責されるシーンだが、それでもなお、子虞は堂々と開戦論を主張したから、アレレ・・・。そこで、子虞に対して明確に反論できない沛王は怒りの矛先を変え、琴の名手と称えられる子虞の妻・小艾との合奏を命じたが、子虞はそれすら拒否。これでは、王の体面すら保つことができないのでは・・・？

ちなみに、スクリーン上のそんな展開を観ている私を含めてすべての観客は、朝議の席で沛王・沛良からの叱責に対して堂々と渡り合っている都督・子虞はホンモノの子虞だと思うはず。また、そこで沛良が子虞をトコトン糾弾できないのは、子虞が知略に富み、民からも尊敬されているためだけではなく、先王が早死にしてしまい、家族は妹の青萍と２人だけになってしまった沛良が王位に就けたのも子虞の尽力のおかげという負い目があるからだ。しかし、そんな子虞の行動によって、今や境州争奪を巡る穏健派vs開戦派の対立は激化するばかり。しかして、今私たちがスクリーン上で観ている子虞はホンモノの子虞？それとも影武者？もし影武者だとすれば、彼はいつから影武者デビューしているの？また、小艾役のスン・リーは、『ミーユエ　王朝を照らす月』の主役で登場している美人女優だと知ってビックリ。なるほど、実力のある美人女優には次から次へといい仕事が舞い込むものだ。ちなみにミー・ユエ（羋月）は秦の始皇帝となった嬴政の高祖母で、「宣太后」と称された女性。このことは、近時出版されて人気を呼んでいる塚本青史作の『呂不韋伝　バシレウス』(NHK出版)」でも詳しく書かれている。

■□■ホンモノの都督・子虞はどこでナニを？■□■

黒澤明監督の『影武者』では、武田信玄に瓜二つの死刑寸前だった盗人を影武者として養成し、信玄の死を外部にはもちろん内部にも隠してその影武者を活用していた。また、『キングダム』では嬴政のそっくりさんである漂を発見した王都の大臣である昌文君が、漂を嬴政の影武者に育て上げるべく日夜訓練に励んでいた。

しかして、子虞の叔父が子虞の影武者を養成したのは、子虞が８歳の時にその父親が子虞の前で斬られたのを見て子虞の身を案じたためだ。子虞は「わしが8歳の時、父親が殺された」と言っていたから、それから約20年の間、飢えて行き倒れていた当時8歳の男の子を子虞の影武者にするため訓練を続けてきたことになる。いやいや、本作の導入部を見ていると、この影武者は今や訓練を受ける立場ではなく、既に都督・子虞に成りすましてその役割を立派に果たしているようだ。したがって、子虞が王の命令にもかかわらず琴の合奏をしなかったのは、弾かなかったのではなく、弾けなかったためだ。影武者としての訓練も、さすがにそこまではできてなかったらしい。さらに、ずっと影武者と偽りの夫婦関係を演じている子虞の妻・小艾も、とっさに「境州が戻るまで琴は弾かないと天に誓った」と言い放って頑なに琴を弾くことを拒否したから、2人のチームワークは万全だ。それはともかく、このように子虞の影武者が沛国の都督の役割を堂々と演じているのは、一体なぜ?ホンモノの都督・子虞は一体どこでナニをしているの?

9月6日(金) TOHOシネマズ シャンテほか全国ロードショー
配給：ショウゲート

そんなシークエンスが終わると、やっと沛王の前から退出した子虞(影武者)が、秘密の通路を通って秘密の部屋に入っていくので、こりゃ要注意。しかして、その中にいたのがホンモノの子虞だが、20年前に楊蒼将軍との勝負に敗れた彼の身体は今や痩せ細り咳き込んでいる状態だった。つまり、楊蒼将軍との敗北後も境州奪還を誓い、影武者の養成に全力をかけてきた子虞は、その心意気こそ今もキープしているものの、もはや自分で動ける身体ではなくなっていたわけだ。

『仮面の男』(98年)では、レオナルド・ディカプリオがルイ14世とフィリップの一人二役を演じていた。それと同じように、本作でもダン・チャオがホンモノの子虞と影武者の一人二役を演じている。しかし、ハッキリ言って日本人の私には、ホンモノの子虞と影武者を同一の俳優が演じているとは到底思えない。パンフレットを読めば、彼は最初に撮影した影武者役を演じるについては、2か月で体重を72キロから83キロへと増やして逞しい肉体美を完成させ、更に4か月の間、1日6時間のアクショントレーニングを毎日行ったそうだ。逆に、その後、痩せさらばえた子虞役を演じるについては、1日の摂取カロリーをわずか800キロカロリーに制限し、たった5週間で一気に20キロの減量を果たしたそうだ。したがって、本作ではホンモノの子虞と影武者との落差に注目するとともに、俳優ダン・チャオのプロに徹した役づくりに拍手！

■□■子虞、沛王決裂後の双方の行動は？■□■

ちょっと薄気味の悪いホンモノの子虞の隠れ部屋では、子虞がかつて楊蒼将軍から受けた刀傷がないことによって、こいつは影武者だと見破られるのを避けるために、影武者の胸にあえて刀傷を付けるシーンが登場する。これは、いよいよ境州奪還計画を進める子虞が、影武者に、「楊蒼を殺せば、自由の身だ」と約束し、穏健派の沛王との決裂を決意したためだ。朝議の翌日、子虞の指示通り、影武者が炎国の楊蒼に宣戦した己に厳罰を下すよう沛王に迫ると、沛王は子虞を無官にするとともに、「今後、境州奪還を口にする者は斬首だ」と宣言。ところが、それに対して子虞も「私はもう一介の民。境州に行き、楊蒼と対決しても、殿とは無関係」と言い返したから、２人の決裂は決定的に。

ここまでの流れを見ていると、沛王はいかにも２代目のボンボンで凡庸な国王のように見えるが、そこで子虞の刀傷を見せてくれと言い始めたから、こりゃ意外に策士・・・？しかも、上半身裸になって左胸の傷を見せた影武者に対して、「その刀傷は新しいもののようだが、なぜか？」と質問したから、彼の目はかなり鋭い。さあ、そんな手に汗握るやりとりの中、影武者はどう答弁するの？それはあたな自身の目でしっかり観てもらいたいが、飢えて行き倒れになっていた８歳の時に子虞の叔父によって拾われ、影武者として訓練されてきた男の子も、今や武芸面のみならず知恵の面でもなかなかのものに・・・。

それはともかく、どんな相手も三太刀で必ず討ち取るという青龍刀の達人・楊蒼との対決に向けて、子虞の待つ館へ戻った影武者は更に武術を磨かなければならないが、現時点での勝てる確率は自称でも３割程度らしい。そのため、影武者は子虞が編み出した、傘を武器にした対抗技を磨いていくことに。チャン・イーモウ監督の『HERO（英雄）』（02年）（『シネマ5』134頁）や『LOVERS（十面埋伏）』（04年）（『シネマ5』353頁）ではワイヤーアクションが目立っていたが、本作は原点に戻り、極限までリアリティを追及するアクションに徹しているので、それに注目。

他方、子虞を追放した沛王は、炎国との和平のために妹の青萍を楊蒼の息子・楊平に嫁がせようとしたが、楊平からは「姫を側室に迎えたい」との返事が。とことん和平派の沛王はそれもやむなしとしたが、そこで我慢も限界となったのが家臣の田戦（ワン・チェンユエン）。しかし、沛王の考えを改めるよう諫言した田戦も沛王の怒りを買い官職を解かれてしまったから、さあ、彼はどうするの・・・？

■□■出陣前夜。そこに見る男女のドラマは？■□■

宮本武蔵は二刀流を自分一人だけの剣術の鍛錬の中で発見した。また、『HERO（英雄）』における趙国の刺客「無名」が１０年の歳月をかけてマスターしたのは「十歩必殺」の剣だったが、これも自分一人で編み出したものだ。それに対して、本作の影武者の場合、傘を武器にした技は子虞のアイデア。また、その習得がままならない影武者に対して小艾が出したアイデアは、女性のような柔らかな動きを取り入れること。それをやってみるとうまくいったから万々歳だが、この訓練を見ていると、影武者が楊蒼に対抗する傘の技を習得できたのは子虞と小艾のおかげということがよくわかる。しかし、宮本武蔵も無名も自分の編み出した必殺剣を何度も試したうえで本番に臨んだが、影武者の場合は実力者・楊蒼との勝負は本番での一発勝負のみ。さあ、そのクライマックスの行方は？

それが本作最大の見どころだが、他方、出撃前夜には何かとエポックメイキングな出来事が起きるもの。例えば、『ホタル』（01年）では、出撃前夜に富屋食堂の女主人・鳥浜トメに対して、「きっとホタルになって帰ってくる」と言い残した宮川三郎が鹿児島の知覧基地から特攻に飛び立ったところ、その日の晩、ホントに一匹のホタルが富屋食堂を飛び回っていたそうだ（『シネマ2』34頁）。また、『連合艦隊』（81年）では妻の身体を美しいままで残しておきたいとする夫が、あえて出撃前夜の初夜の契りを避けるシーンが登場していた。しかして、本作に見る出撃前夜の影武者と子虞の妻・小艾は・・・？影武者と小艾はずっと夫婦役を演じていたが、それはあくまで偽りのもの。したがって、寝所では２人は別々に眠り、影武者も身分の差をしっかり認識していた。そのため２人は手を握り合うことさえなかったが、さすがに出撃前夜ともなると・・・？ちなみに、谷崎潤一郎の小説『鍵』では、性的不能の夫が美しい妻のセックスを鍵穴から覗いて興奮していたが、今や性的不能状態になっていると思われるホンモノの子虞は？本作ではそんなスケベな興味もチラホラ・・・。

■□■こんな戦闘シーンはじめて！集団戦も個人戦も！■□■

『レッドクリフ』でも琴を演奏するシーンが見モノの１つだったが、本作のそれはもっと迫力がある。日本で琴の名曲と言えば『春の海』だが、本作で子虞と小艾が合奏する琴のシーンは非常にドラマティックなものだから、必見！また、本作のクライマックスになる、楊蒼・楊平父子が守る境州に、子虞に協力することになった田戦率いる数十名の鉄傘部隊が突入する集団戦は、これまでのどの映画でも観たことのないほどユニークでオリジナリティに溢れているうえ、ダイナミックで華麗なものだから、それに注目！

パンフレットの「PRODUCTION NOTE」によれば、境州争奪戦の撮影のために壮大なスケールのセットが組まれたらしい。とりわけ、傘の武器に乗って坂道を一気に駆け下りるシーンの撮影のためだけに、何もなかった広場に全長６０m、落差８mの巨大な町並みが、６か月をかけて建築されたそうだから、すごい。さらに、雨・霧・水で物語のテーマを表現するためのスタッフの奮闘も並大抵ではなかったらしい。

他方、念願通りやっと迎えた影武者と楊蒼との個人戦では、影武者が一太刀、二太刀と楊蒼の青龍刀による攻撃をかわしていくから、それに注目！さらに、影武者が女性特有の柔らかさを取り入れた見事な鉄傘のさばき方に注目！この上、楊蒼の三太刀をかわすことができれば、それは史上初の快挙だが、それを達成すれば２人の勝負は引き分けで終わり？楊蒼の方はそんな考え方だったようだが、対する影武者は？しかして、影武者が見事に楊蒼の三太刀必殺の技をかわした後、さらに訪れる、どちらかが死ぬまでの個人戦の展開は？

■□■境州争奪戦勝利後の沛国のあり方は？権力の所在は？■□■

よく考えてみれば、本作に見る境州争奪戦と、影武者と楊蒼との再度の個人戦は、２０年前に楊蒼に敗れた沛国の都督・子虞の個人的な恨みに基づくもの。個人戦の行方はともかく、境州争奪戦の行方は、地の利、人の利、天の利によるものだが、影武者や沛王から罷免された子虞の忠実な部下・田戦の活躍によって境州を守る楊蒼・楊平父子をやっつけ、境州を争奪できたから沛国は万々歳だ。また、個人戦も団体戦も勝敗は一瞬のことで、負ければそれで終わりだが、難しいのは勝った後の国の治め方。つまり、権力の所在をどうするかだ。『クレオパトラ』(63年) 観ると、エジプトを征服した後のローマは、クレオパトラと結ばれたシーザーの部下アントニーと、独裁者となったシーザーの養子オクタビアンの確執が強まる中、ついに両雄の決戦になっていった。

境州争奪戦終了後、最初に浮上してくるテーマは、影武者に約束していた「楊蒼を殺せば、自由の身だ」という約束を子虞が履行するのか否かということ。私に言わせれば、影武者がいなくなった後、ホンモノの子虞が都督に復帰して無事職務を遂行できるかどうかに不安はあるものの、影武者との約束を履行するのに何の支障もないはず。しかし、そこで子虞は美しい妻・小艾と影武者との関係が気になった (障った) らしい。その結果、境州争奪戦終了後、子虞は影武者に対してどんな仕打ちを・・・?

他方、ひたすら炎国との和平を願い、妹を側室として楊平に嫁入りすることさえ認めた沛王も、今や沛国の勝利に大喜び。それを自分の手柄のようにはしゃいでいたうえ、傷ついた影武者の暗殺に向かわされた子虞の手勢をやっつけて影武者の帰還を助けたが、それは一体なぜ?そしてまた、いつの頃からかホンモノの子虞と影武者がいることに気付いていたらしい沛王は、ホンモノの子虞の殺害を実行したから、事態は今、影武者の帰還を迎え入れた沛王の思惑通り・・・?

本作のラストでは、境州争奪戦終了後の沛国のあり方、権力の所在を巡って事態が二転三転してく姿をじっくり注目したい。私が近時、いつも観ている華流TVドラマ『ミーユエ (王朝を照らす月)』や『賢后　衛子夫』『王女未央』『独孤伽羅　皇后の願い』『麗王別姫　花散る永遠の愛』でも王位を巡る権力争いが面白いが、本作ラストでは日本人には想像できないような熾烈な権力争いの姿が登場するので、それをしっかり観賞したい。しかして、境州争奪戦に勝利した後の沛国の支配者は一体ダレに?

9月6日(金) TOHO シネマズ シャンテほか全国ロードショー
配給：ショウゲート

２０１９（令和元）年9月１３日記

Data

製作総指揮：張芸謀（チャン・イーモウ）
総監督：宁浩（ニン・ハオ）
出演：葛優（グォ・ヨウ）／黄渤（ホアン・ボー）／王宝強（ワン・バオチャン）／劉昊然（リウ・ハオラン）／董子健（ドン・ズージェン）／佟丽娅（トン・リーヤー）／范伟（ファン・ウェイ）／陶虹（タオ・ホン）／張譯（チャン・イー）／鄧超（ダン・チャオ）

みどころ

２０１９年９月には、１９４９年の中華人民共和国建国７０周年を記念して、チェン・カイコーが総監督を務めた『愛しの母国（我和我的祖国）』（１９年）が製作・公開された。７つのオムニバス・ストーリーで構成された同作は、祖国の７つの歴史的瞬間と関わった７組の、名もなき人々の物語を描き、国民一人一人の目線から大きな時代の流れを捉えたもので、興行収入５００億円、中国映画歴代興行収入TOP８の歴史的大ヒットを記録した。

その姉妹編として、張芸謀（チャン・イーモウ）製作総指揮の下で企画されたのが本作。本作はそのタイトル通り、中国の東西南北中、５つの地域の市井の人々を描くもので、５つのオムニバス・ストーリーはそのすべてが温かい中国流コメディタッチが貫かれている。また、その１つである『続・Hello 北京（北京好人）』は、『愛しの母国』で最も好評だった『北京你好』の続編になっているそうだ。

２０２０年１０月１日の国慶節に公開された本作も、国慶節期間の４日間で最速で興行収入１０億円を突破する記録的大ヒットとなり、その勢いはなお継続中。そんな本作を、緊急事態宣言が続く閉塞状況下、シネ・ヌーヴォで鑑賞できたことに感謝！

――＊――＊――＊――＊――＊――＊――＊――＊――＊――＊――

■□■中国映画では、今や“第8世代監督”が大活躍！■□■

中国では、今や“第８世代監督”と呼ばれる、１９９０年代前後に生まれた“若き才能”が大活躍。その代表が『シネマ４６』に収録した①『凱里ブルース（路辺野餐）』（１５年）（１９０頁）や、『ロングデイズ・ジャーニー　この夜の涯てへ（地球最后的夜晩）』（１８年）（１９４頁）の毕赣（ビー・ガン）監督、②『象は静かに座っている（大象席地而坐）』

（１５年）（２０１頁）の胡波（フー・ボー）監督。③『巡礼の約束（阿拉姜色）』のソンタルジャ監督、④『ザ・レセプショニスト（接線員）』の盧謹明（ジェニー・ルー）監督等だ。

■□■“第6世代”は今や次々と巨匠に！■□■

“第８世代”に先立って、“若き才能”を発揮させてきたのが“第６世代監督”と呼ばれる監督たち。その代表として、『シネマ４４』の第６章「第６世代監督に注目！」では、①『山河ノスタルジア（山河故人）』（１５年）（２４６頁）、『帰れない二人（江湖儿女）』（１８年）（『シネマ４５』２７３頁）の賈樟柯（ジャ・ジャンクー）監督、②『二重生活（浮城謎事）』（１２年）（２５１頁）、『ブラインド・マッサージ（推拿）』（１４年）（２５８頁）の婁燁（ロウ・イエ）監督、③『ラサへの歩き方　祈りの２４００ｋｍ（岗仁波齐）』（１５年）（２６５頁）の張楊（チャン・ヤン）監督を収録している。

彼ら以外の著名な“第６世代”としては、④『薄氷の殺人（白日焰火）』（１４年）（『シネマ３５』６５頁、シネマ４４』２８３頁）、『鵞鳥湖の夜（南方车站的聚会）』（１９年）（『シネマ４７』１９８頁）の刁亦男（ディアオ・イーナン）監督、⑤『苦い銭（苦钱）』（１６年）（『シネマ４１』１２５頁、『シネマ４４』３０７頁）の王兵（ワン・ビン）監督、⑥『薬の神じゃない！（我不是药神）』（１７年）（『シネマ４７』２０７頁）の王易冰（ワン・イービン）監督、⑦『THE　CROSSING～香港と大陸をまたぐ少女～（過春天）』（１８年）（『シネマ４８』２１５頁）の白雪（バイ・シュエ）監督、⑧『大地と白い雲（白云之下）』（１９年）（『シネマ４９』掲載予定）の王瑞（ワン・ルイ）監督等を挙げることができる。

また、『シネマ４８』に収録した『春江水暖～しゅんこうすいだん（春江水暖）』の顧暁剛（グー・シャオガン）監督や『羊飼いと風船（气球）』の万玛才旦（ペマ・ツェテン）監督も“第６世代監督”だ。

■□■“第5世代”もなお健在！両トップが大活躍！■□■

“第６世代”、“第７世代”に対して、１９８０年代に“中国ヌーベルバーグ”として彗星の如く登場したのが“第５世代監督”。その両トップが、張芸謀（チャン・イーモウ）監督と陳凱歌（チェン・カイコー）監督だ。

“第５世代”のチャン・イーモウ監督作品については、『シネマ５』の「これぞ中国映画」で、①『紅いコーリャン（红高粱）』（８７年）（７２頁）、②『菊豆（菊豆）』（９０年）（７６頁）、③『古井戸（老井）』（８７年）（７９頁）、④『活きる（活着）』（９４年）（１１１頁）、⑤『HERO（英雄）』（０２年）（１３４頁）、⑥『項羽と劉邦—その愛と興亡（完全版）上集「西楚覇王」下集「楚漢争覇」』（９４年）（監督：冼杞然（スティーヴン・シン）、総監修：チャン・イーモウ）（１４０頁）、⑦『あの子を探して（一個都不能少）』（９９年）（１８８頁）、⑧『初恋のきた道（我的父親母親）』（００年）（１９４頁）、⑨『至福のとき（幸福時光）』（０２年）（１９９頁）を収録している。

また、チェン・カイコー監督作品については、『シネマ５』で①『黄色い大地（黄土地）』

（８４年）（６３頁）、②『大閲兵』（８５年）（６９頁）、③『さらば、わが愛／覇王別姫』（９３年）（１０７頁）、④『始皇帝暗殺（荊軻刺秦王）』（９８年）（１２７頁）を収録している。

近時、チェン・カイコー監督は⑤『空海-KU-KAI- 美しき王妃の謎（妖猫伝）』（１７年）（『シネマ４１』１１２頁、『シネマ４４』１２２頁）を発表したが、これは期待外れだった。他方、チャン・イーモウ監督は近時、⑩『妻への家路（帰来）』（１４年）（『シネマ３５』１４４頁、⑪『楊貴妃 Lady Of The Dynasty（王朝的女人・楊貴妃）』（１５年）（『シネマ３９』３０３頁、『シネマ４４』１１１頁）、⑫『グレートウォール（The Great Wall）』（１６年）（『シネマ４０』５２頁、『シネマ４４』１１６頁）、⑬『影武者（影）』（１８年）、『シネマ４５』２６５頁））等を発表しているが、そこでは本来のホンワカ路線（？）と例外的なド派手路線（？）が交代で登場してくるのが目立っている。

しかして、今回、チェン・カイコー監督は『愛しの母国（我和我的祖国）』（１９年）を、そしてチャン・イーモウ監督は『愛しの故郷（我和我的家郷）』（２０年）を発表！全然知らなかったが、今回『愛しの故郷』をシネ・ヌーヴォで上映していたため、５月２９日に鑑賞！

■□■本作は共通のテーマに沿って、５つの物語から！■□■

本作は『愛しの故郷（我和我的家乡）』というテーマに沿って、５つの物語から構成されている。その目次と監督は次のとおりだ。

第１話.『続・Hello　北京（北京好人）』（約３０分）
監督：宁浩（ニン・ハオ）

第２話.『空からUFOが！（天上掉下个UFO）』（約３０分）
監督：陈思诚（チェン・スーチェン）

第３話.『最後の授業（最后一课）』（約３０分）
監督：徐峥（シュー・ジェン）

第４話.『故郷への旅（回乡之路）』（約３０分）
監督：邓超（ダン・チャオ）、俞白眉（ユー・バイメイ）

第５話.『マーリャンの魔法の筆（神笔马亮）』（約３０分）
監督：闫非（イェン・フェイ）、彭大魔（ポン・ダーモ）

２０２１（令和３）年6月７日記

熱血弁護士

坂和章平

中国映画を語る〈62〉

（さかわ・しょうへい）1949年愛媛県松山市生まれ、大阪大学法学部卒。都市開発に関わる訴訟を数多く手がけ、日本都市計画学会「石川賞」、同年に日本不動産学会「実務著作賞」を受賞。『坂和的中国電影大観』（2004年）、『ナニワのオッチャン弁護士、映画を斬る！』シリーズをはじめ映画に関する著書多数。（公社）日中友好協会参与、NPO法人大阪府日中友好協会理事。

"愛しの故郷"は日本も中国も同じ！ 中国の東西南北中、5つの故郷に見る5つの心温まる物語は？

陳凱歌（チェンカイコー）と張藝謀（チャンイーモウ）は『黄色い大地』（84年）と『紅いコーリャン』（87年）以来の好ライバル。中国第五世代を代表する両者は賞レースでもハリウッド進出でも競ってきた。建国70周年を記念して陳凱歌が『愛しの母国（我和我的祖国）』の総監督を務めれば、張藝謀はその姉妹編たる『愛しの故郷（我和我的家乡）』を製作総指揮。前者は7つの短編で7つの歴史的瞬間に関わった7組の名もなき人々の物語を描いたのに対し、後者は中国の東西南北中、5つの地域における市井の人々の営みを約30分ずつの短編で構成した。『ドライブ・マイ・カー』でアカデミー賞国際長編映画賞を受賞した濱口竜介監督の最新作『偶然と想像』はメチャ面白い3つの短編集だが、本作も5人の若手監督が温かい中国流コメディタッチで「愛しの故郷」を描いている。『戦狼2』や『長津湖』等の戦争大作が目立つ近時の中国で、"心温まる本来の中国映画"たる本作や賈玲（ジアリン）監督の『你好，李煥英』の大ヒットは太好了！

兎追ひし彼の山　小鮒釣りし彼の川。"故郷"と聞けば日本人なら誰でもこの歌を思い出すが、そんな情景ははるか昔。「志を果たして　いつの日にか帰らん　山は青きふるさと　水は清きふるさと」も明治時代ならいざ知らず、令和の実態には即さないが、高校野球で"おらが故郷"の代表校を声援するのは、愛しの故郷を忘れられないからだ。それは中国でも同じ。第七世代監督が大活躍する中国でも両巨匠はなお健在で"ホンワカ路線"と"ド派手路線"を交互に演出し続けている。葛優（グォヨウ）が主演した"なりすましモノ"の傑作、第1話『続・Hello北京（北京的好人）』は次号で詳しく紹介。②『空からUFOが！（天上掉下个UFO）』、③『最後の授業（最后一课）』、④『故郷への旅（回乡之路）』、⑤『マーリャンの魔法の筆（神笔马亮）』は順次紹介していくのでお楽しみに。

©BEIJING JINGXI CULTURE&TOURISM CO.,LTD /CHINA FILM CO.,LTD

製作総指揮：チャン・イーモウ（張芸謀）総企画：チャン・イーバイ（張一白）総監督：ニン・ハオ（寧浩）
監督：ニン・ハオ（寧浩）、チェン・スーチェン（陳思誠）、シュー・ジェン（徐崢）、ダン・チャオ（鄧超）、ユー・バイメイ（俞白眉）、ボン・ダーモ（彭大魔）、イエン・フェイ（閆非）
2020年／中国／152分
原題：我和我的家乡
配給：wow cool entertainment

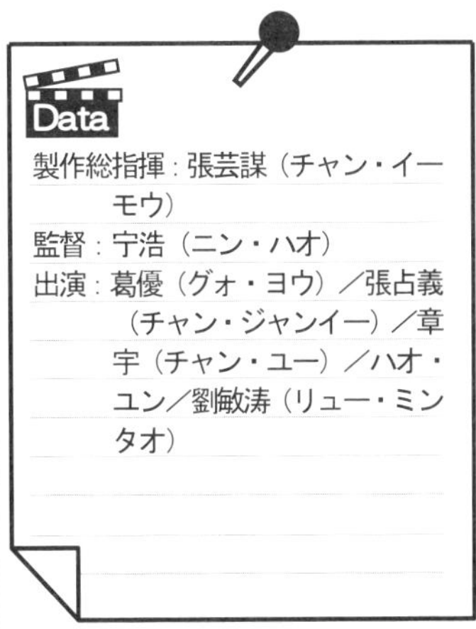

みどころ

“なりすまし”モノは面白い映画が多いが、健康保険証を使った“なりすまし”はレッキとした詐欺罪。しかし、中国の国民的俳優、葛優（グォ・ヨウ）が“フーテンの寅さん”と同じように、愛嬌よく演じると・・・？

人情色とコメディ色は絶妙！ドタバタ喜劇風の展開ながら、現代の中国の問題点をチクリと風刺する小話はメチャ面白い！

しかして、本作ラストのオチは？やはり、中国映画は面白い！

―――＊―――＊―――＊―――＊―――＊―――＊―――＊―――＊―――＊―――＊―――

■□■あの名優、葛優が登場！■□■

日本と同じように中国にも名優がたくさんいるが、張芸謀（チャン・イーモウ）監督の『生きる（活着）』（９４年）（『シネマ５』１１１頁）で、激動の中国現代史をたくましく生き抜いた主人公を演じ、妻役の鞏俐（コン・リー）と共に強烈な印象を残した名優が葛優（グォ・ヨウ）。彼はたくさんのヒット作に出演しており、近時は馮小剛（フォン・シャオガン）監督の大ヒット作『狙った恋の落とし方。（非誠勿擾）』（０９年）に主演したが、チャン・イーモウ監督が製作総指揮を務めた本作の第１話『続・Hello　北京』では、その葛優が登場！

舞台は北京。第１話『続・Hello　北京』は、本作の姉妹編ともいえる陳凱歌（チェン・カイコー）監督の『愛しの母国（我和我的母国）』（１９年）の１作である『北京你好』の“続編”という位置づけらしい。しかして、本作の物語は、駐車場の管理人をしている主人公・張北京（葛優（グォ・ヨウ））の従弟である表舅（張占義（チャン・ジャンイー））が、フードデリバリーサービスの配達の途中でちょっと仕事をさぼって張の家を訪れるところから始まるが・・・。

■□■手術代は多少銭？健康保険は？■□■

やってきた客が従弟の表舅だと一瞬気づかなかったのは、張が表舅に会うのが久しぶり、ということもあるが、表舅がどことなく弱っていたためだ。表舅は今、喉にできた甲状腺の腫瘍が大きくなっており、その手術代が７～８万元かかるらしい。少し前なら２万元で手術ができたそうだが、そりゃ大変。さらに、どちらにしてもそんな大金は持ち合わせていないし、そもそも彼は健康保険に入っていないから、どうしようもないのが実情らしい。

そんな"告白"をあまり深刻ぶらずに話してくれたからまだ良かったが、張もそんな大金を出してあげることなど到底無理。もちろん、表舅はそれは分かっているから、サラリと報告だけして、またすぐバイクに乗って配達に出かけたが、さて、何かいい手はないの・・・？

■□■よし、俺の保険証を！そうだ"なりすまし"で行こう！■□■

デンゼル・ワシントンが主演した『ジョンＱ -最後の決断』（０２年）（『シネマ２』１３７頁）は、日本のような国民健康保険（国民皆保険）の制度がない米国の悲哀をテーマにした問題提起作だった。突然の心臓疾患を宣告された息子の手術代はHow much？保険が使えなければ、心臓移植手術などとてもとても・・・。そこで下したジョンＱの"最後の決断"は、息子の命を救うため"病院ジャック（医師ジャック）"を決行することだったが、本作の張は、表舅に甲状腺腫瘍の手術を受けさせるため、自分の健康保険証を使う（不正使用）ことを決断！

アラン・ドロンが一人二役を演じた『アラン・ドロンのゾロ』（７５年）やレオナルド・ディカプリオが一人二役を演じた『仮面の男』（９８年）では、双子の兄弟が"なりすまし"に成功していたが、さて、本作の張と表舅は？気の小さい表舅は、張が打ち出した大胆な計画（詐欺）に最初から及び腰だが、典型的な中国人（？）の張は、自分の高血圧の病状を利用して堂々と病院内に入り込み、表舅になりすますことに成功！とぼけた味を演じさせれば、葛の演技力はまさに世界一だ。しかし、ちょっとした手違いで、自分の喉にメスが入れられる事態になったから、張は大変。さあ、張と表舅はそんな危機をどう切り抜けるの？

■□■未遂だったから微罪で！人情色とコメディ色は絶妙！■□■

日本の名優、渥美清のライフワークは言うまでもなく、『男はつらいよ』シリーズの、フーテンの寅さん役だが、なぜあのシリーズは５０作も続いたの？『男はつらいよ』に続くシリーズとして企画されたのは、西田敏行と三国連太郎コンビによる『釣りバカ』シリーズだが、同作もなぜ２２作まで続く長期シリーズになったの？それは、主人公のキャラが誰からも愛されるものであるうえ、パターン化された（させた？）ストーリー展開の中で、人情色とコメディ色が絶妙で、毎回程よくミックスされているからだ。

もっとも、寅さんには失恋が良く似合うから、いくら美女のマドンナが登場しても結ばれないのがミソだった。しかし、ひょっとして、山田洋二監督の采配ミス？そう思わせるような形で、寅さんと、浅丘ルリ子扮するリリーが結ばれそうになったが、やっぱりそれは無理だった。

中国の名優、葛優がいかにも、これぞ中国人というイメージで演じる詐欺師まがいの男は、実にピッタリな役柄だから、本作の張役をまさに水を得た魚のように楽しそうにその役を演じている。しかし、自分の喉を、メスで切り取られる直前、なりすまし犯行がバレてしまったから、大変。もっとも、それによって、表舅への手術もなくなったから、一安心だ。しかして、警察の前で、表舅は張に対していかなる対応を？俺はこの男から唆されて、なりすまし手術を受けようとしただけだ。悪いのは、（首謀者）の張だ。そんな展開になっていくもの。そう思っていたが、いやいや、実は正反対！そのうえ、なりすまし詐欺は、幸い未遂で終わったから、表舅は微罪で処理されることに。よかったね。まさに人情色とエンタメ色は、こうあるべしだ。

■□■最後のオチは？だから、やっぱり中国映画は面白い！■□■

コロナ禍が続く中、旅行・観光業者は大きな痛手を受けているが、私も中国旅行はもとより、とんと飛行機にも乗っていないことを実感中。私は飛行機の中ではいつもイヤホンを耳に当てて、ANA の機内オーディオプログラム（スカイオーディオ）を聞いているが、その半分は音楽、半分は落語だ。落語では常に最後のオチがポイントだが、さて名優、葛優が、まさに適役を得て、持ち前の演技力を発揮している本作のオチは？

落語に大家さんと借家人が登場する場合、大家さんが物知りで、借家人はとぼけた奴と相場が決まっている。他方、とぼけた亭主と、長年連れ添っているカカア（妻）は、しっかり者と、これも相場が決まっている。しかして、本作では、葛優演じる張は独り身だが、大それた犯行がバレて、２人とも大目玉を食らったのち、表舅はまたデリバリーの仕事に戻っていたが、その時点で、表舅には妻がいたことが明らかになる。張が住んでいるのは北京市内だが、表舅が住んでいるのは、河北省衡水市で、北京から２５０ｋｍほどの場所らしい。本作ラストは、その表舅が住む、河北省衡水市での、別れのシークエンスになるが、そこで表舅の妻・玲子（劉敏涛）が語ったこととは・・・？なんだそれなら最初からこんな事件を起こすなよ！思わずそんな茶々を入れたくなったが・・・？だから中国映画は面白い！

尚、ネット資料を調べると、本作には①“大白兔奶糖”というミルク味のキャンディー、②流しのギター弾き、③憧れの車等で、日本人には容易にわからない“コメディ色”も散りばめられているそうだから、中国通の人や、中国語のわかる人は、それにも注目！

２０２１（令和3）年6月3日記

（さかわ・しょうへい）１９４９年愛媛県松山市生まれ、大阪大学法学部卒。都市開発に関わる訴訟を数多く手がけ、日本都市計画学会「石川賞」、同年に日本不動産学会「実務著作賞」を受賞。『坂和的中国電影大観』（２００４年）、『ナニワのオッチャン弁護士、映画を斬る！』シリーズをはじめ映画に関する著書多数。（公社）日中友好協会参与、NPO法人大阪府日中友好協会理事。

なりすまし詐欺の動機は？手法は？成否は？そしてオチは？ さすが葛優！人情色とコメディー色は絶妙！！

『男はつらいよ』で50種類ものフーテンの寅さんを演じた渥美清とよく似た中国の国民的俳優が葛優（グォヨウ）。張藝謀（チャンイーモウ）の『活きる』（94年）や馮小剛（フォンシャオガン）の『狙った恋の落とし方。』（09年）で圧倒的な存在感と演技力を発揮した彼が、第一話では北京を舞台に、甲状腺腫瘍の手術代を出せない従弟・表舅へのなりすまし詐欺の主犯、張役で登場！ゼロコロナ政策を至上命題とする中国では上海に続いて北京もロックダウン状態だが、本作は表舅が張の家に立ち寄り、サラリと病状報告するシーンから始まる。手術代は多少銭？健康保険は有没有？日本は国民皆保険制度の国だが、『ジョンQ―最後の決断』（02年）では米国が後進国であることを露呈。息子の心臓手術代を払えない父親は病院ジャックに挑んだが、中国では？高額の手術代の負担は無理だが、幸い張も高血圧で通院中。俺の健康保険証で表舅になりすませば！『アラン・ドロンのゾロ』（75年）や『仮面の男』（98年）では名優たちが双子の兄弟になりすましたが、葛優は？病院での表舅へのなりすましはチョロいもの。ところが、ある手違いで自分の喉にメスを入れられる直前に悪事は露見！そのため手術がなくなったのは幸いだが、保険証を悪用したなりすましはレッキとした詐欺罪。主犯・共犯２人への罪は？

落語では、とぼけた亭主に連れ添っているカカアはしっかり者と相場が決まっている。未遂のため微罪で済んだ表舅には北京から２５０km離れた河北省衡水市に妻がいたことが判明したうえ、そこでの会話が本作のオチになる。それなら最初からこんな事件を起こすなよ！ドタバタ喜劇風の展開と結末にはそんなツッコミを入れたくなるが、本作の人情色とコメディー色は絶妙。その中で現代の中国の問題点をチクリと風刺する小話はメチャ面白い。そんなオチは自分自身の目でしっかりと。

愛しの故郷
第１話
続・Hello 北京

©BEIJING JINGXI CULTURE&TOURISM CO.,LTD /CHINA FILM CO.,LTD

製作総指揮：チャン・イーモウ（張藝謀）総企画：チャン・イーバイ（張一白）総監督：ニン・ハオ（寧浩）
監督：ニン・ハオ（寧浩）、チェン・スーチェン（陳思誠）、シュー・ジェン（徐崢）、ダン・チャオ（鄧超）、ユー・バイメイ（兪白眉）、ポン・ダーモ（彭大魔）、イエン・フェイ（閆非）
2020年／中国／152分
原題：我和我的家乡
配給：wow cool entertainment

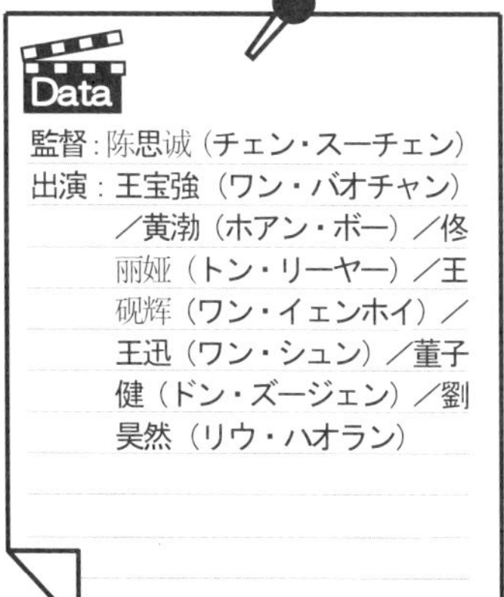

みどころ

貴州省の黔南は険しい山に囲まれた田舎村だが、ある日、上空に UFO が出現！そんなマスコミ報道が過熱すると、調査団や観光団が次々と！

こりゃ確実に一儲け！そんな村長や開発業者の思惑と若き発明家の純真な恋心との対比に注目！彼がさまざまなアイデアで次々と発明品を世に送り出すのは一体何のため？また、彼の作業場はどこにあるの？

ええ？すると、ひょっとしてあの UFO も・・・？

——＊——＊——＊——＊——＊——＊——＊——＊——＊——＊——

■□■貴州は南部の田舎町。険しい山にUFOが！■□■

私は現在 HSK４級の試験に向けて勉強中だが、「過去問」をやっていると、中国各州の特徴をテーマにした問題がよく出てくる。それによると、貴州省は雲南高原の東部にあり、高い山や深い谷が多く平地が少ないエリアらしい。春秋戦国時代（B.C.８～B.C.３）に、ここにあった独立国“夜郎国”の物語は有名だ。また、貴州省にはミャオ族、プイ族、トン族、スイ族、イ族など少数民族が多く、「少数民族の故郷」と呼ばれている。

私は２００４年１１月２８日～１２月５日に雲南省の黔南旅行に行ったが、貴州省はそのすぐ東側にある省だ。しかして、本作によると、本作の舞台である貴州省の黔南は、険しい山が多いため、その発展が大きく遅れているらしい。

本作冒頭に登場する小さな村の集会の姿は、まるで１９６０～７０年代の中国のようだが、村にある巨大な電波望遠鏡の上空に突如、謎の飛行物体が飛行してきたから、村中は大騒動に！「これは UFO に違いない！」とマスコミが報道したため、瞬く合間に村には UFO 視察ツアー団があふれ、村は観光客でいっぱいに。村を訪れたそんな TV スタッフを、村長、商人、村の発明家が歓迎することになったが・・・。

■□■第２話の舞台は貴州省の黔南！■□■

貴州省の省都は貴陽。ガイドブックによると、貴陽は現在発展中の都市で、町のあちこちで高層ビルの工事が行われているらしい。しかし、本作の舞台である貴州省の黔南はかなりの田舎村らしい。

鞏俐（コン・リー）主演の『たまゆらの女（周渔的火车）』（０３年）は、雲南省の建水に住む白磁の染付け絵師・周漁（チョウ・ユウ）と四川省の重慶に住む無名の詩人・陳清（チェン・チン）との遠距離恋愛を描く名作だったが、その距離は遠く、恋人と会うためには１０時間以上かかったらしい。それに対して、険しい山が多い貴州の黔南では、距離はわずか1キロしか離れていない。ところが、ここでは険しい山のために恋しい男女が会うことは容易ではないらしい。

本作の底流にはそんな悲しくも美しいテーマが流れているから、それにも注目！発明家はそんな事情のため思い出の彼女・董文化（佟丽娅（トン・リーヤー））と会うことも恋することも、そして結婚することもできないらしい。しかし、そんなハンディキャップがあるからこそ、彼の発明意欲はメラメラと燃え盛り、さまざまな有益な発明を次々と！

■□■主人公は？多種多様な登場人物たちは？■□■

そんな田舎村の黔南だったが、UFO 騒動のおかげで土産店にはツアー客がいっぱい。なお、黔南は高さが５００m もある世界一巨大な電波望遠鏡が有名で、レストランの名物料理はこの望遠鏡型の鍋に入れて提供されるので、それにも注目！

TV プロデューサー・老唐（王宝强（ワン・バオチャン））がそんな村を訪れたのは、もちろん UFO の真偽を確かめるため。その取材を受け、接待（？）するのは、村長・王守正（王砚辉（ワン・イェンホイ））、村の開発業者・王出奇（王迅（ワン・シュン））、そして、村の若き発明家・黄大宝（黄渤（ホアン・ボー））たちだ。こんな場合、王守正が何を狙うのか、王出奇が何を狙うのかはハッキリしているが、黄大宝は何を目指しているの？

第2話は導入部を見ている限り、ドタバタ喜劇の感が強い。しかし、しばらくすると本作の主人公は黄だとわかってくる。しかし、黄はあくまでも表面に出ず、UFO 騒動で沸き返っている村の中で今もひっそり研究に励んでいるだけだから、第2話の展開は読みづらい。多種多様な登場人物たちは曲者ぞろいだが、さて第2話はどんな展開に？

■□■コメディ色が満載！さすがチェン・スーチェン監督！■□■

中国では、２０２０年の春節では『僕はチャイナタウンの名探偵3（唐人街探案3）』（２１年）が公開され、大ヒットしているらしい。私もオンライン試写で鑑賞したが、同作では日本から妻夫木聡、三浦友和、長澤まさみ等が出演しているから、日本で公開されれば大ヒット間違いなし！

第2話の陈思诚（チェン・スーチェン）監督、主演、ワン・バオチャンらは『僕はチャイナタウンの名探偵3』のスタッフと同じだから、第2話も『僕はチャイナタウンの名探偵3』と同じようなコメディ色が満載！王守正や王出奇の“欲の深さ”はいかにも中国風だが、黄は純真そのもの。だって、彼の発明の根（意欲）はすべて、わずか1キロしか離れていないにもかかわらず、山が険しいためなかなか会うことができない恋人を思う気持ちから生まれているのだから。いずれにしても、彼の発明品はすべてユニーク。その1つは、山道を転がって降りる巨大なボール。なるほど、この中に入れば自分の足で歩かなくても山道を下れそうだが、その副作用は？本作では、さすがチェン・スーチェン監督！そう思えるコメディ色をしっかり楽しみたい！

■□■UFOは本物？それとも・・・？■□■

張芸謀（チャン・イーモウ）監督が製作総指揮を務めた『愛しの故郷』全5話は、すべて詐欺師（まがい）の男を主人公にしたもの。しかし、第2話では、王守正や王出奇はいかにも中国的な儲け主義で、詐欺師色がプンプン匂うものの、黄には詐欺師色は全くない。逆に、董を思う彼の気持ちや、董に会うために一生懸命続けている研究・発明の姿を見ていると、彼の誠実さが浮かび上がってくる。

ところが、第2話のラストで明かされる黄の巨大な研究室の内部は如何に？さらに、そのことから明らかにされていく、冒頭に登場した巨大なUFOの実態とは？

２０２１（令和3）年6月7日記

『日本と中国』2266（2022年7月1日）

熱血弁護士

坂和章平

中国映画を語る（64）

（さかわ・しょうへい）1949年愛媛県松山市生まれ、大阪大学法学部卒。都市開発に関わる訴訟を数多く手がけ、日本都市計画学会「石川賞」、同年に日本不動産学会「実務著作賞」を受賞。「坂和的中国電影大観」（2004年）、「ナニワのオッチャン弁護士、映画を斬る！」シリーズをはじめ映画に関する著書多数。（公社）日中友好協会参与、NPO法人大阪府日中友好協会理事。

山深く美しい雲南高原の東部、貴州省の黔南に巨大UFOが！
欲望うごめく人間模様の中、純朴な若き発明家の純愛は？

00年の大連、01年の西安から始まった私の中国旅行は、中国人留学生の夏休み帰省を狙っての訪問だった。以降、北京・杭州・桂林への格安ツアーが続いたが、多忙な弁護士業務の中で04年に決行した雲南省の昆明・麗江・大理7泊8日ツアーでは世界遺産に囲まれた美しい風景に大満足！

『第2話 空からUFOが！』の舞台、貴州省の黔南（けんなん）は雲南高原の東部にある険しい山に囲まれた村で、中国語の学習者お馴染みの〝夜郎国〞物語やミャオ族・トン族ら少数民族の故郷としても有名だ。『たまゆらの女』（03年）のテーマは、雲南省の建水に住む鞏俐（コン・リー）扮する絵師と四川省の重慶の詩人との遠距離恋愛。その距離は列車で10時間を要したが、黔南に住む若き発明家・黄大宝と恋人との距離はわずか1km。ところが黔南は険しい山が多いため2人のデートは大変だ。黔南では高度500mの電波望遠鏡が名物だが、ある日その上に謎の飛行物体が。これはUFOに違いない！そんな報道が広まると、村中は瞬く間にUFO視察ツアー団だらけに。本作は、その真偽を確かめるべく黔南を訪れたTV取材陣を村の村長・開発業者・黄の3人が接待する物語だ。

ピンク・レディーが歌った『UFO』（77年）も大ヒットしたが、UFO騒動のおかげで、望遠鏡型の大鍋で提供する村の名物料理はツアー客にバカ受け。ブームが続けば不動産開発が進み、村は大儲けだ。そんなドタバタ喜劇が、中国で大ヒットした『唐人街探偵 東京MISSION』（21年）制作陣の巧妙な手法で続くが、黄は一体何を目指していたの？曲者揃いの欲深き登場人物たちが織り成す第2話の展開は読みづらいが、後半からは、恋人に会いたい一念に基づく黄の発明品の数々が登場！しかして、冒頭に見た巨大なUFOの実態は？あっと驚く巨大な研究室の内部は？それは、あなた自身の目でしっかりと。

愛しの故郷

第2話

空からUFOか！

©BEIJING JINGXI CULTURE&TOURISM CO.,LTD /CHINA FILM CO.,LTD

製作総指揮：チャン・イーモウ（張芸謀）総企画：チャン・イーバイ（張一白）総監督：ニン・ハオ（寧浩）
監督：ニン・ハオ（寧浩）、チェン・スーチェン（陳思誠）、シュー・ジェン（徐崢）、ダン・チャオ（鄧超）、ユー・バイメイ（兪白眉）、ポン・ダーモ（彭大魔）、イエン・フェイ（閆非）
2020年／中国／152分
原題：我和我的家乡
配給：wow cool entertainment

Data

監督：徐峥（シュー・ジェン）
出演：徐峥（シュー・ジェン）／范伟（ファン・ウェイ）／陶虹（タオ・ホン）／張譯（チャン・イー）

みどころ

中国映画には“古き良き時代”を思い出させる「学校モノ」がよく似合う。しかし、米国と競争するほどの強国になった中国では、それは今いずこ？
ならば、はるか昔にあった記憶を再現！年老いた教師の記憶が若き日の１９９２年に戻ったのなら、教え子の我々も！
なるほど、そんな大仕掛けの「最後の授業」とは？

――＊――＊――＊――＊――＊――＊――＊――＊――＊――＊――

■□■中国映画には「学校モノ」がよく似合う！■□■

私は『シネマ５』に「学校特集」と題して①『子供たちの王様（孩子王）』（８７年）（『シネマ５』２６７頁）、②『草ぶきの学校（草房子）』（９９年）（『シネマ５』２７０頁）、③『思い出の夏（王首先的夏天）』（０１年）（『シネマ５』２７３頁）を収録した。そのことからわかるように、中国映画には「学校モノ」がよく似合う。

しかして、本作第３話の『最後の授業』は、今はアルツハイマーで苦しむ教師（范伟（ファン・ウェイ）が、中国東部、浙江省杭州の千島湖を訪れて授業をする物語だが、第３話は①、②、③のような素朴一色ではなく、今風のギャグもほどよくちりばめられている。基本はあくまで「中国映画の王道」たる、ほんのり温かく、かつ懐かしく、というものだから、その良さをしっかり味わいたい。

■□■“教師役”で思い出すのは、やっぱりあの名作！■□■

第３話の舞台は、中国東部の浙江省杭州（らしい）。杭州は西湖や蘇東坡等で日本人にもよく知られており、私の中国旅行の経験も多い。しかし、杭州が千島湖というダム湖の美しい風景で知られていることは、本作を観てはじめて知ることに。ネット情報によれば、本作の最後に登場する美しくライトアップされた小学校は、千島湖の近くに存在するうえ、実際の小学校で１９年より使われているそうだ。ちなみに、『草ぶきの学校』に登場した学校は、中国江蘇省蘇州の太湖のほとりの小学校だった。

『初恋のきた道』（００年）（『シネマ５』１９４頁）は教師の駱長余（ルオ・チャンユー）が彼の故郷である華北の三合屯の草ぶきの学校に帰郷するところから始まった。同作で、ヒロインのおさげ髪で赤い服を着た美少女を演じた章子怡（チャン・ツイィー）はもちろん、教師役のルオ・チャンユーを演じた鄭昊（チョン・ハオ）も実にカッコ良かったが、本作の教師、ファン・ウェイは？

■□■記憶ははるか昔に！ならばそれを再現■□■

第３話の教師ファン・ウェイは、若い頃はカッコ良かったのかもしれないが、今は年をとり、持病の脳梗塞で倒れ、記憶喪失に苦しんでいた。そんな彼の記憶は１９９２年に戻ってしまっているらしい。そこで、かつての彼の教え子たちは、老教授を助けるために、子供たちが当時の勤務地である杭州の山村へ出ていき、村人総出であの頃の小学校を再現することに。

『シネマ５』で特集した前述の３本の映画は、いかにも「これぞ古き良き時代の中国映画！」だった。それに対して、近時の『少年の君（少年的你）』（１９年）を観れば、年間１千万人を超える「高考」の競争を巡る今の中国社会の病巣がよくわかる。「古き良き時代の学校」は、近々鑑賞予定の『ブータン 山の教室』（１９年）くらいしかなくなったの？

■□■今は24色の絵の具だが昔は水墨画、それでもいい画が■□■

スイスで水墨画を指導していた老教授ファン・ウェイがなぜ杭州の千鳥湖にある小さな小学校に赴任し、水墨画を教えていたのかはよくわからないが、第３話『最後の授業』では、日本の“やらせ”まがいのバラエティ番組のような低俗なものになりかねないストーリーが次々と展開していくので、それに注目！

１９９０年当時のファン・ウェイの教え子たちは、もちろん今は大人。したがって、当時の小学校の生徒役を演じるのは、彼らの子供たちだ。大人たちは１９９２年当時のファン・ウェイ先生の教え方はもちろん、あの当時の貧しい学校環境をよく知っているから、それを再現する努力をすることは可能。しかし、今はぜいたくな暮らししか知らない彼らの子供たちがうまく１９９２年当時の小学生を演じることができるのだろうか？

２０２１（令和3）年6月３日記

（さかわ・しょうへい）
１９４９年愛媛県松山市生まれ、大阪大学法学部卒。都市開発に関わる訴訟を数多く手がけ、日本都市計画学会「石川賞」、同年に日本不動産学会「実務著作賞」を受賞。「坂和的中国電影大観」（２００４年）、「ナニワのオッチャン弁護士、映画を斬る！」シリーズをはじめ映画に関する著書多数。（公社）日中友好協会参与、NPO法人大阪府日中友好協会理事。

“学校モノ”で“古き良き時代の中国”をタップリと！ 浙江省杭州の千島湖付近の小学校では一体ナニが？

米国の〝古き良き時代〟は１９５０年代だが、長い歴史を誇る中国のそれは歴代王朝の絶頂期？否！少なくとも映画の世界のそれは『子供たちの王様』（87年）、『草ぶきの学校』（99年）、『思い出の夏』（01年）等の〝学校モノ〟で描かれる、懐かしくも心温まる物語の時代だ。おっと、『山の郵便配達』（99年）と並んで日本人最愛の中国映画『初恋のきた道』（00年）は赤い服とおさげ髪、手作りのきのこ餃子と待ち伏せ作戦等のエピソードに目が奪われがちだが、これも学校モノ。都会から華北部の山村・三合屯（サンヘチュン）に赴任してきた、若くカッコいい教師に地元の少女が憧れたのは当然。文化大革命の嵐が吹き荒れる少し前の１９５８年という時代設定なればこその、古き良き時代の中国だ。「愛しの故郷」を統一テーマとした第１話は詐欺師モノ、第２話はＵＦＯモノだったが、第３話は学校モノ。日本でも『二十四の瞳』（87年）等の名作があるし、日本人なら誰しも卒業式での『仰げば尊し』の合唱を覚えている。多くの学友たちと共にあの恩師の姿も！

本作の舞台は浙江省の杭州にある美しい千島湖付近。スイスで水墨画を学んだ老師はなぜ１９９２年にこの小学校に赴任し水墨画を教えていたの？彼の記憶は当時のままだが、それは彼が今、脳梗塞に倒れ記憶喪失に苦しんでいたからだ。そんな老師の姿を見て、当時の教え子たちが思いついたのは〝あの授業〟の再現。そのためには校舎の再建から！さあ本作中盤に見るその風景は如何に？また92年当時の老師の水墨画の教え方は如何に？今は贅沢な暮らししか知らない教え子たちの作業は大変だが、彼らならできるはずだ。

『最後の授業』と題された本作がやらせまがいの低俗なバラエティーになり下がるのか、それとも涙を誘う感動作になるのかは紙一重。その演出の見事さはあなた自身の目でしっかりと。

愛しの故郷
第３話
最後の授業

©BEIJING JINGXI CULTURE&TOURISM CO.,LTD /CHINA FILM CO.,LTD

製作総指揮：チャン・イーモウ（張芸謀）総企画：チャン・イーバイ（張一白）総監督：ニン・ハオ（寧浩）
監督：ニン・ハオ（寧浩）、チェン・スーチェン（陳思誠）、シュー・ジェン（徐崢）、ダン・チャオ（鄧超）、ユー・バイメイ（兪白眉）、ボン・ダーモ（彭大魔）、イエン・フェイ（閆非）
2020年/中国/152分
原題：我和我的家乡
配　給：wow cool entertainment

みどころ

中国は広いから、飛行機網がしっかり整備されている。しかし、ファーストクラスに座って故郷に凱旋しているセレブの隣に座ってきた“自称リンゴ商”の男は何者？ひょっとして詐欺師？

“インフルエンサー”って何？中国、陝西省のムース砂漠でおいしいリンゴがホントに作れるの？そんな話題も含め、第４話のあっと驚く面白さをしっかり味わいたい！

――＊――＊――＊――＊――＊――＊――＊――＊――＊――＊――

■□■中国映画には詐欺師まがいの物語がよく似合う！■□■

レオナルド・ディカプリオが主演した『キャッチ・ミー・イフ・ユー・キャン』（０２年）は天才詐欺師の物語だった（『シネマ３』９３頁）が、私の持論では、詐欺師の主人公が最もよく似合うのは断然中国映画。１本目の『続・Hello　北京』の名優、葛優（グォ・ヨウ）なんか、詐欺師の役をやらせれば、そりゃ最高！

『イチかバチか―上海新事情』（００年）（『シネマ５』３４０頁）はリストラされた労働者を主人公にしたタイトル通りの面白い映画だったが、そこでは“儲かる話”を巡るインチキめいたストーリーが次々と展開していった。また、張芸謀（チャン・イーモウ）監督の『幸せ三部作』の１つである『至福の時』（０２年）（『シネマ５』１９９頁）は大連を舞台にした面白い映画だったが、涙、涙また涙の感動作である同作も、よく考えてみれば、通貨偽造罪と詐欺罪は成立するか？という法的論点を含む詐欺師まがいの中年おじさんの物語だった。他方、フーテンの寅さんは、バナナのたたき売りはやっていても、それはレッキとした仕事で、決して詐欺師ではない。邦画ではそんな寅さんがピッタリだが、中国映画では詐欺師まがいの物語がよく似合う・・・？

■□■第４話の主人公も詐欺師？同級生は本物のセレブだが■□■

第４話の主人公は、導入部の飛行機内の言動でたちまち詐欺師ぶりを露呈してしまう男、喬樹林（鄧超（ダン・チャオ））。マネージャーと共にファーストクラスに乗り込んできた女性、閆飛燕（閆妮（イェン・ニー））は本物のセレブだが、喬はなぜこの飛行機に乗り込んできたの？

喬はファーストクラスの閆の隣の席に座り込み、気安くあれこれ話しかけてきたが、彼の本来の席は一般席。客室乗務員からそれを指摘されると、喬は仕方なく自分の席に戻ったが、「私はリンゴ商」と自己紹介していたこの男は、ホントにムース砂漠で世界一おいしいリンゴを製造し、販売しているの？ひょっとして、この男も詐欺師では？また、喬の話では、喬と閆は同じ学校の同級生だそうだが、それってホント？閆は今、小学校の４０周年式典で祝辞を述べるために故郷に向かうこの飛行機に乗り込んでいるのだが、喬はなぜ同じ飛行機に？

■□■セレブのインフルエンサーはご招待！だが、この男は？■□■

私は AKB４８の『ヘビーローテーション』はよくカラオケで歌っていたが、『インフルエンサー』が発売された時は、そもそも『インフルエンサー』とは何か？がサッパリ分からなかった。もし、銀座の飲み屋で「インフルエンザ」とリクエストしたら、馬鹿にされていたはずだ。

しかして、本作に“本物のセレブ”として登場する闫飞燕は、ネットショップで有名なインフルエンサーだ。彼女が今、飛行機に乗り込んでいるのは、故郷の陝西省ムース砂漠にある小学校で開かれる、母校の設立記念日の式典に招待され、久々に帰郷するためだ。それに対して、闫がたまたま飛行機内で一緒になった男、喬は、自称リンゴ商。彼はムース砂漠で、世界一おいしいリンゴを製造し販売しているそうだが、その話はどこまでホント？もっとも、飛行機内での話や小学校に到着してからの話を総合して聞いていると、喬と闫が同じ小学校の同級生だったことは間違いなさそうだが・・・。

■□■第４話の舞台は？広大な果樹園はどこに？■□■

喬と闫の故郷である、陝西省ムース砂漠は、陝西省・内モンゴル自治区・寧夏回族自治区に位置する“中国四大砂漠”の一つだそうだ。第４話では、闫が喬と共に車に乗って故郷の発展状況を視察するシークエンスが登場するので、私たちも一緒にそれを視察することができる。しかして、喬の言う壮大な果樹園は一体どこに？

第４話でも、注目点は主人公、喬の詐欺師ぶりだが、そんな喬であっても、彼の故郷を思う気持ちや世界一おいしいリンゴを作りたいという熱い思いは十分理解できる。そんな男をどこまで評価できるのかはよくわからないが、中国映画ではそんな詐欺師めいた主人公がよく似合うことは間違いない。

なお、第４話には『戦狼 ウルフ・オブ・ウォー（战狼２）』（１７年）（『シネマ４４』４３頁）の監督・脚本・主演の呉京（ウー・ジン）が休憩地のレストラン店の店主役で友情出演しているので、それにも注目！

２０２１（令和3）年6月３日記

熱血弁護士
坂和章平
中国映画を語る〈66〉

（さかわ・しょうへい）1949年愛媛県松山市生まれ、大阪大学法学部卒。都市開発に関わる訴訟を数多く手がけ、日本都市計画学会「石川賞」、同年に日本不動産学会「実務著作賞」を受賞。『坂和的中国電影大観』（2004年）、『ナニワのオッチャン弁護士、映画を斬る！』シリーズをはじめ映画に関する著書多数。（公社）日中友好協会参与、NPO法人大阪府日中友好協会理事。

陝西省の毛烏素（ムウス）砂漠で、世界一美味しいりんご栽培を？ 第4話も詐欺師まがいの男を主人公に、巧妙なドタバタ劇が！

北京から始まった『愛しの故郷』第4話の舞台は中国四大砂漠の一つ、陝西省の毛烏素砂漠。冒頭、内モンゴル自治区にある某小学校の40周年式典で祝辞を述べるためファーストクラスに座る美女・閆飛燕（閆妮）と、その隣に乗り込んでくる“りんご商”と名乗る同級生（？）の喬樹林（鄧超）が登場する。彼は毛烏素砂漠で世界一美味しいりんごを製造・販売しているそうだが、それってホント？阿部サダヲ主演の『奇跡のリンゴ』（13年）は“神の領域”と言われるりんごの無農薬栽培に私財を投げ打って取り組む男とそれを支えた妻の涙の実話だったが、砂漠の中に本当に果樹園が？

天才詐欺師の物語は多いが、『第1話続・Hello北京』で観たように、名優・葛優は詐欺師役をやらせれば超一流。涙の感動作だった『至福のとき』（02年）だって、よく考えれば詐欺師まがいの中年おやじの物語だった。フーテンの寅さんがやっているバナナの叩き売りは生業だから決して詐欺ではない。邦画ではそんな寅さんがピッタリだが、中国映画では詐欺師まがいの物語が実によく似合う。空港到着後、閆は喬と共に故郷の発展状況を視察したが、広大な果樹園は一体どこに？

私はAKB48の『ヘビーローテーション』をカラオケでよく歌っていたが、乃木坂46の『インフルエンサー』が発売された時は正直それって一体ナニ？もしあの時、“インフルエンザ”とリクエストしていたら赤っ恥を？自己宣伝のために有名人を利用する弊害は安倍元総理射殺事件で浮上してきた旧統一教会と政治家の関係で明らかだが、喬にとって閆のような広告塔を活用できれば最高！本作では冒頭からバレバレの詐欺師ぶりに注目しながら美女と野獣のドタバタ劇を楽しみたい。もちろん世界一美味しいりんご栽培は嘘っぱち。否！ひょっとして！さあ、あなたの目には一体何が？

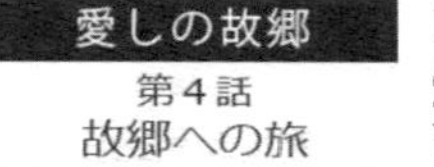

©BEIJING JINGXI CULTURE&TOURISM CO.,LTD /CHINA FILM CO.,LTD

製作総指揮：チャン・イーモウ（張芸謀）総企画：チャン・イーバイ（張一白）総監督：ニン・ハオ（寧浩）監督：ニン・ハオ（寧浩）、チェン・スーチェン（陳思誠）、シュー・ジェン（徐崢）、ダン・チャオ（鄧超）、ユー・バイメイ（兪白眉）、ポン・ダーモ（彭大魔）、イエン・フェイ（閆非）
2020年/中国/152分
原題：我和我的家乡
配給：wow cool entertainment

Data

監督：闫非（イェン・フェイ）／彭大魔（ポン・ダーモ）
出演：沈腾（シェン・トン）／馬麗（マー・リー）／魏翔（ウェイ・シャン）

みどころ

今の北朝鮮にとって中国は力強い味方。それと同じように、建国直後の中国にとって、社会主義の先輩たるソ連は尊敬と憧れの対象だから、ソ連の美大への絵画留学は最高の名誉。

そのはずだが、第５話では、何とも奇想天外な展開（＝偽装工作）が続いていくことに・・・。

これは一体なぜ？タイトルの意味を含めて、そんな小噺の面白さをしっかり味わいたい！

——＊——＊——＊——＊——＊——＊——＊——＊——＊——＊——

■□■中国共産党は結党１００年！その目玉は？■□■

５月３１日付読売新聞は、「中国共産党１００年」の連載の１つとして、「スター起用　１００作放送予定」、「『愛党ドラマ』若者狙う」と題して、「中国で共産党をたたえるドラマや映画が続々と制作されていること」を報じた。「中国メディアによれば、２０２１年7月に党が創設１００年を迎えることにちなみ、テレビドラマだけで１００作品近くが年末までに放送される予定」らしい。
そこでは「若手スターを起用した作品が目立っており、習近平政権は若い世代を対象とした「愛党教育」に利用する狙い」らしい。その“目玉映画”が7月１日に上映が始まる『１９２１』。これは、主に２０歳代だった結党メンバー１３人が上海に集まり、第1回党大会を開く過程を描いた、上海市当局肝いりの作品らしい。

■□■かつては、社会主義の先輩たるソ連への尊敬と憧れが！■□■

他方、今でこそ中国はロシア（ソ連）を追い越し、社会主義国のトップを走っているが、社会主義革命を最初に成功させたのはソ連。それが１９１７年の「二月革命」と「十月革命」だ。１９世紀末から続いた西欧列強による中国の植民地支配と１９３０年代の日本による中国侵攻に苦しんだ中国は、１９４５年にやっと日本に勝利したが、その後、共産党と国民党の対立が続いたため、社会主義国家としての中華人民共和国の成立は１９４９年１０月１日になった。そんな中国の、建国当初の社会主義建設の目標・モデルは、「五か年計画」をはじめ、すべてソ連のものだった。

したがって、建国当時の中国の知識人や芸術家にとって、ソ連に留学するのは最高の憧れ。中国東北部の村に住む画家の馬亮（マーリャン）（沈腾（シェン・トン））も当然そうだと、妻の秋霜（馬麗（マー・リー））は考えていたが・・・。

■□■ソ連の美大へ絵画留学！そりゃ最高！ところが・・・■□■

第５話の冒頭、マーリャンの進路を決める某会議（？）の席に、元女子レスリングの選手だったという妻の秋霜が乗り込み、夫マーリャンをソ連の有名美大に留学させるプロジェクトに入れ込むことに成功！マーリャンは抵抗したものの、秋霜の腕力（？）にはかなわず屈服し、渋々、単身で留学することに。しかし、どうしても故郷の村に戻りたいマーリャンは、現実にはソ連の美大に行かず、故郷の村に戻り、秋霜とのスマホでのやり取りでは、あたかも、ソ連で留学生活を送っているふりを偽装していた。そんなマーリャンの手助けをするのは、村の有力者の魏村長（魏翔）たちだ。

夫の画家としての才能を信じ、ソ連の美大を卒業した後の名声を期待する秋霜は、毎日のようにスマホでマーリャンと連絡を取り、情報交換に励んでいたから、スマホが鳴るたびにマーリャンが受ける緊張感とそこでの偽装工作は大変だ。果たして、秋霜のスマホに写るマーリャンの日常生活のベッドは？壁紙は？調度品は？

■□■妻が視察に！偽装工作の維持は？バレてしまうと？■□■

本作前半はそんなコメディタッチの展開が続くが、中国とソ連を股にかけた大規模な偽装工作はいつまで続けることができるの？秋霜は自宅のリビングリームに飾ってある夫の数々の作品にご満悦だが、スマホによる情報交換だけに満足できなくなった彼女は、遂に夫の視察に乗り込む決意を伝えたから、マーリャンは大変だ。

本作後半からは、マーリャンに協力する村長たちを含め、視察にやってきた妻、秋霜を如何にごまかすか、を巡って更に漫画チックな展開が続いていく。それはかなりバカバカしい展開だが、意外に面白い。しかし、秋霜もバカではないから、ある日、ある時、ある局面でマーリャンたちの偽装工作がバレてしまうと？

さあ、秋霜の怒りは如何に？冒頭で見た秋霜の元女子レスリング選手としての力量に照らせば、マーリャンにはとんでもない処罰（制裁）が待っているはずだ。ところが、いやいや・・・。第５話には何とも言えない温かい結末が待っているので、それに注目！

２０２１（令和3）年6月３日記

熱血弁護士

坂和章平

中国映画を語る〈67〉

（さかわ・しょうへい）１９４９年愛媛県松山市生まれ。大阪大学法学部卒。都市開発に関わる訴訟を数多く手がけ、日本都市計画学会「石川賞」、同年に日本不動産学会「実務著作賞」を受賞。「坂和的中国電影大観」（２００４年）、「ナニワのオッチャン弁護士、映画を斬る！」シリーズをはじめ映画に関する著書多数。（公社）日中友好協会参与、NPO法人大阪府日中友好協会理事。

ソ連の有名美大への留学は最高の名誉！ 否、やっぱり愛しの故郷が！ “メタバース”を先取りした（？）偽装工作のドタバタ劇をタップリと！

マルクスは、高度に発達した資本主義国・イギリスで革命が起きると予言したが、現実には資本の蓄積のない帝政ロシアで社会主義革命が勃発。対独防衛戦を勝ち抜いたソ連は第二次大戦後、米国と並ぶ超大国に。日本軍にも国共内戦にも勝利し、１９４９年に新中国を建国した中国共産党にとって、そんなソ連は尊敬すべき大先輩だ。それは政治軍事のみならず美術絵画も同じ。腐敗した享楽的な西洋美術より社会主義リアリズムを体現したソ連の美術絵画は数段上。中国東北部の寒村に住む画家・馬亮（マーリャン）はそう信じていた。

すると、ソ連の有名美大への留学は最高の憧れ！本作は、そう信じている元レスリング選手の秋霜（チューシュアン）が夫の進路を決める某会議に乗り込み、留学を勝ち取るシーンから始まる。ところが、こよなく故郷を愛する馬亮（マーリャン）の本心は故郷で画家になることだったからアレレ？妻の腕力（？）に勝てない彼は村に残り、スマホ画面のやり取りで留学生活を送っているふりを偽装したが、そんなことが可能なの？

近時、メタバース（仮想のバーチャル空間）が大流行だが、『愛しの故郷』第５話はそれを先取りしたようなドタバタ劇になる。スマホが鳴るたびに走る緊張とそこに生まれるアイデア豊かな偽装工作、そんな必死の努力に協力する村長たちの友情と奮闘に注目！果たして、妻のスマホに映る夫の日常生活のベッドは？壁紙は？調度品は？

夫の作品を飾った妻のリビングは自慢の種だが、スマホだけで満足できなくなった妻が現地視察に赴くところから本作のクライマックスへ！日本ではドリフターズの『８時だョ！全員集合』が俗悪番組とされつつ大人気だったが本作はまさにそれ。バカバカしさの極みだ。偽装工作がバレてしまった後の妻の怒りは如何に？彼女の力量（？）に照らせば相当の“体罰”必至？いやはや、こりゃ面白い！

愛しの故郷

第５話 マーリャンの魔法の筆

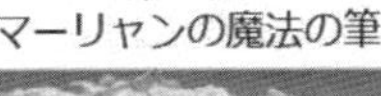

©BEIJING JINGXI CULTURE&TOURISM CO.,LTD /CHINA FILM CO.,LTD

製作総指揮：チャン・イーモウ（張芸謀）総企画：チャン・イーバイ（張一白）総監督：ニン・ハオ（寧浩）
監督：ニン・ハオ（寧浩）、チェン・スーチェン（陳思誠）、シュー・ジェン（徐崢）、ダン・チャオ（鄧超）、ユー・バイメイ（兪白眉）、ポン・ダーモ（彭大魔）、イエン・フェイ（閆非）
2020年／中国／152分
原題：我和我的家乡
配給：wow cool entertainment

みどころ

２００８年の夏季北京五輪に続いて、２０２２年の冬季北京五輪の総監督を務めたチャン・イーモウの、映画作りでの近時の快進撃はすごい。朝鮮戦争を題材にした『狙撃手』（２２年）の賛否は分かれるが、映画人の原点に回帰し、中国版『ニュー・シネマ・パラダイス』とも言うべき、"フィルム愛"を全開させた本作は絶品！

"逃亡者"と"リウの娘"が展開する前半のフィルム争奪戦は興味深いし、"ファン電影"が指導する後半の上映会での大騒動もメチャ面白い。

時代は文化大革命。過酷な時代状況の下、最後に訪れる"ある幸せ"は、一人一人の目でしっかり確認したい。

——＊——＊——＊——＊——＊——＊——＊——＊——＊——＊——

■□■頑張ってるね、チャン・イーモウ監督！■□■

１９４９年生まれの私は、２０２２年１月２６日に７３歳になったが、①本来の弁護士業務の他、②ライフワークたる都市問題と都市法関係の実践と執筆、③映画評論家としての『SHOW-HEY シネマルーム』の執筆と出版（何と、『シネマ１』から『シネマ５０』まで５０作！）、④『がんばったで３１年！　ナニワのオッチャン弁護士　評論・コラム集』（０５年）に続き、『がんばったで４０年！　ナニワのオッチャン弁護士　評論・コラム集』（１３年）、『がんばったで４５年！　ナニワのオッチャン弁護士　評論・コラム集』（１９年）の出版、⑤中国語の勉強と中国関連活動の拡充、とさまざまな分野で頑張っている。

それと同じように（？）、１９５１年生まれのチャン・イーモウは、『紅いコーリャン（紅高粱）』（８７年）（『シネマ５』７２頁）で第３８回ベルリン国際映画賞の金熊賞を受賞した後は、同期のチェン・カイコーと共に、第５世代を代表する映画監督として大活躍。以降の活躍は質量ともにすごい。２００８年の北京夏季オリンピックの開会式および閉会式の総監督に続く、２０２２年の北京冬季オリンピックの総監督は国家的大行事だが、映画監督としても①『菊豆』（９０年）（『シネマ５』７６頁）、『活きる』（９４年）（『シネマ５』１１１頁）等の本格的問題提起作、②『HERO（英雄）』（０２年）（『シネマ５』１３４頁）、『LOVERS（十面埋伏）』（０４年）（『シネマ５』３５３頁）等のハリウッドを意識したド派手路線、そして、③『初恋のきた道（我的父親母親）』（９９年）（『シネマ５』１９４頁）、『あの子を探して（一個都不能少）』（９９年）（『シネマ５』１８８頁）、『至福のとき（幸福時光）』（０２年）（『シネマ５』１９９頁）等の「これぞ中国映画！」と思わせるホンワカ路線の３つを並行させながら、幅広い活動を続けてきた。

そして、７０歳を超えた彼の活動は、近時さらに加速し、ここわずか4年のうちに４本の新作を撮り、３本は中国で公開済み、１本が待機中らしい。公開済みが本作と『懸崖の上』（２１年）、私が4月１２日にオンライン鑑賞した『狙撃手（狙击手／SNIPERS）』（２２年）（『シネマ５０』２００頁）の３本、『堅如盤石』（２０年）が公開待機中だ。そんな状況下、日本でも本作が大公開！

■□■この男は誰？この女はナニ？フィルムの攻防戦は？■□■

本作の冒頭の舞台は、中国の小さな村。薄暗い中、建物の前に停めてある自転車の荷台に入っているフィルムの争奪戦がこそこそと始まるので、それに注目！その一方の主役は中年の男（チャン・イー）だが、もう一方の主役は薄汚れた１４、５歳の子供（リウ・ハオツン）だ。

今ドキの人は映画用のフィルムがどんな大きさで、どんな形状をしているのかを知らないだろうが、イタリア映画の名作『ニュー・シネマ・パラダイス』（８８年）（『シネマ１３』３４０頁）を何度も観ているうえ、小学生時代には自宅の幻灯機で映写を経験し、中学生以降はオープンリールの録音機を愛用していた私には、その姿形がハッキリわかる。そのフィルムには「ニュース映画２２号」と書かれていたが、なぜこのフィルムを巡ってこのご両人が争奪戦を繰り広げているの？

近時の邦画は1から１０まで説明してしまうものが多い。他方、去る5月１９日に観た『インフル病みのペトロフ家』（２１年）等の一部の問題作は説明が極端に少ないから、監督の狙いや物語がさっぱりわからない。それに比べれば、『紅いコーリャン』（８７年）（『シネマ５』７２頁）以降、そのほとんどすべての作品を観ているチャン・イーモウ監督作品は、説明が多すぎず、少なすぎず、そのバランスが絶妙だ。また、ストーリー展開も見どころ、泣かせどころの急所をうまく押さえながら少しずつ見せてくれるので、飽きることなくスクリーン上に集中することができる。

しかして、この中年男は一体誰？また、少し後に女の子だとわかるこの薄汚れた子供は一体ナニ？そして、この２人はなぜこのニュース映画フィルムの奪い合いをしているの？

■□■汚れ役の“イーモウ・ガール”は如何に？■□■

『紅いコーリャン』（８７年）のコン・リーと、『初恋のきた道』（００年）のチャン・ツィイーはチャン・イーモウが発掘した二大女優だが、彼はその他にも『至福のとき』（０２年）（『シネマ5』１９９頁）のドン・ジエ、『あの子を探して』（９９年）（『シネマ5』１８８頁）のウェイ・ミンジ、『サンザシの樹の下で』（１０年）（『シネマ２７』１０８頁、『シネマ３４』２０４頁）のチョウ・ドンユイ等を発掘し、次々と大女優に押し上げている。そのため、彼女たちは“イーモウ・ガール”と呼ばれている。

『狙撃手』は男ばかりの戦争映画だったから、“イーモウ・ガール”は登場しなかったが、本作で“イーモウ・ガール”として登場するのが「リウの娘」役を演じたリウ・ハオツン。『初恋のきた道』（９９年）でデビューしたチャン・ツィイーは赤い服とおさげ髪の可憐な姿が印象的で、男なら誰でも一目でその虜になった。それに比べれば、本作のリン・ハオツンはラストの数分間を除く９９％は薄汚れた少年まがいの役で登場するので少しかわいそう。

導入部のフィルムの争奪戦で、ご両人はさまざまな追いかけ合い、騙し合いを展開するが、その勝者は結局“リウの娘”になる。しかし、リウの娘が女の子であることがわかるのはずっと後のことだから、それを含めて、私たちは本作導入部のフィルム争奪戦をしっかり楽しみたい。

■□■なぜ強制労働所から逃亡？逃亡者は悪質分子？■□■

チャン・イーモウ監督と深い縁を持つ日本の俳優、高倉健はヤクザ役（任侠役）が最も似合うが、その次に似合うのが逃亡者役。中国で大人気になった『君よ憤怒の河を渉れ』（７６年）（『シネマ１８』１００頁）でも、『新幹線大爆破』（７５年）でも、彼には逃亡者の役がピッタリだった。

なぜここにそんなことを書くのかというと、本作で名前すら与えられず、「逃亡者」と表示される中年男は、１９６６年から７７年まで続いた中国の文化大革命当時存在していた強制労働所からの逃亡者だからだ。１９６３年から６７年まで放送された米国発の人気TVドラマ『逃亡者』（６３年）では、妻殺しの容疑を着せられ、死刑宣告を受けた主人公が逃亡者になったのは真犯人を捜し求めるためだったが、本作の中年男が逃亡者になったのは一体なぜ？冒頭のフィルム争奪戦からストーリーが進むにつれて、彼がなぜ逃亡者になってまでニュース映画２２号のフィルムにこだわっているのかが少しずつ明らかになっていくが、その理由は、そのニュース映画の中に長い間会えなかった彼の娘の顔が一瞬映っているためだ。

「造反有理」を唱えて毛沢東が指導した文化大革命では、毛沢東語録と紅衛兵が有名になったが、右派や修正主義者、そして造反者は直ちに“悪質分子”として処断され、強制労働所に送られていた。すると、その強制労働所からの逃走者は、当然、悪質分子・・・？

■□■映画上映は村の大イベント！ああ、それなのに・・・■□■

今でこそ映画館は総入れ替え制や座席指定制が常識だが、１９５０～６０年代に小中学生の私が映画館に通っていた当時は全く違っていた。すなわち、「昭和のニュース」で見る通り、当時は途中入退場や立ち見は当たり前、丸１日座り込んだまま何度も観る観客もいたほどだ。

他方、１９６８～７７年の文化大革命当時の中国では、映画は村の最大の娯楽だったから、映画の上映会は村全体の大イベント。そのことは、中国西北部の田舎町、寧夏の野外映画館での上映会を温かく描いた『玲玲の電影日記』（０４年）（『シネマ１７』３８６頁）等を見れば明らかだ。

しかして、夕方から「英雄児女」と「ニュース映画２２号」の上映が予定されている、本作中盤以降の舞台となる小さな村の映画館周辺の熱気もすごい。ところが今、ファン電影（ファン・ウェイ）が烈火のごとく怒り、息子を怒鳴りまくっているのは、彼が荷台に積んでいたフィルムの缶を落下させ、膨大な量のフィルムが剥き出し状態のまま地面にばらまかれていたためだ。その中には、逃亡者が血眼で探していたニュース映画２２号の缶もあった。荷車の周りに集まった村人に対し、ファン電影は「こんな状態では上映は不可能。」「今日の上映会は中止！」と宣言したが、続いて彼はパニックに陥った村人に対して、「上映会を可能にする方法が１つだけある」と説明。さあ、“ファン電影”として日頃から村人の尊敬を一心に集めている彼は、そこでどんな説明を・・・？

■□■映画上映のため、２人の中年男はどんな協力を？■□■

ファン電影の提案はフィルムの洗浄による再利用だが、こんなに大量の泥まみれになったフィルムに、それが本当に可能なの？『ニュー・シネマ・パラダイス』では、フィルムは可燃性が強いため、ちょっとしたミスで燃え始めると大変なことになることを学んだが、

１９７８年に再開された北京電影学院の撮影科に入学し、４年間学んだチャン・イーモウは、当然フィルムの神様だから、その分身とも言える（？）本作のファン電影ならそれはチョロいもの。と言っても、そこは人海戦術の得意な中国らしく、彼の指揮命令の下、村人たちが一糸乱れぬ集団行動でお手伝いすることになるので、それに注目！

そこで意外だったのは、逃亡者もフィルムのことを少しかじっていたこと。そのため、長い時間をかけてフィルムの洗浄、再生作業に従事する中で、２人の中年男の“身の上話”も盛り上がることに。ニュース映画２２号には本当に逃亡者の娘の顔が映っているの？それならそれで上映してやりたいのは山々だが、この中年男が強制労働所からの逃亡者だと分かれば、何よりもまず、俺は当局にそれを通報しなければ！村の次の電影（撮影者）に俺が続いて推薦されるためにも、ここでいい成績を挙げておかなくちゃ！

スクリーン上には映画上映のため２人の中年男が協力し合う姿が映し出されるが、多分それは表向きだけ・・・？

■□■リウの娘はなぜ泥棒を？なぜ弟と２人暮らしを？■□■

導入部の“フィルム争奪戦”で見せる、逃亡者とリウの娘との、追いつ追われつの肉弾戦も面白いが、砂漠の中を偶然通りかかった車に拾われて、図らずも逃亡者に捕まえられる形になってしまったリウの娘の“弁解話”も面白い。なぜリウの娘はフィルム窃盗にこだわっているの？それは、幼い弟と２人で住んでいる彼女が、勉強好きの弟のために電気スタンド用にフィルムで新しい傘を作ってやるためらしい。なるほど、なるほど。しかし、涙ぐましいその話は本当の話し？ひょっとして、とっさにリウの娘がでっち上げた話しかも・・・？

偶然２人を乗せて車を運転していた男は、リウの娘からそんな話を聞かされた上で、「この男が“私のひどい父親”だ」と聞かされると、単純にそれを信じ込み、逃亡者を砂漠に置き去りにしてしまったから、“知能戦”では完全にリウの娘の勝ちだ。

しかして、今日の夕方から上映会が行われるという村で、ファン電影とともにフィルムの洗浄、再生作業に従事している逃亡者は、今は幼い弟と２人で住んでいるというリウの娘の真相を知ることができたから、これにて逃亡者とリウの娘の和解も成立。以降は協力して上映会の開催へ。一方ではそんな筋書きも予想されたが、さて現実は・・・？

■□■『英雄児女』に感動！逃亡者の娘は連続上映で何度も！■□■

日中戦争時代の中国では、多くの反日国作映画が作られた。それは太平洋戦争時代の日本で、多くの反米国作映画が作られたのと同じだ。しかして、今日この村で上映される『英雄児女』は『南征北戦』以上の大人気だ。たしかに、“劇中劇”として上映されるそれは私が見ても感動的で、大いに涙を誘い勇気を鼓舞するものだから、村人たちがこれに熱狂し、感動するのは当然だ。しかし、それと同時上映されるはずのニュース映画２２号のフィルムはどこに？その所在を巡って再び逃亡者とリウの娘の間でいざこざが起きたが、それは逃亡者の誤解によるもので、フィルムはちゃんとリウの娘が映写室に届けていたから、逃亡者は一安心。食い入るようにニュース映画２２号を見る逃亡者の目の中に一目だけでも会いたいと思う娘の姿は飛び込んでくるの？ひょっとして、一瞬スクリーン上に登場した、あの肉体労働に従事している健気な女の子が逃亡者の娘？

上映会が終わり、感動冷めやらぬ中、会場を埋め尽くした村人たちは次々と出て行ったから、ファン電影は逃亡者の要望に応じてニュース映画２２号を再度上映することに。しかし、逃亡者の娘が映るのは、本作のタイトル通り「１秒間（一秒钟）」だけだから、そこだけを何度も見るにはどうすればいいの？そこで発揮されたのが、ファン電影しかできないという連続上映の技術だ。それによって何度も映し出される娘の姿に逃亡者は何度も感動していたが、１人映写室を抜け出したファン電影は、あらかじめ連絡していた官憲たちを招き入れ、逃亡者の逮捕を要請したから、こりゃヤバいことに・・・。

■□■それから２年後、２人の再会は？邦題の意味は？■□■

ファン電影が官憲を呼んだことの是非は、本作を鑑賞する中で各自がしっかり考えたいが、ストーリー構成としてはやむを得ない。しかして、砂漠の中を連行されていく逃亡者を遠くから見守るのが、今は固い絆で結ばれたリウの娘だ。逃亡者を連行する官憲たちに情け容赦がないのは当然だから、逃亡者が大切に隠し持っていたフィルムの切れ端を見つけると・・・？これは、こちらも今や固い絆で結ばれたファン電影が、逃亡者のために娘の写っている2片のフィルム（＝２４フレーム）を切り取って渡してくれたものだ。逃亡者は新聞紙に包まれたそれを大切に保管していたが、官憲たちは情け容赦なく砂漠に捨ててしまうことに。しかし、それを遠くから見ていたリウの娘が素早くそこに駆けつけ、砂漠の中に埋もれようとしていた新聞紙を発見したから、大切にこれを保管。いつか逃亡者が戻ってきたら、必ずこれを渡さなければ！逃亡者にとって本当に大切なものは新聞紙ではなく“永遠の２４フレーム”だったが、逃亡者と官憲とのやり取りを遠くから見ていただけのリウの娘に、それはわかるはずはなかった。

しかして、本作ラストはそれから２年後。強制労働所から再び村に戻ってきた逃亡者を、今は少し娘らしく成長したリウの娘が笑顔で迎えたのは当然。大切に保管していたあの新聞紙をリウの娘から受け取った逃亡者は本当に嬉しそうだ。しかし、その新聞紙をめくってみても、その中には何も・・・。

さあ、無駄とは知りつつ、２人は再びあの砂漠に駆けつけたが、そこに“永遠の２４フレーム”はあるの？それはいくらなんでも無理だろう。そんな中で迎える感動的なラストは、あなたの目でしっかりと。

２０２２（令和4）年5月２７日記

みどころ

チャン・イーモウ（張芸謀）恐るべし！４０年前に「中国映画ここにあり！」と全世界に発信した彼は、北京の冬季・夏季五輪の総監督のみならず、本業の映画でも次々と新作を発表し、輝いている。"ほんわか名作"路線から"ド派手ワイヤー"路線まで何でもござれの彼が、今回はじめて"スパイもの"に挑戦！その舞台は、満州事変直後の満州国ハルビン。その任務は"ウートラ作戦"という何とも過酷なものだから、ビックリ！なぜ、今そんな映画を？

そんな疑問もあるが、さすがチャン・イーモウ。『００７』シリーズは第２作目の『ロシアより愛をこめて』（６３年）が最高傑作だが、原題『悬崖之上』、英題『Cliff Walkers』の意味は？それもしっかり考えながらチャン・イーモウ監督初のリアルかつ過酷なスパイ映画を堪能したい。

――＊――＊――＊――＊――＊――＊――＊――＊――＊――＊――

■□■チャン・イーモウ恐るべし！近時の大活躍に注目！■□■

中国第５世代監督の代表はチャン・イーモウとチェン・カイコーだが、２００８年の北京夏季五輪で開会式と閉会式の総監督を務めたチャン・イーモウは、２０２２年２月の北京冬季五輪の開会式と閉会式の総指揮も務めた。そんな彼の、近時の映画作りにおける大活躍はすごい！直近だけでも、①『SHADOW／影武者』（１８年）（『シネマ４５』２６５頁）、②『愛しの故郷』（２０年）（『シネマ４９』２４０頁）、③『狙撃手』（２２年）（『シネマ５０』２００頁）、④『ワン・セカンド　永遠の２４フレーム』（２０年）（『シネマ５１』１８６頁）と、公開が相次いでいる。しかして、原題を『悬崖之上』、英題を『Cliff Walkers』、邦題を『崖上のスパイ』とした本作は一体ナニ？

チャン・イーモウ作品は、戦争モノから純愛モノ、歴史モノから武侠モノまで多岐にわたっているが、これまで唯一なかったものがスパイものだ。そして、本作は、そのスパイもの！スパイものは、米国の CIA の優秀なスパイを主人公とした『ボーン』シリーズや、英国の MI６の優秀なスパイを主人公にした『００７』シリーズのように西欧が中心だが、中国だって負けてはいない。しかして、本作冒頭、１９３１年9月１８日満州事変以降の日本帝国主義の蛮行の字幕が表示されるが、さて、本作のスパイたちは？

■□■時代は１９３４年。舞台は満州国ハルビン。４人は？■□■

日本は１９４１年１２月８日、真珠湾を攻撃し、対米英戦争に突入した。そのため、１９４５年8月１５日に敗戦を迎えた後、"あの戦争"を太平洋戦争と呼ぶようになったが、開戦当初の呼び名は大東亜戦争。その発端は、１９３１年9月１８日の満州事変だ。つまり、日本は決して米英との戦争を目指していたのではなく、日本が目指したのは、中国東北地方に満州国を作り、五族協和の精神の下、日本国をリーダーとして大東亜共栄圏を築くことだった。しかし・・・。

もちろん、それは日本側の一方的な言い分だから、大陸内を一方的に侵略された中国がそれに抵抗したのは当然。チャン・イーモウ監督の代表作である『紅いコーリャン』（８７年）にも日本軍に対する中国人民の抵抗の姿が描かれていたが、本作が設定した１９３４年当時は日本による満州国建国が佳境に入っていた時期。そんな時期に、①張憲臣（チャン・シエンチェン）（張譯（チャン・イー））、②楚良（チュー・リャン）（朱亜文（チュウ・ヤーウェン））、③小蘭（シャオラン）（劉浩存（リウ・ハオツン））、④王郁（ワン・ユー）（秦海璐（チン・ハイルー））、という４人のスパイたちが、雪深い森の中にパラシュートで降り立ったが、彼らの任務は一体ナニ？

■□■なぜロシアで訓練を？極秘作戦ウートラ計画とは？■□■

『愛しの故郷』の第５話「マーリャンの魔法の筆」（『シネマ４９』２５３頁）では、中国東北部の村に住む画家のマーリャンが、元レスリング選手だった妻の強力な推薦のおかげで、ソ連の有名美大への留学が決定するシークエンスから始まった。２０２２年の今は、ロシア（プーチン大統領）と中国（習近平国家主席）の力関係は大きく変わっているが、１９３０年代の中国にとっては社会主義の先輩たるソ連は憧れの国だった。そのため同作ではソ連の美大への留学のために妻は懸命に尽力したのに、故郷の町に残りたいマーリャンは、ソ連で留学生活を送っているフリを偽装していた。

しかし、本作は違う。つまり、男２人、女２人で構成された本作冒頭に登場する４人は、ソ連で特別訓練を受けたスパイの超エリートだ。彼らがソ連からハルビンに派遣されたのは、極秘作戦"ウートラ（烏特拉）計画"を実行するため。ウートラとはロシア語で「夜明け」を意味する言葉で、その任務内容は、日本軍の秘密施設から脱走した生き証人である王子陽を国外に脱出させ、日本軍による人体実験などの蛮行を広く世界に知らしめることだ。

『SHADOW／影武者』は、白黒の世界観の中で中国流の武侠映画の美しさを際立たせていたが、本作冒頭は、一面雪景色の中、雪の重みに耐えかねた樹木から大量の雪が落下するシーンから始まる。『八甲田山』（７７年）では、日露戦争に備えて雪中行軍をする日本陸軍が想像を絶する雪量のため遭難し、北大路欣也扮する神田大尉が「天は我を見放した！」と叫ぶシーンが目に焼きついている。そんな目で、本作冒頭にみる、極寒の満州国の雪に注目！

４人のスパイチームはそんな深い雪の中、１組の張憲臣と小蘭、２組の楚良と王郁の二手に分かれることになったが、それはなぜ？そして、ここから彼らが向かう先は？

■□■密室劇の醍醐味を、ハルビンに向かう列車の中で！■□■

潜水艦は徹底した密室だが、走っている列車も密室。他方、密室殺人事件は探偵小説における永遠のテーマだ。したがって、列車モノにおける殺人事件の発生とその犯人追及劇は推理小説の定番であり、醍醐味だ。

他方、列車は１０両でも２０両でも繋ぐことができるから、密室とはいえ、移動できる空間は広いし、隠れる場所もトイレの中はもとより、列車の上や横にもある。したがって、列車内での追跡劇は、ド派手なカーチェイスとは異質の移動に伴う緊張感を生むことになる。そんな列車スリラーを得意としたのがアルフレッド・ヒッチコック監督だが、本作導入部では、ハルビンに向かう列車の中で二手に分かれて座った４人のスパイ達と日本のハルビン警察特務科との間で息詰まる攻防戦が展開されるので、それに注目！そこには、東大、京大から優秀な医師が多々集結していただろうから、当時の日本の倫理観に基づいたもの。もっとも、そこでの確実な極秘中の極秘！だって、それが漏れて連盟から文句でも言われたら、やっかいだもの。なるほど、なるほど・・・。

本作はストーリー展開ごとに、１章「暗号」、２章「行動」、３章「底牌」、４章「迷局」、５章「険棋」、６章「生死」、７章「前行」と小見出しがつけられているが、この列車内での密室劇のキーワードは「暗号」。その暗号は、第１組の張憲臣が第２組の２人のためにトイレに書き残したものだが、そんな小細工で特務科を欺けるの？

近時の日本の TV ドラマは、何でも説明調、その上、何でもお笑い芸人風の空虚な会話劇が多いが、本作のハルビン行きの列車内でみる密室劇は、それとは大違い。ほとんどセリフはなく、目の表情と顔の表情だけによる演技が多いから、俳優も大変だ。本作では、そんなスパイもの、列車モノの醍醐味を導入部からしっかり楽しみたい。

■□■731 部隊を知ってる？万一その秘密が漏れたら？■□■

今ドキの日本の若者は満州事変そのものを知らないから、日本が建国した満州国における７３１部隊（正式名は関東軍防疫給水部本部）がやっていた、細菌戦に使用する生物兵器の研究開発や、それに伴う中国人捕虜に対する人体実験等の実話も知らないだろう。これらはネット情報でもすぐにわかるから、本作鑑賞直後にしっかり調べてもらいたいが、本作ではそれを彷彿させる施設として“背蔭河”が登場するので、それに注目！そこには東大、京大から優秀な医師が多数集結していたそうだから、当時の日本の倫理観（？）もひどいもの。もっとも、そこでの研究は極秘中の極秘。だってそれが少しでも漏れて、国際連盟から文句でも言われたら厄介だもの。なるほど、なるほど・・・。

ウートラ作戦は、この背蔭河から唯一脱獄した王子陽と接触、保護して海外に逃亡させ、日本軍の悪事を全世界に暴露するという任務だから、張憲臣たちは、何よりもまずハルビンに潜伏しているこの王子陽と接触しなければならない。そのため、あらかじめ様々なネタを仕込んでいたのは当然。しかし、その一部の情報がウートラ作戦を決行する前に、既にハルビンに向かう列車の中で特務科に漏れていたため、何とリーダーの張憲臣が特務科に逮捕されてしまうことに！そこから始まる拷問風景は、当然肉体を痛めつけるところから始まったが、それでは効果がないと判断した特務科の高（ガオ）科長（倪大紅（ニー・ダーホン））は、かねてから研究し成果を上げていた催眠剤の使用を決定。これを注射すれば、いくら頑強なスパイでもペラペラと自白するはずだ。

３章「底牌」では７３１部隊を彷彿させる背蔭河と高特務科科長の姿に注目！

■□■4章迷局はまさに迷局！特務科内にも共産スパイが！■□■

中国で連日放映されていた安物の TV 反日ドラマなら、そんなところで“正義の味方”が登場するかもしれないが、本作はそこに特務科の内部に潜入していた共産スパイ、周乙（ジョウ・イー）（于和偉（ユー・ホーフェイ））が登場するので、それに注目！催眠剤を注射しようとした医師を殺害し、拷問室から脱出した張憲臣と合流した周乙は、張憲臣を車のトランクに隠して脱出させようとしたが、さて・・・？ここらの展開が、２章「行動」、３章「底牌」だが、続く４章「迷局」になると、既に拷問で痛めつけられた身体では任務の遂行は不可能と判断した張憲臣が、特務科に潜入しているスパイであると分かった周乙に対して後の任務を託すことになるので、それに注目！

それで３章、４章のストーリーは完結かと思ったが、さにあらず。本作では、別の車に乗り換えて門に突っ込んだ張憲臣が死にきれなかったため再び拷問にかけられ、ついに催眠剤を打たれてしまうシークエンスになる。昏迷状態の中で彼は、「亜細亜」「ニ四六」という単語を漏らしてしまったが、さて、これは一体ナニ？そして、４章「迷局」では、その小見出しの通り、自ら特務科に潜入しているスパイであると王郁に明かした周乙が、小蘭との接触方法を聞き出し、張憲臣から託された任務を遂行しようとするのでそれに注目！しかし、その道はまだまだ。なお一層険しそうだ。

■□■白熱怒涛のスパイ合戦に注目！もう一人の美女に注目！■□■

『００７』シリーズで初代ジェームズ・ボンド役を演じたのは、ショーン・コネリー。彼が演じた『００７』は、当初こそ白熱怒涛のスパイ合戦が見ものだったが、敵対する相手がソ連から架空の悪玉に変わるにつれて、次第に娯楽色とお色気色を強めていった。しかし、本作は１９３１年9月１８日に起きた満州事変によって建国された日本の傀儡国家である満州国のハルビンを舞台に展開される“ウートラ作戦”の遂行をめぐるスパイ合戦だから、そのリアルさは『００７』シリーズのエンタメ性をはるかに超えている。

４人組のスパイのリーダーである張憲巨は、１度ならず２度も逮捕され拷問にかけられた挙句、非業の死を遂げたし、第２組の楚良も相棒の王郁を守るため死んでしまったから、残るのは２人の女スパイだけ。スパイにこんな美女がいるの？そんな疑問は当然だが、そこは映画だし、チャン・イーモウ監督作品だから、“イーモウ・ガール”を登場させるのは毎度の約束事だ。その美女が、少女のようなあどけなさを残しているものの、知性と直感力で適格な判断を下し、息詰まるようなスパイ合戦の中で常に生き残り、任務の達成に向けて着実に歩みを進めていくチーム最年少の女スパイ小蘭を演じる劉浩存(リウ・ハオツン)だ。その美女ぶりは物語が始まった当初から際立っているが、本作では途中から高科長の側近として忠実に働く秘密機関の美女・小孟も黒い服、黒い帽子に身を包んで登場するので、それに注目！

催眠剤を打たれ昏迷状態の中、張憲巨が口にした「亜細亜」とは「亜細亜電影院」のこと。そして、「二四六」とは「星期二・星期四・星期六」すなわち「火曜日・木曜日・土曜日」のことだと分析した高科長は、小蘭が映画館に現れると読んで、捜査網を張ったからヤバイ。まんまと小蘭は、その網に掛かってしまうの？それとも・・・？

本作の５章険棋、６章生死から７章前行のラストに向けては、亜細亜電影院を舞台とした、白熱怒涛のスパイ合戦に注目！しかして、“ウートラ作戦”の成否、すなわち王子陽の救出はなるの？そして４人の選りすぐりのスパイたちのうち、最後まで生き残れるのは誰？チャン・イーモウ監督渾身のスパイ映画の醍醐味を、最後までしっかり楽しみたい。

２０２２（令和４）年１２月２０日記

『日本と中国』２２７４（２０２３年３月１日）

熱血弁護士

坂和章平

中国映画を語る〈72〉

（さかわ・しょうへい）
１９４９年愛媛県松山市生まれ、大阪大学法学部卒。都市開発に関わる訴訟を数多く手がけ、日本都市計画学会「石川賞」、同年に日本不動産学会「実務著作賞」を受賞。「坂和的中国電影大観」（２００４年）、「ナニワのオッチャン弁護士、映画を斬る！」シリーズをはじめ映画に関する著書多数。（公社）日中友好協会参与、NPO法人大阪府日中友好協会理事。

張藝謀監督がスパイ映画に初挑戦！時代は1934年、舞台はハルビン！
真の日中友好のためには、負の遺産＝“731部隊”の検証も！

スパイ映画の傑作は数多いがその本場は米英。ＣＩＡやＭＩ６のスパイたちは全世界で活躍中だが、１９３１年９月18日の満州事変直後の中国では？ 張藝謀監督の活躍は歴史・文芸大作から武侠モノ・家族モノまで幅広いが、婁燁監督とは対照的にスパイものは本作が初。共産革命の先輩・ソ連で学んだ４人のスパイ達が１９３４年、極寒の満州国に降り立つ冒頭の風景は『紅いコーリャン』（87年）、『ＳＨＡＤＯＷ／影武者』（18年）と同じく超絵画的。彼らが挑む極秘のウートラ計画とは？ 密室劇の面白さは列車モノで顕著。ハルビンへ向かう列車内でのスパイと特務警察との攻防戦は迫力満点だ。１章「暗号」に見る列車内スリラーの醍醐味はヒッチコック作品以上!?

木村拓哉＝織田信長＝レジェンドは知っていても、濃姫も斎藤道三も知らないＺ世代の若者は〝７３１部隊〟も知らないはず。細菌戦のための生物兵器の研究開発は大日本帝国では焦眉の課題だが、同部隊での東大京大卒のエリート医師による中国人捕虜に対する人体実験の真相は？ それはともかく、４人の任務は秘密施設から逃亡した捕虜を確保し、国外に脱出させ、日本軍の蛮行を世界に暴露することだ。さあ２章「行動」、３章「底牌」、４章「迷局」と続く手に汗握る展開は？

スパイものをより面白くする王道は二重スパイや潜入スパイの存在。それを実践する本作では、中盤のカーアクションと共にスパイ間の騙し合いが見モノ。そこでは〝亜細亜〟と〝二四六〟の暗号解析が不可欠だが、逮捕され拷問される仲間との連携や別れは？『００７』シリーズは娯楽性たっぷりだが、暗い画面に徹した本作は終始シリアスで息苦しいから心して鑑賞したい。もっとも、張藝謀作品らしく最後まで生き残る女スパイは二人とも超美人だから、それにも注目！

崖上のスパイ

全国順次公開中

監督：チャン・イーモウ
出演：チャン・イー、ユー・ホーウェイ、チン・ハイルー、リウ・ハオツン、チュー・ヤーウェン
2021年／中国映画／中国語／シネスコ／5.1ch／120分
原題：Cliff Walkers
提供：ニューセレクト
配給：アルバトロス・フィルム

Data　2022－44

監督：張芸謀（チャン・イーモウ）／張末（チャン・モウ）

出演：章宇（チャン・ユー）／張譯（チャン・イー）／陈永胜（チェン・ヨンシェン）／劉奕鉄（リウ・イーティエ）

みどころ

２０１５年の夏季に続く今年２月の北京冬季五輪の開会式の総指揮は、張芸謀（チャン・イーモウ）。そんな大活躍の一方で、春節での本作の公開はすごい！『長津湖』（２１年）に続く『長津湖之水門橋』（２２年）の大人気にはかなわなかったが、五輪効果も本作を後押し！

スナイパーものは面白い。それは『スターリングラード』（０１年）や『山猫は眠らない』シリーズ等で明らかだが、１９６２～６３年の冬、朝鮮戦争（抗米援朝戦争）における中国人民志願兵たちの“米中対決”は如何に？

大雪原を舞台とした狙撃手たちの大活躍で徹底的に国威発揚！そんな演出もありうるが、さて、本作は？

―――＊―――＊―――＊―――＊―――＊―――＊―――＊―――＊―――＊―――＊―――

张艺谋（チャン・イーモウ）是继 2015 年夏季奥运会之后，今年 2 月北京冬季奥运会开幕式的总导演。在取得那样大的成功之外，这部电影还能在中国新年期间上映也是令人赞叹的！虽然赶不上继《长津湖》（2021 年）之后的《长津湖之水门桥》（2022 年）的巨大人气，但奥运效应也推动了这部电影。

狙击手的题材很有趣，这在《兵临城下》（『スターリングラード』）（2001 年）和《狙击手》（『山猫は眠らない』）系列等影片中就很明显。 1962～63 年冬季的朝鲜战争（抗美援朝战争）期间，中国人民志愿军的〝中美对抗〞将如何呢？

在大雪域舞台上，以狙击手的巨大成功，彻底发扬国威！ 这样的导演也是有可能的，那么，这部电影中是吗？

―――＊―――＊―――＊―――＊―――＊―――＊―――＊―――＊―――＊―――＊―――

■□■張芸謀監督の精力的な活動に感嘆！■□■

２０２０年２月４日から２０日に北京で開催された冬季五輪の開会式の総指揮は、２０

１５年の北京夏季オリンピックの開会式に続いて、張芸謀（チャン・イーモウ）監督がとった。夏季五輪の演出はド派手さが目立っていたから、冬季五輪でものっけから緑色のレーザー光線が飛び交う様子を見ていると、その二番煎じ！？そう思ったが、実はこれは人が棒を振っていると知ってビックリ。２カ月の猛訓練の成果らしい。

陳凱歌（チェン・カイコー）監督と共に中国第五世代を代表するチャン・イーモウ監督の映画創作意欲は衰えることなく、『SHADOW　影武者』（１８年）（『シネマ４５』２６５頁）や『愛しの故郷（我和我的家乡』（２０年）（『シネマ４９』２４０頁）と続いていた。そんな彼は北京五輪の総指揮をとる一方で、娘の張末（チャン・モウ）との共同監督で本作を完成させたというからすごい。中国では近時、『戦狼２　ウルフ・オブ・ウォー２』（１７年）（『シネマ４４』４３頁）や『長津湖』（２１年）が大ヒット、それに続く『長津湖之水門橋』（２２年）も大ヒットしているそうだから、戦争大作巨編が花盛りだ。

チャン・イーモウ監督は、『愛しの故郷』で『初恋のきた道』（００年）（『シネマ５』１９４頁）の「ほんわか路線」に戻ったと思っていたが、朝鮮戦争を素材にした本作を完成させたのは、そんなご時世に刺激を受けたのかもしれない。驚くのは、彼は本作の完成に満足せず、続いて最新作『満江紅』にも挑んでいること。彼は私より１歳年下の７２歳だが、中国ではその年齢にしての精力的な活動に感嘆の声が上がっているそうだ。

■□■中国語の字幕付きをパソコンでオンライン鑑賞！■□■

日本未公開の本作は、２０２２年の春節（2月1日）に公開された。その時期に公開されるのは有力作が多いが、その１番人気が『戦狼２』を抜いて歴代トップになった『長津湖』の続編たる『長津湖之水門橋』。そのあまりの人気に、本作の売り上げは伸び悩み、チャン・イーモウ監督自身も「ちょっと悲惨」と語っていたらしい。

ところが、2月4日の北京五輪の開会式で、チャン・イーモウの総指揮の下、コンパクトながらも美しく統一感のあるパフォーマンスが繰り広げられた結果、翌日には早くも効果を見せたらしい。そんな本作は、日本では未公開だが、私は中国人の友人の紹介で中国語の字幕付きをパソコンでオンライン鑑賞することに。去る1月23日に中国語のHSK検定5級に合格した私はストーリー自体はほぼ理解できるが、字幕だけではその詳細に理解不十分な点があるのは仕方がない。その点はご容赦を。

■□■時代は？舞台は？主人公は？登場人物は？■□■

狙撃手を主人公にした名作は、『スターリングラード』（０１年）（『シネマ１』８頁）、『山猫は眠らない』シリーズ、さらに、『ゴルゴ１３』や『ジャッカルの日』などたくさんある。「潜水艦モノは面白い」と同じように、「スナイパーものは面白い」が私の持論だから、本作への期待は高い。

『スターリングラード』は、第２次世界大戦の独ソ戦におけるスターリングラードの攻防戦の中で死闘を続けるスナイパーたちの物語だった。近時は『ナチス・バスターズ』（２０年）（『シネマ４９』９０頁）という面白いロシア映画もあった。それらに対して、本作は１９５２年から５３年の極寒期における、朝鮮戦争（抗米援朝戦争）の中で、連合国軍（アメリカ軍）と戦う中国人民志願兵の物語だ。

本作の主人公は実在した人物で、そのモデルは張桃芳。彼は朝鮮戦争の３２日間に及ぶ戦闘で、４３６発の銃弾を発射し、敵軍２１４名を射殺した人物で、「伝説のスナイパー」「志願軍の名スナイパー」「狙撃英雄」と呼ばれたそうだ。本作冒頭、刘文武（章宇）率いる十数名の狙撃第５班の戦士たちが登場し、米軍の奇襲に大成功！その後、彼らは、雪原の中に構築されている強固な陣地内で、強力な武器の下で陣地を守る米軍と対峙することになるが、人民志願兵の装備は貧弱。敵の実状を探るための双眼鏡すら班長一人しか持っていないうえ、銃弾も不足しているらしい。もちろん無線もないから、互いの位置確認の連絡は大声でするしかない。第５班に結集する戦士たちは当初こそ刘文武の点呼に大声で反応していたが、戦闘が進むにつれて一人また一人と減っていくことに・・・。

■□■大雪原を舞台に、米中の“狙撃対決”は如何に？■□■

夏季と冬季の北京五輪の開会式を総指揮したチャン・イーモウ監督が、ライフル競技についてどの程度勉強したのかは知らないが、競技のレベルと映画の演出は当然別。したがって、数百メートル以上離れた場所からの狙撃でピンポイントに銃弾を命中させる本作のスクリーン上の演出を見ていると、彼がいかに「映画は演出！」と割り切って面白い演出にこだわっているかがよくわかる。２０２１年9月２４日に亡くなった、さいとう・たかを氏の『ゴルゴ１３』でも、あり得ないような狙撃シーンが随所に登場していたから、漫画（劇画）でも、ある意味での過剰演出はOKらしい。

第１次世界大戦の東部戦線、西部戦線では全く想定外の「塹壕戦」が登場し、兵士たちは凄惨な戦いを強いられたが、それは大雪原の中に複雑な形に張り巡らされた陣地（トーチカ）を舞台に展開する米中の狙撃戦でも同じだ。刘文武たち第５班の狙撃手たちは身体に真っ白いマントをかけ、銃も白い布で覆っていたが、こんな貧弱な装備ではトーチカ内の要所に機関銃を配置した米軍の狙撃兵に対抗するのは到底無理。しかも、米軍には刘文武たちを“あぶり出す”ためのいやらしい作戦も・・・。さあ、大雪原を舞台に、米中の“狙撃対決”は如何に？

■□■主人公の成否は？本作は戦争ドラマ？人間ドラマ？■□■

２０１７年に興行収入トップの金額を更新した『戦狼２』は、アフリカの某国における“中国版ランボー”と呼ばれる主人公の大活躍に、中国人民も習近平国家主席も大喜び！同作ラストにみる、中華人民共和国のパスポートの誇らしさにはまさにビックリ！すると、北京五輪であれほど“わが祖国”の国威発揚に努めたチャン・イーモウ監督だから、本作でも、中国人民志願兵の面々は、徹底的に米軍（連合国軍）を撃破！もちろん、娘のチャン・モウと共同監督した本作ではそんな設定も可能だが、さて、本作における主人公の成否は？米軍の制圧は？

私はチャン・イーモウ監督の「しあわせ三部作」と呼ばれる、『あの子を探して』（９９年）（『シネマ５』１８８頁）、『初恋のきた道』（００年）（『シネマ５』１９４頁）、『至福のとき』（０２年）（『シネマ５』１９９頁）が大好き。この三部作で彼は「新人女優探しの名人」と呼ばれたが、彼は本作では雪原の中で米中の狙撃兵が対峙する中、突然１人の男の子をひょこひょこと歩いて登場させるので、それに注目！これは一体ナニ？米中双方の狙撃手たちがそれに惑わされたのは当然だが、その対処は？そこに民主主義国と共産主義国との違いがあるの？

そんな論点を含めながら、本作にみるチャン・イーモウ演出の巧みさとすばらしさをしっかり味わいたい。

■□■大日本帝国を駆逐した後の中国は？朝鮮は？■□■

１９４５年の第２次世界大戦後、アメリカとソ連は戦勝国として力を伸ばしたが、ヨーロッパは戦後処理に大変だったし、中国（大陸）も大日本帝国を駆逐した後、“国共内戦”に突入したから大変。蒋介石率いる国民党を台湾に追いやり、毛沢東率いる中国共産党が天下を握り、中華人民共和国を建国したのは１９４９年１０月１日だ。

やっと大日本帝国を駆逐した朝鮮半島でも、すんなり朝鮮民族の解放と国家の統一が成らなかったのは大きな不幸だが、そうかといって、いきなり北から南へ攻め込んだ金日成同志の決断はいかがなもの？電光石火の攻撃によって、韓国軍はたちまち半島東南端の釜山（プサン）まで追い詰められたが、そこから奇跡の大活躍をしたのが、対日戦で大活躍したダグラス・マッカーサー。１９５０年９月に仁川に上陸したマッカーサー率いる国連軍のおかげで韓国軍は盛り返し、ついに１９５３年の休戦協定によって３８度線上に非武装地帯が設置され、今日まで停戦状態が続いている。

ソウルより西方２０km付近にある仁川に（逆）上陸した国連軍が、ソウルを奪い返しただけではなく、今度は逆に北へ北へと侵攻しているのを見て、「義を見て為さざるは勇なきなり」とばかりに、中国人民志願兵を組織し、隣国朝鮮へ派遣したのが建国後間もない中華人民共和国。したがって、毛沢東と金日成との“赤い同盟”は、まさに“血の同盟”だ。それが６０年前の朝鮮戦争、中国流にいえば“抗米援朝戦争”だ。

■□■60年前の朝鮮情勢と中国人民志願兵を現在と比べると■□■

民族と国家を南北に分断された朝鮮半島の情勢が大きく変化していったのは、民族と国家が東西に分断されたドイツと同じ。もっとも、ドイツは１９８９年７月にベルリンの壁が崩壊したことによって、西側に吸収される形で東西ドイツの統一が実現したが、朝鮮半島は今なお“停戦状態”のままで、北（朝鮮民主主義人民共和国）は北なりの、南（大韓民国）は南なりの国家運営を続けている。

朝鮮戦争後の“軍人支配”を脱して、民主主義国になった韓国では、来る２０２２年5月１０日に5年ぶりの“政権交代”が実現するが、政治の混乱はひどい。金王朝の三代目たる金正恩率いる独裁国家の北朝鮮は、かつてトランプ大統領との対話（？）の中、一時的に核施設を“爆破”したが、ウクライナ情勢が混沌とする中、再びミサイルと核を巡ってヤバい動きを加速している。今でも北朝鮮と“血の同盟”を結んでいる中国は、世界中からの経済制裁によって“飢える国”になってしまった北朝鮮への援助は怠らないし、東へ向けたミサイルの開発にも反対しないが、さすがに核開発には明確に反対しているが、さて金正恩は今どんな思惑なの？

他方、ロシアによるウクライナ侵攻を受けて、習近平国家主席の悲願である「中華民族の統一」、すなわち、「台湾への侵攻」の可能性がクローズアップされているが、今の中国人民解放軍の陸海空、プラス宇宙やデジタルの戦力は、６０年前の比ではない。アメリカには劣っているものの、すでに日本のそれをはるかに超えている。そんな昨今の中国が進めてきた大国家戦略が“一帯一路政策”だから、『戦狼２』が大ヒットしたのも頷ける。アフリカの某国で内戦が勃発しても、それくらいのことは、中国人民解放軍の“ランボー”クラスの優秀な兵士を派遣すればすぐに解決できる、というわけだ。すると、チャン・イーモウ監督は、なぜ本作で６０年前の朝鮮戦争における中国人民志願兵の姿を描いたの？そこからどんな教訓を導こうとしたの？６０年前の朝鮮情勢と中国人民志願兵と現在のそれを比べながら、そんな“論点”もしっかり突き詰めたい。

２０２２（令和4）年4月２１日記

第2章
第6世代監督

Data

監督・脚本：賈樟柯（ジャ・ジャンクー）

出演：趙濤（チャオ・タオ）／廖凡（リャオ・ファン）／徐峥（シュー・ジェン）／刁亦男（ディアオ・イーナン）／馮小剛（フォン・シャオガン）／張一白（チャン・イーバイ）梁嘉艶（キャスパー・リャン）

みどころ

本作は大同、奉節、新疆ウルムチを舞台とし、激動する中国の２００１年からの１７年間も変わらぬ想いを抱えた女と男がすれ違う物語。したがって、『帰れない二人』の邦題もいいが、原題の『江湖儿女』も、その意味をしっかり勉強したい。

日本で“渡世人”と言えば鶴田浩二や高倉健、そして藤純子だが、２１世紀の中国に渡世人がいたの？また、バブル時代の『YOUNG MAN』や『CHA-CHA-CHA』が、なぜ大同のディスコで鳴り響いているの？ジャ・ジャンクー監督によると、それこそが２１世紀の中国らしい。したがって、そこで生きる若者や渡世人たちの生きザマは？

１７年も経てば人は変わるもの。しかして、本作に見る渡世人と女渡世人の変化は？その中でのヒロインの移動距離は７７００ｋｍというから、恐れ入る。移ろいゆく景色、街、心。それでも愛し続ける二人の男女の姿を描く、第６世代監督の旗手・ジャ・ジャンクー監督の最新作は必見！

――＊――＊――＊――＊――＊――＊――＊――＊――＊――＊――

■□■邦題もいいが、本作の理解には原題もしっかりと！■□■

本作の邦題は『帰れない二人』だが、原題は『江湖儿女』。この江と湖は、川と湖、儿と女は男と女（息子たちと娘たち）の意味だ。パンフレットにあるジャ・ジャンクー監督の「ディレクターズ・ノート」では、まずこの原題『江湖儿女』の意味を詳しく解説してくれているので、これは必読！そこでは、「“江湖”は“川と湖”という文字以上の意味があり、言葉にするのは難しいのですが、“真に危険な世界”“激しい感情の世界”をも表します。この二語を組み合わせると、世間の流れに逆らおうとする人々、優しさと敵意、愛と憎しみによって生きる人々を想起させます。」とジャ・ジャンクー監督自らが解説している。なるほど、なるほど。

そんな原題に対して、邦題の『帰れない二人』は、ジャ・ジャンクー監督が言う「複雑で意味深な中国語」を正確な日本語に翻訳することを諦め、完全に意訳したもの。つまり、別れと再会を繰り返しながら今があるヒロインのチャオ（チャオ・タオ）と、その恋人のビン（リャオ・ファン）の２人が、もう一度昔に戻りたいと思うものの、それは到底かなわないという気持ちをストレートに表現したものだ。『帰れない二人』とは、その切ない気持ちがよく伝わるなかなかいい邦題だが、奥行きの深い本作をホントに理解するためには、原題の意味を中国語の勉強を含めて、しっかり噛みしめる必要がある。

■□■本作が描く激動の２１世紀中国は、私が見た中国と同じ■□■

パンフレットによれば、本作が描くイントロダクションのポイントは、「移ろいゆく景色、街、心。それでも、愛し続ける。総移動距離７７００ｋｍ！現代中国を背景に描き出す、１７年におよぶ愛の物語」。そして、ストーリーのポイントは「激動の２１世紀中国。北京五輪開催決定、三峡ダム完成、経済の急成長・・・変わりゆく１７年の月日の中で、変わらぬ想いを抱えた女と男がすれ違う。」とされている。

私の生まれは中華人民共和国が誕生した年と同じ１９４９年。そして、中国旅行にはじめて行き、中国との接点が生まれたのが２０００年８月だから、本作のストーリーが始まるのとほぼ同時期だ。本作は大きく①２００１年、山西省・大同（ダートン）、②２００６年、長江・三峡、奉節（フォンジェ）、③２０１７年、大同という３つの時代に分けて、１７年間に及ぶチャオとビンの愛の物語が描かれる。ジャ・ジャンクー監督の映画の舞台には必ず彼の出身地である山西省の大同が使われるが、私が最初に知り合った中国人留学生の女性の出身地も、山西省の省都・太原だった。それから、２０１９年9月までの２０年弱の間、私の中国との接点は急速に広がっていったから、本作のストーリーのポイントとなる、激動の２１世紀中国の①、②、③の時代における３つの出来事は、私が見た激動の中国と同じだ。

ちなみに、本作前半では、ビンが使う“渡世人”と言う言葉が珍しいうえ、後半からはチャオがその言葉を受け継いでいくところが面白い。“渡世人”と言えば、鶴田浩二、高倉健のヤクザ映画、任侠映画を思い出すし、“女渡世人”と言えば、緋牡丹お竜の藤純子や、女ツボ振りの江波杏子を思い出すが、激動の２１世紀中国にホントに渡世人や女渡世人がいたの・・・？

■□■『青の稲妻』と『長江哀歌』を是非一緒に！■□■

ジャ・ジャンクー監督のミューズはチャオ・タオだが、私がそのチャオ・タオをはじめて観たのは『青の稲妻』(02 年) を観た時。同作は、２００１年の山西省の地方都市・大同を舞台に、揺れ動く１９歳の男女を主人公として描いた話題作。『任逍遥』を歌い、アメリカばりの反体制 (?) を気どる若者たちが行きつく先を、何ともやり切れない無力感の中で描いていた (『シネマ 5』343 頁)。

同作で、「モンゴル王酒」のキャンペーンで踊っていたモデルの女の子がチャオ・タオだが、彼女は最後にはアメリカ映画で観たような銀行強盗に走る２人の１９歳の主人公らと共に、何とも言えない存在感を見せつけていた。当時１９歳だった同作の主人公たちは、その後どうなったの・・・?

他方、三峡ダムの建設によって水の中に消えていくまちや人々の姿を、長江の流れと共に描いた映画はたくさんあるが、ジャ・ジャンクー監督は最もそれに注目してきた映画監督。そんな彼の『長江哀歌』(06 年) は、第６３回ベネチア国際映画祭でグランプリを受賞した名作で、その舞台は古都・奉節だった。同作の主人公の１人は、１６年前に別れた妻・幺妹を探すため、奉節にやって来た山西省の炭鉱労働者・韓三明の物語。もう１人の主人公は、同じく山西省から、２年間音信不通となっている夫・郭斌を探すため奉節にやって来た沈紅だ。つまり、ジャ・ジャンクー監督は、全く無関係な三明の物語と沈紅の物語を、同じ奉節を舞台として展開させていくことによって、三峡ダム建設で沈んでいくまちにおける人間の営みのはかなさを描いたわけだ (『シネマ 17』283 頁)。

そこでは、古来より山水画の題材として描かれてきた壮大な長江の風景と、三国志に登場する白帝城が大きなポイントになっていた。本作のヒロインであるチャオが刑務所での５年間の服役を終えた後に訪れたのが、三峡ダム建設のために水没するまち・奉節だが、それは何のため?ゆったりと流れる長江が大きく映し出されるスクリーン上では、「三峡ダムの水位が上昇します。数年後、三峡へ訪問する頃には、景色の一部は山底の遺産でしょう」という観光アナウンスが響いていたが、それってホントにホント・・・?

本作は、『青の稲妻』に登場した１９歳の若い恋人たちと、『長江哀歌』に登場した韓三明と沈紅の、その後を追うかのように描いた3部作になっている。と言っても、もちろん『青の稲妻』のチャオ・タオと、『長江哀歌』のチャオ・タオと、本作のチャオ・タオが同一人物だという訳ではなく、激動の２１世紀中国で、２００１年大同、２００６年奉節、２０１７年大同を舞台に生きたチャオと、その恋人ビンとの愛の遍歴を描くものだ。したがって、本作を鑑賞するについては、是非『青の稲妻』と『長江哀歌』も一緒に鑑賞したい。

■□■大同・奉節ＶＳ新疆のウルムチ、その位置は?距離は?■□■

近時、中国では、ＳＦ小説とＳＦ映画が大ヒットしている。その代表が『流浪地球』と『三体』だ。そんな最先端の流行を予測するかのように (?)、本作中盤では、ビンと再会するために訪れた奉節で、ビンと別れることになり、もはや故郷の大同に戻れないチャオが、汽車の中で出会った怪しげな学者風の男（シュー・ジェン）から、ＵＦＯの話を聞く面白いシークエンスが登場する。この男の話によれば、新疆のウルムチは、改革開放政策が始まった時の深圳と同じように、活気と可能性に溢れた都市。そこにあるＵＦＯの研究所で働けば、メチャ面白いそうだ。もっとも、５年間の服役を終えて会いに来たのに、ビンから振られ、今や百戦錬磨の女渡世人に成長した（？）チャオが、そんな話にコロリと騙されるはずはないが、チャオがそんな詐欺師ミエミエの男と一緒に新疆行の列車に乗ったのは一体なぜ？列車の洗面所の中で交わす２人の抱擁を見ていると、ひょっとしてこのままベッドイン？そんな予感もあったが、さすがにそこまでに至らなかったのは幸いだった。

新疆にあるウルムチはかつてのシルクロードの都市で、中国の最西部にある都市。本作は１７年に及ぶチャオとビンの愛の物語だが、同時に移動距離が７７００ｋｍだから、すごい。そのまま列車に乗っていれば、奉節から広東に行くはずだったチャオは、広東ではなくウルムチに到着するわけだが、ある駅でチャオは、男が眠っている間に１人降りてしまったから、アレレ・・・。しかして、それは一体なぜ？

前述した「ディレクターズ・ノート」では、ジャ・ジャンクー監督は「たどり着けない場所」という見出しで「中国の北西部奥地の新疆のウルムチ、チャオが『帰れない二人』の中で決してたどり着けない場所です。おそらく誰にでもそのような、決してたどり着けない場所があると思います。距離の問題だけではなく、新しい人生を送ることはとても難しい。愛や記憶、習慣といった感情の束縛から逃れられないのです。それでも自由になろうともがく時、その結果はその人の尊厳を反映するものになります。」と述べているので、それに注目したい。つまり、“江湖”は、いくら危険な世界、激しい感情の世界であっても、ビンとチャオという“儿女”にとってたどり着ける場所だが、新疆のウルムチは、チャオにとって決してたどり着けない場所というわけだ。中国大陸はメチャ広いから、その地理を頭に入れるのは大変だが、本作を理解するためには、大同と奉節の位置関係、さらには、決してたどり着けない場所としての新疆ウルムチとの位置関係をしっかり理解したい。

■□■あの“渡世人”も今や車椅子姿に！２人の再会は？■□■

刁亦男（ディアオ・イーナン）監督の『薄氷の殺人』（14 年）は、中国映画には珍しいフィルムノワール調のミステリー作品で、第６４回ベルリン国際映画祭で作品賞と主演男優賞の２冠を獲得した名作。原題を『白日焔火』（直訳すれば「白昼の花火」）とする同作では、廃墟ビルの屋上から打ち上げられる大量の白昼の花火のシーンが圧巻だった（『シネマ 35』65 頁）。

そんな同作で、落ちぶれ果てた元刑事役を演じた廖凡（リャオ・ファン）が、本作導入部ではカッコ良い渡世人のビン役を演じている。しかし、ビンが仲間たちから一目置かれ、兄貴分的な存在で、仁義の世界で義侠心を重んじながらのし上がろうとしているカッコイイ渡世人でいるのは導入部だけだ。ある日、チャオを乗せたビンの車が若いチンピラに囲まれ、「お前すごいんだろ！冠くれてやるよ！」と襲われると、得意の格闘ワザで健闘したものの、多勢に無勢、そして武器を持つ者と持たざる者との差で、ビンはボコボコにされてしまったが、それを救ったのがチャオの拳銃だ。いくら天に向かって撃っただけとはいえ、これにモロに対抗すれば、自分の身体に風穴があくかもしれないと悟ったチンピラたちはそこで解散したから、ビンは一命を取り留めることに。しかも、銃の不法所持を警察から咎められたチャオは、それをビンからもらったことを自白しなかったから、ビンは１年で刑務所から出られたのに対し、チャオは５年間も服役することになったわけだ。そのため、チャオは当然、自分が出所する時には、先に出所したビンが出迎えにくるものと思っていたが・・・。

２００６年に、ビンを探すため奉節にやって来たチャオを避けようとするビンの姿は、いかにもカッコ悪い。この時ビンは、仕事仲間だった男の妹と「いい仲」になっていたから、それもやむなしだが、それならそれで男らしく“ＦＡＣＥ　ＴＯ　ＦＡＣＥ”でチャオにきちんと説明（釈明）すべきでは・・・？それはともかく、本作を観ていると、男女の仲がいかに難しいかがよくわかる。そして、男も女も渡世人ともなれば、それはなおさら・・・。しかして、後ろ髪をひかれながら、ビンとチャオは奉節で別れ、チャオはいったんは新疆のウルムチに向かう羽目にもなったのだが、さて、それから１１年後の２０１７年の今は・・・？

そこでは、あの羽振りのよかった渡世人のビンが車椅子姿になっていたから、その落ぶれぶりにビックリ！今や２人とも中年おじさんと中年おばさんになっているのは仕方ないが、すれ違い続けた２人が今また大同で再会することになったのは、一体なぜ？

■□■本作から考える、主人公たちの１７年ＶＳ私の１７年■□■

本作は２００１年から始まるビンとチャオの物語だが、その最初の舞台は大同。渡世人のビンは恋人のチャオを側に従えて、雀荘の中で羽振りが良さそうだ。また、日本の１９９０年代を彷彿させるディスコ音楽が鳴り響く大ホールの中で、腰をくねらせ、長い髪をなびかせながら踊り狂っている男女の姿にビックリ！北京、上海、深圳ならわかるが、山西省のまち・大同でもこんな風景があったとは！しかも、そこで鳴っているのは、西城秀樹の『YOUNG MAN』や石井明美の『CHA-CHA-CHA』等のダンス音楽だから、なおさらビックリ。思わず椅子の上でリズムを取ってしまったほどだ。この時の２人の歳は３０～４０代。私が念願の自社ビルを購入するとともに、そこから歩いて２、３分のバカ広いマンションを購入したのも２００１年。同時に、その頃に私と中国との接点が始まったから、私の弁護士としての第２の歩みも２００１年に始まったことになる。その時の私は、おおむね５０歳だ。

それから１７年、本作の主人公の１人である、不器用な渡世人のビンは無様な車椅子の姿となり、チャオの助けがなければ何もできない状態になっていた。しかし、故郷の大同に戻ってきた女渡世人のチャオは元気いっぱい。２００１年当時が３０歳だとすれば、今は５０歳近いわけだが、その生命力はふつふつとたぎっているし、従業員たちの仕切り方もハンパではない。しかも、肉体以上に心まで弱くなっているビンに対するリハビリ支援のハッパのかけ方を見ていると、その厳しさは相当なものだ。そんな姿を見ていると、不器用な男ビンは、激動の２１世紀中国の１７年間をうまく渡っていけなかったのに対し、５年間の服役まで体験した前科モノで女渡世人のチャオは、時代の変化にそれなりに対応してたくましく生き抜いていることがよくわかる。

さあ、それに対して、同じ時期の私の１７年後は？そして、同じ時期の日本の１７年後は？私は２０１５年の大腸ガン、２０１６年の胃ガンの手術を経て、２０１９年の今７０歳になったが、多くの"価値観の転換"を経て、今もそれなりに器用に生きている。その点、不器用なビンとは大違いで、時代の変化への対応力はバッチリ。しかし、バブルが崩壊する中で成立した「土地基本法」の威力（？）や、不動産融資の総量規制という金融政策を断行したことによって、さしもの日本の土地バブルが崩壊したのは良かったが、それによる経済不況と「失われた１０年」と呼ばれる時代の発生は日本国民には想定外だった。そのため、３０年間続いた平成の時代の後半となる２００１～２０１８年の日本は、小泉内閣の登場にもかかわらず、基本的には"低迷の時代"となった。これは、少子高齢化が急速に進む構造になっている日本では止むを得ない現象かもしれないが、それを、その間の中国の劇的な変化（成長）と比べてみれば・・・？

ジャ・ジャンクー監督が、２００１～２０１８年までの２１世紀中国の激動の１７年間を、ビンとチャオを通じて鳥瞰的に描いた本作は実に興味深い。それは描く側の視点が明確になっているからだが、それ以上に大切なのは、そんな対象（客体）が存在していたこと。そんな本作の鑑賞を、私はすべての日本の映画ファンにおすすめしたい。そして、ジャ・ジャンクー監督が本作で描いた２００１年からの激動する中国の１７年間と、自分の人生のそれを比較してもらいたい。その結果、現在のビンのようなみじめな姿があるの？それとも、チャオのように今もたくましく生きる姿があるの・・・？

２０１９（令和元）年9月２７日記

『日本と中国』２２３４号（２０１９年１１月１日）

熱血弁護士 坂和章平

中国映画を語る〈33〉

(さかわ・しょうへい)１９４９年愛媛県松山市生まれ。大阪大学法学部卒。都市開発に関わる訴訟を数多く手がけ、日本都市計画学会「石川賞」、同年に日本不動産学会「実務著作賞」を受賞。『坂和的中国電影大観』(２００４年)、『ナニワのオッチャン弁護士、映画を斬る！』シリーズをはじめ映画に関する著書多数。(公社)日中友好協会参与、NPO法人大阪府日中友好協会理事。

帰れない二人

21世紀中国の歴史と7700ｋｍの距離を超えた想い

カンヌ、ベネチア、ベルリンの世界三大映画祭常連監督である名匠ジャ・ジャンクー監督の新作は、大きな変化を迎えた21世紀中国の大同、奉節、新疆ウルムチを舞台に、17年に及ぶ男女の恋を壮大に描く。

最初の舞台となる大同。渡世人のビンは恋人のチャオを側に従えて、雀荘の中で羽振りが良さそうだ。ある日、チャオを乗せたビンの車が敵対組織のチンピラに襲われ、暴行されるビン。それを救ったのがチャオの拳銃だった。警察から銃の不法所持を咎められたチャオはビンを守って収監されてしまう。

５年後の２００６年、出所したチャオは大同から姿を消したビンを探すため、三峡ダム建設でやがて水底に沈みゆく古都・奉節に降り立った。ビンとの再会もつかの間、後ろ髪を引かれながらも再びの別れ…。チャオは最も内陸にある大都市・新疆ウルムチに向かう羽目になる。

それから11年、ビンは無残な車椅子の姿となっていた。対するチャオは、故郷の大同で充実した日々を送っていた。激動する21世紀中国の十数年間をうまく渡ることのできなかった不器用な男ビンに対し、服役までした女渡世人のチャオは、時代の変化に適応してたくましく生き抜いていることがよくわかる。

北京オリンピックの開催、三峡ダムの完成、経済の急成長…。変わりゆく歳月の中で、変わらぬ想いを抱く二人。再び結ばれることは叶わぬ夢なのか—。本作の原題である『江湖儿女』の江と湖は、川と湖、儿と女は男と女の意味。邦題『帰れない二人』からは、二人の切ない気持ちがよく伝わってくるが、奥行きの深い本作を本当の意味で理解するためには、原題の意味を中国語の勉強を含めて、しっかり噛みしめる必要があるように思う。カンヌ国際映画祭コンペティション部門５作品目の選出となる本作、現代中国の歴史、大きく変わる人々の生活スタイルにも注目である。

全国上映中！

原題：江湖儿女
監督：賈樟柯（ジャ・ジャンクー）
出演：趙濤／廖凡／徐峥／刁亦男
製作年：2018年、中国・フランス合作、135分
配給：ビターズ・エンド

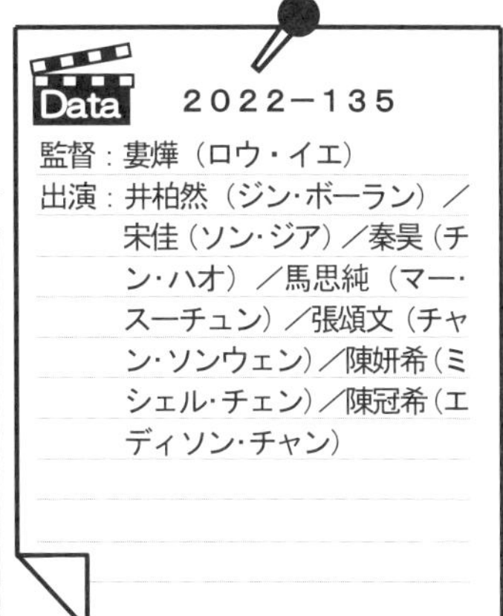

みどころ

私は中国第６世代監督の旗手の一人、ロウ・イエ監督が大好き。過去７作を鑑賞しているが、その問題提起の鋭さは驚くばかり。なぜ【完全版】なのかを含めて、第１０作目となる本作の出来は？

監督の問題意識は、２０１３年４月１４日、広州市の“都会の村”で起きた再開発を巡る「開発業者」VS「住民」の立ち退きを巡る騒乱。これは都市問題をライフワークにしてきた私の問題意識と同じだ。

野外セックスに励む若い男女が白骨死体を探り当てるシーンから始まる本作は、１９８０年代から３０年間に及ぶ中国の経済成長の中で起きた人間の歪を、時代に翻弄された７人の男女の姿から暴き出していく。そのため、広州から始まる舞台は、台湾にも、香港にも。

日本には憲法があり、都市再開発法があるが、中国は法治ではなく人治。しかも、土地は国の所有だから、再開発事業を押し進める開発業者が政府と癒着するのは必然。都会の村での騒乱と、そこでの住民の１人や２人の死亡は想定内だが、まさかトップの役人が死ぬとは！これはきっと他殺だが、その犯人は？

他方、冒頭の２００６年に発見された白骨は誰の死体？日本の土地バブルも凄かったが、中国のそれはもっとすごいから、紫金不動産の創業者の「我が世の春ぶり」はすごい。しかし、そんな男の女関係は？山ほど重ねてきた秘密の所業の数々は？

未熟な若手刑事がセックス・スキャンダルを含む、さまざま陰謀に巻き込まれていくのは仕方ないが、その捜査はどこまで進むの？これは面白い！フラッシュバックが多用される３０年間の歩みを、“年表”を片手にしっかり楽しみたい。１度で理解できない人は、２度でも３度でも！

——＊——＊——＊——＊——＊——＊——＊——＊——＊——＊——

■□■いきなりの男女の絡みとその後の暴動シーンにビックリ！■□■

本作冒頭、若い男女が河川敷で絡み合うシーンが、暗いトーンの色調の中で、いきなり登場！これは一体ナニ？本作はフランスやイタリアのポルノ映画？一瞬そう思ったが、行為の最中に２人は何かを発見したらしい。そのため、２人は驚いて現場を離れていくことに・・・。

その直後、スクリーン上には、立ち退きに反対する住民たちの騒乱と、それを抑圧する警察官たちの姿が登場する。多くのケガ人も発生しているから、この暴動はかなり激しいものだ。そこに乗り込んできたのが、開発の責任者である唐奕傑（タン・イージェ）（張頌文／チャン・ソンウェン）。彼は自分は地元出身であることを強調し、「俺もこの街を愛してる。」「再開発が必要だ。そこにこそ未来がある」と、もっともらしい理屈（正論）を述べて暴動を抑えようとしたが、住民からは「キレイごとを言うな！」と一蹴！そして、タンは秘書と別れてビルの５階に上っていたわずかな間にそこから転落し、死亡してしまったから、アレレ。これは一体ナニ？

そんなスクリーン上の展開を見ているだけでは、観客は事態を飲み込むことはできないが、字幕表示やTVから流れる実況中継のニュースを聞くと、なるほど、なるほど・・・。

■□■日本の不動産開発は？中国の不動産開発は？■□■

日本の土地バブルが弾けたのは１９８９年。日本では１９６０年代後半に、都市計画法の改正、建築基準法の改正、都市再開発法の制定、という「近代都市三法」が成立した。そして、「所得倍増計画」を掲げた池田隼人首相が押し進めた「高度経済成長政策」に続いて、田中角栄が陣頭指揮を取った「日本列島改造論」に基づく「新全国総合開発計画」（新全総）路線によって、空前の土地開発ブームが起きた。それを後押ししたのが金融政策、つまり銀行による無尽蔵な不動産融資だ。

他方、中国では、毛沢東が主導した文化大革命が１９７７年に終焉した後、１９８０年代からの「改革開放政策」を打ち出した鄧小平は、日本の新幹線からも学んだが、それ以上に、「土地は国のもの」という社会主義国特有の制度の下で、中国特有の不動産開発を推進した。それが、国有の土地の“使用権”を民間に払い下げ、その上に民間の資本で住宅を建て、人民に分譲する、というものだ。日本で１９６０年代に起きた住宅ローンとセットになったマイホームブームは土地と建物の所有権を取得するものだったが、中国のマイホームはそれとは根本的に違うものだ。

■□■７人の男女を軸に描くネオノワール・サスペンス！■□■

それはともかく、冒頭に見た暴動は、２０１３年4月１４日に広州市の開発区域の一画、天河区“都会の村”で起きたものだ。怒った村民たちによる集団暴動になったのは、立ち退き料の合意がないまま、いきなり建物取り壊しが始まったためらしい。日本の都市再開発法の根幹は、等価による権利変換システムにあるから、土地・建物の所有者は、再開発によって土地・建物を失うけれども、それと等価の補償金を受け取ることができる。法治国家たる中国にはそれと同じような法律はないの？また、冒頭に見た男女の絡みは、２００６年、広州市内を流れる北江（ベイジャン）の河川敷のもので、このカップルが驚いて行為を中止したのは、ある変死体を発見したためらしい。

本作のイントロダクションには、「広州市の都市再開発で取り残された一画のシエン（冼）村というビジネス街に囲まれた"都会の村"で２０１０年に実際に起きた暴動をヒントに、８０年代の改革開放が進み、９０年代に入り、社会主義市場経済が推し進められ、２０００年代にはバブルが訪れ、人々の欲望が渦巻く現代までの３０年間という時代に翻弄される７人の登場人物を中国そして香港、台湾を舞台に描くネオノワール・サスペンスだ。」と書かれている。これは面白そう！

■□■３人の出発は１９８９年！一方は官、他方は民。女は？■□■

本作は、７人の男女の物語で構成されているが、ストーリーの核になるのは３人の男女。つまり、①冒頭で死亡した男、開発区の担当主任のタン、②民間開発業者の紫金（ツージン）不動産の創業者で社長の姜紫成（ジャン・ツーチョン）（秦昊／チン・ハオ）、そして、③タンの妻、林慧（リン・ホイ）（宋佳／ソン・ジア）だ。

この３人は１９８９年に出会っていた。当時、リンはジャンと付き合っていたが、ジャンが既婚者だと知って別れ、タンと結婚。台湾に渡ったジャンは、起業家として成功し、２０００年に広州に戻り、紫金不動産を創業。そして、役人であるタンのコネクションによって、ジャンの会社は開発事業を獲得し、タンは開発区の担当主任に昇格していた。

２０１４年の今は、この３人が知り合ってからすでに２５年経っていたが、今や3人とも順風満帆。その豊かな生活ぶりは群を抜いていた。役人のタンはそれをひけらかすことはできないが、民間業者であるジャンの贅沢ぶりは、まさに"わが世の春"だった。そんな状況下、突然タンが死亡。これが事故なら仕方ないが、もし殺人事件だとしたら、その犯人は・・・？動機は・・・？２００６年の変死体との関連は？

■□■ヤンの捜査は？糸口は？アユン失踪事件との関連は？■□■

タンの転落死の捜査のため派遣されたのは、若手刑事の楊家棟（ヤン・ジャートン）（井柏然／ジン・ボーラン）。タンの転落死は事故死？それとも殺人事件？そんな冒頭の問題提起を見ると、本作は刑事モノ？サスペンスもの？それとも、不動産開発に絡む社会問題提起作？本作は中国第６世代監督の一方の代表であるロウ・イエ（婁燁）監督の１０作目だから、きっとその両方だろう。

ヤンの捜査は、タンとジャン、そしてタンの妻リンの身元を洗い出すことから始めることに。ジャンは無一文だった台湾時代に、台北のクラブでホステスをしていた連阿雲（リエン・アユン）（陳妍希／ミシェル・チェン）と知り合い、ゾッコンの仲に。そして、2人で起業した貿易会社が成功し、アユンは紫金不動産の最高財務責任者の座に就いた。ところが、２００６年にそのアユンが失踪！他方、当時刑事だったヤンの父親は、アユンの失踪事件を調べている最中に交通事故に遭って、再起不能となり、介護施設に入居しているらしい。この父親が北江の河川敷で発見された死体のDNA鑑定を求めたにもかかわらず、放置され資料も消えてしまったことを知ったヤンは次第に、アユン失踪とタン殺害の両事件にジャンが関わっているのではないかと疑っていくことに。

■□■ヤン刑事危うし！遂に免職！香港へ逃亡！これはワナ？■□■

００７ことジェームズ・ボンドは、“殺しのライセンス”を持ったイギリスの優秀なスパイだが、彼の唯一最大の欠点は女好きなこと。そのため、２５作も続いたシリーズでは、常に彼のセックステクニックと女との絡みが一つの見せ場になっていた。しかして、本作の中盤は、リンの家に招かれたヤンがリンの仕掛ける誘惑のワナにはまっていく様子が描かれるので、それに注目！しかも、今時はそんなスキャンダルがSNSで拡散されるから、さらに大変だ。

他方、捜査を続けていたヤンは、ある日タンの秘書だった王助（ワン）から、タンの殺害事件当夜にアユンの姿を見たとの連絡を受けたものの、その直後にワンは殺されてしまったから大変。さらに、ヤンはワン殺しの嫌疑をかけられたうえ、免職に追い込まれてしまったから、アレレ・・・。自分をワナにはめたと怒りをぶつけるヤンに対して、リンは香港に逃げるようにと偽造渡航許可証と金を手渡し、さらに、ヤンが去った後、リンはジャンに電話をかけ、ヤンを見逃してくれなければ警察に自供すると迫ったが、さて、リンの本心は？当初のリンの誘惑がワナだったことは明らかだが、それはリンだけの思惑？それとも誰かの指示によるもの？また、その後の展開はどこまでがワナ？

■□■舞台は香港に！新たに探偵とヌオが登場！■□■

２０１３年当時、中国本土から香港に渡るのにどの程度の書類が必要なのかはよくわからないが、リンからもらった偽造の渡航許可証によって、ヤンは容易に香港に逃走できたらしい。香港に、かつて父と一緒にアユン失踪事件を調べていた探偵のアレックス（陳冠希／エディソン・チャン）がいたという設定は少し出来すぎだが、それは横に置き、その後はヤンから捜査に協力してくれと頼まれた探偵アレックスの奮闘に注目！

他方、香港で新たにもう一人登場してくる美女が、タンとリンの娘、諾（ヌオ）（馬思純／マー・スーチュン）だ。かつてリンはジャンと恋人関係にあったことは明白なうえ、ジャンは００７以上の女好きだから、ヌオはホントにタンとリンの娘なの？ひょっとして、ジャンとリンの間に生まれた子供では？

本作を観ている観客の誰もがそんな疑問を持つのは当然だ。そして、何よりもそれはヌオ自身が持っている疑問だったようだし、ジャンへの疑惑に迫っているヤンも当然、同じ疑問を持っていた。そんなヌオの出自にまつわる謎が、本作の人間関係、とりわけタン、ジャン、リン３人の人間関係を複雑にしていることは明らかだ。

ヤンは捜査のため、当然のように、香港の大学に通っているヌオに接近したが、ヤンに恋心を抱くヌオは思わずホテルにヤンを誘うことに。アレレ、広州市でセックス・スキャンダルを起こしたヤンは、香港でも再びセックス・スキャンダルを・・・？

■□■内容豊富！フラッシュバック多用！歴史年表の活用を！■□■

私は年に一度、大阪大学法学部のロイヤリングで「まちづくりの法と政策」と題する講義を行っているが、近時そこで多用しているのが年表。都市問題の展開を中心テーマにしながら、そこに私の諸活動との絡みを説明するには年表が１番だ。それと同じように、本作のパンフレットには“歴史年表”があり、１９７８年以降に中国で起きた様々な事象と、本作の中で起きる様々な出来事を対照させて掲げている。

本作は１２９分だから標準の長さだが、そこに盛り込まれている内容は豊富。しかも、本作はヤン刑事の捜査の進展を基本軸としながら、フラッシュバック手法を多用して、やたらに時間軸を動かしていくから、ぼーっと見ていたのでは、ストーリーの全体像は掴めない。そのうえ、ロウ・イエ監督特有の、暗い画面と揺れ動く手持ちカメラによる撮影が随所に登場するので、きちんと目を凝らしていなければスクリーン上の展開の意味が掴めないことになる。ちなみに、冒頭の若い男女のラブシーンにしても、その“行為”にばかり目を向けていると、女の子が右手に探り当てた遺骨を見て驚き、大声を上げながらすっ裸のまま逃げ出していくシーンの意味さえわからないだろう。

この歴史年表の第1のポイントは、２００６年にそんな男女がエッチをしている最中に発見した遺骨は誰のものか、ということ。第2のポイントは２０１３年4月１４日に起きた騒乱だ。しかして、本作ではその前後の期間を通じてタン、ジャン、リンの３人、それにアユンを加えた４人の男女にはどんな波乱の物語が・・・？本作の鑑賞については、多用されるフラッシュバックのシーンの意味を正確に理解するためにも、この歴史年表をしっかり活用したい。

■□■本作は完全版！すると当局の検閲は？観客の反応は？■□■

本作は当局の検閲によって一部カットを余儀なくされた部分を復活させた１２９分の“完全版”。それに対して、第２０回東京フィルメックスのオープニング作品として２０１９年１０月に日本で初上映されたバージョンは北京市映画関係部署の審査済みのバージョンで１２４分より５分長く、検閲によりカットを余儀なくされた部分を復活させた１２９分の『シャドウプレイ【完全版】』というタイトルで公開を行うそうだが、一体どこが修正もしくはカットされたの？多分、それは誰にでもわかるだろう。

それはともかく、ロウ・イエ監督は第６世代の旗手の１人だが、その作風には大きな特徴がある。私は、①『ふたりの人魚』（００年）（『シネマ５』２５３頁）、②『パープル・バタフライ』（０３年）（『シネマ１７』２２０頁）、③『天安門、恋人たち』（０６年）（『シネマ２１』２５９頁、『シネマ３４』３００頁）、④『スプリング・フィーバー』（０９年）（『シネマ２６』７３頁、『シネマ３４』２８８頁）、⑤『パリ、ただよう花』（１１年）（『シネマ３２』１３６頁、『シネマ３４』２９４頁)、⑥『二重生活』(１２年)(『シネマ３５』１５２頁、『シネマ４４』２５１頁)、⑦『ブラインド・マッサージ』(１４年)((『シネマ３９』４６頁、『シネマ４４』２５８頁) を見ているが、当局に睨まれても、それをものともしない彼の問題提起の鋭さは驚くばかり。とりわけ、スパイものである『パープル・バタフライ』には驚かされた。

そんなロウ・イエ監督の第１０作目に当たる本作は、２０１６年にクランクインし、２０１７年春に完成、北京市の映画関係部署の審査に入ったが、その後約2年間、当局から繰り返し修正を迫られ、中国本土での公開日まであとわずか7日というところまで作業は続いた。そして、２０１９年4月４日に中国本土で公開されると、３日間で約6．５億円の興行収入を記録する大ヒットになったそうだ。さらに、本作は、中国公開前の２０１８年１１月に台北で開催された第５５回台湾金馬奨において、監督賞、撮影賞、音響賞、アクション設計賞の４部門でノミネートを果たし、２０１９年2月の第６９回ベルリン国際映画祭パノラマ部門で上映された。日本では２０２３年1月２０日からの公開だが、大ヒットを期待したい。

■□■邦題の意味は？原題の変遷は？原題の意味は？■□■

本作は、撮影当初のワーキングタイトルは『地獄恋人』だったが、完成段階で『一场游戏一场梦』(一夜のゲーム、一夜の夢) とされた。これは、劇中とエンドロールで登場する、改革開放の初期に流行した台湾の歌謡曲の題名であり、その英題が「The Shadow Play」だ。しかし、この中国語タイトルは国家電影局の検閲で使用不可になったため、同じく改革開放初期の台湾の流行歌である『風中有朵雨做的雲』(風の中に雨でできた一片の雲)を最終タイトルにしたそうだ。

劇中にはもう１つ、「夜」という中国の流行歌が使われているが、パンフレットのインタビューでロウ・イエ監督は「これらの歌が映画の内容を決定的にするかというと、そうではないと思いますね。映画の内容と関係はあるけれども、映画自体さらに重要な意味を持っていると思います。」と語り、「『夜』と『一场游戏一场梦』はどちらも夢について歌っていて、素敵な曲です。暗闇の夢の中に帰っていくわけですが、劇中ではその夢は決して美しい夢ではなかったということですね。」と説明している。私の中国語の勉強は少しずつ進んでいるから、これらの曲の中国語の歌詞が示されれば大体の意味はわかるが、さすがに監督が語っているレベルまでは理解できない。しかし、字幕を見ながら、一生懸命聞いてみれば、何となく・・・。

２０２２(令和4) 年１２月２０日記

熱血弁護士
坂和章平
中国映画を語る〈71〉

（さかわ・しょうへい）１９４９年愛媛県松山市生まれ、大阪大学法学部卒。都市開発に関わる訴訟を数多く手がけ、日本都市計画学会「石川賞」、同年に日本不動産学会「実務著作賞」を受賞。『坂和的中国電影大観』（２００４年）、『ナニワのオッチャン弁護士、映画を斬る！』シリーズをはじめ映画に関する著書多数。（公社）日中友好協会参与、ＮＰＯ法人大阪府日中友好協会理事。

土地開発を巡るこの大騒乱はなぜ？この白骨死体はなぜ？婁燁監督に拍手！
―４人の男女の欲望と歪みを、３０年間の“年表”片手に検証―

土地は誰のもの？80年代の日本の土地バブルはなぜ生まれ、なぜ89年に弾けたの？そんな視点から、私は中国第6世代の旗手、婁燁（ロウ・イエ）監督が本作で見せた鋭い問題提起に拍手！その問題意識は、まちづくりの法と政策、都市開発をライフワークにしてきた弁護士の私と同じだ。まずは、２０１３年４月14日に広州市の“都会の村”で起きた開発業者VS住民の立ち退きを巡る大騒乱に注目！

野外セックスに励む若い男女が白骨死体を探り当てるシーンから始まる本作は、89年から30年間に及ぶ中国の経済成長の中で起きた人間の欲望と歪みを、時代に翻弄された４人の男女の生きザマを中心に暴き出していく。そのため、舞台は台湾にも香港にも拡大！

日本には憲法があり、都市計画法・都市再開発法があるが、中国は法治ではなく人治。しかもすべての土地は国有だから、開発業者が政府と癒着するのは必然。冒頭に見る血なまぐさい抗争と数名の住民の死亡は想定内だが、役人トップが転落死するとは！これはきっと他殺！その犯人は？他方、06年に発見された冒頭の白骨は誰のもの？日本の土地バブルも凄かったが、中国は何でも日本の十倍だから、本作に見る開発業者の“我が世の春”はすごい。だが、そんな辣腕男が山ほど重ねてきた悪行の数々は？女関係は？また、彼と結託して肥大化を続けた役人トップの権力と出世の階段は？２人を結び付けた共通の女は？

未熟な若手刑事がセックス・スキャンダルを含むさまざまな陰謀に巻き込まれていくのは仕方ないが、彼の殺人捜査への熱意は？その根源は？これはメチャ面白い！フラッシュバックが多用される30年間の歩みを、４人の“年表”を片手にしっかり検証しながら楽しみたい。複雑すぎて理解できない人は２度でも３度でも！

シャドウプレイ【完全版】
全国順次公開中

©DREAM FACTORY, Travis Wei

監督：ロウ・イエ（婁燁）
出演：ジン・ボーラン（井柏然）、ソン・ジア（宋佳）、チン・ハオ（秦昊）、マー・スーチュン（馬思純）、チャン・ソンウェン（張頌文）、ミシェル・チェン（陳妍希）、エディソン・チャン（陳冠希）

配給：アップリンク
2018年／中国／129分／北京語・広東語・台湾語／DCP／1.85:1／日本字幕：樋口裕子
配給・宣伝：アップリンク

Data　2023−105

監督：婁燁（ロウ・イエ）
原作：虹影『上海之死』／横光利一『上海』
出演：鞏俐（コン・リー）／趙又廷（マーク・チャオ）／パスカル・グレゴリー／トム・ヴラシア／黄湘丽（ホァン・シャンリー）／中島歩／王传君（ワン・チュアンジュン）／張頌文（チャン・ソンウェン）／オダギリジョー

みどころ

私は張芸謀（チャン・イーモウ）監督が大好きだが、それ以上に婁燁（ロウ・イエ）監督が大好き！初期の『ふたりの人魚』（00年）も良かったし、『シネマ34』収録の『スプリング・フィーバー』（09年）、『パリ、ただよう花』（11年）、『天安門、恋人たち』（06年）も、『シネマ44』収録の『二重生活』（12年）、『ブラインド・マッサージ』（14年）も良かった。さらに、『シネマ17』収録のスパイもの『パープル・バタフライ』（07年）は最高だった。そんな婁燁監督の最新作が、来たる11月に日本公開！

『パープル・バタフライ』と同じように、同作は"魔都上海"を舞台にした「太平洋戦争開戦前の七日間に繰り広げられる　日本海軍少佐と女スパイの偽りの愛と策略の物語・・・」だから、こりゃ必見！

主演はイーモウガール第1期生の鞏俐（コン・リー）。彼女の表の顔は人気女優だが、裏の顔は女スパイだ。『パープル・バタフライ』では章子怡（チャン・ツィイー）と中村トオルが共演したが、本作で鞏俐と共演するのはオダギリジョー。鞏俐は、暗号解読を専門とする海軍少佐の妻・美代子ともウリふたつだそうだから、ひょっとして1人3役？しかして、新たに更新された日本海軍の"隠語"「山桜（ヤマザクラ）」とは一体ナニ？

日本軍の占領を免れた上海の"英仏租界"を舞台に、中日欧のスパイたちが繰り広げるスパイ合戦の展開とその行きつく先は？

——＊——＊——＊——＊——＊——＊——＊——＊——＊——＊——

■□■婁燁監督の最新作が11月に日本公開！そのテーマは？■□■

中国では20代、30代の第8世代監督の躍進が顕著だが、他方で、近時次々と『SHADOW影武者』（18年）（『シネマ45』265頁）、『ワン・セカンド　永遠の24フレーム』（20年）

(『シネマ51』186頁)、『崖上のスパイ』(21年)(『シネマ52』226頁)を発表している第5世代を代表する、張芸謀(チャン・イーモウ)監督の活躍は素晴らしい。

また、私が『シネマ34』に「3つの婁燁(ロウ・イエ)監督作品」として収録した、『スプリング・フィーバー』(09年)(288頁)、『パリ、ただよう花』(11年)(294頁)、『天安門、恋人たち』(06年)(300頁)は、いずれも素晴らしい作品で、私は一気に婁燁(ロウ・イエ)監督の大ファンになってしまった。もっとも、私が婁燁監督をはじめて知ったのは、『ふたりの人魚』(00年)(『シネマ5』253頁)を観た時。水中人魚ショーを演ずる美人女優の周迅(ジョウ・シュン)が美美(メイメイ)と牡丹(ムーダン)の1人2役を演じた同作は、上海の蘇州河を舞台に、美しい人魚をキーワードとして、男は愛する女をどこまで探し求めていけるのかというテーマを面白く展開させていく物語だった。それに対して『シネマ34』に収録した、前記3作はいずれも鋭い社会問題提起作ばかりだった。さらに、『シネマ44』に収録した『二重生活』(12年)(251頁)、『ブラインド・マッサージ』(14年)(258頁)も、すごい作品だった。

しかして、8月末に私の手元に届いた情報によると、そんな婁燁監督の最新作が来たる11月3日から日本で公開されるとのことだった。しかし、「サタデー・フィクション」とは一体ナニ?案内文によると、本作は「第76回ベネチア国際映画祭コンペティション部門正式出品　コン・リー×オダギリジョー共演」で、「舞台は日中欧の諜報部員が暗躍する魔都・上海!太平洋戦争開戦前の七日間に繰り広げられる　日本海軍少佐と女スパイの偽りの愛と策略の物語・・・」だそうだ。それを読むと、こりゃ必見!

■□■原題と邦題は大違い!12月1日からの一週間に注目!■□■

本作の邦題『サタデー・フィクション』は、英題の『SATURDAY FICTION』をそのまま使ったものだが、本作の原題は『兰心大剧院(蘭心大劇院)』だから原題と英題は大違い。ちなみに、「サタデー・・・」と聞くと、条件反射的に『サタデー・ナイト・フィーバー』(77年)を思い出すが、「サタデー・フィクション」って一体ナニ?蘭心大劇院は、当時、魔都と呼ばれていた上海にあった劇場の名前だが、1941年12月1日(月)に人気女優・于菫(ユー・ジン)(鞏俐/コン・リー)が突然上海に現れたのは、その蘭心大劇院で上演される、ユー・ジンの恋人の演出家・譚吶(タン・ナー)(趙又廷/マーク・チャオ)演出による舞台『サタデー・フィクション』の主役を務めるためだ。なるほど、なるほど。上海は1937年11月に日本軍に占領されたものの、占領を免れた上海の"英仏租界"は当時「孤島」と呼ばれていた。そして、そこでは日中欧の諜報部員が暗躍し、機密情報の行き交う緊迫したスパイ合戦が繰り広げられていた。なるほど、なるほど、それなら本作の原題にも、英題にも納得!しかし、邦題はなぜ原題を採用せず、英題を採用したの?

日本がアメリカと戦争したことすら知らない今ドキの10代の女の子は、日本時間の1941(昭和16)年12月8日未明に、日本海軍の総力を挙げた機動部隊が真珠湾を奇襲攻撃したことを知らないはず。真珠湾攻撃をテーマにした映画は『ハワイ・マレー沖海戦』(42

年)、『トラ・トラ・トラ！』(70年)、『パール・ハーバー』(01年)(『シネマ1』10頁)等、多くの名作がある。

しかして、本作は「太平洋戦争開戦前の七日間に繰り広げられる　日本海軍少佐と女スパイの偽りの愛と策略の物語・・・」と宣伝されているとおり、1941年12月1日以降、日付が表示されながら、日々のストーリーが展開していくから、それに注目！

■□■12月1日。上海に到着したユー・ジンの行動は？■□■

1941年12月1日、上海に到着したユー・ジンは常宿にしているキャセイホテルのスイートルームに入ったが、彼女の動きは何やら怪しそう。本作導入部では、ユー・ジンの夫である倪則仁（ニイ・ザーレン）（張頌文／チャン・ソンウェン）が日本の特務機関に逮捕されていることが観客に知らされるから、ユー・ジンが上海にやってきた真の目的は『サタデー・フィクション』に出演するためではなく、あるいは、それと共に、夫のニイ・ザーレンを救出すること？

また、キャセイホテルの支配人として親しげにユー・ジンを迎えたソール・シュパイヤー（トム・ヴラシア）は、表面上はにこやかに「後ほどヒューバート氏もいらっしゃいます」と言いながら、裏ではユー・ジンがタン・ナーに架けた「私は上海にいると伝えて」という電話を盗聴していたから、アレレ。この男も何やら怪しそうだ。この男は、きっと英仏の諜報部員・・・？

他方、本作導入部では、女優であるユー・ジンが、劇中劇の中で秋蘭という女性を演じていることが観客に知らされる。秋蘭は工場労働者としてストライキを主導していたようだが、それは極めて危険な行動だ。ユー・ジンと秋蘭がリンクしていくように見せる本作導入部は、いかにも婁燁監督らしい、そんな謎めいた演出が続くからわかりにくいが、婁燁監督特有の暗いトーンのスクリーン上から、ただならぬ緊張感が伝わってくるから、期待感は高まってくるばかりだ。

■□■ユー・ジンの裏の顔は？英仏の諜報部員たちの動きは？■□■

私は何度も上海旅行をしたが、1980年代の鄧小平による改革開放政策によって飛躍的な発展を遂げた上海は、今や東京を遥かに凌ぐ大都会になっている。そんな上海は、1941年当時も“魔都”と呼ばれる大都会だったから、当時“孤島”と呼ばれていた英仏の租界に本拠を構える諜報部員ソール・シュパイヤーや、彼の親友である諜報部員フレデリック・ヒューバート（パスカル・グレゴリー）の12月1日以降に見る活躍（暗躍）は、かなり組織的かつ大規模なものらしい。そこでビックリさせられるのは、大女優ユー・ジンはフレデリックに孤児院から救われ、諜報部員として訓練を受けた過去があり、銃器の扱いに長けた「女スパイ」という裏の顔を持っているということだ。すると、今ユー・ジンは誰から、どんな命令を受けて上海にやってきたの？

シュパイヤーとフレデリックとの関係にも大いに興味がかき立てられてくるが、今、シュパイヤーとの情報交換を終えたフレデリックは、「A49使者が砦に入った、暗号375・・・」

と打電し、さらに「マジックミラー計画の開始」を打電したが、A49使者とは？砦とは？マジックミラー計画とは？

シュパイヤーやフレデリックたち、「英仏租界」に拠点を構えた諜報員たちの動きを見ていると、まさに1941年当時の上海が“魔都”と呼ばれるにふさわしい大都会だったことがよくわかる。その意味はいろいろあるが、少なくともその1つは、当時の上海は今でいう“ITの集積地”だということだ。本作には、暗号文を打電する風景が何度も登場するので、諜報部員たちが命懸けで繰り広げるその行為の意味と、重大性をしっかり確認したい。

■□■日本の海軍少佐の任務は？その護衛役は？彼の妻は？■□■

国際的に活躍する日本の俳優・オダギリジョーは、本作では暗号通信の専門家である海軍少佐・古谷三郎役を演じている。司馬遼太郎の小説『坂の上の雲』（68〜72年）の3人の主人公の1人である秋山兄弟の弟・秋山真之は海軍兵学校卒業だから、同小説の中では海軍兵学校時代の真之の活躍（やんちゃぶり）が興味深く描かれていて面白かった。また、私が中学生の時に読んだ、獅子文六の小説『海軍』（43年）では、広島県の江田島にある海軍兵学校の様子が詳しく書かれていて、興味深かった。

古谷は海軍少佐だから、当然この海軍兵学校を卒業しているはずだが、軍令部の通信課に属する、暗号解読の専門家だという彼は、軍人というよりは、むしろ今風のITの専門家のように見える。それに対して、古谷の護衛役として常に同行している狙撃の名手・梶原（中島歩）は、いかにも軍人かつ特務機関らしい風貌の男だから、本作ではこの2人の組み合わせに注目！上海に到着した古谷は早速、12月3日、日本海軍特務部の上海事務所に関係者を集めて“講義”をしていたが、アレレ、アレレ、なぜかその最中に死んだはずの妻・美代子の顔を思い出すことに・・・。古谷は今、暗号担当の海軍少佐として、すべての海軍の暗号表が更新されたことを述べ、「南はアメリカ」「東南は国民政府」「小柳はイギリス」「泉はシンガポール」「加賀はグアム」、そして「鎌倉は危機的状況が迫っていること」等、次々と更新された“隠語”の解説をしたが、さて「山桜（ヤマザクラ）」とは・・・？

他方、古谷の上海入りの情報をすぐにキャッチしたフレデリックは、ユー・ジンに対して「古谷の日本で亡くなった妻は君にそっくりだ」と告げたから、ビックリ！コン・リー演じる大女優ユー・ジンは、一方で秋蘭役を見事に演じていたが、他方でホントに古谷の妻・美代子とそっくりなの？そんなバカな、と思いつつ古谷が背広の内ポケットから取り出した美代子の写真を見ると、なるほど、こりゃユー・ジンにそっくり！

■□■2人の脇役にも注目！重慶側とは？南京側とは？■□■

本作のメイン・キャストは何といっても、1人3役を務める鞏俐だが、ユー・ジンに憧れて女優を目指したという、今は雑誌社で働いている若い女性・白雲裳（バイ・ユンシャン）（黄湘丽／ホァン・シャンリー）と、『サタデー・フィクション』の制作者で、タン・ナーと共にその上演のための努力をし続けている男・莫之因（モー・ジーイン）（王传君／

ワン・チュアンジュン）という2人の脇役にも注目したい。

なぜなら、スクリーン上には、バイ・ユンシャンが「蘭心大劇院での舞台稽古の様子を見学したい」と言いながら、ユー・ジンに近づくが、それはどうも、女スパイのバイ・ユンシャンとして、女スパイのユー・ジンに接触している感じがプンプンとするからだ。そして、案の定、バイ・ユンシャンがモー・ジーインと車の中で交わす会話を聞いていると、モー・ジーインは「今後は、俺が重慶側の情報を、君が南京側の情報を出すから・・・」と、キナ臭い話を切り出した上、「日本は、間もなくニイ・ザーレンを釈放する。」「近いうちに、ユー・ジンをニイ・ザーレンと面会させる。」との取引を成立させたようだから、アレレ・・・。しかして、重慶側とは？南京側とは？『サタデー・フィクション』の制作者である、このモー・ジーインはひょっとして、日本軍にいいように使われている、日本側のスパイ・・・？

この時点ではまだ、そんな“疑惑”しか見えてこないが、本作ラストのクライマックスにおける「蘭心大劇院」での『サタデー・フィクション』の上演では、ユー・ジンの代わりに主役を務めるというバイ・ユンシャンと、『サタデー・フィクション』の制作者のモー・ジーインとの間に、あっと驚く“セックスシーン”が登場すると共に、全く想像もつかない婁燁監督流の“怒涛の展開”になっていくので、それにも注目！

■□■倪則仁の救出は？なぜ古谷に接触？租界内で銃撃戦が！■□■

「007 シリーズ」のような“楽しいスパイもの”（？）もあるが、『パープル・バタフライ』（07年）（『シネマ17』220頁）に代表される、婁燁監督のシリアスなスパイモノは難しい。婁燁監督は中国人だから、当然、彼が描くスパイものは抗日活動に励むスパイが中心だが、『パープル・バタフライ』では、章子怡（チャン・ツィイー）が演じる可憐な女スパイ（？）と、中村トオル演じる日本のベテランの諜報部員が、予想もできない怒涛の展開を見せていた。さらに、『ラスト、コーション』（07年）（『シネマ17』226頁）は李安（アン・リー）監督の最高のスパイものの1つだが、同作も“東洋の魔都”と呼ばれた1940年代の上海を舞台としたスパイたちの人間ドラマだった。

それらと同じように、本作ではクライマックスになる蘭心大劇院での『サタデー・フィクション』の上演に向けて、①ユー・ジンによる夫ニイ・ザーレンとの接触とその救出劇、②ユー・ジンの古谷への接触と、ある薬の注射で幻覚状態に陥れた古谷の口から、美代子に扮したユー・ジンがある情報を聞き出す、これぞスパイ！と感心させられる物語、が描かれるので、それに注目！もちろんそこでは、傷ついた古谷を救出するべく、同じく傷を負った梶原が兵士を率いて大奮闘するのだが、ユー・ジンは常にその一歩先を進んでいくから、すごい。幻覚状態に陥った古谷の口から、美代子に扮したユー・ジンがある情報を聞き出す舞台は、キャセイホテル内のある秘密の部屋だが、大規模な捜索の結果、その部屋のありかが露見すると、ソール・シュパイヤーたちの命は風前の灯だ。他方、ユー・ジンはあくまでニイ・ザーレンの国外脱出にこだわり、彼に同行するの？それとも、『サタデー・フィクション』の上演にこだわり、タン・ナーが待つ蘭心大劇院に戻っていくの？もっとも、『サタデー・フィクション』の主役は既にバイ・ユンシャンがユー・ジンの代役を務めることになっていたが、そこでモー・ジーインに絡まれた（?）バイ・ユンシャンのあっと驚く行動とは？

婁燁監督作品のハイライトには、雨がつきもの。私がその印象を強くしたのは『パープル・バタフライ』を観た時だ。そこで私は、「今日も雨、明日も雨。そしてこの日もあの日も」の小見出しで、「この映画で目につくのはやたら雨のシーンが多いこと。」と書いたが、それは本作の銃撃シーン等も同じだから、それにも注目！暗い画面には雨の演出がお似合い！そんな味わい方もしっかりと。

■□■山桜（ヤマザクラ）はハワイ！その情報の取り扱いは？■□■

スパイものでは“盗聴”がつきものだが、1941 年 12 月の上海の英仏租界を舞台とした本作では、そのシーンが特に多い。英仏側でその任に当たっているのは、一方でキャセイホテルの支配人の顔を持ちながら、他方で諜報活動をしているソール・シュパイヤーだが、英仏租界を除く上海全域を支配している日本軍がスパイ達を取り締まるため、あらゆるところで盗聴作戦を展開していたのは当然だ。

ユー・ジンが 12 月 1 日に上海にやってきた目的が『サタデー・フィクション』の主役を務めるためではなく、日本の暗号担当者たる古谷少佐と接触し、古谷から“ある機密情報”を聞き出すことだったことは、本作がスリリングかつ難解な展開を見せていくにつれて少しずつ明らかになってくる。そんなユー・ジンを恋人として励ますのが演出家のタン・ナーだが、ユー・ジンにとっては、タン・ナーを愛する気持ちと、養父として自分を育ててくれたフレデリック・ヒューバートに報いたいという気持ちのどちらが強かったの・・・？そして、ソール・シュパイヤーに別れを告げたユー・ジンはフレデリック・ヒューバートに対する 1 通の私信を彼に託したが、そこには一体何が書かれていたの？

古谷による、更新された“隠語”の解説では「鎌倉」が「危機的状況が迫っていること」とされていたが、これは誰でも少し想像がつくものだからまずいのでは？私はそう思ったが、山桜（ヤマザクラ）が何を意味するのかはサッパリわからなかった。「山桜」は山田洋次監督の時代劇 3 部作のタイトルにもされているくらいだから、日本にゆかりのある隠語？それぐらいの想像はついたが、それがハワイを意味する隠語だったとは！

しかして、何人もの命の犠牲の上に得られたその情報を手にしたフレデリック・ヒューバートは、それをどのように取り扱うの？それはあなた自身の目でしっかり確認してもらいたい。それにしても『パープル・バタフライ』に続いて、こんな素晴らしいスパイ映画を作ってくれた婁燁監督に感謝。

2023（令和 5）年 9 月 22 日記

Data

監督・脚本：刁亦男（ディアオ・イーナン）

出演：胡歌（フー・ゴー）／桂綸鎂（グイ・ルンメイ）／廖凡（リャオ・ファン）／万茜（レジーナ・ワン）

みどころ

『薄氷の殺人』（14年）で、第64回ベルリン国際映画祭の金熊賞と銀熊賞をゲットした、中国第6世代監督・ディアオ・イーナンの最新作に注目！しかし、本作の舞台になる鵞鳥湖って、どこにあるの？また、時代は？

武漢は新型コロナウイルス騒動で一躍有名になり、トランプ大統領の罵倒の対象になったが、大都市・武漢周辺の城中村とは？その再開発は？そこにたむろする"陪泳女"とは？

日本のヤクザと同じで、中国の黒社会の男も幸せとは無縁。バイク窃盗団のグループ間抗争の中、警官殺しの罪を犯してしまった主人公の逃亡劇は？そして30万元の懸賞金の受領者は？

——＊——＊——＊——＊——＊——＊——＊——＊——＊——＊——

■□■この邦題はどう読むの？原題は？英題は？■□■

私は本作をDVDで一度鑑賞した後、劇場で何度も予告編を見たが、そこでは「孤独に溺れて、闇夜を彷徨う―。」をキャッチフレーズにしたフー・ゴー扮するチョウ・ザーノン版と、「愛に泳いで、闇夜を彷徨う―。」をキャッチフレーズにした、グイ・ルンメイ扮するリウ・アイアイ版の2種類がある。また、予告編と同様に、本作のチラシも、チョウ版とアイアイ版の2種類がある。そして前者では、「中国南部のとある果ての地―。湖のほとりの、ネオンと銃声と女の街で。」と、後者では「中国南部のとある果ての地―。湖のほとりの、ギャングと娼婦と雨の街で。」と書かれており、両主人公の印象的な姿が大映しされている。

本作は『薄氷の殺人』（14年）（『シネマ35』65頁）、（『シネマ44』283頁）で、第64回ベルリン国際映画祭の金熊賞と銀熊賞をゲットした、中国第6世代監督・ディアオ・イーナンの最新作だが、暗い画面で犯罪がらみの訳アリ主人公の登場という、いわゆるフィルム・ノワール調は前作も、本作も同じだ。しかし、そもそも、邦題とされている「鵞鳥湖」はどう読むの？チラシでは「がちょうこ」とひらがなルビを打たれているから読むことができるが、これがなければ国語力の劣った今ドキの日本人はこれを読めないのでは？

これは、英題の『THE WILD GOOSE LAKE』を採用したうえ、そこに「夜」をつけ加えたものだが、原題は『南方車站的聚会』。これは日本人でも読める中国語で、「南方の駅での集まり」と言う意味だが、この「南方の駅」とは一体どこ？まずは、そんな興味がふつふつと湧いてくることに・・・。

■□■武漢三鎮、その城中村は？その再開発は？■□■

本作の原題は『南方車站的聚会』だが、実際には武漢で撮影されたらしい。そのため、『薄氷の殺人』に続いて、ディアオ・イーナン監督が起用した台湾人女優・グイ・ルンメイは早々に台湾を離れて武漢に入り、実際にそこでの生活に入り込む努力をしたらしい。武漢は新型コロナウイルス騒動以降、世界的に有名な都市となり、トランプ大統領からは「武漢ウイルス（中国ウイルス）」とボロクソに攻撃されているが、武漢は中国大陸中心部に位置する大都市だ。

本作のパンフレットには藤井省三（名古屋外国語大学教授・東京大学名誉教授）の「大都武漢の"城中村"を舞台とする裏切りと情愛の物語―中国の"黒色電影"『鵞鳥湖の夜』を読む―」と題するコラムがあり、そこでは「中国第一の大河長江に北西から漢江が合流する三叉には古来政治の都武昌、商都漢口、産業都市漢陽が栄え、この武漢三鎮は１９４９年中華人民共和国建国時に合併、現在では人口１１００万、面積８６００平方キロ（東京は１４００万人、２２００平方キロ）の中国中部最大の都市として繁栄している。」と紹介されている。

本作冒頭には、誰かをずっと待っている男・チョウに、アイアイが「お兄さん、火を貸して」と言いながら近づいてくるシークエンスが登場するが、どうもここが"南方車站"らしい。しかし、私が２０１２年８月に人口７６９万人の安徽省の合肥を訪れた時、私は合肥駅の巨大さに驚かされたから、人口１１００万人の武漢駅はさらに大きいはず。したがって、本作冒頭の「南方車站」のシークエンスが武漢駅で撮影したものでないことは明らかだ。すると、この駅の正体は？それは藤井コラムを読めば明らかになる。本作の舞台は武漢と言っても、その実は、「城中村（"城"は中国語で都市の意味）と称される都市周縁部の旧農村、すなわち都市化途上地域であり、行政の網から洩れたこの半無法地帯」なのだ。なるほど、なるほど・・・。

■□■フィルム・ノワール？いや、中国では黒色電影！■□■

"フィルム・ノワール"と言う言葉は、『映画検定公式テキストブック（キネマ旬報映画総合研究所編）』には、「フランスの評論家ニノ・フランクがアメリカの犯罪映画の中でも、『マルタの鷹』（41年）のように男女の欲望、陰謀、心理、不安に根差したものを特に"黒い映画（Film Noir）”と名付けたことに由来しているが、アメリカの作品にも使う。フランスでも多くの監督が撮っているが、なかでもジャン＝ピエール・メルヴィルの『サムライ』（67 年）などが有名。」（190 頁）と書かれている。日本のヤクザ映画はフィルム・ノワールとは言わないし、本作もそうは呼ばないが、フィルム・ノワール調と呼ばれている。

他方、中国では“武侠映画”が１つのジャンルを成しており、“渡世人”を主人公にした、ジャ・ジャンクー監督の『帰れない二人』（18 年）（『シネマ 45』273 頁）も、武侠映画の一つだ。しかし、藤井コラムによれば、本作の主人公チョウは“渡世人”ではなくハッキリ“黒社会”の男。そして、もう一方の主人公であるアイアイは“陪泳女”の女だ。そして、チョウとアイアイの出会いに続いて展開される回想（フラッシュバック）シーンでは、バイク窃盗団の一方のボスだったチョウが猫目・猫耳兄弟たちと縄張り争いをくり広げる中、警官殺しの罪によって、今は３０万元の懸賞金がかけられているストーリーが描かれていく。チョウの妻・ヤン・シュージュン（レジーナ・ワン）は５年間も姿を消している夫に愛想を尽かして中古家具修理工場で働いているから、冒頭のシークエンスはチョウが、そんなシュージュンを待っているものだったらしい。

フランスではこんな映画も“フィルム・ノワール”と呼ぶのかもしれないが、中国ではこれは“黒色電影”だ。なるほど、なるほど・・・。

■□■この男はなぜ逃亡？その懸賞金は 30 万元！■□■

『薄氷の殺人』は、原題の『白日焰火』通りの真っ白なスケート場とスケート靴、そして白色の花火が印象的だった。それと対比するかのように、本作の前半では、暗いスクリーン上に浮かび上がるバイクのヘッドライトが印象的だ。

ジェームス・ディーン主演の名作『エデンの東』（55 年）では、無鉄砲な若者が車に乗って競うロシアン・ゲームが印象的だったが、本作では、対立する窃盗団グループが一定時間内に何台のバイクを盗めるかの競争で、島分けを決めようとした中での、黒社会ぶりが印象的。とりわけ、張られたロープで、バイクを疾走させる“金髪”の首が吹っ飛ぶシーンにはビックリ。

そんなグループ間の抗争の中で殺されかけたチョウがやむを得ず銃で対抗している時、自分の判断ミスによる警官殺しによって、３０万元という高額の懸賞金をかけられることに。本作では、リウ警部（リャオ・ファン）が率いる警官たちの組織的な（？）犯人捜索活動も面白い。３０万元という金額は、一般人はもとより、窃盗団の面々にも魅力的だから、かつての仲間たちも懸賞金欲しさにチョウを追うことになるが、そうなると、誰が警察官で、誰が黒社会の男かわからなくなってくるのも、本作のミソだ。

包囲網が狭まる中、妻のシュージュンに通報させることによって懸賞金をシュージュンに渡そうと考えたチョウは、そのためにシュージュンに会おうとしていたのだが、チョウの意図がきちんと伝わっていなかったためか、シュージュンはチョウの居場所を警察官に通報したらしい。そんな混乱の中、冒頭のシークエンスで、アイアイはチョウに、「奥さんは来ないわよ。」と伝えにきたわけだ。しかし、いきなりそんなことを言われても、この女、信用できるの・・・？

■□■鷺鳥湖周辺の再開発は？"陪泳女"とは？その料金は？■□■

都市問題をライフワークにしている私は、中国旅行の際も再開発の実態に注目したし、新聞紙上でもそのニュースを集めている。北京での胡同（フートン）の取り壊しに伴う再開発は如何なもの？そう思わざるをえないが、北京市内はもとより、多くの地方都市で展開されている再開発のスピードには目を見張るものがある。しかして、本作でも、鷺鳥湖周辺、すなわち"城中村"での再開発の完成図を示した看板を見ると、その威容に驚かされる。中国ではこれが、３～５年の間に次々と完成するのだから、すごい。

他方、２０１２年と時代設定されている本作で、鷺鳥湖周辺に"陪泳女"と呼ばれている売春婦がうようよしていることにビックリ。これは、「武漢は水域面積が全市の四分の一を占め、市内周辺部には大きな湖がいくつも点在している」ためだが、こんな公然とした売春行為に対する当局の取り締まりはどうなっているの？

冒頭で運命的な出会いを果たしたチョウとアイアイは、本作ラストに至るまで劇的な逃避行を続けていくが、その中では鷺鳥湖上のボートの上でしっかり愛を交わす（商売をす

る）シークエンスもある。“陪泳女”たちはみんな水着だから、“いざ、お仕事”の時には便利だが、彼女たちの仕事にはどんなコースがあるの？また、その料金はHow much？コトが終わった後のいかにも満足したチョウの姿や、口に溜まったものを吐き出し、湖の水で口をゆすぐアイアイの姿を見ていると、“陪泳女”のサービスはかなり満足できるもののようだが・・・。

■□■日本ではヤクザにも美学が！だが、中国の黒色電影は？■□■

日本のヤクザ映画は、深作欣二監督の『仁義なき戦い』（73 年）以降、鶴田浩二、高倉健らの「任侠路線」から、「実録路線」に転換した。実録路線では、登場人物たちは次々に惨殺されていく運命だが、任侠はそうではなく、そのラストではきっちり義理を果たした後、一人で警察に自首して行く主人公の美学が光っていた。しかして、中国第 6 世代監督ディアオ・イーナンが描く“黒色電影”のラストは、日本の「実録路線」と同じだから、それに注目！

他方、『薄氷の殺人』では、ラストの「白昼の花火」の美しさにビックリさせられたが、それをどう解釈するかは難しかった。それに対して、本作ラストでは、３０万元を警察主催の表彰式で受け取るアイアイの姿が描かれる。表彰式終了後に、リウ警部が「この懸賞金を何に使うのか？」と質問をするのはいらざるお節介だが、警部の車に乗せてもらっていたアイアイが銀行に入ったのは、とりあえず３０万元の現金を銀行口座に入金するため。誰もがそう思ったが、しばらくして銀行から出てきたアイアイが待ち合わせをしていた相手とは・・・？

本作でチョウの妻・ヤン・シュージュン役を演じたレジーナ・ワンは、「上海戯劇学院卒業。８０年代生まれの中で最もパワフルな中国本土出身の代表的女優の一人。」と紹介されている。調べてみると、そんな彼女は『軍中楽園』（14 年）（『シネマ 42』237 頁）で、私が「すごい美人の“侍応生”が登場してる」と紹介した女優だった。レジーナ・ワンの本作での出番はグイ・ルンメイに比べると圧倒的に少ないが、その少ない出番では、相当な存在感と美しさを見せている。しかして、ディアオ・イーナン監督にしては少しおしゃれな（？）本作のラストは・・・？

２０２０（令和2）年5月１１日記

第3章
第8世代監督

Data

監督・脚本：毕赣（ビー・ガン）
出演：チェン・ヨンゾン／ツァオ・ダクィン／ルオ・フェイヤン／シエ・リクサン／ルナ・クォック／ゼン・シュアイ／クィン・グァンクィアン／ユ・シシュ／グゥオ・ユエ／リュ・リンヤン／ヤン・ツォファ

みどころ

日本初公開となるビー・ガン監督の『ロングデイズ・ジャーニー　この夜の涯てへ』（18年）に先立って、試写室で本作を鑑賞。『キネマ旬報』の特集を読んだだけでも、抽象画のような本作は難解そう。しかし、『象は静かに座っている』（18年）のフー・ボー監督と対比するためにも、本作は必見だ。

製作費３５万円からスタートした本作の撮影風景は如何に？そして、本作のテーマとなる「夢と記憶と時間」を如何に描くの？また、詩人でもある彼が繰り出す難解な詩の数々は？

そう身構えたが、疾走するバイクやトラックの中で展開していく旅の物語（？）は意外にわかりやすい。タイトルの意味を考えながら、ビー・ガン監督ワールドをしっかり噛みしめたい。

——＊——＊——＊——＊——＊——＊——＊——＊——＊——＊——

■□■この邦題は？原題は？「ブルース」とは？■□■

「ご当地ソングの女王」と呼ばれている水森かおりの「ご当地ソング」の代表曲は「鳥取砂丘」。他方、中国第五世代を代表する賈樟柯（ジャ・ジャンクー）監督の出身地は山西省の地方都市・大同（ダートン）。彼はその大同やその近くの汾陽を舞台にした映画『青の稲妻』（02年）（『シネマ5』343頁）、『一瞬の夢』（97年）（『シネマ34』256頁）、『プラットホーム』（00年）（『シネマ34』260頁）等から出発し世界に飛躍していった。しかして、本作の原題『路辺野餐』とはナニ？中国語を勉強している私には、「路辺」は道端、「野餐」はピクニックの食事や野外で食事することであることがわかるので、そこから何となく本作のイメージを構築することができる。

しかし、『凱里ブルース』ってナニ？「ブルース」は、米国西南部でアフリカ系アメリカ人の間から発生した音楽の一種およびその楽式のことで、日本人にはよくわかる言葉。青江三奈が歌った「恍惚のブルース」(66 年) や鶴田浩二が歌った「赤と青のブルース」(55年) 等はとりわけ有名だ。他方、「凱里（カイリ）」は本作で鮮烈なデビューを飾った中国人監督ビー・ガンの出身地だが、それは広い中国大陸のどこにあるの？

■□■凱里は中国のどの州に？そこはどんな町？鎮遠は？■□■

今や、湖北省の武漢は“新型コロナウイルスを生んだ町”として世界的に有名になった。また、湖北省も多くの患者の発生で有名になった。しかし、貴州省は名前こそ立派だが、私を含めて多くの日本人はその存在すら知らない辺鄙な中国の省だ。直轄市の１つである重慶市や、成都で有名な四川省の南に位置する貴州省は、ミャオ族、プイ族、トン族、スイ族、イ族など少数民族が多く暮らしており、少数民族の故郷と呼ばれている州。その平均気温は、冬の１２月～２月こそ７～９度だが、春の３月、４月、秋の１０月、１１月は１３～１８度、そして夏の５月～９月は２１～２６度と暖かい。また、もし、あなたが「夜郎国」の寓話を知っているなら、春秋戦国時代（紀元前８世紀～紀元前３世紀）に、夜郎国などの独立国が貴州省にあり、北からの侵攻に対抗したことも知っているはずだ。

貴州省の州都は貴陽だが、凱里市は黔東南ミャオ族トン族自治州の州都。ただし、州都とは言っても、人口はわずか４６万人だ。ガイドブックを読むと、凱里市内の見どころは州民族博物館くらいで、観光のメインは州内に点在する少数民族の村らしい。また、「自治州内は山道が多いため、距離のわりに時間がかかるので注意」と書かれている。スクリーン上では、その山道をバイクやトラックで疾走する（？）シークエンスが度々登場するので、それに注目！本作のパンフレットにある「シノプシス」では「エキゾチックな亜熱帯、貴州省の霧と湿気に包まれた凱里市」と紹介されているので、本作では、まずスクリーン上からそんな凱里の町そのものを実感したい。他方、本作に登場するもう１つの町が鎮遠だが、鎮遠の名前は日清戦争時代に清国が世界に誇った戦艦・定遠の姉妹艦・鎮遠として有名。しかし、「シノプシス」には「そして辿り着いたのは、ダンマイという名の、過去と記憶と現実と夢が混在する、不思議な街だった――。」と書かれている。こりゃ一体なぜ？

■□■ビー・ガンは監督兼詩人！冒頭の詩は？テーマは？■□■

ビー・ガンは１９８９年生まれの若手注目監督。彼は、手持ちの２万元（約３５万円）で本作の撮影に着手し、その後１０００万元（約１６００万円）を借金して本作を完成させたそうだ。そんな本作は、あれよあれよという間に有名になり、新華社通信は、「過去５年で一番優れた中国国産映画」「中国映画を５０年進歩させる」と絶賛したそうだ。ちなみに、私はビー・ガン監督の日本デビュー作となる長編第２作『ロングデイズ・ジャーニー　この夜の涯てへ』(18 年) を本作に続いて観賞する予定だが、その公開に合わせるかのように、『キネマ旬報』3月上旬号は「中国映画が、とんでもない！」の特集を組み、その第１章ではビー・ガン監督を８～１４頁にわたって解説・絶賛しているので、これは必読！

そんなビー・ガンは、映画監督であると同時に詩人らしい。そのため、本作冒頭では彼が２０１３年に監督した２２分の短編『金剛経』のテーマである「金剛般若経」の教えがスクリーン上に映し出される。それは、「人は過去の思いを留め置くことはできない。現在の思いを持ち続けることも、将来の思いを掴むこともできない。」というものだが、正直言ってこれは、私にはチンプンカンプン。ジャン＝リュック・ゴダール監督の『さらば、愛の言葉よ』(14年)(『シネマ35』未掲載) は絶賛されていたが、私にはあまりにも抽象的かつ難解で、全く好きになれなかったが、本作もどちらかというとそのタイプ？さらに、ビー・ガン監督は本作を「夢、記憶、時間」の３つをテーマとして演出しているため、「旅」を軸とした本作のストーリーの中で描かれる夢、記憶、時間の演出は極めて難解だ。

しかして、本作のテーマは？ビー・ガン監督は海外サイトのインタビューで、「自分の映画は夢と記憶と時間についてのみ描いている」と語っているが、その３つの要素のうち「記憶」の部分が彼が今も生活している凱里の土地に深く結びついているのは当然。そのため、本作冒頭の舞台は、当然その凱里となる。そして本作は、エキゾチックな亜熱帯、貴州省の霧と湿気に包まれた凱里市の小さな診療所に身を置き、老齢の女医と幽霊のように暮らすチェン・シェン（チェン・ヨンゾン）が登場するところから物語（?）がスタートしていく。しかし、こりゃ、見るのにえらくしんどそう。本作については、導入部からそう覚悟を決めて鑑賞することに。

■□■ストーリー前半は？俳優は？なぜチェンは旅に？■□■

「記憶」は人それぞれが持っている特有のものだから、他人のそれをスクリーン上に断片的に映し出されても、それが何の意味を持つのか容易にわかるものではない。ちなみに、本作のパンフレットの「シノプシス」では、本作前半を次のとおり紹介している。

> チェンが刑期を終えてこの地に帰還したときには、彼の帰りを待っていたはずの妻はこの世になく、亡き母のイメージ（水中に落ちていく靴）とともに、チェンの心に影を落としていた。さらにしばらくして、可愛がっていた甥も弟の策略でどこかへと連れ去られてしまった。チェンは甥を連れ戻す為に、また女医のかつての恋人に思い出の品を届ける為に、旅に出る。

しかし、「金剛般若経」の提示に続いてスクリーン上に映し出される、導入部の展開を見ても、それがシノプシス紹介どおりのものであると理解するのは容易ではない。なお、そこに登場する主人公チェンを演じるチェン・ヨンゾンは、ビー・ガン監督の実の叔父さんで、その経歴は反社会的な組織に身を置き、投獄されていた時期もあったそうだ。ずぶの素人ながらビー・ガン監督によって本作の主役チェン役に抜擢された彼は、「ビー・ガンは、私の過去、現在、未来をつなぐ機会を、彼の作品の中で与えてくれた。私は幾度も、チェン・シェンが私なのか、私がチェン・シェンなのか分からなくなってしまったほどです。」

と語っているから、本作におけるそんなチェン・ヨンゾンの熱演をしっかり観察したい。

他方、チェンと対立していた弟（シエ・リクサン）の策略でどこかに連れ去られてしまったという甥のウェイウェイの若き日を演じるユ・シシュは、プロの俳優だ。上記の通り、チェンが凱里を離れて旅に出たのは、甥の幼いウェイウェイ（ルオ・フェイヤン）を連れ戻すためだが、この２人はいつどこで出会うことができるの？そしてまた、女医（ヅァオ・ダクィン）のかつての恋人に思い出の品を届けるためだが、それは実現できるの？

■□■本作後半のストーリーは？ダンマイという街は？■□■

「シノプシス」では、本作後半のストーリーを次のとおり紹介している。すなわち、

> そして辿り着いたのは、ダンマイという名の、過去の記憶と現実と夢が混在する、不思議な街だった――。この世界が私たちの記憶の産物なのか、それとも単にこの世界の空想に過ぎないのかを見分けるのは容易ではない・・・

しかして、前半から後半に移行するスクリーン上では、バイクに跨がって旅を続けるチェンの姿が映し出される。しかし、これは『大脱走』(63 年）で観たスティーブ・マックイーン扮する兵士がバイクを爆走させるシーンとは全然違って、のんびりしたもの。また、チェンが辿り着いたダンマイという街は、「過去の記憶と現実と夢が混在する、不思議な街」だから、青年時代のウェイウェイがなぜそこにいるのか、私にはサッパリわからない。だって、ダンマイという名の街が、「私たちの記憶の産物なのか、それとも単にこの世界の空想に過ぎないのか」自体がわからないのだから・・・。

他方、本作後半、すなわちチェンが辿り着いたダンマイの街では、ヤンヤン（ルナ・クォック）という黄色いスカートがよく似合う美女が登場するので、それに注目！若き日のウェイウェイもヤンヤンも凱里の観光ガイドを目指していたそうだから、「凱里は台江の東に位置し・・・」と丸暗記した教科書を何度も読み上げるシークエンスが面白い。もっとも、それは私たち観客にはありがたいが、凱里からダンマイにやってきている男チェンには、そのガイドは不要なのでは・・・？それはその通りだが、当日ダンマイの街で開催されるあるイベント（？）については、ヤンヤンの案内があれば便利だし、ヤンヤン自身が友人の女の子と一緒にそこに行くようだから、必然的にチェンも同行することに。ちなみに、ウェイウェイはしつこくヤンヤンにつきまとっていたが、どうもヤンヤンのウェイウェイに対する関心は高くないようだ。

本作後半はそんなストーリーが展開していくが、そもそもダンマイという街でチェンが取っている行動は現実？それとも、織田信長が死ぬ直前に言ったように、夢？まぼろし？さあ、あなたはこんな映画をどう考える？私は基本的にこの手の摩訶不思議な抽象的な映画は苦手だが、本作についてはチェン役を演じるチェン・ヨンゾンの演技力と「２０１６年版のアンナ・カリーナ」と呼ばれているらしい女優・ルナ・クォックの魅力のおかげで、眠り込まなかった自分を少し誉めてやりたい。　　　　２０２０（令和2）年3月１７日記

熱血弁護士
坂和章平
中国映画を語る

（さかわ・しょうへい）1949年愛媛県松山市生まれ、大阪大学法学部卒。都市開発に関わる訴訟を数多く手がけ、日本都市計画学会「石川賞」、同年に日本不動産学会「実務著作賞」を受賞。『坂和的中国電影大観』（2004年）、『ナニワのオッチャン弁護士、映画を斬る！』シリーズをはじめ映画に関する著書多数。（公社）日中友好協会参与、NPO法人大阪府日中友好協会理事。

ロカルノ国際映画祭最優秀初長編賞受賞の本作（15年）で、鮮烈なデビューを飾ったビー・ガン監督。『象は静かに座っている』（2018年）のフー・ボー監督祭り、天安門事件前後に生まれた「第8世代」である。

本作の舞台「凱里」はビー・ガン監督の出身地で、貴州省に位置する黔東南ミャオ族トン族自治州の州都である。州都とはいえ人口わずか46万人だ。観光のメインは、凱里市内の州民族博物館と、州内に点在する少数民族の村くらいらしい。また、「自治州内は山道が多いため、距離のわりに時間がかかるので注意」とガイドブックにあり、スクリーン上ではその山道をバイクやトラックで疾走するシークエンスがたびたび登場するし、エキゾチックな亜熱帯、霧と湿気に包まれた凱里の町そのものを作品から実感できる。

ビー・ガン 監督第一回長編作、オンラインシアターでも配信！

手持ちの2万元（約35万円）で撮影に着手し、その後1000万元（約1600万円）を借金して完成させた本作は、あれよあれよという間に有名になった。16年8月2日付の新華社通信は、「過去5年で一番優れた中国国産映画」「中国映画を50年進歩させる」と絶賛。また『キネマ旬報』20年3月上旬号では、特集「中国映画が、とんでもない！」内で、ビー・ガン監督を7ページにわたって解説・絶賛している。

凱里市にある小さな診療所で働く医師のチェン・シェンは、他界した母親の願いを叶えるために旅に出る。診療所のパートナーの老婦人は、チェンに病の床に伏す昔の恋人のために思い出の品を託す。チェンユエン郡に向かったチェンは、道中のダンマイという小さな町で過去、現在、未来を経験する―。

主人公チェンを演じるチェン・ヨンゾンは、ビー・ガン監督の実の叔父で素人ながらその演技力に注目が集まった。〝中国のアンナ・カリーナ〟と評されるルナ・クォックの名演と共に必見である。

凱里ブルース

全国で公開中！ © Blackfin (Beijing) Culture & MediaCo., Ltd - Heaven Pictures (Beijing) The Movie Co., - LtdEdward DING - BI Gan / ReallyLikeFilms

原題：路辺野餐
監督・脚本：毕赣
出演：チェン・ヨンゾン／ヴァオ・ダクィン／ルナ・クォック／ユ・シシュ
製作年：2015年、中国、110分
配給：リアリーライクフィルムズ＋ドリームキッド

みどころ

『象は静かに座っている』（18年）のフー・ボー監督と、『凱里ブルース』（15年）に続く本作のビー・ガン監督。天安門事件（１９８９年６月４日）前後に生まれた「第８世代」が今、産声を上げた！本作注目の「後半６０分、驚異の３Ｄ・ワンシークエンスショット映像！」とは！？

本作のパンフレットは、称賛メッセージ、特別対談、コラム、、監督インタビュー、海外映画評等で盛りだくさん。前半（２Ｄ）は記憶、後半（３Ｄ）は夢をテーマにした本作はハッキリ言って難解だから、それらを読み込むことが不可欠。だって、監督自身「私はいつも自分の映画は理解しづらいと言っています。」と認めているのだから・・・。

２人のヤクザ風の中年男は素人ながら、高倉健ばりにカッコいいので、その男臭さをしっかりと。他方、一人二役で登場する２人の女優は大女優。とりわけ、前半（２Ｄ）はドレッシーな濃い緑色のワンピース姿で、後半（３Ｄ）はおかっぱ頭のスポーティーな姿で登場する、美人女優タン・ウェイに注目！

私は１回目は寝入ってしまったが、それはダメ。２回目はスクリーン上で展開される記憶と夢の世界を、原題、邦題、英題の意味を噛みしめながら、しっかり鑑賞！　結局、ようわからん！くれぐれもそんな感想で終わらないように。

―*―*―*―*―*―*―*―*―*―*―

■□■ビー・ガン監督に全世界が注目！第８世代が産声を！■□■

２０１８年のベルリン国際映画祭フォーラム部門国際批評家連盟賞と第１回最優秀新人

監督賞スペシャル・メンションのW受賞した『象は静かに座っている』(18年) の胡波 (フー・ボー) 監督は、残念ながら同作の完成直後に、29歳の若さでこの世を去った (自殺した)。私は同作について、①このタイトルは?冒頭とラストの暗示は?満州里とは?、②この暗さ!この陰影!この構図!このこだわり!、③同じ底辺を描いても、本作は『カイジ』と大違い!、④すべてを長回しの会話劇で!俳優の力量がくっきりと!等の小見出しで詳細な評論を書いた (『シネマ46』掲載予定)。そして、とにかく234分という長尺の中に詰め込まれた彼の激しいパッションに驚かされた。その圧倒的なエネルギーは『象は静かに座っている』というタイトルとは正反対のものだったから、鑑賞後にぐったり疲れたのは当然だ。中国にはすごい若手監督が登場してくるものだと感心していると、今度はビー・ガン監督と出会うことに!

彼が長編第1作『凱里ブルース』(15 年) を発表したのは2015年。そして、日本で初公開された彼の長編第2作となる本作のチラシには「映画の後半60分間、2D から3D へ、さらに一発勝負のロングショット撮影へ。革新的な映像表現が、あなたを新たな夢幻映画体験へと導く。」と書かれ、パンフレット (11頁) には、「後半60分、驚異の3D・ワンシークエンスショット映像!」と書かれている。「天安門事件」と同じ1989年6月4日生まれのビーガン監督は、1988年生まれのフー・ボー監督と同世代だが、「天安門事件」の前後に生まれた彼らが、今なぜこんなに成長し、ものすごい映画を次々発表しているの?

もっとも、テレビドラマの延長のような、説明調で誰にでもよくわかる近時の邦画と違い、本作は難解!都市法は複雑かつ難解だが、『凱里ブルース』も本作も抽象的かつ難解。それは、抽象画を鑑賞するのが大変なのと同じ理屈だ。そのため、私は1回目に観た時は爆睡してしまったが、2回目はしっかり観賞。そして、パンフレットも熟読したうえ、かなり性根を入れてこの評論を書いたので、しっかり読んでもらいたい。

■□■パンフレットの熟読は不可欠!『キネマ旬報』も!■□■

本作のパンフレットの冒頭 (4〜7頁) には、「各界著名人から届いた称賛メッセージ」があり、日本人の椎名林檎氏 (音楽家)、松本大洋氏 (漫画家)、坂本龍一氏 (音楽家)、塩田千春氏 (美術家) らの他、中国の陳凱歌 (チェン・カイコー) 監督や李安 (アン・リー) 監督らの称賛メッセージが並んでいる。また、パンフレットには、対談では、深田晃司×ビー・ガン×市山尚三の3人による「特別鼎談企画」がある他 (12・13頁)、丸山健志×ビー・ガンの「特別対談企画」もある (14〜17頁)。また、コラムでは、ピエール・リシャール氏の「中国の第8世代」(18頁) があり、そこでは「そう、第8世代は、確かに、たった今、産声をあげた。」と書かれているので、それに注目!

また、エリック・コーン氏の「60分長回しの3D 映画は、2018年カンヌ映画祭の啓示である。」と題する批評 (19頁) もある。さらに、パンフレットの「中国第8世代のアンファンテリブル――ビー・ガン監督インタビュー」（２０～２３頁）は、ウォン・ムヤン氏をインタビュアーとする極めて突っ込んだ内容になっている。さらに、海外映画評（２６～２７頁）もある。

これらを読み切るのは大変だが、ビー・ガン監督を理解し、また本作を理解するにはそれは不可欠だ。なお、『キネマ旬報』３月上旬号も「中国映画が、とんでもない！」の第１章でビー・ガン監督を特集しているので、これも必読！

■□■原題は？英題は？邦題は？同名演劇との関係は？■□■

本作の邦題は『ロングデイズ・ジャーニー　この夜の涯てへ』だが、原題は『地球最后的夜晚』。ビー・ガン監督のインタビュー（２０頁）によると、これは、ロベルト・ボラーニョの短編小説“Last Evenings On Earth”（短編集『通話』に収録）からきているそうだ。それに対して、英題の『LONG DAY'S JOURNEY INTO NIGHT』は、ユージン・オニールの『夜への長い航路』の原題の影響を受けているそうだ。それを前提とした、インタビュアー、ウォン・ムヤン氏の「夜と旅の主題は単なる類似なのでしょうか？」との質問は鋭い。

それに対して、ビー・ガン監督は「(笑）タイトルと配役の名前を選ぶことは、私には常にちょっとした挑戦です。」と答えたうえで、「大切なことは、映画の中の配役の名前が実在の人物の名前であることです。例えば、人気歌手の名前のように。私が選択する題名というのは、映画の精神にそぐうものです。」と答えている。この「Q&A」は表面だけでもそれなりに理解できるが、本作で湯唯（タン・ウェイ）が演じるワン・チーウェンなる女性が実在の人気歌手の名前と同じであることを考えると、実に奥が深い。したがって、このインタビュー最初の「Q&A」だけでも、しっかり吟味する必要がある。

もっとも、私はインタビュアーが質問しているロベルト・　ボラーニョの短編小説“Last Evenings On Earth”も、ユージン・オニールの『夜への長い航路』も知らないから、それ以上突っ込んで理解することはできないが、さて、あなたは？

■□■前半（２D）のテーマは記憶！すると後半（３D）は？■□■

本作のチラシには、「映画史上初めての試みである、２D で始まった上映の途中から３D へ、そしてそこから続く一発勝負のワンショット撮影へ。」と書かれている。そして、本作の主人公であるルオ・ホンウ（黄覺（ホアン・ジエ））が、本作の中盤、映画館の座席に座りおもむろに３D メガネをかけると、スクリーンは一気に３D に変わるらしい。そのため、本来ならその時点で観客も３D メガネをかけることが要請されるが、実は大阪での本作の上映は２D のみ。しかも、現在は新型コロナウイルス騒動のため、３D メガネは使用不可とされているらしい。そのため、エリック・コーン氏の批評では「そこから、驚異的な完全３D 映画６０分のワンシークエンスショットへと突入していくのだ。」（１９頁）と書かれているが、残念ながらそれを味わうことはできなかった。

それは仕方ないが、本作前半（２D）のテーマは記憶。２０１９年の第９２回アカデミー賞で作品賞、監督賞等４部門を受賞した韓国のポン・ジュノ監督の『パラサイト　半地下の家族』（19 年）は、後半からクライマックスにかけては「ネタバレ厳禁！」とされていたが、中盤までのストーリーはパンフレットでも丁寧に解説されていた。それに対して、本作のストーリーは、「ルオ・ホンウは、何年もの間距離を置いてきた故郷・凱里へ、父の死を機に帰還する。そこでは幼馴染　白猫の死を思い起こすと同時に、彼の心をずっと捉えて離れることのなかった、ある女のイメージが付き纏った。彼女は自分の名前を、香港の有名女優と同じワン・チーウェンだと言った。ルオはその女の面影を追って、現実と記憶と夢が交錯するミステリアスな旅に出る・・・。」と書かれている（８頁）だけだから、それだけでは何のことかサッパリ・・・？

もっとも、そんなストーリーだけでも、前半（２D）のテーマが記憶だと言われると、なるほど、なるほど・・・？すると、後半（３D）のテーマはきっと夢・・・？なるほど、なるほど。

■□■後半（3D）のテーマは、きっと夢！？■□■

ビー・ガン監督の長編第１作『凱里ブルース』のテーマは旅で、そこではバイクとトラックが走る姿が印象的だった。しかして、本作後半（３D）のテーマが夢だとすると、ビー・ガン監督はそこでどんな夢を描くのだろうか？

インタビュー（２１頁）で、ビー・ガン監督は、「しかし“映画は理解しやすいものでなければならない”と思いませんか？（笑）」の質問に対し、「私はいつも自分の映画は理解しづらいと言っています。」と答えているからビックリ！とは言っても、これは半分冗談で、「しかしそれは本音ではありません。みなさんにはそれを感じる必要があるのです！私が当たり前の説明的なシーンを撮らないのは、それは彼らが私を怠け者にしているからです。あなたがご自身に言い聞かせてみてください、『私は筋の軸を持っている、だからそれに準じるだけ。それって簡単でしょう？』。しかしそれらの説話的なシーンがなければ、あなたはそのストーリーラインを把握しようと努力するはずです。もっと言えば、それはあなたにとって素敵なサプライズにもなるのです。」と答えているからすごい。つまり彼は、観客がそこまで努力することを要求しているわけだ。

しかして、本作後半（３D）で主人公のルオはどんな夢を見るのだろうか？また、『凱里ブルース』と同じように、ルオが夢の世界を辿る旅はどんな風に展開していくのだろうか？

■□■グリーンブックとは？無名ながら２人の中年男に注目！■□■

２０１８年の第９１回アカデミー賞では、白人と黒人のおじさん２人のロードムービーである『グリーンブック』（18 年）が作品賞、脚本賞、助演男優賞の３賞を受賞したが、同作のタイトルになっている「グリーンブック」とは、１９３６年から１９６６年までニューヨーク出身のアフリカ系アメリカ人、ヴィクター・H・グリーンにより毎年作成・出版されていた、黒人旅行者を対象としたガイドブックのことだった（『シネマ43』12頁）。それと同じように、本作のパンフレットの表紙には、「緑色書（Green Book）」と書かれているが、これは一体ナニ？それは、"記憶"をテーマにした本作前半（２D）の中で「幼馴染みの白猫」の記憶や、「かつての恋人ワン・チーウェン」の記憶と共に登場するので、あなた自身の目でしっかり確認してもらいたい。

他方、本作では無名ながら２人の中年男に注目したい。その１人目は、前半（２D）で、グリーンブックを手がかりに、幼馴染みの白猫（李鴻其（リー・ホンチー））と、かつての恋人ワン・チーウェンの記憶をたどっていく中年男・ルオ・ホンウ。このルオ役を演じる黄覺は、Introduction（１０頁）によると、「日本ではほぼ無名に等しい。その長身を生かして、ダンサーからモデルへ、そして俳優に転身した。」と紹介されている。寡黙だが、一見ヤクザ風で男臭い雰囲気は高倉健そのものだから、中国で一気に人気が沸騰したのもうなずける。もう１人は、『凱里ブルース』で主役のチェン役を演じた陳永忠（チェン・ヨンゾン）。彼は本作でルオと対立する地元のヤクザ、ヅォ・ホンユエン役を演じている。その出演シーンは少ないが、存在感はバッチリ！強いインパクトを与える演技力は大したものだ。とりわけ、カラオケ店の中でタバコをふかしていたヅォが、ゆっくり立ち上がり流れている曲に合わせて軽くダンスをはじめたうえ、更にマイクを持って歌い始めるシークエンスは何ともカッコいい。単なる中年のヤクザというだけではあのステップは踏めないし、あの悩ましい腰の振り方もムリなことは明らかだ。ちなみに、この陳永忠はビー・ガン監督の実の叔父で、監督が幼い頃には刑務所にいた時期もあり、渡世人であったにもかかわらず、ビー・ガン監督の崇拝の対象であったというから、それもビックリだ。

■□■２人の大女優に注目！張艾嘉と湯唯■□■

前半（２D）、後半（３D）を通して本作の主人公ルオを演じるのは、無名の俳優・黄覺だが、本作に登場する２人の女優、湯唯と張艾嘉（シルヴィア・チャン）は２人とも大女優。とりわけ、張艾嘉は直近の『あなたを、思う。』（15年）、『妻の愛、娘の時』（17年）（『シネマ42』178頁、『シネマ44』52頁）では監督として活躍しているうえ、『山河ノスタルジア』（15年）（『シネマ38』220頁、『シネマ44』246頁）、『ブッダ・マウンテン～希望と祈りの旅』（10年）（『シネマ31』127頁、『シネマ34』231頁）では女優として活躍中だ。

他方、本作のチラシやパンフレットに濃い緑色のドレス姿で登場している女優は『ラスト、コーション／色・戒』（07年）の、あっと驚くセクシーな女スパイ役で、彗星の如くデビューしたタン・ウェイ（湯唯）だ（『シネマ17』226頁）。彼女は同作で、台湾金馬奨の最優秀新人賞などの多くに賞を受賞したものの、「政治的な内容と性描写の作品に出演した」との理由で中国国内から非難を受け、中国映画界からほぼ抹消されたかたちになっていたらしい。しかし、０８年に香港の市民権を獲得したことによって、２０１０年にはジャッキー・チェンと共演して女優に復帰しピーター・チャン監督の『捜査官X』(11年)(『シネマ28』165頁、『シネマ34』445頁) に出演した。また、『レイトオータム』(10年) に出演した縁で韓国のキム・テヨン監督と結婚し、子供も生まれているそうだ。この湯唯を高く評価している私は、『捜査官X』の評論で「お帰りタン・ウェイ！今後の活躍に期待！」と書いたが、ビー・ガン監督がそんな湯唯を本作に起用してくれたことに多謝！本作では、そんな２人の大女優に注目！

■□■張艾嘉が一人二役なら、湯唯も一人二役！■□■

張艾嘉は本作で、白猫の母親役と赤毛の女の一人二役を演じているが、湯唯も一人二役。すなわち、前半（２D）はワン・チーウェン役で、後半（３D）はカイチン役で、きっちりルオの相手役をこなしている。『ラスト、コーション／色・戒』では大胆なヌードシーンが見どころだった湯唯だが、本作前半（２D）では、「緑色書」と題されたパンフレットと同じ、濃い緑色のワンピース姿で長い髪の彼女に注目！ビー・ガン監督は、本作に台湾のヤオ・ホンイー、中国のドン・ジンソン、フランスのダーヴィッド・シザレという３人の著名な撮影監督を招いて撮影しているが、ビー・ガン監督の演出と彼ら３人のカメラの前で、とりわけ前半（２D）での彼女の濃い緑色のワンピース姿は印象的だ。裸足で水の中に入っていくシーンあり、いきなりルオから頭をつかまれるシーンあり、不規則な体位でキスを交わすシーンあり、とそのポーズはいろいろだが、モデル顔負けのその撮影風景をしっかり確認したい。

前半（2D）で、彼女はしつこくかつ古くさい手法で名前を尋ねてくるルオに対して、自分の名前はワン・チーウェンだと名乗っていたが、それって本名？そんな湯唯が、後半（３D）では、短髪でジーパン姿というスポーティーな服装の女・カイチン

役で登場する。ルオはこのカイチンに対しても、「君は昔の恋人に似ている」と声をかけるのだが、誰が聞いてもこりゃいかにも陳腐で見え透いたセリフ。ビリヤード場の管理人（?）をしている女カイチンは、果たしてそんな風に言い寄ってくる男ルオに、どこまでついていくのだろうか?

張艾嘉が一人二役なら湯唯も一人二役なので、前半（2D）と後半（3D）をしっかり対比しながら、2人の大女優が見せる一人二役の魅力をしっかり味わいたい。

■□■ダンマイという町はどこに？その撮影場所は？■□■

『凱里ブルース』でも、後半に主人公が辿り着いた町は「ダンマイ」という名の架空の町だったが、それは本作も同じ。つまり、本来なら観客もルオと共に3D の空間に入り込み、その映像の中で映し出される後半の舞台も、「ダンマイ」という架空の町だ。もっとも、後半もその最初は、ルオが暗くて狭い洞窟をくぐり抜けていくだけだから、そこから一体何が始まるの？そう思っていると、そこでまだ幼い白猫（羅飛揚（ルオ・フェイヤン））と出会ったうえ、白猫から挑まれるルオはわけのわからないままにピンポンの試合をやり、それに勝ったルオは広大な空間に移動させてもらったうえ、これを回転させれば空を飛ぶことができるという魔法のラケットをプレゼントしてもらうことに。他方、ルオの周りにはなぜかいつも美女がおり、前半のそれはワン・チーウェンだったが、後半も狭い洞窟から逃れ、ビリヤード場に到着したルオは、そこでワン・チーウェンとよく似ている美女・カイチンに出会うことになるので、それに注目！ちなみに、『アラジン』（19 年）（『シネマ45』未掲載）では、魔法の絨毯に乗ればどこにでも自由自在に飛んでいけた。また、米米CLUB のカールスモーキー石井が歌って大ヒットした『浪漫飛行』（90 年）では、「トランク1つだけで浪漫飛行へ」行き、「In The Sky」していた。それに対して、本作の夢の中で見せるルオとカイチンのはじめての飛行体験は如何に？

本作後半（3D）の舞台となる架空の町「ダンマイ」は、『凱里ブルース』の後半で見た「ダンマイ」とは全然異質な町で、舞台上で素人のど自慢大会の勝ち抜き戦をやっている（?）会場はバカ広い。深田晃司×ビー・ガン×市山尚三の特別鼎談企画によると、その撮影場所は、もとはソ連と中国が開いた水銀の鉱山で、その後刑務所として使われ、今は廃棄されているところらしい。ビー・ガン監督は『凱里ブルース』の準備中にそれを見つけており、どう撮影するかを想像しながら本作の脚本を書いたそうだ。なるほど、そうだからこそ、『１９１７　命を懸けた伝令』（19 年）で観たロングショット撮影と同じように、すべてが計算し尽くされた見事な撮影になっているわけだ。

前半（2D）のテーマが記憶だったのに対し、後半（3D）のテーマは夢。それを、こんなバカ広い空間の中で、自由にかつタップリと楽しみたい。

２０２０（令和2）年3月１９日記

Data

監督・脚本・編集：胡波（フー・ボー）

原作：胡波（フー・ボー）『象は静かに座っている』

出演：章宇（チャン・ユー）／彭昱暢（ポン・ユーチャン）／王玉雯（ワン・ユーウェン）／李丛喜（リー・ツォンシー）／凌正辉（リン・ジョンフイ）／张小龙（チャン・シャオロン）

みどころ

この邦題は一体ナニ？サッパリわからん！ならば原題は？英題は？クランクアップの７ヶ月後に２９歳の若さで自殺した胡波（フー・ボー）監督は栄えある各賞の確認こそできなかったが、２３４分版の上映を喜んでいるはずだ。

しかし、４人の主人公を中心として、暗いスクリーン上で展開される「長回しの会話劇」を見続けるのは正直しんどい。時に近時の明るくわかりやすい邦画の方が楽という気持ちにもなるが、フー・ボーはなぜ長回しに、そして光の陰影にこだわったの？

他方、日本人はすぐに回答を求めるが、本作の回答は？冒頭に示される、満州里の動物園に一日中ただ座っているという象は、一体何を暗示しているの？そして、主人公たちはなぜそこを目指すの？

格差の拡大は、日本も中国も同じ。したがって、『カイジ　ファイナルゲーム』（20年）のような描き方もあれば、本作のような描き方も・・・。あなたの賛否は？

――＊――＊――＊――＊――＊――＊――＊――＊――＊――＊――

■□■本作完成直後に２９歳で自殺！フー・ボー監督に注目！■□■

夏目漱石が英語の授業を担当していた旧制一高の学生・藤村操は、１９０３年５月、遺書として『巌頭之感』を残して華厳滝に投身自殺したが、これが若者たちに与えた影響は大きかった。また、『人間失格　太宰治と３人の女たち』（19年）では、太宰が愛人の富栄と共に１９４８年６月、多摩川で入水自殺するシークエンスが美しく（？）描かれていた（『シネマ45』131頁）。

それと同じように（?）、１９８８年に山東省で生まれ、２０１４年に北京電影学院を卒業した中国の若き映画監督・胡波（フー・ボー）は２０１７年3月１４日に本作をクランクアップさせたが、その７ヶ月後の１０月１２日に自殺した。享年２９歳。彼の死亡後、本作はベルリン映画祭フォーラム部門国際批評家連盟賞と第１回最優秀新人監督賞スペシャル・メンションのW受賞を皮切りに、台北金馬奨では作品賞・脚色賞・観客賞をトリプル受賞、その他世界各国で高く評価された。なお本作は、彼が２０１７年に発表した自著『大裂（Huge Crack)』の中で、自身が最も気に入っているという同名短編を映画化したものだ。

■□■自殺の原因は？確執は？なぜ２３４分の長尺に？■□■

２０１８年1月２１日には、日本の保守派の評論家・西部邁氏が７８歳で自殺した（自裁死)。これは、かねてからの彼の考え方に基づく予定の行動だったようだが、彼の２人の知人がその自殺幇助の容疑で逮捕されるという事件が発生したからやっかいだ。自殺した人に対して、「あなたはなぜ自殺したの？」と聞いても明確な答えは出ないはず。しかし、そうだからこそ、逆に「〇〇はなぜ自殺したの？」について、諸説が飛び交うことになる。しかして、フー・ボーの自殺については、「編集長が華流エンタメをつまみ食いしながら楽しむためのトピックサイト」であるCHINA BLUE HUALAN（華藍網）に載っている「『大象席地而座（象は静かに座っている)』胡波という映画監督」で詳しく解説されている。

それによると、フー・ボーの自殺の原因は、本作のプロデューサーである劉璇と、その夫である著名監督・王小帥（ワン・シャオシュアイ）との確執、そして２人が経営する映画会社・冬春影業との確執らしい。また、そのポイントは、フー・ボーが自ら編集した２３４分版に固執したのに対し、劉璇と王小帥が「あのロング版は酷すぎる。分かっているか？・・・お前は、他人がお前が表現したいという浅はかなものがわからない馬鹿だと思っているのか？」等と２時間版に縮小することを強要したためらしい。また、同記事によると、フー・ボーと劉璇・王小帥夫妻の確執はさまざまな形で展開したようだが、最終的に、本作の版権は自殺の１週間後、フー・ボーの母親たちに譲渡される形で一応解決したらしい。そして、フー・ボーの自殺から４カ月後の２０１８年2月２６日、ベルリン国際映画祭のワールドプレミアで上映された２３４分版の本作は絶賛されたわけだから、人間の運命は皮肉なものだ。

■□■このタイトルは？冒頭とラストの暗示は？満州里とは？■□■

渡辺淳一の連載人気小説『愛ルケ』が日経新聞に連載されていた（04年11月から06年1月まで）のと同じ時期に産経新聞に連載されていたのが、秋元康の小説『象の背中』だった（05年1月から6月まで）。そして、同作は役所広司の主演で映画化された（『シネマ16』382頁）。私はそのタイトルの意味を、連載小説を読んでいる時にわかっていたが、それを読んでいなければ、なぜそんなタイトルになっていたのかは永遠にわからなかっただろう。

それと同じように、本作は原題も英題もそして邦題も同じ『象は静かに座っている』だが、それって一体ナニ？そんな疑問が解決しないまま上映が始まったが、その冒頭「満州里の動物園に一頭の象がいる。その象は、一日中ただ座っているという――」の字幕が流れてくる。しかし、それって一体何を意味するの？

さらに、本作ラストでは、満州里を目指してバスに乗って進む３人の男女が途中休憩で外に出ている時に、遠くから象の鳴く声が聞こえてくる。満州里ははるか彼方のはずなのに、なぜここまで聞こえてくるの？それもわからないまま本作はそこで終わるが、この「暗示」を見ても、結局タイトルの意味は分からないままだ。つまり、『象は静かに座っている』の解釈は、２３４分間という長尺の本作を観た１人１人の観客の解釈に委ねられているらしい。しかして、あなたは本作のタイトルの意味を如何に考える？

■□■この暗さ！この陰影！この構図！このこだわり！■□■

本作は冒頭の４つのシークエンスで４人の主人公を紹介してくれる。その第１に登場するのは、女と一緒の部屋の窓際で１人タバコを吸っている男チェン（チャン・ユー）。その眼つきと態度はいかにも悪人風（？）だが、彼が一服しているといきなりドアが叩かれ、男が入ってきたからビックリ。さあ、この男はこの部屋で、一体何をしているの？そして、一体何が起きていたの？続いて第２は、狭い部屋の中で、初老の男ジン（リー・ツォンシー）に対して娘夫婦がしきりに老人ホーム行きを勧めているシークエンス。これは一体なぜ？ジンの決断は？第３は、家を飛び出し、１階でマッチに火をつけて天井に投げている（？）高校生のブー（ポン・ユーチャン）のシークエンス。彼はなぜ、ここで、こんなことをしているの？犬を散歩に連れて歩くジンとすれ違った後は、ブーの友人カイ（リン・ジョンフイ）や学校一凶暴な男シュアイ（チャン・シャオロン）が登場し、何かもめているようだが、正直私には何が何だかよくわからない。続いて第４に、しきりに身支度を整えている女の子リン（ワン・ユーウェン）が登場するが、トイレが水漏れしているのを発見したリンから水をかけられて起きた母親との間で、ちょっとした会話が・・・。

本作は冒頭に順次登場するそんな４つのシークエンスは、いずれも暗く陰影に満ちたスクリーン上にこだわりの構図で登場し、その中でいくつかの会話が交わされる形で物語が進んでいく。後でパンフレットを読めば、なるほどこのシーン、このシークエンスはこういう意味だったのかということがわかるが、正直スクリーンを観ている時には、誰が何のために何をしているのかよくわからないものが多い。しかも、近時の明るくてキレイ、そして何でも丁寧に説明してくれる邦画とは正反対に、スクリーンは暗く陰影に満ちているから見づらいうえ、何の説明もないから不親切だ。これから、こんなしんどいスクリーンを２３４分も見なければならないの？

そう思うと、一方では気が重くなってくるが、ここまでの４つのシークエンスに登場してきた４人が本作の主人公らしいから、これからこの４人はどうなっていくの？そう身構えながら、「この暗さ、この陰影、この構図、このこだわり」がハッキリわかる本作の鑑賞を続けていくことに。

■□■同じ底辺を描いても、本作は『カイジ』と大違い！■□■

１１月２９日に観た『カイジ　ファイナルゲーム』（19年）は、「東京２０２０」の終了以降、景気が恐ろしい速さで失速していった日本の底辺を生きる若者・伊藤カイジの姿を、藤原竜也の熱演の中で描いていた。しかして、底辺の若者を主人公として、その問題点を描く点では本作も同じだ。

ジンだけは初老の男だが、ブーとリンは高校の同級生。また、階段から転げ落ちて死んでしまった男シュアイはチェンの実の弟だ。また、ブーの友人のカイ（リン・ジョンフイ）がなぜ銃を持っているのかはわからないが、こんなわけのわからない男が銃を持っていると、『銃』（18年）（『シネマ43』255頁）や、『JOKER　ジョーカー』（19年）で見たように、きっとヤバイことが起こりそうだ。他方、冒頭の第１のシークエンスが、実はチェンが親友の妻とベッドを共にしていたことがバレた後、その親友が窓から飛び降り自殺するに至る騒動だったことがわかるが、それについてのその後のチェンのたどたどしい弁解は・・・？

『カイジ』の中でも、「クズ」とか「カス」とかの汚い言葉が飛び交っていたが、それは本作も同じ。また、社会の「勝ち組」になってのし上がれない男たちが、「負け組」の中であがいている姿も、『カイジ』と本作は同じだ。しかし、そんな中、①バベルの塔、②最後の審判〜人間秤〜、③ドリームジャンプ、④ゴールドジャンケン等の「バクチ」で一攫千金の勝負を狙う伊藤カイジの姿と、本作のように、満州里の動物園で一日中ただ座っている一頭の象を見るために満州里に向かう主人公たちの姿は大違いだ。そしてまた、映画のつくり方も大違いだ。それは一体なぜ？

■□■すべてを長回しの会話劇で！俳優の力量がくっきりと！■□■

映画づくりは撮影作業が中心だと思われているが、実は撮影され仕込まれたフィルム（ネタ）の編集作業が映画に生命を与えるもの。本作はフー・ボー監督が自分自身でその編集作業を行ったが、本作が２３４分という長尺になったのは、彼が長回しで撮った１シーン１シークエンスを編集によって切り貼りすることを拒絶し、そのまま全部使おうとしたため。逆に言えば、ヒットする劇映画にするためには約２時間の標準サイズに編集するのが普通だから、本作のプロデューサーたる劉璇と王小帥がその作業をフー・ボーに指示（要求）したのは当然。ところが、フー・ボーはそれに従わず、長回しの会話劇をそのまま使うことを主張したため、劉璇と王小帥は「このロング版は酷すぎる！」と酷評し、２３４

分版の上映をトコトン拒否したわけだ。

一般としては劉璇と王小帥の方が正論。フー・ボー監督が死亡（自殺）したこともあって（?）本作は絶賛されているが、２３４分間のすべてが長回しの会話シーンで構成されている本作をずっと見続けるのは、正直かなりしんどい。本作のパンフレットは4頁にわたってストーリーが会話劇の形で紹介されているので、前述したように、それを読めば、そのシーン、そのシークエンスの意味がわかってくるが、スクリーンを見ているだけで、それぞれの意味を理解するのはかなり困難だ。私はほとんど見ないが、日本のＴＶの（アホバカ）バラエティでは、司会者とひな壇に並んだ（安モノの）芸人がわれ先にとおしゃべり合戦を続け、また、どこかでオチをつけようと努力しているから、その会話劇自体は極めてわかりやすい。しかし、本作のように長回しのまま、必要限度しかしゃべらない会話内容だけではストーリー展開が読みづらいのは当然だ。たとえば、チェンが登場する冒頭の第１のシークエンスは、わかりやすくいえば、浮気の現場に妻のダンナが踏み込んできた時のお話だが、日本の TV ドラマなら、本作のようなまどろっこしい（?）描き方をせず、もっと直截にそれを描くはずだ。そんな風にスクリーン上の映像とセリフですべての状況を説明してしまえば、観客は半分寝ていても映画の筋はわかるから、ある意味で安心。しかし、本作の場合は・・・？

そんな風に本作は見ている客も相当疲れるが、演じる俳優たちも大変だ。フーテンの寅さんクラスになると、「こんなシーンなら、こんなセリフが登場！」と観客も理解ができる。しかし、本作のように日本人に全く馴染みのない４人の主人公たちが、状況説明が全くない暗い映像の中、少ないセリフと表情だけで自分の気持ちを説明し、ストーリーを理解させるには、俳優としての相当の力量が必要だ。しかして、本作の４人の主人公たちの俳優としての力量は？本作ではそれを２３４分間にわたってしっかり確認したい。

■□■「文章作れぬ若者」の記事に唖然！■□■

２０１９年１２月５日付朝日、日経、読売、産經各紙の一面は、アフガンの復興に尽力してきた中村哲医師が銃殺されて死亡した記事だったが、それ以外は「『内定辞退』利用で行政指導」（日経）、「ゲノム編集の妊娠禁止」（朝日）、「日米貿易協定 来月発効」（産經）等だった。それに対して、読売新聞は「文章作れぬ若者」の記事を、中村医師死亡の記事以上のウェイトで一面に載せていた。これは、読売新聞が「１２月３日に公表された経済協力開発機構（OECD）による国際的な学力調査で、日本の若者の読解力低下が浮き彫りになった。」ことに強い危機感をもったことの表れだ。

「国語力が危ない『読む・書く』の今（上）」と題されたこの記事は、「この公園には滑り台をする」のような、「主語・述語が不明確で意味が通じない」文章が近年、特に目に付く、ことを指摘。続いて、「ゼミで発表させると、『そして』『そして』『そして』・・・と連発する学生が大勢いる」ことを指摘している。また、その記事の見出しには、「文章作れぬ若者」「略語・スタンプ　言葉の乱れ、SNS から」「長文嫌い 接続詞は苦手」の文字が躍っている。私の実感も「まさにその通り！」だ。それに対して、とりわけ日本に留学している中国の若者は？さらに、フー・ボーのように中国の大学を卒業し自分の専門分野で活躍している若者は？

■□■コラムから考える、日中の若者の競争とその行方は？■□■

本作のパンフレットには①坂本龍一（音楽家）の「フー・ボーの神話、その一角」と②向井康介（脚本家）の「境遇と運命が対峙する時」という２本のコラムがある。中国本土への犯罪人の引渡しを可能とする逃亡犯条例改正案問題に端を発して、２０１９年3月に始まった香港の大規模デモの報道は全世界に広がり、ついにアメリカは１１月２７日に「香港人権・民主主義法案」を制定した。そんなアメリカの反応に対して、日本は？そもそも、日本の若者たちは香港のデモがなぜ起こり、それに参加した若者たちは何を目指しているのかについて、少しは理解しているの？また、そもそもそんな国際問題（ニュース）に興味を持っているの？それを考えると、私は暗澹たる気持ちにならざるを得ない。ジャ・ジャンクー監督との比較やロウ・イエ監督との比較まで織り込んだ後者のコラムはかなり難解だが、本作を鑑賞するについては必読！そこで彼は「人物と風景を余すことなく写し取るための長回し。結果、四時間という長尺になっているが、致し方のないことだ」「無理に短くしようとすると、映画はきっと綻んだにちがいない。」と書いている、さてあなたは？また彼は、「象は間違いなく何か（やはり神かもしれない）の暗喩だろう」と書いているが、さてあなたは？

他方、前者のコラムは「ホァ・ルンの音楽は、歪んだギターと、チープでアナログなシンセサイザーが非常に効果的で、荒んで希望のない社会を、音楽でも響かせていたと思います。」と述べた上で、近時の中国（北京）の若いミュージシャンたちの音楽事情についても解説している。私にはその内容はよくわからないが、私の目を引いたのは、最近話題の「ビー・ガン監督」に触れていること。そこで彼は「彼の２作目、『ロングデイズ・ジャーニー この世の涯てへ』は、後半の１時間が３Ｄになっているんです。彼はまたフー・ボーとは全然タイプの違う、自信満々な人柄が感じられますが、対照的で面白いなと思いました。」と書いている。この映画は、来年２月末からシネ・リーブル梅田で公開されるので、私が「こりゃ必見！」と考えて資料を集めていたもの。近時の邦画のレベルがどんどん低下していることを実感する一方で、表現の自由の規制が厳しい中国で、フー・ボーやビー・ガンのような若い才能ある監督が次々と登場してくることにビックリ！かつて第６世代の旗手、若手監督の代表と言われたジャ・ジャンクーも、今や平遥クラウチング・タイガー・ヒドゥン・ドラゴン国際映画祭（平遥国際映画祭）を立ち上げるほどの影響力をもっているから、すごい。このように、日中の若者たちの競争を比較すると、明らかに日本が負けているようだが・・・。さて、その行方は？　　　２０１９（令和元）年１２月１０日記

『日本と中国』２２３６号（２０２０年１月１日）

熱血弁護士 坂和章平

中国映画を語る〈35〉

（さかわ・しょうへい）１９４９年愛媛県松山市生まれ、大阪大学法学部卒。都市開発に関わる訴訟を数多く手がけ、日本都市計画学会「石川賞」、同年に日本不動産学会「実務著作賞」を受賞。「坂和的中国電影大観」（２００４年）、「ナニワのオッチャン弁護士、映画を斬る！」シリーズをはじめ映画に関する著書多数。（公社）日中友好協会参与、NPO法人大阪府日中友好協会理事。

象は静かに座っている

(c)Ms. CHU Yanhua and Mr. HU Yongzhen

原題：大象席地而坐
監督・脚本・編集：胡波
出演：章宇／彭昱畅／王玉雯／李丛喜／凌正辉／张小龙
製作年：2018年、中国映画・234分
配給／ビターズ・エンド

中国北部の地方都市に暮らす男女４人の１日

本作を監督した胡波（フー・ボー）は、１９８８年に山東省で生まれ、２０１４年に北京電影学院を卒業した中国の若き映画監督だった。２０１７年３月14日に本作をクランクアップさせたが、その７カ月後の10月12日、29歳で自殺。彼の死後、本作はベルリン映画祭フォーラム部門国際批評家連盟賞と第１回最優秀新人監督賞スペシャル・メンションのＷ受賞を皮切りに、台北金馬奨では作品賞・脚色賞・観客賞をトリプル受賞、その他世界各国で高く評価された。本作は、彼が２０１７年に発表した自著『大裂（Ｈｕｇｅ Ｃｒａｃｋ）』の中で、自身が最も気に入っている同名短編を映画化したものである。

４人の主人公を中心に、暗いスクリーン上で展開される「長回しの会話劇」。フー・ボー監督自身がその編集作業を行ったが、本作が２３４分という長尺になったのは、彼が長回しで撮った１シーン１シークエンスを編集せずにそのまま全部使うことを希望したため。逆に言えば、ヒットする劇映画にするためには約２時間の標準サイズに編集するのが普通だが、２０１８年２月26日、ベルリン国際映画祭のワールドプレミアで本作は絶賛された。状況説明がない中、少ないセリフと表情だけで長尺のストーリーを理解させるには、俳優としての相当な力量が必要になってくる。

かつて炭鉱業で隆盛したが、廃れてしまった中国の小さな田舎町。少年ブーは自身が起こした事件をきっかけに町を出ようとするが、友人リンや老人ジンを巻き込んでしまう。主人公たちは２３００キロ離れた先の満州里にいる、１日中ただ座り続けている奇妙な象の存在にわずかな希望を求めるのだが…。

タイトルにもある「象」は一体何を暗示しているのか、２３４分間の長尺を観た観客一人ひとりの解釈に委ねられているらしい。あなたは本作をどう捉えるのか…必見である。

Data　2023－24

監督・脚本:仇晟(チウ・ション)

出演:李淳(メイソン・リー)/龔子涵(ゴン・ズーハン)/黄璐(ホアン・ルー)/銭炫邑(チエン・シュエンイー)/許爍(シュー・シュオ)/陳智昊(チェン・ジーハオ)/陳義豪(チェン・イーハオ)/徐程輝(シュー・チョンフイ)/肖驍(シアオ・シアオ)/鄧競(ドン・ジン)/王新宇(ワン・シンユー)

みどころ

中国では"第８世代監督"の活躍が華々しいが、その感覚や感性は７０歳代の日本の爺さんにはわかりづらいものもある。その最たるものが、仇晟(チウ・ション)監督の本作だ。

本作は珍しく原題、邦題、英題がまったく同じだが、その意味は?"しあわせの青い鳥"は知っているが、"郊外の鳥"って一体ナニ?

"スタンド・バイ・ミー"meets カフカの"城"。それが本作に対する最大の褒め言葉だが、その意味は?そこからしっかり本作を読み解き、チウ・ション監督の不思議な感覚(問題意識)に少しでも近づきたい。

――＊――＊――＊――＊――＊――＊――＊――＊――＊――＊――

■□■次々と続く中国の第８世代監督に注目!■□■

今やＺ世代が世界を席捲しているが、中国の映画界では第８世代監督が次々と登場し、新しい才能を発揮している。第８世代監督とは、１９８０年～９０年代生まれの若き才能のことで、『凱里ブルース』(１５年)(『シネマ４６』１９０頁)、『ロングデイズ・ジャーニー この夜の涯てへ』(１８年)(『シネマ４６』１９４頁)の毕赣(ビー・ガン)監督、『象は静かに座っている』(１８年)(『シネマ４６』２０１頁)の胡波(フーボー)監督、『春江水暖～しゅんこうすいだん』(１９年)(『シネマ４８』１９９頁)の顧暁剛(グー・シャオガン)監督等がその代表だ。しかして、今般、中国人の友人から新たな第８世代監督、仇晟(チウ・ション)の『郊外の鳥たち』を紹介されたため、オンライン試写で鑑賞。

本作は、２０１８年のロカルノ国際映画祭で上映されると、アメリカの名だたる業界紙が彼の才能を絶賛。ヴァラエティ紙は「魅惑的で不可解なパズルゲーム」と、ハリウッド・リポーター紙は「"スタンド・バイ・ミー"meets カフカの"城"」と賞賛したらしい。各国の映画祭で上映された後の２０２２年３月に中国本土でようやく公開されたそうだから、興味津々。

■□■珍しく原題、邦題、英題が全く同じ！その意味は？■□■

本作の原題は『郊区的鳥』。邦題は『郊外の鳥たち』、英題は『Suburban Birds』だから全く同じだ。しかして、「郊外の鳥たち」とは一体ナニ？

本作の仇晟（チウ・ション）監督インタビューによると、それは次のとおりだ。

> 『郊外の鳥たち』というタイトルには何か特別な意味があるのでしょうか？
>
> 『郊外の鳥たち』とは、サイアリア・スブルビウム（Sialia Suburbium）という特殊な青い鳥のことを指します。都会でも田舎でもあまり見かけない鳥です。郊外の20～25mの高さの電波塔に巣を作ります。様々な昆虫を餌に、プラスチックさえも噛み砕くことができる強い嘴を持っています。その美しい外見とは違い鳴き声は低く、1回の産卵で5～6個の卵を産む。彼らは電磁波を聞きながら成長するそうです。

しかし、そんな「郊外の鳥」を知っている観客は私を含めて誰ひとりいないだろう。しかるに、チウ・ション監督は、なぜそんな鳥を本作のタイトルにしたの？しかも、原題のみならず、なぜ英題も邦題も同じタイトルに？

■□■郊外の鳥は不知！（しあわせの）青い鳥なら知ってる！■□■

「郊外の鳥」と言われてもさっぱりわからないが、「（しあわせの）青い鳥」と言われれば、私はまず第1に、桜田淳子が歌って１９７３年のレコード大賞新人賞をとった『わたしの青い鳥』を、第2に日産の名車「ブルーバード」を思い出す。そして、第3に、ベルギーの作家モーリス・メーテルリンクの戯曲『青い鳥』と童話『青い鳥』を連想するが、それと関係があるの？

そこで、ウィキペディアで「幸せの青い鳥」を調べると、第1に「モーリス・メーテルリンクの童話『青い鳥』の通称」とあり、第4に「幸せの青い鳥（幸福の象徴）－幸福の象徴としての青い鳥」が載っている。他方、日産ブルーバードの名前の由来は、メーテルリンク作の童話『青い鳥』にちなんで、当時の日産社長によって命名されたそうだが、「青い鳥が欧米では幸せの象徴であったことも影響しているかもしれません」とコメントされている。つまり、「青い鳥」には、“幸せの象徴”というイメージがあるわけだ。すると「郊外の鳥」は（しあわせの）青い鳥と同じ意味？

ちなみに、私は都市計画やまちづくりを弁護士としてのライフワークにしているが、裁判事件としてたくさん関与してきたのは、市街地再開発をめぐるもの。中国の開発や再開発をめぐる法的システムは、日本に比べればまだまだ不十分かつ未整備だが、中国語として有名な“鬼城”とはナニ？それは、中途半端なままで建設工事が中止されたマンションを意味することもあるが、大きな意味では、廃虚になってしまった村やコミュニティを意味するから、本作を鑑賞するについては、それをしっかり理解したい。

■□■物語は？主人公は？鬼城の姿は？■□■

本作は、２０１８年の中国映画だが、中国で公開されたのは２０２２年３月。それは一体なぜ？他方、２０２２年３月に解禁されたポスターとティザー予告編は、次のとおりだ。

中国第8世代の新たなる才能、チウ・ション監督作『郊外の鳥たち』3月公開

各国の映画祭で注目を集めたチウ・ション監督作『郊外の鳥たち』より、ポスターとティザー予告編が解禁された。

各国の映画祭で注目を集めたチウ・ション監督作『郊外の鳥たち』より、ポスターとティザー予告編が解禁された。

地盤沈下が進み《鬼城》と化した中国地方都市の地質調査に訪れた青年ハオは、廃校となった小学校の机の中から、自分と同じ名前の男の子の日記を見つける。そこに記録されていたのは、開発進む都市の中で生き生きと日常を謳歌する子どもたちの姿だった。それは果たしてハオの過去の物語なのか、未来への預言なのか…。やがて子どもたちは、ひとり、またひとりと姿を消していく。

（シネマカフェ（cinemacafe.net）より）

なるほど、なるほど。こりゃ、わかったようなわからないような・・・。

■□■ハオの物語と子供たちの物語が交互に進行！■□■

本作は、測量器を持って測量作業に従事する青年ハオ（李淳（メイソン・リー））の姿が度々登場する。また、本作には、測量のため以外にも、バードウォッチングのようにレンズを通して対象を眺めるシークエンスが度々登場するので、それに注目！

他方、本作のストーリーとしては、地盤沈下が進む“鬼城”を訪れたハオたちが各地各所を測量する物語と、ハオが見つけた日記の中の子供たちが野山を歩き回る物語が交互に描かれる。測量のターゲットは地盤だけでなく、地下鉄のためのトンネル等にも及んでいくが、それは一体ナニを意味しているの？他方、子供たちの遊びは戦争ごっこ等の間は楽しそうだが、ある日、「太っちょ」というあだ名の男の子（陳義豪（チェン・イーハオ））がいなくなると、俄然ミステリー色も・・・？

本作は、そんな２つの物語がセリフを極端に省く中で淡々と進んでいくので、ハッキリ

言って眠くなってしまう。しかし、そこで思い出すのが、ハリウッド・リポーター、レスリー・フェルベリンが「“スタンド・バイ・ミー” meets カフカの“城”」と賞賛していること。これって一体ナニ？これを理解できるのは、よほど教養の高い人に限られるのでは？

■□■“スタンド・バイ・ミー”VSカフカの“城”■□■

『スタンド・バイ・ミー』（８６年）はスティーヴン・キングの原作に基づく１９８６年公開の映画で、「青春映画の傑作、金字塔」などと高く評価されている。その内容は、１９５０年代末のオレゴン州の小さ町キャッスルロックに住む４人の少年たちが、好奇心から線路づたいに死体探しの旅に出るという、ひと夏の冒険を描いたものだ。他方、１９９７年のテレビ映画『カフカの「城」』は、フランツ・カフカの未完の長編小説『城』を映画化したもの。そこでは、とある寒村の城に雇われた測量技師Ｋが、いつまで経っても城の中に入ることができずに翻弄される様子が描かれている。

パンフレットにあるチウ・ション監督のインタビューによると、「映画の中で描かれている子供たちが行方不明の友人を探す旅に出るというストーリー」は、監督の小学生の頃の体験に基づく発想で、必ずしも『スタンド・バイ・ミー』からの発想ではない。しかし、もう一つのインスピレーションは、カフカの小説『城』から得たものだ。すなわち、彼は、インタビューの中で、「主人公のＫは、城の地図を作る仕事を任されます。Ｋは城の中に入って仕事を始めようとするのですが、一向にうまくいきません。私は、“もしＫの仕事が潤滑に進めることができたら？”という問いに答えることで、この小説を読み進めようとしました。そこで、定規を持ってある測定点に立つことだけを仕事とする放浪のエンジニアというキャラクターを着想したのです。」と語っている。へぇ、なるほど、なるほど。しかし、これもやっぱり、わかったような、わからないような・・・。

■□■不思議な感覚！第８世代監督の問題意識に注目！■□■

日本でも測量士や測量機器は一般的だし、彼らの測量風景も日常的に目にするもの。しかし、少年から大人になり、今は測量技師として働いている本作の主人公ハオは、本作で一体ナニを測量しているの？それは地盤沈下が進み、“鬼城”と化した中国地方都市だ。しかして、チウ・ション監督は、地盤沈下という事件をなぜ物語全体の背景に据えたの？

そんな質問に対して、チウ・ション監督は、次のとおり答えている。すなわち、「私たちの街は、何層にも重なってできています。過去の街並みや建物が、現代の都市の骨格を形成しているのです。ですから、地下は堆積した記憶の世界のようなものです。記憶が薄れると、地下から水が漏れて空洞ができる。だから地盤が沈下する。集団健忘症の兆候です。」。なるほど、なるほど。第８世代監督の不思議な感覚はこんなもの？第８世代監督の問題意識に注目！

２０２３（令和5）年2月２８日記

『日本と中国』２２７６（２０２３年５月１日）

熱血弁護士 **坂和章平**

中国映画を語る〈74〉

（さかわ・しょうへい）１９４９年愛媛県松山市生まれ、大阪大学法学部卒。都市開発に関わる訴訟を数多く手がけ、日本都市計画学会「石川賞」、同年に日本不動産学会「実務著作賞」を受賞。『坂和的中国電影大観』（２００４年）、『ナニワのオッチャン弁護士、映画を斬る！』シリーズをはじめ映画に関する著書多数。（公社）日中友好協会参与、NPO法人大阪府日中友好協会理事。

第５世代を懐かしむのもいいが、第８世代の抬頭に注目！
―最大の誉め言葉は、「"スタンド・バイ・ミー" meets カフカの "城"」―

第5世代監督として80年代の中国映画を牽引した張藝謀の近時の活躍は目覚ましいが、80～90年代生まれの第8世代監督の抬頭はそれ以上。『象は静かに座っている』の胡波、『凱里ブルース』『ロングデイズ・ジャーニー』の畢贛、『春江水暖』の顧暁剛がその代表だが、本作で仇晟も仲間入り！ 珍しく原題・英題・邦題が全く同じ『郊外の鳥』とは一体ナニ？ 〝しあわせの青い鳥〟と聞けば、第1に桜田淳子が歌って73年のレコ大新人賞を獲った曲を、第2に日産の名車「ブルーバード」を、第3にベルギーの作家M・メーテルリンクの戯曲『青い鳥』を連想するが、さて？

弁護士の私には中途半端なまま開発が放棄された〝鬼城〟が心配だが、本作の舞台は地盤沈下が進み、鬼城と化した地方都市。測量器を手にした作業に従事する青年ハオはそこに、川を隔てて建設された開発区を目指しているの？

70歳超の爺さんには、Z世代と同じく第8世代の感覚も不可解だ。本作の誉め言葉は「〝スタンド・バイ・ミー〟meets カフカの〝城〟」だが、それってナニ？ 前者は青春映画の金字塔とされた86年の映画で、死体探しの旅に出た4人の少年たちのひと夏の冒険を描くもの。有名なカフカの『城』を97年に映画化した後者は、寒村の城に雇われた測量技師がいつまでも城に入れず翻弄される姿を描くものだ。本作はそれと同じく(?)、ハオの物語と日記帳を読んだことで回想される子供たちの物語が交互に進行していく。

映画にスリルとサスペンスを期待する人には本作は不向き。なぜなら2つの物語は郊外の鳥で繋がるだけで、何の面白みもないから。仇晟監督はなぜ地盤沈下という事件を物語全体の背景に据えたの？ 第8世代監督の不思議な感覚とは？ 年長者たちは、彼の問題意識に必死で追いつきたい。

郊外の鳥たち

全国順次公開中

©BEIJING TRANSCEND PICTURES ENTERTAINMENT CO., LTD., QUASAR FILMS, CFORCE PICTURES, BEIJING YOSHOW FILMS CO., LTD., THREE MONKEYS FILMS. SHANGHAI, BEIJING CHASE PICTURES CO., LTD. ,KIFRAME STUDIO, FLASH FORWARD ENTERTAINMENT / ReallyLikeFilms

監督・脚本：チウ・ション
出演：メイソン・リー、ホアン・ルー、ゴン・ズーハン、ドン・ジン
原題：郊区的鸟／英題：SUBURBAN BIRDS
日本語字幕翻訳：奥原智子
配給：リアリーライクフィルムズ＋ムービー・アクト・プロジェクト
2018年／中国／中国語／スタンダード／5.1ch／

Data

監督・脚本：顧暁剛（グー・シャオガン）

出演：銭有法（チエン・ヨウファー）／汪鳳娟（ワン・フォンジュエン）／孫章建（スン・ジャンジエン）／孫章偉（スン・ジャンウェイ）／章仁良（ジャン・レンリアン）／杜紅軍（ドゥー・ホンジュン）／章国英（ジャン・グオイン）／孫子康（スン・ズーカン）／彭璐琦（ポン・ルーチー）

みどころ

日本に絵巻があれば、中国には山水画あり！あなたは、黄公望の山水画・「富春山居図」を観たことは？毕贛（ビー・ガン）監督や胡波（フー・ボー）監督と同じ、１９８８～８９年生まれの中国第８世代監督、顧暁剛（グー・シャオガン）の新たな才能は、それにインスピレーションを得て、杭州市の富陽を舞台に、市井の人々の営みを、山水画のようにスクリーン上に映し出した。

約１０分間にも及ぶ「横スクロール撮影」がお見事なら、西湖の美しさは息を飲むほど。その中で「一の巻」として展開される、顧（グー）家の人々の営みをしっかり味わいたい。そして、本作に続く「二の巻」、「三の巻」にもさらに期待したい。

——＊——＊——＊——＊——＊——＊——＊——＊——＊——＊——

■□■中国にはまたまた若い才能が！顧暁剛監督に注目！■□■

中国（大陸）では、政治面においては習近平への権力集中が強まる中、表現の自由への規制がますます強化されている。しかし、映画界では、『シネマ４６』で紹介した、『凱里ブルース』（15年）（『シネマ46』190頁）、『ロングデイズ・ジャーニー　この夜の涯てへ』（18年）（『シネマ46』194頁）の毕贛（ビー・ガン）監督、そして、『象は静かに座っている』（18年）（『シネマ46』201頁）の胡波（フー・ボー）監督をはじめ、世界的に注目される第８世代監督が生まれている。他方、『シネマ４５』に収録した『帰れない二人』（18年）（『シネマ45』273頁）の賈樟柯（ジャ・ジャンクー）監督は、第６世代監督ながら、もはや「巨匠」の域に達しているし、『薄氷の殺人』（14年）（『シネマ44』283頁）で、第６４回ベルリン国際映画祭の金熊賞と銀熊賞（最優秀作品賞と主演男優賞）をゲットした第６世代の監督、刁亦男（ディアオ・イーナン）監督も、最新作『鵞鳥湖の夜』（19年）（『シネマ47』198頁）で、更なる存在感を見せている。もちろん、日本でも新進若手監督の活躍は見られるが、本作の顧暁剛（グー・シャオガン）監督を見ると、人口が日本の１０倍の中国では、次々と若い才能が誕生していることにビックリ！１９８８年8月１１日生まれの顧暁剛監督は、１９８９年6月４日生まれの毕赣監督や、１９８８年7月２０日生まれの胡波監督とほぼ同級生だ。

彼の生まれは西蘇省だが、５歳の時に浙江省杭州に移り、それからずっと本作を撮影した富陽で育ったらしい。進学した浙江理工大学では希望のコースに入れなかったそうだが、その後映画作りに目覚め、『自然農人老賈』（12 年）に着手した後、２年間に渡る撮影で、本作を長編映画として完成させたらしい。

本作を鑑賞するについては、まず、中国で次々と生まれてくる第８世代と呼ばれている若き才能、顧暁剛監督に注目！

『春江水暖～しゅんこうすいだん』　配給：ムヴィオラ
2月11日（木・祝）Bunkamura ル・シネマほか全国順次公開

■□■「春江水暖」とは？富陽とは？富春江とは？■□■

中国語の勉強を日々たゆまず続けている（？）私には、『春江水暖～しゅんこうすいだん』という本作の原題、邦題はしっかり理解できる。「春江水暖」は、宋代きっての文豪で、書家・画家としても優れ、音楽にも通じていた詩人・蘇東坡が、こよなく愛した富春江の風景をうたった代表的な詩「恵崇春江晩景」の一節から取られた言葉だ。ちなみに、西湖を最大の観光名所とした中国浙江省杭州は中国でベスト１、２を争う景勝地で、私も数回観光したことがある。そのため、浙江省杭州の美しさは私の頭の中に刻み込まれている。

また、顧暁剛監督の故郷であり、本作の舞台になっている富陽は浙江省杭州市にある都市。富陽は２０１４年から杭州市の市直轄地に改変されたが、それ以前は富陽県として独立していたので、住民は今でも杭州と富陽を区別している人が多いらしい。

本作冒頭は富春江の解説から始まる。日本大百科全書（ニッポニカ）の解説によると、富春江は、浙江省中部を流れる銭塘江中流部の桐廬県から蕭山県聞堰に及ぶまでの別称で、有名な「銭塘江の逆流」はこのダムまで到達するらしい。私は杭州旅行の際、一度だけ現地でその説明を聞いたことがあるが、その逆流を実際に見たわけではないので、その“実態”は不明だ。また、流域の富陽県付近は有名な景勝地で、春江第一楼などの名勝があるそうだから、是非次回はそれを見学したい。

ちなみに、本作冒頭には、富春江について次の字幕が流れるので、これをしっかり味わいたい。

富陽に大河あり　名を富春江という　両岸には“鸛山”と“鹿山”
河は杭州を通り東シナ海へ
元代には黄公望がこの地に隠遁し　有名な“富春山居図”を描いた
富春県の歴史は秦代にまで遡る　孫権はここで呉を建国し
その子孫は今も龍門古鎮に居住する

なお、本作のタイトルにされた「春江水暖」と富陽については、パンフレットに詳しい解説があるので、ネット情報と共に、本作の良さを理解するためにもしっかり勉強したい。本作の素晴らしさを味わうには、その勉強と理解が不可欠だ。

■□■本作のインスピレーションは「富春山居図」から！■□■

日本には、奈良時代から室町時代まで盛んにつくられた絵巻や絵巻物という素晴らしい芸術（絵画）がある。その最も有名なものは、平安時代の四大絵巻。それは、①源氏物語絵巻、②鳥獣人物戯画、③信貴山縁起絵巻、④伴大納言絵巻の４つだ。

それはそれとして素晴らしいが、数千年の歴史を持つ中国には山水画がある。山水画が独立した絵画の分野として確立したのは唐の時代。宋の時代の巨匠・郭熙の最高傑作「早春図」は有名だ。中国旅行が大好きな私は、観光地で立ち寄ったお土産店でさまざまな山水画を購入しているが、顧暁剛監督が本作の脚本を書き、長編初監督するにあたってインスピレーションを得たのは、有名な黄公望の山水画・「富春山居図」からだ。その詳細は、パンフレットやネット情報などを参照してもらいたい。

しかして、本作のスクリーン上には「富春山居図」そっくりの美しい風景が素晴らしい撮影技術の中で次々と登場してくるので、それに注目。チラシやパンフレットには、本作は「まさに現代の山水絵巻」と書かれているが、まさにそのとおり！

■□■本作は大家族の、3代にわたる市井の物語■□■

中国の映画では、壮大な「歴史モノ」も面白いが、「家族モノ」は、山田洋次監督の「家族モノ」とは異質の面白さと重厚さがあるうえ、一大叙事詩としての出来を誇るものが多い。その最高傑作は、『宋家の三姉妹』（97年）（『シネマ5』170頁）だが、『活きる』（94年）（『シネマ5』111頁）や『ジャスミンの花開く』（04年）（『シネマ17』192頁）もそう。さらに、直近では『在りし日の歌』(19年)(『シネマ47』32頁)もそうだ。

本作冒頭は、長男・ヨウフー(チエン・ヨウファー)が経営しているレストラン・黄金大飯店に、顧(グー)家の家長である老いた母・ユーフォン(ドゥー・ホンジュン)の誕生日を祝うため、4人の兄弟を中心とする大家族とその友人たちが集まる祝宴から始まる。２０００年から中国旅行に行き始めた私は、一方ではホテルやレストランの豪華さに驚きながら、他方ではトイレの汚さに驚いたが、本作でも、あれほど立派なレストランで、何度も停電が起きていることにビックリ。少なくとも、２１世紀の日本では、よほどのことがない限り停電は考えられないが、江南の富陽にある立派なレストランでは再三そんな事態が。もっとも、そんな事態をうまく切り抜け、座を白けさせないのも、中国数千年の歴史の知恵の一つだから、本作導入部ではそれに注目し、また、中国式の乾杯のあり方や、舞台裏での魚のさばき方なども勉強したい。

本作のストーリーは、宴たけなわの真っ最中、突然主役のユーフォンが倒れてしまうところからスタートする。本稿を書いている1月２１日はバイデン新大統領の就任式が最大のニュースだが、「爆笑問題」の田中裕二がくも膜下出血と脳梗塞で緊急入院したこともニュースになっていた。幸い彼の場合は処置が早かったため手術は不要、入院と1か月の静養だけでオーケーになったそうだが、脳卒中で倒れたユーフォンは認知症が進んでおり、今後は介護が必要になるらしいしい。そこで起きる問題は4人兄弟の誰がユーフォンを引き取り介護するかだ。本作はそこから大家族の3代にわたる市井の物語が始まっていくことに。

『春江水暖〜しゅんこうすいだん』　配給:ムヴィオララ
2月11日(木・祝)Bunkamura ル・シネマほか全国順次公開©2019 Fact Gate Films All Rights Reserved

■□■4人兄弟それぞれの思いは?富陽のまちの四季は?■□■

本作は、①黄金大飯店のオーナーである長男・ヨウフー(チエン・ヨウファー)の他、②富春江で漁をしている次男のヨウルー(ジャン・レンリアン)、③妻と別れ、男手ひとつでダウン症の息子を育てている三男のヨウジン(スン・ジャンジエン)、そして、④気ままな独身暮らしをしている四男のヨウホン(スン・ジャンウェイ)という、顧(グー)家の4人兄弟それぞれの母親への思いを軸とする、さまざまなストーリーが展開していくので、それを一つ一つじっくり味わいたい。4人兄弟それぞれの年老いた母親への思いはほぼ共通だが、それぞれの仕事や収入、そして年齢、立場などによってその対応が異なるのは仕方ない。

本作が描くその人間模様も興味津々だが、本作でそれ以上に注目したいのは、富陽というまちの再開発が人間の気持ちに与えるさまざまな状況だ。ちなみに、四男のヨウホンは再開発の現場で働く肉体労働者だが、次男のヨウルーは再開発に伴う我が家の取り壊し、立ち退きに伴って支払われる補償金で息子に家を買おうとしていたが・・・。

他方、本作後半からは、博打に手を出したため、闇金から借金した三男のヨウジンが、息子の治療費のために一獲千金を狙ってイカサマに手を出す姿が描かれるが、その結末は？他方、自らの借金に苦しみながらも、否応なく弟たちの金の悩みに付き合わされるのが長男のヨウフーだ。

本作で描かれる市井の人々の日々の苦労は、どこの国でもどの時代でも同じかもしれないが、本作では　富陽という美しいまちの中で営まれるそんな顧家の４人兄弟の姿を、美しい富陽のまちの四季の移り変わりの中で、しっかり観察したい。

■□■富春江での漁は？まちの再開発は？■□■

黄金大飯店を営む長男・ヨウフーは一見裕福そうだが、そうではなく、実は富春江で漁をしている次男・ヨウルーへの魚代も未払いになっているらしい。そんな長男とは対照的に、ヨウルーは家は持っていても船上暮らしが好きらしい。富春江では昔はたんまり魚が獲れていたそうだが、今は？

私は弁護士として都市再開発問題をライフワークにしているから、中国の再開発問題にも大いに興味がある。本作ではそれを真正面から打ち出していないものの、次男・ヨウルーや、四男・ヨウホンが、富陽のまちの再開発に当事者として絡んでいる姿を見せてくれるので、それに注目！私は再開発の現場で収用裁決申請の手続きを取ることによって、取り壊し、立ち退きに伴う補償金のアップを勝ち取ったことが数回あるが、さて、ヨウルーは？

もちろん、まちの再開発はそんな個人の事情もさることながら、まち全体の作り変えがいかに進むのかが最大の焦点。それ自体に賛否両論があるのは当然だが、私は再開発は必要不可欠だと考えている。それは、例えばかつての東京のアークヒルズや近時の虎ノ門ヒルズの再開発を見ればよくわかる。また、私が裁判提起をした大阪阿倍野地区のまちの姿も大きく変わった。しかして、４人兄弟を中心とする顧家の人々が暮らしている富陽のまちの再開発はどのように進むのだろうか？

■□■第３世代の若者たちは？その恋模様は？■□■

本作に登場する人物は、テレビで毎日放映されている中国時代劇でおなじみの英雄豪傑ではなく、すべて市井の人々。認知症になってしまった母親・ユーフォンの世話を巡って苦労を重ねるのは４人兄弟だから、第３世代の孫たちは少し気楽・・・？

妻と離婚した三男・ヨウジンが１人でダウン症の息子カンカン・（スン・ズーカン）を育てるのは大変だが、本作で最も青春を謳歌しているのは、長男・ヨウフーの娘・グーシー（ポン・ルーチー）だ。グーシーは富陽に戻って教師をしている恋人のジャン先生（ジュアン・イー）と交際しているが、その交際には何のトラブルもなく順調そうだ。私は丸一日観光した西湖の美しさには感動したが、本作ではデートの真っ最中に「泳ぐのと歩くのとどちらが早いか競争しよう」と提案したグーシーが、いきなりそれを実行するシークエンスが素晴らしい撮影技術の中で登場するので、それに注目！私は２０２０年の年末に自撮り撮影と動画撮影を強化するため新しいカメラを３台購入し、撮影技術の勉強もしている。そのため、パンフレットの中でグー・シャオガン監督がこのシークエンスをどのように撮影したのかについて説明している箇所が興味深かったが、この湖はひょっとして西湖？

約１０分間にも及ぶ、この「横スクロール」撮影のサマは技術的なものはもちろん、それ自体が素晴らしい山水絵巻になっているので、その素晴らしさをしっかり確認したい。

『春江水暖～しゅんこうすいだん』　配給：ムヴィオラ
2月11日（木・祝）Bunkamura ル・シネマほか全国順次公開

■□■現代の山水絵巻は続く！「3部作」の大構想に期待！■□■

２０１６年１１月の大統領選挙で、トランプ候補が本命とされていた民主党のヒラリー・クリントン大統領を破り、第４５代大統領に就任した後、世界の盟主たるアメリカは、「アメリカファースト」を合言葉に、さまざまな劇的に変化した政策を展開してきた。これは見ている分には面白かったが、その反面、疲れる面も・・・。それに対して、本作は１５０分の長尺だし、その中で劇的なストーリーが展開されていくわけでもないから退屈・・・？いやいや、決してそんなことはない。それは、黄公望の山水画・「富春山居図」にインスピレーションを得て、中国第６世代のグー・シャオガンが本作を監督した狙い通り、市井の人々の淡々とした物語が、富陽のまちの四季の移り変わりの中で、山水画のように描かれていくためだ。中国語を勉強しているとよくわかるが、中国では春節をはじめとして季節ごとの定まった行事がたくさんある。

本作ラストは春の清明節。そこでは、亡くなった母親・ユーフォンの墓参りに集まった顧家の人々が描かれる。冒頭ではユーフォンの誕生会の祝宴に集まっていた大家族だったが、今日は墓参りだから、その変化は大きい。しかも、その年の冬に自宅で始めた闇賭博で大繁盛していた三男・ヨウジンの自宅に、ある日警察が踏み込んできたから大変。そんな事態になった以上、ヨウジンがユーフォンの墓参りに参列できないのは仕方ないが、家族の中に“前科者”が生まれるのは如何なもの・・・？しかし、ジャン先生と結婚したグーシーは幸せそうだし、警察に逮捕されてしまったヨウジンの息子・カンカンは、次男のヨウルー、アイン（ジャン・グオイン）夫婦が面倒を見ているようだから一安心。さらに、製紙工場で働いていた次男・ヨウルーの息子ヤンヤンは予定通り結婚式を終えたようで、今日の墓参りには妻も一緒だ。

『春江水暖～しゅんこうすいだん』　配給：ムヴィオラ
2月11日（木・祝）Bunkamura ル・シネマほか全国順次公開

このように、顧家の4兄弟を中心とした大家族は、去る者がいれば新たに家族に加わる者もいるから、四季の移り変わりと同じように、変化しながら毎年続いていくことになる。また、本作で描かれた、夏から始まる顧家の人々の営みは春でいったん終えるが、その舞台は一貫して富陽だ。そこには相変わらず美しい川が流れている。本作ラストは、山水画のように展開した人間の物語の中に、美しい富陽のまちと美しい富春江が現代の山水画のように映し出されていくので、それに注目！

しかし、驚くことなかれ！本作ラストは、「巻一完」の字幕が表示されるから、本作はグー・シャオガン監督が企画している「3部作」の第1作になることがわかる。そして、第2作は順調にいけば2022年に撮影が始まるらしい。いかにも中国的なそんな壮大な計画に期待しながら、「第2巻」、「第3巻」でも見せてくれるであろうグー・シャオガン監督の才能の爆発に期待したい。

2021（令和3）年2月3日記

『日本と中国』２２５１号（２０２１年４月１日）

熱血弁護士
坂和章平
中国映画を語る〈49〉

（さかわ・しょうへい）1949年愛媛県松山市生まれ、大阪大学法学部卒。都市開発に関わる訴訟を数多く手がけ、日本都市計画学会「石川賞」、同年に日本不動産学会「実務著作賞」を受賞。「坂和的中国電影大観」（2004年）、「ナニワのオッチャン弁護士、映画を斬る！」シリーズをはじめ映画に関する著書多数。（公社）日中友好協会参与、NPO法人大阪府日中友好協会理事。

山水画のように美しいまちに暮らす、大家族の四季

日本に絵巻があれば、中国には山水画あり！　あなたは、黄公望（こうこうぼう）の山水画「富春山居図（ふしゅんさんきょず）」を観たことは？

大河「富春江」が流れる浙江省杭州市富陽。夏、顧家の家長である老いた母・ユーフォンの誕生日を祝うため、４人の息子を中心とする大家族とその友人たちが集まった。その祝宴の真っ最中、突然脳卒中で倒れたユーフォンは、認知症が進み、介護が必要になった。そこで起きた問題は、４人兄弟の誰が母を引き取り介護するか、である。

黄金大飯店のオーナーである長男、富春江で漁をしている次男、男手ひとつでダウン症の息子を育てている三男、気ままな独身暮らしの四男。それぞれの母への思いを軸に、さまざまなストーリーが展開していく。

四男は富陽の再開発の現場で肉体労働をし、次男は再開発に伴い立ち退きを迫られる。私は弁護士として都市再開発問題をライフワークにしているから、この二人に注目！　顧家の人々が暮らす富陽の再開発はどのように進むのだろうか？

さらに、博打に手を出し闇金から借金した三男に、自らも借金に苦しみながら金の悩みに付き合わされる長男。市井の人々の苦労は、どこの国でもどの時代でも同じかもしれないが、本作では「富春山居図」そっくりの美しい富陽のまちの四季の移り変わりの中で、４人兄弟の生きザマをしっかり観察したい。

春の清明節。亡くなった母・ユーフォンの墓参りに集まった顧家の人々。そこに、闇賭博で警察に踏み込まれた三男はいないが、長男の娘と次男の息子はそれぞれ結婚して幸せそうだ。顧家の大家族は、四季と同じように、変化しながら続いている。そして、富陽のまちには、相変わらず美しい川が流れている。

ラストは、山水画のように展開した人間の物語の中に、美しい富陽のまちと美しい富春江が現代の山水画のように映し出されていくので、それに注目！

春江水暖～しゅんこうすいだん

原題：春江水暖／Dwelling in the Fuchun Moutains
監督・脚本：顧暁剛
出演：銭有法／汪鳳娟／孫章建／孫章偉
製作年：2019年、中国、150分
配給：ムヴィオラ

Data 2023－31

監督・脚本：李睿珺（リー・ルイジュン）

出演：武仁林（ウー・レンリン）／海清（ハイ・チン）／楊光鋭（ヤン・クアンルイ）／趙登平（チャオ・トンピン）／王彩蘭（ワン・ツァイラン）／王翠蘭（ワン・ツイラン）／続彩霞（シュー・ツァイシャ）／劉懿虎（リウ・イーフー）／張津海（チャン・チンハイ）／李増国（リー・ツォンクオ）

みどころ

この邦題は一体ナニ？この原題、この英題はナニ？中国では近時、戦争映画大作の大ヒットが続いているが、「映画監督の仕事は本質的に農民の仕事と似ている」と語るリー・ルイジュン監督の本作が、“奇跡の映画”とまで呼ばれて大ヒットしたのは一体なぜ？

パール・バックの『大地』（３１年）では、貧農の主人公が少しずつ土地を獲得していったが、本作の主人公は借りた農地で、ロバを引き、小麦を作るだけ。しかも、本物の農民が主人公を演じているから、いくらセリフが少ないとはいえ演技は大丈夫？また、せっかく“国民の嫁”と呼ばれる美人女優を起用しながら、身障者の妻はところ構わず小便を漏らす厄介者だから、アレレ、アレレ。

他方、家族から厄介払いされる形で結婚したこの夫婦が見せる新婚初夜の姿、借りた卵をひよこにし、さらに卵を産むニワトリにしていく姿、大切なロバを引く姿、マイホームを自力で建てる姿、等々は、まさに本物！『活きる』（９４年）では、娘を失っても、グォ・ヨウとコン・リー演じる夫婦は天寿を全うしたが、さて本作では？

邦題と原題の意味を考えながら、本作ラストの尻切れトンボ的な結末（？）の意味をしっかり考えたい。

――＊――＊――＊――＊――＊――＊――＊――＊――＊――＊――

■□■タイトルの意味は？邦題VS原題VS英題を比較！■□■

本作の邦題は『小さき麦の花』だが、原題は『隠入尘烟』、そして英題は『RETURN TO DUST』だ。本作の少し前に観た、第８世代監督、仇晟（チウ・ション）の『郊外の鳥たち』（１８年）は珍しく原題、邦題、英題が全く同じだったが、本作のそれは似ているようで、微妙に違っているので、その異同に注目！

まず、原題の『隠入尘烟』は、「ほこりや煙に紛れて隠れる」いう意味で、英題の『RETURN TO DUST（塵に帰る）』に近いが、微妙に違うらしい。その点について、リー・ルイジュン監督はパンフレットの中で、「誰もが塵のように、大地の上で生きています。しかしその塵煙の香りこそ、生活の香りでもあります」「"隠入尘烟"とは、一切の物事は最終的に陳腐な日常に埋もれ、時間の層の中に隠れてしまうけれど、一方でそれらは生命と同じく変化の相を秘めていて、目に見えずひっそりと新たな変化を始めており、日常のあらゆる瞬間で私たちに寄り添っていてくれる、ということを表しています」と解説している。なるほど、なるほど・・・。

他方、邦題の『小さき麦の花』と聞けば、キリスト教徒でなくとも、「一粒の麦、死なずば」の言葉を思い出す。これは、「一粒の麦は、地に落ちて死ななければ一粒のままである。だが、死ねば、多くの実を結ぶ」という意味の、奥深い言葉だ。さあ、本作の邦題、原題、英題が前述のとおりにされたのは、なぜ？

■□■時代設定は？舞台は？■□■

本作の時代設定は２０１１年。舞台は中国西北地方の農村とされている。もちろん、本作を理解する上ではそれで十分だが、正確に言うと、舞台はリー・ルイジュン監督の故郷である甘粛省張掖市の花牆子村だ。中国では、西安、北京、洛陽等の昔から都が置かれた大都市があるし、改革開放政策によって急激に発展した、上海、厦門、珠海、深圳等が大都会になっているが、内陸部の発展は遅れている。都市住民と、いわゆる農耕民との格差も歴然としている。

パンフレットによれば、花牆子はシルクロードの要衝で、古くはオアシス都市として栄えた土地。周囲にはゴビ砂漠が広がっており、気候は乾燥している。花牆子は漢民族の村だが、付近には監督の過去作『僕たちの家に帰ろう』（１４年）の主人公たちと同じユグル族やチベット族、回族なども暮らしている。王兵（ワン・ビン）監督が『無言歌』（１０年）（『シネマ２８』７７頁、『シネマ３４』２８１頁）等で迫った反右派闘争時代の労働改造所「夾辺溝農場」は、ここから１００kmほど西に行った場所にあるそうだ。まずは、本作が設定している２０１１年当時の花牆子村の姿をしっかり確認したい。

■□■２人の主人公は？■□■

本作の２人の主人公は、馬有鉄（マー・ヨウティエ）（武仁林／ウー・レンリン）と曹貴英（ツァオ・クイイン）（海清／ハイ・チン）夫婦。夫のヨウティエは、マー家の四男だ。両親と２人の兄は他界し、今は三男、有銅（ヨウトン）（趙登平／チャオ・トンピン）の家で暮らしているが、自分の息子の結婚を心配するヨウトン夫婦にとってはヨウティエは厄介者らしい。他方、妻のクイインは内気が極端なうえ、体に障害があるためか、ところかまわず小便を漏らしていたから、アレレ・・・。こちらもヨウティエ以上の厄介者だ。

したがって、この２人が見合いをして結婚したのは、互いの家族が厄介払いをするためだったらしい。激動する中国の近代史の中をたくましく生き抜いていく夫婦愛を描いた、張芸謀（チャン・イーモウ）監督の『活きる』（９４年）（『シネマ2』２５頁、『シネマ５』１１１頁）は、夫役・葛優（グォ・ヨウ）の演技力と、妻役・鞏俐（コン・リー）の美しさが際立っていたが、同じく夫婦愛を描く本作では、夫も妻も揃って厄介者だから、これから先が大いに心配だ。２人は出稼ぎに出た村人の空き家で暮らしはじめたが、そんな夫婦の新婚初夜の風景はかなり異様・・・？

■□■第５世代監督の名作を彷彿！なぜ本作が大ヒット？■□■

パール・S・バックの名著『大地』（３１年）は、大地に生きる貧農夫婦の一生を描いた一大叙事詩。また、１９８０年代に「中国映画ここにあり！」を全世界に発信した、第5世代監督による『黄色い大地』（８４年）、『紅いコーリャン』（８７年）は、壮大なドラマの中で、貧しいけれども中国の大地を生き抜く庶民の姿が描かれていた。しかし、改革開放政策の下、急成長し、今や米国と覇権を争うまでの経済、軍事大国になった中国は、『戦狼2』（１７年）（『シネマ４１』１３６頁、『シネマ４４』４３頁）、『１９５０　鋼の第7中隊』（２１年）（『シネマ５１』１８頁）等の戦争映画大作を大ヒット増産中だ。そんな中、２０１１年の中国西北地方の農村を舞台にした本作が、２０２２年の第７２回ベルリン国際映画祭での金熊賞こそ逃したものの、“奇跡の映画”と呼ばれて中国で大ヒットしたのは、一体なぜ？

スクリーン上では、互いに家族から厄介払いされて結婚したヨウティエとクイインの２人が力を合わせてロバを引き、ニワトリを育てながら、借りた農地の上で小麦を育てる風景が淡々と描かれていく。本作でクイイン役を演じているハイ・チンは、本来“国民の嫁”という異名で親しまれている美人女優だから、本作でのこれほどまでの大胆な挑戦（変身？）にビックリ！他方、本作でヨウティエ役を演じているウー・レンリンは、本作の舞台となった甘粛省の村で実際に耕作を営む農民で、リー・ルイジュン監督の叔父（叔母の夫）に当たるそうだ。なるほど、本作のヨウティエ役にはセリフがほとんどないから、この役は素人でも演技OK！

■□■農地は？建物は？農村改革とは？この風景に注目！■□■

『大地』の主人公は、安徽省に住む貧農の王龍（ワンルン）。彼は勤勉だったから、到底美人とは言えない阿蘭（オラン）と結婚した後、少しずつ地主の黄家から土地を買っていたし、子供にも恵まれていた。それに対して、本作の主人公ヨウティエが懸命に小麦を育てている農地は広くはないから、収穫した小麦を売っても土地を買う余裕など全くなさそうだ。

ちなみに、本作では、貧農のヨウティエと対照的に、豪農のチャン・ヨンフー（張永福）の息子（楊光鋭／ヤン・クアンルイ）が登場するので、その対比に注目！チャン・ヨンフーは、都市に出て金を稼ぐ働きざかり世代の人々が残していった田畑の経営権を借り受けて集約的な農業を行って財をなしたらしい。もっとも、入院しているため働けない彼は輸血が必要だが、彼の血液型は、極めて珍しい Rh マイナス。そんな彼に輸血できるのは、村で唯一、"熊猫血（パンダの血）" と言われるほど希少価値のある Rh マイナスの血液型を持っているヨウティエしかいなかった。そのため、ヨウティエは何度もこの "旦那" のために輸血を強いられる（？）が、それも豪農 VS 貧農の格差が大きい中国の農村部ではやむを得ないようだ。

他方、農村改革の一環として、２０１１年当時の中国政府は順次古い家を壊し、農民を新しい高層共同住宅に移住させようとしていた。そのため、空き家にヨウティエを居住させていた家主も、政府からの補償金ほしさに、ヨウティエに対して、「すぐに家を出ていってくれ。空き家はいくらでもある」と追い立てたから、さあ、ヨウティエはどうするの？

賈樟柯（ジャ・ジャンクー）監督の『長江哀歌（ちょうこうエレジー）』（０６年）（『シネマ１５』１８７頁、『シネマ１７』２８３頁）で見た、三峡ダムによって水没していく町の悲劇は国にとっても深刻な問題だが、本作に見る農村部の建物の取り壊しは国家にとっては、些細なこと。しかし、ヨウティエ、クイイン夫婦にとっては大問題だ。そう思っていると、本作には、ヨウティエがクイインの協力を得て自分たちだけで家を建ててしまう風景が登場するので、それに注目！この家作りの作業は、①近くの土地から粘土を掘ってきて、それで日干し煉瓦を作る、②廃材で柱を作る、③煉瓦を積み上げて壁を作る、④筵で屋根を葺く、というものだが、ろくに学校にも行っていないヨウティエにこんな作業が

できることにビックリ！これぞ中国、これぞ庶民の底力だ。もっとも、たくさん作って一面に並べていた日干し煉瓦が、突然の大雨に襲われると・・・？逆に、そんな不運を乗り越えて、共同作業によるマイホームを持てた時の２人の幸せぶりは・・・？

■□■この夫婦なりの“愛の語らい”も少し見えたが・・・■□■

本作はチラシにもパンフレットにも、「愛という言葉は一度も出てこないけれど。」のフレーズが躍っている。「I Love You」はどこの国でも、いつの時代でも、決まり言葉だから、映画ではあらゆるシーンで使われている。しかし、互いに寄り添い、大地に寄り添って生きる夫婦愛をテーマにした本作には、そんな歯の浮く言葉（？）は一度も出てこない。もっとも、①クイインが真っ暗な道で心配しながら夫の帰りを待っている時、②何度も輸血を迫られる夫を見かねたクイインが「かわりに私の血を採って」と叫ぶ時、③大雨に襲われた日干し煉瓦を必死で守ろうとする共同作業の時、④近所で借りた卵から生まれたひなを、箱の中に入れて嬉しそうに観察する時、そして、⑤「お兄さんの家ではじめてあなたに会った時、お兄さんはロバを苛めていた。あなたはロバに餌をやった。その時、思ったの。この人となら一緒に暮せると」と、はじめて「I Love You」に近い言葉をクイインがヨウティエに投げかける時、等々に本作が描く夫婦愛の姿がくっきりと浮かび上がってくるから、それに注目！

借りていた家からは追い出されたものの、今や新居も完成し、丹精込めて作った小麦も実り、ひなから成長したニワトリもはじめて卵を産んだから、２人の幸せな農民生活はいよいよこれから本格的に・・・。そう思っていると、アレレ。ある日、ある事故で突然クイインは帰らぬ人に・・・。これはショック。さあヨウティエは、これからどうするの？

■□■貴英死亡後の有鉄の選択肢は２つ？それとも３つ？■□■

『活きる』では、愛する子供を失いながらも夫と妻は激動の時代を乗り越え、たくましく生き抜くことに成功。そのため、同作のタイトルは『活きる（活着）』なのだが、本作ではラスト近くに、クイインがあっけなく死んでしまうから、アレレ。愛妻を亡くした後、ヨウティエは一人で小麦を作りながら生きていくの？それとも、小麦作りを諦め、ロバやニワトリを手放し、政府が都会に建設した共同住宅に移住していくの？それとも・・・？本作に見るヨウティエの選択は、あなた自身の目でしっかり確認してもらいたい。

中国に“紙銭”という風習があることは中国映画を観ているとわかってくるし、中国語を勉強していてもわかってくる。これは本物のお金（紙幣）ではなく、紙製のお金を燃やし、先にあの世に行っている祖先たちがお金に困らないよう、煙にして送ってやる習慣だ。本作では、死んだ父母や兄弟のため、ヨウティエがクイインと一緒に紙銭を燃やすシーンが二度も登場するから、ヨウティエにとって紙銭は死者との通信手段として身近なものだったのだろう。

しかして、丁寧にクイインを埋葬した後、ヨウティエは村人たちに対する種もみ代金の返済や、今はひよこからニワトリに成長している、あの時に借りた１０個の卵の返済等を次々と済ませていたから、アレレ。これは一体何のため？もともと人付き合いの悪いヨウティエだから、そんな姿を見ても私は気に留めなかったが、自宅に戻ったヨウティエがクイインのために設けた祭壇の前に１本のガラス瓶を置いているシーンを見ると、さてこれは一体ナニ？

極端にセリフの少ないヨウティエの演技もクイインの演技も見事なものだが、この２人のココロを私たち日本人観客がどこまで理解できているのかはかなり微妙。そんな時、本作のパンフレットにあるリー・ルイジュン監督のインタビューと、クイイン役のハイ・チン、ヨウティエ役のウー・レンリン両人のインタビューが参考になる。本作ではさらに、それ以外にも、①藤井省三氏（名古屋外国語大学教授、東京大学名誉教授）の「"小さき麦"を植える有鉄は現代の阿 Q か？―"低層叙述"映画に花開く一粒の愛の詩」、②井戸沼紀美氏（映画上映と執筆『肌蹴る光線』主宰）の「あっけなく直立していく世界の中で」、③川本三郎氏（評論家）の「ロバとブルドーザー」も大いに参考になるので、それらは必読！

■□■こんな農村映画がなぜ大ヒット？なぜ上映打ち切り？■□■

１９８０年代に、チェン・カイコーの『黄色い大地』、チャン・イーモウの『紅いコーリャン』がなぜ全世界に衝撃を与えて"中国ニューウェーブ"と呼ばれたの？また、それに続くチャン・イーモウの『菊豆』（９０年）や『活きる』（９４年）、チェン・カイコーの『さらば、わが愛／覇王別姫』（９３年）や『始皇帝暗殺』（９８年）、ウー・ティエン・ミンの『古井戸』（８７年）、シエ・チンの『芙蓉鎮』（８７年）、ティエン・チュアンチュアンの『青い凧』（９３年）等々が次々と大ヒットしたのは一体なぜ？それは、中国映画特集である『坂和的中国電影大観　SHOW-HEY シネマルーム５』をしっかり読んでもらえばわかるはずだ。

他方、改革開放政策が始まる以前の１９７０年代の中国は貧しかったが、それから４０～５０年後の今の中国は急成長し、軍事的、経済的に米国と覇権を争うまでになっている。そして、『戦狼2』『１９５０　鋼の第７中隊』等の戦争大作を増産し、大ヒットさせている。そんな中、２０１１年の西北地方の農村を舞台にした何とも地味な本作が、２０２２年のベルリンで金熊賞こそ逸したものの、"奇跡の映画"と呼ばれて大ヒットしたのは一体なぜ？それをしっかり考えたい。もっとも、『キネマ旬報』２０２３年３月下旬特別号の「第２章　世界のヒットランキング&映画界事情」の新田理恵氏の「中国　コロナが劇場経営を圧迫　輸入映画も激減」によれば、「本作はもう１つ、上映が突然打ち切りになったことでも話題になった。９月下旬、劇場公開だけでなくネット配信も打ち切られたのだ。１０月の中国共産党大会を前に、貧困描写など政府のキャンペーンと相容れない内容が問題視されたのではという臆測もあるが、理由は説明されていない。」と書かれているので、それにも注目！それは一体なぜ？

２０２３（令和5）年3月１３日記

『日本と中国』２２７５（２０２３年４月１日）

熱血弁護士

坂和章平

中国映画を語る〈73〉

（さかわ・しょうへい）１９４９年愛媛県松山市生まれ、大阪大学法学部卒。都市開発に関わる訴訟を数多く手がけ、日本都市計画学会「石川賞」、同年に日本不動産学会「実務著作賞」を受賞。『坂和的中国電影大観』（２００４年）、『ナニワのオッチャン弁護士、映画を斬る！』シリーズをはじめ映画に関する著書多数。（公社）日中友好協会参与、ＮＰＯ法人大阪府日中友好協会理事。

なぜ２０１１年の農村を舞台にした現代版『大地』が大ヒット？
―『活きる』とは異質の、この夫婦愛に感動！邦題の意味は？―

パール・バックの『大地』（31年）は、大地に生きる貧農夫婦の一生を描いた一大叙事詩。第5世代監督による80年代の『黄色い大地』『紅いコーリャン』は、壮大な歴史ドラマの中をたくましく生き抜く庶民の姿を描いた傑作だ。しかし、改革開放政策で急成長し、米国と覇権を争うまでの経済・軍事大国になった中国は今、『戦狼2』（17年）『１９５０ 鋼の第７中隊』（21年）等の戦争映画大作を増産中だ。そんな中、２０１１年の西北地方の農村を舞台にした何とも地味な本作が、ベルリンでの金熊賞こそ逸したものの、"奇跡の映画"と呼ばれて大ヒット！

『隠入尘烟』は「ほこりや煙に紛れて隠れる」という意味で、創世記3・19の「あなたは塵だから塵に帰らなければならない」を連想！英題の『RETURN TO DUST』も似たものだが、その異同は？他方、ヨハネの福音書12・24の「一粒の麦、死なずば」を想起させる邦題は？激動する近代史の中を生き抜く夫婦愛を描いた『活きる』（94年）は葛優の演技力と鞏俐の美しさが際立っていたが、同じく夫婦愛を描く本作の有鉄は周囲からバカにされている貧農の四男。妻の貴英は障害者で、いつも小便を漏らしているからアレレ。本作では、互いに家族から厄介払いされて結婚した二人がロバを引き、ニワトリを育てながら、借りた農地で黙々と小麦を育てる風景に注目！セリフはほとんどないから、有鉄役はズブの素人でもＯＫ？

賈樟柯監督の『長江哀歌』（06年）に見た三峡ダム建設で水没していく町は深刻だが、農村改革に伴う有鉄の家の取壊しは小事。新居を築くべく自力で土を捏ね屋根を葺く夫婦の姿は、これぞ庶民の底力だ。ある日ある事故で妻を失った彼は町へ行くの？それとも……？今の中国でこんな農村映画が大ヒットした意味をしっかり考えたい。

小さき麦の花

全国順次公開中

監督：リー・ルイジュン
出演：ウー・レンリン、ハイ・チン
原題：隠入塵煙／英語題：RETURN TO DUST/2022年／中国／カラー／133分／G
字幕：磯尚太郎
字幕監修：樋口裕子
配給：マジックアワー、ムヴィオラ
公式サイト：https://moviola.jp/muginohana/

第4章 女性監督

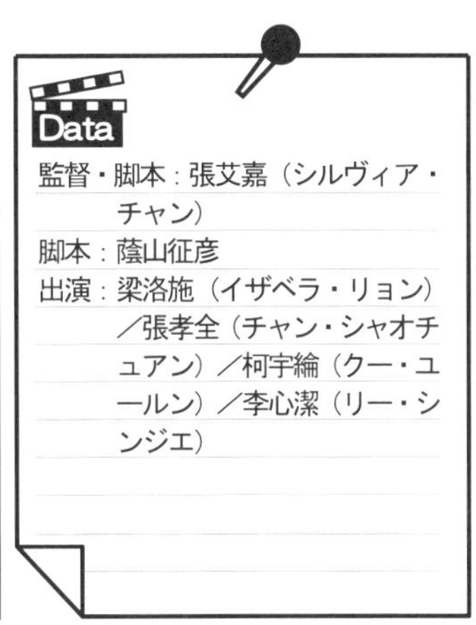

みどころ

張艾嘉(シルヴィア・チャン)監督の『妻の愛、娘の時(相愛相親)』は、誰が本妻?ひょっとして重婚罪?という、現代中国の社会問題を含めた面白くかつ温かい映画だった。そんな同監督が、本作で商業主義から作家主義に大転換!?

台東沖にある緑島とは?そこで、子供たちに人魚の物語を聞かせていた美しい母親は、なぜ兄妹を引き裂いたの?旅行ガイドの兄は今どこで何を?画家の卵の妹は今どこで何を?そんなテーマが『あなたを、想う。』という邦題の通り、次々と・・・。

正直、緑島も台湾もよく知らない日本人には、本作の理解は難しい。しかし、監督インタビューを読み込むことで、「台北と、台東。美しい光の映像美に、魅了される。あまりにも切ない、母と子、兄と妹、男と女、その物語。」をしっかり味わいたい。

——*——*——*——*——*——*——*——*——*——*——

■□■張艾嘉監督が商業主義から作家主義に大転換!?■□■

張艾嘉(シルヴィア・チャン)監督の最新作は、『妻の愛、娘の時(相愛相親)』(17年)(『シネマ42』178頁、『シネマ44』52頁)だった。そのメインは“お墓は誰のものか?”を巡る闘争(?)で、そこでは、誰が本妻?ひょっとして重婚罪?という、現代中国の「都市」vs「農村」を巡る社会問題が噴出していた。その邦題はいかにもわかりにくいが、原題の『相愛相親』の意味は何となくわかる感じ。そんな同作は定年間近の夫婦と歌手を目指す若者とその恋人という、第2、第3のテーマを含めて、面白くかつ温かい名作で、私は星５つをつけて高く評価した。

本作はそれに続く同監督作品だが、パンフレットにある監督インタビューで彼女は、「緑島は台湾の東、とても近いところにありますが、ある意味近くて遠いところなのです。」「ずっとこだわっていて忘れられないことへの想いを込めました。」の見出しでわかるように、前作やそれまでの商業主義の映画から作家主義の映画に転換したことを明確に語っている。また、本作のパンフレットの「Introduction」も「Story」も極めて短いが、前者では「台北と、台東。美しい光の映像美に、魅了される。あまりにも切ない、母と子、兄と妹、男と女、その物語。」の見出しが、後者には「わたしにとどけ・・・、あなたのこころ。それぞれの想いが生む、忘れえぬラストシーンへ。」の見出しがあり、それぞれかなり抽象的だ。

また、本作のパンフレットには、「Introduction」と「Story」の短さに比して、暉峻創三氏の「香港＆台湾ニューウェイブと共に生きた女優、シルヴィア・チャン。その監督として、新たなる波を起こす、先鋭的な傑作の誕生。」と見出しをつけた２頁にわたる「Review」や、４頁にわたるシルヴィア・チャン監督インタビュー、さらに２頁にわたる脚本の蔭山征彦のインタビュー、が掲載されている。これらの文章はいずれも難解だからしっかり読み込まなければならないが、わかりやすいのは、暉峻創三氏の次の文章だ。すなわち、

> ただ、産業として台湾以上に商業化されていた香港映画界に半分足場を置いていたせいだろうか、あるいは台湾ニューウェイブが芸術性に重きを置くばかりに観客離れを起こしていった姿を目の当たりにしてきたせいだろうか、彼女の監督作は総じて、商業映画として一般観客に分かりやすく語っていくことを重視した作風で知られてきた。そんななか、監督としての定評を完全に確立した彼女が、ついに芸術性、先鋭性の方向に大きく舵を切って作ったのが、この度日本公開される「あなたを、想う。」だ。

これをヒントに、シルヴィア・チャン監督のインタビュー等をしっかり読み込み、本作に見るシルヴィア・チャン監督の商業主義から作家主義への転換ぶりをしっかり確認したい。

■□■冒頭はボクシングのシーンから。この男は誰？■□■

本作の舞台は台東の沖にある美しい島・緑島。そして、主人公はその緑島で生まれた兄ユーナン（柯宇綸（クー・ユールン））と妹ユーメイ（梁洛施（イザベラ・リョン））で、スクリーン上にはこの幼い子供たちに毎日のように人魚の物語を話して聞かせる母親（李心潔（リー・シンジエ））の優しい姿が登場する。１月３０日に観たアフガンのカブールを舞台にしたアニメ『ブレッドウィナー』（17 年）では、１１歳の少女が幼い弟にタリバンの悪行を想定しながら村人を苦しめる象の王の物語を話して聞かせていた。しかし、これらの物語は両者とも当然語り手が勝手に想像したもので、現実に即したものではない。しかし、それを聞かされた幼子はもちろん、場合のよるとそれを語っている本人もその物語

の世界が現実の世界のように思えてしまうから面白い（ご用心？）。

本作はそんな映画であるにもかかわらず、本作冒頭にはなぜかボクシングのシーンが登場し、ヨンシャン（張孝全（チャン・シャオチュアン））が練習に励む姿が映し出される。彼は今は画家（の卵）に成長したユーメイの恋人だが、どうやら、網膜剥離に悩まされているらしい。しかし、彼にとってボクシングは亡き父と自分をつなぐ唯一のものだったため、彼はそれをコーチに隠し、なんとか試合に出ようとしていたが。網膜剥離がバレたらそれは到底ムリ！さあ、そんなヨンシャンの今後の奮闘とユーメイとの恋の行方は？

■□■緑島VS奄美大島、張艾嘉VS河瀬直美■□■

『２つ目の窓』（14 年）は、自分のルーツが奄美大島にあることを知った河瀬直美監督が、奄美に伝わる「ユタ神様」伝説を軸とし、１６歳の若い男女の性の芽生えに焦点を当てながら独自の死生観を展開した映画だった（『シネマ 33』76 頁）。同作は、河瀬監督が撮影監督として起用した山崎裕のカメラがとらえる美しい奄美大島の海と自然の風景が特徴で、制服のまま海中に潜る杏子の姿や、素っ裸の杏子と界人が２人仲良く海中を遊泳する美しいシーンが印象的だった。それに対して、本作では緑島の海の中を潜るのは人間ではなく、人魚らしい。私は奄美大島にも台湾の緑島にも行ったことはないが、スクリーン上で観るその海と自然の美しさは見事なものだ。

他方、河瀬監督の『２つ目の窓』は前述のとおり、１６歳の若い男女の性の芽生えに焦点を当てながら独自の死生観を展開した映画だったが、シルヴィア・チャン監督の本作は、一方で現在のユーメイとヨンシャンの恋模様をメインストーリーとして見せながら、随所随所に緑島での過去の物語を錯綜させながら、母と娘、兄と妹等の家族の絆を描くものだ。このように、両者のストーリー構成は全く異質だが、作家主義を目指した映画という意味では両者に共通点が！

■□■妹ユーメイの今は？絵のテーマは？恋模様の展開は？■□■

本作でユーメイを演じる梁洛施（イザベラ・リョン）は一見、中国の徐静蕾（シュー・ジンレイ）や日本の中山美穂に似た（？）知的美女で、本作は６年ぶりの映画出演になるそうだが、さすがシルヴィア・チャン監督が本作に抜擢しただけあって、魅力的だが難解なユーメイのキャラを見事に演じている。子供のころ緑島の中であんなに兄妹に優しかった母親は、その後、兄と夫を島に残し、幼いユーメイだけを連れて台北に行き、まもなく他界してしまったらしい。それがどんな事情によるのかは、近時の何でも説明調の邦画と違い、本作では全く語られていないが、否応なくそんな境遇におかれたユーメイが母親を恨んだのは当然。私の家族を引き裂いたのはあの母親だ。そんな思いの中、ユーメイは今はどこで何をしているのかもわからない兄への想いも募っていたが・・・。

近時は『ゴッホ～最期の手紙～』（17 年）（『シネマ 41』未掲載）等、画家ゴッホを描いた映画が多い。『世界で一番ゴッホを描いた男』（16年）という興味深い中国映画もあった（『シネマ42』136頁、『シネマ44』313頁）。「ひまわり」をはじめとするゴッホの絵が好きかどうかは人によって分かれるが、本作で画家（の卵）に成長したユーメイがアトリエで描いている絵は、その力強さや絵の具の重ね具合は一見ゴッホ風？それも人によって違うだろうが、少なくともユーメイが描こうとしている絵のテーマが、故郷・緑島の海の風景であることは間違いない。その絵の中に母への恨みを込めれば陰鬱な印象の海になるだろうし、ボクサーの彼との恋模様が順調に進めば明るい印象になるはずだ。前述したヨンシャンとユーメイとの恋人ぶりは一見順調そうだが、ヨンシャンの網膜剥離だけでなく、今ユーメイは妊娠していることに気づいたから、彼女の人生の選択も難しくなっていく。すると、ユーメイが生涯のテーマとして描いている緑島の海の風景は？その明暗と陰陽は？

■□■兄ユーナンの今は？「バー藤」の居心地は？■□■

２０１８年の日本は台風７号の影響による７月豪雨や９月３日～５日の台風２１号等によって連続的に大変な被害に見舞われたが、台湾は日本以上に頻繁に台風被害に襲われる国。ユーメイが画家（の卵）なら、ユーナンは今、台東で旅行ガイドとして働いていたが、ある日台風に遭遇したから大変だ。台東は私も旅行したことがあるが、東に太平洋の大海原が広がるこの一帯は明るく燦燦と照りつける太陽がまぶしく美しい。そしてその砂浜はあくまで白く美しい。しかし、そんな美しい海沿いの台東のまちも、台風に襲われると･･･。

篠原哲雄監督の『地下鉄（メトロ）に乗って』（06年）（『シネマ12』45頁）はタイムスリップものだったが、同作のハイライトは、東京の「バー・アムール」における「4者会談」のシーンだった。近時の日本では１９６０年代に流行った「スナック」が復活しているそうだが、バーとスナックの区別、線引きは難しい。しかし映画ではしばしばバーやスナックは酒を飲むための場所だけではなく、登場人物たちが語り合う舞台として重要な役割を果たすことが多い。しかして、本作では台北の繁華街にある「バー藤」がその役割を。台風の日にユーナンが雨宿りを兼ねて飛び込んだ小さなバー藤は狭いけれど清潔。そして、頑固親父が作るこだわりのカクテルは絶品。相場はそう決まっている。ところが、はじめて飛び込みで入ってきた客のユーナンが「ビール！」と注文したのに、「うちはビールは置いていない」とは、いかにも台湾流！？ユーナンにとってそんな「バー藤」の居心地は如何？

それはともかく、シルヴィア・チャン監督が描く「バー藤」での、夢のような現実のような若いユーナンと頑固親父のマスターとのやりとりをしっかり楽しみたい。

■□■緑島でのダイビングは？監督インタビューは必読！■□■

母親が幼いユーナンとユーメイに語り掛ける本作の物語の中では、緑島の美しい海の中を泳ぐのは人魚。しかし、スクリーン上では、その人魚が人になり、また人が人魚になる美しい映像が登場してくる。そこで、シルヴィア・チャン監督はユーメイを演じるイザベラ・リョンにはフリーダイビングを命じた（？）わけだが、さあ、本作に見るその幻想的で美しいシークエンスは如何に？『２つ目の窓』では、１６歳の若い男女が奄美大島の海に潜る美しいシークエンスが印象的だったことは前述したが、西谷弘監督の『真夏の方程式』（13 年）では、現在東出昌大との離婚問題で悩んでいる渡辺謙の娘、杏が日本人離れした肢体で波瑠ヶ浦の美しい海の中を潜るシーンが印象的だった（『シネマ 31』228 頁）。

本作では、そんな美しい海中でのフリーダイビングを見ながら美女比較をするのも一興だが、シルヴィア・チャン監督が語る緑島の成り立ちや、母親がなぜ兄からも妹からも恨まれるような行動をとったのかについては、パンフレットにあるシルヴィア・チャン監督のインタビューをしっかり読み込む必要がある。もっとも、それは３頁に渡る長文であるうえ、活字の色の関係で非常に読みにくい。しかし、見出しに書かれている「緑島は台湾の東、とても近いところにありますが、ある意味近くて遠いところなのです。」の意味を理解するためにも、また、「ずっとこだわっていて忘れられないことへの想いを込めました。」の思いを理解するためにも、これは必読だ。なぜなら、作家主義を貫いた本作では、緑島の歴史や背景について何も知らない私たち日本人は、ノホホンとスクリーンを見ているだけではそれらの意味を理解するのが難しいからだ。

そこで、そのポイントだけを指摘しておくと、次の諸点だ。

①母親は（台湾の離島）小琉球の漁民の出身で、緑島の夫のもとに嫁いできたこと。

②緑島はかつて政治犯が送られた土地で、島全体が刑務所だったため、１度送り込まれたら逃げ出すことができなかったこと。

③夫婦で食堂をやっていた母親は、知識の豊富な政治犯から影響を受けたこと。

④妹のユーメイは母親と似て空想が大好きだったから、母親が話したおとぎ話を全部信じたこと。

⑤現実的な兄のユーナンは妹と正反対で、「そんなことあるわけない」と信じなかったこと。

⑥しかし、妹は本当のことだと言うため、兄の心には「お母さんはいつも妹ばかりを愛している」というわだかまりが消えなかったこと。

韓国のポン・ジュノ監督の『パラサイト　半地下の家族』（19 年）と同じように、本作のような作家性の強い映画では、「ネタバレ厳禁」が当然だからこれ以上は書かないが、とにかく本作では、シルヴィア・チャン監督のインタビューは必読！観客１人１人が想像力をたくましくしながら、美しい緑島出身の兄と妹の物語をしっかり味わいたい。

２０２０（令和2）年2月１０日記

Data

監督：盧謹明（ジェニー・ルー）

出演：紀培慧（テレサ・デイリー）／陳湘琪（チェン・シャンチー）／ジョシュ・ホワイトハウス／範時軒（アマンダ・ファン）／ソフィー・ゴプシル／シュアン・テン／ロレイン・スタンリー／ニール・ワールド／ダニエル・ヨーク

みどころ

舞台は、ロンドンのマッサージパーラー。主人公は、台湾からロンドンに留学し、就職氷河期の中で必死に就職活動をしているティナ。しかして、「接線員」とは？「ザ・レセプショニスト」とは？

日本でも性風俗マッサージ店は多種多様だが、そのすべてが違法もしくは違法スレスレ？しかし、ロンドンでは住居地域の住宅にそんな店があることにビックリだ。近所の不審の目の中、建物内では一体ナニが？

留学も結構、英語も結構、接客術も結構。しかし、台湾人がここまでしてロンドンに住む意味があるの？自殺したという、盧謹明（ジェニー・ルー）監督の友人のモデルも登場するが、私には理解不可能だ。その逆に、本作ラストの故郷の風景には納得！

——＊——＊——＊——＊——＊——＊——＊——＊——＊——＊——

■□■シネ・ヌーヴォでしか味わえない、この一本を！■□■

きっとシネ・ヌーヴォでしか味わえない本作を鑑賞！チラシによると、本作は「祖国を離れ異国に住む台湾女性たちが直面する問題を描いた衝撃作」。また、本作が日本で上映されるに至った事情は、次のとおりだ。

ヒースロー空港で自殺した中国人の友人が、英国でセックスワーカーとして働いていたことを後に知ったイギリス在住の女性監督・盧謹明（ジェニー・ルー）は、アジア移民の現実を映画として世の中に提示するためにクラウドファンディングで資金を集め、７年の歳月をかけて本作を製作。本作は、２０１７年にソチ国際映画賞＆フェスティバルで最優秀映画賞を受賞し、エジンバラ国際映画祭オフィシャルセレクションで上映されたほか、アジアン・アメリカン国際映画祭をはじめ、各国の映画祭で上映・受賞した。そして、２０１８年の第１回熱海国際映画祭グランプリを受けて、日本国内での上映が決定した。なるほど、なるほど。

■□■「接線員」とは？「レセプショニスト」とは？■□■

チラシには、「春を売る家、そこは、私たちが異国で選んだ生きる場所でした。」の見出しもあるから、本作の主人公のティナ（紀培慧（テレサ・デイリー））がマッサージパーラーの受付嬢となるストーリーからはじまる本作の原題『接線員』、英題『THE RECEPTIONIST』は、なるほど本作にピッタリ！？もっとも、マッサージパーラーとは名ばかりで、その実、ティナが働き始めた店のホントの商売は・・・？

■□■英国にも就職氷河期が？それにしても・・・？■□■

日本にも「就職氷河期」があったし、韓国にもそれはあった。そして、本作を観ていると、せっかく台湾から英国に留学し、大学を卒業したにもかかわらず、ティナは今イギリスでのその就職氷河期にハマっているらしい。もっとも、英語がペラペラなのはさすがだが、大学時代に必死に勉強していたのか否かは、イギリス人の恋人フランク（ジョシュ・ホワイトハウス）と同棲しているティナの姿を見ているとよくわからない。この男、一見ハンサムで優しそうだが、ひょっとして生活力がないままティナに寄生している、やさ男かも・・・？

観客はそんな疑問を持つはずだが、ティナにはそんな疑問は全くないらしい。そのため、明日の家賃の支払いにも困窮する中ティナはフランクを責めることは全くせず、自発的に「接線員」の仕事を選択することに。もっとも、私の仕事はあくまでマッサージパーラーの「受付」で、ササ（陳湘琪（チェン・シャンチー））やメイ（範時軒（アマンダ・ファン））のようなマッサージ嬢とは別！ティナは住居地域内の住宅を借りて違法な性風俗店を営む女リリー（ソフィー・ゴプシル）に対してそう宣言し、働き始めたが・・・。

■□■女主人、２人の同僚、そして新人の登場！■□■

私は、イギリスではこの手の店がマッサージパーラーと仮装することを知ってビックリ！また、日本ではこの手の店はすべて「商業地域」に限定され、住居地域には存在し得ないが、イギリスではそんな実態があることにもビックリ！最後には家主から文句を言われ、警察に通報され、リリーたちが逮捕されたのは当然だが、ジェニー・ルー監督の友人が数年間もそんな店で働いていた現実があったことにもビックリだ。

私は職業柄（？）この手の店をよく知っているが、日本のそんな店と同じように（？）、店の経営者リリーとそこで働く２人の女ササとメイを巡って本作に登場するさまざまなエピソードは興味深い。リリーはとにかくがめついが、女たちから搾取しているだけではなく、自分自身も生きていく（経営していく）ために精一杯ということがよくわかるから、私はそのがめつさを責めることはできない。しかし、中盤から新たにマッサージ嬢として入店してきた新人アンナ（シュアン・テン）の境遇を見ていると、ティナ以上に悲惨で、何が何でも（身体を売ってでも）すぐにカネを稼がなければならない事情に、つい涙・・・？もちろん、こんな店の経営にヤクザが絡んでいることや、女たちが客からもらったカネの窃盗騒動が起きたり、一見華やかに見える（？）性風俗マッサージ店も、その内実はトラブル続きで大変だ。本作では、当然現地を詳細に視察したはずの女性監督ジェニー・ルーが描き出す、そんなマッサージパーラーでの人間模様をしっかり観察したい。

■□■なぜロンドンへ？留学の意味は？働く意味は？■□■

難民問題やそれに近い移民問題は重要な国家間の問題だが、違法就業に絡む移民問題も大変な問題。もっとも、それは主として法律問題として処理すべき問題だし、就業ビザの取得や留学に伴う長時間バイトの可否等は個人の選択のウエイトが大きくなってくる。

しかして、本作を鑑賞しながら私がずっと疑問に思ったのは、なぜティナはイギリスに留学し、ロンドンで就職することにこだわっているの？ということだ。もちろん、どの国

に留学するかは本人の選択だし、留学先で就職できればそれにこしたことはない。しかし、イギリスがこれほど就職難だとしたら、ティナには台湾中心部や故郷の六鬼という田舎に戻るという選択肢もあるのでは？本作でティナがそれをしないのは、ティナの仕事を知った後、態度を一変させるダメ男フランクへの献身的な愛（？）のためと思えてしまうのだが、ティナさん、どうなの？

ちなみに、本作ラストでは新人のアンナは悲惨な結末になってしまうが、ティナは故郷の六鬼に戻り、野良仕事に従事する元気な姿が映し出されるので、それに注目！台湾も近時は日本と同じように地震や台風、水害等の被害で大変だが、だからこそボランティア的にやれることがいっぱいあるし、その中で食っていくことくらいできるのでは・・・？

■□■撮影手法は？結末のつけ方は？■□■

近時のテレビ画面が４K、８K とどんどん美しくなっていくのと同じように、近時の邦画はどんどんスクリーンが明るくキレイになっている。それは悪いことではないが、映画はストーリーはもとより、映像にも陽と陰、光と影が必要なのでは？黒澤明監督の名作はすべてそうだったはずだが・・・。近時のそんな邦画に馴れた目には、本作の映像の暗さは相当つらい。舞台がマッサージパーラーの室内が多いことと、もともとそういう店のそういう部屋は薄暗いものだろうが、それにしても暗い。これは、もちろんジェニー・ルー監督が意図してやっていることだが、本作のそんな撮影手法をあなたはどう評価？

他方、本作ラストに訪れる、家主からの通報と警察による店の手入れ、そして女主人らの逮捕という展開は足早だ。ティナがその直前に台湾に帰国したのはラッキーだったが、そんな展開の中、ジェニー・ルー監督は本作の結末をいかにつけるの？そう思っていると、本作ラストは、ティナとササとの手紙のやり取り（その朗読）になる。しかし、あの店で働いていた当時のティナとササが特別仲が良かったわけではないのに、店を離れた後、なぜこの２人は急に文通して近況を報告し合う仲になっているの？それが私にはよくわからないが、本作の結末のつけ方としてはいかにもピッタリ。しかし、このように途中で自殺してしまったアンナは別として、ラストでティナとササを描くのなら、同じ店で働いていたメイもラストで近況を語らせなければ不公平なのでは・・・？私にはそんな思いも少し残ったが・・・。

２０２０（令和2）年3月4日記

Data

監督・脚本：白雪（バイ・シュエ）
エグゼクティブ・プロデューサー：田壮壮（ティエン・チュアンチュアン）
出演：黄尭（ホアン・ヤオ）／孫陽（スン・ヤン）／湯加文（カルメン・タン）／倪虹潔（ニー・ホンジエ）／江美儀（エレン・コン）／廖啓智（リウ・カイチー）／焦剛（チアオ・ガン）

みどころ

２０２０年６月に制定・施行された「香港国家安全維持法」によって、それまで続いていた「一国二制度」は崩壊！？しかし、白雪（バイ・シュエ）監督はそれとは異なる「THE CROSSING」の視点から、深圳と香港を跨いでスマホの密輸団に加担していく女子高生ペイの姿を鮮やかに切り取った。

ペイは越境児童だが、それってナニ？深圳と香港の往来には、なぜ出入国審査（イミグレーション）や税関があるの？そもそも、一国二制度とはナニ？それらをしっかり勉強しながら、１６歳の少女、ペイの生きざまを確認したい。

ちなみに、ペイが親友のジョーと共に夢みた旅行先はどこ？それを当てることができれば、あなたはかなりの中国通だが・・・。

――*――*――*――*――*――*――*――*――*――*――

■□■ペイは越境児童！なぜ深圳と香港を毎日、越境通学？■□■

北京電影学院を２００７年に卒業した白雪（バイ・シュエ）監督の初長編作品たる本作の主人公、１６歳の女子高生ペイ（黄尭（ホアン・ヤオ））は、深圳で母親ラン（倪虹潔（ニー・ホンジエ））と暮らしながら、香港の高校に通う“越境児童”（中国語では“跨境学童”）。ペイの父親は、香港でれっきとした家庭を持ち、トラック運転手の仕事をしているヨン（廖啓智（リウ・カイチー））。しかし、ペイはその家庭で生まれた娘ではなく、ヨンと深圳の愛人だったランとの間に生まれた子供。つまり、父親が香港人で、母親が大陸人であり、両親の片方が香港永住権を持つ「単非児童」だ。その詳細は、パンフレットにある谷垣真理子（東京大学教授）のコラム「越境児童とふたつの都市の物語」を参照。

両者の家庭にどのようないざこざがあったのかは知る由もないが、当然いろいろあったはず。そんな環境下で育ち、今は思春期真っ盛りであるペイが、一緒に生活している母親ランに対して何かと反抗的なのは当然だ。他方、父親の職場を訪問した時にお小遣いをもらえるのは嬉しいが、別の家庭で幸せそうに食事をしている父親を見ると・・・。

６歳の時に、両親と共に北方から南の深圳に渡って暮らし始めたバイ・シュエ監督は、隣接する香港の文化の影響を受けて育った。そのため、深圳と香港を行き来する時にイミグレーション（出入国審査）を通過する児童をよく見かけており、当初越境通学児童という特殊な集団をテーマに物語が作れないかと考え、２０１５年から２年間もの歳月をかけて取材を始め、２０１７年に完成した脚本をもとに２０１８年に制作したのが本作だ。

香港の「一国二制度」は、２０２０年６月の「香港国家安全維持法」の制定・施行によって崩壊してしまった感が強いが、越境通学児童というテーマを描いた本作は必見！

■□■女子高生の友情は？二人の夢は？■□■

JK と略称される女子高生の「生態」はいろいろと興味深いが、本作導入部に見るペイと、その親友ジョー（湯加文（カルメン・タン））の友情はいかにもそれらしい。父親にも母親にも懐けず、兄弟もいないペイにとって、唯一の心のよりどころは親友ジョーと過ごす時間らしい。そんな２人の夢は「日本の北海道への旅行」というのが面白いが、その理由の第１は、雪を見て触って感じてみたいこと、第２は日本酒を飲みたいことだから、さらに面白い。

２人だけの時間でそんな夢を語り合っているところを見ると、いかにも無邪気な JK だが、そのために必要なのはお金。ペイと違って、香港に住み香港の学校に通う生粋の香港人たるジョーは富裕層に属していたから、それなりに豪華な家に住んでいる。さらに、ジョーのおばさんは、狭くて地価の高い香港でプール付きの大邸宅に住んでいるから凄い。そんなジョーにとっては北海道行きの旅費はちょろいものだが、ペイは北海道旅行のお金を貯めるために必死。そのため、今日も学校の同級生にスマホケースを売ったり、夜はレストランでバイトしたりして稼いでいた。しかし、香港と深圳を行き来するには、その度にイミグレーションと税関を通過しなければならないが、一国二制度の下では、密輸も・・・。

■□■「ｉPone６」の“密輸”の稼ぎは？密輸団の存在は？■□■

深圳と香港は隣接している都市。しかし、前者は中国（中華人民共和国）で、後者は香港（特別行政区）だから、「一国二制度」という特殊な制度の下での深圳と香港の往来には ID やビザが必要だし、税関もある。そのことは、私も香港から深圳に移動したときに体験済み。そんな中で浮上するのが、両都市の商品の価格の違いとそれを利用した密輸団の存在だ。深圳と香港はメチャ近いが、いくら距離が近くても、その往来にはイミグレーションと税関を通過することが必要。しかし、イミグレーションと税関さえ通過すれば、モノの持ち運びは簡単。すると、そこでは密輸が頻繁に・・・？

禁制品の密輸がバレれば大ごとだが、スマホ程度なら、バレても大した処分はなし・・・？かどうかは知らないが、制服姿で毎日イミグレーションと税関を通過しているペイに対して、突然ぶつかってきた若い男がとっさに手渡してきたのは、密輸団の一員として違法に持ち込んでいたそのスマホらしい。わけのわからないまま、若い男・メガネ（眼鏡仔）にそれを引き渡すと、それ相応の「分け前」をもらうことができたから、以降ペイが彼ら（密輸団）に接触していったのは仕方ない。だって、これをやれば、レストランのバイトとは比べ物にならない金を稼ぐことができるのだから。

深圳側の受け手であるシュエイ（焦剛（チアオ・ガン））はちょっと怖い中年男だったが、香港側の密輸グループの女ボス・ホア（江美儀（エレン・コン））は、ペイに自分の若い頃の面影を見て気に入り、利発さと気の強さを見込んでペイにいろいろと責任ある仕事を任せてくれたから、ペイの張り切りようも半端ではない。ジョーの彼氏である２０歳のハオ（孫陽（スン・ヤン））も、普段は家族が経営する小さな屋台を手伝いながら、ホアの手下として着実に仕事をこなしていたが、日々ペイと一緒に仕事をする中で次第に親しくなっていくと・・・？

■□■拳銃の密輸は？密輸団からの独立は？２人の友情は？■□■

中年のエロおやじがはびこる社会の中で、JK は何かと危険だが、制服を着た真面目そうな JK なら、税関を通過するのに怪しまれることは少ない。ホア率いる密輸団の手下であるチーザイ（七仔）やメガネが、それに気が付いた後、チンピラ風から制服の高校生に変身していくストーリーはユーモア感がタップリだ。

しかし、いくら稼げるからと言って、スマホから拳銃に密輸のターゲットを変えるのは如何なもの？父親が経営する屋台を手伝っているハオは慎重派（?）だからそれに躊躇したが、ホアが見込んだ通りの“良い根性”をしているペイは、悩みながらもそれをオッケーしたからちょっとヤバい。さらに、そんな仕事上の悩みを共有し、共に過ごす時間が長くなっていくと、ジョーの恋人であったはずのハオとペイの親密性が増していったのも仕方ない。ジェニファー・ジョーンズとウィリアム・ホールデンが共演した名作『慕情』(55年）では、ヒロインが勤務する病院の裏にある、香港を一望できる丘が二人の思い出の場所になっていた。しかして、本作もそれと同じように、ハオがいつも一人で登っている、香港を一望できる丘に初めてペイを連れて登るシークエンスが登場するが、ハオがわざわざペイをそこに連れて行ったことが意味するものは・・・？

ハオは拳銃の密輸に参加することには慎重だったが、慎重でなかったのはホア率いる密輸団からの独立。それは相当ヤバいことだが、ホアから独立してペイと２人だけでスマホを密輸し、２人だけで大儲けしようと計画したハオとそれに同意したペイ、２人の行動は?そして、そんな展開の中、近時ハオと自分との接点が少なくなったと感じていたジョーが、いつの間にかハオとペイがそんな風になっていることを伝え聞くと・・・。

JK 同士の友情は深いようで浅い。一部ではそんな声も聴くが、そんな状況が明らかになった後の２人の友情は・・・？

■□■原題は？英題『THE CROSSING』の狙いは？邦題は？■□■

本作の原題は『过春天』で、直訳すれば「春を過ぎる」という意味だが、なぜ本作はそんな原題に？イントロダクションによれば、「过春天」は香港と深圳間の密輸団の隠語であり、密輸する人が無事税関を通り抜けた時に仲間に「过春天」と伝えるらしい。かつて、赤穂浪士が吉良邸に討ち入りする際、仲間内で斬り合わないために使った“合言葉”が「山と川」だったが、「过春天」はそれと同じような、密輸団の“合言葉”だ。

それに対し、英題は『THE CROSSING』。これは、イギリスが勝手につけた英題ではなく、白雪監督が自らつけたものだ。そして、パンフレットにある白雪監督インタビューでは「映画の英題名は『THE CROSSING』です。このタイトルに何か表現したい特別な意味はありますか？」という質問に対し、「『THE CROSSING』というのは実は行動的な感覚です。私の頭の中で、ペイはいつも走っているイメージです。だから、『THE CROSSING』にも中国語の「春を過ぎる」の面にもある種の動きがあります。」と答えている。なるほど、それも一理あるが、『THE CROSSING』という邦題を聞いて私がすぐに思い出す映画は、呉宇森（ジョン・ウー）監督の大作『The Crossing－ザ・クロッシング－Part I（太平輪乱世浮生（前編／The Crossing)』（14年）（『シネマ44』78頁）と『The Crossing－ザ・クロッシング－Part II（太平輪　彼岸（後編／The Crossing 2）』（15年）（『シネマ44』90頁）。同作が『The Crossing－ザ・クロッシング－』とタイトルされた理由は、同作が中国大陸の上海と台湾の基隆市を結ぶ「中国のタイタニック」と呼ばれた大型客船「太平輪号」を軸とした「歴史ドラマ」・「人間ドラマ」だったからだ。したがって、その『The Crossing－ザ・クロッシング－』の狙いと、本作の『THE CROSSING』の狙いは全然違うものだということを、しっかり認識したい。

また、「The Crossing」と聞けば、距離的に遠く隔てているイメージだが、本作の『THE CROSSING』は深圳と香港間だから極めて近距離。しかし、そんな近距離にもかかわらず、中国大陸にある深圳と特別自治区である香港は、「一国二制度」の下で大違いだから、その両都市を「THE CROSSING」するについては、本作のようなさまざまな問題点が・・・。

その両者に対して、本作の邦題は『THE CROSSING～香港と大陸をまたぐ少女～』だが、この説明方ぶりはいかにも今風。ここまでタイトルに入れれば確かに映画のイメージはよくわかるが、その是非は・・・？

■□■久しぶりに田壮壮の名前を！■□■

私が本作で注目したのは、エグゼクティブ・プロデューサーとして田壮壮の名前が載っていたこと。中国第五世代監督として、張芸謀（チャン・イーモウ）、陳凱歌（チェン・カイコー）（再開された北京電影学院の第１期の同期生）と並ぶ、彼の代表作は、『盗馬賊』（85年）（『シネマ5』67頁）と、『青い凧』（93年）（『シネマ5』98頁）だが、『青い凧』は中国当局の批判を受け、１０年間映画製作を禁止された。また、彼の両親は共に文化大革命の迫害を受け、自身も下放された経験を持っている。後述の映画観は、そんな彼なればこそのものだ。ちなみに、私は２００７年１０月１０日に北京電影学院で特別講義をしたが、その打ち合わせの時に偶然出会ったのが、田壮壮氏。その時に２人並んで撮った記念写真は私の宝物だ（『シネマ34』36頁）。

それはそれとして、本作についてバイ・シュエ監督は、田壮壮の手助けについて、「私の中の映画観と人生観は監督の影響をとても大きく受けています。この映画を作る前は、先生はいつも私に「自分で決めろ」と言ってきました。初めは理解できなかったのですが、あとになってそれが先生の考えだとわかりました。私に自分で判断できるようになって欲しかったのです」と語っている。逆に、田壮壮は「バイ・シュエ監督はとてもプロフェッショナルで彼女のスタッフもプロフェッショナルです。なので、私が撮影現場で何かすることは必要ないと考えました。今回のチームはとても団結力があり、とても専門的な経験が豊富です。その中でバイ・シュエ監督は創造的なリーダーシップ能力の点で監督が持つべき資質も持っていることを表していると思います」と語っている。

さらに私が注目したのは、「ティエン・チュアンチュアン氏は多くの映画でエグゼクティブ・プロデューサーを務めてこられましたが、本作はどういった点を意識しましたか？」という質問に対して彼が、「心のままに従って創作するか、映画市場に従って創作するかだと思います。その選択が重要です。監督は一定のレベルに行くと興行収入で考えるようになりますが、最初の映画作品は映画自体で考えるのではないでしょうか？これは２つの考え方です。現在、新しい風潮と新人主義がありますが、それは興行収入とは関係なく、映画市場の問題だと思います」と語っていること。そしてさらに、「『薬の神じゃない！』と『THE CROSSING～香港と大陸をまたぐ少女～』の監督はどちらも私の生徒の作品です。2作品とも非常によくできています。『THE CROSSING～香港と大陸をまたぐ少女～』には映画市場要素がありますが、これらの要素のために作られた作品ではありません。」と語っていることだ。

私はたまたま『薬の神じゃない！』（17 年）（『シネマ 47』207 頁）と本作を同じ時期に観たが、両者とも彼の生徒の作品であることを知り、「なるほど」と納得！

２０２０（令和2）年１１月２５日記

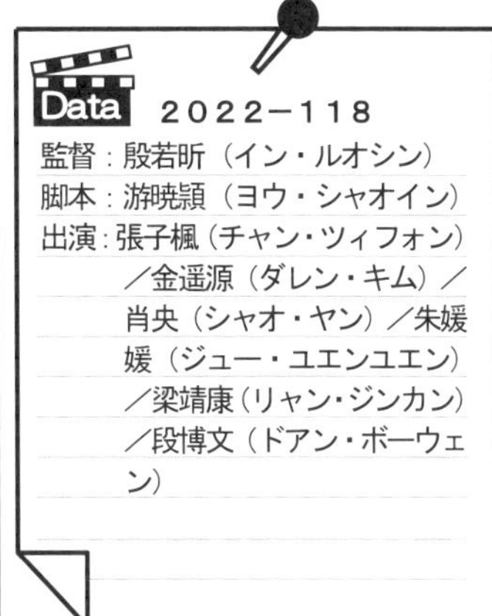

みどころ

中国には二つの顔がある。居丈高な軍事大国、経済大国の顔と笑顔がよく似合う素朴で質素な庶民の顔だ。そんな書き出しで、「私の大好きな中国映画作文コンクール」に『こんにちは、私のお母さん（你好，李焕英）』（２１年）を題材として応募した私の作文は、見事３等賞をゲット！近時、大ヒットの『戦狼２／ウルフ・オブ・ウォー２』（１７年）も『１９５０　鋼の第７中隊』（２２年）も興味深いが、私にはやっぱり本作のような“ホンワカもの”の方がベターだ。

長く続いた中国の“一人っ子政策”は、さまざまな矛盾と問題を持っていた。それは本作を監督し、脚本した、共に１９８６年生まれの二人の女性の体験でもあったらしい。しかして、一人っ子政策の例外とは・・・？

本作の舞台は成都だが、北京で医者になる夢を持つヒロインにとって、突如現れた弟は邪魔。そんな存在のために自分の人生設計が台無しにされてたまるものか！ならば、さっさと養子先へ放出を！

そんな展開の脚本ながら、ラストには名作『卒業』（６７年）で観た花嫁強奪のラストシーンを彷彿させる名場面に。これは必見！これは感動！

——＊——＊——＊——＊——＊——＊——＊——＊——＊——＊——

■□■戦争映画大作が大ヒット！低予算映画も社会現象に！■□■

『戦狼２／ウルフ・オブ・ウォー２』（１７年）が大ヒットし、約９６３億円の興行収入を挙げた。続いて、『１９５０　鋼の第７中隊』（２２年）も大ヒットし、約１１３０億円の興行収入を挙げ、中国映画の歴代最高を更新した。他方、２０２２年１０月に開催された中国共産党第２０回大会を終えた中国では、今や“台湾有事”に向けた緊張感が高まっている。

近時の中国映画の大ヒットはそんな戦争映画大作が中心だが、中国映画は他方で、チャン・イーモウ監督の「幸せ３部作」として有名な『あの子を探して（一個都不能少／Not One Less)』（９９年)、『初恋のきた道（我的父亲母亲／The Road Home)』（００年)、『至福のとき（幸福時光／Happy Times)』（０２年）（『シネマ５』１８８頁、１９４頁、１９９頁）や、フォ・ジェンチイ監督の『山の郵便配達』（９９年）（『シネマ５』２１６頁）のような、日本人の大好きな、素朴で純朴な“ホンワカ映画”も多い。また、ウーラン・ターナ監督の『幸せの絆（暖春／Warm Spring)』（０３年）（『シネマ１７』１８０頁）のような“大催涙弾”映画もある。

近時のそんなホンワカ映画の筆頭は、ジア・リン監督の『こんにちは、私のお母さん（你好，李焕英／Hi Mom)』（２１年）（『シネマ５』１９２頁）だ。同作を観て感動した私は、中華人民共和国駐大阪総領事館が主催した「私の大好きな中国映画作文コンクール」に応募し、見事３等賞をゲットした。本作はそれに続く“ホンワカ路線もの”だが、低予算で制作された本作は「マスクが濡れるほど泣いた。」などSNSで感動と共感の口コミが爆発し、『００７／ノー・タイム・トゥー・ダイ』（２１年）（『シネマ５０』４６頁）を超える異例のメガヒットになったらしい。そんな本作の先行試写が実施されたから、こりゃ必見！

■□■“一人っ子政策”の矛盾。問題点を、姐姐の視点から■□■

中国では父、母、兄、弟、姉、妹のことを、それぞれ、父亲、母亲、哥哥、弟弟、姐姐、妹妹というが、本作の原題は『我的姐姐』。つまり、「私のお姉さん」だ。ちなみに、日本人が最も好きな中国映画であるチャン・イーモウ監督の『初恋のきた道』の原題は『我的父亲母亲』だから、いくら中国人に「初恋のきた道は良かった。」と話しても意味が通じない。したがって、本作についても、『シスター　夏のわかれ道』とされた邦題でいくら話題提供しても、中国人には全く通じない。また、英語の「Sister」では、「お姉さん」だけの意味は伝わらないし、「夏のわかれ道」という副題はかなりピント外れだから、この邦題はイマイチだ。

それはともかく、１９８６年生まれの女性監督イン・ルオシンが長編映画２作目の本作で取り上げたテーマは、中国の一人っ子政策（の矛盾と問題点)。また、その脚本を書いたのは、イン・ルオシン監督の同期生として中央戯劇学院/演劇文学演出科を卒業した女性ヨウ・シャオインだ。一人っ子政策は１９７９年に始まり２０１５年まで実施されたもので、原則として一組の夫婦につき、子供は一人だけと制限した政策だ。共に１９８６年生まれのイン・ルオシン監督と脚本家ヨウ・シャオインは、その一人っ子政策によってどんな影響を受け、どんな矛盾、問題点を感じたの？本作の問題意識はまさにそれ。そして、本作はそれを姐姐の視点から描いたものだから、それに注目！

ちなみに、本作の登場人物は、脚本を書いたヨウ・シャオインが生活の中で観察した大勢の実在人物をベースにさまざまな特徴を総合して生み出したキャラクターらしいが、そのキャラクターの捉え方は素晴らしい。それは少しずつ本作の評論の中で紹介したい。

■□■事故で両親が死亡。6歳の弟が登場！姉の生活設計は？■□■

本作の舞台は、四川省の省都、成都。看護師として病院で働くアン・ラン（チャン・ツィフォン）は、医者になるために寸暇を惜しんで受験勉強に励んでいた。ところが、突然両親が交通事故で死亡し、両親の葬式には見知らぬ6歳の弟ズーハン（ダレン・キム）が登場してきたからビックリ！これは一体ナニ？これは、一人っ子政策の下で生まれたアン・ランが大学生になった時に、アン家の跡継ぎを強く望んだ両親が、二人目の子供ズーハンをもうけていたためだ。本作導入部では、そんなストーリー（内幕）が興味深い映像の中で描かれていく。私は１９８０年代生まれの中国人の友人がたくさんいるので、彼ら彼女らにはいつも「あなたは一人っ子？」と聞いている。イン・ルオシン監督は１９８６年生まれだが、全く同じ年に生まれた私の友人の女性に質問してみると、その答えは・・・？

それはともかく、そんな導入部のストーリーで、私が少し納得できないのは、アン・ランは自分が大学生の時に弟が生まれたことを知っていたの？それとも知らなかったの？その前提が少し曖昧なことだ。それはイン・ルオシン監督と、同級生である脚本家ヨウ・シャオインの責任だが、アン・ランは弟の存在自体を知らかったの？それともそれは知っていたが顔を合わせる機会がなかっただけ？私にはその点を明確にしてほしかったが・・・。

アン・ランにとって突然の両親の死亡は大打撃。しかし、子供の頃から独立心が強く、今も北京の医大に入学するための努力を続けているアン・ランは、もともと成都を離れ両親と離れることに何の痛痒も感じていなかった。もちろん、北京の大学での学費や生活費は自分で稼ぎ、親に頼るつもりは毛頭なかったから、なおさらだ。しかし、成都で、幼稚園に通っている6歳の弟の面倒を、自分が姉としてみなければならないことになると、そんな自分の人生設計はハチャメチャに・・・。

■□■弟の面倒は誰が？伯母の意見は？養子縁組案も！■□■

本作にはアン・ランの両親の姿は登場せず、ストーリー展開の軸になるのは①父親の姉であるアン・ロンロン（ジュー・ユエンユエン）、つまりアン・ランの伯母と、②母親の弟であるウー・ドンフォン（シャオ・ヤン）、つまりアン・ランの叔父の二人だ。四川省の一部地域では、お葬式の際に麻雀をする習慣があることを本作ではじめて知ったが、それは麻雀のパイを混ぜるシーパイで派手な音を立てることが死者にとって縁起の良いこと、魔よけになるなどの理由らしい。本作の葬式シーンで俄然存在感を発揮するのが、麻雀大好き人間のウー・ドンフォンだ。ウー・ドンフォンは同時に両親が死亡した交通事故についての加害者への損害賠償請求や、両親が住んでいたアパートの処分等についてもアン・ランにアドバイス（？）するので、それにも注目！しかして、そもそも、この男（叔父）は善人？それとも悪人？

他方、本作で最も興味深いキャラはアン・ロンロン。中国は日本とは異なり夫婦別姓だが、家意識や女性差別は日本以上に強い。アン・ロンロンはアン家の継承者が自分の弟、つまりアン・ランの父親だったため、進学をあきらめた過去を持っていたが、それは姉である自分の運命だと受け入れてきたらしい。そんなアン・ロンロンが今の事態をみて、「姉なら弟のために我慢すべき」とアン・ランに意見したのは当然だ。それに対して、弟のために自分の人生設計をかき乱されたくないアン・ランの提案は、養子縁組案。ネット社会が日本以上に進んでいる中国では、ネット上で養子先を探すことが広く行われているらしい。善は急げ！アン・ランは直ちに父親名義のアパートの売却と養子先探しに着手することに。なるほど、なるほど・・・。

■□■当面は弟と同居。早く養子先を！姉弟の同居生活は？■□■

叔母アン・ロンロンはそんなアン・ランを冷ややかな目で見つめていたが、アン・ランは大真面目だ。しかし、養子先が見つかるまでは、弟ズーハンを引き取り、幼稚園への送迎や食事の世話をするのは仕方がない。他方、ズーハンはなぜ両親がいなくなったのかすら理解せず、アン・ランとの同居生活でもワガママ放題だから始末が悪い。アン・ランがちゃっかり恋人を持っていたにはびっくりしたが、弟との同居生活から生まれる各種トラブルをその恋人（リャン・ジンカン）に相談しても、恋人からのアドバイスはピント外れで、アン・ランをイライラさせるだけ。その上、看護師という重要な仕事についているアン・ランが、そんなイライラを職場に落ち込むと、そこでもさまざまなトラブルが。ズーハンとの同居生活を始めたアン・ランの不満やストレスは今や限界状態。このままでは、姉による弟への虐待事件や、最悪の場合は殺人事件まで・・・。

さすがにそこまではいかなかったが、そんな状況下、裕福そうで物腰柔らかな夫婦が養子縁組候補として現れ、ズーハンとの面談でも気に入ってくれたから万々歳。ところがそれを聞いたアン・ロンロンやウー・ドンフォンは、ズーハンを養子として放り出すことに大反対。「姉が幼い弟を育て上げるべき」とアン・ランを責め立て、養子縁組を破談にさせようと結託したから、さあ、その後の展開は？

■□■一人っ子政策の例外は？罰金の他にもこんな方法が■□■

一人っ子政策は「原則として・・・」だから、例外もあり、漢民族でない少数民族は二人目もOKだ。また、多額の罰金を払えば、漢民族でも二人目が認められることが多い。そんな一人っ子政策は、他方で、中国が男中心社会であることを浮き彫りにした。それは、一人目が男の子であれば二人目は諦めるものの、一人目が女の子であれば多額の罰金を払ってでも二人目を産み「今度は必ず男の子を！」という声が強いこと。それは、一人目が女の子だったアン家も同じだった。しかし、貧乏なアン家は多額の罰金を払うことはできなかったらしい。ところが、一人目の子供が身障者の場合も、一人っ子政策の例外として二人目の出産を認められることに気づいた父親は・・・？

本作導入部では、審査に来た係官に対して、左足が不自由でまともに歩けないことを示すためアン・ランの左足を激しく打ち付ける父親の姿が登場する。これは一体ナニ？そこまでして二人目の男の子が欲しいの？そんな父親の想いを目の当たりにしたアン・ランの気持ちは如何に？

■□■子役の演技力に注目！喜んで養子に！？■□■

大人と違って子役の演技は自然そのもので天真爛漫。そうかどうかは別として、子役の名演技には涙を誘う映画が多い。その代表は、ギター曲があまりに有名なフランス映画の傑作『禁じられた遊び』（５２年)。『聖なる嘘つき　その名はジェイコブ』（９９年）（『シネマ１』５０頁）も、そうだ。

本作導入部に見るズーハンは、一人っ子政策が続く中国で有名になった言葉、“小皇帝”そのものだから、あまり共感できるキャラではない。しかし、両親がいなくなったことを思い知らされる中で次第に姉への愛情が芽生えていく姿は興味深い。そのため、当初はワガママ者同士の幼い姉弟喧嘩と思われていたいろいろなシーンが、少しずつ変容していくので、本作ではそれに注目！それに説得力があるのは、子役ダレン・キムの名演技とチャン・ツィフォンのまっすぐで共感できる演技によるものだが、それ以上にその点は間違いなく繊細な女性脚本家ヨウ・シャオインと女性監督イン・ルオシンの手腕だ。

養子先が見つかるまでは仕方なし。そう割り切って親の残したアパートで同居していたこの姉弟の仲は最悪。ズーハンもストレスがたまっていたのだろう。幼稚園では考えられないようなイジメ（？）の実行も。これでは、幼稚園に呼び出されたアン・ランのメンツも大潰れだ。しかし、ある夜ケガをした弟を迎えに行った帰り道、アン・ランの背中にいる疲れ切ったズーハンの口から「ママと同じ匂いがする。」との声が。そんな声を聴き、さらに背負った重さと体温が少しずつアン・ランに伝わってくると・・・？

ある日そんな弟は、アン・ランに対して明るく養子に行くことを承諾したが、それはズーハンの本心？それとも姉への忖度・・・？

■□■ついに北京行きの日が！最終書類へのサインは？■□■

映画『卒業』（６７年）は、私が大学に入学した１９６７年を代表するハリウッド映画。それまでのハリウッドの“映画スター”といえば、ジョン・ウェインを代表とする格好良い、男らしい男とされていた。しかし、同作の主人公ベンジャミン役を演じたダスティン・ホフマンは小柄だし、ハンサムでもなかった。そんな男が主演した『卒業』は、同じ年に話題を集めた『俺たちに明日はない』（６７年）と共にハリウッド映画の“時代の転換点”になる映画だった。

『卒業』では、サイモンとガーファンクルが歌った『サウンド・オブ・サイレンス』と『ミセス・ロビンソン』が有名だが、自分の恋人ベンジャミンを母親ミセス・ロビンソンの情事の対象にされたことに、キャサリン・ロス演じる娘エレーナが怒ったのは当然。そのため、同作ラストはエレーナが別の男との結婚式を挙げる教会のシーンになったが、そこで起きた、あっと驚く事件とは！？それは私たち団塊世代の男女なら誰でもよく知っている“花嫁強奪作戦”だが、本作ラストはそれによく似た（？）“姉による弟の強奪作戦”になるので、それに注目！

北京に行くまでは自宅で弟と同居。その間に自宅を売却し、弟を養子先へ、それがアン・ランの立てた計画だが、何事も計画どおりに実行していくアン・ランのことだから、なんやかんやのトラブルに出会っても実行力は手堅いはず。"新しい資本主義"などと訳のわからない構想をぶち上げながら、なんの実効的な政策を伴わない岸田文雄政権とは大違いだ。しかして、今日は北京へ飛ぶ飛行機のチケットも準備できたらしい。そこで「最後のご挨拶」としてアン・ランが養子縁組先を訪れると、そこで差し出されたのは「今後一切、弟と会わないこと」を誓約する書類だ。養親から「念のため・・・」と言われながら、そこへのサインを求められたアン・ランはすぐに了解し、スラスラと自分の名前を・・・。そう思ったが、そこでスクリーン上はなぜかさまざまな回想シーンに。すると、ひょっとして・・・？

その後の展開はあなた自身の目でしっかりと！それにしても『卒業』から５０年以上経った今、『シスター　夏のわかれ道』と題された本作で、あのラストシーンの再現（?）を観ることになろうとは・・・。私は、こんな映画大好き！

２０２２（令和4）年１０月２５日記

『日本と中国』第２２７１号　「中国映画を語る６９」　（2022年12月1日）

文化大革命終了後の79年から始まった一人っ子政策は良くも悪くも大胆な制度。両親から子供一人だけなら倍々ゲームで人口は減少し、将来的に人口はゼロに？15年に廃止されたが、その功罪は？今や中国では"Z世代"が主流だが、"躺平主義"も横行。しかし鄧小平が主導した改革開放政策下で急速に豊かになった80后は元気だ。一人っ子政策の下で生を受けた86年生まれの二人の才女が体験した、跡継ぎの男の子を願う両親との確執は？

北京の医大に入り女医に！それが成都で看護師として働くアンの夢なのに、突然両親が交通事故で死亡し6歳の弟が跡継ぎとして登場！これは一体ナニ？一人っ子政策の例外は罰金だが、姉が身障者の場合も例外に？するとあの時、父親が私の足を強打したのは？幼稚園の送迎、食事の世話は姉の義務。叔父も伯母もそう決めつけたが、養子縁組案は？

"一人っ子政策"の問題点を、弟の突然の登場に戸惑う姉の視点から！
―監督も脚本も中央戯劇学院卒の８０后の女性が―

姐姐は徹底した自立主義。対する小皇帝は超わがまま。そんな姉弟の束の間の同居生活はケンカばかりで最悪だ。ネット募集による養親候補は裕福で優しいから申し分なし。早く家を処分し弟も放出！そんな思惑の中、ある局面で「ママと同じ匂いがする」と言われると？ギター曲が有名な『禁じられた遊び』（52年）では子役の名演技に涙したが、6歳の弟の養子縁組承諾の意思表示は真意？それとも姉への忖度？それらの心理描写はさすがだ。北京への旅立ちの今日、弟とは二度と会わないとする誓約書へのサインを求められたアンは？

『卒業』（67年）のラストはチョー有名。母親の誘惑に負けた主人公による、教会での花嫁強奪作戦に拍手喝采！するとサインの前に回想シーンが次々と登場する本作はひょっとして姉による弟の強奪作戦に？そんな感動と姉弟讃歌はあなた自身の目でしっかりと！

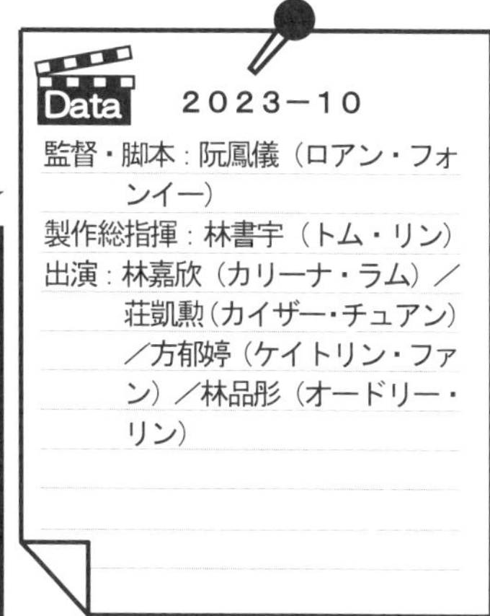

みどころ

壮大な「歴史モノ」やハラハラドキドキの「スパイもの」も面白いが、自伝的な「家族モノ」もグッド！近時の邦画は「恋愛モノ」や「青春モノ」が多いが、中国では『こんにちは、私のお母さん』（２１年）、『シスター　夏のわかれ道』（２１年）、『柳川』（２１年）等の、泣かせる「家族モノ」の名作が多い。

本作もその一つだが、舞台が台湾であること、時代が広東省、香港、台湾を中心に猛威を振るったＳＡＲＳの時代（＝２００３年）であることに注目！

今から６０年前の私の中学校時代も孤独感との闘いだったが、今から２０年前にアメリカから来た少女（美國女孩）である監督は、いかなる家族生活を？８０%は自伝的な“小さな物語”から、あなたは何を受け止め、何を学ぶ？

―――＊―――＊―――＊―――＊―――＊―――＊―――＊―――＊―――＊―――＊―――

■□■初長編で賞を総ナメ！ロアン・フォンイー監督に注目！■□■

近時、中国（本土）でも若手監督の進出が著しいが、それは台湾でも同じ。『シネマ４９』では、①『親愛なる君へ（親愛的房客／Dear Tenant）』（２０年）（２７８頁）、②『恋の病～潔癖なふたりのビフォーアフター～（怪胎／i WEiRDO）』（２０年）（２８４頁）、③『１秒先の彼女（消失的情人節／My Missing Valentine）』（２０年）（２８７頁）、④『返校 言葉が消えた日（返校）』（１９年）（２９３頁）、を紹介したが、新たに１９９０年に台湾で生まれた阮鳳儀（ロアン・フォンイー）監督も登場！彼女は長編初監督作品となる本作で、第５８回金馬奨を１０部門にノミネートされ、最優秀新人監督賞、最優秀撮影賞、最優秀俳優賞、国際批評家連盟賞や観客賞の５部門で受賞したからすごい。

私が日曜日の夜にベッドでよく聴いているのが、NHK の E テレで午後9時から放映されている『クラシック音楽館』。1月２２日（日）の N 響第１９７０回定期公演では、台湾のバイオリニスト、レイ・チェンによる「メンデルスゾーン～バイオリン協奏曲」の演奏を聴いたが、これもすごかった。台湾は、民進党 VS 国民党の二大政党制の下での国家運営を続けているが、それが困難を極めていることは言うまでもない。しかし、そんな中、音楽界でも映画界でも次々と若い才能が輩出していることにビックリ！

■□■８０％は自伝的な物語！舞台は２００３年！SARSは？■□■

ロアン・フォンイー監督は、１９９０年に台湾で生まれたが、９７年に母と１歳下の妹と共にアメリカのオレゴン州に移住し、２００３年に再び台湾に戻ったという経歴の持ち主。本作の製作総指揮を務めたのは、林書宇（トム・リン）。本作の主人公となる１３歳の少女ファンイーを演じた方郁婷（ケイトリン・ファン）は、オーディションで選ばれた新人だが、乳癌の告知を受けてアメリカから台湾に戻る決心をした母親リリー役は、林嘉欣（カリーナ・ラム）というビッグネームが演じている。『おねえちゃん　JieJie』（１７年）という彼女の最初の短編映画が注目されたとはいえ、海のものとも山のものともわからないロアン・フォンイー監督が書いた本作脚本に、トム・リンが注目し、その映画化を勧めたのは、一体ナゼ？また、トム・リンから送られてきた脚本を３日間かけて読んだというカリーナ・ラウが即座に出演を決めたのは、一体ナゼ？本作については、1,３００円もする詳しいパンフレットがあるし、『キネマ旬報』２０２２年１０月下旬号でも、４４頁～５３頁まで特集しているので、それらは必読！

８０％は自伝的物語という本作の時代は２００３年。本作には台湾を襲った「SARS」の物語が登場するが、本作の撮影開始は、新型コロナがパンデミック化する直前だったらしい。監督自身は、２００３年にアメリカから台湾にやってきた時に台湾を襲ったSARSを体験しているが、ファンイー役を演じたケイトリン・ファンはそれを知らない。したがって撮影中にコロナの恐ろしさを知ったことは、本作の撮影に大いに役立ったかも・・・。

■□■この母娘はなぜアメリカへ？なぜ再び台湾へ？■□■

本作は２００３年の冬、１３歳のファンイーが８歳の妹ファンアン（林品彤（オードリー・リン））と共に母親のリリーに連れられて台湾の空港に到着するところから始まる。父親のフェイ（荘凱勲（カイザー・チュアン））が迎えにきてくれたのは当然だが、帰路の車中でたちまちファンイーの台湾帰国への不満が噴出してくるので、それに注目！その不満は家に着いてからも同じだ。これから通う台北の中学校に対する不満がいっぱいなら、父親が作ってくれた食事にも、狭くて汚いアパートにも不満だらけらしい。妹はまだ幼いから父親との再会を単純に喜んでいたが、１３歳の思春期（反抗期）ともなると？

リリーの帰国は乳癌を宣告されたためらしいが、そもそもなぜ父親一人を台北に残して母親と２人の娘だけがアメリカに渡ったの？生活費はどうしていたの？それは、自分の体験記を映画化したロアン・フォンイー監督が一番よく知っていることだが、それを説明するのが本作の目的ではないから、ほとんど説明してくれない。そればかりか、台湾と中国大陸とを往来する仕事に従事しているらしいフェイは職場に大きな個室を持っているから、それなりの地位と収入がありそうだが、そんな経済的な事情もほとんど説明してくれない。

逆に、自分の視線から、母親や父親に対する不平不満ばかりを述べているファンイーの姿ばかりがやけに目立っている。その点から見ても、なるほど本作はその８０%がロアン・フォンイー監督自身の自伝映画！？

リリーの癌のレベルがどれくらいかはよくわからないが、抗癌剤を飲んでいるためか、食後の片付け中に急に吐き気を催す姿を見ていると、かなり末期？？もっとも、癌闘病映画に必ず登場する、毛髪が大量に抜け、頭に帽子を被るシーンは本作には登場しないから、末期ではないのかも・・・？それはともかく、そんなふうに本作はあくまで１３歳の少女ファンイーの視線から描かれる家族の物語だということをしっかり確認したい。そのため、本作の原題は『美國女孩』、邦題も『アメリカから来た少女』なのだ。

■□■4 人家族の気持ちはバラバラ！状況はまさに最悪！■□■

ファンイーたちが暮らしていたロサンゼルスの家がどの程度のものだったのかは知らないが、台北のアパートの狭さと汚さを嘆いている母親の姿を見ると、男の１人暮らしだった点を割り引いても、そこがアメリカの家よりかなり劣っていることは間違いない。

また、もともと、クラスメイトと離れたくないため台湾への帰国に猛反対していたファンイーの台北の中学校生活は地獄だった。だって、何事も自由だったロサンゼルスの学校に比べて、そこでは、決められた髪型や制服が厳しい上、苦手な中国語での授業や先生の体罰など、アメリカの学校生活とは異質で、大変なことばかりだったのだから。その上、幼馴染のティン以外のクラスメイトからは“アメリカ人”と呼ばれ、疎外感を味わされた上、成績も下降の一方だ。さらに、家に帰ると、家族と久々に一つ屋根で過ごすことになった父は、妻を心配し、娘たちを気遣いながらも、生活のために出張で家を空けざるを得ない。そのため、母に対してやり場のない怒りを募らせるファンイーは、反抗的な態度を取り続けることに。そんな娘に母も感情的になり、母子の溝はどんどん広がっていくばかりだった。今まさに、４人家族の気持ちはバラバラで、状況はまさに最悪だ。なぜ私の生活はこんなことに?彼女は毎日そう思いながら日々を過ごしていたが・・・。

■□■孤独感をブログに！和解のきっかけは作文コンクール■□■

両親と1歳違いの兄との４人家族だった私は、中高一貫の進学校で6年間を過ごしたが、その当時の孤独感は本作に見るファンイーと同じ。その孤独感を、私は映画や囲碁、将棋で何とか紛らしながら、ギリギリ受験勉強にも耐えて、大阪大学に進学することができたのはラッキーという他ない。

本作のファンイーが馬や乗馬が大好きだったというのは意外だが、それはいかにも本作のタイトルにピッタリ。ファンイーが父にも母にも反抗的になり、さらには、ついつい妹にも当たってしまうのは、お年頃なこともあって仕方ないだろう。そんなファンイーがインターネットカフェに出入りする中で、台湾の乗馬クラブにたどり着いたのはさすがだが、校則ではそれも禁止らしい。そのため、さらなる罰則を受けたが、インターネットを活用する中で、ファンイーが母親への不満をブログに書いて紛らわしていたところ、それがある教師の目に留まり、スピーチコンテストに出ることを勧められたからラッキー。私は中華人民共和国駐大阪総領事館主催の「私の好きな中国映画」作文コンクールに応募して、見事三等賞に入賞したが、さてファンイーが書いたスピーチコンテストに向けての原稿は？それが単に母親への不平不満をぶつけただけのものなら評価されるはずはないが、不平不満の裏に１３歳の娘として母への限りない愛がこもっていることが理解されれば？さらにその原稿をもとにしたファンイーのスピーチに力と愛情がこもっていれば？

■□■ＳＡＲＳ襲来！妹は風邪？ひょっとしてＳＡＲＳ？■□■

全世界を一気にパンデミック化した新型コロナウイルスは、３年間の猛威を経て２０２３年２月の今、一定の落ち着きを見せている。他方、私が自社ビルを持ち、ホームページや映画評論を始めたのは２００１年。郵政民営化と不良債権処理を唱えた小泉純一郎内閣の発足も２００１年だが、考えてみれば、その直後にアジアで猛威を振るったのが SARS だった。日本では比較的影響は小さかったが、SARS の発生源は２００２年１１月に中国の広東省で発生した原因不明の肺炎だった。SARS の猛威は、２００３年3月１２日のＷＨＯによる全世界への"警告"から７月５日の制圧まで約１年４カ月と、新型コロナウイルスに比べると短かったが、広東省、香港、台湾を中心に広がったから、アメリカから台北に戻ってきたファンイーたちにとっては迷惑な話だ。そのうえ、父親の出張直前、ファンイーのスピーチコンテスト直前に、妹のファンアンが風邪？ひょっとして SARS？という症状を見せたから、さあ大変。父親は出張を中止してファンアンを入院させたが、隔離されてしまったから、さらに大変だ。診察の結果は？

本作のパンフレットは１３００円と高いが、ストーリーの紹介はもとより、６本のレビュー、１本のコラム、５本のインタビューが収録されているから充実度は高い。その中の１つ、川本三郎氏（作家・評論家）のレビューには「ラスト、ファンイーがアパートの窓から下を見て、妹が帰ってくるのを迎えるところで終わる。あえて妹の姿を見せず、"感動的"になるのを抑えているのが好ましい。」と書かれているが、まさにその通り。せっかくファンイーとファンアンが母親とともにアメリカから台北で仕事をしている父親の元に戻ってきても、ケンカばかりが続き、家族はバラバラ。お年頃のファンイーは疎外感、孤独感、絶望感でいっぱいになっていた。ファンイーには最悪の場合、家出や自殺まで考えられる（？）状況下、SARS の疑いでファンアンが入院、強制隔離されたことは下手すると、この家族の致命傷になりかねないものだった。しかし、現実は？また、ファンアンを入院させた後の父親の仕事は？さらにファンイーのスピーチコンテストの結果は？そして何よりも、ファンアンの SARS の疑いは陽性？それとも陰性？新型コロナウイルスの猛威に対する全面隔離政策から大胆な切り替えを行った結果、現在の中国では「阳了吗？」の挨拶が日常となり、１４億の人口のうち１１億人が陽性になったとのことだが、さてファンアンの SARS の疑いは如何に？そして、本作のラストはどんなシーンに？それは、あなた自身の目でしっかりと！

２０２３（令和5）年2月１０日記

2023−95

監督・脚本：申瑜（シェン・ユー）
プロデューサー：李玉（リー・ユー）／方励（ファン・リー）
脚本：邱玉潔（チウ・ユージエ）／方励（ファン・リー）
出演：万茜（ワン・チェン）／李庚希（リー・ゲンシー）／是安（シー・アン）／柴燁（チャイ・イェ）／周子越（ヂォウ・ズーユェ）／黄覚（ホァン・ジュエ）／藩斌龍（パン・ビンロン）

みどころ

近時、中国の第8世代監督や若手女性監督の活躍は華々しい。『兎たちの暴走』という何とも奇妙な邦題（？）の本作は、第33回東京国際映画祭でプレミア上映されて話題を呼んだ、中国で最も注目される新進気鋭の女性監督、申瑜（シェン・ユー）の長編デビュー作だ。

婁燁（ロウ・イエ）監督の『シャドウプレイ【完全版】』（18年）は2013年に広州市の“都会の村”で起きた再開発を巡る“騒乱”を題材として、1980年代から30年間に及ぶ中国の経済成長の中で起きた人間の歪みを、時代に翻弄された7人の男女の姿から暴き出していった名作だった。それと同じように、婁燁監督の制作陣に支えられた本作も、2011年に現実に起きた“ある誘拐事件”にインスパイアされた申瑜監督が紡ぎ出した“母と娘の悲劇”だ。

ベートーヴェンの交響曲第5番『運命』が冒頭に力強い主題を提示するように、また、多くの婁燁監督作品と同じように、本作冒頭に提示される主題は驚くべきもの。2人の娘の誘拐事件に右往左往する3人の父母たちの狼狽ぶりと、黄色い車のトランクの中で発見された女子高生の死体（？）に注目！

1歳の娘・水青を故郷、攀枝花市に捨てて都会に出た曲婷が、15年後の今、故郷に戻ってきたのは一体なぜ？母娘の情愛が少しずつ復活し、クラスメイトとの良好な関係も構築していきながら、ヤクザの悪玉・老杜の登場に曲婷が恐れおののくのは一体なぜ？そして、そこで水青が提案した“あっと驚く提案”とは？

こりゃ面白い！またまた登場した、北京電影学院卒業の才媛に注目！日本での公開に感謝し、本作のヒットを期待したい。

——＊——＊——＊——＊——＊——＊——＊——＊——＊——＊——

■□■中国の若手女性監督が実話を元に鋭い問題提起を！■□■

本作の邦題は『兎たちの暴走』。そう聞くと、何となく言葉の響きが似ているのが、若きFBI 訓練生クラリス役のジョディ・フォスターが、元精神科医の囚人ハンニバル・レクター役のアンソニー・ホプキンスと対峙した『羊たちの沈黙』(91 年)。同作は想像を絶するサイコサスペンスだったから、その内容は本作とは全然違うが、羊も兎も弱い者の象徴だから、両者のタイトルには、何らかの意味が！！！また、原題は『兎子暴力』だから、ほぼ邦題と同じ。ところが、英題の『The Old Town Girls』は全然イメージが違うものになっている。それは一体なぜ？

本作は第 33 回東京国際映画祭でワールドプレミア上映されて話題を呼んだそうだが、そんな本作が、9 月 1 日からシネ・リーブル梅田で公開されると知ってビックリ！宮崎駿の『君たちはどう生きるか』は事前宣伝がゼロでも、いや、それがないことが逆に大きな宣伝効果を生んで大ヒット上映中だが、いくらチラシやイントロで「中国で最も注目される新進気鋭の女性監督、申瑜（シェン・ユー）監督の長編」と宣伝しても、本作のような（小さな）中国映画が日本でヒットすることはまずないだろう。しかし、本作のチラシには「臆病な白いウサギでさえ、追い詰められたとき、あなたの手を噛むことができる。なぜならウサギは剃刀のような鋭い切歯を持っているのだから。」と書かれているから、こりゃ面白そう！中国映画ファンの私としては、こりゃ必見！

■□■テーマはナニ？なぜ舞台を重工業都市攀枝花市に？■□■

「誘拐事件」といえば、日本ではかつての「吉展ちゃん事件」(63 年）が有名。また、横山秀夫の原作を映画化した、瀬々敬久監督の『64－ロクヨン－前編』（16 年）(『シネマ38』10 頁)、『64－ロクヨン－後編』(16 年）(『シネマ 38』17 頁）も有名だ。しかし、申瑜監督が脚本を書こうとした時期に、中国の某工業都市で起きた某誘拐事件を知っている日本人は皆無だろう。そんな 2011 年に実際に起きた誘拐事件にインスパイアされた申瑜監督は、「中国では弱者の立場にある人々が暴力を振るう事件が急増していること」をモチーフとして、ある誘拐事件から生まれた「母と娘の悲劇」というテーマを描くことに。

興味深いのは、本作の舞台が、重工業が盛んな四川省攀枝花市と“特定”されていること。ちなみに、攀枝花市は中国南西部の四川省の最南端にある県級市で、北の成都から 614キロの距離だ。申瑜監督は、なぜそんな都市を本作の舞台にしたの？

申瑜監督は本作のインタビューで、「四川省攀枝花市の高低差のある風土、重工業とマンゴーの街という土地柄が、独特の空気感をもたらしています。」との“質問”に対して、次の通り答えている。すなわち、

> 大きな山と川に囲まれた丘陵にある工業都市という風土を求めて、攀枝花へロケハンに出かけましたが、あの市の空港は機体が下降しないで着陸するような断崖絶壁の上にあり、凄い土地だなと期待が膨らみました。

街へ行く道すがら煙突が沢山あり、住宅街にも地底のような場所が広がっている。食べ物も柔らかいものと硬いもの、甘いものと苦いものがあって、すべてにおいて落差が激しい。これは間違いなく映画の舞台になると確信しました。

私は2000年8月に、はじめて遼寧省大連への中国旅行に出かけたが、飛行機が下降していく時に見た、異国の地・中国の"大地"を今でもハッキリ覚えている。その後、私は約20回の中国旅行を重ねたが、その時々に見た中国の都市の姿も私の目に焼き付いている。そんな私には、攀枝花市は未だ見ぬ成都近くの工業都市だが、申瑜監督が攀枝花市を本作の舞台にした狙いをハッキリ感じ取ることができた。さて、あなたは・・・?

■□■人物相関図をしっかりと。3人の"経済格差"も!■□■

中国人の名前は毛さん、王さん、李さんなど、覚えやすいものも多いが、日本人に馴染みの少ないものも多い。本作では、監督の申瑜をはじめ、母親役の曲婷(チュー・ティン)(万茜/ワン・チェン)、娘役の水青(シュイ・チン)(李庚希/リー・ゲンシー)という、2人の主人公の名前や、水青の同級生の女の子たちの名前も日本人には馴染みの少ないものが多い。そのため、本作の"スリルとサスペンスに富んだストーリー"をわかりやすく理解するためには、まず人物相関図をしっかり頭に入れる必要がある。

©Beijing Laurel Films Co.,Ltd.

他方、本作の舞台となる工業都市、攀枝花市の高校に通っている"仲良し3人組"の女の子は、前述の①水青、②金熙(ジン・シー)(柴燁/チャイ・イェ)、③馬悦悦(マー・ユエユエ)(周子越/ヂォゥ・ズーユェ)だが、この3人の経済格差はひどい。申瑜監督のインタビューによると、「3人の少女たちは、それぞれ困難な家庭環境に悩んでいます。少女たちの家族設定にはどのような意図がありますか。」との質問に対し、「3人の少女たちは富裕層、一般層、貧困層の３種類の経済格差に属しています。金熙は一番裕福な家庭で、橋の上に住んでいます。しかし、事業に失敗した両親が、海外に逃亡してしまい、金熙が街に残されている、という設定です。水青は一般家庭で、両親はごく普通の仕事をしている。馬悦悦は最下層に育っていて、父親と一緒に橋の下で暮らしている。しかし、裕福な友達がいて、経済的援助を受けているという設定です。」と答えている。

■□■誘拐事件勃発！トランクの中は？３人の男女の行動は？■□■

優れた芸術作品は、冒頭にインパクトのあるテーマが提示されるケースが多い。その典型は、音楽ならベートーヴェンの交響曲第５番「運命」だが、中国映画なら、第５世代監督の張芸謀（チャン・イーモウ）や陳凱歌（チェン・カイコー）、そして第６世代監督の賈樟柯（ジャ・ジャンクー）や婁燁（ロウ・イエ）監督たちの作品だ。中国では第７世代、第８世代と順調に若手監督は育っているが、彼らもそれぞれの作品で、冒頭のテーマの提示に頭を悩ませているはずだ。

しかして、本作冒頭に登場するのは、もくもくと煙が立ちのぼる夜の街の姿。これを見ていると私は、1950～60年代に日本で一大社会問題になった“四日市公害問題”を思い出すが、本作のテーマはそれではなく、そんな重工業都市、攀枝花市を舞台に発生した、ある誘拐事件への対処だ。すなわち、そこでは、３人の男女が誘拐事件に巻き込まれた２人の娘の身代金200万元（＝4000万円）をどうするかについて話し合う風景が映し出されるので、それに注目！

その前に映し出されたド派手な黄色い車は新車のようだし、そこから携帯を持ち、煙草を吹かしながら出てきた女性、曲婷もド派手な超美人だ。もちろん、その時点では、誰が誰やらさっぱりわからないが、後に判明するところでは、この３人の男女は、①水青の母親・曲婷、②水青の父親・水浩（シュイ・ハウ）（是安／シー・アン）、③馬悦悦の父親・老馬（ラウマー）（潘斌龍／パン・ビンロン）だ。この３人の男女（父母）は、２人の娘の誘拐事件を聞いて右往左往するばかりだが、その後の行動は・・・？

■□■警察への通報は?あっと驚く派出所での行動に注目！■□■

到底金の準備などできない老馬も水浩も警察への通報を主張したが、曲婷だけは一人「通報したら水青が殺される」と断固反対。しかし、水浩がそれを無視して派出所に向けて車を走らせようとすると、曲婷もやむなく車の中へ。しかし、派出所から出てきた警察官に３人が事情を説明していると、そこに「成都に遊びに行っていた」と水青から連絡が入ってきたから、３人は一安心！？

そこでの、「イタズラだったとわかったら、警察への届出もいらない」という警察官の処置はいささか問題だが、一安心した３人の男女に警察官は「マンゴーでも食べろ」と勧めたばかりか、「少し持って行け」と、攀枝花市でメチャ美味しいマンゴーを２箱も持ってきて、車のトランクの中に入れようとしたから、その親切ぶりには感心。ところが、そこでいきなり曲婷は、狼狽しながらそれを阻止しようとしたから、アレレ・・・。ひょっとして、トランクの中に何かヤバいものが入っているの？

以上のシークエンスを見ていると、「誘拐された」という2人の女の子が水浩と曲婷の娘である水青と、老馬の娘である馬悦悦であることは明らかだが、3人の話を聞いていると、この誘拐劇には、どこかに何らかのウラがありそうだ。

そして、マンゴーを巡って、車のトランクの中が焦点になってくる中、にわかに曲婷は狼狽しながら、「この件は私しか知らないこと！水青は全く関わりのないこと！」と喚き始めたが、これは一体なぜ？そして、ついに曲婷が黄色い車のトランクを開けると、その中には何と・・・？

私は婁燁監督作品が大好きだが、彼の直近作『シャドウプレイ【完全版】』(18年)（『シネマ52』231頁）は、サスペンス色いっぱいのメチャ面白い作品だった。しかして、本作冒頭はそんな婁燁監督作品と雰囲気が全く同じだが、それは一体なぜ？それについては、あなた自身の目で本作のプロダクションノート等をしっかり勉強してもらいたい。

■□■曲婷はなぜ故郷に戻ってきたの？水青の母への想いは？■□■

冒頭に見た黄色い車は水浩のものではなく、曲婷のもの。それを明確にするべく（？）、申瑜監督は本作の冒頭でスリリングな主題を提示した後、スタイリッシュな服装で黄色い車を颯爽と運転して、1歳の時に故郷に捨てた娘・水青の元に戻ってきた曲婷の姿を映し出すので、それに注目！曲婷役の万茜は、台湾映画『軍中楽園』(14年)（『シネマ42』237頁）で"軍中楽園"なる娼館で働く"侍応生"役を演じて、第51回金馬奨最優秀助演女優賞を受賞した美人女優。同作で、彼女は別名「特約茶室」「831部隊」と呼ばれた、軍専属の慰安所で働かざるを得なかった"悲しい娼婦役"を見事に演じていたが、本作に見る、都会的な美女・曲婷役はそれとは全くの別人だ。これなら、1歳の時に自分と故郷を捨てて都会に出て行ってしまった女（母親）とはいえ、今は高校生になった水青が思慕の気持ちを持って憧れるのも、なるほどと頷ける。

夫の水浩は再婚し、現在、水青は継母との間に生まれた弟と4人暮らしだが、今もなお美しい母親曲婷の姿を眩しそうに見ている水青の顔を見ると、自分を捨てた母親であるにもかかわらず、曲婷への思慕の念や、その美しさへの憧れが断ち切れないようだ。そのため、2人だけになると、「自分が1番綺麗に写っている写真」を曲婷に渡した上、曲婷に「何か記念になるものが欲しい」とおねだりしていたほどだ。

他方、学校に行くと、クラスメイトの金熙から、「昨日の女は誰？」「こんなダサい携帯ケースをもらって喜んでいるの？」と馬鹿にされたが、水青は十数年ぶりに故郷に戻ってきた母親・曲婷と再会できた嬉しさでいっぱいのようだ。しかし、私と同じように（？）、水青が気になるのは、曲婷の左手の小指の傷。1967年に伊東ゆかりが歌って大ヒットした『小指の想い出』は"恋人の男に噛まれた愛おしいキズ"だが、白い包帯が巻かれた曲婷のそれは、ひょっとして、日本のヤクザ社会でヘマをした時に見られる掟のように、指を詰めたもの・・・？

そんな風に、故郷に戻ってきた曲婷は当初、水青のクラスメイトたちに受け入れられることはなかったが、かつてダンサーをしていた曲婷が、高校の体育祭で行われるダンス大会の講師役として水青や金熙、馬悦悦たちのクラスが曲婷を招くことになると、徐々にその溝も埋まっていくことに。もちろん、そんな動きの中、再会当初はぎこちなかった曲婷と水青の仲も次第に打ち解けていき、曲婷も水青に対して母親らしい気持ちを見せ始めることに。

■□■謎の男“老杜”登場！サスペンス色が俄然濃厚に！■□■

本作は、冒頭のインパクトある主題の提示後、しばらくの間、曲婷と水青との“母娘の情愛”の復活ぶりが描かれる。そのため、冒頭に見た、あの黄色い車のトランクの中にあった女の子の死体（？）は誰のもの？その死体と200万元を要求する誘拐事件は如何なる関係に？という、2011年に発生した実話に基づく“誘拐事件”への興味が少しずつ薄れてくる。しかし、母娘の交流の進展に伴う、曲婷と水青との関係の良好化や、曲婷がダンス大会の講師役をしっかり務めたことによる曲婷と水青のクラスメイトたちとの関係の良好化というストーリーがしばらく続いた後、「これぞ、ヤクザの最悪玉！」とも言うべき男、老杜（ラウトゥー）（黄覚／ホァン・ジュエ）が登場してくるので、それに注目！

50年近く弁護士業をやっていると、巨額の借金を背負った時に、日本では例えば、加山雄三やさだまさしのように、責任を持って長期的にその返済をするのか、それとも姿をくらまして逃げてしまうのか、という点に人間の“分岐点”を見ることが多い。しかして、本作の曲婷はメチャ美人だけれども、どうやら借金に関しては“だらしのない女”だったらしい。つまり、曲婷が約15年ぶりに故郷の攀枝花市に戻ってきたのは、多額の借金の返済を迫ってくるヤクザの悪玉・老杜から指を詰められた（？）上、ある時期までの借金の返済を確約させられたためらしい。もっとも、そんな危機的状況に陥った曲婷だが、表面上はキレイな服を着て、ド派手な黄色い新車に乗って故郷に戻ってきたものの、結局借金返済のメドが立たないまま、無駄に時間だけが経過していたらしい。他方、曲婷との母娘の情愛が少しずつ復活していく中、そんな曲婷の苦境を知った水青は、あっと驚く“ある提案”を！それは一体ナニ？

■□■申瑜監督を支えたスタッフは？婁燁監督チームに注目！■□■

前述のように、婁燁監督の最新作『シャドウプレイ【完全版】』は、2013年4月14日に広州市の“都会の村”で起きた再開発を巡る「開発業者」VS「住民」の立ち退きを巡る騒乱を題材として、1980年代から30年間に及ぶ中国の経済成長の中で起きた人間の歪みを、時代に翻弄された7人の男女の姿から暴き出していった名作だった。同作の冒頭における主題の提示も、野外セックスに励む若い男女が突然、白骨死体を発見し驚くシーンから始まった。その上で、男女7人の過去と現在を交錯させながら、不動産開発を巡って“村のトップ”の役人がビルの上から突き落とされる、というサスペンス色濃厚な展開に進んでいった。本作は、それと同じように、終盤における老杜の登場後、俄然サスペンス色が濃厚になるので、それに注目！

申瑜監督は北京電影学院の監督科を卒業した後、美術の仕事で映画界に入り、NHKのドキュメンタリー撮影や監督、CMディレクターなどの経験を経た上で、本作で監督デビューを果たした才媛だ。そんな若手女性監督が、2011年に起きた“ある誘拐事件”にインスパイアされて本作を作ったわけだが、申瑜監督を本作で支えた制作スタッフは、①エグゼクティブ・プロデューサーに、婁燁監督の『天安門、恋人たち』(06年)(『シネマ21』259頁)を制作したローレル・フィルムの代表、方励（ファン・リー）、②脚本に婁燁監督の『シャドウプレイ』で共同脚本を務めた邱玉潔（チウ・ユージエ）が担当している等、婁燁監督チームのスタッフが多い。本作冒頭に見る強烈な主題の提示や、老杜の登場以降、急速に強まるサスペンス色など、私が本作を見て「こりゃ、ひょっとして婁燁監督作品！？」と思ったのは、そのためだ。婁燁監督作品の大ファンである私としては、そんな意味でも本作は日本でのヒットを期待したい。

■□■女子高生でもモデルに？実父は貧乏だが、支援者は？■□■

一種妖艶な美しさを誇る曲婷に対し、女子高生の水青は可憐な少女。1960年に『17才』を歌ってデビューした時の歌手・南沙織は、沖縄出身だから顔も肌も浅黒かったが、水青は色白の美人。そして、髪の長さはデビュー当時の南沙織と同じくらいのロングヘアだ。

物語の中では、あまり相性の良くない継母から、美容院に誘われて無理やり長い髪を切らされるシークエンスが登場するが、そんな暮らしをしている水青は、攀枝花市では中流家庭らしい。他方、そんな水青に比べると、かつては工場労働者として働き、今は出稼ぎ労働をしている老馬を父親に持つ馬悦悦は貧困家庭だ。しかし、ある日、その馬悦悦は学校内でコマーシャル撮影のモデルになっていたから、その美女度はクラスメイトの中では群を抜いている。本作には、そんな美人で性格も良い馬悦悦を我が子のように可愛がり、貧しい父親に対して経済的援助を申し出る工場主夫婦が登場する。本作には、水青、金熙、馬悦悦という3人の女子高生が、教室の中やダンス大会の準備の風景が描かれ、さらに金熙が属している放送部の活動ぶり等も描かれるが、ハッキリ言って、これは曲婷と水青との母娘の情愛を描く上での付録的なストーリー！私はそう思っていたが、実はそんなストーリー展開の中で浮かび上がる3人の“経済格差”が後に大きな意味を持つことになるので、それに注目！すなわち、それは、その後に登場する200万元を要求する身代金目的の誘拐事件の下敷きになるわけだ。しかし、考えてみれば、それは当然。身代金目的の誘拐では、大金持ちの大切な人（例えばその娘）をターゲットに誘拐しなければ、意味がないのだから。

しかして、本作後半、借金の返済を厳しく迫る老杜からのプレッシャーを解消すべく登場してくる、水青の“ある提案”とは？そして、その（架空の）誘拐事件のターゲットになる人物とは？さらに、それを実行するのは、一体ダレ？

2023（令和5）年8月18日記

熱血弁護士
坂和章平
中国映画を語る〈80〉

（さかわ・しょうへい）１９４９年愛媛県松山市生まれ、大阪大学法学部卒。都市開発に関わる訴訟を数多く手がけ、日本都市計画学会「石川賞」、同年に日本不動産学会「実務著作賞」を受賞。「坂和的中国電影大観」（２００４年）、「ナニワのオッチャン弁護士、映画を斬る！」シリーズをはじめ映画に関する著書多数。（公社）日中友好協会参与、NPO法人大阪府日中友好協会理事。

殺人も強盗も凶悪犯罪だが、『天国と地獄』（63年）や『64―ロクヨン―前編・後編』（16年）を観れば、身代金目的の誘拐罪はある意味でそれ以上！　第8世代監督の抬頭が顕著な中国で、11年に実際に起きた誘拐事件を元に超問題提起作が誕生！　2百万元（約4千万円）を要求された、水青の父・水浩、母・曲婷と馬悦悦の父・老馬が右往左往する冒頭は、交響曲第5番『運命』と同じく主題の提示が強烈だ。金の準備が不可能なら警察へ！　それが当然だが曲婷だけは猛反対！　しかし、派出所で地元名物のマンゴーを食べさせてくれた親切な警官がそれをトランクに入れようとすると、曲婷は急に狼狽！　中には一体ナニが？

曲婷はケバい化粧とド派手な新車で15年ぶりに四川省の故郷に戻っていたが、それは一体なぜ？　他方、1歳の時に母に捨てられ継母らと同居中の水青はなぜ曲婷に反発せず、今なお思慕の念を？　本

このタイトルは一体ナニ？身代金目的の誘拐は凶悪犯罪だが・・・
―北京電影学院卒の若き才媛、申瑜が放つ、婁燁監督張りの強烈な問題提起に唖然！―

作中盤では、女性特有の視線で描かれる2人の心の揺れに注目！　少しずつ進む母娘関係の改善、出稼工の娘ながらモデル並みの美女・悦悦への裕福な支援者の出現など、曲婷周辺の人間関係は今やすべて良好に！　否！　本作後半はヤクザの悪玉・老杜の登場によって様相が一変する。曲婷が期限までに故郷で借金を返済できなければ左小指の傷だけでは済まず、命の危険まで！　そんな切羽詰まった状況下、母を救うべく水青が捻出した驚くべき提案とは？

『羊たちの沈黙』（91年）は恐い映画だったが、羊も兎も弱い動物。しかし、兎たちが暴走したら？　幸い誘拐事件の主役は電話だから、悦悦を誘拐し、裕福な支援者に電話すれば借金の返済は可能！　本作ラストに向けての、婁燁監督作品を彷彿させるスリルとサスペンスに富んだ展開はあなた自身の目でしっかりと！　さあ、兎たちの暴走はどこへ行き着くの？

兎たちの暴走
全国順次公開中

©Beijing Laurel Films Co.,Ltd.

監督：シェン・ユー（申瑜）
脚本：シェン・ユー（申瑜）、チウ・ユージエ（邱玉潔）、ファン・リー（方励）
プロデューサー：ファン・リー（方励）、ヤン・フェイフェイ（楊菲菲）
出演：ワン・チェン（万茜）、リー・ゲンシー（李庚希）、ホァン・ジュエ（黄覚）ほか
(2020年/中国/105分/北京語、中国語/日本語字幕：鈴木真理子/原題：兎子暴力 The Old Town Girls）
配給・宣伝：アップリンク

第２編　ジャンル別

1）日本人が最も好きな中国映画は、張芸謀監督の『初恋のきた道』(00 年）と霍建起監督の『山の郵便配達』(99 年)。それは両作とも、戦後の高度経済成長政策の中で多くの日本人が失ってしまった素朴な人間関係を、美しい自然の中で淡々と歌い上げた名作だからだ。
2）私の最初の中国映画特集は『シネマ 5』だが、そこでは最初に「これぞ中国映画」として、①ヌーベルバーグ作品、②文芸名作、③.新生中国の歩み～文化大革命批判、④新旧名作を比較する！、を掲げ、続く「戦争・歴史」として、①夢とロマンの始皇帝、②三国志あれこれ、③唐の時代、そして宋、明、清へ、④阿片.戦争に学ぶ、⑤日中戦争を考える、を掲げた。さらに、「監督・俳優特集」に続く「テーマ別」では、①学校特集、②お葬式２題、③都市・住宅問題を考える、④ヴァイオリン２題、⑤北京に生きる！、⑥感動作を涙とともに、を掲げた。その他にも「これぞドキュメント」や「台湾映画もお忘れなく」等もあるが、とにかく中国映画はジャンルが多い。そこで本書の＜第２編　ジャンル別＞では、上記の 5 章に分けて、「これぞ中国！」と言うべき計 17 作品を掲載した。
3）とりわけ、“米中対立”の新冷戦構造が強まる中、中国発の「戦争映画大作」は必見！“中国版ランボー”がアフリカの某国で中国人民と祖国のため大活躍する『戦狼２　ウルフ・オブ・ウォー2』(17 年)(『シネマ 44』43 頁）は興行収入約 100 億円の歴代トップとなったが、本書に収録した『1950　鋼の第７中隊』(21 年)(『シネマ 51』18 頁）はそれを更新する大ヒット！朝鮮戦争で北が苦戦する中、毛沢東と人民解放軍は如何なる決断を？そして、航空兵力をはじめとして、圧倒的物量を誇る国連軍（＝米軍）に対し、人民志願兵たちは如何なる戦いを挑み、いかに祖国のために戦ったの？

第１章
これぞ中国！戦争映画大作、国威発揚映画大作

≪戦争映画大作≫

≪国威発揚映画大作≫

Data

監督：管虎（グアン・フー）
脚本：管虎（グアン・フー）／葛瑞
出演：黄志忠（ホァン・チーチョン）／欧豪（オウ・ハオ）／王千源（ワン・チエンユエン）／姜武（ジャン・ウー）／張譯（チャン・イー）／杜淳（ドゥ・チュン）／魏晨（ウェイ・チェン）／李晨（リー・チェン）／俞灝明（ユー・ハオミン）／张俊一（チャン・チュンイー）

みどころ

戦争の歴史にも戦争映画にも詳しいと思っていた私ですら、「四行倉庫の戦い」を知らなかった。中国のプロパガンダ映画として、２０２０年８月２１日の公開以降大ヒットしている本作の、アジアン映画祭での上映に拍手！

１９３７年７月７日の盧溝橋事件後の、上海での日中の軍事衝突は如何に？なぜ蒋介石は、「四行倉庫」の死守を命じたの？そこに「アラモの砦」での攻防戦やそこでの玉砕のような意義があるの？

去る３月１１日に第１３期全人代第４回会議を終えたばかりの中国は、習近平の独裁色を一層強めているが、１９３７年当時の中国のリーダーは誰？国旗はナニ？また、中華民族という概念は・・・？

約１００年前の「四行倉庫」の戦いを鑑賞するについては、そんな点もあわせてじっくり考えたい。そうすれば、終映後に単純な拍手はできない、と私は思うのだが・・・。

――＊――＊――＊――＊――＊――＊――＊――＊――＊――＊――

■□■よくぞ“この中国映画”をアジアン映画祭で上映！■□■

『キネマ旬報』は毎年３月号で１年間の映画業界の“総決算”を行っている。しかして、２０２１年３月下旬特別号の第２章、「世界のヒットランキング&映画界事情」の中国編（66頁）では、「プロパガンダ映画が上位を席捲」という見出しの中で、３１億元の興行収入を記録した本作を、「中国では７月２０日から映画館が営業を再開、徐々に客足を取り戻していったが、そのスピードを一気に加速させたのが８月２１日に公開された戦争映画『八佰』だ。」と紹介している。また、そこでは、「同作の管虎監督も参加したオムニバス戦争映画『金剛川』（原題）も３位にランクイン。」と紹介している。私はこの『金剛川』の情報は前から知っていたので、「こりゃ必見！」と思っていたが、日本での公開はまだまだ先。そんな矢先、なぜか第１６回アジアン映画祭で本作が公開されることに！その“快挙”に拍手しながら、早速チケットを購入した。

“中国のプロパガンダ映画”であることは、後述の国旗掲揚のシークエンスでクライマックスに達するが、それ以上に私が興味深かったのは、上映終了後、期せずして会場からまばらながらも拍手が起きたことだ。中国では、歴代トップの興行収入１０００億円を挙げた呉京（ウー・ジン）監督の『戦狼２　ウルフ・オブ・ウォー２』（17 年）（『シネマ 44』43 頁）が上映された際、そのラストで中華人民共和国のパスポートが大きく映し出されると、観客は総立ちになって拍手を送ったらしい。しかし、まさか日本で本作が上映された直後に、わずかとはいえ、拍手が起きるとは！

戦争映画の大作には、『史上最大の作戦』（62 年）をはじめとして、歴史的に有名なものが多いが、稀に『プライベート・ライアン』（98 年）等、一般的には全然知られていないものもある。日中戦争をテーマにした映画では、『戦場のレクイエム』（07 年）（『シネマ 34』126 頁）等、中国では有名でも日本人は全然知らない映画も多いが、上海事変をテーマにした日中戦争の映画なら、その方面の歴史に詳しい私はお手の物。「南京事件」をテーマにした張芸謀（チャン・イーモウ）監督の『金陵十三釵』（11 年）（『シネマ 34』132 頁）等と比較対照しながら本作は必見！そう思っていたが、原題『八佰』、英題『The Eight Hundred』（邦題は未定）という本作のテーマは、「四行倉庫の戦い」だ。ええ、それって一体ナニ？私は全然聞いたことがないが・・・。

■□■四行倉庫ってナニ？どこに？四行倉庫の戦いとは？■□■

中国旅行大好き人間の私は、何度も上海旅行をしている。その中で、１９２１年に開催された中国共産党の第１回党大会の記念館（李漢俊の自宅）も見学したし、森ビルが上海

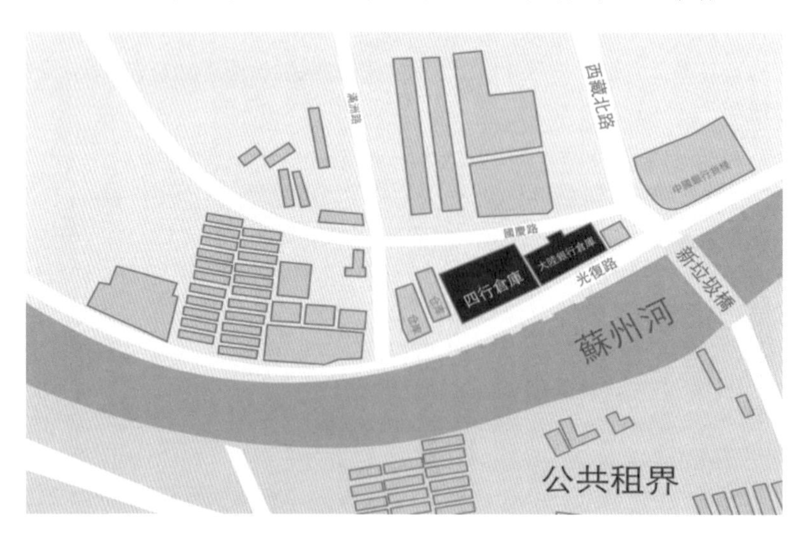

の浦東新区に建設した「上海環球金融中心」の最上階の見学もした。今や東京の地価を上回っている上海では、外灘を中心とするロマンチックな夜景や黄浦江遊覧のナイトクルーズ等が観光名所だが、この外灘は、西欧列強が公共租界として使用したところだ。日本側からいう「上海事変」は、「第1次上海事変」(1932 年 1 月～3 月)と「第2次上海事変」(1937 年 8 月～11 月)がある。そして、その第2次上海事変で、日中が最後の攻防戦を繰り広げたのが「四行倉庫の戦い」らしい。

前掲の地図はWikipedia に掲載されている地図だが、この地図のとおり、「四行倉庫」は蘇州河を隔てて南側の公共租界の対面(北側)にある建物だ。

他方、当時の中国軍(の主力)は現在の中国の人民解放軍ではなく、国民党の蒋介石率いる国民党軍だ。そして、四行倉庫の戦いは、１９３７年１０月２７日から３１日までの５日間の攻防戦。蒋介石は、一方では限定的撤去を命じて中国軍を蘇州河の南岸に移動させながら、他方では蘇州河北岸にある「四行倉庫の死守」を命じた。これは、北側の四行倉庫を死守させることによって内外の人々の心を感動させるためらしい。Wikipedia によれば、現に１０月２８日に蘇州を訪れた蒋介石は、「第3戦区の師長以上の将領の前で長文の演説を行ったが、この中で、一個団を残して閘北の死守を命じた理由について、中国人が主義のために戦い、国を守るために死ぬ覚悟と精神を持っていることを世界の人々に示し、心理的に敵に圧力をかけるためであったと説明した。」そうだ。その結果、四行倉庫の戦い(死闘)は１０月２８日から３１日まで続いたそうだから、すごい。なるほど、なるほど・・・。

■□■なぜタイトルが『八佰』に?■□■

紀元前5世紀に、スパルタ軍が１００万のペルシャ軍と戦って玉砕した「テルモピュライの戦い」を描いた『３００　スリーハンドレッド』(06 年)では、劇画タッチの映像が斬新だったし、"スパルタ教育"に象徴される「退却しない。降伏しない。ひたすら戦うのみ」という、スパルタ軍の哲学(?)に圧倒された(『シネマ 15』51 頁)。また、ジョン・ウェイン主演の『アラモ』(60 年)と、『アラモ(THE ALAMO)』(04 年)(『シネマ 6』112 頁)では、１８３６年春に起きた「アラモ砦の悲劇」をしっかり味わうと共に、今はアメリカ合衆国の一部になっているテキサス州が、いかなる犠牲の上でメキシコからの独立を勝ち取ったのかという歴史を学ぶことができた。それに対して、今、謝晋元中佐(杜淳)を司令官として四行倉庫を守る兵は、４００名余り。彼らはドイツ式訓練兵で、公表は８００名。なるほど、なるほど。

もっとも、本作導入部では、湖北軍が５２４団に合流する姿が映し出されるが、その実態は?四行倉庫の戦いについては、Wikipedia が詳しく解説しているので、それは必読!『史上最大の作戦』では、ジョン・ウェインをはじめとするオールスターが連合軍の将軍や司令官を演じていたが、本作でも謝中佐をはじめとする多くの軍人が登場する。それを一人一人紹介し、そのストーリーを評論すれば膨大な長さになるので省略するが、

Wikipedia の情報と対比すれば、より一層本作は興味深いはずだ。とりわけ、①ガールスカウトの女性・楊恵敏のストーリーや、②中国軍の謝中佐と日本軍の指揮官が２人で差し向い、馬上での対話等々のシークエンスについては、一人一人じっくり鑑賞してほしい。

■□■四行倉庫VSアラモの砦。それを死守する意味は？■□■

日本が盧溝橋事件を起こしたのは１９３７年７月７日だが、それを受けて、南京政府の中華民国総統・蒋介石は、"徹底抗戦"を表明した。日本政府は、一方で在留日本人の安全を名目に海軍陸戦隊を投入したが、他方で「不拡大方針」を採っていた。しかし、「大山中尉殺害事件」等によって衝突は拡大し、北支事変から支那事変へ、すなわち、全面的な日中戦争に突入していった。蒋介石が兵力をケチりながらも、四行倉庫の「死守」を命じたのは、前述したとおり、中国人民の奮闘ぶりを世界各国にアピールするため。しかして、同時に蒋介石は、当時開催されていたブリュッセルでの国際会議に期待していた。南側の租界には西欧列強の人々が住んでいたから、「四行倉庫」を艦砲射撃すれば、租界に流れ弾が着弾する恐れがあり、そうなれば日本が西欧列強から非難されるのは必至。しかして、日本軍は四行倉庫に対していかなる攻撃を？逆に、それに備えて、謝晋元中佐はいかなる防御陣地の構築を？

「アラモの砦」は、かなりチャチなものだったが、そこに立てこもったわずか２００名足らずの男たちは、サンタアナ将軍率いるメキシコ正規軍と１３日間にわたって戦い、全員壮絶な最期を遂げたが、それは一体何のため？それは、その後のテキサス共和国の独立からテキサスのアメリカ合衆国への併合、そしてアメリカ・メキシコ戦争（米墨戦争）に発展したからすごい。「アラモの砦」に比べると、５階建てのビルだった四行倉庫は小さいが、倉庫だけに堅牢な建物だったらしい。しかも、武器は豊富で、兵士たちはドイツ式訓練兵。さらに、蘇州河を隔てた南側には、中国人はもとより西欧人がたくさん住んでいたから、文字通り"対岸の火事"として、四行倉庫の攻防を"見学"している。とりわけ、報道陣はその戦いの行方に注目しているから、蒋介石の命令を実行するためにも、守備軍はしっかり頑張らなければ。しかも、アラモの砦を守ったのは、正規軍ではなかったのに対し、こちらはドイツ式訓練を受けた国民党の正規軍。人数は、公表的には「八佰」、実際には４２３名。しっかり奮闘しなければ・・・。

■□■掲揚する国旗はナニ？それは青天白日旗！■□■

バイデン政権発足後、はじめて日米豪印による首脳協議が開かれたが、そこでの最大の注目点たる対中政策は、トランプ政権と同じように強硬策を続けている。尖閣諸島対策のため、新たに「海警法」を立法した中国は、次にはいよいよ台湾攻勢を？万一そんな事態になれば、それは、大陸・中華人民共和国の旗（五星紅旗）と、台湾の旗（青天白日旗）のどちらが掲揚されるかの問題になるわけだが、「四行倉庫の戦い」当時の中国の旗はナニ？それは、現在の五星紅旗ではなく、青天白日旗だ。

本来２０１９年７月５日だったはずの本作の公開が、２０２０年８月２１日に延期されたのは、伝えられるところによると、"国民党の美化" 問題があったためらしい。つまり、上海に侵略してきた日本軍を迎え撃ち、四行倉庫の戦いに臨んだのは、毛沢東率いる人民解放軍！そうであれば一番嬉しいのだが、いくらなんでもそれは歴史上の事実の歪曲。当時日本軍を迎え撃ったのは、蒋介石率いる国民党軍なのだ。

青天白日旗

中華人民共和国の五星紅旗

クリント・イーストウッド監督の「硫黄島」２部作（06年）では、星条旗を摺鉢山に立てる米兵たちの写真が象徴的に描かれていたが、硫黄島に星条旗を掲げることの意味は何？しかして、本作中盤のハイライトは、ガールスカウトの楊恵敏が命懸けで運んできた青天白日旗を、四行倉庫の屋上に掲揚するシークエンスになる。そんな"ええかっこ" をすれば、日本軍がそれを阻止すべく攻勢を強めたり、空爆してくる恐れがある。したがって、それはやめて、蒋介石の命令通り持久戦を続ける "プラン A" がベター。そんな意見もあったが、謝中佐はあえて国旗を屋上に掲揚するという "プラン B" を選択した。しかして、その意味は？また、それに伴う必然的な犠牲は？もちろん、高々と掲揚され、南側の租界地の人々も敬礼しながら仰ぎ見る国旗は青天白日旗だ。したがって、本来なら『戦狼Ⅱ』における中華人民共和国のパスポートと同じように、その国旗をクローズアップで大写しすべきだが、本作ではなぜか遠慮して・・・。

■□■八佰は全員玉砕？それとも？ラストのハイライトは？■□■

『硫黄島からの手紙』（06年）（『シネマ12』21頁）では、いかに長い間米軍を硫黄島にくぎ付けにするかを最大の命題にした渡辺謙演じる栗林忠道陸軍中将は、文字通り矢尽き刀折れた後に自決。また、日本将兵は全員玉砕した。また、「アラモの砦」では、砦内に侵入してきたメキシコ兵の前に、守備兵は全員玉砕した。しかして、四行倉庫の戦いでも、

４２３名の兵士は全員玉砕！私はてっきりそう思っていたが、真実は違うらしい。すなわち、イギリスが間に入って撤退交渉をした結果、四行倉庫の戦いのラストは、“玉砕”とは正反対の“生き延びろ！”との命令に急展開するので、それに注目！

その展開について、Wikipediaでは、「イギリスには租界が砲火の攻撃を受ける恐れがあることを理由に、陣地の放棄を中国側に働きかけ、３１日、守備隊は西蔵路を経由して租界内に撤退した」と書かれているが、さて、本作では？ちなみに、Wikipediaによると、四行倉庫の戦いにおける損害は、日本兵が戦死２００名以上であるのに対し、中国兵は、戦死１０人、負傷３７人とされている。しかし、本作ラストのハイライトにおける撤退戦の展開は？これを見ている限り、中国軍の損害は何百人にも上りそうだが・・・。

デヴィッド・リーン監督の名作『戦場にかける橋』(57年)は、イギリス人捕虜たちが、作り上げた橋を自ら命懸けで爆破するハイライトが涙を誘ったが、本作ラストのクライマックスでは、四行倉庫から租界内へ、つまり北から南へ橋を渡る兵士たちが、次々と日本軍の銃弾に倒れる姿が映し出されるから、これは涙を誘うもの。さらに、それを何とか迎え入れようとする南側の租界地内の人々が差し出す手も、涙を誘うものだ。それもこれも、すべて「中華民族万歳！」の演出のため。というのが本作の狙いだが、さて、その当否は？

■□■字幕はなぜかダニー・ボーイと共に！その歌詞は？■□■

昔は、今以上に映画と映画音楽が一体になっていた。それは、『エデンの東』(55年)や『太陽がいっぱい』(60年)等を観ればよく分かる。しかして、本作では、謝中佐の犠牲の中、多くの兵士が北から南へ脱出するクライマックスの後に字幕が流れるが、そこで流れる曲はなんと『ダニー・ボーイ』だったからビックリ！歌詞は中国語で故郷を懐かしむものだが、米中対立の激化が心配されている今、なぜ中国のプロパガンダ映画たる本作の映画音楽が『ダニー・ボーイ』なの？

近時は大金をつぎ込んだハリウッド映画に中国人の美人女優が少しだけ登場することがあるが、それはハリウッドが中国の金に期待し、依存しているため。しかし、本作で『ダニー・ボーイ』を使用することに中国側のメリットは何もないはずだ。本来なら、ここで国民党の当時の国歌を使うべきだが、ひょっとして、習近平体制下ではそれをしたくなかったの？あるいは、本作をアメリカ人にも共感を持って観てほしかったため？

そもそも、私や私世代は誰でもアメリカで生まれた名曲『ダニー・ボーイ』を知っているが、１３億人の中国人民はこの曲を知っているの？中国で上映された後、本作も『戦狼2 ウルフ・オブ・ウォー２』(17年)(『シネマ41』136頁、『シネマ44』44頁)と同じように拍手の嵐に包まれたのかは知らないが、習近平独裁色が強まり、“愛国教育”が定着している昨今はきっとそうだったのだろうと推測される。それはそれでいいのだが、あえて繰り返せば、この曲と共に字幕が流れ終わると、日本の映画館で日本人の客席の一部から拍手が沸き起こったのは一体なぜ？

２０２１(令和3)年3月１８日記

２０２２－１１２

監督：陳凱歌（チェン・カイコー）／徐克（ツイ・ハーク）／林超賢（ダンテ・ラム）
出演：呉京（ウー・ジン）／易烊千璽（イー・ヤンチェンシー）／段奕宏（ドアン・イーホン）／朱亜文（チュー・ヤーウェン）／張涵予（チャン・ハンユー）

みどころ

「鋼の第７中隊」ってナニ？「長津湖」ってナニ？２０２２年１０月の今、北朝鮮の度重なるミサイル発射と核実験が憂慮されているが、１９５０年１１月、朝鮮半島の長津湖では一体ナニが？

「中国共産党成立１００周年祝賀作品」として、また「中国勝利三部曲」の第２作として、３人の巨匠が共同演出した１７５分の戦争巨編は大ヒット！『戦狼２／ウルフ・オブ・ウォー２』（１７年）の興行収入を塗り替え、歴代トップの１，１３０億円を記録！

「抗米援朝」とは？毛沢東主席の決断とは？約１５０名で構成された第７中隊の奮闘とは？今でこそ極東アジア方面の軍事力は中国優位だが、１９５０年当時は米軍との差は絶大！制空権のない中、そして零下４０度という極寒の雪原の中、革命烈士たちの奮闘とその死にザマは？

この犠牲は、次世代の若者が平和に生きるため！そんなメッセージを日中国交正常化５０周年を迎えた今、私たちはどう受け止める？

――＊――＊――＊――＊――＊――＊――＊――＊――＊――＊――

■□■『戦狼２』超え！興行収入は歴代最高1,１３０億円！■□■

２０１７年8月１日の「建軍節」に合わせて公開された『戦狼２／ウルフ・オブ・ウォー２』（１７年）（『シネマ４１』１３６頁）は大ヒット。その興行収入は同年１１月２０日時点で中国映画史上最高額の５６億７８００万元（約９６３億円）になった。その理由はいろいろあるが、最大の理由は、「中国版ランボー」と呼ばれるウー・ジン扮する主人公が、アフリカの某国で起きた内戦で、中国人民と祖国のために大活躍をするからだ。ラストで大写しにされる中国のパスポートには驚かされたが、今や経済力においても軍事力においても、「米国に追いつけ、追い越せ」の中国は、戦争映画のレベルにおいても、ハリウッド発の『プライベート・ライアン』（９８年）等の戦争映画の名作に「追いつき、追い越せ」の勢いを見せつけている。２０２２年１１月の中間選挙に向けて真っ二つに割れている米国の不安を尻目に、そんな中国は２０２２年１０月の第２０回中国共産党大会に向けて習近平体制を着々と強化している。

そんな中、「中国共産党成立１００周年祝賀作品」として、また、「中国勝利三部曲」の第２作として作られたのが本作だ。「長津湖の戦い」を、多くの日本人はほとんど知らないが、これは朝鮮戦争に参戦した中国人民志願軍がマッカーサー率いる国連軍、韓国軍と繰り広げた大激戦。本作はそれを「鋼の第７中隊」の中隊長・伍千里（ウー・ジン）の視点から描いている。ちなみに、本作の大ヒットを受けた第３部は『長津湖之水門橋』と題されているらしいから、それも必見！

『1950 鋼の第７中隊』　配給：ツイン
9/30（金）、TOHO シネマズ日比谷ほか、全国ロードショー！

２０２１年に中国本土で公開されたそんな本作は大ヒット！中国映画市場における歴代興行記録を瞬く間に塗り替え、約1,１３０億円という中国歴代最高の興行収入をあげた。私は本作をネット配信のパソコンで観て、その迫力にビックリ！しかし、９月３０日に劇場公開されるとなれば、こんな映画は必ず大劇場の大迫力と大音響で観る必要がある。『戦狼２』を超える、興行収入1,１３０億円をあげた本作は、「日中国交正常化５０周年」の今、立場の相違を越えて必見！

■□■長津湖の戦いとは？マッカーサーの反転とは？■□■

１９４４年の「ノルマンディーの戦い」は知っていても、朝鮮戦争における１９５０年１１月の「長津湖の戦い」については、私を含め多くの日本人は知らないはず。私が「ノルマンディーの戦い」を知っているのは、中学生の時に、ジョン・ウェイン、ヘンリー・フォンダ、ロバート・ミッチャム、リチャード・バートンらハリウッドをはじめ、英仏伊のオールスターが共演した『史上最大の作戦』（６２年）を観たためだ。私は多くの映画を観てきたから、『戦争と平和』（５６年）で「アウステルリッツの戦い」や「ボロジノの戦い」を、『ワーテルロー』（７０年）で「ワーテルローの戦い」を、『スターリングラード』（０１年）で「スターリングラードの戦い」を知ることができた。太平洋戦争における「ミッドウェーの戦い」等もそれと同じで、私が"戦争映画"から学んだことは多い。私が持っている「新東宝」の戦争映画のビデオも多いが、その私ですら、「長津湖の戦い」を知らないのだから、多くの日本人はこれを知らないはずだ。

朝鮮戦争は朝鮮半島にとっては大きな不幸だったが、日本にとっては、"朝鮮特需"のおかげで戦後の経済復興を成し遂げる大きな原動力になった。また、朝鮮戦争は朝鮮半島を舞台に朝鮮人（民族）が２つに分かれて戦ったものだが、本作を見れば、その別の実態が国連軍 VS 中国人民志願軍だったということもよくわかる。しかしそれは一体なぜ？３８度線を突破してきた北朝鮮軍に対して、韓国軍は後退を重ねたから、もしマッカーサー率いる国連軍の見事な反転攻勢がなかったら・・・？

日本よりも素晴らしい映画を次々と送り出している韓国では、南北分断をテーマにした映画とともに、朝鮮戦争をテーマにした映画も多い。しかし、朝鮮戦争において中国の人民志願兵はどんな役割を果たしたの？その概要は知っているが、本作を観ればそれが明白に！

『1950 鋼の第７中隊』　配給：ツイン
9/30（金）、TOHO シネマズ日比谷ほか、全国ロードショー！

■□■建国直後の新中国の実力は？毛沢東の決断は？■□■

１９５０年6月２５日に北朝鮮人民軍が３８度戦を突破して大韓民国（韓国）に侵攻してきたことによって突如始まった朝鮮戦争の第１ラウンドは、圧倒的に北朝鮮の勝ち。しかし、マッカーサー率いる国連軍が９月１５日に仁川に上陸し、北朝鮮軍を追い返した第２ラウンドでは、国連軍は３８度戦を越えて平壌を攻略したから国連軍の勝ち。１９５０年１０月の今、国連軍は中国との国境・鴨緑江に迫っていた。そんな状況下、中華人民共和国の指導者・毛沢東の、朝鮮戦争参戦への決断は如何に？

『1950 鋼の第７中隊』　配給：ツイン
9/30（金）、TOHO シネマズ日比谷ほか、全国ロードショー！

当時の中国は"日帝"を中国大陸から追い払った後の不幸な"国共内戦"を終え、１９４９年１０月１日に新中国の建国を宣言したばかり。したがって、「建国からまだ１年、国内には国民党の残党がいるし、経済的にも余裕がない。」「米国は世界最強の軍事大国だ。核も持っている。我々の武器では到底勝ち目はない」等の声が圧倒的だった。今でこそ中国は、空母、潜水艦、航空機の質・量においても米国に比肩、極東方面に限れば圧倒している（？）が、そもそも当時の新中国は空軍も海軍も持っていなかったから、その実力はあまりにも貧弱だった。そのため、仮に参戦するとなれば制空権を確保するためにソ連の支援が必要不可欠だったが、スターリンは中国が介入することを命じながら、ソ連と米国との直接対決には徹底的に否定的だったらしい。そんな状況下、毛沢東は党内の合理的な危惧や不安の声を時間をかけて説得し、最終的に党と軍を出兵させることで１本にまとめたから偉い。いざ出陣！その陣容は？そして、鋼の第７中隊はどんな任務を？

■□■主人公は？その弟は？第７中隊の兵員数は？■□■

戦争映画はもちろん迫力ある戦闘シーンが売り。したがって、製作費に２７０億円もかけ、ツイ・ハーク監督、チェン・カイコー監督、ダンテ・ラム監督の三大巨匠が共同で演出した本作では、スティーブン・スピルバーグ監督の『プライベート・ライアン』に勝るとも劣らない戦闘シーンの迫力が第一の売りだ。しかし、『プライベート・ライアン』では「同時に四人兄弟の全員を戦死させるわけにはいかない」、という大統領の温情が、同作の人間模様としてその根底に流れていた。猛烈な戦闘シーンから始まった『プライベート・ライアン』とは逆に、本作の冒頭は、国共内戦で憎き国民党相手に共に戦った兄の百里を失った主人公の千里がその報告のため両親の家に戻るところからスタートする。そこで、千里を迎えた弟の万里（イー・ヤンチェンシー）はいかなる行動を？本作の根底に流れる人間模様とは？

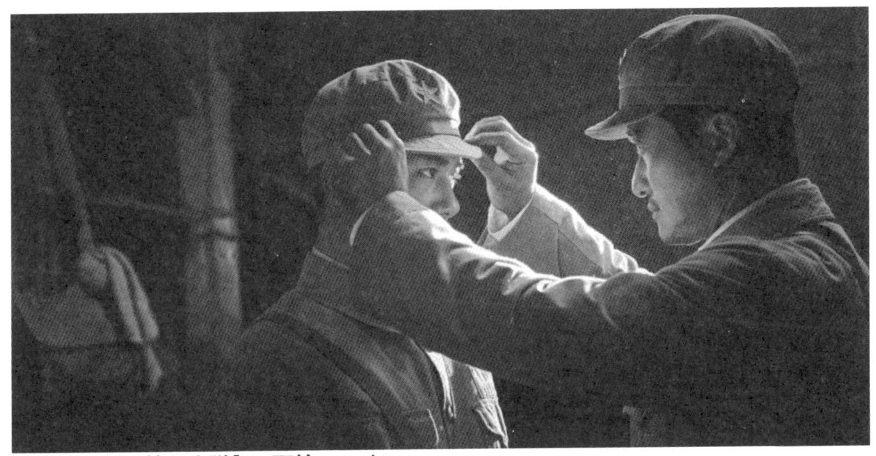

『1950 鋼の第７中隊』　配給：ツイン
9/30（金）、TOHO シネマズ日比谷ほか、全国ロードショー！

千里が実家に戻ったのは、"国共内戦"に勝利したことによって、やっと平和が訪れたと思ったためだが、家族との静かな時間を過ごしていたはずの千里を、第７中隊が急遽招集したのは一体なぜ？"抗米援朝"のために「我が息子も戦地に送る」と毛沢東が決意したのは、「幹部の息子も、一般兵士の息子もみな平等」という、共産主義的発想に基づくものだが、それなら俺も兄貴と共に戦地へ！弟の万里がそう意気込んだのは仕方がない。

「鋼の第７中隊」の現在の兵員数は約１５０名、しかし、千里が大切に懐の中に忍ばせているノートの中には、約６００名の兵士の名前があった。それがなぜ今は４分の１に？それはノートをみれば一見して明らかだが、その一人一人の特徴は？そして、なぜ第７中隊は"鋼の第７中隊"なの？それは通信機２０台と通信兵を前線に運び込めという任務に就いた第７中隊の、本作前半にみる奮闘ぶりを見ればわかるはずだ。空軍を持たないこと、制空権を制圧されていることは、こんなにつらいことなの！その想いを観客は第７中隊の兵士たちと共有できるはずだ。

■□■マッカーサーは大統領狙い？配下の将軍たちは？■□■

ダグラス・マッカーサー。アメリカの将軍の中で彼ほど日本で有名な人はいないはず。敗戦直後の厚木基地に降り立った、占領軍最高司令官としてのマッカーサーのサングラスとパイプをくわえた軍服姿は多くの日本人の目に焼き付いている。そのマッカーサーは朝鮮戦争でいかなる役割を？それは歴史的に明らかだが、面白いのは、彼は朝鮮戦争を契機として、大統領選挙に立候補するのではないかと言われたことだ。２０１６年１１月の大統領選挙で、遂に米国初の女性大統領の誕生かと言われている中、ヒラリー・クリントンの対抗馬として共和党のドナルド・トランプが勝利したことには驚かされたが、もし朝鮮戦争がマッカーサーの見込み通りの反撃に成功し、１９５０年のクリスマスまでに国連軍が大勝してしまえば、次の大統領選挙は・・・？

２０２２年１０月の今、北朝鮮が異例の頻度でミサイル発射を繰り返し、8回目の核実験まで予測されている。そんな中、韓国軍との共同訓練を終えた米軍の空母ロナルド・レーガンが再度派遣されているが、１９５０年9月１５日の仁川上陸作戦の成功以降は、制空権を握ったまま中朝国境の鴨緑江まで進撃すればそれで終わり。それがマッカーサー元帥やその配下の精鋭部隊を率いる将軍たちの思惑だった。

毛沢東が“抗米援朝”を決断し、人民志願兵を派遣？しかし、そんな部隊は一体どこにいるの？あれだけ徹底的に空爆で叩けば、半島内の米軍基地は安泰。マッカーサー配下の将軍たちはそう確信していたが、そんな状況下、彭徳懐将軍（チョウ・シャオピン）率いる中国人民志願兵たちは１１月２７日の長津湖への集中攻撃を考えていたらしい。さあ、その展開は如何に？長津湖に向かう鋼の第７中隊の奮闘は？

■□■本作は中国版ランボーではなく、革命烈士に注目！■□■

『史上最大の作戦』（６２年）を観れば、ノルマンディー上陸作戦の全貌を知ることができるが、本作を観れば１９５０年１１月２７日から１２月１１日にかけて大展開された「長津湖の戦い」の全貌を知ることができる。クリスマスに向けて長津湖周辺に設置された米軍基地の中で時間を過ごす米兵たちは、油断しているわけではないが、通信手段も武器も食料も豊富だから、どこか気楽そうにみえる。それに比べて通信手段もロクにないまま長津湖への結集を目指し、食料も防寒着もロクにないまま雪原の中に潜み待機している人民志願兵の姿は悲惨。太平洋戦争中に南の島々に展開した旧大日本帝国陸軍の兵士たちの飢えもひどかったが、千里も万里もわずかな芋を分け合いながら食べていたから、こりゃ悲惨。これで本当に力が発揮できるの？

しかして、「中国共産党成立１００周年祝賀作品」として作られた本作のクライマックスとなる長津湖の戦いは如何に？その迫力と第７中隊をはじめとする人民志願兵たちの奮闘にはビックリ！その直前の空爆によって、司令部付けで勤務していた毛岸英（ホアン・シェエン）が戦死したとの報告を聞いた毛沢東だったが、長津湖の戦いで見事、米軍のオリバー・プリンス・スミス、アラン・マクレーンたちを撤退させたとの報告を聞いた彼はいかに喜んだことだろう。

それはそれだが、本作が興味深いのは、“中国版ランボー”を英雄視することで終わった『戦狼２』と異なり、本作は“革命烈士”を描いたこと。「中国の山田洋次」と呼ばれるフォン・シャオガン監督の『戦場のレクイエム』（０７年）は、人民解放軍第９連隊の兵士たちと国民党との戦いにおける“集合ラッパ”を巡って展開する素晴らしい映画だった（『シネマ３４』１２６頁）。同作後半では、一転して朝鮮戦争の現場へと転調していくと共に、革命烈士？それとも失踪者？というテーマが登場した。しかして、本作ラストの感動的なシーンも革命烈士の姿だからそれにも注目！

『1950 鋼の第７中隊』　配給：ツイン
9/30（金）、TOHO シネマズ日比谷ほか、全国ロードショー！

『戦場のレクイエム』の最後には「１９５８年、淮河県の土木工事中に、埋もれていた第９連隊４７人の遺体が発見された」との字幕が表示されるが、本作の最後に、撤退するアメリカ軍将軍が目にするのは、攻撃態勢のまま氷の中に埋もれてしまった人民志願兵たちの姿だ。これは、１１月２７日から１２月１１日にかけての長津湖の戦いで、あれほど奮闘した千里たち「鋼の第７中隊」の姿？この尊い犠牲の上に現在の平和があることをしっかりとかみしめたい。そして、本作のアピールの力点がそこにあることにもしっかり納得したい。

２０２２（令和4）年１０月１０日記

熱血弁護士

坂和章平

中国映画を語る〈68〉

（さかわ・しょうへい）１９４９年愛媛県松山市生まれ、大阪大学法学部卒。都市開発に関わる訴訟を数多く手がけ、日本都市計画学会「石川賞」、同年に日本不動産学会「実務著作賞」を受賞。「坂和的中国電影大観」（２００４年）、「ナニワのオッチャン弁護士、映画を斬る！」シリーズをはじめ映画に関する著書多数。（公社）日中友好協会参与、NPO法人大阪府日中友好協会理事。

“長津湖の戦い”とは？今「１９５０ 鋼の第７中隊」から何を学ぶ？
１１３０億円の興行収入！『戦狼２』を更新！歴代トップに！

中国共産党成立百周年祝賀作品、中国勝利三部曲の第二作の原題は『長津湖』。北朝鮮人民軍による38度戦突破から始まった朝鮮戦争の第1Rは、ソウルを撤退し、釜山まで追い詰められた韓国の敗けだが、仁川に上陸したマッカーサー率いる国連軍が38度戦を突破して平壌を奪い、中朝国境の鴨緑江に迫った第2Rは北朝鮮の敗け。そんな中、国共内戦に勝利し、１９４９年10／1に新中国を建国したばかりの毛沢東はいかなる決断を？

『戦狼2』（17年）では〝中国版ランボー〟が大活躍。コロナ禍とロシアによるウクライナ侵攻は一帯一路政策に悪影響を与えたが、豊富な経済力を活用した中国は南ア諸国への影響力を拡大中。極東アジアでの空母・潜水艦・航空機は米国を凌駕しているが、当時の人民解放軍は空軍も海軍もなく貧弱。『史上最大の作戦』（62年）で観たノルマンディー上陸作戦の艦砲射撃には圧倒されたが、本作では仁川上陸作戦のそれに注目！戦争から解放されたはずの主人公・伍千里が〝抗米援朝〟のため人民志願軍第7中隊長として雪原の中を進んで行くと？本作の戦闘シーンは大迫力。二〇三高地の日本陸軍も激戦だったが、第7中隊の苦難はそれ以上だ。しかして、長津湖に見る彼らの奮闘は？

トム・クルーズ主演の『トップガン マーヴェリック』（20年）には大感激。北朝鮮からの弾道ミサイル発射が続く中、日本では国家安全保障戦略（NSS）の改定が急務だが、この男さえいれば大丈夫？米中対決が軍事面でも強まり、台湾有事、朝鮮半島有事が憂慮される昨今、もし中国版ランボーとマーヴェリックが対決したら？そんな恐ろしい想定は論外だが、本作最後の感動シーンには何か通じるものがあるはずだ。次世代の平和のため尊い犠牲になった第7中隊に合掌。

1950 鋼の第７中隊

全国順次公開中

監督：チェン・カイコー（陳凱歌）、ツイ・ハーク（徐克）、ダンテ・ラム（林超賢）
出演：ウー・ジン、イー・ヤンチェンシー、ドアン・イーホン、ホアン・シュエン
2021／中国／中国語・英語／カラー／シネスコ/5.1ch/175分／原題：长津湖／字幕翻訳：河合彩子/R-15
提供：ツイン、Hulu
配給：ツイン

Data

監督：李仁港（ダニエル・リー）
製作：徐克（ツイ・ハーク）
出演：呉京（ウー・ジン）／章子怡（チャン・ツィイー）／張譯（チャン・イー）／井柏然（ジン・ボーラン）／胡歌（フー・ゴー）／チュイニーツーレン／成龍（ジャッキー・チェン）／王景春（ワン・ジンチュン）／何琳（ホー・リン）／陳龍（チェン・ロン）／リュウ・ギョウフェン

みどころ

１９６０年に中国隊が世界ではじめてチョモランマ登頂に成功！それは本作導入部を観ている限り本当のようだが、それを撮影したカメラがなければその信用は・・・？そんな失意を乗り越えて、あのチームの面々が１９７５年には国威をかけて再度の挑戦を！

『戦狼２　ウルフ・オブ・ウォー』（17年）で「中国版ランボー」を演じ、５００億円の興行収入を挙げた俳優ウー・ジンが、２発目の国威発揚映画たる本作でも山岳スーパーアクションへの挑戦を目指したが、その評判は？

「男はあくまで強く！女はあくまで美しく！」その価値観は本作でも顕著。しかし、おさげ髪はまだしも、気象観測班主任として高地に登頂しながら、あくまで色白美人にこだわっているチャン・ツィイーを観ていると、その非現実性は・・・？

新型コロナウイルス騒動では、今や中国の米国に対する優位は明らか（？）だが、さて、本作による国威発揚の成果は・・・？

――＊――＊――＊――＊――＊――＊――＊――＊――＊――＊――

■□■『戦狼２』に続き、本作で二発目の国威発揚を！■□■

文化大革命の大混乱の後、１９８０年代半ばから、はじめて中国から日本に紹介された映画は、『黄色い大地』（84年）（『シネマ5』63頁）や『紅いコーリャン』（87年）（『シネマ5』72頁）等の「いかにも、これぞ新生中国映画」と言えるものだった。また、日本人が大好きな中国映画の代表となった『初恋のきた道』（00年）（『シネマ5』194頁）と『山の郵便配達』（99年）（『シネマ5』216頁）は、「これぞ、素朴な中国映画」と称賛された。とりわけ、『初恋のきた道』でのおさげ髪がトレードマークとなった女優チャン・ツィイーは、多くの日本人を虜にした。

１９８９年に起きた天安門事件は、改革開放政策を進める中でもがき苦しむ中国の矛盾点を赤裸々に露呈したが、その後の社会主義市場経済を基礎とした中国の経済成長は著しく、それから３０年後の今は、“世界唯一の超大国”アメリカと肩を並べる“大国”になっている。そんな中国で２０１７年に大ヒットし、中国アジアの興行収入歴代トップに立った映画が、ウー・ジンが監督、脚本、主演した『戦狼２　ウルフ・オブ・ウォー』（17年）（『シネマ41』136頁）。同作でウー・ジンが演じた主人公レン・フォンは「中国版ランボー」として、アフリカ大陸における中国の国威発揚の先導役になった。とりわけ、同作は習近平体制の下で進められている一帯一路政策を象徴する映画として、アメリカは脅威を感じたはずだ。

他方、邦題を『クライマーズ』とした本作は、世界ではじめてチョモランマ登頂に成功した中国登山隊を描くもの。とは言っても１９６０年の成功は、その証拠となる映像を撮影したカメラを失っていたため、国際的には認められなかったらしい。しかし、それで諦めないのが中国流。“それならもう一度”、そんな決意でチョモランマへの二度目の登頂を描く本作は『戦狼２』以上の、何ともすごい国威発揚映画になっているので、ビックリ。

■□■導入部に見る1960年の挑戦は？キネマ旬報の評価は？■□■

本作導入部に見るチョモランマの山は一見美しいが、天候が悪化すれば大変。その山頂を目指した中国隊は、登頂中に遭遇した突然の雪崩に大混乱。さらに、セカンドステップの崖では、はしご代わりに仲間の背中を裸足で登って成功したものの、その後が大変だ。そんな中、隊員に見守られながら息を引き取った隊長から、その任務を引き継いだファン・ウージョウ（ウー・ジン）は、仲間のシェイ・イン（チャン・ツィイー）、チュイ・ソンリン（チャン・イー）と３人で登頂に成功したが、カメラよりも隊員の人命救助を優先したため、カメラを失い、その成功の証拠を残すことができないまま下山することに。これでは、当時、「大躍進政策」を進めていた毛沢東もチョモランマ登頂に中国隊が一番乗りをしたと宣伝することができなかった。そのため、カメラさえあれば大ヒーローになれたはずのファン・ウージョウ、シェイ・イン、チュイ・ソンリンは不遇の時代を送ることに。とりわけ、ファン・ウージョウは、文化大革命で下放される事態になったうえ、そこで講義していたチョモランマ登頂の話が“ほら話”だと言われ、更なる失意の毎日を。

なるほど、なるほど。１９６０年の初登頂の「成功」が証明されない状況下では、それもやむを得ない。そんなストーリーは、説得力十分の面も・・・。しかし、本作導入部に見る１９６０年の登頂シーンは、『キネマ旬報』１０月上旬号の「REVIEW 日本映画&外国映画」における３人の評論家の評判はそろってよろしくない。当初はシリアスだった『００７』シリーズも、次第にド派手なアクションが目立つようになったが、「山岳アクション」とも言うべき本作の登頂シーンでは、『戦狼２』もどきの「そりゃ、ありえねえ」と言わざるを得ないオーバーアクションが続出。サングラスをかけないまま長く続く登頂シーンは、映画向けとしてある程度は許すとしても、ファン隊長の人間離れした活躍にはいささか閉口だ。これでは、１９７５年に二度目の成功を収めた時の“スーパー山岳アクション”がどこまで現実離れしたものになるのか、心配だが・・・。

■□■男はあくまで強く！女はあくまで美しく！■□■

２０２１年２月のベルリン国際映画祭は男優賞と女優賞を廃止し、ジェンダー平等の映画祭にすることになった。このジェンダー・ニュートラル（性的中立性）の姿勢を強く打ち出した決定に私はビックリ、カンヌとベネチアを含めたヨーロッパの三大映画祭の中でも、ベルリンはジェンダー平等の映画祭へのトップを切ったわけだが、ヨーロッパのそんな価値観に対して、本作では中国流の（？）「男はあくまで強く！女はあくまで美しく！」の価値観が顕著だ。

新聞紙評でほとんど書かれていない本作だが、劇場は満席。もちろん、高齢者ばかりだが、これは、今なお第一線で活躍し、美しさを保ち続けているチャン・ツィイーのファンの日本人観客が多いためだろう。『初恋のきた道』では、おさげ髪がピッタリの可憐さだったが、本作のチャン・ツィイー最初の登場シーンもおさげ髪なので、それに注目！登山隊の花形はもちろん登頂に挑むアタック隊だが、チームとしてそれを支えるのは、機材の準備やベースキャンプの設営等をするチームの他、気象観測というアタック隊の命に関わるチームも不可欠だ。「大躍進政策」の失敗、「文化大革命」の大混乱のため、中国の学術分野はすべて遅れていたが、気象学を勉強しているインは、ウージョウからの結婚申し込みの声を聴かないままソ連に留学していた。しかし、チョモランマへの二度目の登頂計画が国家によって決定されると、インはその気象班の責任者として着任することに。その結果、本作後半からは１９７５年５月の二度目のチャレンジがテーマになるが、そこではインも正確な気象観測のため、可能な限りアタック隊との距離を近づけるべく、チョモランマを上へ上へと登っていくことに。

そこで、「いくら何でもそこはダメでしょう」と思わせるのは、チャン・ツィイーの美しさを、スクリーン上であくまでもキープしようとしていることだ。私が１９６０年代の日活映画で大好きだった女優の一人に、若手では演技力抜群だった和泉雅子がいたが、彼女はその後探検家に転身した。それはそれでお見事だが、転身後の彼女の、真っ黒（真っ赤？）に陽焼け（雪焼け？）し、ブクブクに太った体形を見た時は、幻滅したものだ。数日間のスキー旅行に行っただけでも、雪焼けした肌が汚く荒れてしまうのは必然。しかし、美しさが武器の大女優になるとそうもいかないから、本作で、チョモランマのベースキャンプはもとより、そこからさらに上に登っていくチャン・ツィイーのお顔は・・・？前述のように、キネマ旬報における本作の評価も低いが、「『クライマーズ』が実話？いいから登山家に謝れ！」と題した某氏の映画サイトでは、ボロクソ。主人公ウージョウが国家的ヒーローになる山岳アクションについては、「何もそんなところで中国雑技団しなくてもいいんだよ。ふざけすぎじゃない？」と書いているし、チャン・ツィイーについては、「女性キャストたちは登山家なのに、もれなく色白っていうのがさすがです。チャン・ツィイーなんて絶対山登りしたことねえだろっていうようなバチバチにメイクを決めて出ているんですよ。」と書いている。たしかに、本作に見る中国流の「男はあくまで強く！女はあくまで美しく！」の価値観は、「所詮、映画だからいいんじゃない」のレベルをはるかに越えたもの・・・？

■□■国のため！恋人のため！しかし、すべては予定調和？■□■

現在私が毎日愛読中の日経新聞の連載小説『太陽の門』は、スペインの人民戦線に参加している男、サム・ウィルソンを主人公にした物語だ。これを興味深く読むようになったのは、中学生の時に観たアーネスト・ヘミングウェイの原作を映画化した『誰がために鐘は鳴る』（43 年）に大感動したことをしっかり覚えていたためだ。同作のラストは、橋の爆破に成功したものの、足を負傷したため逃走を諦めざるを得なくなったゲイリー・クーパー扮する義勇兵ロバートが、イングリッド・バーグマン扮する、愛する女性マリアを残ったゲリラ兵と共に逃走させるべく、機関銃の引き金を引き続けるシーン。「革命のためだ。」、「国のためだ。」といくら鼓舞しても気が遠くなっていく自分に対して、「いや、これはマリアのためだ。愛するマリアのためなら、まだ戦える。」と自分自身を鼓舞する姿は本当に感動的だった。しかしこれは、現在の"中国共産党的基準"で言えば、国家的使命よりも、個人的感情を優先させたダメ男のもの、になるはずだ。したがって、それと比べながら、本作におけるウージョウとインの純愛ストーリーを見ていくと、より一層興味深い。

１９６０年の登頂成功が認められなかったものの、再度の登頂を目指す気力は全く衰えていなかったウージョウが、「今度成功したら、それから君に結婚を申し込む。」と叫ぶチャンスを逃したのは、ほんのちょっとの運命のいたずらだった。しかし、そのズレは大きく、１５年後の今はお互いにアタック隊の隊長 vs 気象班の班長という、公の任務上だけの関係をキープすることに。しかし、今回もウージョウが悪天候のためチャレンジに失敗し、生死の境をさまよい、インもより正確な気象観測のため無理に高いところに登ったため、肺をやられ血を吐く状態になってくると・・・。やっと繋がった無線を、必要不可欠な情報のやり取りのためではなく、個人的な感情のやり取りのために使うのは如何なもの？そんな批判を含め、『誰がために鐘は鳴る』に見る、米国流の、「国のため、恋人のため」と、本作に見る中国流の「国のため、恋人のため」の違いをしっかり対比してみたい。

他方、クリント・イーストウッド監督の『父親たちの星条旗』（06 年）（『シネマ 12』14 頁）では摺鉢山に星条旗を立てる兵士の姿が、当時の全ての米国民の願いを代表していたが、本作で、標高８８４８メートルのチョモランマ山頂に立てた"五星紅旗"に１３億の中国人民は何を思うのだろうか？『戦狼２　ウルフ・オブ・ウォー』のラストに観た中国のパスポートの大写しには思わず失笑してしまったが、本作に見る、「国家のため、恋人のため」をテーマとした"すべての予定調和"にも思わず失笑。

２０２０（令和2）年１０月８日記

第２章
これぞ中国！心温まる感動作

≪これぞ中国！心温まる名作、新旧２作≫

みどころ

中国では『戦狼２　ウルフ・オブ・ウォー２』（１７年）を超えて、『長津湖』（２１年）が興行収入歴代トップとなる、１，０００億円を突破！しかして、９４０億円の歴代第２位が本作だ。「これぞ中国映画！」の典型ともいえる、心温まる母子の感動作に注目！

「世界最高の興行収入を獲得した女性監督」の称号を手にしたのは、中年のお笑い芸人（？）、賈玲（ジア・リン）。２００１年から１９８１年へのタイムスリップは、自らの体験に基づき、"あの時にできなかった母親孝行"をするためだが、なぜ本作は爆発的大ヒットをしたの？それは、あなた自身の目でしっかりと！

涙、涙また涙の自分を再発見できれば、新たな人生観が生まれるかも？

―――＊―――＊―――＊―――＊―――＊―――＊―――＊―――＊―――＊―――＊―――

在中国，『长津湖』的票房收入超过『战狼 2 』达到历史最高，突破 1000 亿日元！但是历代第 2 位就是票房收入 940 亿日元的本作品。大家关注可以叫做「这就是中国电影!」的典型，温暖的母子的感动作品！

获得「世界最高票房收入的女导演称号」的是中年戏剧演员(?)，賈林。从 2001 年到 1981 年的穿越时空是以自己的亲身体验为基础，为了当时未能实现的母亲孝顺，但是为什么这部作品大获成功？用你自己的眼睛看看吧！

眼泪、眼泪如果能过重新发现眼泪的我，也许会创造出新的人生观？

―――＊―――＊―――＊―――＊―――＊―――＊―――＊―――＊―――＊―――＊―――

■□■女芸人出身（?）の女性監督・賈玲に注目！■□■

私が本作を鑑賞した１月８日の翌日、２０２２年２月から開催される、北京冬季五輪の開会式と閉会式の総合監督が、２０１８年の北京夏季五輪に続いて、張芸謀に決定したことが報じられた。それはそれで悪くはないが、思い切って、本作によって「世界最高の興行収入を獲得した女性監督」の称号を手にした賈玲を起用する手があったかも？２０２１年７月に開催された東京２０２０五輪の記録映画の総合監督に河瀨直美監督が起用されたことと対比しても、中国にはそんな思い切った選択肢があったのでは・・・？

とは言っても、本作の脚本を書き、監督し、主演した賈玲は女優ではない上、脚本家でも監督でもなく、中国の漫才である“相声”の道を歩んできた１９８２年生まれの女芸人（?）。相声の舞台を踏み続ける中で舞台劇の発表を続け、中国版紅白歌合戦である「春節聯歓晩会（春晩）」に何度も出演する中で、中国を代表する若手喜劇役者の一人に成長したそうだ。そんな経歴を見ても、エリートの道を歩んできた（?）河瀨直美監督とは大違いだが、これまでいくつかのドラマや映画小品を発表する中で、第１回の小品として発表したコント「你好, 李煥英」の映画化を決定。亡き母への思いを元にした心温まる物語は、中国１３億人民の心を鷲掴みにしたらしい。

近時の中国は、『戦狼２　ウルフ・オブ・ウォー２』（１７年）（『シネマ４１』１３６頁）（『シネマ４４』４３頁）に続いて、『長津湖』（２１年）という戦争映画、国威発揚映画を大ヒットさせ、興行収入１，０００億円を突破させている。もちろん、それは歴代トップだが、何と本作は興行収入第２位の９４０億円となったため、賈玲は「世界最高の興行収入を獲得した女性監督」の称号を手にすることに。そんな中国映画がやっと日本で、そして大阪で公開。こりゃ必見！

■□■タイムスリップは２００１年から１９８１年へ！■□■

「タイムスリップもの」はある意味でバカバカしいが、『時をかける少女』（８３年）や『サマータイムマシン・ブルース』（０５年）のような面白いものもある。しかして、１９８２年生まれの賈玲監督が、亡き母を思い出しながら作り出した「タイムスリップもの」たる本作の設定は、賈暁玲（ジア・シャオリン）（賈玲（ジア・リン））が２００１年から１９８１年にタイムスリップするものだが、それは一体なぜ？ちなみに、賈玲監督は２００１年に中央戯劇学院の相声科に合格したものの、合格一か月後に母親は死去したらしいが・・・。

本作冒頭、元気と明るさだけが頼りで、何をするにもまるでダメで母に苦労ばかりを掛けてきた娘、賈暁玲から、一流大学に合格したとの報告を聞いた母親、李煥英（リ・ホワンイン）（劉佳（リウ・ジア））は大喜び。レストランで開いた合格パーティーには大勢の友人、知人が出席したが、何とその合格通知書は偽造だったから、アレレ・・・。

もっとも、中国には「母親にとって娘とは、温かくや柔らかな中綿入りの上着のような存在」と言う、娘に対する誉め言葉があるらしい。母の李煥英はしょっちゅう学校から呼び出されていたが、彼女は娘が健康に育てば十分と考える、どこにでもいる普通の優しい母だった。さすがに今回は賈暁玲も母親からの大目玉を覚悟したが、意外にも母親は今回も娘を責めず、むしろ慰めてくれた。そして、二人は自転車を二人乗りして家へ急いだが、突然の交通事故によって全く意識のなくなった母親の生死は？賈暁玲は自分を責め、泣き続けたが、どうもそのまま眠ってしまったらしい。しかして、目を覚ますと、賈暁玲は一体どこに？そして、その姿形は？時は１９８１年、舞台は大きな工場の中だ。そこで賈暁玲を迎えた人物たちは？

■□■１９８１年の中国は工場、テレビ、バレーボール！■□■

１９４５年の敗戦からわずか１９年後、戦後復興から高度経済成長へ軌道を載せた日本は、１９６４年の東京五輪を迎えた。そして、それまでは町の電器屋にある１台のテレビでプロレス中継を見ていた日本国民も、１９６３年の「天皇陛下ご成婚」を契機に、家庭でのテレビ購入が始まったが、中国は？また、１９６４年の東京五輪では“東洋の魔女”たちの大活躍で女子バレーボールが盛り上がったが、中国は？さらに、吉永小百合主演の『キューポラのある街』（６２年）は、埼玉県川口市にある鋳物工場の中で、貧しくとも前向きに明るく生きる女子高生の姿が日本の映画ファンの心を鷲掴みにしたが、中国の工場は？１９６７年に始まった毛沢東の文化大革命が終焉したのは、１９７７年。北京電影学院の再開は１９７８年。そして、鄧小平による改革開放政策が始まったのも１９７８年だが、賈玲監督が設定した１９８１年の中国は？

空から地上に落ちてきた賈暁玲の下敷きになったのは、若い頃の母親、李煥英（張小斐（チャン・シャオフェイ））。李煥英が賈暁玲を従姉妹だと“勘違い”したことによって、ストーリーはややこしい設定を省略し一気に進み始めるから、賈玲の脚本は素晴らしい。現実の賈暁玲は自転車事故で母親、李煥英を失うまで一度も親孝行したことがなかったが、若かりし母、李煥英に再会できた今なら、あれもこれも親孝行を！そうすれば、きっと李煥英は幸せになれるはずだ！そこから始まる賈暁玲の親孝行まっしぐらの道は、まずはテレビの購入での大奮闘。続いて、職場のバレーボール大会での大奮闘だ。ライバルを押しのけ、蹴散らす賈暁玲の知恵と行動力に注目だが、それを何とも面白い物語に仕上げているのは、労働者であることが最も栄誉であり、青い作業着と自転車がシンボルだったという１９８０年代の中国の時代状況だ。

三つ編みの髪に白いブラウス、そしてひざ丈のタイトスカートという李煥英の姿は何の飾り気もないが、『初恋のきた道』（９９年）（『シネマ３』６２頁）、（『シネマ5』１９４頁）のチャン・ツィイーのおさげ髪と赤い服が何とも言えず美しかったのと同じように美しい。本作にみる、若き日の母親、李煥英の美しい姿にも注目！

■□■結婚はどちらの男と？母親の選択は如何に？■□■

年頃の娘がいい男との結婚に憧れるのは、洋の東西、時代を問わず共通。すると、タイムスリップした賈暁玲の目から見れば、多少出来が悪くても、工場長の息子で将来の地位と富が約束されている男、沈光林（シェン・グアンリン）（沈騰（シェン・トン））がベスト。そう考えていろいろと応援してきたが、よく考えてみると、もしこの２人が本当に結婚すれば、自分は生まれないことになってしまう。そんな“自己矛盾”に気づいたが、何の何の！現実に目にしてきた母親、李煥英の苦労を考えれば賈暁玲が生まれなくても、沈光林と結婚するのが李煥英の一番の幸せ。そう考える賈暁玲の奮闘は続いたが、さて、若き日の李煥英自身の恋愛事情は？そして、結婚話の展開は？工場長の息子沈光林と、ぐうたらな粗忽者、冷特（ロン・ター）（陳赫（チェン・フー））の二人が絡む結婚話での、賈暁玲の奮闘に注目！

ちなみに、ジャ・ジャンクー監督の『青の稲妻』（０２年）（『シネマ５』３４３頁）では、改革開放政策がドンドン進み、若者の感覚も激変していく２００１年の中国・山西省の地方都市大同を舞台に揺れ動く１９歳の男女を主人公として描き、また、『帰れない二人』（１８年）（『シネマ４５』２７３頁）では、今や百戦錬磨の女渡世人に成長した（？）女主人公を描いている。高倉健や鶴田浩二のヤクザ映画を考えるまでもなく、ヤクザやチンピラ、そして渡世人は映画の主人公に最適だ。しかして、１９８１年当時の本作の冷特は“古惑仔”。これは「チンピラ」「暴漢」という意味だが、香港のベストセラー漫画『古惑仔』を映画化した『欲望の街・古惑仔』シリーズ（９５～９７年）との関連を含めて、いろいろと深い意味があるので、それは一人ひとりしっかり勉強してもらいたい。

■□■涙、涙、また涙！母娘の語らいは如何に？■□■

本作に主演した賈玲は、導入部での２００１年当時の賈暁玲と、本格的にストーリーが展開する１９８１年当時の賈暁玲の両役を演じている。しかし、本物の賈玲は１９８２年生まれの４０歳近いおばさんだから、本来そんな娘役は難しいはずだ。しかし、性来の童顔（？）とお笑い芸人として長年鍛えてきた経歴のおかげで、その演技力は抜群。１９８１年当時の若き日の母親李煥英を相手とする従姉妹役に徹して、諸葛孔明並みの知力（？）と、関羽や張飛並みのたくましい行動力（？）を発揮するので、それに注目！

本作の面白さの大半は中盤のメインストーリーだが、意外にも李煥英が沈光林ではなく、現実に賈暁玲の父親となったジア・ウェンティンとの結婚を選択し、彼との結婚証明書を見せてくると、ストーリー展開の意外性と、そこから生まれてくる感動はクライマックスに！この選択は決して賈暁玲が望んだものではなかったが、そこにみる母親の幸せそうな姿を見ると、賈暁玲はいよいよ２００１年に戻る時が来たと考えたのは仕方ない。しかして、そこで交わされる母娘の対話とは？また、そこで賈暁玲が気づいたある真実とは・・・？そこで、涙、涙、また涙となることは必至だ。そんな自分を再発見できれば、新たな人生観が生まれるかも？

２０２２（令和4）年1月１３日記

中華人民共和国駐大阪総領事館主催

「私の好きな中国映画」作文コンクール 三等賞入賞

２０２２年は、１９７２年9月２９日の田中角栄と周恩来の握手に象徴される日中国交正常化５０周年の年。そこで中国駐大阪総領事館は、中日両国民の理解と信頼を促進するために、2月から「私の好きな中国映画」作文コンクールを開催した。

これは私にとって絶好のテーマだったうえ、1月８日に観た、賈玲（ジア・リン）監督の『こんにちは、私のお母さん（你好，李煥英／Hi，Mom)』に大感激していた私は、これをネタに小学生以来の作文コンクールに挑戦！４００字５枚で完成させた作文はそれなりの力作、自信作になった。

そして、２０２２年8月１６日、「文章の構成、表現の力、明確な主題、という３つの観点から、慎重かつ厳正な審査」を経た結果、見事、三等賞（一等賞１名、二等賞２名、三等賞３名）をゲット！以下、その全文を紹介する。また、同作の評論は、『日本と中国』（２０２２年3月１日・No.２２６２）の「中国映画を語る＜６０＞」に掲載されているので、それもあわせて紹介する。

中国映画はやっぱり“大催涙弾”映画が最高！
なぜ賈玲監督は“世界最高の興行収入の女性監督”に？

中国では『戦狼2』(17年)や『長津湖』（21年）等の戦争映画が大ヒットしているが、日本人が最も愛するそれは、徹底した純朴さで〝失った日本〟を思い出させる『初恋のきた道（我的父親母親）』（00年）や『山の郵便配達（那山 那人 那狗）』（99年）。おっともう一つ、中国全土を感動と涙に包んだ〝大催涙弾〟映画『幸せの絆（暖春）』（03年）もあるが、近時『こんにちは、私のお母さん（你好，李煥英）』（21年）が歴代3位の興行収入940億円を突破！

ＮＨＫの朝ドラ『カムカムエヴリバディ』に見る母と娘の情愛も興味深いが、太り気味で出来の悪い娘、賈暁玲（賈玲）は２００１年に大好きな母親、李煥英（劉佳）を失った自分を責め、泣き崩れながら眠ってしまったが、目を覚ますと81年にタイムスリップ！ 64年の東京五輪では「東洋の魔女」が大活躍したが、81年の中国でも女子バレーが大人気だ。文化大革命が終焉し改革開放路線が始まった工場では青い作業着と自転車がシンボルで、労働者こそまさに中国人民の誇り。三つ編みの髪に白いブラウス、ひざ丈のタイトスカートという可憐な姿で登場する若き日の母親（張小斐）に注目。今度こそ母親孝行を！ そう決心した暁玲は職場で一番にＴＶを買い、バレーボール大会で優勝する目標を掲げて大奮闘だが、その結果は？

若き日の母に会えたら、あなたはどうしますか？ 北京電影学院出身の英才が輩出する中国で、相声（漫才）の〝お笑い芸人〟賈玲が自分の体験を元に脚本を書き監督した本作では、そのテーマがストレートに表現される。後半には本業の相声も登場しドタバタ喜劇的な展開を見せるがさて？「母親にとって娘とは温かく柔らかな中綿入りの上着のような存在」は娘に対する誉め言葉だが、なぜ私は81年にタイムスリップを？ 今、煥英が工場長の息子と結婚してしまえば、〝古惑仔〟（チンピラ）だった父親との間に生まれた自分の存在は？ そんな状況下、ラストに向けての決断は？「平凡で偉大なすべての母親に捧げる」という単純なテーマを楽しみ、母娘の語らいに涙する自分を再発見できれば、きっと新たな人生観が生まれるはずだ。

こんにちは、私のお母さん

全国順次公開中

監督・脚本：ジア・リン
出演：ジア・リン、チャン・シャオフェイ、シェン・トン、チェン・フー、リウ・ジア
製作年：2021年/中国映画/128分
原題：你好，李煥英
配　給：Tiger Pictures Entertainment、ハーク
後援：中華人民共和国駐日本国大使館文化部

中華人民共和国駐大阪総領事館主催
「私の好きな中国映画」作文コンクール 三等賞入賞

「タイムスリップもの」は面白い！
賈玲監督の『こんにちは、私のお母さん（你好，李煥英）』に涙、涙、また涙！

弁護士　坂和　章平

◆中国には2つの顔がある。威丈高な軍事大国・経済大国の顔と、笑顔がよく似合う、素朴で質素な庶民の顔だ。2022年2月4日に開幕した北京冬季五輪の開会式を演出した張芸謀(チャン・イーモウ)監督にも、「幸せ三部作」と呼ばれる、『あの子を探して（一個都不能少)』『初恋のきた道（我的父親母親)』『至福のとき（幸福時光)』の顔と、ハリウッド進出を狙った『HERO（英雄)』『LOVERS（十面埋伏)』等の2つの顔がある。緑色のレーザー光線の乱舞から始まった開会式を見て、これは今や最先端のAI能力、デジタル技術を誇る中国の国威発揚狙い！一瞬そう思ったが、あれは多くの若者たちの長期にわたる訓練の成果だと知ってビックリ。米国は1776年の建国以来約250年の歴史しかないが、ハリウッド映画繁栄の歴史は長い。他方、「中国映画ここにあり！」を世界に知らしめた映画は、文化大革命の混乱後に再開された北京電影学院を82年に卒業した陳凱歌(チェン・カイコー)の『黄色い大地（黄土地)』と張芸謀(チャン・イーモウ)の『紅いコーリャン（紅高粱)』だから、わずか40年前だ。しかし、田中角栄と周恩来の握手に象徴される1972年の日中国交正常化以降少しずつ日本に輸入されていた中国映画は、この両作によって一気に注目を浴びることになった。そんな中国では近時『戦狼2』『長津湖』等の国威発揚戦争大作が大ヒットしているが、同時に『こんにちは、私のお母さん（你好，李煥英)』がヒットし、賈玲(ジア・リン)は突然「世界最高の興行収入を獲得した女性監督」になってしまった。それは一体なぜ？

◆「タイムスリップもの」は自由な発想と奔放なストーリー構成が可能だから、娯楽映画向き。しかして、北京電影学院出身の英才が輩出される中国で珍しく“お笑い芸人”出身の賈玲(ジア・リン)の商業映画デビュー作は如何に？母親にとって娘とは温かく柔らかな中綿入りの上着のような存在。娘に対するそんな誉め言葉がある中国では、太っちょで出来の悪い娘、賈暁玲(ジア・シャオリン)でも母親の李煥英(リ・ホワンイン)は「健康に育てば十分」と考えていた。しかし、いくら母親を喜ばせるためとはいえ、一流大学への合格通知書を偽造するとは！合格パーティーの場でそんな悪事が露見したからコトは最悪。母娘バトルの展開は如何に？そう思っていると、アレレ、「平凡で偉大なすべての母親に捧げる」をテーマにした本作は、監督自身の体験に沿って2001年から1981年に突然タイムスリップし、本格的物語がスタートする。

◆鄧小平が主導する80年代の改革開放政策が始まる中、81年の中国の工場では青い作業着と自転車がシンボル。労働者こそ中国人民の誇りだ！若者たちの顔はそんな確信で輝いていた。日本人は『初恋のきた道』で見た、赤い服を着たお下げ髪の可憐な章子怡(チャン・ツィイー)が大好きだが、本作では若き日の母親（張小斐）の三つ編みの髪と白いブラウス、膝丈のタイトスカートに注目！今度こそ母親孝行を。タイムスリップし、若き日の 李煥英(リ・ホワンイン)に再会した暁玲(シャオリン)はそう決心し、職場で真っ先にTVを買い、バレーボール大会で優勝するという目標を掲げて大奮闘！1964年の東京五輪では「東洋の魔女」の大活躍に日本中が湧いたが、女子バレーは81年の中国でも大人気だった。職場の大会で活躍し工場長の息子と結婚できれば、玉の輿！そして、それが母親のベストの生き方！そう決めつけた暁玲(シャオリン)は意外な底力を発揮していく。さすが“相声”出身の監督らしく、笑いの取り方も絶妙だ。

◆若き日の母に会えたら、あなたはどうしますか？本作後半は、そんなテーマに沿った心温まる物語がストレートに続いていく。一見“チャップリン劇場”と見間違うような“相声”も登場し、大笑いを誘うドタバタ模様も見せるが、その展開は如何に？1949年生まれの私は2022年1月に73歳になったが、父親は103歳までチョー長生きしたし、母親も90歳で天寿を全うしたから、2人ともこの世に未練はなかったはず。しかし、「親孝行したいときには親はなし」の諺通り、私の心の中には賈玲(ジア・リン)監督と全く同じ想い（悔い）がある。そのため、英会話を軸とし、三世代の母娘の情愛を綴ったNHKの朝ドラ『カムカムエヴリバディ』に涙していた私は、本作の脚本を書き、監督、主演した賈玲(ジア・リン)にいたく共鳴！ラストでは涙、涙、また涙状態に。

◆20歳前後の暁玲(シャオリン)は2001年から1981年にタイムスリップし、20歳過ぎの母親に再会したが、私なら30歳代でバブル成長を続ける80年代の日本にタイムスリップしたい。そして、60歳前後の母親と再会し、暁玲(シャオリン)と同じような、いやそれ以上の母親孝行をしてみたい。コロナ禍で閉塞感が強まる現在の日本には魅力がないし、01年に始まった小泉改革以降少し持ち直しかけた日本の底力も尽き、低迷が続いている。しかし、80年代、昭和末期の日本はとにかく元気。土日、祝日も関係なく24時間働き、24時間遊んでいた。その当時の日本にタイムスリップし母親に会えたら、さあ私はどんな母親孝行をするのだろうか？

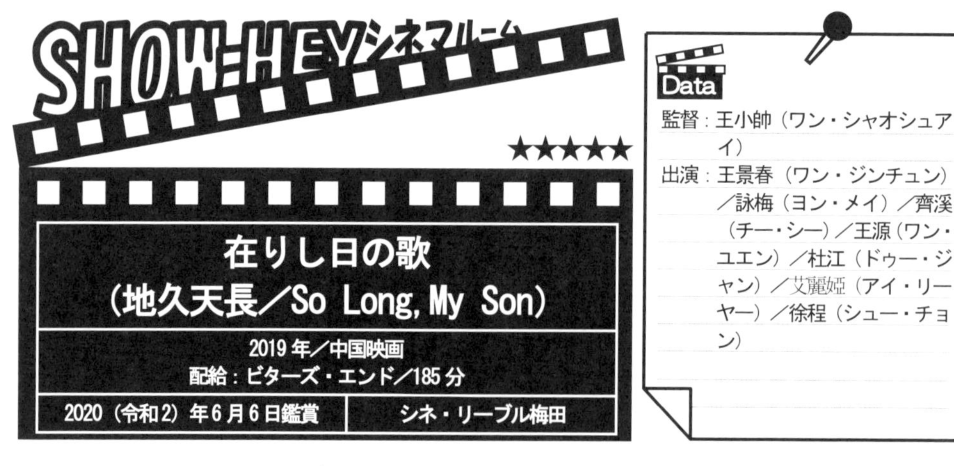

みどころ

中国では、１９６７年から始まった文化大革命の１０年間も大変だったが、１９８０年代の改革開放政策の中で始まった「一人っ子政策」も大変。
幼い一人息子を水難事故で失った両親は、２人目の出産を無理やり阻止されたから、その悲しみは倍増することに。彼らのその後の人生は・・・？
原題の『地久天長』とは、友情と愛情の久しきこと天地の如し。２組の夫婦を軸に描かれる壮大な叙事詩は必見。その大団円の喜びを、共に味わいたい。

——*——*——*——*——*——*——*——*——*——*——

■□■政府の方針は絶対！だから「一人っ子政策」も絶対！■□■

１９４９年の「新中国」建国後、「貧乏人の子だくさん」とはよく言ったもので、人口増大のスピードはものすごいものだった。このまま放置しておけば次々と人口が増え続け、食料、住宅、衣服、教育、等々あらゆる分野で経済的に成り立たないことが明らかになっていく状況下、共産党一党独裁体制ならではの、ものすごい「政策」が実行（強行）された。それが「一人っ子政策」で、これは、１９７９年から２０１５年まで実施された。中国共産党一党独裁体制の中国では、政府の方針は絶対だから、中国人民が「一人っ子政策」を守ることも絶対だ。

本作は、１９８０年代初期の同じ日に生まれた２人の男の子・劉星（リウ・シン）と沈浩（シェン・ハオ）を義兄弟とした、劉星の両親である劉耀軍（リウ・ヤオジュン）（王景春（ワン・ジンチュン））と王麗雲（ワン・リーユン）（詠梅（ヨン・メイ））夫妻、そして沈浩の両親である沈英明（シェン・インミン）（徐程（シュー・チョン））と李海燕（リー・ハイイエン）（艾麗娅（アイ・リーヤー））夫妻という２つの家族の物語だ。

毛沢東が指導して１９６７年から始まった文化大革命は１９７８年に終焉した。その後、鄧小平の指導下で始まったのが、１９８０年代の改革開放政策だが、その中でなぜ「一人っ子政策」が採用されたの？本作では、その「一人っ子政策」を巡る中国の３０年史がヤオジュンとリーユン夫妻を軸として描かれていくので、それをしっかり確認したい。

■□■原題の『地久天長』とは？■□■

本作のパンフレットには藤井省三（名古屋外国語大学教授、東大名誉教授）のコラム「友情と愛情の久しき事天地の如く」があるが、そのサブタイトルは、『在りし日の歌』が描く改革・開放と一人っ子政策の３０年史」とされている。そして、本文中では、「『在りし日の歌（中国語原題：地久天長)』は現代中国の“天地”と改革・開放３０年の“長久”の歴史を舞台に、方や上昇し方や没落する２組の夫婦およびその５人の子供たちの喪失と成熟を描く長篇映画である。」と書かれている。本作の原題『地久天長』の「地」と「天」は文字通り「天と地」のこと。そして「久」と「長」は「長く久しい」という意味だから、この中国語を的確に日本語に翻訳すれば、上記のようになるわけだ。

本作は、冒頭に登場する子供時代のリウ・シンとシェン・ハオが遊んでいる中、ある事故でシンが死亡してしまうところからスタートする。そして、そこから２０１０年頃までの約３０年間の「友情と愛情の久しきこと天地の如し」が描かれる。そのため、本作の邦題は『在りし日の歌』だが、原題は『地久天長』とされているわけだ。もっとも、本作は3時間5分の長尺であるうえ、王小帥（ワン・シャオシュアイ）監督はあえて時間軸をごちゃ混ぜにしているし、近時の邦画のような説明調ではないから、現代中国の歴史を全く知らない人にはわかりづらいかもしれない。

©Dongchun Films Production
『在りし日の歌』　配給：ビターズ・エンド
4月3日（金）より角川シネマ有楽町、Bunkamura ル・シネマほか全国順次ロードショー！

中国共産党は去る２０２０年5月２２日に、コロナ騒動のため延期していた第１３期全国人民代表大会第3回会議を開催した。その議事内容を見ると、今や米中の新冷戦時代に突入した感が強いが、そのわずか３０年前の中国は、本作のようなものだったのだから、その変化のスピードには驚くばかりだ。

■□■第2のシンシンが登場、それはなぜ？■□■

導入部のストーリーは１８９４年のものだが、それに続いて描かれるのは、それから数年後の姿。そこでは、今や１６歳になったシンの反抗期真っ盛りの姿が描かれる。アレレ、ヤオジュンとリーユンの一人息子のシンは、１８９４年の子供の時に幼なじみのハオと遊んでいるときに川に溺れて死んでしまったのでは？確かにその通り。ここに登場する１６

歳のシンはリウ・ヤオジュンとワン・リーユン夫妻の養子で、死んだ息子と同じくシンと名付けた男の子だ。

このシンが同級生のウォークマンを盗んだと聞いた父親のヤオジュンが厳しく説教したのは当然だが、反抗期真っ盛りのシンは「こんなところ嫌いだ！奴らもあんたたちも」「悪かったなこんな子で」と言い残して家出してしまうことに。そんな事態の中、ヤオジュンは「あんな子は、死んだと思え」、「似ていてもしょせんは別人。シンシンは死んだんだ」と言ってリーユンを慰めていたが・・・。

■□■２人目を妊娠、しかしその出産はとても･･･■□■

シンが死亡した後、ヤオジュンとリーユン夫妻が養子シンを迎えた事情は、それに続くシークエンスで描かれるので、それに注目。それは１８９６年のことだ。

１８９６年のある日、リーユンは第二子の妊娠に気づいたから大喜び。しかし、運悪く、時は「一人っ子政策」が始まって間もない時だ。妊娠を夫婦の間だけの秘密にしていたものの、それが工場の副主任で、計画生育のトップを務めているハイイエンにバレてしまったから大変。ハイイエンの命令によって強制的に病院に連れていかれて堕胎させられたリーユンは、二度と子供を産めない身体になってしまうことに。そんな失意の中で、スクリーン上には、ヤオジュンとリーユン夫妻が計画生育における優秀賞として表彰されるシークエンスが登場する。そこで当然ヤオジュンとリーユン夫妻は、笑みの中で表彰状を受賞し、笑みの中で記念撮影を強いられたから、皮肉なものだ。ちなみに、中国では２０１５年以降「一人っ子政策」は緩和・廃止されているから、そんな制度に翻弄されたリウ・ヤオジュンとワン・リーユン夫妻の悔しさは如何ばかり・・・。

©Dongchun Films Production
『在りし日の歌』　配給：ビターズ・エンド
4月3日（金）より角川シネマ有楽町、Bunkamura ル・シネマ
ほか全国順次ロードショー！

■□■西欧流のダンスやファッションは？改革開放の嵐は？■□■

日本では戦後１５年を経た１９６０年代から昭和の高度経済成長時代が訪れるとともに、映画界には戦後を代表する大スター・石原裕次郎が登場し、若者ファッションが花開いた。それと同じように、中国でも鄧小平の指導による改革開放政策が始まる中で、西欧流のダンスやファッションにハマってしまう若者が続出したらしい。

本作では、その代表として、ヤオジュンと同じ工場に勤めるシンジエン（趙燕國彰（チャオ・イエングオジャン））や、ヤオジュンに想いを寄せる女性・メイユー（李菁菁（リー・ジンジン））が登場する。改革開放政策が始まる中、西欧流の音楽やダンス、そしてファッションが次々と入り込んできたのは仕方ない。本作では、それをシンジエンや、彼に想いを寄せる女性メイユーが大音量で流すカセットテープの音楽に乗って踊るシークエンス等で演出しているので、それにも注目。

私が大学時代を過ごした１９６０年代後半には、「ダンパ」と呼ばれていた「ダンスパーティ」に出かけて行き、そこで女の子を引っかける、今ドキの言葉では「ナンパする」ことに精を出す友人がいたが、何でも自由な日本では、当然それもあり。しかし、いくら改革開放政策を進めているとはいえ、中国では「ダンスパーティ」は風紀を乱すという理由で、シンジエンの逮捕という大変な事態になることに。

■□■不倫・浮気は中国にも？こりゃ、かなり深刻だが・・・■□■

他方、本作中盤ではインミンの妹で、ヤオジュンを兄のように慕う女性・沈茉莉（シェン・モーリー）（齊溪（チー・シー））が登場し、あの当時の中国人民には珍しいヤオジュンの浮気・不倫の相手として大きな役割を果たすのでそれに注目！

モーリーが出張で福建省を訪れた際、ヤオジュンが妻のリーユンに「仕入れに行く。」と嘘を吐いてまで、モーリーの宿泊するホテルにやってきたのは一体なぜ？数年ぶりの再会、と昔話に花を咲かせる二人は楽しそうだが、そこでモーリーが「近々アメリカに行く」という話を持ち出すと、必然的に（？）二人の雰囲気は急接近。ベッドインまで果たしてしまったからアレレ・・・。

この浮気・不倫はさらに深刻。それは、一度の過ちでモーリーが妊娠してしまったうえ、一人息子を失ったヤオジュンのために、「子供を産んであげる」、とまで熱を上げてきたためだ。本作では、あの時代に「アレレ、そこまで大胆な・・・」と思うようなストーリーが展開していくので、それにも注目したい。そこまで女から言われた男なら誰だって・・・？そんな気がしないでもないが、さて本作で見せるヤオジュンの対応は？

いくら共産党一党独裁の国でも、不倫・浮気が発生するのは仕方ない。しかし、本作でみせるヤオジュンの対応は、いかにも中国流・・・？そして、中国共産党流・・・？

■□■シンシンの死亡原因は？しかし今更・・・■□■

私は２０２１年１月に７２歳を迎えるから、大学を卒業した２２歳の時から既に５０年が経過したことになる。それに比べれば、本作が「地久天長」として描く物語は３０年間だが、その３０年間は中国が大きく激動した時代。したがって、ヤオジュンとリーユン夫妻もインミンとハイイエン夫妻も大変だ。

しかして、２０１１年の今は立派な医者になったハオが、母・ハイイエンの脳のレントゲンを見ながら、「もはや手術もできない状態だ。」とハイイエンに告げるシーンが登場する。そんな状況下、「死ぬ前にもう一度会いたい。ふたりを思わない日はなかった。」と訴えるハイイエンの要望に沿って実現したのが、ヤオジュンとリーユン夫妻の故郷への帰還だ。病院で約２０年ぶりになる涙の再会を果たしたヤオジュンとリーユン夫妻に対してハイイエンは、「私たちはお金持ちになった。だから大丈夫、あなたも子どもを産んでいいの」と声を絞り出したが、今更そんなことを言われても・・・？

さらに、ハイイエンの葬儀を終えたハオは、意を決して長年心の中に秘めていた話を意を決してヤオジュンとリーユン夫妻に告白した。それが、シンの死亡原因だが、しかしこれも今更・・・？本作ではさらに、ハオの告白を聴いたインミンがヤオジュンのもとを訪れ、「せがれを殺してくれ」と訴えるシークエンスが登場するので、それに注目。もちろん、これも今更・・・？

■□■世代交代は順調に！大団円に拍手！■□■

織田信長は敦盛の「人間５０年」を愛し、その歌のとおり、５０歳直前に明智光秀の謀反によって死亡した。その後、織田から豊臣、そして徳川へと順調に世代交代（？）が進んでいった。それと同じように、本作ラストでは、ハオに待望の赤ちゃんが生まれ、世代交代が順調に進む姿が描かれる。

そこで、甥のサニーを見せて欲しいというインミンの言葉で画面上に現れたのは、モーリーの元夫のアメリカ人男性が父と思われるハーフの男の子。さらに、導入部では反抗期の真っ盛りで父親に悪態をついて家出した養子のシンも福建省のヤオジュンとリーユン妻の家に恋人を連れて帰ってきたから、万々歳。あと数年もすれば、シンも恋人と結婚して赤ちゃんを産み、世代交代が順調に進むだろう。

『在りし日の歌』　配給：ビターズ・エンド
4月3日（金）より角川シネマ有楽町、
Bunkamura ル・シネマほか全国順次ロードショー！

本作では第６９回ベルリン国際映画祭で最優秀男優賞と最優秀女優賞をダブル受賞したヤオジュンとリーユン夫妻と、インミンとハイイエン夫妻を軸とした中国の近代３０年史の大変さが描かれる。また、それと同時に、シンジエンと一緒に広東省に行ったメイユーや、さらに、夫と離婚して単身アメリカに向かったモーリーも、ヤオジュンとリーユン夫妻と同じ３０年間において、それぞれ大変な人生を歩んだことが描かれる。本作はそんな3時間５分の長尺だが、『地久天長』という原題どおり、多くの登場人物の人生模様がぎっしり詰め込まれているので、それをしっかり観察し、味わいたい。

２０２０（令和2）年6月１０日記

『日本と中国』２２４６号（２０２０年１１月１日）

熱血弁護士
坂和章平
中国映画を語る〈44〉

（さかわ・しょうへい）
１９４９年愛媛県松山市生まれ、大阪大学法学部卒。都市開発に関わる訴訟を数多く手がけ、日本都市計画学会「石川賞」、同年に日本不動産学会「実務著作賞」を受賞。「坂和的中国電影大観」（２００４年）、「ナニワのオッチャン弁護士、映画を斬る！」シリーズをはじめ映画に関する著書多数。（公社）日中友好協会参与、NPO法人大阪府日中友好協会理事。

在りし日の歌

1980年代～2000年代の激動の中国を駆け抜けた夫婦の姿

中国の「一人っ子政策」は特異なものだが、１９４９年の「新中国」建国後、放置しておけば次々と人口が増え続け、食料、住宅、衣服、教育、等々あらゆる分野で経済的に成り立たないことが明らかになっていく状況下…共産党一党独裁体制ならではの政策が実行（強行）された。毛沢東が指導し、１９６７年から始まった文化大革命が１９７８年に終焉した後、鄧小平の指導下で始まった１９８０年代の改革開放政策と一人っ子政策。その最中の同じ日に生まれた2人の男の子、リウ・シンとシェン・ハオとその家族の姿を通し、そこから２０１０年頃までの約30年間の激動の現代中国の歴史が描かれていく。

国有企業の工場に勤めるヤオジュンとリーユンの夫婦は、一人息子のシンシンと幸せに暮らしていた。工場の同僚インミンとハイイエン夫婦には、偶然にも同じ日に生まれた息子ハオがいた。両親たちは、お互いそれぞれの子の義理の父母としての契りを交わし、息子たちは兄弟のように成長していく。そんな折、ヤオジュンとリーユンはシンシンを事故で亡くしてしまう。2人は住み慣れた故郷を捨て、知らない町へ移り住む…。

改革開放政策が始まる中、西欧流の音楽やダンス、ファッションが次々と入り込んできたのは仕方ない。物語では、それをヤオジュンの同僚と彼に思いを寄せる女性が大音量で流すカセットテープの音楽に乗って踊るシークエンスで演出している。また、立派な医師に成長したハオが母親の治療にあたるとともに、彼の口からシンシンの死亡理由が語られ、緊迫するラスト。第69回ベルリン国際映画祭のコンペティション部門で最優秀男優賞と最優秀女優賞をダブル受賞した3時間5分の長尺の本作、『地久天長』という原題どおり、多くの登場人物の人生模様がぎっしり詰め込まれている。それをしっかり観察し、味わいたい。

原題：地久天長
So Long,My Son
監督：王小帥
出演：王景春／詠梅／齊溪／王源／杜江／艾麗婭
製作年：2019年、中国、185分
配給：ビターズ・エンド

第3章 これぞ中国！中国流娯楽大作

Data

監督・脚本：文牧野（ウェン・ムーイエ）

出演：徐崢（シュー・ジェン）／王传君（ワン・チュエンジュン）／周一围（ジョウ・イーウェイ）／谭卓（タン・ジュオ）／章宇（チャン・ユー）／楊新鳴（ヤン・シンミン）

みどころ

中国で大ヒットするのは『戦狼2　ウルフ・オブ・ウォー2』（17年）のような“国策映画”だけ？そう思っていたが、意外にも実在の“ニセ薬事件”をテーマにした本作が大ヒットした上、薬価を巡る中国政府の政策を変更させるという政治効果まで！こりゃ、すごい！

韓国で１６００万人を動員した最大のヒット作『エクストリーム・ジョブ』（19年）の５人の刑事たちに勝るとも劣らない個性を発揮するのが本作に登場する５人の密輸・密売団の面々。美女が１人含まれているのも同じだが、コメディタッチの前半とは異なり、後半から見せる人間味タップリの問題提起に注目！

もし、あなたが裁判官なら、逮捕され、起訴された彼らにどんな判決を・・・？

―＊―＊―＊―＊―＊―＊―＊―＊―＊―＊―

■□■中国で大ヒットの問題提起作を、やっと鑑賞！■□■

原題を『我不是药神』、邦題を『薬の神じゃない！』とする、２０１８年に中国で大ヒットし、５００億円の興行収入を挙げた中国映画を、私は中国人の友人から聞いていたが、日本ではなかなか公開されなかった。同じように中国で大ヒットし、アジア映画歴代トップの、１０００億円の興行収入をたたき出した『戦狼２　ウルフ・オブ・ウォー２』（17年）も日本ではなかなか公開されなかったが、これについては、２０１９年１１月２３日にデスクのパソコン上のネット配信映像で見ることができた（『シネマ41』136頁）。

「中国版ランボー」と呼ばれる主人公が大活躍する同作のラストに、中国のパスポートが大映しされたことには驚いたが、それと同時に、アフリカを舞台とした同作は、一帯一路戦略への中国人民の期待（？）と、トランプ大統領に対する強い対抗心を感じざるを得なかった。それと同時に、「朝鮮有事」も「台湾有事」も念頭になく、ひたすら平和で豊かな国・ニッポンに安住している日本国民の能天気さが心配になったが、それは、また別の問題だ。

２０２０年２月以降はコロナ騒動のため、私が期待していた『ムーラン』の公開が延期されたうえ、劇場公開からNetflixでの公開に切り替えられたから、今なおその鑑賞はできていない。そんな中、１０月２３日から念願の本作が公開されることになったので、さっそく劇場へ！

■□■大ヒット作の主人公がこんなダメ男！？これでいいの？■□■

本作の主人公は、上海で強壮剤の販売店を営むチョン・ヨン（シュー・ジェン）だが、店には客が全然来ないらしい。暇そうにタバコをふかしているチョンの店にやってきたのは、家賃の取り立てと立ち退きの要求にやってきた家主だけだったから、ひどいものだ。家に帰ると白血病で寝たきりになっている父親の世話に追われるうえ、離婚を迫ってくる妻とは８歳になる息子の養育権争いが熾烈を極め、妻は弁護士を立てる事態になっていた。

そんな八方ふさがりの中、ある日、三重マスクをした怪しげな男・リュ・ショウイー（ワン・チュエンジュン）が、インドで売られている格安の慢性白血病の薬を輸入してくれと依頼してきた。話を聞くと、この男自身が慢性白血病の患者で薬を手放せないが、中国で正規に売られている薬は高価なため、このまま続ければ家計を圧迫し、破産してしまうらしい。しかし、インドで売られている薬は同じ効能で値段が２０分の１だから、インドから強壮剤を仕入れるルートを持つチョンがこれを輸入してくれれば、自分はもちろん、周りにたくさんいる、薬を不可欠としている白血病患者にも安く売ってあげることができるというものだった。リュの申し出は、国の許認可を受けていない薬をチョンの手で中国に密輸し、中国国内で一緒に販売（密売）しようというものだからヤバイ。いくら金に困っていても、インドからの正規ルートで強壮剤を輸入して、上海で合法的に販売している善良な商売人のチョンが、そんな話に乗らなかったのは当然だ。

子供の養育権のため弁護士を立てた妻との交渉の席で、腹を立てたチョンが、妻のみならず弁護士にも殴りかかる風景を見ていると、いかにも「これぞ中国流！」という荒っぽさを私が感じたのは当然。そしてまた、そこでは一瞬、大ヒット作たる本作の主人公がこんなダメ男でいいの？そう思ってしまったが・・・。

■□■正規の薬はなぜこんなに高いの？インドの薬はニセ薬？■□■

本作導入部では、白血病の薬を高価で販売している製薬会社に、多くの白血病患者が「値段が高すぎる。」「こんな高価な薬を長い間飲み続ければ、カネが尽き、破産してしまう。」「値段を下げろ。」と抗議するシークエンスが登場する。しかし、２０２０年２月以降、全世界をパンデミック（集団感染）に陥れた新型コロナウィルスの治療薬やワクチンの開発がいかに大変かを考えれば、新薬の価格が高いのは、当然だ。

一般的に、薬は「医薬用医療品」と「一般用医薬品」に分けられ、一般用医薬品はさらに「新薬」と「ジェネリック医薬品」に分けられる。新薬は９～１７年もの歳月と、数百億円以上の費用をかけて開発されるため、開発した製薬会社には特許の出願によってその薬を独占的に製造する権利が与えられるが、特許期間を過ぎるとその権利は国民の共有財産となるため、他の製薬会社から同じ有効成分を使った薬が販売できるようになる。それがジェネリック医薬品だ。リュが目を付けたインドの安い薬は中国政府の認可を受けていないものだから、ジェネリック医薬品とは異なるもの。したがって、仮にそれが、中国政府が公認し、中国の製薬会社が高価で発売している薬と成分が全く同じでも、法的には違法となる。すると、その密輸・密売が重罪になるのは当然だ。

■□■密輸は独力で！■□■

明治維新によってアジアで最初の近代民主主義国家になった日本は、曲がりなりにも西欧流の法治国家になった。そして、太平洋戦争の敗北によって明治憲法から新憲法に変わった日本は、とりわけ刑法と刑訴法の分野で新たにアメリカ法の考え方が輸入された。他方、民法では、家族法の分野が大幅に改められたものの、契約法の分野では変化は少なく、契約の概念は戦前の民法からそれなりに確立されてきた。そのため、民法上は契約（合意の成立）に書面は不可欠ではなく、口頭だけの合意で成立するが、重要な契約では契約書を交わすのが通常になっている。しかし、１９４９年に新中国（＝中華人民共和国）を建国したものの、近代民主主義国家ではなく、共産党一党独裁の国・中国では？

当初あれほどきっぱりリュからの申し出を断り、「気が変わったらここに電話してくれ。」と言って渡されていたメモ書きも、どこに行ったかわからない状態だったチョンも、いよいよ金に困ってくるとどうしようもなく、ついにリュに電話することに。その結果、「前金で報酬を。」という要求は満たされたものの、チョンはリュとハッキリした契約書を交わすことなく、「密輸さえできれば販売網は大丈夫。」と言うリュの言葉を安易に（？）信用して、単身インドに渡ることに。

近時の中国は、トランプ大統領率いるアメリカとの間で新冷戦状態に陥っているだけでなく、対オーストラリアの関係がヤバいうえ、中印の国境を巡っては一部で軍事衝突も起きている。２０１４年に現実に起きた事件をモデルにした本作の時代設定も２０１４年。大ヒットし、第８１回アカデミー賞を受賞した『スラムドッグ＄ミリオネア』（08年）（『シネマ22』29頁）に見る、インドの地方都市はひどい衛生状態だったが、本作に見る２０１４年のインドもかなりひどい。そんなインドで、白血病の薬を販売している男が、中国から単身、その仕入れにやってきたチョンを不審に思ったのは当然だ。しかし、誠心誠意（？）「販売してくれ。」と訴えてくるチョンの熱意に打たれたのか、この男はチョンへの販売を認めてくれたばかりか、中国で一定量の販売ができれば、代理店にしてやると約束してくれたからチョンはヤッター！もちろん、これも書面によるものではなく、口約束だから、その信憑性には大いに疑問があるが、そんなことは気にしないのが中国流、そしてインド流だ。とんとん拍子に話がまとまったのと同じように、出荷（密輸）、販売（密売）もとんとん拍子に進んだから、チョンとリュはウハウハ！正規（悪徳）の製薬会社が、一瓶４万元で売っている薬を、チョンとリュは５千元で売ったから、その密輸品は飛ぶように売れたうえ、利益もガッポガッポと・・・。

■□■密売の協力者が次々と！この美女も一味の一人？■□■

観客動員数１６００万人を突破し、「韓国の歴代観客動員者数 No.１！」になった映画が『エクストリーム・ジョブ』（19 年）（『シネマ 46』239 頁）。コメディタッチの同作には１人の女性を含む５人の個性派刑事が登場し、捜査のみならず、水原カルビ味チキンづくりに精を出していた。

それと同じように（？）、本作もインドからの密輸はチョン・ヨンの単独行動だったが、上海での販売（密売）網の構築には、チョン・ヨン、リュ・ショウイーの他、新たに３人の個性的なメンバーが加わるのでそれに注目！その第１は、白血病患者の掲示板を運営している女、リウ・スーフェイ（タン・ジュオ）。私が中国映画を見る楽しみの一つは美人女優を見ることだが、リウ・スーフェイは白血病患者の子供の高い薬代を払うために、ポールダンサーの仕事で高給を稼ぎながら、この仕事をしている美女だ。どこかで見た女優だと思っていると、映画ではなく私が近時ハマっている中国ドラマ『瓔珞＜エイラク＞～紫禁城に燃ゆる逆襲の王妃～』に出演している女優だった。前半はコメディタッチ、後半は社会問題提起型の感動作として構成されている本作には、色気が入るスキ間はないと思っ

ていたが、意外にも「あわや・・・。」というちょっとしたエピソードも登場するので、それをお見逃し無きように・・・。

第2は、金髪の不良少年ボン・ハオ（チャン・ユー）。彼はフー・ボー監督の『象は静かに座っている』(18年)（『シネマ46』201頁）に出演していた若手俳優だが、ほとんどセリフのない本作のボン・ハオ役で「第55回金馬奨」「第32回金鶏奨」の助演男優賞にノミネートされたそうだ。たしかにこの若者は一見アホバカ風だが、ストーリーの節目節目に登場してくるとともに、ラストではあっと驚く重大な役割を果たすので、それに注目！

第3は、リウ牧師（ヤン・シンミン）。マルクスレーニン主義を信奉する中国では、宗教はアヘンと同じだから白眼視されており、地下に潜っている教会も多い。リウ牧師がどこまで神の教えに忠実なのかは知らないが、彼がニセ薬の販売グループに参加したのは、中国なまりの英語を喋れるという特殊能力のため。もちろん、教会に集まる信者の中には多くの白血病患者がいたから、彼らを安価な薬によって救いたいという思いがあったのは間違いない。しかし、それによって一儲けしようとたくらんでいたなら、牧師失格だが・・・。『エクストリーム・ジョブ』の5人の刑事たちに勝るとも劣らない、この超個性的な5人の密売グループの面々は、以降どんな活躍を？

■□■警察の捜査は？刑事の苦悩は？その選択は？■□■

何事も“程度問題”。したがって、ニセ薬の密輸・密売活動がほどほどの規模なら、製薬会社も見逃すことができるが、チョン・ヨンたちのニセ薬が上海市内で爆発的に売れ始めると、製薬会社も、その訴えを聞いた警察も動かざるを得なくなったのは仕方ない。姿を見せない猟奇連続殺人犯の捜査が大変なことは、多くのスリラー、サスペンス、犯罪映画で明らかだし、大規模なニセ薬の密輸・密売事件なら、ヤクザ（黒社会）が絡んでいるのが普通。大規模に展開される捜査員の一人として精力的に動くツァオ・ビン刑事（ジョウ・イーウェイ）は当初そう考えていたようだが、犯人たちは意外にも・・・。

どんな組織でも同じだが、犯罪捜査を描く映画に登場する警察では、現場で走り回る刑事の熱心さと、好き勝手な命令ばかり出す上層部のいい加減さが対比されることが多い。本作もその典型で、上層部の目標はとにかく犯人を一定期限までに検挙すること、それだけだ。しかし、第一線の現場で走り回るツァオ・ビン刑事は、チョン・ヨンたちがなぜ危険を犯してまで安価な薬を密輸した上、儲けを度外視してまでそれを患者に販売しているのかがわかってくると・・・。「お前たちは何も考えず、命令に従って犯人を検挙すればいいんだ。」と言われても、やっぱり・・・。

本作中盤では、現金をカバンに詰めても詰めても入りきらないほどの儲けにウハウハ状態だったチョン・ヨンたちの姿が描かれているが、後半では一転して、売れば売るほど損が拡大するという状況下でも、患者のために販売値段を上げずに頑張るチョン・ヨンたちの姿が登場するので、それに注目！観客がそんな姿に感動を覚えるのは当然だが、警察の捜査陣たちは如何に・・・？その一員たるツァオ・ビン刑事が観客と同じように感動したとしても、それは決して不思議なことではないが・・・。

■□■映画が社会（政治）を変える原動力に！？■□■

去る１０月１６日に公開された『鬼滅の刃~無限列車編~』（20 年）は、３日間で４６億円の興行収入を挙げ、１０日で１００億円を突破した。しかし、本作はそれ以上で、公開直後の３日間で9億元（１４６億円）、最終的に３０億元（約５００億円）を超える大ヒットを記録したからすごい。しかし、本作がすごいのは興行収入だけではなく、映画が社会（政治）を変える原動力になったことだ。日本でもそんな事例は極めて異例だが、中国ではまさに前代未聞の、ありえないほど異例のことだ。

それは、本作が大きな反響を呼び、中国１３億人民の幅広い社会的な議論を巻き起こしたことを受けて、習近平国家主席に続く序列第二位の李克強首相が、抗がん剤の薬価引き下げ等の措置を早期に実施するよう関係部局に指示したことだ。そこでは、「がん患者にとっては時間が命だ」とし、「政策の実行には一層のスピードアップが必要なこと」を明確にしたそうだから、さらにすごい！日本にやって来た中国人観光客がドラッグストアに押しかけて日本の薬を買い占める姿は珍しくないが、それは一体ナゼ？また、中国人が日本の保険制度を悪用してまで、日本で医療を受けたがるのは、一体ナゼ？本作を鑑賞した日本人観客は、そんなこともしっかり考える必要がある。さらに、最も大切なことは、本作で語られる「世の中に病は一つしかない。誰にも治せない、貧困という病だ。」の言葉をしっかり考えることだ。

ちなみに、本作の2倍となる１０００億円の興行収入をたたき出した『戦狼２　ウルフ・オブ・ウォー２』は、習近平国家主席が強力に推し進めている「一帯一路政策」への１３億中国人民の支持を取り付ける役割を果たしたが、それに続いて、同じ俳優・呉京（ウー・ジン）が主演した、中国の抗米援朝戦争（朝鮮戦争）出国作戦７０周年にちなんだ記念作品『金剛川』（20 年）が１０月２３日に公開されるや大ヒットしているらしい。折しも、１０月２５日は朝鮮戦争へ参戦７０周年の記念日。北京市の人民大会堂で開かれた、その記念大会で演説した習近平国家主席は、米国を念頭に、「覇権主義は必ず破滅に向かう道だ。」と述べ、「極限まで圧力をかけるやり方は全く通用しない。」と強調し、米国非難を繰り広げた。中国国営中央テレビ（CCTV）が中継する中で、習氏は、米国と戦い北朝鮮を助けたとする政治スローガン「抗米援朝」を２０回繰り返し、北朝鮮とは「血で固めた偉大な友好」と連携をアピールしたそうだ。そんな事情は、太平洋戦争中に日本でも大量に作られた「国策映画」としての「戦争映画」が果たした役割と同じだろう。

ところが、本作は、検閲の厳しい中国ではこんな社会問題提起作は上映できないかも？そんな危険を顧みずに製作され、上映された挙句、思いもかけず前述のような大ヒットになった上、社会（政治）を変える原動力になったわけだから、すごい。そんな良質かつ話題豊富な本作を鑑賞できたことに感謝。

２０２０（令和2）年１０月２６日記

『日本と中国』2247号（2020年12月1日）

熱血弁護士

坂和章平

中国映画を語る〈45〉

（さかわ・しょうへい）1949年愛媛県松山市生まれ。大阪大学法学部卒。都市開発に関わる訴訟を数多く手がけ、日本都市計画学会「石川賞」、同年に日本不動産学会「実務著作賞」を受賞。『坂和的中国電影大観』（2004年）、『ナニワのオッチャン弁護士、映画を斬る！』シリーズをはじめ映画に関する著書多数。（公社）日中友好協会参与、NPO法人大阪府日中友好協会理事。

薬の神じゃない！

中国医薬業界に改革をもたらした実際の事件を描く

2014年に中国で実際に起き、中国の医薬業界改革のきっかけになったジェネリック薬の密輸販売事件を映画化。18年に中国で500億円の興行収入を挙げたことは中国人の友人から聞いていたが、日本ではなかなか公開されなかった。

上海で強壮剤の販売店を営むチョン・ヨン、店には閑古鳥が鳴き、妻にも見放され、白血病で寝たきりになっている父親の世話に追われる日々…。そんなある日、怪しげな男リュ・ショウイーが、インドで売られている格安の慢性骨髄性白血病の薬を輸入してくれと依頼してきた。この男自身がその患者で薬を手放せないが、中国で正規に売られている薬は高価のため、破産してしまう。しかし、インドで売られている薬は同じ効能で値段が20分の1だから、インドから強壮剤を仕入れるルートを持つチョンが輸入してくれれば、多くの白血病患者にも安く売ってあげられるというものだった。最初は申し出を断ったチョンだったが、金に目がくらみ、ジェネリック薬の密輸・販売に手を染めていくことに…。

一般的に、薬は「医薬用医療品」と「一般用医薬品」に分けられ、一般用医薬品はさらに「新薬」と「ジェネリック医薬品」に分けられる。新薬は長い歳月と膨大な費用をかけて開発されるため、製薬会社にはその薬を独占的に製造する権利が与えられるが、特許期間を過ぎるとその権利は国民の共有財産となり、他の製薬会社から同じ有効成分を使った薬が販売できるようになる。それがジェネリック医薬品だ。インドの安い薬は中国政府の認可を受けていないもので、ジェネリック医薬品とは異なるから、その密輸・密売が重罪になるのは当然だ。しかして、チョンたちの罪の行方は？

本作は大きな反響を呼び、中国13億人民の幅広い社会的な議論を巻き起こし、社会（政治）を変える原動力になった異例作である。

原題：我不是薬神/Dying to Survive
監督・脚本：文牧野
出演：徐峥／王传君／周一围／谭卓／章宇／杨新鸣
製作年：2017年、中国、117分
配給：株式会社シネメディア

みどころ

ツイ・ハーク監督の『SEVEN SWORDS　セブンソード（七剣）』（０５年）は、これぞ武侠映画！というべきエンタメ巨編だった。また、"新派武侠小説の開祖"・梁羽生の原作『七剑下天山』については、同監督がTVドラマ版全３９話も作っている。しかして、その両者とも異なるのが新たな本作だ。

最先端のVFXと高度なワイヤーアクションを"売り"にした本作を含む、３つの『七剑下天山』シリーズは、原作を大きくアレンジしているらしい。近時ハマっている"華流ドラマ"にはその手の"売り"が多いが、さて、本作の出来は？

字幕なしのオンライン試写だから、私の「汉语水平」ではセリフの正確な理解はムリだが、そんな試写でも十分楽しめたことに感謝！

―*―*―*―*―*―*―*―*―*―*―

■□■中国新派武侠小説の三大家と新派武侠の開祖■□■

ツイ・ハーク監督の「これぞ武侠映画！」と言うべきエンタメ巨編、『SEVEN SWORDS セブンソード（七剣）』（０５年）はメチャ面白い映画だった（『シネマ１７』１１４頁）（以下、ツイ・ハーク映画版という）。そのため、私はその評論を、第１部「坂和流あれこれの視点」、第２部「坂和流ストーリー紹介とキャラ紹介」に分けたうえ、計１４ページに渡って詳論した。

しかして今回は、シネ・リーブル梅田で開催される「未体験ゾーンの映画たち　２０２１」全４１作の中に、蓝志伟（フランシス・ナム）監督の『七剑下天山之修罗眼』（２１年）を発見。その上映は３回だけだが、中国人の友人から私のiPadにその中国語版をセットしてもらえたため、それを鑑賞することに。梁羽生は「中国新派武侠小説の３人の大家」である金庸、梁羽生、古龍の１人で、"新派武侠小説の開祖"と呼ばれているらしい。そんな彼の代表作が『七剑下天山』だ。

■□■TVドラマ版39話は原作に忠実！本作のテイストは？■□■

そう聞くと、本作は大いに楽しみ。そして、本作はツイ・ハーク映画版と対比すれば、さらに面白いはずだ。ちなみに、本作『七剑下天山之修罗眼』に続いては、第2作目の『七剑下天山之封神骨』（19年）と、第3作目の『七剑下天山之七情花』（20年）が矢継ぎ早に公開されているらしい。そして、この3つの『七剑下天山』シリーズは、それぞれ梁羽生の原作を生かしながらも、独自の解釈を前面に押し出して映画化しているそうだから、それも楽しみだ。ちなみに、それはツイ・ハーク映画版と同じだが、本作のチラシには「最先端のVFXと、高度なワイヤーアクションにより圧倒的なスケール感と、猛烈なスピード感を加え描いた全く新しい武侠アクション！」と宣伝されているから、本作を含む『七剣下天山』シリーズ3作のテイストはツイ・ハーク映画版とは全然違うようだ。

他方、梁羽生原作の『七剣下天山』にはTVドラマ版もある。それは、2007年にツイ・ハークの監督、脚本で全39話のTVドラマにされている（以下、ツイ・ハークのTV版という）だが、その詳細な解説を読んでみると、ツイ・ハークのTVドラマ版は比較的原作に忠実なドラマに仕上がっているらしい。TVドラマ版全39話すべてを見るのは大変だが、後述のようにそれが日本のTVでも放映されることがあれば、必見！

■□■「七剣下天山」の時代は？登場人物は？キーワードは？■□■

『七剣下天山』の時代は、17世紀中頃。中国史は王朝の歴史だが、満州民族の清が北京を占領することによって漢民族の明を事実上滅ぼして新王朝を樹立したのは1644年。ツイ・ハーク映画版は1660年に設定されていたが、それは「反清復明」のスローガンを掲げて明王朝のために戦う勢力がいたからだ。そんな中、清朝政府は武術の研究と実践を禁じ、清王朝への反乱分子発生を防止するため「禁武令」を発布したが、天山山脈に囲まれた神秘の山・天山に立てこもった剣士たちは・・・？

施耐庵の『水滸伝』は、梁山泊に立てこもった剣士108名が大活躍するメチャ面白い武侠小説だ。それに比べれば『七剣下天山』の登場人物は少ないが、それでも登場人物は多種多様だし、1人1人は魅力的だ。その魅力的な1人1人のキャラはあなた自身で確認してもらいたい。ただ、『七剣下天山』のキーワードになっている“七剣”とは次のとおりだ。

（1）莫問剣：英知の象徴、（2）遊龍剣：攻撃の象徴
（3）青干剣：防守の象徴、（4）競星剣：犠牲の象徴
（5）日月剣：結束の象徴、（6）舎神剣：剛直の象徴
（7）天瀑剣：紀律の象徴

この“七剣”の特徴と、“七剣”を操る剣士たちの名前とキャラを理解する必要があるが、ここでは“七剣”の名前だけを理解しておきたい。

■□■BS放送では華流ドラマが花盛り！私の好みは？■□■

中国語の勉強をたゆまず続けている私は、近時「華流ドラマ」にはまっているが、近時のBS11、BS12やサンテレビでは、それが花盛り。毎日どこかの局で何本も放映しているから、それらを合計すると毎日6、7本が放映されていることになる。ちなみに、2021年3月15日現在、放映されている華流ドラマは次のとおりだ。

BS１１イレブン	４：００	『武則天―The Empress―』
	１０：００	『ミーユエ　王朝を照らす月』
	１５：２９	『如懿伝』
BS１２トゥエルビ	５：００	『独孤伽羅～皇后の願い～』
	７：００	『永遠の桃花』
	１７：００	『運命の桃華「残酷な真実」』
	１８：００	『新・白蛇伝』
サンテレビ	１５：００	『月に咲く花の如く』

私が過去、全何十話にも上るそれらの TV ドラマを録画し、コマーシャルを飛ばしながらしっかり鑑賞して面白かったのは、『三國志～司馬懿　軍士連盟～』、『花と将軍』、『ミーユエ　王朝を照らす月』、等の「歴史モノ」、「戦争モノ」、「武侠モノ」だ。それに対して、『瓔珞～紫禁城に燃ゆる逆襲の王妃～』、『月に咲く花の如く』、『永遠の桃花』、『新・白蛇伝』等はあまり面白くなかった。それは、それらの「恋愛モノ」、「宮廷モノ」、「SF モノ」、そして「ワイヤーアクションモノ」が、私には絵空事（＝ファンタジー）に見えるためだ。しかして、最先端の VFX と高度なワイヤーアクションを多用した本作の出来は？

■□■原作小説をどこまでアレンジ？その当否は？■□■

華流ドラマでは、韓流ドラマと同じように美女がたくさん登場する。それはそれで嬉しいのだが、華流ドラマに時々登場する“白髪の美女”については好き嫌いが分かれるはずだ。他方、原作小説では“七剣”を操る７人の剣士たちは全員男だが、本作のチラシには剣を持った美女が２人写っている。しかも、その１人は白髪の美女だからアレレ・・・。

ちなみに、ツイ・ハーク映画版の評論でも、私は「女剣士はツイ・ハーク監督の創作・・・？」の小見出しで、「『七剣下天山』を読んでいないが、聞くところによると原作には女剣士は登場しないとのこと。したがって武荘の村娘であった武元英が突然、七剣士の１人に変身し、さっそうとした女剣士ぶりを披露するのは、ツイ・ハーク監督の創作らしい・・・？」と書いたように、ツイ・ハーク映画版も原作小説をツイ・ハーク監督流に創作していたが、本作に登場する“白髪の美女”は蓝志伟監督の創作？また、ツイ・ハーク監督映画版では、悪役の楚昭南が徹底した悪役ぶりを発揮していたが、本作で悪役を演じるのは誰？ひょっとして、あの“白髪の美女”が悪役を・・・？私はそんな妄想をたくましくしながら字幕なしの本作を iPad の小さい画面で鑑賞した。

残念ながら私の「汉语水平」ではセリフを十分理解することができなかった。そのため、ストーリー展開はわかっても微妙な会話はわからないから少しイライラ・・・。しかし、ネット上にあった「Cinemarche　映画感想レビュー&考察サイト」を読んだことによって、そのストーリーや各登場人物のセリフも大体理解することができた。

ワイヤーアクションとはいえ本作のアクション度は相当のものだから、やはり本作は映画館の大スクリーンで楽しむのがベストだ。しかし、iPad でもそれなりに楽しむことができたことに感謝！

２０２１（令和3）年3月２６日記

Data

監督：西蒙・韦期特（サイモン・ウェスト）
出演：王学圻（ワン・シュエチー）／昆凌（ハンナ・クィンリヴァン）／窦骁（ショーン・ドウ）／傑森　・艾塞克（ジェイソン・アイザックス）／柏安（バイ・アン）／纪凌尘（ジ・リンチェン）／石凉（シー・リャン）／爱丽丝·里特韦尔（アリス・リートベルト）／马昕墨　（マ・シンモウ）

■□■ショートコメント■□■

◆1週間だけの限定上映。しかも、20時以降1回だけの最終上映。そんな“悪条件”だが、チラシに踊る、「サイモン・ウェスト監督作品」「『トゥームレイダー』『エクスペンダブルズ2』の監督が放つ、灼熱のパニック・アクション超大作！！」の見出しを見れば、こりゃ必見！

邦題になっている『ボルケーノ・パーク～VOLCANO PARK～』は、天火島に建設されている世界初の火山テーマパーク「天火島リゾート」のこと。チラシの写真にはその火山が噴火し、溶岩が流れ出る中を必死に逃げるヒロインたちの姿が映っているが、さて、“灼熱のパニック・アクション”とは？

◆冒頭、「天火島」と呼ばれる東南アジアの火山島の調査に従事していた火山学者のタオ（王学圻（ワン・シュエチー））が、突如発生した噴火によって幼い娘・シャオモン（比兰德・罗杰斯（ビー・ロジャース））は何とか助けたものの、同じ研究に従事していた妻のスー（爱丽丝・里特韦尔（アリス・リートベルト））を失うシークエンスが描かれる。

ところが、その20年後、天火島には今、実業家のハリス（傑森　・艾塞克（ジェイソン・アイザックス））によって、一大リゾートパークが建設されていた。そのテーマは「活火山の上に建つ世界初の火山テーマパーク」だが、それって一体ナニ？

私は白浜の「サファリパーク」を体験した時、それなりに興奮したが、本作に見る火山テーマパークの規模は、それとは桁違い。これなら、ハリスとその妻・チュンウェイ（马昕墨　（マ・シンモウ））が世界中からやってきた投資家たちに熱く語っているように、この火山パークは大ヒット！？

◆世界初の火山テーマパークは、少なくとも150年間は絶対に安心・安全！しかし、ケーブルカーに乗って、噴火口の中に下っていく体験はスリルいっぱい！それがハリスの謳い文句で、投資家も招待客も興味津々だが、それってホント？

今、美しく成長したシャオモン（昆凌（ハンナ・クィンリヴァン））は、両親と同じ火山学者になり、シャン教授（石凉（シー・リャン））率いる観測チームの一員として天火島リゾートの開発に従事していた。新型コロナウイルス騒動下では、「新型コロナウイルスと経済の両立」が大テーマだが、火山テーマパークの建設では、「安全とスリルの両立」が大テーマ。そこでは、ややもすれば経済（儲け）重視に走る経営者（ハリス）に対して、安全面について専門的知見を提示するシャオモンたち観測チームの責任が重大だが・・・。

◆テーマパークをテーマにした映画では『ジュラシック・パーク』（９３年）がその代表。そこでは、本来は恐ろしい恐竜が暴れず従順に観客と接するのが魅力だったが、万一その前提が崩れてしまうと・・・。本作の中盤以降は、ハリスの妻が得意満面の笑みを浮かべながら投資家たちを案内している中、突如、天火島の噴火が始まっていくので、それに注目！トム・クルーズが主演した『宇宙戦争』（０５年）（『シネマ８』１１４頁）では、宇宙人が地球を襲うサマが興味深く描かれていたが、本作では人間が英知を傾けて建設してきたリゾートパークを、自然（活火山）がいかに襲うかが描かれるので、それに注目！

◆ディザスター・ムービーはハリウッドの専売特許ではない！中国映画だって！そんな“実績”を見せつけてくれた中国初のディザスター・ムービーが『超強台風』（０８年）（『シネマ３４』３５４頁）だった。そこでは、浙江省温州市を襲った大型台風“藍鯨（あいげい）”の物凄さの他、市民のために献身的な大活躍をする市長の姿が印象的だった。

それと同じように本作も、謳い文句にされている、「灼熱のパニック・アクション」の他、火山テーマパークの危険性を訴え、娘の安全を守るために天火島にやってきた父親・タオの、老体にムチ打った（？）大活躍が描かれるうえ、それまでは母親を失った心のキズで確執だらけだった２人の父娘関係が、ラストでは感動的なストーリーに終焉されていくので、それにも注目！

◆本作の人間ドラマとしては、シャオモンの研究仲間であるチュンナン（窦骁（ショーン・ドウ））とその恋人のチアワイ（柏安（バイ・アン））との間で、興味深い純愛ドラマが展開するので、それにも注目！また、脱出劇を巡っては、基地に残ったテンボー（纪凌尘（ジ・リンチェン））が、観測用のドローン操作で大活躍する上、後述する車のドライバーとしても考えられないような大活躍をするので、それにも注目！

◆また、当初は金の亡者のように思われていたハリスも、招待客の母親とはぐれた少女の脱出を巡っては、意外な（？）人情味を発揮し、思い出の時計をお別れに手渡すシーンでは、「お前はいいやつ！」と感じさせながら死んでいくので、心安らかに合掌。

◆最後に！そんな自然からの猛襲に対して人間ができることはただ逃げることだけだが、本作では１台の車が何度も何度も大活躍するので、それにも注目！ちなみに、この車（４WD）はトヨタ製？それとも・・・？

２０２０（令和2）年１１月２６日記

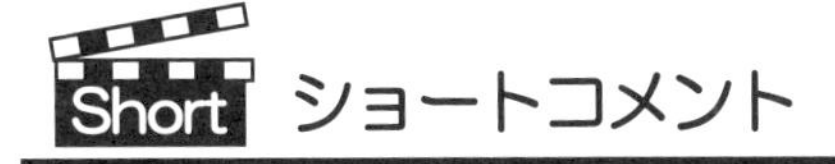

★★★★

2018年／中国映画
配給：チームジョイ／121分

2021（令和3）年11月18日鑑賞	シネ・リーブル梅田

Data 2021－148

監督・脚本：陳思誠（チェン・スーチェン）
出演：王宝強（ワン・バオチャン）／劉昊然（リウ・ハオラン）／肖央（シャオ・ヤン）／ナターシャ・リュー・ボルディッゾ／妻夫木聡

みどころ

２０１５年の『唐人街探偵』も、それに続く中国の大ヒット作『唐人街探偵 NEW YORK MISSION』も日本未公開だったが、第３作『唐人街探偵　東京 MISSION』が日本で公開されると・・・？

妻夫木聡演じる日本人探偵、野田昊（ひろし）が探偵アプリ「CRIMASTER」の第３位というのはうれしいが、序列２位のチン・フォン（リウ・ハオラン）とは共存？それとも対立？

ニューヨークを笑いで包囲！『唐人街探偵』シリーズは、エンタメ色満載だが、ある意味、それはバカバカしい限りだ。しかし、他方で若い探偵たちの推理力と行動力は逞しい。シャーロック・ホームズだけが名探偵ではないはずだ。第３作『唐人街探偵　東京 MISSION』は見事な結末だったが、さて、第２作『唐人街探偵　NEW YORK MISSION』は？

日本での大ヒットには少し心配もあるが、なるほど、これが今の中国？「８０后」「９０后」に続く「００后」の若者たちは、やっぱりこんな映画が大好きなの！？

——＊——＊——＊——＊——＊——＊——＊——＊——＊——＊——

虽然2015年的《唐人街侦探》，以及中国很有人气的后续作品《唐人街侦探 纽约篇》在日本都没有上映，如果第 3 部《唐人街侦探 东京篇》在日本上映的话・・・？

妻夫木聡扮演的日本人侦探野田昊在侦探软件 CRIMASTER 排名第 3，这个排名也算是令人欣慰，那他与排位第 2 的秦风（刘昊然）是共存关系？还是对立的关系？

纽约篇非常的有趣！《唐人街侦探》系列，虽然充满了娱乐性，但从某种程度上来说，非常的荒谬。但是，从另一个方面来说，你啊你请侦探们的推理能力以及行动力都非常的强。侦探不止只有像夏洛克那样的。第 3 部《唐人街侦探 东京篇》的结局非常巧妙，那么，第２部《唐人街侦探 纽约篇》呢？
　虽然担心在日本会不会受欢迎，原来是这样，这是现在中国的年轻人 80 后，90 后，00 后习惯的电影类型吗？

——＊——＊——＊——＊——＊——＊——＊——＊——＊——＊——

◆２０１５年に中国で公開され、大ヒットした『唐人街探案』は日本では未公開だったし、続く『唐人街探偵２　NEW　YORK　MISSION』（１８年）も同じく、日本では未公開だった。しかし、『唐人街探偵３　東京 MISSION』（２１年）が２０２１年７月にやっと日本で公開されると、それに続いて『唐人街探偵２　NEW　YORK　MISSION』も公開。去る７月１０日に『東京 MISSON』（『シネマ４９』２５５頁）を観た私としては、こりゃ必見！
　本作は主人公の中国人探偵チン・フォン（リウ・ハオラン）が、叔父であるタン・レン（ワン・バオチャン）とその恋人だというチェン・イン（ナターシャ・リュー・ボルディッツオ）との結婚式に参加するため降り立ったニューヨークの空港で、タン・レンに迎えられるシークエンスから始まるが、そもそもこの設定からして少しヘン。タン・レンはニューヨーク市警の美人女性刑事チェン・インを恋人だと紹介したが、その真相は・・・？

◆結婚式の披露宴会場に座っていたのは、事件解決度によってランキングされている探偵専用のアプリ「クライマスター」３位の野田昊（妻夫木聡）、５位の KIKO（シャン・ユーシェン）、７位のクナナ（バイ・リン）、９位のビリー（ブレット・アザー）等々の面々。そして、そこに登場してきたのは、“アメリカ中華街のゴッドファーザー”と呼ばれる中国系マフィアのボス、「七叔」ことウー・チーユエン。彼は最愛の孫娘が殺害され、臓器を取り出されるという猟奇殺人の被害に遭ったため、世界中の探偵をニューヨークに集め、何と５００万ドルという高額の賞金を懸けて、７日間での解決（＝犯人逮捕）を求めたわけだ。なるほど、なるほど。
　タン・レンが言っていたチェン・インとの結婚式は真っ赤な嘘。彼はこの高額賞金を獲得するべく、甥のチン・フォンをニューヨークに呼んだらしい。つまり、チン・フォンはまんまとタン・レンの策略にハマってしまったわけだが、さあ、彼はどんな推理を・・・？
　他方、そんな賞金目当ての探偵たちとは別に、ニューヨーク市警は、流暢な英語と中国語を使い分けるチェン・インたちを投入して、正規の捜査を粛々と進めていくことに・・・。

◆本作ではチン・フォンと「クライマスター」の序列２位の座を巡って激しく競争している野田（妻夫木聡）が「大会に飽きてしまった」と称して、早々と日本に帰国してしまうから、活躍の中心は、当然チン・フォンになる。中国系マフィアのボスの孫娘の惨殺が偶然の出来事でないことは、その後も猟奇殺人が連続していくことからも明らかだが、ニューヨークに登場した憎き猟奇殺人犯のターゲットが美人刑事チェン・インに向けられていることが本作中盤からわかってくると、チン・フォンたちの犯人追及の手はさらに急を要することに。

現場に残された唯一の証拠は中国の風水の記号「鎮霊符」だったが、“その手の調査”を得意とするのは、序列５位の香港の女性探偵でハッカーのKIKO。『東京MISSION』以上にチン・フォンたちが見せる行動力は素早いので、７２歳の老人がついていくのは大変だったが、『唐人街探偵』シリーズではこのスピードが何よりの持ち味で、若者たちの人気の源だ。

しかして、チェン・インの身に降りかかる危険とは？他方、それをくり抜けて犯人に迫っていくチン・フォンたちの推理力と行動力の見事さは？

２０２１（令和3）年１２月１７日記

『唐人街探偵』シリーズが日本で有名になったのは、第３作の『唐人街探偵　東京MISSION』が大ヒットしたおかげ。同作は『シネマ49』255頁で紹介しているが、下記記事も参照。

監督・脚本：チェン・スーチェン
出演：ワン・バオチャン／リウ・ハオラン／妻夫木聡／トニー・ジャー／長澤まさみ／染谷将太／鈴木保奈美／奥田瑛二／浅野忠信／シャン・ユーシエン／三浦友和
製作年：2021年、中国、136分
配給：アスミック・エース
【Blu-ray & DVD 12月22日発売】
Blu-ray：5,170円、DVD：4,180円（税込）
発売元：カルチュア・パブリッシャーズ

報酬は１０億円！東京ミッションはインポッシブル？

２０１５年に生まれた、チンとタンの凸凹コンビの『唐人街探偵』。第３作の舞台は東京だ。出演者も圧倒的に国際化が進んでいる本シリーズ。本作導入部では、彼らの自己紹介を兼ねたド派手なアクションがあるので、しっかり鑑賞してもらいたい。

東京にやってきたチンとタンのもとに、日本の野田探偵から協力依頼されたのは、東南アジアのマフィアの会長密室殺人事件。犯人として起訴されたヤクザの組長・渡辺が提示した冤罪証明の報酬は、なんと10億円だ。

まずは確認が大切。しかし、チンとタンは、現場で渡辺が会長を打撲した花瓶を発見。渡辺の無罪を立証する“東京ミッション”はインポッシブル？他方、タンと野田は不自然な傷跡や奇妙な針穴を見つけていく。そして会長秘書・小林の供述を聞こうとタンたちが彼女のマンションに入ると、小林は何者かに誘拐された後だった。

防犯カメラから、小林を誘拐したのは指名手配中の村田と判明。ところが、村田はチン、タン、野田、ジャックの４人の探偵に対し、身代金と３つの難題を要求。本作中盤は４人が東京中を駆け巡るので、さあ、お立合い！

小林は助け出されたものの、村田は死亡し、チンは殺人罪で逮捕されたから、報酬10億円の探偵業務はアウト？ところが意外や意外、タンだけでなく、日本の野田も、タイのジャックも調査を続けていたから、探偵同士の友情は立派なものだ。

クライマックスとなる法廷シークエンスは、東京地検特捜部の主任検事・川村芳子と裁判長・川村晴子（姉姉、鈴木保奈美の一人二役）が取り仕切るので、それに注目！本作は「法廷モノ」ならハチャメチャだが「探偵モノ」なら……？

４人の探偵の調査と推理はお見事。しかしネタバレは厳禁！あっと驚く密室殺人事件のトリックをじっくり楽しんでもらいたい。これなら、10億円の報酬にも納得だ！

『日本と中国』第2257号　2021年10月1日
熱血弁護士　坂和章平　中国映画を語る<55>

Data

監督・脚本：陳思誠（チェン・スーチェン）

出演：王宝強（ワン・バオチャン）／劉昊然（リウ・ハオラン）／妻夫木聡／トニー・ジャー／長澤まさみ／染谷将太／鈴木保奈美／奥田瑛二／浅野忠信／尚語賢（シャン・ユーシエン）／三浦友和／ロイ・チウ／ジャニス・マン／シャオ・ヤン／チャン・チュンニン／アンディ・ラウ

みどころ

「探偵モノ」にも硬軟があるが、『唐人街探偵』シリーズの“お約束”は、“エンタメ色”と“本格的推理モノ”の両立。ド派手な服装を含め、導入部の東京ミッション入りでは、一瞬これはダメだと思ったが、いやいや。

密室殺人事件の真相究明、真犯人の発見は探偵たちの究極のテーマ。三浦友和扮するヤクザの親分は、ホントにこんな単純な殺人を？１０億円の報酬も魅力だが、「唐人街探偵」にはそれ以上にプライドが！

東京ミッションのためには、東京ロケが不可欠。『君よ憤怒の河を渉れ』（７６年）や『マンハント（追捕）』（１７年）以上にそれを楽しみながら、探偵たちの証拠集めのサマに注目したい。「法廷モノ」としてはナンセンス！しかし「探偵モノ」なら・・・。

クライマックスで解明されていく、あっと驚く密室殺人事件のトリックをじっくり楽しみたい。これなら１０億円の報酬にも納得！

——＊——＊——＊——＊——＊——＊——＊——＊——＊——＊——

■□■唐人街探偵とは？CRIMASTERとは？■□■

刑事は国家権力をバックとして、予算の範囲内とはいえ国家の金を使うことができるから、地域を多方面にまたぐ広域捜査や、大量の警察官を動員する大規模捜査が可能。刑事の中には、アメリカのダーティーハリーのような“はみ出し刑事”もいるが、その多くは『砂の器』（７４年）（『シネマ４３』３４３頁）で丹波哲郎と森田健作が演じた２人の刑事に代表されるような、勤勉で足で稼ぐ捜査が得意なキャラが多い。

それに対して、探偵は、あえて私立探偵というまでもなく、個人経営の民間人だから、英国のシャーロック・ホームズや日本の明智小五郎、金田一耕助のような有名な探偵でも、依頼主あっての存在だし、依頼主からお金をもらうことによって経営を成り立たせなければならない。シャーロック・ホームズや明智小五郎は、ともに優秀な助手を持っていたこともあって経営は順調だったようだが、一匹狼（?）の金田一耕助はどちらかというと貧乏探偵（?）。

また、弁護士は探偵と同じように自由業の民間人だが、「法曹一元」を前提とした司法試験は国家試験だから、司法試験に合格し、司法修習を終えれば検事、裁判官と同等になる。しかし、探偵は何の資格もないから、ホンマ物とインチキ物の区別は難しい。そんな中、日本では近時、北海道の札幌を、しかもススキノにある１軒のバーを拠点とする大泉洋と松田龍平扮する探偵の凸凹コンビが生まれ、①『探偵はBARにいる』（１１年）（『シネマ２７』５４頁)、②『探偵はBARにいる２　すすきの大交差点』（１３年）（『シネマ３１』２３２頁)、③『探偵はBARにいる３』（１７年）（『シネマ４１』未掲載）という３本の映画が作られた。それと同じように（?)、中国でも、２０１５年にチンとタンという凸凹コンビの「唐人街探偵」が生まれ、第１作『唐人街探案１』（１５年）は大ヒットしたらしい。同作によると、探偵専用の推理アプリで世界中の探偵が利用している「CRIMASTER」なるものがあり、実際の事件の事件解決率によって探偵がランク付けされているらしい。そこには『探偵はBARにいる』の両探偵はランクインされていないが、日本では野田昊（妻夫木聡）が第3位に、チン・フォン（秦風）（リウ・ハオラン（劉昊然））とタン・レン（唐仁）（ワン・バオチャン（王宝強））のチームが第２位にランキングされているそうだ。その第１作はタイのバンコクが舞台だったが、第２作『唐人街探案２』（１８年）の舞台はニューヨーク、そして第３作の舞台は『唐人街探偵 東京MISSION』のタイトルどおり、東京だ。さあ、チンとタンはどんな事件を解決するために日本に乗り込んでくるの?その依頼主は?その報酬は?

■□■「唐人街探偵」の凸凹ぶりは?なぜタイからも探偵が?■□■

勝新太郎と田宮二郎が凸凹コンビを組んだ『悪名』シリーズは面白かったが、『探偵はBARにいる』シリーズの大泉洋・松田龍平の凸凹コンビも面白い。しかして、「唐人街探偵」のボスであるタンと、その甥であるチンの凸凹ぶりは?それは大ヒットした『唐人街探偵』シリーズの１、２を観た人にはおなじみだが、日本ではシリーズ第３作たる本作が初公開だから、本作導入部でのあっと驚くキャラの紹介に注目！

去る７月１日に中国共産党結党１００周年を盛大に祝った中国は、政治・経済・軍事の面でも「アメリカに追いつけ！追い越せ！」と躍起になっているが、それは映画の面でも同じ。前者ではまだ追いつくところまでは行っていないが、映画の面では既に質量ともに追いついた感がある。そんな中国映画に比べれば、日本映画は質量とも劣っていることは否めない。主人公を大泉洋と松田龍平の２人だけ、舞台をススキノだけに絞ってしまった『探偵はBARにいる』シリーズに比べると、『唐人街探偵』シリーズは圧倒的に国際化・大規模化が進んでいる。そのため、本作に登場してくる探偵も、タンとチンを東京に迎え入れる、「CRIMASTER」ランキング３位の野田だけでなく、さらに、タイからジャック・

ジャー（トニー・ジャー）探偵も東京にやって来るから、この元ムエタイ王者にも注目！
本来なら、ここで「CRIMASTER」にランキングされているそんな探偵諸氏の自己紹介をすべきかもしれないが、本作冒頭では彼らの自己紹介のためのド派手な、いかにも「これぞ今の中国」と思わせるアクションが用意されているので、それをしっかり鑑賞してもらいたい。ちなみに、私が観たのは「吹き替え版」だが、野田役の妻夫木聡は流暢な中国語をしゃべるそうだから、次回には字幕版を観て、彼の“漢語水平”をしっかり確認したい。本作導入部のアクション（バカ騒ぎ？）やチンとタンの両探偵をはじめ、野田やジャックの服装を見て、何とバカバカしいと思う日本人の年配者がいるかもしれないが、それはそれと割り切って観ていくと、本作のすばらしさもわかってくると思うので、決して途中でブチギレないように。

■□■東京ミッションはインポッシブル？報酬１０億円なら？■□■

ハリウッドを代表する俳優トム・クルーズは若い時から『ミッション：インポッシブル』（９６年）をはじめとする多くの“インポッシブル”な“ミッション”に取り組んできたが、本作で東京にやってきたチンとタンの「唐人街探偵」に日本の野田探偵から協力依頼されるのは、東南アジアのマフィア「東南アジア商会」会長スーチャーウェイの密室殺人事件。犯人として起訴されたヤクザの「黒龍会」組長・渡辺勝（三浦友和）の冤罪証明だ。「黒龍会」の本拠地で、風呂に浸かりながら渡辺から提示されたその報酬は、何と１０億円。タンはその金額だけでウハウハだが、冷静で頭脳明晰な探偵チンは、あくまで“真実探求”という探偵本来の業務に徹していたから、立派なもの。
本作の肝は密室殺人事件の究明だから、まずは現場の確認が大切。それは“シャーロック・ホームズモノ”、“明智小五郎モノ”、“金田一耕助モノ”、さらにアガサ・クリスティーの“ミステリー小説モノ”でも同じだ。密室殺人事件の解明は推理小説の究極のテーマだが、今回私がはじめて知ったのは、ジョン・ディクスン・カーの小説『三つの棺』。その第１７章「密室の講義」によると、密室殺人事件のトリックは①殺人ではなく偶発的な事故、②室内の仕掛けによる殺人、③動物や植物を使った殺人、等の１３種類に分類されるそうだが、今回の事件はそのどれに当てはまるの？
『唐人街探偵』シリーズの“面白いお約束事”は、アクションコメディと本格ミステリーを両立させたエンタメ作品にすること。その“前者”は、本作導入部でド派手に見せてくれるが、後者もタンとチンが現場検証を行うシークエンスから本格的展開の雰囲気が見えてくる。しかし、現場検証では、事件の夜に渡辺がスーチャーウェイを打撲したことを示す花瓶を発見。さらに、事件直後にスーチャーウェイを病院に運んだ秘書の小林杏奈（長澤まさみ）は、渡辺からセクハラ行為を受けるなど、その夜の渡辺のマナーが最低だったと語ったそうだから、これではスーチャーウェイ殺害の犯人はやはり小林に間違いなし！？そうすると、渡辺の無罪を立証してくれという「東京 MISSION」の達成は、やっぱりインポッシブル？さらに、そこに警視正・田中直己（浅野忠信）が登場し、花瓶を警察の手柄として取り上げてしまったうえ、探偵らは捜査の妨害をしないよう警告を受けたから、なおさら「東京MISSION」はインポッシブル？

■□■現場検証の次は死体検分！コント風展開だが、実は？■□■

私は最近、１９８０年代の超人気番組だった、ザ・ドリフターズの『８時だョ!全員集合』の再放送をよく観ているが、これは今でもメチャ面白い！おじさんたちが演じるバカバカしいコントの数々は、先が見えていても笑えるし、先が見えていない、あっと驚くものなら、なおさら笑えるから、思わず見入ってしまう。

しかして、本作のスクリーン上ではかなり手の込んだ現場検証（?）の次には、スーチャーウェイの死体検分を巡って、『８時だョ！全員集合』とよく似た雰囲気のコント（?）が繰り広げられていくので、それに注目！思わずそれに笑い転げていると、“本格的推理モノ”でもある本作では、スーチャーウェイの死体を詳細に分析したタンと野田が不自然な傷跡や奇妙な針穴を見つけていくので、さらにそれにも注目したい。

これらの新発見、新証拠は、後に見る渡辺の裁判で如何なる役割を？

■□■キーウーマン小林杏奈の供述は？その失踪は？■□■

２０００年の第5回「東宝シンデレラ」グランプリを受賞してデビューした長澤まさみは、『世界の中心で、愛をさけぶ』（０４年）（『シネマ４』１２２頁）で第２８回日本アカデミー賞最優秀助演女優賞・話題賞を受賞。その後も順調な活躍を続け、近時は木村拓哉と共演した『マスカレード・ホテル』（１９年）（『シネマ４３』２５１頁）で大活躍を見せている。アジアの大スターを多数共演させた本作に、“紅一点”の小林杏奈役として登場させてもらえたのは超ラッキー。本格的人情モノや本格的歴史モノなら他の適役女優が何人もいるが、大スターたちの共演で圧倒する本作では、まさに彼女はピッタリの人選だ。

そう思っていたが、スーチャーウェイの秘書としてカッコよく登場してきた小林は、渡辺からちょっとしたセクハラ（?）を受けて騒ぐレベルのチョイ役？そんな期待外れ感もあったが、小林は殺人事件の現場（＝密室）へ最初に突入し、最初に被害者の身体に触れた重要参考人だから、現場検証と死体検分に続いてタンたちが彼女の供述を聞こうとしたのは当然。ところが、彼女のマンションに入っていくと、小林は何者かに誘拐された後だったから、アレレ・・・。

■□■物語も脱線！？東京ミッションも脱線！？だが面白い！■□■

マンションの防犯カメラから、小林を誘拐したのは強盗殺人で指名手配中の村田昭（染谷将太）であることが判明。ところが、村田は４人の探偵に対して、身代金と３つの難題を要求したため、本作中盤の物語は、４人の探偵たちが東京中を駆け巡らされるはめになるので、さあ、お立合い！そのため、本作中盤は、物語も脱線なら、東京ミッションも脱線していくことに・・・。

ちなみに、コロナを巡って7月１２日から東京には4度目の緊急事態宣言が“発出”された。人流抑制はままならないのが実情だが、人の流れを観察するについて、いつも登場するのが渋谷のスクランブル交差点。かつて、佐藤純彌監督の『君よ憤怒の河を渉れ』（７６年）では、新宿駅西口で待ち合わせた高倉健扮する杜丘冬人を馬上に拾った、中野良子扮する遠波真由美が、１９６８年の“新宿騒乱事件”を彷彿させる大騒動（＝馬での大疾走）を展開していく姿にビックリさせられた（『シネマ１８』１００頁）が、あの撮影はどうやって実現したの？また、同作をリメイクした『マンハント（追捕）』（１７年）では、更に見どころいっぱいの、大阪各地のロケの中でのジョン・ウー監督流アクションを大いに楽しむことができた（『シネマ４４』１２７頁）が、あの撮影は？

常に膨大な人数が行き交っている渋谷スクランブル交差点での撮影は不可能だから、なんと本作では（資金力に任せて）、撮影用のオープンセットをわざわざ作ったらしい。オープンセットをネタにした観光客の呼び込みは、とりわけ中国からの来日観光客の増大で広がったが、足利市は、本作と『サイレント・トーキョー』（２０年）（『シネマ４８』未掲載）、『今際の国のアリス』（２０年）の３作で活用するため、足利競馬場跡地の１．５ヘクタールの土地に、渋谷スクランブル交差点を再現した映画撮影用のオープンセットを建設したそうだ。『東京MISSION』とサブタイトルが付けられた本作では、それをはじめとする東京のさまざまなロケ地での撮影はもとより、その他の各地でも大規模なロケでの撮影が敢行されているから、それらに注目し、大いに楽しみたい。

村田から命じられた３つの難題を巡って、タン、チン、野田、ジャックの４人の探偵は、秋葉原、新宿・歌舞伎町等を駆け巡らされることになるが、これは一体ナニ？また、村田から命じられたゲームの勝者は一体誰に？そんなエンタメ色を満開させながら、他方で本格的推理モノの両立を目指す本作は、ここでも、彼らが巡った場所を線でつなぐと“Q”の文字となることから、人質交換の場所は首都圏外郭放水路の「龍Q館」になるだろうと推理する見事な展開（？）になっていく。そして、実際に「龍Q館」に現れた村田は、あらゆる手段でチンを苛立たせようとしていたが、ちょうどその時に、田中たちが到着し、村田を立坑の中に突き落とすチンの姿を目撃することに。そのため、小林は救出されたものの、チンが殺人容疑で逮捕されてしまうから、アレレ・・・。

『空海―KU-KAI―美しき王妃の謎（妖猫伝）』（１７年）（『シネマ４４』１２２頁）では若き日の空海を、NHK大河ドラマ『麒麟（きりん）がくる』では信長役を演じた染谷将太が、本作ではかなり異色キャラの村田役を演じているので、それにも注目！

■□■Qの登場！思わずQアノンを連想！■□■

「CRIMASTER」で、事件解決率１００％、常に１位に君臨する謎の存在とされているのが“Q”。本作中盤、村田に命じられるまま４人の探偵が競って展開した“東京ミッション”は、結局タンの勝利に終わったが、「龍Q館」では小林は助け出されたものの、村田は死亡し、チンは殺人罪で逮捕されてしまったから、アレレ。これから本作はどんな展開になっていくの？そう思っていると、本作はその後、“Q”の存在と役割が少しずつ提示されていき、トム・ハンクス主演の『ダ・ヴィンチ・コード』（０６年）（『シネマ１１』２６

頁）や『天使と悪魔』（０９年）（『シネマ２３』１０頁）のような雰囲気を漂わせていく（？）ので、それに注目！

ちなみに、２０１９年１１月のアメリカ大統領選挙をめぐっては、「Ｑアノン」の存在と、その陰謀説が注目された。アメリカの“極右勢力”によって構成されている「Ｑアノン」（ないし単に「Q」）の陰謀論では、世界規模の児童売春組織を運営している悪魔崇拝者・小児性愛者・人肉嗜食者の秘密結社が存在し、ドナルド・トランプ前大統領はその秘密結社と戦っている英雄であり、神に遣わされた救世主として信奉者に崇拝されているそうだ。それに対して、本作で　第１位にランクインされている“Q”とは一体何？どんな組織？それを操っているのは誰？それは、あなた自身の目でしっかりと。

■□■チンは孤立？タイや中国での仲間たちの調査は？■□■

「龍Ｑ館」の中で拘束され、人質にされている小林を救出するべく、チンが乗り込んでいく姿はカッコいい。ところが、そこで挑発するかのような村田を衆人監視の下で突き落としてしまったのは、チンのミス？それとも、ひょっとしてすべて村田の策略？一方ではそんな疑問も広がっていくが、チンは村田殺害の実行犯として逮捕され、拘留されてしまったから、そうなると渡辺の無罪（冤罪）を証明するための報酬１０億円の探偵業務はアウト・・・？誰もがそう思うはずだが、チンのパートナーのタンは、当然その後も懸命の調査を続けていたし、意外や意外、日本の野田も、タイのジャックも、タイや中国で調査を続けていたから、探偵同士の友情は立派なものだ。

中国残留孤児をテーマにした山崎豊子の小説『大地の子』とそのテレビドラマは大きな感動を呼んだが、日本帝国主義の中国東北部（満州）への侵略とその後の日本敗戦の中で生まれた“中国残留孤児”というテーマは、同作のみならず、さまざまな人の間で、さまざまな形で存在したのは当然だ。もっとも、本作はそんなシリアスなテーマを扱ったものではなく、エンタメ大作だが・・・。

他方、日本のヤクザ社会は日本人だけで構成されていたから、１９６０年～７０年代のヤクザ映画に見る抗争は、日本人ヤクザ同士のものだった。しかし、中国マフィアをはじめとする海外からのマフィアが新宿歌舞伎町を中心に乗り組んでくると、『新宿インシデント』（０９年）に代表されるように、新宿でのヤクザ抗争も国際化していくことがわかる（『シネマ３４』未掲載）。本作でも、渡辺率いる「黒龍会」は純日本風のヤクザだが、そんな「黒龍会」が新中華街の開発権を巡って対立したのは東南アジアのマフィア「東南アジア商会」だったから、その抗争は国際的だ。しかし、ボス同士２人だけの密室での頂上会談で、いきなり殺人事件が起きたのは一体なぜ？いやしくも、多数の子分を率いるヤクザ組織の頂点に立つボスが、そんな軽はずみなことをするの？また、小林はたしかに有能な美人秘書のようだが、なぜ日本人の彼女がスーチャーウェイの秘書をしているの？

警察に拘留されているチンを尻目に、タン、野田、ジャックたちの探偵業務は多方面かつ精緻に展開していったようだが、さて、その成果は？

■□■法廷モノならナンセンス！しかし探偵モノならグッド！■□■

『唐人街探偵 東京MISSION』DVD&Blue-lay 12月22日発売
Blue-lay 5,170円(税込)　DVD 4,180円(税込)
発売元: カルチュア・パブリッシャーズ
販売元: TC エンタテインメント
©WANDA MEDIA CO.,LTD. AS ONE PICTURES(BEIJING) CO.,LTD.CHINA FILM CO.,LTD "DETECTIVE CHINATOWN3"

「法廷モノ」の名作は多いが、本作を「法廷モノ」として考えると、本作ラストのクライマックスとなる法廷シークエンスはハチャメチャ！東京地検特捜部の主任検事・川村芳子（妹）役で導入部に登場していたかつてのトレンディ女優・鈴木保奈美が、ここでは渡辺の殺人事件を審理する法廷の裁判長・川村晴子（姉）役として登場し、本作ラストのクライマックスとなる法廷シークエンスを取り仕切るので、それに注目！もっとも、川村晴子裁判長の役割は、渡辺に対して「最後に何か言いたいことはありますか？」と質問し、「何もありません」と答えられると、「以上で審理を終了し、これから判決を言い渡します」と言うだけ。その後は、法廷に飛び込んできたタンからの「異議あり！」発言を契機に、渡辺の無罪を立証するためのさまざまな新証拠が提出され、それに関する新たな主張が展開されていくので、それに注目！これを見ていると、本作が「法廷モノ」ならハチャメチャで、全くナンセンス！しかし、「探偵モノ」なら・・・？

密室殺人事件の"謎解き"には、推理力とそれを裏付ける証拠の両者が必要だが、少なくとも渡辺がスーチャーウェイを花瓶で殴打したことは間違いない。そこで問題はその動機だが、それを巡っての４人の探偵たちの調査と推理はお見事だ。また、渡辺が小林にセクハラまがいの行為に及んだことも間違いないようだが、ここでも問題はその動機。まさか渡辺が若い女の身体に飢えていたことはないはずだ。ハチャメチャな法廷シーンながら、その中で本作のクライマックスとなる密室殺人事件の"謎解き"をしっかり鑑賞した私は、ここでその詳細を書くことはできるが、そんなネタバレは厳禁！それは、あなた自身の目でしっかりと！

シャーロック・ホームズもアガサ・クリスティーも、その謎解きは面白いし、明智小五郎も金田一耕助も、その謎解きは面白い。それと比べても、本作に見る国際性豊かな"謎解き"（？）や、ヤクザの親分だって所詮は人の子であることの暴露（？）等を含む「唐人街探偵」達の活躍は十分面白い。彼らの能力の高さにも敬服だ。彼らは、次回（第４作）ではロンドンに飛ぶそうだから、その活躍にも大いに期待したい。

２０２１（令和3）年7月１４日記

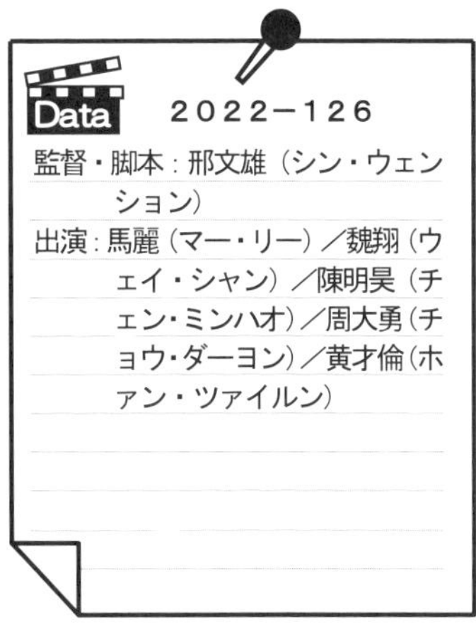

みどころ

２０２２年のＮＨＫ大河ドラマ『鎌倉殿の１３人』の脚本を書いた三谷幸喜の『ザ・マジックアワー』（０８年）は中国でも大人気らしい。

“伝説の殺し屋”は日本だけでなく、中国にだって！そんな思いで、原題も邦題も興味深いうえ、ストーリー仕立てがメチャ面白い本作が誕生！

コメディといえば山田洋次監督だが、そこでは涙の要素も不可欠！しかして、万年エキストラから突然主役に抜擢された主人公・魏が見せる、本作の劇中劇の展開は如何に？笑いがタップリなら、涙も少し・・・。そんな名作をしっかり堪能しよう。

——＊——＊——＊——＊——＊——＊——＊——＊——＊——＊——

■□■「２０２２大阪・中国映画週間」が開催！■□■

１１月１１日から、「中日国交正常化５０周年記念　大きな軌跡　小さな奇跡」と題する、「２０２２大阪・中国映画週間」がウェスティンホテル大阪で開催された。１９８０年代に世界に発信された、張芸謀監督の『紅いコーリャン』（８７年）、陳凱歌監督の『黄色い大地』（８４年）をはじめとする中国映画が日本に入ってきたのは９０年代。田中角栄と周恩来の握手に象徴される１９７２年の日中国交正常化以降、日中の映画交流が進み、東京では２００７年から毎年「東京・中国映画週間」が開催されてきた。しかし、「大阪アジアン映画祭」や「おおさかシネマフェスティバル」のある大阪では、今回が初開催だ。中華人民共和国駐大阪総領事館の主催、中国駐大阪観光代表処の共催、外務省、大阪府、NPO法人大阪府日中友好協会等の後援だが、その尽力者は総領事の薛剣さんと長年、NPO 法人日中映画祭実行委員会・理事長として活動してきた耿忠さんの２人。

初日の開幕式では、総領事の薛剣さんの挨拶と「中日国交正常化５０周年記念　２０２２大阪・中国映画週間の記念映像」（約１０分）の上映後、耿忠さんの司会で中国映画界と深い繫がりがある、『おくりびと』（０８年）（『シネマ２１』１５６頁）で有名な映画監督・滝田洋二郎氏と中国映画に詳しい大阪の弁護士兼映画評論家として、私が中国映画の魅力について語り合った。

TOHOシネマズ梅田アネックスで上映された中国映画は次の８本。私は、開幕式翌日の１１月１２日に『トゥ・クール・トゥ・キル』（２２年）と『宇宙から来たモーツァルト』（２２年）を鑑賞！

■□■「スナイパーもの」「殺し屋モノ」は面白い！本作は？■□■

「スナイパーもの」は面白い。それは、『ジャッカルの日』（７３年）を見ても、『山猫は眠らない』（９２年）シリーズを見ても、さらにチャン・イーモウ監督の『狙撃手』（２２年）（『シネマ５０』２００頁）を見てもよくわかる。それと同じように「殺し屋モノ」も面白い！本作冒頭、ヤクザのボスＡがスナイパーに狙われるシークエンスが登場する。しかし、そこでは、辛うじて弾が逸れたため耳を傷つけただけで失敗。そのため、スナイパーは捕まってしまったからアレレ・・・。本作は「スナイパーもの」ではなかったの？

「スナイパーもの」と類似のジャンルに「殺し屋モノ」があるが、『这个杀手不太冷静』（直訳すれば「この殺し屋はあまり冷静ではない」）という原題をみると、本作はまさにその「殺し屋モノ」らしい。「俺を狙ったのは、伝説の殺し屋X」。そんな情報を得たＡは、映画監督のＢと、その姉でＡが結婚を望んでいる美人女優のミラン（馬麗）に対して、何が何でも「Xを連れてこい！」と命じたが、そんなこと言われても・・・？

もっとも、X は名前は有名だが、顔は誰にも知られていないらしい。ならば、あの万年エキストラのバカ俳優（？）、魏成功（魏翔）をＸ役に起用すれば・・・。ミランはそんなアイデアを思いついたが、それをいかに魏に納得させ、演出していくかはＢ監督の腕前だ。しかして、Ｂ監督が魏に対する演出説明と演技指導の殺し文句は、「カメラを全て隠す！お前は自由に演じろ！」ということだが、それってホント？“豚もおだてりゃ木に登る”そうだが、さて本作にみる魏は？

■□■劇中劇は面白い！素材になった映画は？■□■

劇中劇は面白い！それが私の持論だが、その理由は三谷幸喜映画である『笑の大学』（０４年）（『シネマ６』２４９頁）や『恋に落ちたシェイクスピア』（９８年）、『王の男』（０５年）（『シネマ１２』３１２頁）、『キネマの神様』（２１年）（『シネマ４９』１８７頁）等を見れば、よくわかる。「２０２２大阪・中国映画週間」で上映された本作は、邢文雄（シン・ウェンション）監督が尊敬している三谷幸喜監督・脚本による『ザ・マジックアワー』（０８年）（『シネマ２０』３４２頁）を素材にしたものだ。『ザ・マジックアワー』には、「だます男」（妻夫木聡）、「だまされる男」（佐藤浩市）、「惑わす女」（深津絵里）が登場し、ミナト横浜ならぬ港町・守加護を舞台として物語が展開した。そのストーリー構成のキーマンは「伝説の殺し屋」デラ富樫で、彼の正体はいかに？が大きなテーマだった。

本作冒頭、B 監督演出による撮影現場で、エキストラの魏が過剰演技を続発して呆れさせるシーンが登場するが、それは何よりも彼の映画愛、俳優魂がなせる技。したがって、そんな男を思い切って主役に抜擢すれば、ひょっとして大化けするのでは？それが女優として大成しているミランの考えだが、導入部に続く本作最初のメインストーリーでは、そんな魏の殺し屋Ｘになり切った見事な過剰演技に注目！

Ｂ監督を心から尊敬している魏は、ＢとミランからギャングのボスＡに対して紹介された後、密かに「アクション！」の声をかけられると、殺し屋Ｘになり切った演技を披露する。それがオーバーアクションになったのは止むを得ないが、その迫真の演技（？）によってＡは圧倒され、Ｂ監督とミランの計画は大成功！なるほど、劇中劇は面白い！

■□■魏の最初の任務は？奇妙な通訳からトンデモ事態に！■□■

まんまとＡの仲間に入った魏に対して最初に与えられた任務は、イタリアのマフィアとのマシンガンの取引。さあ、魏はいかにその大役を実行するの？幸い魏はイタリア語を喋ることができるそうだから、魏の役割は通訳だ。そんな設定はちょっと出来過ぎだが、それにしてもこの脚本はお見事！魏の奇妙な通訳に、観客席からはあちこちでクスクスと笑い声が・・・。

通訳が難しいのは、つい先日、相次いで行われたバイデン大統領 VS 習近平国家主席の米中首脳会談や、岸田文雄首相 VS 習近平国家主席の日中首脳会談を見ればわかる。ひとつ通訳を間違えて誤解を生めば、大変な事になるのは当然だ。しかして、本作では魏が演じる奇妙奇天烈な通訳によって、それが現実になるから、それにしっかり注目！

イタリアマフィアからＡへ渡されるマシンガンと、Ａからマフィアに渡される現金は３人の目の前のテーブルで同時に交換。当然それが原則だが、通訳上の誤解が誤解を生み、互いの疑心暗鬼が広がる中、ついにイタリアマフィアの銃が発砲！これにて両組織が入り乱れての銃の乱射戦になったが、そこで俄然威力を発揮したのが、魏が手にしたマシンガンだ。文字通り仁王立ちになっての、その乱射ぶりはお見事！ちなみに、こんなシークエンスは日本人なら誰でも既視感がある。それは、薬師丸ひろ子が主演した『セーラー服と機関銃』（８１年）の１シーンだから、私たちは思わずここで「カ・イ・カ・ン！」と叫んでしまいそうに・・・。

これにてマフィアは退散したが、マシンガンの乱射による建物の損壊はひどいもの。それにしても、こんなシークエンスをどうやってＢ監督は撮影したの？カメラはどこに隠していたの？普通の撮影現場では直ちにそのチェックがされるはず。興奮冷めやらぬ魏は、当然それをＢ監督に求めたが・・・。

■□■晴れの姿を両親に！化けの皮が剥げるのはいつ？■□■

Ｂ監督の演出、魏の主演！ギャングのボスＡ他、多勢の共演による、脚本隠し、カメラ隠しの映画撮影は順調！そのため、両親思いの魏は、万年エキストラだった自分が今、主役として晴れの撮影の場にあることを見せるべく、両親を撮影現場に招待することに。息子の晴れの姿を見た両親はもちろん大喜びだ。しかし、撮影現場の関係者が増えるほどミランとＢ監督の思惑は怪しくなってくるし、Ａだってバカではない。魏は絶対に獲物を外すことのない“伝説の殺し屋”ではなく、ただの万年エキストラ！そう見破ったＡは再びＢ監督とミランを締め上げ、魏の追放と本物の伝説の殺し屋Ｘを連れてくることを厳命したから、もはやミランとＢ監督の妙策もこれまで・・・？そうなると、いやでも魏を主役から降ろさなければならないが、「映画製作の資金が尽きたため、主役としての撮影は今日まで」と魏に告げる辛い役目を引き受けたのはミランだ。

楠木正成と長男・楠木正行との、決戦を前にしての“桜井の別れ”は涙を誘う名シーンだが、ミランが魏に主役解任を告げるシークエンスも、コメディながら見事な涙の別れのシーンになっているので、それに注目。５０作も続いた山田洋次監督の『男はつらいよ』シリーズはコメディだが、随所に泣かせるシーンを配置していた。本作は見事にそれを踏襲しているので、それに注目！

■□■この役者ならミュージカル風も怪演だが、こりゃパクリ？■□■

今年８月３日のペロシ下院議長の台湾訪問を契機として、急激に米中関係が悪化したが、それは映画の世界でも同じ。しかし、映画の都ハリウッドといえども、近時巨大な市場に成長した中国映画を無視することはできないため、俳優面や出資面でコラボを組むケースは多い。宋王朝の時代、黒色火薬を求めて万里の長城にたどり着いたヨーロッパの傭兵に、ハリウッド俳優、マット・デイモンを起用した奇想天外な映画が、張芸謀（チャン・イーモウ）監督の『グレートウォール』（１６年）（『シネマ４４』１１６頁）だった。同作に見る米中融合の深化（？）にはビックリさせられたが、同作に代表されるように資金面、俳優面における米中映画界の融合は着実に進んでいる。しかして、本作にはミュージカルファンなら誰もがよく知っている、ジーン・ケリー監督の『雨に唄えば』（５２年）と全く同じシーンが出てくるので、それに注目！

劇中劇の主役になっている魏のダンス演技はさすがだから、その“怪演”は褒めてあげたいが、このシークエンスはハリウッドの許諾を得ているの？それともパクリ・・・？

２０２２（令和4）年１２月５日記

「2022大阪・中国映画週間」開幕式
2022年11月11日
ウェスティンホテル大阪にて

耿忠さんの司会で、坂和も
薛剣大阪総領事、滝田洋二郎監督と対談

挨拶する総領事の薛剣さん

８名でのくす玉割りにも参加

熱血弁護士

坂和章平

中国映画を語る〈70〉

（さかわ・しょうへい）
１９４９年愛媛県松山市生まれ、大阪大学法学部卒。都市開発に関わる訴訟を数多く手がけ、日本都市計画学会「石川賞」、同年に日本不動産学会「実務著作賞」を受賞。「坂和的中国電影大観」（２００４年）、「ナニワのオッチャン弁護士、映画を斬る！」シリーズをはじめ映画に関する著書多数。（公社）日中友好協会参与、NPO法人大阪府日中友好協会理事。

東京に続き 11 月、「2022 大阪・中国映画週間」を初開催！
劇中劇は面白い！邦題と原題の意味をしっかりと！！

三谷幸喜脚本のNHK大河ドラマ『鎌倉殿の13人』は人物像も会話劇もイマイチだが、『ザ・マジックアワー』はさすが三谷映画と絶賛！ それは、騙す男、騙される男、惑わす女、伝説の殺し屋のキャラが際立ち、卓抜した脚本の中で真剣な演技が爆笑を誘うためだ。そんな三谷作品に敬意を込めた『トゥ・クール・トゥ・キル（这个杀手不太冷静）』が上映！

劇中劇は面白い。それは、同じ三谷映画『笑の大学』や『キネマの神様』『王の男』等で証明済みだが、万年エキストラの魏成功に劇中劇の主役が務まるの？ 隠しカメラ、自由演技の条件で魏を主役の殺し屋に起用したのは某監督とその姉。殺しの標的はギャングのボスだが、それは一体なぜ？ 出会いの局面では魏の過剰演技が目立つが、これが意外な威嚇効果を生み、魏はまんまとボスの配下に。初任務となるイタリアマフィアとの取引に通訳として登場し、『セーラー服と機関銃』の薬師丸ひろ子を彷彿させる、機関銃のぶっ放し演技で大奮闘。これには思わず観客も一緒に快感！ 魏の演技の真剣味が増す毎に観客席から爆笑が！

両親思いの魏が晴れ姿を見せるべく両親を招くあたりから魏の化けの皮が剥げ始める。劇中劇の嘘がバレるのも時間の問題だ。ならば撮影を中止し、魏を解雇するのが誠意。監督姉弟はそれを断行したが、さて魏は？ コメディは観客を笑わせればよいだけではなく、泣かせる場面も不可欠。それが50作も続いた山田洋次監督の『男はつらいよ』の常道だから本作ラストに向けてそれをしっかり味わいたい。近時、政治・軍事面で米中問題が激化中だが、映画界では資金・俳優面で融合中。ジーン・ケリーの『雨に唄えば』を劇中劇で見事に演じる魏に注目！ これがパクリかどうかはともかく、コメディ映画ならこんな米中融合も可以！

©NPO 法人日中映画祭実行委員会

監督：邢文雄（シン・ウェンション）
脚本：邢文雄（シン・ウェンション）
キャスト：馬麗（マー・リー）、魏翔（ウェイ・シャン）、陳明昊（チェン・ミンハオ）、周大勇（チョウ・ダーヨン）、黄才倫（ホアン・ツァイルン）
ジャンル：コメディ
上映時間：109分

中国映画週間上映作品

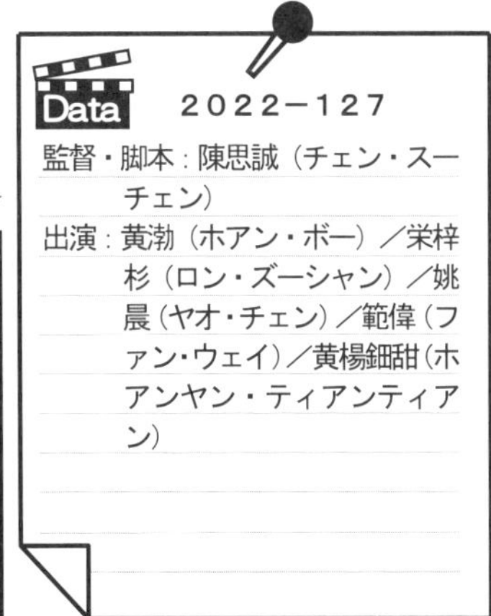

みどころ

モーツァルト（莫扎特）は天才だが、『アマデウス』（８４年）の導入部を観ていると、まるでガキ大将！本作にみる“宇宙から来たモーツァルト”は、一見何の変哲もない“ぬいぐるみ”だが、なぜこれ（彼？）がトルコ行進曲を弾けるの？

「実話モノ」と違って、「ＳＦモノ」は何でもあり。ぬいぐるみだって、頭についたアンテナさえあれば、宇宙との交信も！そして、地球征服の先兵になることも！

中盤以降は、地球上にある“怪しげな秘密結社”との壮絶な闘いを楽しみながら、どんなラストに結びついていくのかに注目！それにしても、中国にこんなＳＦモノがあることにビックリ！

――＊――＊――＊――＊――＊――＊――＊――＊――＊――＊――

■□■モーツァルトもいろいろ！『アマデウス』VS本作！■□■

用汉语写“モーツアルト”是莫扎特。“楽聖”ベートーベンを主人公にした伝記映画もいろいろあるが、“神童”モーツァルトを主人公にした伝記映画の代表は、何といっても『アマデウス』（８４年）。同作の特徴は、ヴォルフガング・アマデウス・モーツァルトを「ライバル！」とみなした、凡才（？）サリエリの視点からモーツァルトの生涯を描いたことだが、そこではモーツァルトの天才ぶりと共に、ヤンチャぶりもタップリ描かれていた。そのため、同作を見れば、天才と狂人は紙一重だということがよくわかったはずだ。『アマデウス』で見た、そんなモーツアルト像に対して、原題の『外太空的莫扎特』を、そのまま『宇宙から来たモーツァルト』という邦題にした本作のモーツァルトは・・・？

２０２２大阪・中国映画週間で上映された計８本のうちの１本である本作のジャンルは「コメディ／SF／ファミリー」の３つに跨がっている。上映時間も１３６分と最も長い。

そのため、良くも悪くも、本作は盛りだくさんになっているが、何と本作のモーツァルトは、一見何の変哲もない“ぬいぐるみ人形”。しかし、よくよく見ると、その頭にはアンテナのようなものが・・・。

本作冒頭、入学者に対するサークルの勧誘風景が描かれるが、父親の任大望（黄渤）から毎日ピアノの練習を強要されている一人息子の任小天（栄梓杉）が弾くモーツアルトのトルコ行進曲（ピアノソナタ第１１番第３楽章）のレベルは？

■□■主人公の夢は不是演奏家、而是天文学者！■□■

人口１４億人の中国は競争社会。受験生が１０００万人という中国の「高考制度」の過酷さは、『少年の君』（２１年）（『シネマ４９』２６９頁）の中で端的に表現されていたが、ピアノの演奏家を目指すとしたら、どうすればいいの？陳凱歌（チェン・カイコー）監督の名作『北京ヴァイオリン』（０２年）（『シネマ５』２９９頁）は、最後にチャイコンことチャイコスキーのヴァイオリン協奏曲が高らかに演奏される中で涙の感動物語が終わったが、田舎町から北京に出て一流の演奏家になる道は大変だった。

同作では１３歳の主人公は天才であるうえ、懸命な努力をしていたが、本作に見る主人公・小天は練習をサボってばかりだから、こりゃやばい。そんな息子と二人暮らしの父親・大望はスパルタ教育でレッスンを監視していたが、小天は親の目を盗んでばかりだ。そんな時、入学者に対するサークル勧誘活動で偶然入手したぬいぐるみ人形が、ピアノの前に座ったかと思うと、見事にモーツアルトのトルコ行進曲を！隣の部屋でそれを聴いた大望は大喜びだが、小天の夢は演奏家にあらず、彼の夢は天文学者になることだったから、ピアノの練習はそっちのけで空の星ばかりを・・・。

■□■このモーツァルト（莫扎特）はなぜ地球に？その野望は？■□■

中国の古典と言えば、『三国志』や『水滸伝』。近代文学と言えば、ノーベル賞作家・莫言（モー・イェン）の『紅いコーリャン』や、閻連科（イエン・リエンコー）の『太陽が死んだ日』『炸裂』等がある。しかし、近時の中国文学にはSFモノの名作も多く、その代表が劉慈欣（リウ・ツーシン）の『三体』だ。彼の近時の作品には、１１編の短編を２冊にまとめた『流浪地球』と『老神介護』もある。

そんな影響もあって本作が誕生し、「２０２２年大阪・中国映画週間」で上映されたわけだが、『宇宙から来たモーツァルト』の正体は一体ナニ？モーツァルトはピアノ演奏だけでなく作曲もできたが、このぬいぐるみはそれもできるの？それはともかく、そもそも、このモーツァルトは何のために地球にやって来たの？当然そんな疑問が湧いてくるが、それは大望と小天の父子対立の中で常に微妙な行動を見せるぬいぐるみや、宇宙からやって来たモーツァルトの“ある行動”によって明らかにされるので、それに注目！

前述したように、ぬいぐるみの頭にはアンテナのようなものがついていたが、これは宇宙と交信するため。というよりも、上層部からの指令を受信し、その命令どおりに動くためらしい。天文学者を目指している小天は、そんなぬいぐるみのモーツァルトが宇宙の星と交信できることを単純に喜んだが、ホントにそんなモーツァルトと友達になっていいの？そんなことをすれば、ひょっとしてモーツァルトを先兵とする宇宙の某国からの地球侵略に手を貸すことになるのでは・・・？

■□■地球上にも怪しげな秘密結社が！■□■

SF モノは奇想天外なストーリー展開の面白さがポイントだが、本作では“宇宙から来たモーツァルト”である、頭にアンテナをつけたぬいぐるみが、宇宙の某国からやってこようとしている地球侵略軍の先兵と見えないところがミソ。その理由はその可愛らしさにあるが、対立する（？）父子関係の間に立ち、トルコ行進曲を媒介として、うまく両者の調整を図る器用さも見せてくれるから、このぬいぐるみ、いや“宇宙から来たモーツァルト”の能力は素晴らしい。

他方、そんな愛嬌いっぱいの“宇宙から来たモーツァルト”に代わって、本作中盤以降は、地球征服をもくろんでいる、地球上の怪しげな秘密結社が登場してくるので、それに注目！日本では近時、旧統一教会問題が話題を呼び、被害者救済法案の成立が図られているが、かつてその広告塔として、歌手の桜田淳子が存在していた。彼女がなぜ統一教会と接点を持ち、その教えにのめり込んでいったのかは知らないが、本作でも“ある美人”が怪しげな秘密結社の広告塔として登場するのでそれに注目！そのため、本作の中盤以降は冒頭で見た楽しげな入学式の雰囲気とは全く異質な、SF モノ特有のあっと驚く展開になっていくので、そのストーリー展開はあなた自身の目でしっかりと。

そして、本作ラストでは、宇宙から来たモーツァルトが宇宙に帰っていく姿（？）をしっかり目に焼きつけたい。

２０２２（令和4）年１２月６日記

宇宙から来たモーツァルト

外太空的莫扎特 (2022)

監　督：陳思誠
脚　本：陳思誠/陳思宇/範凱華/全麗璇
　　　　唐紅漢/楊木子
キャスト：黄渤/栄梓杉/姚晨/範偉/黄楊鈿甜
ジャンル：コメディ/SF/ファミリー　上映時間：136分

上映時間
11月12日(土)19:20　11月17日(木)19:20

第4章
これぞ中国！中国流問題提起作

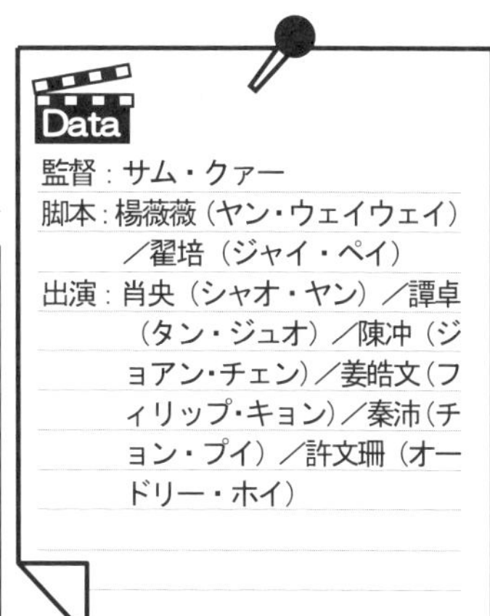

みどころ

『唐人街探偵』シリーズの第３作『唐人街探偵　東京 MISSION』（２１年）は日本でも大評判だが、本作のような「黒馬之作（ダークホース的作品）があったとは！『万引き家族』（１８年）や『パラサイト　半地下の家族』（１９年）以上に意味シンなタイトルだが、原題の『误杀』（誤殺）は更に物騒！他方、英題の『Sheep Without a Shepherd』とは一体何？

「映画を１０００本も見れば世界にわからないことなどない」と豪語する映画マニアの主人公が、危機の中、「誰も刑務所に行かせない。これからは父さんがみんなを守る」と宣言したことによって“共謀家族”が誕生！他方、「１０００の事件を研究すればわからないことなどない」と豪語する警察局長の強引（ハチャメチャ？）な捜査の展開は？

衆人監視の中での死体発掘が本作のハイライトだが、そこに見る、あっと驚く結末は？「探偵モノ」なら勧善懲悪のハッピーエンドでオーケーだが、「黒馬之作」たる本作のラストに見る「Shepherd」（羊飼い）の決断は？

――＊――＊――＊――＊――＊――＊――＊――＊――＊――＊――

■□■危うく見逃し！まさにダークホース作品！■□■

本作は、「２０２０年東京・中国映画週間」で『誤殺～迷える羊の向かう先～』の題名で上映され、シャオ・ヤン（肖央）が金鶴賞主演男優賞を！また、中国で２０１９年１２月１３日に封切られた本作は、封切りの週にいきなり「今週の興行成績」第１位を獲得。その後、翌週封切りの『イップ・マン　完結』（１９年）にトップを奪われたものの、２０２０年が明けた１月半ばに奪い返し、以後３月末まで、両作はトップ争いを繰り広げたらしい。さらに、本作は「２０２０年映画年間ランキング国産編」で第９位にランクインし、興行収入も約２１０億円だから、すごい。

私はそんな本作を全く知らず、チラシも見たことがなかった。去る７月１日に中国共産党決党１００周年を迎えた中国では、一方では『ウルフ・オブ・ウォー２（戦狼２）』（１７年）（『シネマ４４』４３頁）の後を継ぐような愛国映画に、他方では『唐人街探偵』シリーズの第３作たる『唐人街探偵　東京MISSION』（２１年）のようなエンタメ大作に注目が集まっているから、本作を「黒馬之作（ダークホース的作品）」と呼んだサイトもあったそうだが・・・。

■□■原題vs英題どちらもグッド！邦題は？こりゃ興味津々！■□■

本作の原題は『误杀（誤殺）』だが、英題は『Sheep Without a Shepherd』。そして、邦題は『共謀家族』だ。この邦題は、是枝裕和監督の『万引き家族』（１８年）（『シネマ４２』１０頁）やポン・ジュノ監督の『パラサイト　半地下の家族』（１９年）（『シネマ４６』１４頁）の強烈なイメージと結び付けようとする戦略だが、原題とも英題とも全然異質なそんな邦題でホントにいいの？もっとも、原題も邦題も、そのタイトルからそれなりの映画（のストーリー）をイメージできるが、『Sheep Without a Shepherd』という英題からイメージできる映画のストーリーとは？「Shepherd」は「羊飼い」あるいはイエス・キリストのことだが・・・。

後述のとおり、本作には誤ってある男を殺してしまうストーリーが登場するから、『誤殺』はピッタリ！また、警察の追及から逃れるため、主人公の４人家族が必死で完全犯罪のストーリーを共謀するから、『共謀家族』というタイトルもピッタリだ。それに対して、英題がなぜ『Sheep Without a Shepherd』とされたのかはわからないが、導入部には、横暴な警察官が威嚇で羊を射殺してしまうシークエンスが登場するので、そこに注目！しかし、そうだとしても、なぜそんな英題になっているの？

私は、ずっとそれを考えながら観ていたが、あるシークエンスの展開が私の予想通りだったので、なるほど、なるほど・・・。

■□■舞台は？４人家族は？なぜ脱獄シーンが？■□■

本作はれっきとした中国映画だし、『共謀家族』と邦題された４人家族もれっきとした中国人だが、なぜか、舞台は東南アジアのタイ。幼き日に中国からこの地に移り住んできたリー・ウェイジエ（李維傑）（肖央（シャオ・ヤン））は、インターネット回線会社を営みながら、妻のアユー（阿玉）（譚卓（タン・ジュオ））、高校生の娘ピンピン（平平）（許文姗（オードリー・ホイ））、まだ幼い妹のアンアン（安安）（張熙然）と共に４人家族で平穏な生活を送っていた。目下の悩みは、反抗期になったピンピンがあまり口をきいてくれないことだが、『ショーシャンクの空に』（９４年）が大好きなリーは、暇さえあれば事務所で映画ばかり見ている映画マニアだった。

『万引き家族』や『パラサイト　半地下の家族』のように、導入部はそんな４人家族の自己紹介から入るのが筋だが、なぜか本作冒頭は、刑務所に入っているリーが独房のトイレをこじ開け、汚水が流れる排水路を通り、外に運搬される木棺の中に隠れて脱獄するシークエンスになる。ところが、木棺は土の中に埋められているようだし、マッチを擦ってみると、隣には死体が。驚いたリーは、思わず悲鳴を上げたが・・・。

これは現実ではなく、映画マニアのリーが食堂の主人ソン（頌恩）（秦沛（チョン・プイ））を相手に語る映画ネタのおしゃべりだ。「脱獄モノ」が大好きなら、そのベスト作は、ハリウッドの大スターが共演した『大脱走』（６３年）とスティーブ・マックイーン主演の『パピヨン』（７３年）だが、リーが一番好きなのは『ショーシャンクの空に』だ。そんな彼は、「映画を１０００本も見れば世界にわからないことなどない」と豪語していたが・・・。

■□■警察局長は女性！タイ警察の体質は？その家族は？■□■

一方に「映画を１０００本見れば世界にわからないことなどない」と豪語する男がいれば、他方、「１０００の事件を研究すればわからないことなどない」と豪語する女の警察局長が登場するのが本作のミソだ。住民に顔なじみの警官サンクン（桑坤）（施名帅）は横暴で、露骨に賄賂を要求する警官だから、みんなに嫌われていた。ある日、住民ともめ事を起こしたサンクンは、リーたちの目の前でいきなり拳銃を抜いたからビックリ。さすがに相手を撃つことはなかったが、拳銃音の後には、１匹のヤギが血を流しながら倒れていたから、ビックリ。人間でなくヤギなら、見せしめ的に殺してもいいの？そんなサンクンを尻目に、ある殺人事件の容疑者を尋問し、犯罪トリックを暴いて見せたのが警察局長のラーウェン（拉韫）（陳冲（ジョアン・チェン））。「１０００の事件を研究すればわからないことなどない」と豪語する彼女だが、手段を選ばない彼女のやり方は如何なもの？たまに成功することはあっても、いつかヤバいことになるのでは？

ラーウェンの夫は、市長選挙に出馬している議員デゥポン（都彭）（姜皓文（フィリップ・キョン））。その姿を見ていると、表の顔と裏の顔の違いが顕著だ。最有力候補になっている彼は、目下選挙活動に忙く、めったに自宅で家族と食事をする時間もないから、１人息子のスーチャット（素察）（辺天揚）はわがまま放題に育ったらしい。久しぶりに自宅で妻と話をしたデゥポンは、息子に車まで買ってやった妻に対して、「わがまま放題に育てたお前が悪い」と責めていたが、そんな風景を見ていると、こちらの家族でも父親と息子の関係はうまくいっていないようだ。もちろん、しがないインターネット回線の会社をやっているリーの家族と、市会議員と警察局長のデゥポンとラーウェン家族の間に、接点など今は何もないのだが・・・。

■□■サマーキャンプは危険がいっぱい！その顛末は？■□■

本作でラーウェン役を演じたのは『戦場の花』（７９年）に１０代の時に出演して高い評価を受けた女優ジョアン・チェン。その後、『ジャスミンの花開く（茉莉花開）』（０４年）（『シネマ１７』１９２頁）、『胡同（フートン）のひまわり（向日葵）』（０５年）（『シネマ１７』４１５頁）、『ラスト、コーション（色、戒）』（０７年）（『シネマ１７』２２６頁）、『四川のうた（二十四城記）』（０８年）（『シネマ３４』２６４頁）等にも出演しているそうだが、どう見ても私には美人女優とは思えない。他方、本作にピンピン役で出演している許文珊（オードリー・ホイ）はその実の娘だそうだが、こちらは母親と違って（?）かなりの美人。せっかく学校からサマーキャンプに行けるエリートとして選ばれたのに、父親がその費用を出せないことにむくれていたが、喧嘩した夜、父親がこっそりそれを用意してくれたから、ピンピンは喜んでサマーキャンプへ。ところが、そこでピンピンに目を付けた不良のスーチャットがピンピンに近づき、言葉巧みに睡眠薬入りの酒を飲ませたからアレレ・・・？

その後の展開がスクリーン上で描かれることはないが、その後自宅に戻ったピンピンが部屋に閉じこもってしまう情景を見ると、映画のモンタージュ効果（ショットをつなげて、一つの意味のある映像になるという理論）（『映画検定公式テクストブック』２０１頁）によって、ピンピンがスーチャット達に痛い目にあわされた（レイプされた）ことがはっきりわかる。父親は鈍感だが、母親はそんな娘の様子にピンときたようで、優しく「何かあったら話して」と語りかけると・・・？

■□■“誤殺”が発生！死体処理は？ここに共謀家族が誕生！■□■

若いくせに、スーチャットのピンピンへの脅し方は巧妙で、「今夜は楽しもう。」、「もし、時間通りに来なければ、動画をネットにあげるから」と言われると、うぶで何の対抗策も持たないピンピンは？指定された時刻に指定された場所に行くと、そこにはピンピンが待っていたから、スーチャットはウハウハ。そのままコトに及ぼうとしたが、そこに母親がいたからビックリ。母親は、「あなたが誰の息子でも、娘に手を出したら許さない」とスーチャットに立ち向かったが、所詮、力では若い男の方が上。そんな状況下、ピンピンがスーチャットのスマホを奪おうと、近くにあった鍬を掴み、振り下ろすから、さあ大変だ。

そんな“誤殺”が起きたのは、自宅の裏が墓場になっているリーの自宅の物置だ。地元の警察は信用できないため警察に通報せず、スーチャットの死体を自分で始末すると決意したアユーは、ピンピンとともに何とか墓場を掘り起こしてスーチャットの死体を棺の中に入れたから一安心！？

他方、その日たまたま遠くへ出張していたリーは、趣味のムエタイを楽しんでいたが、自宅に何度電話しても出ないため、心配になってタクシーで戻ってみると、アレレ、家族は大変な事態に。さあ、リーは、そんな状況下どうするの？そこでのリーのセリフは、「誰も刑務所に行かせない。これからは父さんがみんなを守る」だから、こうなると『共謀家族』というタイトルがまさにピッタリ！そこで気になるのは、ただならぬ気配を感じて起き出した幼いアンアンが、アユーやピンピンの行動の一部を目撃していたことだが、さて、そこで誕生した"共謀家族"によるその後の共謀は？

■□■アリバイ偽装は？映画の知識を駆使したそのレベルは？■□■

去る７月１０日に観た中国映画の大ヒット作『唐人街探偵　東京 MISSION』の、ラストに見る本格的推理は、見事なレベルになっていた。それに対して、本作中盤は、アユーとピンピンが自宅の墓地に埋めてしまったスーチャットの死体を如何に隠し通すの？そのために如何なる偽装とアリバイ工作をするのか？それをテーマに、リーが大奮闘を続けるので、それに注目！

導入部を見る限り、リーはインターネット回線の会社の経営者としてしっかりした技量を持っているようだし、その仕事ぶりも人柄も地域のみんなに好かれていたようだが、本作中盤で見せる、リーの八面六臂の活躍（偽装工作）は、「彼にはこんな素晴らしい隠れた才能があったのか」と感服させられるレベルのものだから、それに注目！一方で、スーチャットの車の処分を終えたリーは、他方で週末の仕事を兼ねて久しぶりの家族旅行を計画し、それを実行するが、それは何のため？もちろんそれは偽装工作のためだが、そこではどんな仕掛けを？

他方、偽装工作とは別に対策しなければならないのは、警察の尋問に対する家族たちの供述の在り方。どこまで口裏合わせをすればいいの？矛盾点が出てきた時はどうすればいいの？高校生のピンピンは準備すればしっかり対応できるとしても、幼いアンアンは尋問経験豊富な警察の追及にどこまで耐えられるの？そんな心配でいっぱいだが、そこは「映画を１０００本見れば世界にわからないことなどない」と豪語していたリーのこと、本作中盤では、リーたち「共謀家族」のレベルの高さをタップリ楽しみたい！

■□■共謀は大成功！それも束の間、衆人監視下の死体発掘は■□■

リーの偽装工作にもかかわらず、湖に遺棄したスーチャットの車は発見できたが、行方不明になっているスーチャットの死体はどうしても発見できなかったから、ラーウェンは次第に追い詰められていくことに。こうなれば、幼いアンアンを含む４人家族を逮捕して、尋問し、供述の矛盾点を追求する他なし。そんなラーウェンの決断によって、４人家族が揃って逮捕され、矛盾点を探るべく、それぞれ個別に尋問されることになったが、そんな風景は、民主警察国家の日本では考えられないものだ。しかし、中国はもちろん、タイでもそれくらいは当たり前！？

７月１８日には、全勝同士で、横綱白鵬と大関照ノ富士の千秋楽決戦を迎えたが、そのギリギリの攻防戦で勝利したのは、経験豊かな白鵬だった。それと同じように、いくらリーが知能の限りを尽くした偽装工作を施しても、所詮すべてを矛盾なく説明するのは無理。まして、一度は釈放された４人家族も、「映画を１０００本見れば世界にわからないことなどない」と豪語していたリーがそれまでに鑑賞した犯罪映画の数々を精査されてみると・・・？その結果、いったん釈放されていた4人家族は再度逮捕されたうえ、ギリギリの脅迫めいた自白を求められたアンアンが、ついにあの日、目にした光景を供述したから、これにて共謀家族はアウトに！？

しかして、一度はまんまと大成功を収めていた共謀家族の共謀も、アンアンの自供から外堀を埋められ、ついに今日は衆人が監視する中で、警察による死体発掘作業が始まることに。そこには、もちろん4人家族も立ち会っていたが、アユーとピンピンは自らの手で、あの墓地の、あの棺を掘り起こし、その中にスーチャットの死体を入れたのだから、それが掘り起こされれば、その中から今はかなり腐敗しているスーチャットの死体が・・・。

私たち観客は、現場に集まった共謀家族やタイの市民たちとともにそんなスクリーン上を食い入るように見入ったが、さあ、開けてビックリ玉手箱！棺の中には一体何が？なるほど、なるほど、ここであのエピソードが！

■□■どこか異色の中国映画！原型はインド！監督は台湾系！■□■

前述のように、本作は舞台がタイに設定されているから、リーたち4人家族は“移民系中国人”。リーがどんな宗教を信じようと自由だが、スクリーン上には、リーが托鉢僧に深々とお辞儀をし、お布施をするシークエンスが2度も登場する。これは、普通の中国映画にはない風景だ。

また、本作はまず導入部での脱獄シーンにビックリだが、それに続いて、タイに移住して生活している中国人の4人家族の肩身の狭さ（＝差別）が強調されている。その対極にあるのが、町の中で威張り散らしているタイ人警官のサンクンだが、その頂点に君臨する地区警察局長ラーウェンの独裁ぶりも顕著だ。今や「米国に追いつけ！追い越せ！」状態になっている中国映画は、全世界に発信を続けており、『唐人街探偵』シリーズ第3作では「東京 MISSION」達成のために堂々と東京に乗り込んでいた。ところが、本作では、米国で生活する中国人が今なお肩身の狭い思いをしているのと同じように（？）、タイという異国で差別を受けながら生活している中国人家族を主人公にしているので、それに注目！

本作が長編デビュー作になったサム・クァー（柯汶利）監督は、私が近時注目している『凱里ブルース（路辺野餐）』（15年）（『シネマ46』190頁）と『ロングデイズ・ジャーニー　この夜の涯てへ（地球最后的夜晚）』（18年）（『シネマ46』194頁）のビー・ガン（毕贛）監督や『象は静かに座っている（大象席地而坐）』（18年）（『シネマ46』201頁）のフー・ボー（胡波）監督より少し先輩の、1985年生まれの若手だが、マレーシアのペナン出身で、台湾の台北国立芸術大学を卒業して映画界に飛び込んだそうだ。そんな彼は、2020年にはシャオ・ヤンも出演した TV シリーズ版『唐人街探案』の4エピソードを監督しているからかなりの注目株だが、やはり純粋の中国大陸系ではなく、マレーシア系であり、また台湾系だ。

そんなことを考えながらパンフレットを読んでいると、何と本作には原作になった2本のインド映画があるそうだ。それは、①南インドのケーララ州を舞台にしたマラヤーラム語映画の『Drishyam（ドリシャム／光景）』（１３年）と、②アジャイ・デーウガン主演のヒンディー語映画の『ビジョン』（１５年）の２本。そして、本作は、『Drishyam』の正式リメイク作品としてウィキペディアのクレジットにも、監督・脚本のジートゥ・ジョセフ監督の名前が挙がっているそうだ。興味深いのは、そのリメイクに際してサム・クァー監督が本作でさまざまな改変を施していること。その詳細は、松岡環（アジア映画研究者）のコラム「高度なサスペンスと名演技が織り上げる驚愕の物語」を読めばよくわかるが、本作を鑑賞するについては、“共謀家族”になってしまった中国人家族の本拠地をタイに設定したことの意味をしっかり確認したい。そうすれば、なるほど、あのお布施のシークエンスにも納得だし、悪徳警官のサンクンが羊を射殺するシーンにも納得！

■□■勧善懲悪のハッピーエンドでOK？羊飼い最後の決断は■□■

「敵を欺くには、まず味方から欺け！」。そんな金言をどう理解するかは難しい。主君・浅野内匠頭の仇討ちを決心した家老の大石内蔵助は、そんな戦略で多くの味方を欺くことによって、結果的に仇討ちに成功したが、そんなことができる中国人は、諸葛孔明か曹操くらい？私はそう思っていたが、本作のクライマックスはそんなシークエンスになる（？）ので、それに注目！その結果、一方では、これまでさんざん警察にいじめられてきたリーたち４人家族は一躍英雄になったものの、他方では、ラーウェン局長の威信は崩壊してしまったうえ、市長を目指していたデゥポンも失脚してしまうことに。

スーチャットの死体は見つからないままだから、彼はきっとどこかに失踪したのだろう。世間の目はそんな風に収まっていったが、子供に対する母親の愛は、スーチャットからレイプされたピンピンの母親のアユーも、失踪してしまったスーチャットの母親ラーウェンも同じだ。しかして、本作はメインストーリーがあっと驚く結末を迎えて終了した後、さらに、すべてを失った市長候補のデゥポンと警察局長のラーウェンがリーに対して「真相を教えてほしい」とすがるシークエンスになるので、それに注目！

あの時、急遽自宅に戻ったリーは、アユーとピンピンに対して「誰も刑務所に行かせない。これからは父さんがみんなを守る」と宣言し、結果的にそれを完全に成し遂げたから、彼は「Sheep Without a Shepherd」の“羊飼い”としての重責を全うしたことになる。もちろん、これは“共謀家族”が総力を結集したことによるものだが、そこにはリーの“羊飼い”としての様々な苦悩があったはずだ。今、デゥポンとラーウェンからの“涙の訴え”と“心の叫び”を聞かされると、リーのその苦悩はピークに。さあ、そこに見る“羊飼い”たるリーの最後の決断は？

『唐人街探偵　東京 MISSION』は「探偵モノ」だから、密室殺人事件のトリックを見破り、真犯人を挙げればそれでハッピーエンドになる。しかし、本作のような“共謀家族”が勧善懲悪のハッピーエンドで終わっていいの？そんな本作の結末を考えていると、やっぱりサム・クァー監督は大陸系ではなく、マレーシア系！台湾系！

２０２１（令和3）年7月２１日記

熱血弁護士

坂和章平

中国映画を語る〈59〉

（さかわ・しょうへい）１９４９年愛媛県松山市生まれ、大阪大学法学部卒。都市開発に関わる訴訟を数多く手がけ、日本都市計画学会「石川賞」、同年に日本不動産学会「実務著作賞」を受賞。『坂和的中国電影大観』（２００４年）、『ナニワのオッチャン弁護士、映画を斬る！』シリーズをはじめ映画に関する著書多数。（公社）日中友好協会参与、NPO法人大阪府日中友好協会理事。

この共謀家族の、このアリバイ工作なら、完全犯罪も可能！
どこか異色の中国映画が大ヒット！原型はインド、監督は台湾系！

中国では『戦狼2』（17年）に続いて『長津湖』（21年）が一千億円超の興行収入歴代トップになったが、20年に第9位、２１０億円になった黒馬之作（ダークホース）が本作。実行行為がなく共謀だけでも共謀共同正犯とされる刑法理論は中国でも同じ。すると、レイプ犯を娘と母親が殺し、死体を埋めてしまうと？それを聞いた父親は「誰も刑務所に行かせない。俺が家族を守る」と宣言したから、ここに幼い妹を含む共謀家族が誕生！『万引き家族』（18年）や『パラサイト　半地下の家族』（19年）からのパクリ的な邦題に対し、『误杀』の原題は直線的だ。敵を欺くにはまず味方から。そんな金言は日本でも中国でも共通。本作冒頭の刑務所からの脱獄シーンは映画ネタの自慢話だが、一匹のヤギが横暴な警察官に射殺されるシーンは現実だから怖い。しかして『Sheep Without a Shepherd』なる英題の意味は？

本作の舞台は中国本土ではなくタイ。「映画を１０００本も観ればわからないことなどない」と豪語する父親は移民として肩身の狭い生活をしていたが、自宅裏に埋めた死体隠蔽を含む完璧なアリバイ工作の特訓を！本作では何よりも、過去の膨大な犯罪映画のトリックを応用し、捜査の先まで読み尽くした完全犯罪に向けた共謀ぶりを楽しみたい。他方、レイプ犯の母親は「１０００の事件を研究すればわからないことなどない」と豪語する警察局長だから、市長選挙に出馬する夫の権限も活用した大捜査網を！これでは、いくら巧妙な口裏合わせでも対抗はムリ？今日はとうとう衆人環視の中、死体掘り起こしの現場検証の日に。『太陽がいっぱい』（60年）で観た巧妙な死体隠しと署名偽造も結局バレてしまったが、本作もやっぱり？本作はメチャ面白いしメチャ奥が深い。こりゃ必見！予想もつかない結末をしっかり注目し、さまざまな議論のネタとしたい。

監督：サム・クァー　原作：周大新
製作総指揮：チェン・スーチェン
出演：シャオ・ヤン、タン・ジュオ、ジョアン・チェン、オードリー・ホイ、フィリップ・キョン、チョン・プイ
製作年：2019年中国　112分
発売元：インターフィルム
DVD絶賛発売中！¥4,180（税込）

Data

監督：曾國祥（デレク・ツァン）
原作：玖月晞 オンライン小説『少年的你，如此美麗』
脚本：林詠琛（ラム・ウィンサム）／李媛（リー・ユアン）／許伊萌（シュー・イーメン）
出演：周冬雨（チョウ・ドンユィ）／易烊千璽（イー・ヤンチェンシー）／尹昉（イン・ファン）／黃覺（ホアン・ジュエ）／吳越（ウー・ユエ）／周也（ジョウ・イエ）

みどころ

中国に「高考」の制度があることは知っていたが、受験生が１０００万人とは！日本の「共通一次試験」のマーク方式と、こんなにも違うとは！

いじめと搾取は資本主義特有の現象で、「欲するままに受け取る」理想的な共産主義社会では存在しないのかもしれないが、今の中国では？本作は『ソロモンの偽証　前篇・事件』（１５年）と同じように女子高生の飛び降り自殺から始まるが、その原因はいじめ・・・？

『泥だらけの純情』（６３年）は吉永小百合演じる令嬢と浜田光夫演じるチンピラとの純愛がテーマだったが、本作に登場するチンピラは“専属のボディガード役”を希望し、それに専念するが、それは一体ナゼ？そこから生まれる２人の“魂の叫び”は如何に？クライマックスに向けて起きるいじめは凄惨なものだが、なぜそこまで？そこから起きる「女子高生殺害事件」の犯人は？刑事たちの捜査は？

『ソロモンの偽証』に見た校内裁判も興味深かったが、本作ではミステリー調の犯人探しと若い２人の“純愛”に注目しながら、「高考」を生き抜いたヒロインの成長をしっかり確認したい。

――*――*――*――*――*――*――*――*――*――*――

■□■中国の高考とは？そのものすごさにビックリ！■□■

私が１９７１年に司法試験を受けた頃は、受験生が約２万人で合格者が約５００人、倍率４０倍の厳しさだった。しかし“司法改革”の名の下で始めた法科大学院制度は私の予言どおり大失敗。その結果、２０２１年５月１２日に全国７都市９会場で行われた司法試験の受験者は３４２４人。合格者は１５００名弱だから、その倍率は約２．２８倍という惨憺たる有り様だ。

大学の入試制度も、私が１９６７年に大阪大学法学部に合格した頃は、国立１期、国立２期、私立大学などの区別だったが、その後、①１９７９年から１９８９年までの間は、国公立大学の入学志望者を対象とした共通一次試験（大学共通第１次学力試験）が実施され、続いて、②１９９０年から２０２０年までの間は「大学入試センター試験」に変更され、マークシート方式による受験生の“振り分け”が定着した。そのレベルがどの程度かは“ゆとり教育”の問題点を含めて考える必要があるが、そんな日本と比べ、人口１３億人の中国の大学入試制度はどうなっているの？

中国史が大好きな私は、中国には昔から“科挙”という超過酷な官吏登用試験制度があったことを知っている。そんな中国では、全国統一の大学入学試験として「高考」が１９５２年にはじめて実施された。その後、毛沢東が主導する文化大革命の方針により１９６６年から１９７６年まで中止されていたが、毛沢東が死去した翌年の１９７７年に再開された。その詳細はネット情報などで調べてもらいたいが、驚くべきは毎年6月7日・８日に行われる「高考」の受験者数は約１０００万人もいること。第2は、国語・数学・英語の各１５０点＋文理選択で、文科総合は歴史・地理・政治で、理科総合は物理・化学・生物の筆記試験であること。第3は国語は語文（現代文・古文・作文）で構成されるうえ、作文では自由な発想が尊重されることだ。こんな試験は受ける方も大変だが採点する方も大変だ。科挙の時代と違って、約９００万人が合格し、そのうち４５０万人までが、四年制大学に合格、残りの４５０万人は三年制の「専門学校」扱いの学校に入れるそうだ。また、地域格差や地域逆格差、そして少数民族加点制度もあるから賛否はいろいろだが、とにかく春節の民族大移動が１５万人という国にふさわしい、ものすごい規模の試験であることは間違いない。私の知っている若い中国人の友人諸君はみんなこの「高考」を経て一流大学に入り、そこからさらに日本語を習得して日本に留学し、日本で仕事についているのだから揃って優秀なのは当たり前。また、日本の若者が揃って彼らに負けるのも、ある意味当たり前？

■□■中国の学校にもいじめが？その深刻さは？対策は？■□■

私の小学生時代にも中高生時代にも、勉強の世界での“できる子”と“できない子”の区別とは別の、“強い者”による“弱い者”いじめの姿はあったが、今の日本に定着しているような「いじめ」という特別の概念はなかった。学校は勉強を学ぶ場だけでなく、集団生活の在り方なども学ぶ場だが、どうしても学業成績の良し悪しが優先するから、“ガキ大将”はもとより、運動はできても勉強ができないヤツは先生からは誉めてもらえないことになる。すると、授業中の教室という学校のメインの場で存在感を発揮することができないそれらの連中は・・・？そんな生徒たちが徒党を組んで、勉強だけは得意でいつも先生から褒めてもらっている生徒を懲らしめてやろうと思えば、一体どんな行動を？

理想的な共産主義国家では、誰もが「欲するままに受け取る」ことができるから、資本主義社会のような競争や搾取はない。したがって、そんな理想的な共産主義国家の学校ではいじめもないはず。確かに理論的にはそうかもしれないが、それは中国共産党が一党独裁的に支配し、理想的な共産主義国家を作っている中国でも、現時点では無理らしい。その理想の実現は何百年も後になりそうだ。高校での「いじめ」をテーマにした本作を観ていると、それがはっきりと！

日本でも「いじめ」を巡ってはさまざまな法的対策が取られたが、中国でも近時は「校内いじめ防止法」等の法的対策が取られているらしい。ちなみに、ネット情報によると、姚逸葦の論文「いじめの対策と『学校の境界』」があり、そこでは、「中国大陸、台湾、日本のいじめ対策をめぐる比較研究」による詳しい分析があるので、興味のある人はご一読を！

■□■校内で飛び降り自殺が！その原因は「いじめ」？■□■

２０２０年6月３０日に「香港国家安全法」が制定された香港は、今や“一国二制度”が崩壊し、政府も議会も中国（本土）の言いなり状態になっている。そんな中、香港の俳優エリック・ツァンの息子として当然のように俳優となったうえ、『七月と安生』（１６年）等で監督としても高く評価されている曾國祥（デレク・ツァン）は本作で、中国内陸部の都市の学校を舞台に、いじめ問題に真正面から切り込んだ。

本作は、女子高生・胡暁蝶（フー・シァオディェ）（張芸凡）が校舎のバルコニーから飛び降り自殺をするシークエンスから始まる。これは、宮部みゆきの原作を成島出監督が映画化した『ソロモンの偽証　前篇・事件』（１５年）と同じだ（『シネマ３６』９５頁）。同作では、その第１発見者が２年A組のクラス委員を務める藤野涼子演じる優等生のヒロインだったが、本作では張芸謀（チャン・イーモウ）監督の『サンザシの樹の下で』（１０年）（『シネマ３４』２０４頁）でデビューした周冬雨（チョウ・ドンユィ）演じる陳念（チェン・ニェン）がヒロイン。チェンはフーの友人だったこともあって、その死体にチェンが着ていたジャージを掛けてやったため、一躍注目されてしまう存在になることに。チェンはフーと一緒に給食を配ったりしていたが、特に仲が良かったわけでもない。そのため、学校からそして警察からその死亡を巡る事情（他殺？自殺？）を聞かれても何も答えられなかったが、全校の先生や生徒が注目する中で、あんな目立った行動をしていいの？ひょっとしてフーの死亡の原因がいじめだったら、次の標的がチェンに向かってくるのでは？

■□■ひたすら勉強！その目的は？家庭環境は？■□■

本作の本編は、白いブラウスに薄青色のジャンパースカートの制服を着たチェンの姿が中心だが、導入部では英語の教師として生徒たちに発音を教えているチェンの姿が登場する。これを観ていると、なるほど、「高考」のためにあれほど厳しい勉強をしていただけのことはあり！と感心させられるが、「高考」受験後、チェンはどんなコースを経て教師の地位に？フーの飛び降り自殺（？）が起きたのは、「高考」の少し前。いじめ集団のボスは美人だがワガママなお金持ちのお嬢様の魏莱（ウェイ・ライ）（周也（ジョウ・イエ））。それにべったり付き従うのが、罗婷（刘然）と徐渺（张歆怡）の２人だ。

それに対して、チェンには父親がおらず、母親の周蕾（ヂョウ・レイ）（呉越（ウー・ユエ））と２人暮らしだが、その母親も大きな借金を抱える中、チェンの学費を稼ぐため出稼ぎに出かけていた。その仕事は美容パックを売っているようだが、先日チェンが交わした電話では、客から「肌が荒れた」とクレームがついているというから、なにやら怪しげだ。そんなチェンの貧乏生活ぶりはすでにバッチリ、ウェイたちの情報に入っているらしい。ウェイはいじめグループのリーダーながら成績も優秀だから、親からは当然一流大学に入るものと期待されていた。そんなウェイからすれば、あんな貧乏な母親１人娘１人のチェンに、学校の成績や「高考」入試で負けるわけにはいかないのは当然。そう思うと、必然的にフー亡き後、次のいじめの標的はチェンに・・・？

『サンザシの樹の下で』では、高校３年生のずぶの素人だったにもかかわらず、突然“イーモウ・ガール”として主役に抜擢されたチョウ・ドンユィが、本作では「高考」の受験を控えた高校３年生・チェンの複雑な内面を表現力豊かに演じているので、それに注目！ちなみに、『サンザシの樹の下で』から約１０年、必然的に少し老けたはずだが、それでもセーラー服姿ならぬ白いブラウスに薄青色のジャンパースカートの制服姿がピッタリ決まっていることに改めてビックリ！

■□■なぜこんなチンピラと？『泥だらけの純情』を彷彿！■□■

私が中高校時代に観ていた邦画は「青春モノ」が多かった。そこには大映の姿美千子や高田美和、東宝の星由里子等がいたが、やはりセーラー服姿の女子高生を演じさせれば、日活の吉永小百合と和泉雅子がピカイチだった。それに比べると『ソロモンの偽証　前篇・事件』での藤野涼子は？そして、本作でのチョウ・ドンユィは？

それはともかく、日活青春映画で吉永小百合の“お相手”を務めた浜田光夫は、高橋英樹と違って演技達者だったから、『愛と死をみつめて』（６４年）のような深刻な「純愛モノ」から、藤原審爾の原作を中平康監督が映画化した『泥だらけの純情』（６３年）でのチンピラ役まで幅広い役をうまくこなしていた。しかして、範疇から言えば「学園モノ」、テーマ別で言えば「いじめモノ」たる本作に、なぜかチンピラの刘北山（リウ・ベイサン）（＝小北（シャオベイ））（易烊千璽（イー・ヤンチェンシー））が準主役として登場するので、それにも注目！

もちろん、受験勉強一本槍の生活を続けているチェンに、シャオベイのようなチンピラの友人がいるはずはないから、シャオベイがチェンと知り合ったのは、チェンがいじめられている（暴行されている）現場に偶然出くわしたシャオベイが、スマホで警察に連絡しようとしたところを見つけられたためだ。そのとばっちりで、チェンも金を取られ、スマホを壊されたうえ、無理やりシャオベイとキスまでさせられたから、この２人の出会いは最悪。しかし、その後チェンがウェイ達による執拗ないじめに遭っていることを知ったシャオベイは？いじめられっ子同士が気が合った、というのはあまりに安易すぎる表現。『泥だらけの純情』は、吉永小百合扮する富豪令嬢が、新宿の盛り場で知り合った浜田光夫扮するチンピラ青年と身分違いの純愛に陥っていく姿を感動的に描いていたが、本作中盤では、デレク・ツァン監督が描く、チェンとシャオベイの“魂の叫び”のような“生態”と“純愛”をしっかり受け止めたい。

■□■学校の調査は？警察の捜査は？チェンへのいじめは？■□■

『ソロモンの偽証　前篇・事件』、『ソロモンの偽証　後篇・裁判』は学校内でのいじめがテーマだが、宮部みゆきの推理小説が原作だから、自殺か他殺か？他殺だったら誰が犯人か？というミステリー色が強かった。そのため必然的に警察の出番があったが、同作後半は“校内裁判”という面白い設定になっていた。それに対して、本作導入部で見るフーの死亡は自殺の可能性が高いから、その処理は本来学校の調査で進めるべきで、警察の捜査が入る余地は少ないはず。ところが、意外にも本作では、若い刑事のヂォン・イー（イン・ファン）が、いじめを受けているチェンを救うべく奮闘をする中で“第3の主役”のような立場になっていくので、それに注目！相棒となる先輩刑事ラオヤン（ホアン・ジュエ）はそんなヂォンをある意味冷ややかに見つめていたが、さて、ヂォンはウェイたちによるチェンへのいじめをどこまで捜査するの？

そう思っていると、「高考」の受験日が近づいたある日、チェンはウェイをリーダーとする３人からひどいいじめを受けることになるが、その程度はハンパないのでそれに注目！ここらあたりが中国や韓国映画のすごいところで、邦画ではとてもとても・・・。そんな惨状に陥ったチェンと、前からずっとどうしようもない状態にあったシャオベイとの間に“心の交流”が芽生えたのも当然。『泥だらけの純情』の場合はそれが令嬢とチンピラとの純愛という形で進展していったが、本作のシャオベイはチェンの“専属ガードマン”の役割を選択し、チェンもそれを受け入れるという珍しいパターンになるので、それに注目！

もともと、シャオベイは特定の職業についているわけでもなく、特定の組織に入っているわけでもないから、２４時間フリー。それならストーカーのように、２４時間チェンの後ろに付き添ってチェンを見守ることも可能ということだ。それはそれで奇妙なスタイルながらも、２人の今あるべき人間関係（男女関係）としてうまく機能していくかに思えたが、あの凄惨ないじめを救えなかった現実を正視すると？そこにおけるシャオベイの責任は？シャオベイの自己嫌悪は？その報復の矛先は？

■□■凄惨な女子高生殺害事件が勃発！その犯人は？捜査は？■□■

本作ではヒロインのチェンも、もう１人の主人公となるシャオベイも、一般的によく見られる性格ではなく、かなり極端な性格の持ち主だ。さらに、"第３の主役"と言ってもいい若い刑事のヂォンも、熱心さは認めるものの、普通の優等生タイプの刑事ではない。

それに対して、いじめグループのリーダーであるウェイは、学業成績も優秀な大富豪のお嬢様だけに、わがままだが性格はわかりやすい。彼女にとって、いじめグループのボスとしての活動は勉学の合間のレクリエーション活動（息抜き活動）だったから、そのターゲットだったフーが飛び降り自殺でいなくなってしまえば、次のターゲットを探さなければお楽しみタイムがなくなってしまう。そんな、ウェイにとっては、フーの遺体の前で目立った行動をとったチェンが次のターゲットになっただけのことだが、想定外だったのはチェンの"専属ガードマン"としてシャオベイが付きまとうようになったこと。ウェイにしてみれば、なぜ２人がそんなに強く結びつくのかは全く理解できなかったはずだ。

もう１つ意外だったのは、予想以上にチェンがしぶとく、なかなか謝罪しないから少し不気味であるうえ、その"専属ガードマン"であるシャオベイも更にその上を行く不気味さを持っていたこと。ならば、ウェイも「考高」の受験を控えているのだから、チェンのいじめを休止すればいいのだが、チェンの態度を見ていると余計ムカついてくるらしい。もっとも、現在パレスチナ自治区のガザ地区をめぐって展開中の、イスラエルとパレスチナ（イスラエル原理主義組織ハマス）との軍事衝突について、イスラエルのメディアが５月１８日に「２０日　停戦合意か」と伝えたように、スクリーン上では、予想以上の反撃を受けたウェイがチェンに対して"停戦合意"を求めるシークエンスが登場するので、それに注目！そんな"謝罪"を受けてチェンはどうするの？他方、今やチェンの苦しみにとことん同意しているシャオベイは、どうするの？また、当初はチェンのいじめを防止しようとしていただけの刑事・ヂォンは、今やどう考え、どういう権限で問題の解決に向かっていくの？

本作クライマックスの「女子高生殺害事件」を巡る捜査と人間模様は、第３の女性刑事、王立（谢欣桐）も登場させながら、目まぐるしい展開が続いていくので、それはあなた自身の目でしっかりと！そのうえで、チェンの「考高」の合否は？そして、「女子高生殺害事件」の犯人の処置は？それもあなた自身の目でしっかりと！

２０２１（令和3）年5月２１日記

『日本と中国』２２５５号（２０２１年８月１日）

熱血弁護士 坂和章平

中国映画を語る〈53〉

（さかわ・しょうへい）1949年愛媛県松山市生まれ、大阪大学法学部卒。都市開発に関わる訴訟を数多く手がけ、日本都市計画学会「石川賞」、同年に日本不動産学会「実務著作賞」を受賞。『坂和的中国電影大観』（2004年）、『ナニワのオッチャン弁護士、映画を斬る！』シリーズをはじめ映画に関する著書多数。（公社）日中友好協会参与、NPO法人大阪府日中友好協会理事。

高考の前に起きた「女子高生殺害事件」を巡る人間模様

中国に、全国統一の大学入学試験「高考」があることは知っていたが、驚くべきは、受験者が約1000万人もいること。約900万人が合格し、そのうち450万人が四年制大学に合格、残りの450万人は三年制の「専門学校」扱いの学校に入れるそうだ。賛否はいろいろだが、とにかくものすごい規模の試験であることは間違いない。

本作は「高考」の少し前、女子高生・フーが校舎のバルコニーから飛び降り自殺をするシークエンスから始まる。フーは、学業成績も優秀な大富豪のお嬢様・ウェイたち3人からいじめを受けていた。高考が近づいたある日、フーの遺体に自分が着ていたジャージを掛けてやったチェンが3人からいじめを受けるが、その程度はハンパないのでそれに注目！ ここらあたりが中国や韓国映画のすごいところで、邦画ではとてもとても……。

ウェイにとって、いじめグループのボスとしての活動は勉学の合間のレクリエーション活動（息抜き活動）だったから、フーがいなくなれば、チェンが次のターゲットになっただけのことだ。しかし、想定外だったのは、チェンに〝専属ガードマン〟として、チンピラのシャオベイが付きまとうようになったこと。もう1つ意外だったのは、チェンがしぶとく少し不気味であるうえ、シャオベイも更にその上を行く不気味さを持っていたことだ。スクリーン上では、予想以上の反撃を受けたウェイがチェンに対して〝停戦合意〟を求めるシークエンスが登場するので、それに注目！

本作クライマックスの「女子高生殺害事件」を巡る捜査と人間模様は、目まぐるしい展開が続いていくので、それはあなた自身の目でしっかりと！ しかして、チェンの「高考」の合否は？「女子高生殺害事件」の犯人の処置は？ それも、あなた自身の目でしっかりと！

少年の君

7月16日（金）より新宿武蔵野館、Bunkamuraル・シネマほか全国公開中

原題：少年的你／英題：BETTER DAYS
監督：デレク・ツァン（曾國祥）
脚本：ラム・ウィンサム（林詠琛）、リー・ユアン（李媛）、シュー・イーメン（許伊萌）
出演：チョウ・ドンユイ（周冬雨）、イー・ヤンチェンシー（易烊千璽）、イン・ファン（尹昉）、ホァン・ジュエ（黄覺）、ウー・ユエ（吳越）、チョウ・イエ（周也）
2019年／中国・香港／中国語／135分／字幕翻訳：島根磯美
提供：クロックワークス、楽天TV／配給：クロックワークス　協力：大阪アジアン映画祭

第5章 これぞ中国！中国流アニメ

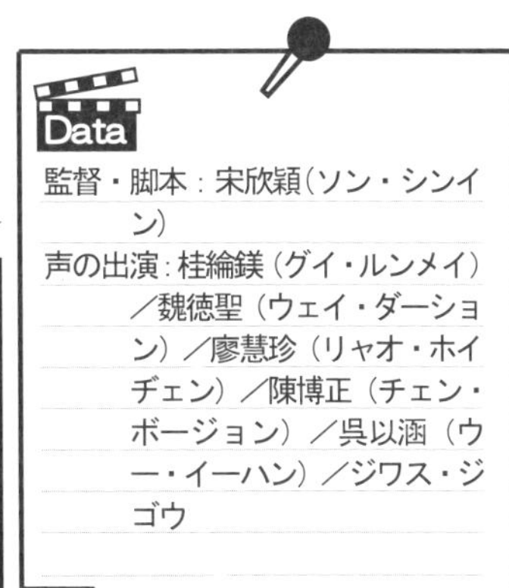

みどころ

片渕須直監督の『この世界の片隅に』（16年）は「先の大戦」の中で世界の片隅（呉）に生きる少女すずを描いたが、宋欣穎（ソン・シンイン）監督は自身の半自叙伝たる本作で、激動の台湾現代史の中で生きた少女チーを描くことに。こりゃ、タリバン政権下のアフガンのカブールで、髪を切り少年として生きた少女を描いた『ブレッドウィナー』（17年）と共に必見！

日本は昭和から平成、令和と移る戦後の７５年間も平和を維持できたが、台湾は激動の歴史。とりわけ、アミ族の血を1/4引いているチーには、白色テロはともかく、小学校教育から大きな影響が！そんな中、なぜ彼女はアメリカへ？そして台湾に戻る中でいかなる変化を？

幸福路の運河が整備され、周辺の風景は一変！同級生たちの変化も当然だが、チーの変化は如何に？今年の１月に７１歳を迎えた私は、故郷の松山や自分の生きザマと対比しながら本作を鑑賞したが、さてチーと同世代の日本の若者はチーの決断をどう受け止め、自分とどう対比するのだろうか？

――*――*――*――*――*――*――*――*――*――*――

■□■2018年に受賞！話題が拡散！総統選挙直後に公開！■□■

チラシによると、２０１７年に製作された台湾のアニメ映画である本作は、「その年の優れた海外アニメを選出する東京アニメアワードフェスティバル２０１８で一番のダークホースとして話題を集め、見事グランプリを受賞した」そうだ。また、「その後も名だたる国際映画祭で受賞を重ね、２０１９年アカデミー賞長編アニメーションの２５作品にエントリーされるなど、世界中にその共感の輪を広げてきた」そうだ。

しかし２０１７年の日本では、片渕須直監督のアニメ映画『この世界の片隅に』（16年）が大ヒットしたし（『シネマ39』41頁）、２０１９年から２０２０年にかけては、『この世界の（さらにいくつもの）片隅に』（19年）と題された、その「完全版」が再度大ヒットしていたから、私は本作のことはよく知らなかった。そんな中、２０１９年５月以降急速に高まった香港の大規模デモを受けて、２０２０年１月の台湾の総統選挙では不利だと見られていた、蔡英文の人気が急上昇。２０２０年１月の投開票の結果、８１７万票（５７％）対５５２万票（３９％）で、民進党の蔡英文が国民党の韓国瑜に圧勝した。これは、「香港の悲惨な実情」を目撃した台湾の若者たちが、「明日は我が身」と感じ取り、それが蔡英文への投票活動に駆り立てたためだ。本作は決して特定の政治的立場に立つ映画ではないし、まして民進党の蔡英文の支持を訴える映画ではないが、宋欣穎(ソン・シンイン)監督自身の半生を振り返って描いた本作も、その一助となったのでは？

そんな風に、２０１８年に受賞し、話題が拡散し、台湾の総統選挙直後に本作が日本で公開される中、NHK の BS１「国際報道２０２０」（２０２０年１月放送）は「池畑キャスターの視点『チー』が生きた台湾現代史」を放映した。２０２０年１月２０日に公開される本作を私はかなり前から観る予定にしていたが、このテレビ放送を見て、こりゃ必見！と意気込みを新たにすることに。

■□■チーはソン・シンイン監督の分身！その半自叙伝は？■□■

本作を監督した宋欣穎（ソン・シンイン）は１９７４年生まれだが、本作の主人公チー（グイ・ルンメイ）は１９７５年4月5日生まれ。ソン監督は台湾大学を卒業した後、新聞社「自由時報」でジャーナリストとして働き、２００４年から２年間、京都大学大学院で映画理論を学んだ後に渡米している。それと同じように、チーもアメリカに渡り、台湾に戻ってくるから、ソンとチーの４０歳までの半生の生き方はほぼ同じだ。しかし、チーがアメリカに渡ったのはソン監督のようなカッコいい留学ではないし、アメリカ人トニーとの結婚生活もうまくいっていない。さらに、両親から「医者になれ」と言われ、自分もそれを目指して頑張ったものの、１９９３年に１８歳で大学に入学し、政治運動に目覚めたチーは、医学部志望から文学部志望に変更。そのあげく、卒業後は仕方なく（？）新聞社に入社する体たらくだから、２００７年からコロンビア・カレッジ・シカゴに在籍し、映画修士号を取得し、さらに約１２分の短編『幸福路上 On Happiness Road』(13年)で、第１５回台北電影節の台北電影奨で最優秀アニメーション賞を受賞した、ソン監督の華々しい半生とは大きく違っている。

さらに、「幸福路」は台北に現実にある路だが、ソンは幸福路の出身ではないし、夫もアメリカ人ではなく台湾人。しかし、チーの生き方に大きな影響を与える祖母（ジワス・ジゴウ）がアミ（阿美）族であるのは、ソンの母方の祖母も同じだ。また、本作導入部で描かれる、小学校時代のチーが台湾語を話すことが禁止され、北京語を話すことを強制される風景とそこでの体験はソン監督も同じだ。パンフレットにある「インタビュー」で、ソン監督は、「まず主人公チーの何パーセントが私自身のことかと問われれば、答えは５０％です。」と答えているから、本作にうまく散りばめられた「その虚実」を含めて、チーはソン監督の分身であることをしっかり確認したい。そして、「映画の中の『チーにはアミ族の血が4分の１流れている』という台詞には、祖母へのお詫びの気持ちを込めています」というソン監督の言葉を、単一民族であることに何の疑問も持っていない私たち日本人はしっかり受け止め、その言葉の深さと重みをしっかり考えたい。

■□■故郷、幸福路、運河、高層ビル、そして同級生■□■

チーの故郷は台北市郊外に実在する幸福路だが、私の故郷は愛媛県松山市。湊町２丁目にあった自宅から八坂小学校に通っていた小学生時代は、その通学路に中の川があり、そこでは魚をすくったり川飛びをしたりして遊んだもの。また、からかっていた女の子を追いかけて走ったのも、中の川沿いの道だった。しかし、何十年か後にそこを通った時、すでに中の川は埋め立てられていたし、周辺一帯は大きくサマ変わりしていたが、それは当然。それと同じように、本作導入部では、幼い頃両親と共に幸福路に引っ越してきたチーが、小さな川にかかる橋の上でいろいろと空想をたくましくしている風景が描かれる。幸福路にあったこの川や周辺の風景がチーの目に焼き付いていたのは当然だが、祖母の死を聞いて久しぶりに故郷に帰ってみると、その川は運河として整備され、遠くには高層ビルが立ち並んでいた。その上、チーはそこで小学生時代に隣の席に座っていた金持ちのボンボンの男の子に偶然出会ったが、彼はチーが誰だか思い出せなかったほどだから、風景も人も変わってしまっていたわけだ。彼は今、市会議員の候補者として輝きながら活動していたが、それに対して自分は？

私は大学入学と同時に故郷を離れて大阪に住み始め、その後は１年半の東京での司法修習の期間だけ東京に住んだが、あとはすべて大阪を本拠地にしてきた。中高時代の同級生のほぼ半数は、今故郷の松山に戻っているが、私は両親が住んでいた松山の土地、建物を両親の死後売却処分し、今や故郷には何の拠点もなくなった。しかし、それでもなお、高校生まで過ごした故郷・松山の風景や人々の姿は、いっぱい私の目の中に焼き付いている。しかして、祖母の葬儀を終えたチーは、これからどうするの？アメリカにいる夫とはきっぱり離婚し、自分は台北で過ごすの？仕事は？

チーが台北に戻ってきたのは２０１１年、３６歳の時。折しも、民進党の予備選挙で蔡英文が次期総統選候補に選出された時期だ。小学校の同級生だった男の子が、再会した私を見ても、私だとわからなかったほど、私は変わってしまったようだが、さて、これから私はどうすれば・・・？そんな未来を考えることは、すなわち３６歳まで生きてきた自分の過去を考えること。そこで、チーは幸福路で過ごした日々の記憶を辿り始めることに・・・。

■□■チーの成長に伴う台湾の変化（現代史）は？■□■

昭和後半の４０年間と平成の３０年間を生き、今は令和の時代にも足を踏み入れた私だが、私が生きてきたこの７０年間、日本は戦争をせず、平和国家を維持してきた。それは、考えてみれば、すごいこと、そして稀有なことだ。それに比べると、１９７５年生まれのチーが、２９歳から３６歳までのアメリカでの生活を含めて、２０１１年に戻ってくるまでの台湾の歴史は、激動の歴史だ。本作のパンフレットには、「映画で描かれた主な歴史的出来事」があるので、それをしっかり勉強したい。また、産経新聞で連載中の「李登輝秘録」でも同様の歴史がわかるので、それも併せて勉強したい。
本作導入部では、小学校に入ったばかりのチーたちが、教師から台湾語を話すことを禁じられ、北京語を強要される姿や、アミ族の血を引いているチーの祖母がビンロウを噛んでいると知った同級生たちから、台湾原住民のアミ族を「野蛮人！」とはやし立てられる姿が登場する。私の小学生時代は貧しいながらも日本人のすべてが前向きの時代で、「これから豊かになる！」という夢と希望に溢れていた。そのため、チーのような嫌な体験をしたことはない。愛光学園に入学した後は、大学受験のための勉強の強要（？）にかなり嫌な思いをしたが、それはあの時代特有の競争社会を生き抜くためには仕方なかったものだと、自分でも納得している。そんなこんなの私の体験に比べると、本作に描かれるチーの体験は大変なものばかりだ。
私が興味深かったのは、大学に入学したチーが学生運動に参加する中で、それまでの医者を目指すガリ勉タイプから志望を文学、哲学方面に変えたり、政治に目覚めた後は、民進党の陳水扁の応援をやり始めたこと。この姿は大阪大学に入学した当初の私と同じだが、それはそれとして、いい体験になるもの。少なくとも私はそうだったが、さてチーは？本作の主人公チーはソン監督の分身だが、気が付くと私自身も、自分の体験に重ね合わせながらチーの３６歳までの生き方を一緒に考えていることに、少し苦笑・・・。

■□■ベティやシェンエンとの再会は？チーの決断は？■□■

故郷へ戻ったチーが運河にかかった橋の上で偶然出会ったのは、お金持ちのボンボンの同級生だったが、チーが小学生時代に最も親しくしていたのは、金髪の女の子ベティと貧乏人の息子で親から小学校を辞めさせられた男の子シェンエンの２人。振り返ってみれば、小学生の時にこの３人で一緒に遊んだのが、３人にとって最も幸せな時期だったが、今更その時が戻ってこないのは当然。また、アメリカに留学していた従兄のウェン（ウェイ・ダーション）の薦めでチーがアメリカに渡ったのが良かったのかどうかも微妙なところだが、それも今更どうこう言っても仕方のないもの。要は、台湾に戻ってきた２０１１年の今、３６歳になっているチーがこれからをどう生きるのか？具体的にはトニーと離婚するのかどうか？どんな仕事に就くのか？等の選択と決断が大切。そう思っていると、何と今この人生の分岐点において、チーは自分が妊娠していることに気付いたから、更に今後の選択が難しくなることに。
他方、台湾に戻ったチーはベティやシェンエンと再会するが、小学校をやめさせられたシェンエンも今はバイクの修理店を営み、子供も育てていたから立派なもの。また、金髪の少女ベティも、今は２人の子供の母親としてたくましく生きていたから、チーはビックリ。そんな２人の同級生の現在の生きザマが、チーの今後の生きザマに大きな影響を与えたことは明らかだ。チーの分身たるソン監督は、アメリカから台湾に戻った後は映画監督として本作をはじめとする映画製作に励んでいるが、本作の結末ではチーの選択をしっかり確認し、その未来を応援したい。　　　　　　　　２０２０（令和2）年2月5日記

Data

監督：趙霽（チャオ・ジー）
原作：『封神演義』
出演：楊天翔（ヤン・ティエンシャン）／宣曉鳴（シュエン・シャオミン）／凌振赫（ジャン・ハー）／張喆（チャン・ツェ）／高増志／張赫（ジャン・ハー）／朱可儿／李詩萌（リー・シーモン）／劉若班／郭浩然

みどころ

最近アニメには飽きてしまったが、最近の中国流３ＤＣＧアニメーションの大ヒット作は必見！そう思ったが、ナタ（哪吒）ってダレ？「ナタ転生」ってナニ？

中国では『西遊記』、『三國志演義』、『水滸伝』、『金瓶梅』という“四大奇書”が有名だが、それに次ぐ（？）『封神演義』も有名で、そこに登場するキャラクターの１人であるナタは、中国人なら誰でも知っているらしい。なるほど、なるほど・・・。しかして、本作の出来は？

——＊——＊——＊——＊——＊——＊——＊——＊——＊——＊——

■□■ナタ（哪吒）ってダレ？ナタ転生ってナニ？■□■

中国語の勉強をしている私には、本作の主人公ナタの漢字が「哪吒」と知ると、なるほど、なるほど・・・。そして、ナタが３０００年以上前の世界で絶大な権力を持つ一族、東海龍王の息子・三太子に歯向かい死闘を繰り広げ、勝利したほどの強い魔力を持つ７歳の少年神・ナタだと知ると、さらに、なるほど、なるほど・・・。

ナタに息子を殺され激怒した東海龍王は、「町の百姓たちの命が惜しければ、自らの死で罪を償え」と卑怯な脅しを行ったため、ナタは百姓たちを守るために自ら命を絶った。そして、時は流れ、現代。ナタはバイク好きな好青年、李雲祥（リ・ウンショウ）として生まれ変わっていた。なるほど、なるほど、これが「ナタ転生」・・・。

■□■本作のストーリーは？■□■

上記の情報を基にネットで本作のストーリーを探ると、それは次の通りだ。すなわち、

> バイクで縦横無尽に駆け回り、仲間と共に充実した日々を送っていた雲祥だが、東海龍王の息子・三太子の生まれ変わりである三公子が、ナタに前世で殺された恨みを晴らそうと雲祥の命を狙い始めたことで、仲間たちも次々と危険にさらされ、市民をも巻き込む決死

の戦いに。まだ自分がナタの生まれ変わりであることを気づいていない雲祥だが、三公子と戦うためにはナタの魂を呼び覚まし、覚醒しなければ勝つことはできない。大切な仲間や、市民たちを守るために立ち上がった雲祥の戦いが今始まる——。

なるほど、なるほど・・・。

■□■「封神演義」とは？■□■

ナタの名前やそのキャラを日本人はほとんど知らないが、中国人なら誰でも知っているらしい。それは、ナタが中国の明代に成立した神怪小説『封神演義』に登場するキャラだからだ。Wikipediaによると、中国の四大奇書は『西遊記』、『三国志演義』、『水滸伝』、『金瓶梅』の4つ。『封神演義』は“これらより一段低いもの”とされ、“二流の文学作品”とされているが、それでも、『封神演義』は中国小説史で一定の重要な地位を占めているらしい。

『封神演義』によると、はるか昔、世界は仙界と人界に分かれ、仙界でも人界でもさまざまな物語が展開していたらしい。ちなみに、人界は殷（商）の紂王の治世だが、これは私が中学生の漢文の授業で学んだことがある。始皇帝によって中国が統一される前の、神話のような中国史の中に登場する国が殷（商）だ。そんな世界観（？）の中で展開していく『封神演義』の登場人物の１人がナタだが、そんな「神怪小説」の中で、彼はどんな役割を？そして、その転生とは？

■□■ビジュアルと中国流の最新3DCGアニメに注目！■□■

本作についてはネット情報に「ナタが『現代に生きていたら？』という考えをベースに、東洋と西洋両方の美学とナタが持つ反骨精神の“パンク要素”を融合させ、従来にない新しいビジュアルのナタを描いた」と書かれ、また「興行収入７０億円を突破した『白蛇；縁起』の制作スタジオ・追光動画が４年の年月を費やし、最新の３DCG技術を使用したことで、今までにはない新たな神話リメイク作品が完成した」と書かれている。

正直なところ、“パンク要素”が何を意味するのか、私にはサッパリわからないが、本作のビジュアル（のド派手さ）にはビックリ！そしてまた、なるほど、これが中国流の最新３DCGアニメーション！とその技術の高さに更にビックリ！

２０２１（令和3）年3月２９日記

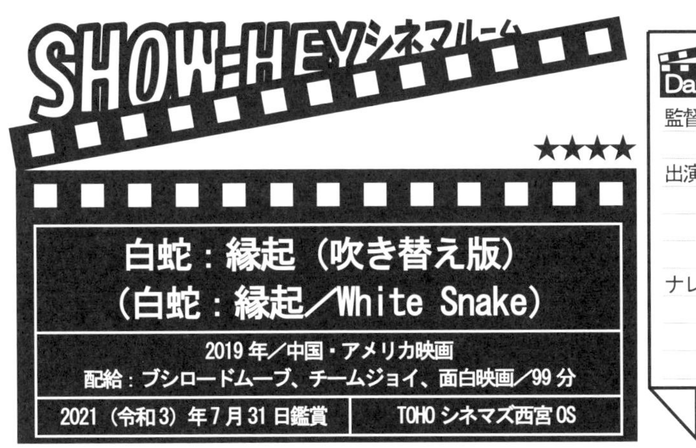

Data

監督：黄家康（ホアン・ジャカン）／赵霁（チャオ・ジー）
出演：三森すずこ／佐久間大介／杉田智和／悠木碧／佐倉綾音／石川界人／本田貴子／柴田秀勝
ナレーション：沢木侑也

みどころ

『ナタ転生（新神榜：哪吒重生）』（２１年）に続いて、最新の中国流３ＤＣＧアニメの大ヒット作を鑑賞！「ナタ転生」を知らなくとも、「白蛇伝」なら日本でも有名。しかして、本作の舞台は？登場人物は？物語は？

『ナタ転生』は中国映画だったが、本作は米中合作映画。７０億円超の興行収入をゲットしたそうだから、その実力はすごい。宮崎駿の『千と千尋の神隠し』（０１年）、細田守の『時をかける少女』（０６年）等のすばらしさを考えれば、日本のアニメは世界トップ。そう思っていたが、さて・・・？

――＊――＊――＊――＊――＊――＊――＊――＊――＊――＊――

■□■『ナタ転生』に続いて『白蛇：縁起』を！■□■

近時は日本でも中国でもアニメが大人気だが、３月に観たのが、最新の中国流３ＤＣＧアニメーションとして大ヒットした『ナタ転生（新神榜：哪吒重生）』（２１年）（『シネマ４８』２２０頁）。私は「ナタ」も「ナタ転生」も全く知らなかったが、同作を見てはじめて、中国人なら誰でも知っている「ナタ」や「ナタ転生」を勉強することができた。

あるネット情報には「興行収入７０億円を突破した『白蛇：縁起』の制作スタジオ・追光動画が４年の年月を費やし、最新の３DCG技術を使用したことで、今までにはない新たな神話リメイク作品が完成した」と書かれていたが、２０１９年１月に中国で公開された本作は中国全土を魅了し、興行収入７０億円を突破する大ヒットになったらしい。

「ナタ転生」を知らない日本人でも、「白蛇伝」は知っている。それは、日本の東宝と香港のショウ・ブラザースが合作した『白夫人の妖恋』（５６年）と藪下泰司監督の『白蛇伝』（５８年）等を観れば明らかだ。しかして、なぜ今そんな映画が中国でも日本でも？それは、パンフレットの「Intoroduction」や「監督インタビュー（导演采访）」、「プロデューサーインタビュー（制片采访）」を読めばよくわかるから、それをしっかり勉強したい。

■□■『白蛇伝』の舞台は杭州西湖！美しい風景を追想！■□■

杭州の西湖を舞台に、３世代にわたる市井の人々の物語を紡いだ、顧暁剛（グー・シャオガン）監督の『春江水暖～しゅんこうすいだん（春江水暖／Dwelling in the Fuchun Moutains)』（１９年）（『シネマ４８』１９９頁）は、タイトルどおり、杭州や西湖の水墨画のような美しさが印象的だった。それと同じように、本作も冒頭、水墨画のような杭州西湖の美しさが見せられた後、白（三森すずこ）、宣（佐久間大介）、そして、白の妹分である青（佐倉綾音）を中心とする『白蛇伝』のストーリーが展開していく。

パンフレットによると、本作がリスペクトを込めて参考にしたのが、『新白娘子伝奇』（９２年）。黄家康（ホアン・ジャカン）監督は、同作をきっかけに『白蛇伝』の前世のストーリーを制作したいと考えるようになったそうだ。杭州西湖が『白蛇伝』ゆかりの地であることは、パンフレットの「白蛇伝とは？（什么是白蛇传？）」で詳しく解説されているが、これを読んでいると、『春江水暖～しゅんこうすいだん』を観た時と同じように、中国旅行で数回観光した西湖の美しさを追想することに！

■□■米中が共同制作！吹き替え版では日本の声優も大奮闘！■□■

近時、映画界とりわけ最新の中国流３ＤＣＧアニメーションでは、米中協力が大きく進んでいるらしい。そのことは、『ナタ転生』はチームジョイが配給する中国映画だったのに対し、本作はワーナー・ブラザースが共同制作する中国アメリカ映画であることを見ればよくわかる。さらに本作のパンフレットを読めば、日本語吹き替え版を制作するについて、声優陣を中心とする力の入れ方がよくわかる。とりわけ、私が注目したのは、「縁―YUAN―」と題する日本語の主題歌だ。「千年続く恋に落ちて」から始まるこの主題歌は、白と宣の“縁”をテーマにしたもの。本作ラストにこの曲が歌われ、その日本語の歌詞が表示されることによって、日本人の本作への理解度は大きく深まるはずだ。そんな風に本作の日本語吹き替え版制作に協力した日本の声優陣やスタッフたちの大奮闘に拍手！

■□■アニメ制作における日本と中国の競争に注目！■□■

私はアニメ映画はあまり好きではないが、２０２１年の夏も、邦画では『竜とそばかすの姫』（２１年）、『アーヤと魔女』（２０年）等のアニメ映画が公開され、フランスのアニメ映画『ジュゼップ　戦場の画家』（２０年）も公開される。宮崎駿監督の『もののけ姫』（９７年）や『千と千尋の神隠し』（０１年）、そして細田守監督の『時をかける少女』（０６年）（『シネマ１２』３９８頁）等を中心に、アニメ映画では日本が次々と名作を送り出してきたから、明らかに中国より先行している。

しかし、『ナタ転生』や本作を観ても、今や中国流の３ＤＣＧアニメーションの美しさは際立っているから、その発展のスピードが早まれば、早晩、日本アニメは中国アニメに追いつかれ追い越されるかも？そんな危機感を持ちながら、アニメ制作における日本と中国の競争に注目していきたい。

２０２１（令和３）年8月４日記

熱血弁護士

坂和章平

中国映画を語る〈57〉

（さかわ・しょうへい）１９４９年愛媛県松山市生まれ、大阪大学法学部卒。都市開発に関わる訴訟を数多く手がけ、日本都市計画学会「石川賞」、同年に日本不動産学会「実務著作賞」を受賞。『坂和的中国電影大観』（２００４年）、『ナニワのオッチャン弁護士、映画を斬る！』シリーズをはじめ映画に関する著書多数。（公社）日中友好協会参与、NPO法人大阪府日中友好協会理事。

「ナタ転生」を知らない日本人でも、「白蛇伝」は知っている。それは、日本の東宝と香港のショウ・ブラザースが合作した『白夫人の妖恋』（56年）と藪下泰司監督の『白蛇伝』（58年）等を観れば明らかだ。しかして、なぜ今そんな映画が中国でも日本でも？

3世代にわたる市井の人々の物語を紡いだ『春江水暖～しゅんこうすいだん』（19年、顧暁剛監督）は、タイトルどおり、杭州や西湖の水墨画のような美しさが印象的だった。それと同じように、本作も冒頭、水墨画のような杭州西湖の美しさを見せられた後、白（三森すずこ）、宣（佐久間大介）、そして白の妹分である青（佐倉綾音）を中心とする『白蛇伝』のストーリーが展開していく。杭州西湖は『白蛇伝』ゆかりの地である。

パンフレットによると、本作

主題歌にも注目！ 最新中国流 3DCG アニメ

が参考にしたのが『新白娘子伝奇』（92年）。黄家康監督は、同作をきっかけに『白蛇伝』の前世のストーリーを制作したいと考えるようになったそうだ。

映画界、とりわけ最新の中国流3DCGアニメーションでは、米中協力が大きく進んでいるらしい。そして、米中合作映画である本作は、中国のアニメ会社・追光動画が最新の3DCG技術を使用し、中国で70億円超の興行収入をゲットしたそうだから、その実力はすごい。

さらに、日本語吹き替え版制作にあたり、声優陣を中心とした力の入れ方がよくわかる。とりわけ私が注目したのは、「縁―YUAN―」と題する日本語の主題歌だ。「千年続く恋に落ちて」という歌い出しで始まるこの歌は、白と宣の"縁"をテーマにしたもの。本作ラストにこの曲が流れ、その歌詞が表示されることによって、日本人の本作への理解度は大きく深まるはずだ。本作の日本語吹き替え版制作に協力した日本の声優陣やスタッフたちの大奮闘に拍手！

また杭州西湖の観光に行きたくなってしまったのは必然！

白蛇：縁起

全国公開中

©Light Chaser Animation Studios ©Bushiroad Move. ©TEAM JOY CO., LTD.

監督：黄家康・趙霽

出演：三森すずこ／佐久間大介（SnowMan）／佐倉綾音／杉田智和／悠木碧／柴田秀勝／石川界人／本田貴子

ナレーション：沢木侑也

製作年：2019年、中国・アメリカ、99分

【日本語吹替版】

配給・制作：ブシロードムーブ・チームジョイ

共同配給：面白映画

【主題歌】

「縁 -YUÁN-」／Snow Man（avex trax）※読み：「ゆえん」

≪１頁コラム≫中華人民共和国駐大阪総領事館
２０２３年度広報アドバイザー９名を任命

『関西華文時報』（２０２３年４月１日）

中華人民共和国駐大阪総領事館
２０２３年度広報アドバイザー９名を任命

中華人民共和国駐大阪総領事館２０２３年度広報アドバイザーの任命式が３月28日、大阪市西区靱本町にある総領事館で開かれた。同制度は薛剣総領事のアイデアで昨年に発足。今年度は昨年より多い９名が任命された。新しく広報アドバイザーに就任した坂和章平さん。弁護士で中国映画の評論をライフワークとして活躍している。就任の抱負を次のように語った。

私が中国との接点を持ち始めたのは２００１年から。以降、映画評論と中国旅行を通じて私なりの日中友好活動を続けてきました。２０２２年11月11日にウェスティンホテル大阪で開催された、中華人民共和国駐大阪総領事館主催、中国駐大阪観光代表処共催の「２０２２大阪・中国映画週間－中国映画の魅力について語り合う対談」に私が滝田洋二郎監督と共に参加したのは、20年以上続いているそんな活動の積み重ねのお陰です。そんな縁あって、今回は私も個性あふれる８名の男女と共に新たな広報アドバイザーの就任式に臨みました。中国人４名、日本人５名の活動分野はさまざまですが、各自の就任の挨拶を聞けば、その個性の強さとエネルギーの大きさがよく分かります。

１９４９年生まれの私が大阪で弁護士登録したのは１９７４年。一般民事・刑事事件とは別に取り組んできたライフワークを１９８５年頃に公害問題から都市問題に移した私は、以降、都市再開発問題を中心に全国的な実践と出版活動を積み重ねてきました。そして、２００１年の自社ビル建設とホームページ開設に伴って、中国人留学生との交流をきっかけに私の中国旅行が始まり、また中国映画への関心と評論書きが拡大しました。以降、『SHOW-HEYシネマルーム』等の出版が20年以上続き、今や計51冊、全体で約４０００本、中国映画の評論は３００本以上に上っています。中国映画は、１９８０年代に世界をあっと言わせましたが、近時の中国映画の広がりはすごいと思います。

私は弁護士としての都市問題分野での実践や出版を、中国でも活かしたいと考えていますが、広報アドバイザーに就任した今は、とりあえず中国映画の評論を通じて日中の文化交流を進めたい。多士済々の８名の広報アドバイザーの皆さんと協力しながら、私の任務を全うしたいと思います。

薛剣総領事から任命書を受け取る坂和章平弁護士（右）

薛剣総領事（右５）と２０２３年度広報アドバイザー９名

第３編　地域別

1）日本史では、武士が誕生した"源平合戦"の時代から、南北朝時代、戦国時代の歴史ドラマが面白い。それに対して、中国の時代劇TVドラマでは、"秦の始皇帝モノ"と"三国志モノ"がたくさんあり、それぞれに大人気だ。"中国3000年の歴史"は、始皇帝が打ち立てた王朝である秦が滅んだ後、前漢、後漢から隋、唐、宋、元、明、清と続く王朝の攻防と盛衰の歴史であり、漢民族VS異民族の抗争の歴史だ。
2）中国には漢民族の他、計55の少数民族が存在し、1949年10/1の中華人民共和国成立後は民族区域自治という少数民族政策をとってきた。西安から敦煌を経て新疆ウイグル自治区＝シルクロードに至るツアーは最も"夢とロマン"にあふれた地域だが、私が2004年の夏に7泊8日で赴いた雲南省大周遊の旅も、ナシ族、ハニ族、ペー族、ミャオ族等の少数民族が暮らす、西双版納、昆明、麗江、大理、等の都市を巡る魅力いっぱいの美しい地域だった。
3）更に、私は遂に行けなかったが、モンゴル自治区とチベット自治区も大都市化が進む中国の北京や上海とは全く異質の、魅力あふれる地域だ。『セブン・イヤーズ・イン・チベット』（97年）で観たチベット自治区は、"ダライ・ラマ問題"と毛沢東率いる中国人民解放軍による1950年の"チベット侵攻問題"をリアルに描いていたが、そんな"政治問題"を別にすれば、チベット自治区も一度は訪れてみたい美しい高地だ。他方、内モンゴル自治区では、果てしなく広がる大草原に、青い空と白い雲が何よりの見モノ。ジンギスハーンの偉業に夢を馳せながら、騎馬民族の史跡を巡るツアーは魅力いっぱいだ。第3編では、そんな地域別に構成した最新の中国映画の魅力をタップリと！

第1章
内モンゴル、チベット

Data

監督：王瑞（ワン・ルイ）
原作：漠月（モー・ユエ）『放羊的女人（羊を飼う女）』（宁夏人民出版社刊）
出演：ジリムトゥ／タナ／ゲリルナスン／イリチ／チナリトゥ／ハスチチゲ

みどころ

今や経済的にも軍事的にも米国と対抗するようになった中国では、古き良き中国を代表する『初恋のきた道（我的父親母親）』（９９年）や『山の郵便配達（那山、那人、那狗）』（９９年）のような名作は少ない。しかし、内モンゴルは？

内モンゴルを舞台とした名作は『白い馬の季節（季風中的馬）』（０５年）と『トゥヤーの結婚（図雅的婚事）』（０８年）だが、それに続く名作が東京国際映画祭で最優秀芸術貢献賞をゲット！そのテイストは？

私が内モンゴル版“フーテンの寅さん”と名付けた主人公は、草原での羊飼いの生活に満足できず都会にあこがれる日々。妻の価値観とは正反対だが、そんな若夫婦は内モンゴルの大地と白い雲の中で、如何に生きていくの？素朴で懐かしい中国映画を、本作でしっかりと！

———＊———＊———＊———＊———＊———＊———＊———＊———＊———＊———

■□■舞台は内モンゴル！あの“２つの名作”に続いて本作が■□■

島国日本にとって、中国大陸は途方もなく大きく広い。そんな中国大陸では、上海や北京は日本人によく知られているが、例えば山西省の大同は誰も知らない地方都市だ。改革開放政策が進み、若者の感覚も激変していた２００１年当時のそんな大同を舞台に、揺れ動く１９歳の男女を主人公として描いた話題作が、贾樟柯（ジャ・ジャンクー）監督の『青の稲妻』（０２年）だった（『シネマ５』３４３頁）。同作で、ちょっと変わり者（？）の「モンゴル大酒」のキャンペーンガールを演じていた美人女優、趙濤（チャオチャオ）は、その後もジャ・ジャンクー監督の“ミューズ”として大活躍を続けているし、以降ずっと続いているジャ・ジャンクー監督の活躍ぶりもすごい。私が同作を見たのは２００４年6月３０日だったが、当時は大同を知るだけでビックリ。それより更に奥地にある内モンゴルまでは、とても、とても・・・。

他方、大気と水を中心とする中国の環境問題は深刻だが、“モンゴル草原の砂漠化”という、それ以上に深刻な問題があるのを知ったのは、『白い馬の季節（季風中的馬）』（０５年）（『シネマ１７』３７５頁）を観た時だ。大同の若者は『任逍遥』を歌い、アメリカばりの反体制（？）を気取りながら各自の進路を模索していたが、草原を失ったモンゴルの遊牧民は一体どこへ？そんな問題提起作たる同作を監督、脚本した他、自ら主演したのが、モンゴル族の大型新人、寧才（ニン・ツァイ）だった。同作では草原の喪失と砂漠化が問題提起される中、タイトルとされている“白い馬”が何を象徴するのかが大きなテーマだった。

さらにもう一つ、内モンゴル自治区の砂漠化、水不足、貧しさの中、美人女優、余男（ユー・ナン）演じる女性、トゥヤーの離婚と再婚という“かぐや姫レース（？）”を面白く描いた、王全安（ワン・チュアンアン）監督の『トゥヤーの結婚（図雅的婚事）』（０８年）（『シネマ１７』３７９頁）も興味深かった。同作は張芸謀（チャン・イーモウ）監督の『紅いコーリャン（紅高粱）』（８７年）に続いて、１９年ぶりにベルリン国際映画祭の金熊賞を中国にもたらしたが、山西省の大同以上の水不足に悩む内モンゴルの草原では、水汲みの大変さと井戸掘りの重要性を改めて確認させられることになった。

しかして、原題を『白云之下』、邦題を『大地と白い雲』とした本作は、これら“２つの名作”に続く内モンゴルを舞台とした名作だから、興味津々、そして必見！

■□■東京国際映画祭で上映！最優秀芸術貢献賞をゲット！■□■

大阪で毎年３月に開催される「大阪アジアン映画祭」では、当然中国映画がたくさん上映される。しかし、２０１９年１１月に開催された第３２回東京国際映画祭で中国映画の本作が上映されたのはなぜ？私は、その事情や背景を全然知らないが、その時の英題の『Chaogtu with Sarula』と同じ、『チャクトゥとサルラ』だったらしい。中国映画に詳しい私ですらこの映画の存在を知らなかったのだから、モンゴル語をメインにした本作を東京国際映画祭で上映しても、観客を集められるの？そんな心配もあるが、結果は上々で、何と本作はコンペティション部門最優秀芸術貢献賞をゲットしたというからすごい。チラシによると本作は更に、第２３回上海国際映画祭一帯一路映画週間オープニング作品とされ、第３３回金鶏奨最優秀監督賞を受賞しているから、当然その内容が素晴らしかったのだろう。

日本人が一番好きな中国映画は、張芸謀監督の『初恋のきた道（我的父親母親）』（００年）（『シネマ５』１９４頁）と、霍建起（フォ・ジェンチイ）監督の『山の郵便配達（那山、那人、那狗）』（９９年）（『シネマ５』２１６頁）の２本。それは、日本が高度経済成長によって豊かになっていく過程の中で失ってしまった自然や素朴さが両作品で顕著なため、日本人はこの両作品に“ある種の懐かしさ”を感じるためだ。しかし、今や中国はＧＤＰでは日本をはるかに追い越し、米国に迫る成長を続けている上、軍事力でも、“米国に追いつけ追い越せ”という状況になっている。ところが、そんな中国は他方で失ったものも多い。しかし、内モンゴル自治区は？

北京電影学院の教授である王瑞（ワン・ルイ）監督はモンゴル族ではなく漢民族だが、モンゴルの草原が大好きで、漠月（モー・ユエ）の原作『放羊的女人（羊飼いの女）』を読んで、「美しい草原をこの物語で撮りたい、いや、撮るべきだ」と感じたそうだ。なるほど、なるほど。本作が東京国際映画祭で最優秀芸術貢献賞を受賞したのは、きっとそんな本作の素朴さが今の日本人に率直に認められたためだ。

■□■この男は内モンゴル版“フーテンの寅さん”？■□■

①デビュー作の『一瞬の夢』（９７年）（『シネマ３４』２５７頁）②第2作の『プラットホーム』（００年）（『シネマ３４』２６０頁）で注目される中で、第3作『青の稲妻』を発表したジャ・ジャンクー監督は、同作で１９歳の主人公たちの感覚を真正面から問題提起しながら、そこに３７歳のヤクザ男の感覚も絡めていった。その後のジャ・ジャンクー監督作品には、『四川のうた（二十四城記）』（０８年）（『シネマ３４』２６４頁）、『罪の手ざわり（天注定）』（１３年）（『シネマ３４』２６９頁）、『山河ノスタルジア（山河故人）』（１５年）（『シネマ４４』２４６頁）、『帰れない二人（江湖儿女）』（１８年）（『シネマ４５』２７３頁）等があるが、これらはすべて、それぞれその時代状況の中での鋭い社会問題提起を含んでいる。それらのすべてにジャ・ジャンクー監督のミューズ・趙濤（チャオ・タオ）が登場しているのは嬉しいし、それぞれの作品の主人公のキャラが、少しはぐれ者気味であること（？）も興味深い。たとえば、『帰れない二人（江湖儿女）』に登場する主人公はカッコいい渡世人だが、これぞ国や時代は違えど、まさに、ジャ・ジャンクー監督版の“フーテンの寅さん”？

そう考えると、本作の主人公・チョクト（ジリムトゥ）は、私の理解するところでは、まさに“内モンゴル版のフーテンの寅さん”だ。フーテンの寅さんは昭和を代表するキャラクターだが、ワン・ルイ監督が本作で描く主人公・チョクトは、当然２０１９年当時の内モンゴルの時代状況を前提としたもの。したがって、チョクトの祖先たちは白い雲と広い草原の中で育ったものの、馬に代わってバイクや車が移動手段となり、草原の向こうでは急速な都市化が進む今の時代の内モンゴルに生きる若者・チョクトはいつも都会に憧れているらしい。しかし、もしチョクトが都会に出て行くと、草原で羊を飼育することで成り立っているチョクトと愛妻・サロール（タナ）との生活はどうなるの？

■□■妻の価値観は正反対！すると、この夫婦は・・・？■□■

『男はつらいよ』シリーズでは、どの映画でも、その冒頭に見る“フーテンの寅さん”は故郷の葛飾柴又ではなく、旅先にいた。それに対して、チョクトは草原の中で羊を飼い、ゲルの中で愛妻のサロールと仲良く暮らしている立場だ。ところが、本作冒頭は、チョクトが羊の群れとおんぼろトラックを交換し、いずこかに旅立っていくシークエンスだから、アレレ。まさに、この男はモンゴル版“フーテンの寅さん”！？妻のサロールにしてみれば、ある日突然夫が待てど暮らせど帰ってこない状態になったのだから、そりゃ大変だ。日々の羊の世話はどうするの？とりあえず、サロールはバイクに乗ってチョクトを探し回ったが、チョクトがいつもつるんでいる友人（イリチ）に聞いても「知らない」との返事。また、「チョクトから小包が来ているよ」と小包を届けてくれた郵便配達員に聞いても、チョクトの居所は知らないようだから、アレレ。

『男はつらいよ』シリーズにおける寅さんの妹のさくらは、町工場で働く博と結婚して葛飾柴又に定着していたが、フーテンの寅さんはそこに定着できず、旅ばかり。どうも本作のチョクトもそんな感じらしい。そんなチョクトに対して、妻のサロールは大草原の中で羊を飼い、その乳を搾り、ゲルの中で生活するのを当然と考えていたから、２人の価値観は正反対だ。その食い違いは大きい。すると、この夫婦は・・・？

■□■妻の愛し方は？馬術は？カラオケは？生活能力は？■□■

“フーテンの寅さん”は生涯独身だったが、今一歩というところまで進展していたのが、浅丘ルリ子演じるリリーさんとの結婚。さくらと博の強力な後押しもあったし、リリーもその気十分だったが、ちょっとしたタイミングが合わなかったため、残念ながら・・・。このように、“フーテンの寅さん”は恋愛については不器用の極みだったが、本作を観ていると、チョクトはサロールを心から愛していることがわかる。また、異なる価値観の中でも、精いっぱい妻の言うことを聞き、仲良くやっていけるように努力していることが分かるから、本作ではそこらあたりをしっかりと！

また、ハリウッドの西部劇では、馬の乗りまわしがカウボーイたちの腕の見せ所だが、チンギス・ハンの血を引くモンゴル族のチョクトだって、それは負けてはいない。その馬術は相当なものだ。また、面白いのは、モンゴルの大草原で暮らす若者たちがカラオケに行こうと思えば一泊泊まりで行かざるを得ないこと。大草原の上でのパーティーも楽しそうだが、やはり若者には都会のキラキラ輝くネオンが魅力だし、豪華な部屋の中で仲間たちと酒を酌み交わしながら好きな歌を好きなように歌うのが楽しいらしい。もっとも、チョクトや友人達のそこでの酒の飲み方は尋常ではないから、ヤバいことが起こらなければいいのだが・・・。

他方、モンゴルの草原での生活に今やバイクや車が入り込み、携帯も定着しているが、チョクトの生活能力は？生活能力ゼロの“フーテンの寅さん”に比べればチョクトはまだまし（?）だが、大地に根を張って生活しているサロールに比べれば、やはりその“フーテンぶり”が目立つ。しかして、本作中盤、羊を１５頭売って車を買うと決めたチョクトの行動を巡って、ある大事件が勃発するのでそれに注目！その事件の中でお腹の子を失ってしまったサロールは、「あなたと結婚した時、つぼみが花開くような気持だった。けれど、今は根まで枯れてしまった。子供を失ってしまった。身籠っている羊を大切にして」と言うまでになってしまったが・・・。

■□■反省の日々は？スカイプの効用は？伯父の帰国は？■□■

チョクトがサロールを深く愛していることは間違いない。しかし、出血多量で危うい状態だったサロールを何とか病院に運び込んだチョクトが妻の妊娠を知らなかったことに、女医さんはビックリ。そんなチョクトは今、都会への夢を断ち切り、羊の世話に明け暮れる反省の日々だ。もっとも、反省だけならサルでもできるから、そんなチョクトを見ていても、夫婦の仲が戻るとは到底思えない。しかし、この２人は価値観が違うだけで、仲が悪いわけでもないし、愛し合っていないわけでもない。そんなこともあって、ある日チョクトがサロールにスマホをプレゼントし、スカイプ機能を使って互いに話してみると・・・。驚いたことに、これを使うと、普段面と向かって言えないことが何でも言えることにビックリ。これなら、「君を愛している」とでも、「死ぬまで君を離さないぞ」とでも、何なりと・・・。

他方、本作の後半、少し物語が転調するのは、北京に行った伯父さんが帰国してきたこと。一緒に戻った奥さんは北京の人だから、モンゴル語は全くわからない。したがって、この２人がこれからモンゴルで生活するのは大変だろうが、伯父さんは「自分の母親は、呼んでも決して北京に来ることはなかった。ここを離れたくないと。この年になると、母親の気持ちがわかる」としみじみと語っていた。なるほど、時代が流れ、世の中が変わっていく中、人それぞれの生活スタイルがあるものだ。もっとも、今は反省し、草原の中で羊と共に暮らす生活に徹しているチョクトだが、そんな伯父さんの話を聞いてもやっぱり都会への憧れは変わらないらしい。世の中はこんなに広いのに、草原から出られない。いつまでたっても囲いの中だ。それは一体ナゼ？

■□■都会でのチョクトの定職は？夫婦の再生は？■□■

チョクトは都会で暮らしたい。それに対して、サロールはこの草原から出たくない。この価値観の違いは大きいから、永久にこの２人が交わることはない。そう思わざるを得ないが、本作ラスト、チョクトは都会に行き、運転手の仕事（定職）に就いていたから、アレレ・・・。そこでのチョクトは、勝手気ままとは言えないまでも、ある程度外の生活をすることができているようだ。そして、サロールは再び妊娠し、子供も生まれているようだ。まとまった収入を得たチョクトは、たくさんの土産物を手にゲルに戻っていたから、これにてこの夫婦の再生は完了。

そう思っていたが、ある日チョクトがゲルに戻ると、サロールはいない。必死でサロールを探すチョクトに対して、近所の人は、「サロールは街のお姉さんの家に行ったよ。ここで冬に１人で羊と子供を育てるのはムリだからね」とバッサリ・・・。内モンゴルの大草原は豊かな時は美しいが、寒くなり、雪が積もる時期は大変。さあ、そんな「大地と白い雲」の中での、この夫婦のホントの再生は？本作の結末は如何に？それは、あなた自身の目でしっかりと！

２０２１（令和3）年5月１２日記

熱血弁護士

坂和章平

中国映画を語る〈52〉

（さかわ・しょうへい）

１９４９年愛媛県松山市生まれ。大阪大学法学部卒。都市開発に関わる訴訟を数多く手がけ、日本都市計画学会「石川賞」、同年に日本不動産学会「実務著作賞」を受賞。「坂和的中国電影大観」（２００４年）、「ナニワのオッチャン弁護士、映画を斬る！」シリーズをはじめ映画に関する著書多数。（公社）日中友好協会参与、NPO法人大阪府日中友好協会理事。

今やGDPでは日本をはるかに追い越し、米国に迫る成長を続けている中国は、失ったものも多い。では、内モンゴル自治区は？ 東京国際映画祭で最優秀芸術貢献賞をゲットした本作には、興味津々、そして必見！

馬に代わってバイクや車が移動手段となり、草原の向こうでは急速な都市化が進む現代の内モンゴルに生きる若者・チョクトは、草原で羊を飼い、ゲルで愛妻のサロールと仲良く暮らしている。ところが、本作冒頭はチョクトが羊の群れとトラックを交換し、いずこかに旅立っていくシークエンスだから、アレレ。この男は、内モンゴル版の〝フーテンの寅さん〟？

チョクトはサロールを心から愛している。モンゴル族であるチョクトの馬術も相当なもの。しかし、チョクトには都会の輝くネオンが魅力だし、仲間たちと酒を酌み交わしながら好きな歌を好きなように歌うのが楽しいらしい。大地に根を張って生活している妻の価値観は正反対。しかして本作中盤、羊を15頭売って車を買うと決めたチョクトの行動を巡って大事件が勃発するので、それに注目！

妻の価値観は正反対。都会か、草原か？ 夫婦の再生は？

事件後、チョクトは羊の世話に明け暮れる反省の日々だ。もっとも、反省だけならサルでもできるから、それで夫婦の仲が戻るとは思えない。しかし、ある日チョクトがサロールにスマホをプレゼントし、スカイプ機能を使ってみると、普段は面と向かって言えないことが互いに何でも言えることにビックリ。これなら、「君を愛している」とでも、「死ぬまで君を離さないぞ」とでも、何なりと……。

本作ラスト、都会でまとまった収入を得たチョクトが土産物を手にゲルに戻ると、サロールはいない。内モンゴルの大草原は、豊かな時は美しいが、雪が積もる時期は大変。さあ、そんな「大地と白い雲」の中での、この夫婦のホントの再生は？ 本作の結末は如何に？ それは、あなた自身の目でしっかりと！

大地と白い雲

8/21より、岩波ホールほか全国順次公開

原題：白云之下／Chaogtu with Sarula
監督：王瑞（ワン・ルイ）
原作：漠月（モー・ユエ）『放羊的女人（羊を飼う女）』（図夏人民出版社刊）
出演：ジリムトゥ／タナ／ゲリルナスン／イリチ／チナリトゥ／ハスチチゲ
製作年：2019年、中国、111分
配給：ハーク

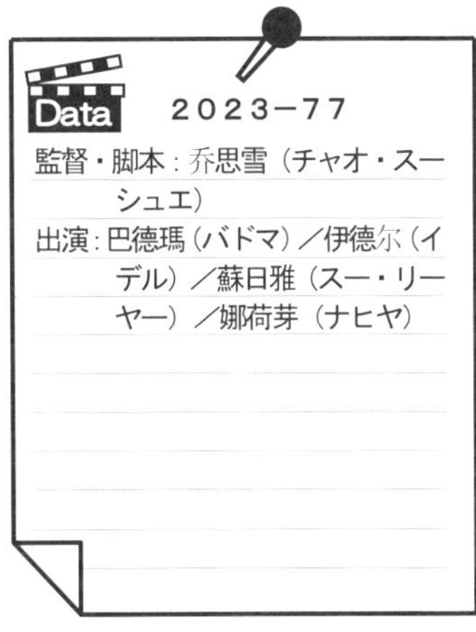

みどころ

邦題はわかりやすいが、それだけでは何の映画かわからない。それに対して、原題の『脐带』（＝へその緒）はインパクトのある言葉。認知症が進み、徘徊の危険が深まる母親を、ロープで自分の身体に結びつける息子の姿を見ていると、なるほど、なるほど・・・。

本作前半では、潔い主人公の選択ぶりに注目！後半からは、内モンゴルの大草原をサイドカーに母親を乗せて駆け抜けるロードムービーに注目！

母親が探す“思い出の木”はどこにあるの？そして、人間の幸せはどこに？そんな人生観と哲学を、内モンゴル出身の若手女性監督、乔思雪（チャオ・スーシュエ）のデビュー作たる本作からしっかり考えたい。

―――＊―――＊―――＊―――＊―――＊―――＊―――＊―――＊―――＊―――＊―――

■□■原題は？邦題の変更はなぜ？その賛否は？■□■

本作の原題は『Qi dai（脐带）』。これは、日本語で言う“へその緒”のことだ。しかして、２０２２年１１月、第３５回東京国際映画祭のアジアの未来部門に選出され、ワールドプレミア上映された時の邦題は、原題をそのまま日本語訳した『へその緒』だった。そんな本作は、フランスに留学して映画を学んだ、１９９０年生まれの内モンゴル出身の才女、乔思雪（チャオ・スーシュエ）監督の長編デビュー作だ。日本中国友好協会が発行する『日本と中国』の紙面で「熱血弁護士坂和章平　中国映画を語る」の欄を毎月書いている私は、縁あってそんな本作の視聴リンクを入手することができた。本作は、６～８月に3回にわたって東京での試写会が予定されているが、そこでの公開にあたっては、邦題が『草原に抱かれて』に改められた。それは一体なぜ？

認知症が進む母親・娜仁左格（ナランズグ）（巴德瑪／バドマ）を、都会で電子音楽をやっているミュージシャンの息子（次男）阿魯斯（アルス）（伊德尔／イデル）が引き取り、

２人だけで母親が希望する故郷＝草原の中で過ごす本作は、『草原に抱かれて』の方がスマートかつスタンダード。しかし、認知症のため、ややもすれば野外を徘徊し行方不明になってしまう母親の身体を、息子は自らの身体とロープで繋ぎとめて生活していたから、そんな“実態”をきちんと見れば、邦題も原題と同じ『へその緒』で良かったのでは？さて、あなたの賛否は？

■□■内モンゴルに、こんなカッコ良いミュージシャンが！■□■

中国には漢民族の他に少数民族が合計５５もあり、それぞれ自分たちの伝統を守りながら生活している。そのため、数は少ないながら、映画だってそれぞれの民族の映画がある。例えば、『羊飼いと風船』（１９年）はチベット族の興味深い映画だった（『シネマ４８』２０７頁）し、『大地と白い雲』（１９年）は内モンゴル自治区の興味深い映画だった（『シネマ４９』３０８頁）。モンゴル族と聞けば、私たち日本人はすぐに蒙古帝国やジンギスカーン伝説に結びつき、屈強な騎馬民族を思い浮かべるが、『大地と白い雲』の主人公は内モンゴル版の“フーテンの寅さん”だった。つまり、本来なら、大草原の中で羊を飼い、ゲルで愛妻と仲良く暮らすべき主人公が、馬に代わってバイクや車が移動手段となり、草原の向こうでは急速な都市化が進む現代の内モンゴルに生きる若者（フーテンの寅さん？）として、羊の群れとトラックを交換し、いずこかに旅立っていく姿は、いかにも“時代の変化”を感じさせる興味深いものだった。

ところが、同じ内モンゴル自治区を舞台にした本作の冒頭は、演奏会の舞台で電子音楽の演奏をするカッコ良いミュージシャン、アルスの現代的な姿なので、それに注目！今は経済的にも軍事的にもアメリカと肩を並べるほどになっている中国は、内モンゴル自治区だってアメリカのロックに負けちゃいない！最新の電子音楽を演奏しているアルスの姿を見ると、そんな自負心も・・・？

■□■これは軟禁？虐待？ならば俺が・・・■□■

老人の介護問題、とりわけ認知症が進行する父親や母親の介護問題は、日本だけでなく先進国共通の問題。その問題は『ファーザー』（２０年）（『シネマ４９』２６頁）でも、『すべてうまくいきますように』（２１年）（『シネマ５２』１４６頁）でも、さらに『波紋』（２３年）でも取り上げられていたが、内モンゴル自治区でも同じ問題があるらしい。

公演を終えたアルスが携帯で話しているのは、兄夫婦と同居している母親ナランズグらしいが、どうも話がトンチンカン。「これは心配だ！」と思ってアルスが兄夫婦の家を訪れると、認知症が進行中の母親の介護には兄夫婦もかなり苦労しているらしい。今まさにその“現場”を見たアルスの目に、それは介護ではなく軟禁もしくは虐待とさえ思えたが、「それなら、お前がやってみろ！」と言われると・・・。「俺には仕事がある」さらに、「俺には大勢のファンがついている」と言いたいところだが、そんなことを兄夫婦に言えるはずはない。

ちなみに、私は２人兄弟の弟だから本作のアルスと同じ立場だが、幸いなことに両親は夫婦２人でふるさとの松山にずっと住み、兄も私もふるさとを離れた仕事場にいた。そのため、帰郷もままならないまま、母親が死亡し、続いて父親も死亡したが、兄弟２人とも母親、父親を介護した経験はない。したがって、本作に見る兄夫婦の介護の苦労はわからないから、兄夫婦が母親に対して見せる介護姿勢を批判することはできないが、それはアルスも同じだ。アルスがそれに文句をつけて、「よりましな、より人道的な介護をしろ！」と主張するのであれば、認知症進行中の母親を自分が引き取るしかないが、さあ、アルスはどうするの？NHK 大河ドラマ『どうする家康』では、毎回家康が選択を迫られているが、アルスに今、ミュージシャンを辞めて、認知症進行中の母親、ナランズグを引き取り介護するという選択肢はあるの・・・？さあ、どうするアルス・・・？

■□■内モンゴルを舞台とした名作の系譜をいかに継承?■□■

あなたはモンゴル（国）と内モンゴル（自治区）の違いを知ってる？日本の大相撲では白鵬や鶴竜、照ノ富士をはじめ、モンゴル出身で横綱まで上りつめた「強い力士」が有名だが、この“モンゴル”は、かつて“モンゴル人民共和国”と呼ばれ、今は“モンゴル国”と呼ばれている国のこと。それに対して、内モンゴルは中国の北部に位置し、中国政府の管理下に置かれている自治区のことだ。中国人はモンゴル自治区のことを内モンゴル、モンゴル国のことを外モンゴルと呼び、モンゴル国ではモンゴル国のことを北モンゴル、内モンゴル自治区のことを南モンゴルと呼んでいるそうだ。かつて巨大な領土を誇ったジンギスカーン率いる“モンゴル帝国”は日本にも“蒙古襲来”という形で歴史上に2度も登場してきたが、現在日本で取り上げられるモンゴル国の話題は大相撲のことばかり。つい最近では、宮城野親方（元横綱白鵬）の弟子である落合改め伯桜鵬が、幕下付け出し初土俵からわずか3場所で新入幕したことが大きな話題となった。そんなモンゴル国に対して、内モンゴル自治区のことは、チベット自治区や新疆ウイグル自治区等と共に日本人にはほとんど知られていない。

そんな状況下、内モンゴル自治区を舞台として有名になった映画が、①『白い馬の季節』（０５年）（『シネマ１７』３７５頁）、②『トゥヤーの結婚』（０６年）（『シネマ１７』３７９頁）、そして③『大地と白い雲』（１９年）だ。私は『大地と白い雲』の評論で、草原での羊飼いの生活に満足できず、都会に憧れてバイクを乗り回している主人公を念頭に「この男は内モンゴル版“フーテンの寅さん”？」の小見出しで書いたが、それは大地と白い雲、そして草原と羊がよく似合う内モンゴルでも急速に都会化が進み、ビルの林立する都会に憧れる若者が増えていることを示すものだった。しかして、本作の主人公アルスも都会に住み、電子音楽で人気を呼んでいるカッコ良いミュージシャンだから、もはやモンゴルの大草原より大都会のビルの方がよく似合う男のはずだ。そんな男が認知症の母親と２人きりで大草原の旅に出るとは！すごい決断！本作は中盤からそんなストーリーになっていくが、内モンゴルを舞台とした名作の系譜をいかに継承？

■□■母親の思い出の木はどこに?大草原をサイドカーで！■□■

大草原と聞けば、日本ではせいぜい北海道を思い浮かべるしかないが、内モンゴルのそれは規模が全然違うらしい。モンゴルの大草原を駆け抜けるには馬が最もふさわしいが、都会化が進む今の時代、アルスが愛する乗り物は『大地と白い雲』の主人公と同じく、馬ではなくバイクだ。もっとも、『大地と白い雲』の主人公が乗っていたのは普通のバイクだが、本作の主人公が乗るのは母親を乗せるもう一輪の車台を取り付けた、いわゆるサイドカー（側車付二輪車）だ。ヒトラー映画ではナチスの将校が側面の車台に座っているが、本作でそこに座るのは母親だから、そのコントラストは面白い。アルスが運転し母親が同乗する、そんなサイドカー姿は『大脱走』（６３年）で見た、スティーブ・マックイーンのバイク姿ほどのカッコ良さはないが、内モンゴル特有の移動式テントであるゲルなど生活装備一式を乗せて以降展開していく、内モンゴル自治区での母親の“思い出の木”を探すロードムービーに注目！

川の近くに設営したゲルを抜け出した母親が見せるモンゴル式の踊りは、おばあちゃんながらなかなか魅力的。そのまま水の中に入っていかないように（?）、アルスはしっかり２人の身体をロープで結んだから、これで母親の安全はキープ！特別に何が面白いわけではないが、本作後半の主役はそんな２人の“臍帯”ぶりと、アルスが運転するサイドカーになるから、そんなロードムービーをタップリ味わいたい。

■□■アルスを助ける若い女性はひょっとして監督の分身？■□■

中国では近時、第８世代監督の抬頭が顕著だが、本作で監督デビューし、第３５回東京国際映画祭アジアの未来部門に選出されワールドプレミア上映されたのは、１９９０年に内モンゴルに生まれ、フランスで映画を学んだ女性、乔思雪（チャオ・スーシュエ）。私は全然知らなかったが、母親役のバドマはプロの女優だが、アルス役のイデルは本物のミュージシャンで、モンゴル伝統の馬頭琴に現代的な要素を融合させて電子音楽をやっているらしい。

私が本作でこの２人以上に注目したのが、ロードムービーになった後にアルスの前に登場し、何かとアルスを手助けする若い女性、塔娜（タナ）（娜荷芽／ナヒヤ）。監督も美人だが、このナヒヤもかなり美人だから、私の目につくのは当然。しかし、ストーリー構成の上ではあくまで補助役に徹しているところは好ましい。そんな演出を考えると、このタナはひょっとしてチャオ・スーシュエ監督の分身かも・・・。母子のロードムービーの中に若い女性が加われば、恋愛問題が発生してきても不思議ではないが、さて本作は？そして何よりも、テーマである母子のサイドカーによる内モンゴルの大草原を駆け抜けるロードムービーの結末は？

認知症の怖さを強調すれば、怖さはいくらでも広がっていくが、他方、内モンゴルの大草原があれば・・・。本作を見れば、そんな新たな“人生観”が少しは芽生えるかも・・・。

２０２３（令和5）年7月５日記

『日本と中国』２２７９（２０２３年８月１日）

熱血弁護士
坂和章平
中国映画を語る〈77〉

（さかわ・しょうへい）
１９４９年愛媛県松山市生まれ、大阪大学法学部卒。都市開発に関わる訴訟を数多く手がけ、日本都市計画学会「石川賞」、同年に日本不動産学会「実務著作賞」を受賞。「坂和的中国電影大観」（２００４年）、「ナニワのオッチャン弁護士、映画を斬る！」シリーズをはじめ映画に関する著書多数。（公社）日中友好協会参与、NPO法人大阪府日中友好協会理事。

「臍帯」（へその緒）の邦題が、なぜ『草原に抱かれて』に？
―内モンゴルでは今なお、母親の介護にも大草原がお似合い！―

臍帯（へその緒）は赤子誕生時の生命線。ならば認知症で徘徊を繰り返す母親を俺の体に縄で結びつければ一心同体で安心安全！『ファーザー』（20年）では、認知症の父親が介護に励む娘に「お前は誰だ⁉」と言い放っていたが、天空に青い空と白い雲、地上に大草原が広がり、ゲルと羊の群れが点在する内モンゴルではそんな介護も可能だ。しかして邦題は？

二人兄弟の弟アルスは電子音楽を操る人気者。認知症が進む母の介護は兄夫婦任せだったが、その実態は半軟禁？ 夜毎の徘徊防止にはそれもやむなしだが、こりゃ人権侵害！ しかし「お前が面倒を見ろ」と言われると弟の決断は？ NHK大河ドラマでは徳川家康の毎回の苦渋の選択が見モノだが、弟は音楽を諦めて母を引き取り、広大な草原を二人で旅する途を選択。それを助ける女性との出会いは幸運だが、彼女はフランスに留学して映画を学び、本作で監督デビューした若き才女・乔思雪（チャオ・スーシュエ）の分身？ 内モンゴルでは季節ごとのゲル（天幕）移動をはじめ自然との闘いが不可欠。そのため、母は天地に感謝を捧げる祈りの作法にも通じていたが、都会に住む弟は全く無知だから、体を縄で結んだ二人の旅が当初難航したのは当然だ。しかし、故郷にある〝思い出の木〟に近づくにつれて母子の心は一つに。人間には寿命があり、いつかは死ぬものだが、介護（＝軟禁？）下での死亡と大草原に抱かれた中での自然死は大違いだ。

モンゴル国では3場所で新入幕を果たした落合改め伯桜鵬の話題で持ち切りだが、内モンゴル自治区ではなお大草原がお似合い。日本では絶対に見られない風景を心に刻みながら、『山の郵便配達』（99年）や『初恋のきた道』（99年）を彷彿させる〝日本人の心の故郷〟を、母親の介護という難テーマの中でしっかり考えたい。

草原に抱かれて

9/23（土）～
新宿 K's cinema にて
ロードショー

監督・脚本：チャオ・スーシュエ
プロデューサー：リウ・フィ、フー・ジン
撮影：ツァオ・ユー
編集：チャン・イーファン
美術：ジャオ・ズーラン
音響：フー・カン
音楽：ウルナ（Chahar Tugchi）、イデル
キャスト：バドマ、イデル
2022年 中国／モンゴル語／96分
原題：Qi dai 臍帯
配給：パンドラ

みどころ

日本人が一番好きな中国映画は『初恋のきた道』（00年）と『山の郵便配達』（99年）だが、それはなぜ？何でも説明調のくだらない邦画が増えている昨今、『草原の河』（15年）で「日本で初めて商業公開されたチベット人監督」になった、ソンタルジャがさらに成長！この素朴さ、この風景、そしてこの人情のあやに注目！

聖地ラサへの巡礼と「五体投地」は中国第六世代監督の旗手・張楊（チャン・ヤン）の『ラサへの歩き方　祈りの２４００ｋｍ』（15年）で学んだが、本作ではそれと違う視点から、この夫婦、この父子の確執とその解消のサマを学びたい。今の日本では、こんな映画の製作はもはや無理・・・？

—*—*—*—*—*—*—*—*—*—*—

■□■チベット第一世代監督は『草原の河』から更に成長！■□■

本作を監督、共同脚本したのはソンタルジャ。１９７３年に「草原のチベット」とも呼ばれるチベット東北部アムド地方、青海省海南チベット族自治州の同徳県に生まれ、牧畜民の中で育った男だ。奨学金を受けて北京電影学院撮影科を卒業した後、長編第二作の『草原の河』（15年）が注目され、「日本で初めて商業公開されたチベット人監督」になった。同作は６歳の子供と母親との関係、父親と祖父との関係に焦点を当てた「家族の物語」で、日本で大人気の中国映画『初恋のきた道（我的父親母親）』（00年）（『シネマ5』194頁）や『山の郵便配達』（99年）（『シネマ5』216頁）と同じように、シンプルかつ素朴で味わい深いものだった（『シネマ44』330頁）。

同作で主演した６歳の女の子は第１８回上海国際映画祭でアジア新人賞と最優秀主演女

優賞を受賞したが、本作では、中国ヤングジェネレーション映画祭およびシルクロード映画祭で最優秀女優賞を受賞している。彼の映画作りの素朴さは本作も全く同じだが、さて、本作のテーマは？

■□■ラサへの巡礼とは？妻はなぜそれを決意？■□■

『こころの湯』(99年)(『シネマ17』162頁)、『胡同のひまわり』(05年)(『シネマ11』192頁)、『グォさんの仮装大賞』(12年)(『シネマ32』62頁)等のすばらしい映画を監督しているのが、賈樟柯(ジャ・ジャンクー)、張元(チャン・ユアン)、婁燁(ロウ・イエ)等と並ぶ、中国第六世代監督の旗手の一人である張楊(チャン・ヤン)。これらはいずれも劇映画だったが、誰もが「これはドキュメント映画！」と錯覚してしまうほどドキュメント的手法をたくさん取り入れて監督した映画が、彼の『ラサへの歩き方　祈りの２４００ｋｍ』(15年)だった(『シネマ44』265頁)。そこではタイトル通り、チベットの小さなプラ村から聖地ラサへとカイラス山への２４００ｋｍの距離を“五体投地”をしながら、ほぼ１年かけて歩く姿が描かれていた。

©GARUDA FILM
『巡礼の約束』　2020年2月8日(土)より岩波ホールほか全国順次ロードショー

それに対して、本作では、病院で医師から何らかの宣告を受けた妻ウォマ(ニマソンソン)が、いきなり夫のロルジェ(ヨンジョンジャ)に対して、ラサへの巡礼の旅に出る、と打ち明けるシークエンスから始まるが、それは一体なぜ？ロルジェとウォマが住んでいるギャロン村は、チベット自治区ではなく四川省の省都である成都の北西にある村だから、『ラサへの歩き方　祈りの２４００ｋｍ』で登場した出発点のプラ村より更に遠そうだ。理由を明確に言わないまま急に「ラサ巡礼」を宣言したウォマに対して最初は反対していたロルジェも、ウォマの決意の固さの前に渋々(？)納得。ウォマは旅の前に久しぶりに実家を訪れたが、そこには亡くなった前夫との息子ノルウ（スィチョクジャ）が暮していた。ノルウは自分を祖父母に預けたままロルジェと再婚してしまった母親にわだかまりを感じ、部屋に閉じこもったままで、今もそれは変わっていないから、ウォマは当然それが気がかりだ。しかし、ラサ巡礼の決意が固いウォマは、そんなノルウに後ろ髪を引かれながらも、実家を後にすることに。

そして、今日はロルジェの見送りを受けてウォマがラサ巡礼に出発する日。五体投地の必需品たる「手板」はロルジェの手作りのものだし、村の娘２人が同行するから、多少の不安はあるものの何とかなるだろう。そう思っていたが・・・。

■□■旅をやめろ！病院へ行け！勝手にしろ！その顛末は？■□■

近時の邦画はテレビドラマ並みの「何でも説明あり」だが、本作ではウォマが医師から何を宣告されたのか？なぜウォマが急に（？）ラサ巡礼を言い始めたのか？なぜウォマが出発前に実家に戻り、ノルウと会ったのか？等について何の説明もない。しかし、出発してから数日後、バイクを飛ばして追いかけてきたロルジェが、「旅をやめろ！病院へ行け！」と激しく問い詰める姿を見ると、観客には当然ウォマの病状の重さが伝わってくる。さらに、同行していた娘も近くの村に行ったきり戻ってこない状況下にもかかわらず、「ひとりになっても巡礼を続ける」と言い張るウォマに対して、堪忍袋の緒が切れたロルジェは遂に「勝手にしろ！」との捨てセリフを残してバイクで走り去ることに。これはヤバイぞ。そう思っていると、その顛末は？

©GARUDA FILM

©GARUDA FILM

そこで、ウォマのもとに新たに登場してきたのが、ノルウを連れたウォマの弟。何らかの決意でウォマがラサ巡礼に旅立ったことを知ったノルウは、母への思いを率直に言い出せないものの、「母に会いたい」一念でここまでやってきたことは明らかだ。さらに、そこにロルジェも戻ってきたが、さあ、ここからラサへの巡礼の旅はどうなるの？

本作では、ソンタルジャ監督がその目が気に入ったことで、１０００人ほどの小学生の中から選んだという少年スィチョクジャ演じるノルウの無口さと頑固さが際立っているが、ここでノルウは「一緒にラサまで行きたい」と言い始めたから、アレレ。そのテコでも動かない姿勢に、母に会わせたら連れ帰るつもりだった弟は、音を上げて一人帰っていくことに。他方、一時は「勝手にしろ！」とまで腹を立てていたロルジェも、今は父親の世話を第三者に委ねてまでウォマとノルウと共にラサへの巡礼の旅に出る決意を固めることに。すると、その旅の中、この３人の間にあった“わだかまり”はすべて順調に解消していくの・・・？

■□■夫と妻の確執は？父と息子の確執は？旅は続くの？■□■

前述のように何でも説明調の邦画と違い、本作では何の説明もされないが、ストーリー展開をみていると、この夫と妻の間に、そしてこの父親と息子の間にそれぞれどんな確執があるのかが少しずつ見えてくる。それは、母と子が離れていても、あの村で夫婦が生活していれば、表面に出てくることはなかったのかもしれない。しかし、３人で一緒にラサ巡礼の旅に向かっていると、一方では３人の心が少しずつ結びついていくものの、他方では時としてその確執が噴出してくることに・・・。

夫婦間の確執は、ある夜ウォマが自分が巡礼の旅に出た理由をロルジェに話したところから明白になってくる。それは、亡くなった前夫との約束に基づくもの。そう聞かされたロルジェの気持ちがたちまち複雑になっていったのは当然だろう。さらに、迫りくる病魔に勝てず、ある日ついに倒れこんでしまったウォマが、前夫の遺灰でつくった仏像（ツァツァ）の入った箱を息子のノルウに託し、「お前がラサに持っていって」と話す姿を見ていると、ロルジェの気持ちはなお一層複雑に・・・。

旅の途中で倒れたウォマを医者に連れて行ったり、お寺で葬ってくれた親切な男・ダンダル（ジンバ）と出会えたのは、ロルジェにとってラッキーだった。しかし、そこでロルジェは、妻が大事に持っていた前夫との写真を一度は寺の壁に貼って納めたものの、思わず写真を破り、前夫とウォマを別々の場所に貼り直したが、それは一体なぜ？また、ウォマがいなくなってしまうと、何の血縁関係もないロルジェと前夫の息子ノルウとの間の確執が露わになったのは仕方ない。そんな中、「母さんは先に村に帰った」と嘘をついたロルジェに、ノルウが強く反発したのは当然だ。もっとも、ウォマの供養の灯をともす中で美しい灯明の花が咲いたのは、亡くなった人が来世でより良い境遇に生まれる兆しだから幸いだった。ところが、ノルウを村に帰し一人でラサへの旅を続けようとするロルジェに対して、ノルウは母との約束を守るため「ラサへ行く」と頑なに拒んだから、遂にロルジェはノルウに対して手を挙げる事態に。すると、それに対しノルウも「あんたは僕が嫌いなんだ。僕が邪魔だったんだ」と叫ぶことに。コトここに至れば、事態は最悪だが、さあラサへの旅はこの後も続くの？

■□■聖地ラサが目前に！そこでは父子の確執は解消？■□■

『ラサへの歩き方　祈りの２４００ｋｍ』では、約１年間を要したラサへの旅をドキュメント風に撮影していたから、その作業が大変だった。しかし、本作はそれを描くのが目的ではなく、ロルジェとウォマそしてノルウ、三者三様の心のあやを描く中で、チラシやパンフレットに書かれているように、「妻から夫へ、父から息子へ。受け渡され、継がれていく巡礼の旅。」を描くもの。本作はウォマが亡くなった後、ノルウと同じように母親を亡くし路頭に迷う子ロバがノルウにまとわりつく中、まるでウォマの代わりのように、一緒にラサへの巡礼の旅に向かう姿が印象的。しかして今、ロルジェとノルウそして一頭の子ロバは「いよいよこの山を越えれば、その向こうがラサ」という地点までたどりついた。そこでロルジェは一気に聖地まで進むの？それとも・・・？

©GARUDA FILM

©GARUDA FILM
『巡礼の約束』 2020年2月8日（土）より岩波ホールほか全国順次ロードショー

私たち日本人はチベットのことも、聖地ラサのこともほとんど知らないから、本作のパンフレットにある、星泉氏（東京外国語大学アジア・アフリカ言語文化研究所教授）の「ソンタルジャ監督が本領を発揮した秀作、その背後にあるもの。」と題された映画の背景を読み込む必要がある。それによって「遺灰と聖地巡礼」のことがわかるし、劇中で歌われる「ともに酒を酌み交わそう」の意味もわかるはず。また、「何のために祈るのか」という本作本来のテーマも、これを読むことによってより正確に見えてくるはずだ。もちろん、映画を観ているときにはそんな映画の背景は読めないが、そこで、「きれいにしてラサに入ろう」とノルウに語りかけるロルジェの姿をみていると。なんとなくわかるような・・・。そこでは、この父子の確執は既に解消しているの？

それに続いては、ノルウの頭を洗い、髪を切るシークエンスになっていくが、そこで切った髪はどうするの？そのことの意味は？他方、そこでロルジェが発見したのは、ノルウが大切に持っていた前夫とウォマの２人が写った写真。これは、俺があの時、あのお寺で、真ん中から破り、別々にはりつけていたはず。それなのに、なぜそれがもう一度貼り合わされたうえ、ノルウの手元に大切に保管されているの・・・？

さあ、本作ラストはソンタルジャ監督が描く、そんな心のあやをタップリと。

２０２０（令和2）年1月２０日記

Data

監督・脚本：万玛才旦（ペマ・ツェテン）

出演：索朗旺姆（ソナム・ワンモ）／金巴（ジンバ）／杨秀措（ヤンシクツォ）

みどころ

風船の色はいろいろだが、やっぱり「赤い風船」がベスト！そんなタイトルの名作もあったが、本作冒頭に登場するのは白い風船だし、形もヘン。

何とこれは“一人っ子政策”下で不可欠な“アレ”だったからビックリ！“アレ”が不足すると、とんだ“失敗”も。ましてや、立派な種羊と同じくらいたくましい夫と夜の生活を営んでいると・・・。

他方、輪廻転生が信じられ定着しているチベットの草原では、第四子の妊娠は亡き祖父の転生！単純にそう信じ込めれば嬉しいが、さて現実は？

詩的で圧倒的な映像美にうっとりしながら、ストーリーの秀逸さにも、そしてクライマックスに見る“赤い風船”の対比にも感嘆！恐るべし、チベットの万玛才旦（ペマ・ツェテン）監督！

――＊――＊――＊――＊――＊――＊――＊――＊――＊――＊――

■□■始まりは2個の白い風船から！しかしその形はアレレ？■□■

中国の“一人っ子政策”は１９７９年に始まり２０１５年に終わった。その期間中は中国１３億人民にさまざまな避妊具が使われたはずだから、その数は膨大。もっとも、チベット族には一人っ子政策も緩和されていたから、３人までは許されていたらしい。しかして、本作の舞台となるチベットの草原地帯では、タルギェ（ジンバ）とドルカル（ソナム・ワンモ）夫妻は既に中学生を筆頭に３人の男の子を育てていた。

馬の“種付け”シーンも相当迫力があるが、本作では、タルギェが友人から借り受けた、いかにも精力の強そうな種羊による“種付け”シーンが衝撃的。その種付けのシーンを巡って、夫婦間で「立派な種羊だろ」「あんたみたい」との２人だけの秘密の会話が登場するが、そんな夫婦の“夜の営み”には“アレ”が不可欠だ。ところが、冒頭のシークエンスで下の男の子２人が遊びまわっている白い風船を見ると、形が真ん丸ではなく少しヘン。

その正体に気付いたタルギェが慌ててそれを割ってしまったのは当然だが、一緒に暮らしている祖父にはなぜタルギェがそんないじわる（？）をするのかわからないらしい。なるほど、なるほど・・・。

ペマ・ツェテン監督が本作を思いついたのは、“ある偶然の出来事”からだそうだが、「赤い風船」と聞けば、アルベール・ラモリス監督の『赤い風船』（56 年）や、台湾の侯孝賢（ホウ・シャオシェン）監督の『ホウ・シャオシェンのレッド・バルーン』（07 年）（『シネマ 20』258 頁）を思い出す。本作ラストは何とも素晴らしい「赤い風船」のシークエンスになるからそれに注目だが、それと対比する意味でも、また本作のストーリー形成の軸を理解する上でも、本作の冒頭に登場する２人の子供が持つ２個の白い風船に注目！

『羊飼いと風船』　配給：ビターズ・エンド
2021 年 1 月 22 日（金）より、シネスイッチ銀座ほか全国順次ロードショー！

■□■アレより避妊手術の方が！女先生に相談すると？■□■

産婦人科の医師はやっぱり男性より女性の方が安心？今の日本の女性にそんな意識があるのかどうかは知らないが、ドルカルを見ていると、チベットでは今でも“その方面の相談”は女先生の方が安心らしい。そのため、わざわざ１人でバイクに乗って湖東診療所を訪れたドルカルは、男先生から「世界は変わったのに君たちは何も変わらない」と皮肉を言われながら、女先生が帰ってくるのを待つことに。

そして、戻ってきた女先生に小さな声で相談したのは、避妊手術をしてもらおうと思っていること。「コンドームは？あれなら簡単でしょ？」と言う女先生に対して、「子どもたちが風船にしちゃって・・・」と恥ずかしそうに答えている風景は微笑ましい。そこでまとまった結論は、来月に避妊手術をすることだが、コンドーム不足を気遣った女先生が、自分の分を１個ドルカルに与えてくれたのはさすが。日本なら、ドラッグストアに行けばいくらでも入手できるが、後でわかるように、チベットではそれも配給制らしい。しかし、あの立派な種羊と同じくらい“精力的”なタルギェとの夜の夫婦生活が続くとすれば、アレはたった１個で大丈夫なの？

『羊飼いと風船』　配給：ビターズ・エンド
2021年1月22日（金）より、
シネスイッチ銀座ほか全国順次ロードショー！

しかも、本作ではあえてしっかり者のドルカルが、コンドーム隠しにかけては不用心なように描かれている。つまり、布団の下に隠していたはずの大切な１個も２人の子供に発見された結果、再び白い風船として有効活用（?）されてしまうので、それに注目！その有効活用とは、隣に住む男の子が大切にしていた笛との物々交換だが、それがバレると、タルギェは近所の男から「子供のしつけがなっとらん！」と責められ、取っ組み合いの大ゲンカにまでなってしまうから、コトは笑い事ではない。それはともかく、布団の下に隠していたはずのアレがないとわかれば、タルギェの性的欲求は抑えられるの？また、来月の避妊手術を控えたドルカルの対応は？

本作は色気狙いの映画ではないから、そんな夫婦の“秘め事”は描かれないが、次に診療所を訪れて尿検査をしたドルカルの目の前に突き付けられた現実とは？

■□■チベット仏教における輪廻転生とは？その定着ぶりは？■□■

チベット仏教には、有名な輪廻転生の教えがある。これは「すべての生きとし生けるものは輪廻転生する」という教えで、「一時的に肉体は滅びても、魂は滅びることなく永遠に継続する」というチベット仏教独特の世界観だが、日本人にはその世界観はほとんど理解不可能。せいぜい理解できるのは、山田風太郎の原作を映画化した『魔界転生』(81年)(『シネマ3』310頁) ぐらいだ。しかし、本作のお風呂のシーンで、長男ジャムヤンの背中のホクロを見せてくれとせがむ２人の弟や、それを見て「ばあさんが家族に転生したとはありがたい」と語る祖父の姿を見ていると、この家族たちが輪廻転生を信じ込んでいることがよくわかる。

その直後に見る、突然亡くなった祖父のチベット葬儀の姿も興味深いが、「父がいつ転生するか教えてください」と質問するタルギェに対して、チベット高僧が「家に帰ったら僧侶を招きお経を唱えなさい。そうすれば家族の中に転生する」と答える姿も興味深い。日本ではこんな会話はありえないし、お寺の僧侶がこんな予言をすれば、医師法違反にもなりかねない。しかし、チベットでは今でもそれを信じているから、その直後にドルカルの妊娠を聞かされたタルギェが「こんなに早く祖父が転生したか」と喜んだのもうなずける。チベットの高僧の言葉を１００％信じているタルギェは、４人目の出産が違反であることや、経済面や教育面から考えても、４人の子持ちになるのがいかに大変かについてほとんど目が向かないようだ。

『羊飼いと風船』　配給：ビターズ・エンド
2021年1月22日（金）より、シネスイッチ銀座ほか全国順次ロードショー！

思いもしなかった“受胎告知”に動揺したのは、４人目の子育てがいかに大変かをよく知っているうえ、女先生からも「堕ろしなさい。また産んだら罰金よ」ときつく言われていたドルカル。そんなドルカルの気持ちが、堕ろす方向に傾いていたことは明らかだ。しかし、それをしっかり相談したかったドルカルに対して、タルギェが述べた言葉は・・・？そして、その時はじめてタルギェはドルカルに手をかけてしまったから、さあ大変。こんなことをしていると、夫婦間の溝はどんどん深まっていくばかりだが・・・？

■□■チベット尼僧にも注目！妹はなぜ尼さんに？■□■

私は２０００年以降、弁護士と映画評論家の“２足の草鞋”を履いているが、ペマ・ツェテン監督は映画監督と小説家という２足の草鞋を履いているそうだ。１９９１年に、西北民俗学院に入学し、在学中に小説家としてデビューした彼は、国内外で数々の文学賞を受賞。その後、２００２年に北京電影学院に入学し、文学部で映画脚本と監督学を学び、映画製作を始めたそうだから、すごい。

『羊飼いと風船』　配給：ビターズ・エンド
2021年1月22日(金)より、シネスイッチ銀座ほか全国順次ロードショー！

パンフレットの「監督インタビュー」によると、本作はすべて彼のオリジナルストーリーだが、本作については、最初の脚本と原作小説、そして映画にされた本作の脚本がそれぞれ別々にあるらしい。本作については、ラストの「赤い風船」のシークエンスがビジュアル的に素晴らしいが、それは映画ならではの演出。このように、同じテーマながら小説と映画の双方でそれぞれ似て非なる素晴らしい世界を作り上げるわけだから、彼の２足の草鞋の履き方は素晴らしい。

本作で驚いたのは、本作のサブストーリーとして重要な役割を果たす、ドルカルの妹で、チベット尼僧のシャンチュ・ドルマ（ヤンシクツォ）が、原作小説にはまったく登場しないこと。ドルカルがなぜタルギェと結婚したのかについて、本作はまったく触れないが、長男ジャムヤンが通学する青海湖チベット中学校で、偶然別れた元恋人のタクブンジャと出会うシークエンスに登場してくるシャンチュとドルカルとの会話の中で、この姉妹のそれまでが暗示されてくる。幸せな結婚をし、３人の子供に恵まれた姉のドルカルに対し、今は小説まで発表しているタクブンジャと別れて尼僧になる決心をし、完全に世俗世界から離れてしまった妹のシャンチュは両極端な立場だが、女という面では共通しているから、今の時代状況を生きていくについて、それぞれ大きな悩みがあるのは当然。タクブンジャがシャンチュに手渡した小説の中には、タクブンジャがシャンチュと過ごした日々のことが書かれているらしいから、シャンチュがそれを読みたがったのは当然。しかし、ある日その本を発見したドルカルは、今更そんなものはいらないと考え、その本を火の中へ。すると、それに対するシャンチュの対応は？

ペマ・ツェテン監督が小説家や脚本家として非凡な才能を持ち、また北京電影学院で監督学を学んだ映画監督として非凡な才能を持っていることは、本作にシャンチュを登場させ、今のチベットを生きる女性の悩みや問題点を過不足なく、２人のセリフの中で語らせている脚本や演出を見ていると、よくわかる。尼僧の物語は、オードリー・ヘプバーン主演の『尼僧物語』(59年) 等を見てもわかる通り、それだけでも結構面白いものが多いが、本作ではシャンチュの物語が主役のドルカルをうまく引き立てるサブストーリーとして実にうまく構成されているので、本作では面白いチベット尼僧の帽子をかぶったシャンチュにも注目！

■□■堕ろすの？それとも？ドルカルの決断は？夫と長男は？■□■

『在りし日の歌（地久天長)』(19年) は、１９８０年代の改革開放政策の中で始まった「一人っ子政策」を巡る２組の夫婦の葛藤の姿を描いた名作だった（『シネマ47』32頁)。同作では、第二子の妊娠に喜んだのもつかの間、「計画生育」にそれを知られたため、強制的に堕胎させられる悲しい姿が描かれていた。しかし、本作ではそれほどの危機はなく、罰金を支払い、その他アレコレの不利益措置さえ我慢すれば、出産自体はオーケー？第四子の妊娠は祖父の輪廻だと固く信じているタルギェが、堕ろすことを絶対に認めなかったのは当然だ。

タルギェがドルカルに対して「あの時ぶったのは悪かった。あんなことは二度としない」と謝ったのが立派なら、「産んでくれれば酒もタバコもやめる」と宣言したのも立派。去る２月４日に女性差別発言の謝罪会見をした森喜朗東京五輪・パラリンピック組織委員会会長の姿には反省の姿は見られず、むしろ居直りの面が強かったが、本作のタルギェの反省と禁酒禁煙の決意は固そうだから、これならドルカルも受け入れるのでは？それに対するドルカルの返事は明確ではなかったが、ある日ドルカルは１人で湖東診療所を訪れ、堕胎手術のためのベッドに横たわっていたから、アレレ？夫のタルギェがあれほど頼んだのに、なぜドルカルはそれを受け入れず堕胎の道を選んだの？

しかし、幸いなことにまだ手術は始まっていないうえ、そこではタルギェと一緒に駆け付けてきた長男のジャムヤンが、涙ながらに必死で「産んでくれ」と頼んだから、それを聞いたドルカルはさすがに方針転換・・・。私はそう思ったが、さて、ドルカルの最終決断は？私を含む観客の注目がその一手に集まったのは当然だが、そこでペマ・ツェテン監督はうまくそのテーマをずらしていくから、なるほど、なるほど・・・。

■□■クライマックスの赤い風船に注目！このシーンは永遠に■□■

２０００年以降、中国に２０回以上旅行に行っている私の楽しみの１つは、足つぼマッサージや市場での庶民的な買い物だが、本作のクライマックス直前には、病院帰りに市場をうろつくタルギェの姿が登場する。それが、本作導入部で下の弟たちと交わした「今度町に行けば、風船を買ってきてやる」という約束の履行のためだったのか、それとも手術台に横たわるドルカルの姿を見て動揺した気持ちを静めるためだったのかはわからないが、市場をうろつく途中で風船売りの姿を見つけたタルギェは、約束通り大きな赤い風船を２個購入することに。ちなみに、そこでの風船１個の値段は多少銭？（How Much？）

しかして、本作クライマックスに向けては、冒頭のシークエンスとは対照的に、まん丸い赤い風船２個をバイクに括り付けて帰ってくるタルギェの姿が映し出されるから、下の２人の子供たちは大喜びだ。さあ、子供たちはこの風船でどんな風に遊ぶの？そう思っていると、アレレ・・・？１つは突然割れてしまったうえ、２人で残りの１個を奪い合っているうちに、さらにアレレ？高村光太郎が『智恵子抄』の中で詠んだ歌は「東京の空　灰色の空」だから、そんな空にはいくら赤い風船でも似合わない。しかし、草原の上いっぱいに広がる青い大空の中に、大きな赤い風船が舞い上がっていけばよく似合うし、その風景は美しい。２人の子供が呆気にとられながらそれを見上げていたのは当然だが、それを見上げていたのはバイクを走らせていたタルギェも同じ。そして、その他にも、・・・・・・。

『羊飼いと風船』　配給：ビターズ・エンド
2021 年 1 月 22 日（金）より、シネスイッチ銀座ほか全国順次ロードショー！

アラン・ドロンが主演したルネ・クレマン監督の『太陽がいっぱい』（60 年）のあっと驚くラストは強烈な印象を残したが、本作のラストシーンもそれと同じくらい、永久に忘れられない美しいラストシーンになるはずだ。

２０２１（令和3）年2月１０日記

熱血弁護士 坂和章平

中国映画を語る〈50〉

（さかわ・しょうへい）1949年愛媛県松山市生まれ、大阪大学法学部卒。都市開発に関わる訴訟を数多く手がけ、日本都市計画学会「石川賞」、同年に日本不動産学会「実務著作賞」を受賞。「坂和的中国電影大観」（2004年）、「ナニワのオッチャン弁護士、映画を斬る！」シリーズをはじめ映画に関する著書多数。（公社）日中友好協会参与、NPO法人大阪府日中友好協会理事。

輪廻転生の教えと現実に揺らぐ、チベットの家族

中国の〝一人っ子政策〟は1979年に始まり2015年に終わった。もっとも、チベット族は一組の夫婦につき3人まで許されていたらしい。本作の舞台となるチベットの草原地帯では、タルギェとドルカル夫妻が3人の男の子を育てていた。

冒頭、下の男の子2人が少しヘンな形の白い風船で遊んでいると、タルギェは慌ててその風船を割ってしまう。本作のストーリー形成の軸を理解する上でも、この白い風船に注目！

その後、ドルカルが診療所の女性の先生に相談したのは、避妊手術をしてもらおうと思っていること。避妊具について問う先生に「子どもたちが風船にしちゃって……」と答える風景は微笑ましい。そこで翌月に手術をすることになったが、コンドーム不足を気遣った先生が自分の分を1個ドルカルに与えたのはさすが。日本ならドラッグストアで入手できるが、チベットでは配給制らしい。しかし、その1個も子供たちに発見され、再び白い風船として有効活用（？）されたのだった。

ところで、チベット仏教には輪廻転生の教えがある。父親が急死した後、ドルカルの妊娠を知ったタルギェが「こんなに早く転生したか」と喜んだのもうなずける。だが、ドルカルは堕胎手術のため、診療所のベッドに横たわっていた。そこへタルギェと一緒に駆け付けた長男が、「産んでくれ」と頼む。さて、ドルカルの最終決断は？

本作のクライマックス直前、タルギェは市場で赤い風船を2個購入する。さあ、子供たちはどんな風に遊ぶの？　そう思っていると、1個は突然割れ、もう1個は2人で奪い合っているうちにアレレ？　草原の上に広がる青い大空に、大きな赤い風船が舞い上がる風景は美しい。それを見上げていたのは、タルギェも同じ。そして、他にも……。本作の最後は、永久に忘れられない美しいラストシーンになるはずだ。

羊飼いと風船

全国順次公開中

原題：气球／BALLOON
監督・脚本：万玛才旦（ペマ・ツェテン）
出演：索朗旺姆（ソナム・ワンモ）／金巴（ジンパ）／杨秀措（ヤンシクツォ）
製作年：2019年、中国、102分
配給：ビターズ・エンド

第2章　香港

Data

監督・脚本：荘文強（フェリックス・チョン）

出演：周潤發（チョウ・ユンファ）／郭富城（アーロン・クォック）／張靜初（チャン・ジンチュー）／馮文娟（ジョイス・フォン）廖啟智（リウ・カイチー）／周家怡（キャサリン・チャウ）／方中信（アレックス・フォン）／高捷（ジャック・カオ）

みどころ

時代の流れはキャッシュレスだが、高齢者を中心に現金志向が残っているうちは通貨偽造も！米国で新たな１００ドル紙幣が発行される今、三代も続く“画家”をリーダーとする贋札製造集団の暗躍は？

「何事も極めれば芸術。心をこめれば、偽物は本物に勝る。」若き画家レイは“画家”のそんな殺し文句にイチコロ！ホンモノの画家を目指す恋人ユンと別れて、贋札作りに邁進することに・・・。

贋札は作るのも難しいが、さばくのがより大変。それを仕切る強いカリスマ性を持った“画家”だが、その舞台が世界に広がると同時に捜査も国際的に！

スタイリッシュでスピーディな展開に徹する脚本はお見事。よくぞ１３０分でこれだけの内容を入れ込んだものだ。“甦るチョウ・ユンファ伝説”を感じ取りながら、ホテルの一室での結末シーンの目撃者となり、その余韻も含めて香港映画のエッセンスをしっかり楽しみたい。

——＊——＊——＊——＊——＊——＊——＊——＊——＊——＊——

■□■タイトルの意味は？グーテンベルクは活版印刷の父！■□■

本作は、原題も英題も『Project Gutenberg』で、邦題も同じだが、グーテンベルクって一体ナニ？あなたは「活版印刷の父」と呼ばれるヨハネス・グーテンベルクを知ってる？ルネッサンスの三大発明は、羅針盤、火薬、印刷技術の３つ。１３９８年ごろに生まれ、１４４５年までに活版印刷技術を考案し、その機器の実用化に成功して、自ら印刷業・印刷物出版業を創設したのが、ドイツ生まれのヨハネス・グーテンベルクだ。なるほど、なるほど。しかし、本作はなぜそんなタイトルに？

今の時代、中国を中心にキャッシュレス化が進んでいるが、日本ではまだまだ高齢者を中心に現金崇拝志向が強い。日本では、２０２４年から一万円札が渋沢栄一に、五千円札が津田梅子に、千円札が北里柴三郎に改められたうえ、新紙幣への切り替えが決まっているが、アメリカでは今、新たに１００ドル紙幣を発行するらしい。そうなると、“画家”を中心とした贋札製造集団の出番に・・・？

■□■主役は“画家”役の周潤發（チョウ・ユンファ）！■□■

本作は、“画家”役を演じる今年御年６５歳になる周潤發（チョウ・ユンファ）を主役に起用した異色作。香港電影金像奨（香港アカデミー賞）において最優秀作品賞をはじめとする多くの賞を受賞した本作は、『インファナル・アフェア』３部作（02年、03年）と同じようなスタイリッシュな展開が際立っている。贋札製造集団にとっては、贋札作りの大変さはもちろんだが、それ以上に製造した贋札のさばき方や長年に渡る秘密保持が難しいはず。ところが、本作の贋作製造集団は、その稼業が三代も続いているというからすごい。“画家”をリーダーとする贋札製造集団のスタッフは、①“画家”の父と仕事をしてきた原版技師のヤム（リウ・カイチー）、②管理担当の女性ラム・ライワー（ポーリン・シュン）、③警部担当のボビー（デオン・チャン）、④輸送担当のセイ・ホイ（ジャスティン・チャン）たちだ。もっとも、本作の主人公になるのは、画家志望の男レイ・マン（アーロン・クォック）だから、それに注目！

映画で贋作作りのノウハウを懇切丁寧に教えるのは教育上よろしくないが、本作では冒頭から贋作作りの基本中の基本である原画作りの風景をスクリーン上に描き出すので、それに注目！若き日のアラン・ドロンが主演した『太陽がいっぱい』（60年）では、主人公が親友のサインを真似る（偽造する）べく懸命に努力する姿が印象的だったが、本作では、まずタイの刑務所の中で、レイが偽郵券作りに励む姿に注目！もっとも、これを見れば、グーテンベルクは大いに嘆くはずだが・・・。

■□■画家を目指す若い男女の方向性は？決定的違いは？■□■

芸術の都パリに若い画家の卵が集まってくるのは当然。日本で有名な藤田嗣治画伯もそんな若者の１人だったことは、『FOUJITA』（15年）を観ればよくわかる（『シネマ37』未掲載）。他方、日本では加藤登紀子が歌って大ヒットした『１００万本のバラ』は、女優に恋をした貧しい画家が家財を売り払ってバラを捧げるというロマンチックな歌詞が涙を誘ったが、原曲は大国ロシアに翻弄されたラトビアの苦難を暗示するものらしい。またこの歌の主人公の画家はグルジアの画家で、パリに集まった若い画家ではないらしい。しかして、画家を目指して今、カナダのバンクーバーで貧乏生活にもめげず、励まし合いながら画家としての名声を得ようと頑張っている恋人同士のレイとユン・マン（チャン・ジンチュー）を見ていると、努力の面でこの２人は、決してグルジアの画家、ニコ・ピロスマニに負けていないことがよくわかる。その結果、ユンはロク（カール・ン）に才能を認められて個展を開くまでになったが、レイの方は生計のため有名画家の贋作を手掛けるまでに堕ちていたからアレレ・・・。この２人の方向性の違いは決定的に！ある日、そんなレイの前に“画家”が登場したところから、レイの人生は大きく転換していくことに・・・。

香港映画には、香港警察がよく似合う（？）。しかして、本作冒頭でタイの刑務所に収容されていたレイは今、香港警察のホー副署長（アレックス・フォン）とその娘であるホー警部補（キャサリン・チャウ）の取調べを受けていた。その容疑は、仲間の殺人容疑などさまざまなもの。ところが、そこに今は国宝級の女性画家に成長したユン・マンがレイの友人と名乗りマネージャーであるロクと共にレイの保釈を要求してきたから、ややこしい。そこで、ホー副署長は、保釈を認めるかわりにレイが今も行方不明になっている“画家”について話すことを要求したが、さあレイは？レイが画家について語ることを一切拒否してきたのは、一体なぜ？それは、冷酷無比な画家の報復に脅えていたからだ。そんな中、レイの口からは“画家”についてどんな告白が・・・？

そう思い、かつその内容に大きな期待をしたのは、ホー警部補も私も同じ。しかし、その後レイの口から語られるのは、カナダのバンクーバーでユンと２人で暮していた時の苦労話ばかり。イライラしたホー警部補は、２人の恋物語の展開はもうやめて、早く“画家”の話に入るよう促したが・・・。

■□■一種の「師弟モノ」だが、2人の絆は？■□■

「師弟モノ」の名作は多いが、その代表は『スパイ・ゲーム』(01 年)(『シネマ 1』23 頁)。同作では、ロバート・レッドフォード扮する師匠ネイサンと、ブラッド・ピット扮する弟子のビショップが一貫して「固い絆」で結ばれていた。しかして、本作でも「何事も極めれば芸術。心をこめれば、偽物は本物に勝る。」と語る"画家"のカリスマ性に惹かれたレイが、"画家"をリーダーとする贋札製造集団に参加するシークエンスが描かれる。しかし本作では、他方でいくつかの場面で、レイが"画家"と衝突し、"画家"に反抗する場面も登場するので、それに注目！

親子三代にわたって贋札製造を稼業にしながら、逮捕歴なしを誇る"画家"の"人生訓"や、「贋札を私的に使用した者は家族共ども処刑」等の組織の掟は徹底していた。それを徹底させていたからこそ、贋札製造集団の世界に広がる大口の取引先は安定していたうえ、秘密保持が守られ、親子三代も続いてきたわけだ。しかし、どんな場面でも非情にコトをやってのける画家に対し、まだ若く、時として感情に走ってしまうレイは違和感を持ったり反発することも・・・。

本作では、『スパイ・ゲーム』とはかなり違う、そんな2人の師弟ぶりをしっかり観察したい。

■□■レイの恋模様は？ユンのライバルは？■□■

本作には香港、台湾、中国出身の美人女優が大勢登場するが、そのメインは若き日にレイと共にカナダのバンクーバーで暮らしたユン。ところが、導入部でレイの保釈を求めて登場してくるユンの魅力は？ユンを演じたチャン・ジンチューは、『孔雀　我が家の風景』(05 年)(『シネマ 17』176 頁)や『ビースト・ストーカー／証人』(08 年)(『シネマ 34』453 頁)での演技は絶品だったが、役所広司と共演した『オーバー・エベレスト　陰謀の氷壁』(19 年)はイマイチだった(『シネマ 46』未掲載)。それと同じように、本作では若き日のユンはそれなりに魅力的だが、黒い服で大きなサングラスをかけ、無表情を貫く世界的女流画家に成長したユンの魅力はイマイチ・・・。

レイの周りに登場する女たちのうち、レイの取調べにあたるホー警部補がキツイのは当然だが、彼女もなかなかの美女。また、贋札製造集団の管理部門を担当するラムもなかなかの美女だ。さらに、後述のゴールデン・トライアングルの銃撃戦で、レイが助けた女性が将軍(ジャック・カオ)に囚われていた偽札製造の専門家シウチン(ジョイス・フォン)だが、これもなかなかの美人。

あの激しい銃撃戦の後、シウチンは命の恩人であるレイに対して淡い恋心を抱くことになったから、さあレイの恋模様は？ロクとの婚約を発表したユンに今なお未練を持つレイは、仕事の上では画家との師弟関係に悩んでいたうえ、恋の面でもユンとシウチンとの関係で悩むことになるの・・・？

■□■貫禄と存在感に注目！さすが香港の小林旭！銃撃戦は？■□■

去る２０２０年2月１１日にはプロ野球の野村克也が８４歳で亡くなったが、その前の１月１８日には日活の映画スター・宍戸錠が８６歳で亡くなった。その宍戸錠と共に、『渡り鳥』シリーズをはじめとして１９６０年代の日活のガンアクションを牽引したのが小林旭。そして、『男たちの挽歌』（86 年）が日本で公開された１９８６年当時、"香港の小林旭"として紹介されたのがチョウ・ユンファだ。石原裕次郎、二谷英明、そして宍戸錠亡き今も、８０歳を超えた小林旭は歌をメインに大活躍を続けているが、それに比べればチョウ・ユンファは御年６５歳だからまだまだ若い。香港を代表する映画スターとしての彼の活躍ぶりはパンフレットにある、くれい響氏（映画評論家）の「甦るチョウ・ユンファ伝説」や、デューク廣井氏の「チョウ・ユンファ久々のクライム・アクション、激動の１９９０年代に咆哮するダークサイドのユンファ撃ち！」で紹介されているが、本作後半では、まさに「チョウ・ユンファ久々のクライム・アクション」を見せる（魅せる）ためのストーリー（脚本）として、ド派手な黄金の三角地帯（ゴールデン・トライアングル）での銃撃戦が登場する。

本作は、"画家"という肩書きで登場する贋札製造集団のボスの貫禄と存在感が圧倒的だが、ストーリーの主役は若いレイに譲っている。したがって、本作の脚本では、それを補い、チョウ・ユンファの銃撃戦の魅力を見せる（魅せる）ために、わざわざゴールデン・トライアングルの闇組織を牛耳る将軍との取引というストーリーを挿入させている。"画家"をリーダーとする贋作製造集団の取引先が世界各国に広がっていること、また、そこでは厳格な秘密保持がキープされていることは前述したが、ゴールデン・トライアングルでもそれは同じ。したがって、久しぶりに再会した画家と将軍は抱擁を交わしたうえで、新たな商談に入ったが・・・。

後述のように、本作の脚本は後半からクライマックスにかけて複雑になってくるが、ここは意外に単純。なぜなら、ここではチョウ・ユンファの銃撃アクションを見せるのが目的だから、商談をぶっ壊せばたちまち将軍と画家との戦い（銃撃戦）の展開に入ることができるからだ。１９６０年代の日活のガンアクションがド派手な見せ場の演出に徹していたのは明らかだが、それは１９８０年代の香港のガンアクションも同じ。そんな展開の中で、小林旭や宍戸錠、そしてチョウ・ユンファのガンアクションがもてはやされてきたわけだ。しかして、２０２０年の今、スクリーン上で炸裂するダークサイドのユンファ撃ちは如何に？日本では銃砲刀剣類所持等取締法があるため銃器ファンが少ないから、本作で画家が使用する銃器の数々を理解しようとすれば、前述したデューク廣井氏のコラムを読む必要がある。まあ、私の見解ではそこまでの勉強は不要で、本作ではチョウ・ユンファ久々のクライム・アクションを心ゆくまで楽しめばいい。もっとも、そこでは贋札製造集団の面々が、贋札作りの技術の他、ガン捌きでも一流ぶりを見せるので、それにも注目したい。

■□■カナダ警察も登場！脚本は更に複雑に！結末は如何に？■□■

去る２月１０日に発表された第９２回アカデミー賞で、『パラサイト　半地下の家族』(19年) が韓国映画初の作品賞、監督賞等４部門を受賞したのは、あっと驚く結末のおかげ！？そう断言はできないが、その要素が大きいことは間違いない。それとは少し違うが、登場人物が多く、ストーリーが多岐にわたる本作では、それらをいかに要領よく結びつけて観客に理解させたうえ、あっと驚く結末に向けてストーリーをどう収束させていくかが難しい。チョウ・ユンファのファンサービスのため（?）、ゴールデン・トライアングルでのド派手な銃撃戦を入れたのはご愛敬だが、そこでは前述のように、レイが将軍に囚われていた偽札製造の専門家シウチンを助け出すという新たなストーリーまで挿入させたから、結末に向けてはその新たな恋模様の展開も必要になってくる。そのうえ本作ラストに向けては、カナダでの特殊インク強奪事件を機に、マー主教として極秘で潜入捜査を行っていたリー捜査官（デヴィッド・ワン）まで登場してくるので、それにも注目！彼は、ともに"画家"を追っていたホー警部補との間に愛を育んでいたから、恋模様の展開も更に複雑になっていく。そして、ついに香港のホテルの一室で"画家"とマー主教との取引が行われることになったが、そこには、"画家" によって誘拐されたユンとロクの姿もあった。しかして、その取引の行方は？

ホー警部補の取調べに対するレイの告白（自白）というスタイルで始まった、レイとユンの若き日の恋模様や、レイが"画家"の贋札製造集団に加入し、そこで活躍を続ける姿は、なるほどと思わせる脚本の妙がある。また、複雑なストーリーをスピーディかつ要領よい展開で理解させる脚本は、近時の何でも説明調の邦画とは大違いの出来だ。さらに、さまざまなストーリー展開を見せる中での各人各様のキャラも明確にさせているうえ、主要人物それぞれの恋模様まで描いてみせる脚本の技量は大したものだ。しかし、本作ラストに向けて物語はいかに収束していくの？本作ラストのストーリーの舞台になった香港のホテルの一室では、たしかに "画家" は銃弾に撃ち抜かれて死亡！私にはそう思えたが、さて・・・？

そんな疑問（興味）を含めて、本作の結末の行方は脚本の最大の見せどころだから、それはあなた自身の目でしっかりと。

２０２０（令和2）年2月１４日記

『日本と中国』２２４３号（２０２０年８月１日）

熱血弁護士 坂和章平 中国映画を語る〈41〉

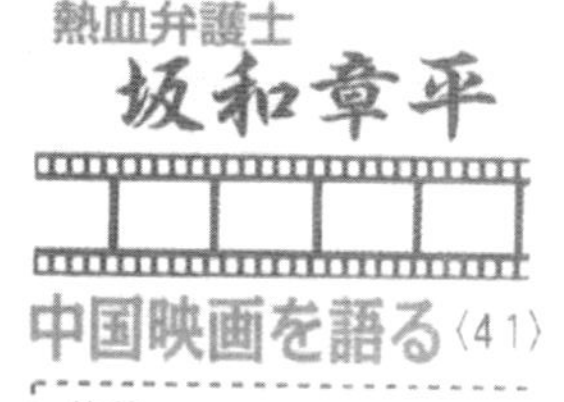

（さかわ・しょうへい）１９４９年愛媛県松山市生まれ。大阪大学法学部卒。都市開発に関わる訴訟を数多く手がけ、日本都市計画学会「石川賞」、同年に日本不動産学会「実務著作賞」を受賞。「坂和的中国電影大観」（２００４年）、「ナニワのオッチャン弁護士、映画を斬る！」シリーズをはじめ映画に関する著書多数。（公社）日中友好協会参与、NPO法人大阪府日中友好協会理事。

チョウ・ユンファのアクション再び！ 犯罪に手を染める画家を熱演

〝画家〟役を演じる今年御年65歳になるチョウ・ユンファを主役に起用し、第38回香港電影金像奨（香港アカデミー賞）で最優秀作品賞をはじめとする多くの賞を受賞した本作『インファナル・アフェア』三部作の脚本家フェリックス・チョンがメガホンを取り、贋札造りの達人が犯罪の連鎖に巻き込まれていく姿を、予測不能な展開と迫力のアクションで描いた。

今の時代、中国を中心にキャッシュレス化が進んでいるが、日本ではまだまだ高齢者を中心に現金崇拝志向が強い。日本では、２０２４年から一万円札が渋沢栄一に、五千円札が津田梅子に、千円札が北里柴三郎に改められた上、新紙幣への切り替えが決まっているが、アメリカでは今、新たに１００ドル紙幣を発行するらしい。そうなると、〝画家〟を中心とした贋札製造集団の出番に…？

映画で贋札造りのノウハウを懇切丁寧に教えるのは教育上よろしくないが、若き日のアラン・ドロン主演の『太陽がいっぱい』（60年）で、親友のサインを偽造すべく懸命に努力する主人公の姿然り、本作では冒頭から刑務所の中でレイが偽郵券造りに励む姿が印象的だ。もっとも、これを見ればグーテンベルクは大いに嘆くはずだが…。

90年代のカナダ、画家として成功を目指すレイは世に認められず、絵画の偽造に手を染める。そんな中、画家と名乗る男に腕を認められたレイは、彼の運営する贋札組織で働くことに。やがて米ドル紙幣の贋札発見テクノロジーをすり抜けた彼らの贋札は、世界を席巻していく―。スタイリッシュでスピーディな展開に徹する脚本はお見事。よくぞ１３０分にこれだけの内容を入れ込んだものだ。物語ラストの舞台になった香港のホテルでの見せ場。その余韻も含めて〝甦るチョウ・ユンファ伝説〟を感じ取りながら、香港映画のエッセンスをしっかり楽しみたい。

プロジェクト・グーテンベルク 贋札王

原題：無雙 Project Gutenberg
監督・脚本：荘文強
出演：周潤發／郭富城／張靜初／馮文娟／廖啟智／周家怡／方中信／高捷
製作年：2018年、香港・中国、130分
配給：東映ビデオ

みどころ

昨年から２０２０年にかけての香港の民主化デモに対する香港警察の規制（弾圧）は世界の注目を集めたが、１９６０年当時の香港は？

警察と黒社会との癒着はどの国でも同じ？そうかもしれないが、私がはじめて知った、香港における２人の伝説的な男のワルぶりとカッコ良さは？

それにしても、英国統治下の香港以降の時代の流れを押さえる中で、こんな２人の男の悲哀をしっかりとかみしめたい。

――＊――＊――＊――＊――＊――＊――＊――＊――＊――＊――

■□■時代は１９６０年。舞台は香港。当時の力関係は？■□■

中国が２０２０年６月３０日に「香港国家安全維持法」を制定したことによって、米中関係はもとより、かつての香港の領主国であったイギリスと中国との関係が急速に悪化している。１９９７年７月１日の香港返還が決まったのは、１９８４年の英中共同声明調印によるもの。日本が土地バブルに浮かれていた最中だから、そんなに昔の話ではない。

私の大学入学は１９６７年４月。入学直後から学生運動が全国的に広がったのは周知のとおりだ。他方、本作最初の舞台になるのは、１９６０年の香港。仕事を求めて中国本土の潮州から不法移民として香港に渡ってきたン・サイホウ達が、高額な日銭が得られると聞きつけ、マフィア同士の暴動に加わる姿が描かれる。いうまでもなく、１９６０年の日本は６０年安保闘争で日本中がデモ騒動に明け暮れていた時代。機動隊による東大生・樺美智子さんの死亡が大ニュースになったが、１９６０年当時の英国領香港におけるヤクザ同士の抗争に対する警察の取り締まりは・・・？

２０１９年の秋～２０年の春における香港警察による民主派活動家たちに対するデモの規制と取り締まりは連日テレビやSNS で報道されたが、１９６０年当時のその報道は？

■□■２人の伝説的な主人公は？警察とヤクザのつるみ方は？■□■

警察とヤクザが裏でつるんで、互いに情報交換をしている姿は、韓国映画『悪人伝』(19年）でも描かれていたが、本作の２人の主人公伍世豪（ン・サイホウ）（ドニー・イェン）と雷洛（リー・ロック）（アンディ・ラウ）は実在の有名な人物で、すでに両者とも映画化されているそうだ。本作のイントロダクションには、「１９６０年代の英国領香港時代、警察で汚職が蔓延し黒社会とつながっていることで、市民を恐怖に陥れている時代だった。その時代に実在した黒社会（香港マフィア）のボス、ン・セイホウと香港警察総探長のロイ・ロッをモデルに描いた実録犯罪ドラマが『追龍〈ついりゅう〉』である。」と書かれている。

私は返還された直後の香港旅行をしたが、残念ながらその時は九龍には行けなかった。しかし、１９６０年当時の“九龍城砦”は「東洋の魔窟」と呼ばれ、１９４９年の中華人民共和国樹立で、中国共産党から逃れた人々がここに流れこみ、行政権が及ばない場所だったことで、薬物売買や賭博など、ありとあらゆる違法行為が行われた無法地帯として有名だったそうだ。なるほど、なるほど・・・。

■□■力とカネの源泉は？アヘンの威力は？■□■

ロックの尽力によって、英国人警司ハンター（ブライアン・ラーキン）から身を守ることができたサイホウは、今は黒社会の幹部として、九龍を支配する親分チウ（ベン・ン）のもとで働いていた。このサイホウがわかりやすい直情型の男であるのに対し、あくまで冷静に自分の立場を分析し、警察内部での出世を目指す男がロック。今では考えられないが、本作に見るロックの「英国人警察は絶対に殺してはダメ」という考え方は徹底していた。そのため、これ以上ないと思えるほど男同士の友情を深めていたサイホウとロックだったが、ロックはサイホウに対して、「英国人警察を殺せば俺はお前を撃つ！」と宣言していた。しかして、その宣言どおり、本作ラストでは・・・？

他方、１９６０年当時の香港や九龍におけるヤクザの力の源泉はどこにあったの？それはアヘンだ。日本のヤクザ組織の山口組では「麻薬と覚せい剤はご法度！」とされているが、当時の香港や九龍では、ヤクザのみならず、黒社会と結託したロックたち警察幹部もそのうま

みの中にどっぷり浸っていたらしい。もっとも、サイホウは、仲間とともに大量のアヘンでぼろもうけをしながら、実の弟には「アヘンは厳禁！」と命じていたから、ご都合主義も良いところだが・・・。

■□■黄金の三角地帯を、はじめて見聞！■□■

１９８０年代後半の日本の土地バブルは異常な事態だったが、それから１０年後の１９９０年に出版された興味深い本が、村上龍の『Bubble Fantasy　あの金で何が買えたか』。その６１ページには「黄金の三角地帯のヘロイン１年分を破棄　２０００億円」と書かれている。そして、「タイ、ラオス、ミャンマー国境に広がる黄金の三角地帯は世界のヘロイン７０％にあたるとも言われるケシの大産地。収穫されたケシは一大集積地であるタイを経由して世界中に運ばれる。タイの大学の調査によると、タイ国内の麻薬ビジネスは２０００億円規模と推定される。これを買って焼却すれば流通するヘロインの量は激減することになる。」と解説されている。

私はこのネタを講義・講演で数回使ったが、残念ながら「黄金の三角地帯」のイメージを具体的に思い描くことはできなかった。ところが、本作後半には、九龍での麻薬の利権を４等分しようとする動きの中、サイホウがいち早くこの「黄金の三角地帯」に出向き、タイの将軍とご対面するシークエンスが登場するので、このケシの大産地をはじめて見ることができた。もっとも、同書では「タイ国内の麻薬ビジネスは２０００億円規模と推定される」と書かれているが、本作に登場するロックの計算では、その利権はそれとはケタ違いに大きそうだったが・・・。

■□■廉政公署の登場は？その役割は？■□■

中国では、本音と建前の使い分けが長い間の歴史の中で定着してきた。TVで観る中国の歴史ドラマでは、ワイロや付け届けは常に見る風景で、それはそのまま日本にも輸入されてきた。しかして、ロックが香港警察のトップである総探長になりながらも、黒社会と癒着し、五億探長（五億ドルを持つ探長）という異名を持っていたのは一体なぜ？

中国では今や習近平の長期独裁体制が固められているが、その権力闘争の政敵として、最初にたたかれたのが薄熙来（ボー・シーライ）や周永康（チョウ・ヨンカン）だ。習近平が強腕を振るう中で、彼らの“汚職”が次々と暴かれていったが、さてその実態は？

しかして、本作後半には１９７４年に創設された廉政公署ICAC（Independent Commission Against Corruption）が登場する。これは、警察官の汚職を取り締まる新たな組織だが、そんなものがホントに機能するの？そう思っていたが・・・。

ちなみに、このICACの登場によって、サイホウは１９７５年に逮捕されたが、ロックはひと足早くカナダに逃亡したことによって、２０１０年まで生き延びたというからすごい。なるほど、これなら２人とも格好の映画化したい“ワル”になるはずだ。

２０２０（令和2）年8月４日記

熱血弁護士

坂和章平

中国映画を語る〈46〉

（さかわ・しょうへい）
１９４９年愛媛県松山市生まれ、大阪大学法学部卒。都市開発に関わる訴訟を数多く手がけ、日本都市計画学会「石川賞」、同年に日本不動産学会「実務著作賞」を受賞。「坂和的中国電影大観」（２００４年）、「ナニワのオッチャン弁護士、映画を斬る！」シリーズをはじめ映画に関する著書多数。（公社）日中友好協会参与、NPO法人大阪府日中友好協会理事。

力とカネの源泉は？ アヘンの威力は？ 実話を映画化

時代は1960年、舞台は香港。警察で汚職が蔓延し黒社会とつながっていることで、市民を恐怖に陥れていた。この時代に実在した黒社会（香港マフィア）のボス、ン・セイホウと香港警察総探長のロイ・ロッをモデルに彼らとつながっていた黒社会との関係を描き出していく。監督は『ゴッド・ギャンブラー』シリーズなど多くのヒット作を手がけてきたバリー・ウォンと、『プロジェクト・グーテンベルク　贋札王』『コールド・ウォー　香港警察　堕ちた正義』などの撮影監督を務めてきたジェイソン・クワン。

中国の潮州から仕事を求めて香港にやってきたホーは、ヤクザ同士の争いに参加して警察に逮捕されるが、ホーの腕力に目を付けた警察署長のロックに助けられる。そのことに恩を感じたホーは、黒社会でのしあがっていき、今度はその立場からロックを助けるなど、2人は次第に友情で結ばれていくが…。ロックが香港警察のトップである総探長になりながらも、黒社会と癒着し、五億探長（5億ドルを持つ探長）という異名を持っていたのは一体なぜ？

私は返還された直後の香港を旅行したが、残念ながらその時は九龍には行けなかった。しかし、1960年当時の〝九龍城砦〟は「東洋の魔窟」と呼ばれ、49年の中華人民共和国樹立で、中国共産党から逃れた人々がここに流れこみ、行政権が及ばない場所だったことで、薬物売買や賭博など、ありとあらゆる違法行為が行われた無法地帯として有名だったそうだ。当時の香港や九龍におけるヤクザの力の源泉はどこにあったのかというと、それはアヘン。当時の香港や九龍では、ヤクザのみならず、黒社会と結託したロックたち警察幹部もそのうまみの中にどっぷり浸っていた。

英国統治下の香港以降の時代の流れを押さえる中で、こんな2人の男の悲哀をしっかりかみしめたい。

追龍

原題：追龍
監督：王晶、关智耀
脚本：王晶
出演：甄子丹／刘德华／邓则士／姜皓文／刘浩龙
製作年：2017年、中国、128分
配給：インターフィルム

Data　2022－17

監督・脚本：邱禮濤（ハーマン・ヤウ）

出演：劉徳華（アンディ・ラウ）／劉青雲（ラウ・チンワン）／倪妮（ニー・ニー）

みどころ

タイトル通り、冒頭、香港国際空港が小型核爆弾で大爆発！その実行犯は？製作費の大半はその爆破費用に？もっとも、これは“最悪の想定”のようで、その阻止のためアンディ・ラウが大活躍！

任務遂行中に片足を失い、さらに記憶まで喪失してしまった元爆弾処理班のエースが、テロリストからの勧誘に悩みながらも大奮闘。その支えは恋人の愛だが、ここまでスレスレの“潜入捜査”はヤバいのでは？

製作費４４億円で２３０億円の興行収入なら、採算はＯＫ。しかし、この出来では・・・？

――＊――＊――＊――＊――＊――＊――＊――＊――＊――＊――

正如片名所示，在影片开始时，香港国际机场被一颗小型核弹炸毁！谁是肇事者？大部分的制作费都用在了那个爆破场景？然而，这似乎是一个 ″最坏的情况″，为了阻止这一切的刘德华开始大显身手！

执行任务时失去了一条腿、甚至丧失记忆的前拆弹小组王牌成员，挣扎在恐怖分子的招揽中，却仍付出了巨大的努力。

虽然女友的爱支持着他，但这么刀尖上悬崖边的卧底不是很危险吗？

制作成本 44 亿日元，票房收入 230 亿日元，这还挺合算，但这个表现......？

――＊――＊――＊――＊――＊――＊――＊――＊――＊――＊――

■□■ジャッキー・チェンが元気ならアンディ・ラウも元気！■□■

香港が誇るアクション俳優ジャッキー・チェンは今なお元気だが、アンディ・ラウも負けず劣らず元気。今もアクション俳優として第一線で活躍中だ。それを自慢するかのように、フォン（アンディ・ラウ）は冒頭の任務遂行中に片足を失っても、驚異的なリハビリで職場に復帰！そう願ったが、香港警察の上層部の判断は？

記憶喪失状態になりながら、フォンはなお第一線で爆弾処理の任務を遂行できるの？ジャッキー・チェンも年相応に役柄を変えてきたが、それはアンディ・ラウも同じ。職場の戦友でもある恋人のバン・リン（ニー・ニー）は若く美しいからまっすぐに生きればいいだけだが、フォンはそうはいかないのでは・・・？

小さなパソコン上の画面でのオンライン試写で一度観た映画をあえて劇場で再度観るのは異例だが、本作については、４月１９日に劇場で再鑑賞。その理由は第１に、製作費４４億円の大部分を投入したであろう、冒頭とラストの大爆発シーンを大スクリーンで観たかったため。そして第２に、複雑すぎてイマイチわかりづらかったフォンの潜入捜査の実態と記憶喪失の程度を再確認したかったためだ。

■□■爆弾処理班の仕事は大変！左足を失っても！■□■

本作導入部では、フォンが相棒のドン・チェクマンと共に爆弾処理班のエースとして、危険を顧みることなく数々の現場に臨む情景が描かれる。爆弾処理班の仕事は神経をすり減らす大変な知的労働であると同時に、重い対爆スーツを着用して動き回る強靭な肉体と人並み外れた運動能力を必要とする肉体労働の両面を持っていることは、数々のシーンからしっかり伝わってくる。それだけに、やっと「処理できた！」と思った途端の事故によって、フォンが左足を失ったのは実に残念。

しかし、そんな周囲の心配をよそに、フォン自身は強靭な精神力によってそれを克服し、リハビリによって人並み以上の運動能力を備えて現場復帰を要請してくるから、すごい。肉体上の厳しい試験（基準）をすべてクリアしているのなら、上層部は彼の意思を尊重すればいいのに、「身障者を現場で使っている」との批判を恐れた上層部はフォンの気持ちを無視し、事務仕事に配置換えしたから、アレレ。さあ、そこから始まる「スパルタクスの反乱」ならぬ「フォンの反乱」は如何に？それは前代未聞のものになっていくから、それに注目！こりゃ面白い！

■□■二度目の大事故で記憶喪失に！復生会との接点は？■□■

近時北朝鮮が次々と実施しているミサイルや核の度重なる実験は不気味だが、超小型の核爆弾を香港のテロ組織「復生会」が入手すれば・・・？冒頭の香港国際空港の大爆発が現実ではなく“最悪の想定”だったのはラッキーだが、“ある任務”で今度は記憶喪失状態になってしまったフォンの頭の中は大変。

フォンが警察上層部に不満を持っていることに目を付けたのは、復生会のボスであるマ・サイクァン（ツェ・クァンホウ）。彼はフォンの同級生だったから、フォンの人となりは誰よりもよく知っていた。したがって、今や爆弾処理班のエースとしての顔と、テロ組織「復生会」の“ブリザード”としての顔の２つを持つフォンを、うまくトレードできれば・・・。さあ、フォンはあくまで警察の立場で働くの？それとも、復生会の幹部としてトレードに？

そのカギを握るのは、同じ警官として働いていた恋人のバン・リンだが、上層部から第一線の任務を外されたフォンを彼女はいかに見守るの？また、フォンのバディとして互いに絶大の信頼を寄せてきたドン・チェクマン（ラウ・チンワン）の動静は・・・？

■□■フォンは潜入捜査員？単なる記憶喪失？■□■

導入部で観た（一度目の）フォンの事故はわかりやすいが、本作中盤に登場するフォンの二度目の事故は、説明不足（?）もあって非常にわかりにくい。フォンが豪華ホテルのパーティー中にプールの中に飛び込んだために起きた大爆発事故は、フォンが警察を辞め、恋人のバン・リンとも別れた５年後のことだ。その間、フォンはどこで何をしていたの?

スクリーン上では、復生会のメンバーが自爆テロを行うシークエンスが登場していたから、二度目の事故はその延長？すると、警察を辞めたフォンは復生会のメンバーとして、あの爆発事故に関与していたの？それは、二度目の事故でも生き残ったフォンを尋問すればわかること。しかも、レイ・ユーシンがその尋問に当たったのだから、真相解明は容易なはずだ。ところが、「俺は覚えていない！」というフォンの言葉は嘘ではなく、彼の記憶喪失は本物だったからコトはややこしいことに。すると、誰もこの５年間の彼の真相を知る者はいないの？フォン自身が、「なぜ俺は、あの時、あのプールに飛び込み、爆発事故を起こしたのか」を覚えていないのだから、もし、そうならどうしようもないことになってしまう。しかし、そんな中でも恋人との記憶は残っているの？すると、今なおフォンを愛しているバン・リンは、フォン対してどんな説明を？

■□■フォンの本籍はどっち？そのカギはこの女性が！■□■

『インファナル・フェア』（０２年）（『シネマ３』７９頁、『シネマ５』３３３頁）以降、“潜入捜査もの”が大人気になっているが、フォンのように、復生会の中でもブリザード（暴雪）という“コードネーム”を持っている二重スパイ（?）は珍しい。そのうえ、ホントの記憶喪失状態になっているフォンは、自分の“本籍”がどちらなのかについてもホントにわかっていないようだから、そんな男を“二重スパイ”に仕立てて“潜入捜査”させるのはかなりヤバイ。今やフォンは警察上層部への信頼を完全に失っており、頼れるのは愛する恋人バン・リンだけだ。

そんな中、ついに、復生会のボス、マ・サイクァンは小型核爆弾を積み込んだ列車を突っ込ませることによって、香港国際空港の大爆破を決定。かつて日本では、高倉健が主演した『新幹線大爆破』（７５年）という面白い映画があったが、製作費４４億円の大半をつぎ込んだ（?）香港国際空港の大爆発はその規模をはるかに上回るもの。さあ、フォンの潜入調査によって、それを阻止することができるのだろうか?

『インファナル・アフェア』以降、“潜入捜査”ものが大人気になったが、フォンは本当に潜入捜査を命じられていたの？それとも・・・？そんな複雑な物語を含めて、本作の脚本は実にうまくできている。そのことを、劇場の大スクリーンで再鑑賞することによって再確認していくことに。

２０２２（令和4）年2月２２日記、4月２１日追記

Data　2023－12

監督：魏君子（ウェイ・ジェンツー）
出演：洪金寶（サモ・ハン）／袁和平（ユエン・ウーピン）／甄子丹（ドニー・イェン）／元華（ユン・ワー）／錢嘉樂（チン・カーロッ）／梁小龍（ブルース・リャン）／火星（マース）／徐克（ツイ・ハーク）／劉愇強（アンドリュー・ラウ）／曾志偉（エリック・ツァン）／董瑋（トン・ワイ）／吳思遠（ウー・スーユエン）

みどころ

『ドラゴン危機一髪』（７１年）に見るブルース・リーの登場は、香港映画界はもとより、世界の衝撃だった。以降、ジャッキー・チェン、サモ・ハン、ドニー・イェン等のカンフーアクション俳優が続いた。

他方、作品としては、ジャッキー・チェン主演の『酔拳』（７８年）や『蛇拳』（７８年）をはじめ、８０年代の『少林寺』シリーズや９０年代の『ワンス・アポン・ア・タイム・イン・チャイナ』シリーズ等が続々と生まれ、香港アクション映画はハリウッドを凌駕し、世界に衝撃と賞賛をもたらした。しかし、それを支えたスタントマンたちの苦労は？カンフー映画のルーツは京劇にあり。そこから多くの関係者の証言を積み上げていった本作に拍手！

ケガはもとより、死ぬことすら恐れず、よくぞここまでの肉弾アクションを！ＣＧのない時代、いやＣＧがないからこそできたのだろうが、１９７１年から３０年間の香港アクション映画を支えた龍虎武師たちに感謝！

——＊——＊——＊——＊——＊——＊——＊——＊——＊——＊——

■□■香港アクションのドキュメンタリー誕生！こりゃ必見！■□■

私が修習生になったのは１９７２年４月、大阪弁護士会に弁護士登録したのは１９７４年４月だ。その当時既に『男はつらいよ』はシリーズ化が重ねられていたが、１９７１年、『ドラゴン危機一髪』でブルース・リーが突如登場！『ドラゴン怒りの鉄拳』（７２年）、『ドラゴンへの道』（７２年）と続く大ヒットになった。それを契機として、花開いた香港カンフーアクション映画は、スタイルや個性は大違いながら、ジャッキー・チェンの『酔拳』（７８年）や『蛇拳』（７８年）、さらに『少林寺怒りの鉄拳』（７７年）等が続いた。

そんな時代の流れの中、カンフーアクションの主役たちを支えるカンフースタントマンも大量に生まれたが、そのルーツは？生態は？そして、彼らの今は？そんな視点で、ウェイ・ジェンツー監督が『カンフースタントマン　龍虎武師』と題する貴重なドキュメンタリーをまとめたので、こりゃ必見！

■□■香港カンフーアクションの隆盛と栄光に注目！■□■

ブルース・リーは１９７３年に３２歳の若さで死んでしまったが、ジャッキー・チェンは今なお頑張っている。それと共に、彼の主演作はさまざまなシリーズで大ヒット！また、８０年代の『少林寺』シリーズも、９０年代の『ワンス・アポン・ア・タイム・イン・チャイナ』シリーズも大ヒットし、さまざま視点からストーリーが作られてきたが、その底流に流れているカンフーアクションは不変だ。その内容は、後掲資料①のとおりだ。本作では、その隆盛と栄光が多くの関係者の証言と映像の中で語られるので、それに注目！しかし、その興隆と栄光はいつまで続いたの？現在の香港は？そして、現在の香港映画は？

他方、日本では千葉真一が主催するJAC（ジャパンアクションクラブ）（現・ジャパンアクションエンタープライズ）がアクション俳優、スタントマンの養成を目的として、１９７０年４月に設立され、日本流のアクション映画が次々と作られたが、これがカンフーアクション映画の影響を受けたものであることは明らかだ。私はJAC出身の美人女優、志穂美悦子が大好きだったし、真田広之もJACの訓練のおかげで、『麻雀放浪記』（８４年）の路線外の、アクション俳優として大活躍したから、すごい。

■□■カンフー映画のルーツは？その背景は？■□■

カンフー映画のルーツは京劇にあるらしい。しかして、パンフレットには「ハリウッドを凌駕し、世界に衝撃と称賛をもたらした“香港アクション”その真髄を目撃せよ！！」と題する文章でまとめられているので、これは必読！

■□■香港カンフーアクションの語り部たちは？■□■

香港カンフーアクションの二大有名人はブルース・リーとジャッキー・チェンだが、それ以外にも、サモ・ハン、ドニー・イェン等も有名。しかし、もちろん香港カンフーアクションが有名になったのは彼らだけではない。しかして、本作では後掲資料②等の関係者がそれぞれ熱く、香港カンフーアクションを語ってくれるので、それに注目！

■□■「階段落ち」もすごかったが、龍虎武師はそれ以上！■□■

『ニュー・シネマ・パラダイス』（８８年）は、イタリア流の映画愛をふんだんに込めたジュゼッペ・トルナトーレ監督の名作だった。それと同じように（？）、チャンバラ映画への愛をたっぷりと込めた深作欣二監督の名作が、『蒲田行進曲』（８２年）だった。

同作の舞台は、『新選組』の撮影真っ只中の京都撮影所。人気俳優で主役の、風間杜夫演じる銀ちゃんこと倉岡銀四郎は、最大の見せ場となる「池田屋の階段落ち」で一世一代の危険なスタントをやる大部屋俳優として、子分である、平田満演じるヤスを指名したが、さてヤスは命懸けで、そんな危険なスタントに挑むの？それが同作最大のテーマだったから、同作に見る「階段落ち」のアクションは日本映画最大の危険なスタントとして注目された。しかし、１９７１年に世界中をあっと言わせた『ドラゴン危機一髪』に見るブルース・リーのアクションで相手役を務めたスタントマンたちのリスクは？また、ブルース・リーに続く、ジャッキー・チェン、サモ・ハン、ドニー・イェンたちのカンフーアクションの相手役を務めたスタントマンたちのリスクは？

ジャッキー・チェン主演の映画では、終了後に流れる字幕と共に撮影風景の"内幕"が怒鳴り声や笑い声と共に映し出されるのが常だが、それを観ていると、監督から「アクション OK！」の声がかかるまでに、何度も失敗を重ねていることがよくわかる。香港アクション映画では、カンフースタントマン（龍虎武師）たちは、失敗の度に痛い思いをするのだから大変だ。香港カンフーアクションで彼らが演じるアクションは、高いビルの上から飛び降りたり、火薬の爆発の中を脱出したり、車に轢かれて跳ね飛ばされたり等々、ありとあらゆるパターンがある。『鎌田行進曲』における「階段落ち」のアクションも大変だっただろうが、カンフーアクションのスタントマンたちは、毎回の撮影でそれと同じリスクを背負いながら働いていたのだからすごい。本作に見るそのリスクの数々は、その撮影風景の内幕を知れば知るほど、ぞっとするほどものすごいことを知ることに。

■□■あの時代は良かった！そんな対象としていつまでも！■□■

歌が大好き、カラオケも大好きな私は、昔の年末は、『輝く！日本レコード大賞』と『NHK紅白歌合戦』を必ず観ていた。しかし、昨今は両者ともほとんど観ていない。それに変わって、私が近時よく観ている番組は、堺正章司会の『THE カラオケ★バトル』と武田鉄矢司会の『武田鉄矢の昭和は輝いていた』だ。「昭和は遠くになりにけり」のフレーズどおり、私の中学時代である昭和３０年代後半の歌謡曲の名曲や、ナツメロとして私もよく知っている昭和一桁から戦時歌謡まで、昭和の時代の名曲は多かった。

それと同じように、１９７１年のブルース・リー登場以降の香港カンフーアクション映画は、２０００年頃まではヒット、ヒット、またヒットの黄金時代を築き上げた。それをリードしたのは監督、脚本家、プロデューサー、そして数々のアクション俳優たちだが、１本１本のアクションを支えたスタントマンたちも無我夢中で自分の仕事に励んでいたらしい。そのことが、本作に登場する多くの関係者の証言で語られるので、それに注目！しかし、ハリウッドをも凌駕し、世界に衝撃と賞賛をもたらしたそんな香港アクション映画の今は？そして、香港の今は？

香港の惨状には1月３日に観た『少年たちの時代革命（少年/ May You Stay Forever Young）』（２１年）や『理大囲城（Inside the Red Brick Wall）』（２０年）を挙げるまでもなく明らかだ。すると、今は、「昭和は遠くなりにけり」と同じように、「香港アクション映画は遠くなりにけり」という他ない。他方、あの時代は良かった！１９７０年代、８０年代、９０年代の香港アクション映画の素晴らしさは、そんな感慨の対象として、いつまでも生き続けることだろう。

２０２３（令和５）年1月３０日記

資料① 【『カンフースタントマン　龍虎武師』パンフレットより】

資料②　【『カンフースタントマン　龍虎武師』パンフレットより】

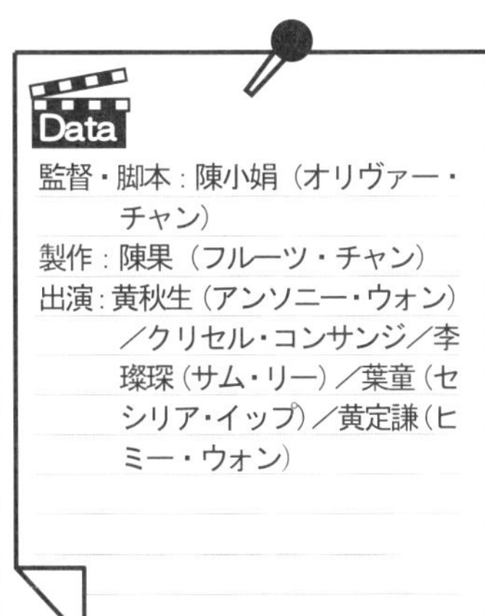

みどころ

「車椅子の主人公」と聞けば、フランス版『最強のふたり』（11年）を思い出すが、新人女性監督による香港版「最強のふたり」が本作。但し、車椅子の中年男は「淪落人」だし、お相手は広東語もしゃべれないフィリピン人の住み込みメイドだから、なぜこの２人が「最強のふたり」に？

本作のテーマは、岡村孝子のヒット曲と同じく『夢をあきらめないで』。高価な一眼レフがなぜケチな淪落人からの誕生日プレゼントに？そして、夢を持ち続けたらメイドの人生はどのように開けていくの？

カンヌ受賞作のクソ難しい映画もいいが、たまにはこんなシンプルながら、涙がどっとあふれ出る佳作もいいもの。但し、教養のない今ドキの若者には、白居易の『琵琶行』をしっかり読み込んでもらいたい。

——＊——＊——＊——＊——＊——＊——＊——＊——＊——＊——

■□■陳果も黄秋生も有名だが、陳小娟は？新人女優は？■□■

本作を製作した陳果（フルーツ・チャン）は『メイド・イン・ホンコン』（97年）（『シネマ44』206頁）、『ドリアン ドリアン』（00年）、『ハリウッド★ホンコン』（01年）（『シネマ5』286頁）等の監督として超有名。また、本作で主演した俳優・黄秋生（アンソニー・ウォン）も『インファナル・アフェア』（02年）（『シネマ5』333頁）、『インファナル・アフェア～無間序曲～（INFERNAL AFFEAIRS Ⅱ）』（03年）（『シネマ5』336頁）、『インファナル・アフェアⅢ／終極無間』（03年）（『シネマ7』223頁、『シネマ17』48頁）等で超有名。しかし、自ら書いた脚本で本作の初監督としてデビューした女性・陳小娟（オリヴァー・チャン）とは？それは、パンフレットのPRODUCTION NOTESで詳しく紹介されている。陳小娟は、２０１７年の第３回“劇映画初作品プロジェクト”の資金援助を受けて、自らの構想を映画化することができたが、その最大の要因は、本作の企画にほれ込んだ黄秋生がノーギャラで出演（主演）してくれたこと。人生どこに幸せが転がっているかわからないことがこの陳小娟監督の例からわかる。

他方、小さな物語である本作のもう一人の主役になったフィリピン人の若い住み込みメイドであるエヴリン・サントス役を演じたクリセル・コンサンジも本作が映画初出演。ヒロイン役選びには９か月近い時間がかかり、大変苦労したそうだが、３００人以上が参加したオーディションでこの女性が一瞬にして監督の目を捉えたらしい。大物俳優・黄秋生の出演料がゼロなら、映画初出演の新人女優クリセル・コンサンジの出演料も格安だったことは確実だ。しかも、本作の舞台は香港のオンボロ団地（？）たる愛民団地（愛民邨）であり、室内シーンは華富団地（華富邨）の荒れ果てた幼稚園内にセットを組んで撮影したそうだから、それもきっと格安。そんな条件なら、陳小娟監督が限られた資金の中で本作を完成させることができたのは当然だ。

そんな本作が第１３回アジア・フィルム・アワードでは最優秀新人監督賞を、第３８回香港電影金像奨では最優秀新人監督賞を受賞したが、それは一体なぜ？

■□■『最強のふたり』との異同は？かたや大富豪！本作は？■□■

「車椅子に乗った主人公」と聞けば、すぐに大ヒットしたフランス映画『最強のふたり』（11 年）を思い出す（『シネマ 29』213 頁）。同作は「首から下が麻痺した大富豪とスラム育ちの黒人青年が「最強のふたり」になるという摩訶不思議な物語だったが、同作のキーワードは同情していないことだった。同作でスラム育ちの黒人青年役を演じたオマール・シーが、『アーティスト』（11 年）（『シネマ 28』10 頁）を押しのけてセザール賞の主演男優賞を受賞したのはなぜ？同作の評論で私は、「「本音」が「建前」を駆逐していく人生ドラマとそこから生まれる「爽快感」を、是非本作で！」と書いたが、その意味は？

本作も黄秋生扮する車椅子の主人公・梁昌榮（リョン・チョンウィン）とフィリピン人の住み込みメイドのエヴリンが「最強のふたり」になっていく物語だから、フランス版と基本軸は同じ。しかし、よくよく見ると、さまざまな相異点も！その第１は、車椅子の主人公がフランス版は大富豪であるのに対し、本作は一人で愛民団地に住む貧乏老人であること。彼が車椅子生活になったのは交通事故によるもの。彼は今、その賠償金で細々と生活しているらしい。もっとも、大学の卒業を間近に控えた立派な一人息子・梁俊賢（リョン・チュンイン）（黄定謙（ヒミー・ウォン））がいるものの、離婚した妻は再婚し、息子は今その両親と共にアメリカに住んでいるから、梁昌榮とはチャットで対話するのがせいぜいだ。

相違点の第２は、フランス版では「宝石強盗で半年間服役した前科者だから気をつけるよう」にアドバイスされたにもかかわらず、大富豪がそんな黒人青年を雇ったのは、「彼は私に同情していない。そこがいい。」という明確な理由があったのに対し、本作のエヴリンはたまたま職安（？）から紹介された家政婦に過ぎないことだ。したがって、冒頭に登場するバス停でのお迎えのシークエンスを終えて自宅に戻ると、エヴリンが広東語をしゃべれないことを知った梁昌榮はビックリ！「これでは約束が違う」と文句の電話を入れたほどだ。したがって、梁昌榮とエヴリンの当初の関係は「最強のふたり」ではなく、「手探りのふたり」だった。

陳小娟監督が本作の脚本を書くについては、自分が車椅子生活の母親を介護した体験があったことと、ある日、後ろにフィリピン人女性が乗り、中年男性が座る車椅子が路上を走り去っていく時、彼女の長い黒髪が風になびいていた風景を見てインスピレーションが湧いたこと、らしい。しかして、陳小娟監督は、本作でそれをいかに演出？フランス版との対比は不可欠だが、このような相違点はしっかり確認しておく必要がある。

■□■淪落の人とは？なぜ、それをタイトルに？■□■

本作の原題は『淪落人』、邦題は『淪落の人』だが、これって一体ナニ？他方、英題は『STILL HUMAN』だが、これも一体ナニ？わかったようなわからないような・・・。そもそも、この漢字を「りんらく」と読める人はどれくらい？その意味がわかる人はどれくらい？そして、その出典がわかる人はどれくらい？本作は香港映画だが、この漢字を見ていると、日本語のルーツが中国大陸にあることを改めて実感！

今ドキの教養のない大学生でも中国唐代の詩人・白居易（白楽天）の名前くらいは知っているだろうが、「淪落の人」は彼が８１６年、４５歳の時に作った長編叙事詩『琵琶行』の一節にある言葉だ。その詩の全貌と「淪落人」の意味については各自しっかり勉強してもらいたい。なお、国語辞書によると、「淪落」とは「落ちぶれること。落ちぶれて身をもちくずすこと。」であり、その典型的な使い方は「淪落の淵に沈む」とされている。『琵琶行』で使われている「淪落人」の意味もそれだが、陳小娟監督はなぜそんな“後ろ向きの言葉”を本作のタイトルに？

■□■私も目撃した香港のフィリピン人メイドの生態は？■□■

島国ニッポンでは２０２０年の今日でも、外国人労働者の受け入れはまだまだ不十分。しかし、国際都市・香港では、香港がイギリスから中国に返還された１９９７年当時から住み込みのフィリピン人メイドは有名な存在だった。私は返還直後の１９９７年６月に香港旅行に行ったが、そこではレストランやカフェの中ではなく、道端のダンボール箱で囲った空間に座り込んでおしゃべりをするフィリピン人メイドたちの集団を至るところで目撃した。彼女たちは休日になるとそこに集まって情報交換をし、雇い主の悪口を語り合うのが楽しみだったらしい。ところが、香港のそんな風物詩（？）はこれまで映画に登場していなかったため、そこに目をつけた陳小娟監督は、エヴリンたちフィリピン人住み込みメイドの生態を本作に描きあげた。

ポン・ジュノ監督の『パラサイト　半地下の家族』（19 年）がカンヌ国際映画祭のパルムドール賞に続いて、第９２回アカデミー賞の作品賞、監督賞等を受賞したことによって、韓国社会の「格差」が世界中に注目された。「日本の格差」は前年のカンヌ国際映画祭でパルムドール賞を受賞した是枝裕和監督の『万引き家族』（18 年）（『シネマ 42』10 頁）でも描かれていたが、香港の格差はこのフィリピン人住み込みメイドの生態を見ればよくわかる。交通事故によって「淪落人」になってしまった梁昌榮ですら、当初は広東語がしゃべれないエヴリンのようなフィリピン人メイドに対する差別意識が顕著だったが、自分は英語がしゃべれないことを棚に上げてのこの言い分はないはずだ。

本作では、陳小娟監督のそんな問題意識もしっかり把握したい。

■□■テーマは夢。あなたの夢をあきらめないで！■□■

住み込みメイドの給料はHow much？それは知らないが、食材の買い出しにすら1つ1つレシートをチェックしている梁昌榮だから、給料は相場もしくはそれ以下のはず。だとすると、自分の将来の夢は女流カメラマン！エヴリンがいくらそう思っていても、そのための勉強はもちろん、一眼レフの購入も不可能だ。もっとも、『娘は戦場で生まれた』（19年）を観れば、今はスマホでいくらでもドキュメンタリー映画にする映像を撮ることができる時代だが、カメラマンを目指すにはやっぱり写真撮影の基礎から勉強し、実践しなければ・・・。

本作中盤は、部屋の隅々まで行き届いた掃除ができないエヴリンに対して不満を持ちながらも、梁昌榮が片言の英語をしゃべり始める中で、徐々に互いの交流を始めていく２人の姿が描かれる。もちろん、四六時中狭い部屋の中で男と女が暮しているのだから、そこで「変な問題」が起こる可能性もあるが、本作はそんな問題提起をする映画ではなく、本作のテーマは夢。私は、岡村孝子が歌った１９８７年のヒットソング『夢をあきらめないで』が大好きだが、まさに本作はそれだ。

本作は小さな映画で、登場人物は基本的に梁昌榮とエヴリンの２人。それ以外に梁昌榮の家に出入りするのは、梁昌榮の友人の張輝（チョン・ファイ）（李璨琛（サム・リー））と梁昌榮の妹の梁晶瑩（リョン・ジンイン）（葉童（セシリア・イップ））だけ。元同僚だった張輝は今もずっと梁昌榮に親切で、何かと梁昌榮の手となり足となってくれているうえ、さまざまな悩み相談にも応じ、適切なアドバイスをしてくれていたから貴重な存在だ。しかして、エヴリンの誕生日を控えて、梁昌榮が張輝に頼んだのは一眼レフの購入。梁昌榮がエヴリンに与えたのは愛民団地の細長い3畳程の部屋だが、所詮持ち込んだ全財産が大型のスーツケース１つだけだから、何とかなるもの。当初は「まるで避難所（シェルター）！」と自嘲混じりにスマホで撮った写真をSNSにアップしていたが、念願の一眼レフが手に入れば、いくら狭い香港でも撮影場所や撮影対象は山ほどあるから世界は広がるはずだ。そんな誕生日プレゼントを企画した梁昌榮と、現実にカメラ店で一眼レフを購入してきた張輝、そして本日めでたく２２歳の誕生日を迎えたエヴリン。この3人だけの誕生日パーティーとそこでのプレゼント授与風景を見ていると、不覚にも私の目には大粒の涙が・・・。

■□■“ある誤解”をどう克服？雇い主の選択は？■□■

映画には起承転結が必要だし、ハッピーとアンハッピーの明暗、メリハリも不可欠だ。そこで、陳小娟監督の脚本で用意した、“ある誤解”は一眼レフの喪失。もちろん、エヴリンがホントに大切なカメラを失うことは考えられないから、これはエヴリンがついた悲しいウソのはずだが、それは一体なぜ？「ホロコーストもの」の名作『ライフ・イズ・ビューティフル』(97年) では、「これはゲームだよ」との嘘が (『シネマ1』48頁)、『聖なる嘘つき　その名はジェイコブ』(99年) では「ロシア軍がすぐ側に来ている」との嘘が (『シネマ1』50頁) 涙を誘うポイントだったが、本作ではなぜエヴリンは「カメラを失った」とウソをついたの？それはあなた自身の目で確認してもらいたいが、エヴリンがあの一眼レフを現金に換えてフィリピンの母親宛に送金したことは、内々の調査（？）で既に判明していた。すると、「こんなメイドはこれ以上雇えない。クビだ」と考えるのも当然だが、さて、梁昌榮の選択は？

『インファナル・アフェア』での黄秋生も、単なる武闘派ではなく相当の知恵者だったが、本作で黄秋生が演じる「淪落人」も相当な知恵者だったことが、そんなストーリー展開の中で見えてくるので、そんな脚本とそんな演出に注目！一定期間は口もきかない状態の２人だったが、ある日、洗濯をしていたエヴリンが洗濯かごの中に発見したものとは・・・？不覚にも、ここで私は再び大粒の涙が・・・。

■□■淪落人からの脱皮は如何に？黄秋生に敬服！拍手！■□■

パンフレットの監督インタビューで、陳小娟監督は「『愛や欲望、夢など、人生における美しいものを抱く権利は、誰にでもあるのでは？』と問いたかった」と語っているが、本作は多くのカンヌ受賞作のようなクソ難しい映画ではなく、極めて単純かつストレートにそれをアピールしている。本作に見る「あなたの夢をあきらめないで」の主体はあくまでエヴリンだが、それを理解し応援するのは、愛民団地に住む車椅子の「淪落人」梁昌榮だ。フランス版「最強のふたり」は車椅子の男の“財力”が面白いネタだったが、本作では、社会の底辺を生きている車椅子の男・梁昌榮がエヴリンへの応援を通していかに「淪落人」から脱皮していくかが面白いネタになる。ノーギャラでも俺がこの役をやる！そんな決意で臨んだ俳優・黄秋生の心意気や良し！そして、その演技や良し！

２０２０年1月３０日付朝日新聞は、「ひと」の欄に「干されても香港デモ支持を表明し続ける俳優」として黄秋生を紹介している。それによると、約5年前の香港民主化を求める雨傘運動への警察の弾圧の報に憤り、携帯電話でフェイスブックにデモ支持を書き込むと、それが中国のSNSに転載され、ネットで非難の嵐にあい、「中国で稼いでいるくせに中国を害するな」と批判されたらしい。そして、この日を境に仕事がなくなり、撮っていた中国映画も公開中止になったうえ、関係者から「君のせいだ」と責められ、自身の収入も激減したらしい。それでも、彼は昨年来、香港で再燃したデモへの弾圧に対し、当局批判を続けているそうだ。そのため、そこでは「中国との関係から沈黙する人が多い香港映画界で、まれな存在だ」と紹介されている。この記事を読んで、改めて本作に見る俳優・黄秋生の生きザマに敬服！そして、その心意気に拍手！

２０２０（令和2）年4月１３日記

みどころ

あなたは「重慶火鍋」、「四川火鍋」を知ってる？また、「花椒の味（麻辣味）」を知ってる？また、「宋家の三姉妹」ならぬ、香港、台湾、重慶に住む「夏家の三姉妹」を知ってる？

冒頭は、香港島・大坑のファイヤードラゴンダンス（舞火龍）のお祭りに注目！このオヤジ、火鍋店「一家火鍋」を１人で切り回す働き者だが、香港、台湾、重慶を股に掛けた“女遍歴”は如何に？その急死を受けて葬儀の席で初対面した「夏家の三姉妹」の困惑ぶりは？

宋家の三姉妹は結婚相手がとてつもない男だったこともあり、激動する時代の中でそれぞれ数奇な歴史上の役割を果たしたが、夏家の三姉妹の葛藤と再生は如何に？

——＊——＊——＊——＊——＊——＊——＊——＊——＊——＊——

■□■花椒とは？麻辣とは？火鍋とは？原作は？■□■

本作をしっかり味わうためには、①花椒、②麻辣、そして③火鍋という３つの中国語のキーワードを理解する必要がある。「花椒」とは、中華料理、とりわけ四川料理に欠かせないスパイスで、花椒を使った料理の代表は、麻婆豆腐と担担麺だ。中国語では、花椒の痺れるような辛さを「麻（マー）」と表現し、唐辛子のピリッとした辛さを「辣（ラー）」と表現するが、そのハーモニーである“麻辣味”を作り出すのに、花椒は欠かせない。

日本のスパイスでは、「山椒は小粒でもぴりりと辛い」の表現でよく使われる「山椒」が有名。しかし、「花椒」は中国原産の「カホクザンショウ」の果皮を乾燥させたものであるのに対し、山椒は日本原産の「サンショウ」の果皮だから、同じミカン科サンショウ属でも、別の種らしい。また、「火鍋」は日本でも“中国風しゃぶしゃぶ”として親しまれているが、その本場は「重慶火鍋」、「四川火鍋」だ。

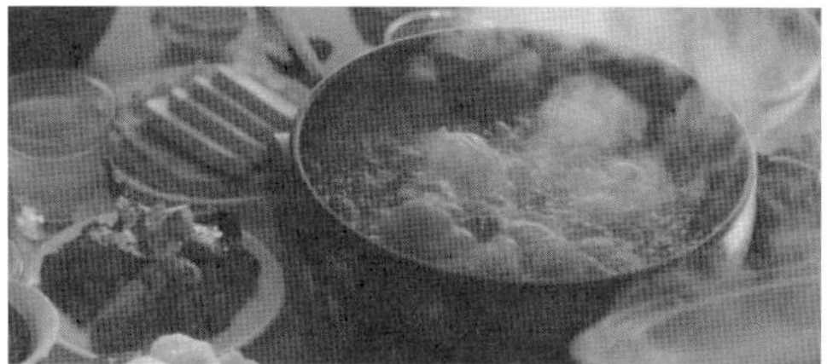

『花椒(ホアジャオ)の味』　11月5日(金)より新宿武蔵野館他全国順次公開

配給：武蔵野エンタテインメント株式会社

他方、香港の有名な女性監督、プロデューサー、脚本家で、１９７０年代から８０年代にかけて、香港新浪潮（香港ニューウェーブ）の代表的な存在として活躍してきたアン・ホイ（許鞍華）氏が、ヘイワード・マック（麥曦茵）監督を起用して映画化を目指したのは、エイミー・チャン（張小嫻）の小説『我的愛如此麻辣（私の愛はこんなにスパイシー）』。これは、手紙の形式で進む書簡体小説らしい。本作のストーリーと人物像はそんな原作と全く同じではないが、主たる舞台を香港島の大坑にある火鍋店・「一家火鍋」店とし、３人の異母姉妹が登場する基本ストーリーは原作と同じだ。三姉妹や四姉妹の物語には名作がたくさんあるが、さて、本作の三姉妹は？

■□■「宋家の三姉妹」は有名。「夏（シア）家の三姉妹」は？■□■

『花椒(ホアジャオ)の味』
11月5日(金)より新宿武蔵野館他全国順次公開

配給：武蔵野エンタテインメント株式会社

四人姉妹の物語は、アメリカならルイーザ・メイ・オルコットの『若草物語』、日本なら谷崎潤一郎の『細雪』が有名。また、三姉妹の物語なら、ロシアにチェーホフの『三人姉妹』があれば、中国には『宋家の三姉妹』がある。私は２０００年に『宋家の三姉妹』（９８年）（『シネマ１』５９頁）を観たが、父親・宋嘉澍を姜文（チアン・ウェン）が演じ、長女・靄齢を楊紫瓊（ミシェール・ヨー）が、次女・慶齢を張曼玉（マギー・チャン）が、三女・美齢を鄔君梅（ヴィヴィアン・ウー）が演じた壮大な歴史物語は、超一流の作品だった。この三姉妹が中国と台湾、そしてアメリカで現実に果たした役割は大きい。「宋家の三姉妹」は、「富を愛した」長女・靄齢、「国を愛した」次女・慶齢、「権力を愛した」三女・美齢だったが、本作に見る「夏（シア）家の三姉妹」は？

本作では冒頭、本作の主人公になる長女ハー・ユーシュー（夏如樹）（サミー・チェン（鄭秀文））の父親で、「一家火鍋」の店主であるハー・リョン（夏亮）（ケニー・ビー（鍾鎮濤））が、香港島・大坑のファイヤードラゴンダンス（舞火龍）のお祭りで活躍する姿を見せた後、突然、彼の葬儀のシークエンスになる。リョンの急死を受けて、ユーシューは戸惑いの中で、にわか仕立ての葬儀を行わざるを得なくなったが、仏教徒であるリョンの葬儀を道教の流儀で行ったのは、いくら父娘間の交流がなかったとはいえ、失笑ものだ。それはともかく、この葬儀の席でユーシューは、台湾の台北から駆けつけてきた次女のオウヤン・ルージー（欧陽如枝）（メーガン・ライ（賴雅妍））、中国の重慶から駆けつけてきた三女のシア・ルーグオ（夏如果）（リー・シャオフォン（李曉峰））とはじめて出会うことに。

■□■この父親と長女との関係は？なぜ台湾と重慶にも娘が？■□■

アンソニー・ホプキンスが第９３回アカデミー賞主演男優賞を受賞した『ファーザー』（２０年）は、２人の娘（？）との微妙な関係の中で、認知症が進行していく父親の苦悩が見事に描かれていた。それに対して、本作のリョンは、身を固めた香港で「一家火鍋」を営み、長女ユーシューをもうけながら、台湾では初恋の人（？）ジャン・ヤーリン（張雅玲）（リウ・ルイチー（劉瑞琪））との間に次女ルージーをもうけたばかりか、重慶では離婚した妻との間に三女のルーグオをもうけているのだから、その“女遍歴”は華麗なものだ。もちろん、本作ではそれを時系列に沿って説明してくれないから、アトランダムに登場してくるスクリーン上のさまざまなエピソードから、１人１人の観客が全体像を繋いでいかなければならない。それはそれで大変だが、同時に、それが本作を鑑賞する醍醐味だ。

『花椒(ホアジャオ)の味』　11 月5 日(金)より新宿武蔵野館他全国順次公開

配給：武蔵野エンタテインメント株式会社

三人姉妹が主人公になる映画では、三人三様の顔立ちや容姿、そしてファッションが大きなポイントになる。「宋家の三姉妹」は前述のような違いが明確だったが、衣装デザインで三者三様の個性を際立たせている本作では、①ロングの黒髪とメガネという次女ルージーは、「夢を諦めて堅実な生活をしろ」と煩わしい母ヤーリンといつも不仲だったが、ある日、そんなヤーリンと大喧嘩したルージーは、香港へ赴くことに。また、母親がリョンと離婚した後、大好きな祖母のリウ・ファン（劉芳））と２人で仲良く暮らしていた三女ルーグオは、「私のことはいいから、早く結婚しろ」とうるさい祖母を離れて香港へ赴くことに。

そんな思惑（?）が、たまたま「一家火鍋」の継続で一致した３人姉妹は、今、何とか父親秘伝の味を再現しようと奮闘を始めたが・・・。

■□■ユーシューの父親像、父親観は？その変化は？転換は？■□■

香港は中国と比べるまでもなく狭く小さいから、香港島の大坑でリョンが経営している「一家火鍋」店とユーシューが住んでいる九龍半島の部屋は、海を隔てて向かい合っているだけで、距離的にはごく近い。また、九龍半島と香港島は海底トンネルでつながっているが、交通機関の関係で海を越えるのは簡単ではないらしい。「一家火鍋」のオーナーであるリョンは、秘伝のレシピを一人で工夫してひねり出したばかりではなく、店の経理面も仕入れ面も、更に客へのサービス面も一人でこなし、八面六臂の奮闘を続けていたらしい。それはそれでいいのだが、あまりに忙しいため娘の面倒に時間を割くことができないリョンは、どうしていたの？そんな父親と子供時代から娘時代までずっと接してきた長女ユーシューの父親像、父親観は？

リョンとユーシューは今、父娘２人だけの家族なのに、なぜ九龍半島と香港島に別居しているの？ユーシューの回想シーンの１つとして、せっかく招待してくれた「一家火鍋」店の食卓に座っているのに、リョンはお客さんの注文に応じたり挨拶したりするのに忙しく、全然ユーシューに構う時間がない。そのため、ある瞬間にユーシューがブチギレてしまう姿が登場するが、ここにすべてリョンとユーシューの父娘関係が象徴されている。そのため、ユーシューが大人になってからはずっとこの父娘の仲は悪く、父娘関係は疎遠になったが、あらためて三人姉妹が一致協力して父親の味を再現しようとしている今、ユーシューの心の中に生まれてきた新たな父親像、父親観は？その変化は？転換は？

■□■ユーシューの異母姉妹観は？大喧嘩が勃発？いやいや！■□■

父親の死亡・葬儀が突然のことなら、２人の異母姉妹との初対面も突然のこと。ユーシューの父親像、父親観は前述のとおりだから、遠く離れた台湾や重慶で、自分の母親とは違う女の間で生まれた２人の異母姉妹をユーシューが許せなかったのは当然だ。すると、父親の葬儀は穏便に済ませたものの、その後はひょっとして３人の異母姉妹による大喧嘩が勃発？そう思っていたが、いやいや！事態は全く違う展開に？それは一体なぜ？

３人の異母姉妹の母親としてスクリーン上に登場してくるのは、次女ルージーの母親ヤーリンだけ。三姉妹それぞれの母親と急死した父親との関係は、三姉妹相互間の会話の中で小出しにされるだけだから、それは注意深く拾っていく必要がある。ルージーの母親ヤーリンが今でもそれなりに美人なのは、彼女がリョンの初恋の人だったためらしい（?）が、リョンはいかにして香港と台湾という２つの舞台で華麗なる女性関係（?）を展開していたの？

茶化して言えば、そんな風にもなるのだが、スクリーン上で見る実際の異母姉妹間の会話はもちろん真剣そのもの。それを聞いていれば、リョンがいかに誠実に生きてきたかがわかるし、「一家火鍋」における彼のお客様本位で、勤勉そのものの仕事ぶりにも納得できる。さらに、母親不在で、自分の仕事が忙しい中で幼いユーシューを育てていた時代のリョンの細かい娘への思いやりや努力もよく理解できる。しかし、リョンと２人で暮らしていた子供時代のユーシューにはそれが理解できなかったし、大人になってからも、忙しいばかりの父親と距離をとっていたのは仕方ない。しかし、リョン亡き後、それまでその存在すら認めていなかった２人の異母姉妹と互いの境遇を語り合う中で、新たな父親像、父親観が生まれてくると、同時に喧嘩相手としてではない異母姉妹観も形成されてくることに・・・。

そんな中、たまたまルージーとルーグオがそれぞれの事情によって香港にやって来ることになったうえ、３人の異母姉妹が相協力して「一家火鍋」の売り物であるリョン秘伝のスープを作り出し始めると・・・？

■□■ユーシューを巡る２人の男たちは？仕事は？人生は？■□■

「宋家の三姉妹」の長女・靄齢は銀行家の孔祥熙と結婚したが、次女・慶齢は孫文と結婚。そして、三女・美齢は蒋介石と結婚した。そのため、孫文の死亡後、その意志を継いで国民党のリーダーになった蒋介石の妻・美齢と、こちらも孫文の意志を継いで共産党シンパになった慶齢との対立が、その後深まっていった。このように、「宋家の三姉妹」は、夫の関係で三者三様の対比が際立っていたが、「夏（シア）家の三姉妹」は？

『花椒(ホアジャオ)の味』　　11月5日(金)より新宿武蔵野館他全国順次公開

配給：武蔵野エンタテインメント株式会社

そう考えながらスクリーンを見ていると、三女ルーグオは典型的なおばあちゃんっ子であるうえ、まだ若く、仕事一筋だから、男への関心はないらしい。次女のルージーもビリヤードの選手として挫折したこと（？）が大きな心の傷になっていたから、男どころではないらしい。それに対して、長女のユーシューは、元婚約者だったというクォック・ティンヤン（郭天恩）（アンディ・ラウ（劉德華））が今でも優しく付き添ってくれている上、父親の知り合いだった麻酔医のチョイ・ホーサン（蔡浩山）（リッチー・レン（任賢齊））が父親の死亡後少しずつ存在感を増していくことに。つまり、ユーシューにとっては父親の突然の死亡は大きな喪失であったと同時に、「一家火鍋」の見直しと、新たな男関係の構築という意味で新たな出発点になったわけだ。

ユーシューが「一家火鍋」における父親秘伝の「花椒の味（麻辣味）」の再現に奮闘してく中ではじめて出会った異母姉妹のルージーとルーグオと互いに打ち解け、心を開いていくストーリーが本作の肝だが、ユーシューを巡って特別出演（友情出演）した２人の男たちについても、サブストーリー的にそのほのぼのとした展開を味わいたい。

■□■三人姉妹の今後は？「一家火鍋」の存続は？■□■

『花椒（ホアジャオ）の味』 11月5日（金）より新宿武蔵野館他全国順次公開

配給：武蔵野エンタテインメント株式会社

前述したように、「宋家の三姉妹」はそれぞれどんな男と結婚したかによってそれぞれの生き方が大きく変わっていったが、子供時代の「宋家の三姉妹」は聡明で裕福な父・宋嘉澍の下で何不自由なく仲良く育っていた。それに対して「夏（シア）家の三姉妹」は、異母姉妹であるだけでなく、香港、台湾、重慶と住むところも全然違っていたうえ、父親の葬儀まで一度も会ったことがなかったのだから、今は一時的に「一家火鍋」で「花椒の味（麻辣味）」を再現するべく一致協力していても、それがいつまでも続くわけではない。何よりも、ユーシューはホーサンから「イギリスに来ないか（結婚しないか）」と言われていたし、重慶に戻ったルーグオには残り人生の少ない祖母との貴重な時間が残っているはずだ。また、母親との関係はうまくいっていなかったルージーも、香港行きは長期計画に沿ったものではなく、あくまで彼女の本拠地は台湾だ。したがって、「一家火鍋」の秘伝の味が再現でき、かつてのお客様が戻ってきたとしても、三人姉妹が協力して店の経営に当たることは不可能だ。もっとも、今の三人姉妹の互いを分かり合えた姿はその奮闘を通じて形成されたものだから、もし葬儀後、すぐに店を手放していれば・・・？

また、同じ台湾でも、母親のヤーリンは山にあるヴィラに暮らし、自分は繁華街に借りたアパートで暮らすことに象徴されるように、母親との仲が険悪だったルージーにとって、香港に行くことはそれなりの決断だったが、それから得られたものは？それと同じように、あえて大好きな祖母の元を離れて香港までやってきた三女ルーグオにとって今、重慶に戻っていくことの意味は？３人の奮闘の甲斐あって、「一家火鍋」の「花椒の味（麻辣味）」は再現でき、客足も戻ったようだが、さて、今後の店の経営は如何に？長女のユーシューは父親の跡を継いで「一家火鍋」の２代目店主になるの？それとも・・・？

『花椒（ホアジャオ）の味』 11月5日（金）より新宿武蔵野館他全国順次公開

配給：武蔵野エンタテインメント株式会社

２０２１（令和3）年9月１３日記

『日本と中国』２２５８（２０２１年１１月１日）

熱血弁護士

坂和章平

中国映画を語る〈56〉

（さかわ・しょうへい）１９４９年愛媛県松山市生まれ。大阪大学法学部卒。都市開発に関わる訴訟を数多く手がけ、日本都市計画学会「石川賞」、同年に日本不動産学会「実務著作賞」を受賞。『坂和的中国電影大観』（２００４年）、『ナニワのオッチャン弁護士、映画を斬る！』シリーズをはじめ映画に関する著書多数。（公社）日中友好協会参与、ＮＰＯ法人大阪府日中友好協会理事。

初対面の異母三姉妹が、父親秘伝の味再現に奮闘

香港島の大坑にある火鍋店「一家火鍋」店主であるリョンの急死を受け、香港に住むリョンの長女、台湾から駆けつけた次女、重慶から駆けつけた三女の異母三姉妹が、葬儀の席で初顔合わせするシーンが、本作最初のハイライト。壮大な「歴史モノ」だった『宋家の三姉妹』（97年）とは異なり、スクリーン上のさまざまなエピソードから全体像を繋いでいくのが、本作の醍醐味だ。

店の賃貸契約は残っており、解約しても違約金が発生するため、長女は「一家火鍋」継続を決意。他方、次女は「夢を諦めて堅実な生活をしろ」と煩わしい母と大喧嘩して、三女は「早く結婚しろ」とうるさい祖母を離れて、それぞれ香港へ赴くことに。こうして異母三姉妹は、父親秘伝の「花椒の味」を再現しようと奮闘を始めることに。

しかし、リョンは秘伝のレシピを一人でひねり出したばかりではなく、経理面も仕入れ面もサービス面も一人でこなし、八面六臂の働きを続けていたらしい。あまりに忙しかったため、リョンと長女の仲は悪く、疎遠になっていたが、三姉妹が協力し父親の味を再現しようとしている今、長女の心の中に生まれた新たな父親像、父親観は？

他方、父親の死亡が突然のことなら、２人の異母姉妹との初対面も突然のこと。葬儀後は異母三姉妹による大喧嘩が勃発？そう思っていたが、いやいや事態は全く違う展開に。異母姉妹間の会話は真剣そのものだ。それを聞いていれば、リョンがいかに誠実に生きてきたかがわかるし、「一家火鍋」における彼のお客様本位の、勤勉な仕事ぶりにも納得できる。

「花椒の味」再現に奮闘する中で、異母三姉妹が互いに打ち解け、心を開いていくストーリーが本作の肝だ。奮闘の甲斐あって、「花椒の味」は再現でき、客足も戻ったようだが、今後の店の経営は如何に？長女は父親の跡を継いで「一家火鍋」の２代目店主になるの？それとも……？

花椒（ホアジャオ）の味

11月５日（金）より新宿武蔵野館他全国順次公開

監督・脚本：ヘイワード・マック
出演：サミー・チェン／メーガン・ライ／リー・シャオフォン／リウ・ルイチー／ウー・イエンシュー
製作年：2019年、香港、118分
配給：武蔵野エンタテインメント株式会社
https://fagara.musashino-k.jp/

みどころ

２０１４年に大爆発した香港の“雨傘運動”は大注目を集め、民主化への期待が高まったが、結果は正反対！今や一国二制度は“死に体”状態に！

それでも陳梓桓監督は諦めず、『乱世備忘 僕らの雨傘運動』（１６年）に続いて、本作を！取り上げる“３つの題材”は、①香港六七暴動、②文化大革命と香港逃亡ブーム、③六四天安門事件、だ。

時代と舞台を大きく異にするそれを、ドキュメンタリーとドラマの融合という手法で撮影したが、その賛否？成否は？

——＊——＊——＊——＊——＊——＊——＊——＊——＊——＊——

■□■『乱世備忘』に続いて、陳梓桓監督が香港の今を！■□■

１９８７年に香港で生まれた陳梓桓（チャン・ジーウン）監督の長編デビュー作となった映画が、自らもデモに参加していた、２０１４年に香港で起きた雨傘運動の７９日間を描いたドキュメンタリー『乱世備忘 僕らの雨傘運動』（１６年）（『シネマ４３』１７５頁、『シネマ４４』３１８頁）だった。サブタイトルの“僕ら”の中には１６歳の女の子も含まれていたが、同作を観れば、雨傘運動、ひまわり学生運動、SASPL、SEALDs 等を中心とする雨傘運動の“論点”がよくわかる。

雨傘運動は、市民的不服従（良心にもとづき従うことができないと考えた特定の法律や命令に非暴力的手段で公然と違反する行為）が原則だったが、その後の香港の行方を見れば、雨傘運動の成否は？あれは敗北？それとも・・・？また、同作の撮影が大変だったのは当然だが、同じ頃に観た、『チリの闘い　第1部　ブルジョワジーの叛乱』（７５年）、『第2部　クーデター』（７６−７７年）、『第3部 民衆の力』（７８−７９年）（『シネマ３９』５４頁）に比べると、「少し突っ込み不足は否めないが必見！」だった。そんな陳梓桓監督が、『乱世備忘 僕らの雨傘運動』に続いて本作を！

■□■テーマは香港の記憶、現在そして未来！■□■

英語の Blue は青だけではなく、憂鬱という意味もある。「Blue day」はその典型だが、「Blue Island」とはナニ？そして「憂鬱之島」とはナニ？陳梓桓監督は、「それが香港だ」という自虐的な思いを込めて、それを本作のタイトルにしたが、本作のテーマは、香港の記憶、現在そして未来だ。

阿片戦争で敗れた清朝政府は、１８４２年にイギリスと南京条約を締結。そこから、中国本土とは、異なる香港の近・現代史が始まった。そして、１９９７年に香港の主権が中国に移行されたことによって、イギリスによる植民地支配は終了し、「一国二制度、香港人による統治、高度な自治」が始まったが以降、香港と中国本土との“微妙な関係”が続くことに・・・。２０２２年8月の今、中国本土は秋の中国共産党第２０回大会の話題で持ちきり。今や香港は完全に（中国）本土化してしまったから、香港の未来は絶望だけ・・・？

■□■“3つの題材”（1）香港六七騒動とは？■□■

「香港の記憶、現在そして未来」をテーマにした本作は、①香港六七暴動、②文化大革命と香港逃亡ブーム、③六四天安門事件、という３つの歴史的大事件を題材として取り上げるので、それに注目！

まず最初の「香港六七暴動」とは、私は全く知らなかったが、パンフレットによると、１９６７年香港左派暴乱とも呼ばれ、香港の親中派によって１９６７年5月に起こされた、香港イギリス政府に対する抵抗を目的とした大型暴動のこと。事件は当初、労働者運動や反イギリス政府デモだったが、鎮圧と拘束の過程でデモ参加者に多数の負傷者や死者が発生。また、中国が労働団体や組織と繋がっており、香港の左派は中国がすぐにでも香港を取り戻すものと誤解していた。その後衝突はエスカレートし、デモ側が放火したり爆弾を爆発させたり、警官を襲撃し殺害したり銃撃戦になるなど、一連の暴力行為が起こった。事件は7カ月間に及び、１９３６人が起訴され、８３２人が負傷、５１人が死亡した。

まさに私が大学入学し学生運動に参加したのと同じ時期に、香港でこんな騒動が起きていたとは！

■□■“3つの題材”（2）文化大革命と香港逃亡ブームとは？■□■

１９６６年に始まった文化大革命は日本でも有名な事件だから、私もよく知っている（つもり）。しかし、「文化大革命と香港逃亡ブーム」とは一体ナニ？本作の冒頭、中国大陸の都市・深圳から対岸に位置する自由の象徴である香港へ泳いで渡ろうとする男性の姿が登場するが、なるほど、文化大革命の当時にはこんな姿が・・・。海が荒れているために、途中で力尽き溺れて亡くなる者も多かったが、香港にたどり着くことに成功した知識青年は、香港に根付き香港の新移民となったそうだ。

■□■“3つの題材”（3）六四天安門事件とは？■□■

パンフレットでは、六四天安門事件について、次のとおり解説されている。すなわち、

１９８９年４月、天安門広場に集まった大学生と市民は、心臓病で死去した中国共産党総書記の胡耀邦を追悼したが、その後一部の大学生の主導の下、追悼活動は反官僚、反腐敗デモへと発展。５月中旬には学生たちはハンストを始め、全国各地の４００あまりの都市でも人々が集結して抗議し、支持を表明した。期間中に最も多いときで１００万人が天安門に集まってデモを行った。デモ活動は日増しに発展、拡大したため、軍の最高指導者である鄧小平は軍事力で鎮圧することを決定。６月３日から６月４日早朝にかけて人民解放軍が武力制圧を行った。

１９８９年６月４日の天安門事件における"戦車のシーン"は衝撃的だったが、それは本作にも登場する。さあ、陳梓桓監督は、この３つの題材を本作でいかに『憂鬱之島』というタイトルでまとめていくの？

■□■ドキュメンタリーとドラマを融合！その賛否・成否は？■□■

本作冒頭の海辺のシーンとそこから海に飛び込む男女のシーンを観ていると、本作も『乱世備忘』と同じドキュメンタリー映画。誰もがそう思うはずだが、然にあらず。本作で陳梓桓監督は、基本的には"３つの題材"をドキュメンタリーとして描きつつ、他方でさまざまなフィクションを混入させる手法を取った。そのため、文化大革命の猛威を逃れるため、恋人と共に中国本土から香港に泳いで渡ってきた体験を聞いていた若い男女が、その後に両親や自分が香港へ来た経緯を話したり、若き日の老人たちの越境する姿を演じたりするからアレレ・・・。

また、「香港六七暴動」の老人と彼を演じる学生が撮影の合間に話したりするので、さらにアレレ・・・。他方、ドキュメンタリー映画にニュース映像が対応されるのは常だが、本作では有名な天安門の戦車のシーンをはじめとしてそれも多い。それは当然だが、さまざまなフィクションを組み入れた本作では、さらに、香港の牢獄のセットの中で、投獄された過去を持つ老人と、暴動罪で投獄されるかもしれない今の学生が、肉声で語り合うので、さらにアレレ・・・。

これらは、前述した３つの題材が、時と場所を大きく異にしているため。つまり、陳梓桓監督は世代を超えた人物を登場させることによって、３つの時と場所をうまくリレーしようと考えたわけだ。しかし、その是非は？その成否は？本作の評論で、山根貞男氏（映画評論家）は、それを「香港の叫び　魂のリレー」と表現しているが、残念ながら、私にはそれが成功しているとは思えないが・・・。

２０２２（令和4）年8月４日記

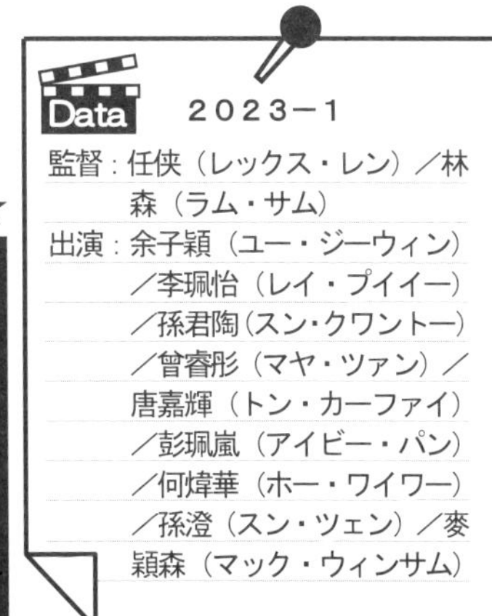

みどころ

タイトルは、ドキュメンタリーの『理大囲城』（２０年）と同じように、刺激的かつ挑発的だが、本作はフィクション。あるきっかけで自殺願望を持った１７歳の女の子を主人公にした、『ロミオとジュリエット』ばり（？）のラブストーリーだが、ストーリーは超単純。

ソーシャルワーカーの女性を中心とする捜索隊は、なぜ結成？いかなる捜索活動を？そして、捜索隊内部の接点と確執は？さらに、その中での恋模様の展開は？

本作の結末は、『少年たちの時代革命』というタイトルをかみしめながら、あなたの目でしっかりと！

――＊――＊――＊――＊――＊――＊――＊――＊――＊――＊――

■□■フィクション？それともノンフィクション？■□■

２０２２年の年末には「NHKスペシャル未解決事件・松本清張と帝銀事件」として、①第1部ドラマ　事件と清張の闘い　１２月２９日（木）［総合］後９：００～１０：３０　②第2部　７４年目の“真相”（ドキュメンタリー）　１２月３０日（金）［総合］後９：００～１０：００が、放映された。そこでは、松本清張自身が立てた「犯人・死刑囚とされた平沢貞通は無罪である」との大胆な仮説を交えて、帝銀事件の真相に迫っていた。またそこでは、その物語をノンフィクションで書くか、それともフィクションで書くかについて、文芸春秋の編集担当者と松本清張が激論する姿が描かれていた。

同じ日に観た映画『理大囲城』（２０年）は２０１９年１１月に起きた「理大囲城」を描いたもので、これはドキュメンタリーだった。それに対して、原題を『少年』、邦題を『少年たちの時代革命』とした本作は、フィクションの群像劇だ。どちらがいいかは松本清張と同じように迷うところだが、私はやっぱりフィクションの方が好き！

■□■ストーリーは超単純！登場人物は？■□■

本作はフィクションだが、ストーリーは超単純。すなわち、あるきっかけで自殺願望（？）をもった１８歳の女の子 YY を捜し出そうと、友人たちが奮闘する（だけの）物語だ。そこで、公式ホームページに基づいて本作の登場人物を整理しておくと、次のとおりだ。

まず第１グループは次の２人の女の子だ。

①YY（ユー・ジーウィン）・・・１８歳の少女、穏健派。父親は中国で働き、母親は再婚相手とイギリスで暮らしている。１８歳の誕生日に SNS にメッセージを残して、命を絶とうとする。

②ジーユー（レイ・プイイー）・・・１８歳の少女、穏健派。YY の親友。逮捕されたことを機に、香港を去る決断をする。

次に、第２グループは、街頭デモに参加している次の若者たちだ。

①ナム（スン・クワントー）・・・２０歳の男。勇武派。大学受験に失敗し、建築作業員をしている。YY とジーユーと同じデモ現場で、逮捕された。

②ベル（マヤ・ツァン）・・・２１歳、後方支援の女の子。香港中文大学学生で、ナムの恋人。家族はイギリスに移住する予定。

③ルイス（トン・カーファイ）・・・１８歳の男、勇武派。親中派の父親からは、デモに参加することを反対されている。ナムを兄貴分として慕っている。

④バーニズム（ホー・ワイワー）・・・１５歳の男。偵察。警察官の父親に反感を持っている。両親には友達の家でゲームをすると偽って、デモに参加している。

そして、第3は、第１グループとも第２グループとも本来全く関係のない、ソーシャルワーカーの女性バウ、３８歳だ。

■□■登場人物たちの立場とその接点は？本当はバラバラ？■□■

以上のように、第１グループと第２グループの間には、もともと何の接点もないものだ。公式ホームページでは、YY とジーユーは“穏健派”と書かれているが、そもそもこの２人はどの程度の意識で民主化デモに参加したのかもはっきりしないから、本来“ノンポリ派”と言ってもいいレベル。それに対して、大学受験に失敗し建築作業員をしている２０歳のナムや親中派の父親からデモに参加することを反対されながら、ナムを兄貴分として慕っている１８歳のルイスは“勇武派”と書かれているとおり、民主化デモへの参加が自分の当然の義務であり、警官と対決することもいとわないプロの活動家に近いもの。したがって、両者の意識の差はかなり大きく、本来何の接点もないものだ。

本作を見ていても、混乱するデモの現場で YY がナムを助けたのは全くの偶然だし、そんな行動によってナムだけでなく、YY まで逮捕されてしまったのも全くの偶然。したがって、逮捕とその後の拘留という現実は、ナムにとっては覚悟の結果だが、YY にとっては全く想定外の結果だから、そのショックの大きさはいかばかり・・・。YY と一緒にいたジーユーが逮捕を免れたのは幸いだったが、YY の逮捕をきっかけにジーユーが香港を去る決心をしたのはある意味で賢明。また、それができる裕福な家庭にあることもわかる。

他方、母親は再婚相手とイギリスで暮らしているため、中国で働く父親と二人暮らしをしているYYは、何とか釈放されたものの、その後は起訴されて裁判となり、有罪となる可能性が高いから大変だ。やっと１８歳の誕生日を迎える彼女はそんな状況に絶望し、命を絶とうとしたが、今時の若者はそんな心情もSNSに綴るらしい。したがって、YYが残した、自殺を示唆するメッセージを見たジーユーたちは・・・？

■□■活動家たちの闘争と、その中に見る恋模様は？■□■

私が学生運動にのめり込んでいた１８、１９歳の頃も、政治活動の傍ら、活動家たちの男女交際は私を含めて活発だった。それは、活動に従事する中で、男同士、女同士の会話、議論が弾むのは当然だし、それが人生論、文学論、恋愛論にまで広がっていくと、必然的にあちこちで恋模様が生まれるためだ。そんな恋模様は、建築作業員をしている２０歳のナムと、香港中文大学の学生で家族がイギリスに移住する予定の２１歳のベルとの間でもしっかり成立していたらしい。もっとも、ナムとベルの２人を見ていると、双方の立場の違いが大きすぎるのが気になっていた。しかして、自分を助けてくれたYYが逮捕されたうえ、釈放後、SNSへのメッセージを残して行方不明になっていることを知ったナムが、活動そっちのけで、YYの捜索に奔走する姿を目の当たりにしたベルは・・・？

香港民主化デモの中でたまたま目の前にいたナムを助けようとしたYYまで逮捕されてしまったため、その捜索隊が結成され、そこにナムが、加わったところから、本作のラブストーリーが形成されていくので、それに注目！キャピュレット家の仮面舞踏会で出会ったことで互いに一目惚れしたロミオとジュリエットには大きな悲劇が訪れたが、さて、そんな状態で出会ったYYとナムの恋模様は・・・？そして、ナムとベルの恋模様は・・・？

■□■ソーシャルワーカーとは？ウィキペディアによると？■□■

本作で第1グループのYYやジーユーと、第2グループのナムやベルたちを結びつけ、YYの捜索隊を結成し、それを指揮する立場に立つのが、３８歳のソーシャルワーカーの女性バウだ。しかして、ソーシャルワーカーとは一体ナニ？

それは、ウィキペディアによると、次のように解説されている。

ソーシャルワーカー（英語：Social Worker）とは、社会の中で生活する上で実際に困っている人々や生活に不安を抱えている人々、社会的に疎外されている人々と関係を構築して様々な課題にともに取り組む援助を提供するソーシャルワークを専門性に持つ対人援助専門職の総称である。そのため、相談者本人だけではなく様々な課題の背景や周囲にある、家族、友人、その他の関連機関や環境にも働きかける。
イギリスにおいてソーシャルワークを実施するためには、教育機関で職業資格（学士レベル）を取得後、保健ケア資格委員会（HCPC）に登録された者である必要がある。
アメリカでは弁護士と同等の職業として市民権を得ている。衆ごとの免許制度となって

いて、取得には主に修士以上のソーシャルワーク学位が必要となる他、様々な要件が規定されている。
日本では、社会福祉事業において主に相談支援や関係機関との調整を担うための国家資格として、「社会福祉士及び介護福祉士法」に基づく社会福祉士（Certified Social Worker）と、「精神保健福祉士法」に基づく精神保健福祉士（Mental Health Social Worker）が存在する。

しかして、香港では？

■□■香港のソーシャルワーカーはこんな役割も！■□■

そんな公式の解説を読むまでもなく、本作を観ていると、香港のソーシャルワーカーであるバウが、SNSに自殺をほのめかすメッセージを残して行方不明になったYYを捜し出すために、どれだけのエネルギーを割いているのかがよくわかる。本作ではその一生懸命さが重要なテーマだし、その中で見えてくる第1グループと第2グループとの確執や仲間割れ、さらに恋愛模様に見る痴話ゲンカ（？）等がストーリーの核になるので、ドキュメンタリータッチの迫力で切り取られるそれらの映像をしっかり注視したい。

私は１９９７年に一度香港を旅行したことがあるが、ホントに香港は小さなまち。しかし、いくら小さいとはいえ、何の情報もないYYを、数名の捜索隊が手当たり次第にまちの中を歩き回り、ビルの中を捜し回っても見つかるはずはない。本作中盤に見るそんな捜索風景には少し疑問があるが、バウをはじめとする捜索隊の、「何が何でもYYを見つけ出すぞ！」という意欲には敬服！もっとも、そこでは、見つからないほどなおさら必死に捜すナムと、いい加減捜索を諦めてデモの本隊に戻ろうと主張するベルのような対立も必然的に生まれてくるので、その捜索意欲の濃淡にも注目したい。

■□■YYはどこで何を？少年たちの時代革命は？■□■

『理大囲城』はドキュメンタリー映画だが、本作はフィクションだから、どんなストーリーにしようが、それは自由。『ロミオとジュリエット』はほんのちょっとした手違い（？）から大きな悲劇を生んでしまったが、捜索の途中でナムとベルもケンカ別れしてしまうから、これはYYの失踪事件から生まれた、とんだトバッチリという他ない。

しかし、それはあくまでサブストーリー。メインストーリーとなるべきYYの行動について、本作は断片的にその姿を映し出すが、彼女の心情は全然語られない。したがって、この年頃の女の子の"揺れる想い"は、私のような７０代の男にはわかりようがない。しかして、本作のラスト近くでYYは高いビルの屋上に1人で立っていたから、これはヤバい。そんなYYの所在をバウが指揮する数人の捜索隊が発見できたのは奇跡であり、フィクションに違いないが、本作はそこでのYYの飛び降り自殺という悲劇で終わるの？それとも・・・？その結末は、『少年たちの時代革命』というタイトルをかみしめながら、あなたの目でしっかりと。

２０２３（令和5）年1月１８日記

Data　2023−2

監督：香港ドキュメンタリー映画工作者（香港紀錄片工作者）

出演：

みどころ

２０１９年１１月に香港で起きた「理大囲城」とは一体ナニ？本作は、アジア屈指の名門校・香港理工大学が警察に封鎖され、要塞と化した緊迫の１３日間。至近距離のカメラが捉えた、衝撃の籠城戦の記録！

そう聞くと、団塊世代の私は５０年前の１９６９年に起きた安田講堂攻防戦と対比してしまうが、その異同は明確だ。緊迫の１３日間の意味は？それが後世に残したメッセージは？私には、それが少し疑問だが・・・。

——＊——＊——＊——＊——＊——＊——＊——＊——＊——＊——

■□■本作はフィクションではなく、ドキュメンタリー！■□■

フィクションで作った『少年たちの時代革命』（２１年）に対し、本作はノンフィクション、つまりドキュメンタリーだ。本作はドキュメンタリー映画として史上初の香港映画評論学会最優秀映画賞を受賞したものの、他方では「暴徒礼賛映画」のレッテルを張られ、香港での上映は実現しなかった。

そして、本作については、監督として個人名を出すことに危険があったため、本作の監督は「香港ドキュメンタリー映画工作者」とされている。また、出演者も逮捕の危険性から防護マスクやモザイク処理で顔の表情は映し出さないようにされている。

■□■１９６９年の安田講堂攻防戦VS２０１９年の理大囲城■□■

「理大囲城」は２０１９年１１月に起きたが、そこに至るまでのいくつかの前提事実を整理しておくと、次の通りだ。

①２０１８年２月、台湾で起きた香港人殺人事件の容疑者が、事件発覚前に香港に帰国。当時の逃亡犯条例では、香港以外の中華人民共和国の地に容疑者を引き渡せないことから、殺人罪を適用できなかった。

②２０１９年２月、香港政府保安局が突如、逃亡犯条例の改正を提案。

③同年６月９日、その抗議デモに１０３万の市民が参加。
④６月１２日、審議が表明された立法会を包囲した市民に警察が催涙弾で応戦。
⑤６月１５日、抗議する自殺者が発生。
⑥６月１６日、２００万人が参加する香港史上最大のデモに発展。
⑦１０月１日、１８歳のデモ参加者が警察官に銃撃され重体。
⑧１１月８日、香港科技大生が警察との衝突で転落死。
⑨１１月に１３日間の理大囲城発生。

そんな理大囲城のことを知って、団塊世代の私が思い起こしたのは１９６９年1月に起きた東大安田講堂事件だ。これは、ベトナム戦争反対、日米安保条約改定反対という政治闘争と、授業料値上げ反対、大学の民主化を求める闘争が合体して１９６７年から起きた大学紛争（大学闘争）の最終局面での大事件だ。東大では１９６８年1月から医学部のインターン闘争が起こり、7月に結成された全学共闘会議（全共闘）を中心に安田講堂を占拠、バリケードを築いたため、翌１９６９年1月１６日、ついに加藤一郎総長代行は機動隊によるバリケード撤去を要請。1月１８、１９日の２日間にわたる攻防戦の末、安田講堂は陥落した。

■□■警察はなぜ理大を封鎖？それが、よくわからん！■□■

東大の安田講堂の攻防戦は、前述のとおり、全共闘が安田講堂の占拠を続けたため、やむを得ず加藤一郎総長代行が機動隊によるバリケード撤去を要請したために発生したものだ。それに対して、香港理工大学は２０１９年１１月に突如、圧倒的な武力を持つ警察によって包囲された。そのため、構内には、中高生を含むデモ参加者と学生が取り残され、逃亡犯条例改正反対デモで最多となる１３７７名の逮捕者を出した。しかし、警察は一体何のために、香港理工大学をそんなふうに完全封鎖したの？私にはそれがよくわからない。

しかも、公式ホームページによれば、警察の包囲網により、大学は完全に封鎖され、救援物資を運ぶことも、記者や救護班が入ることも許されなかったため、理大構内に残されたデモ隊は最後まで闘うか、それとも命がけで脱出するか、という究極の選択を迫られたそうだが、実は私にはそれもよくわからない。

安田講堂を占拠したのは全員が全共闘の活動家で、逮捕されることも覚悟の上での行動。しかし、たまたま封鎖時に理大の中にいた人々は単なるデモ参加者だから、彼らの中に「家に帰りたい」と願う人たちがいたのは当然だ。ところが本作では、「脱出するのも命がけ」と描かれているが、それってホント？「たまたまデモに参加していただけだから、構内から出してくれ」と白旗を掲げて脱出を求めた場合、その人は、逮捕されたかもしれないが、その処分は軽微だったのでは？実は私にはそこら当たりがよくわからないわけだ。

■□■指導部なき闘いの末路は？評価は？■□■

安田講堂の攻防戦は、バリケード内に立てこもった全共闘の学生たちと機動隊との間に圧倒的な力の差があったから、２日間にわたる攻防戦の末、学生たちは結局全員逮捕されてしまった。しかし、全共闘に結集する学生たちは、統一した指導部の指揮の下で闘っていた。

ところが、本作を観ていると、封鎖された理大構内で議論ばかりしている姿がやけに目立ってくる。その最大の理由は、構内にいる人々は、たまたまデモに参加していただけだから、明確な一つの目標の下、そして統一された指導部の指揮の下に結集している人々ではないためだ。そのため、あるグループは封鎖を突破して脱出することを試みたり、あるグループは「断固抵抗！」と叫んだり、その意見のバラつきには驚くほかない。

そんなふうに考えていくと、本作のチラシには「アジア屈指の名門校・香港理工大学が警察に封鎖され、要塞と化した緊迫の１３日間。至近距離のカメラが捉えた、衝撃の籠城戦の記録！」とセンセーショナルに書かれているが、理大囲城は後世に残る価値あるメッセージになったとは、私には思えない。そのため、私のその評価は低いが、さて・・・？

２０２３（令和5）年1月１９日記

第3章　台湾

Data
監督・脚本：鄭有傑（チェン・ヨウチェ）
出演：莫子儀（モー・ズーイー）／陳淑芳（チェン・シューファン）／白潤音（バイ・ルンイン）／姚淳耀（ヤオ・チュエンヤオ）／是元介（ジェイ・ミー）／謝瓊煖（シエ・チョンヌアン）／呉朋奉（ウー・ポンフォン）／陳雪甄（ベラ・チェン）／沈威年／王可元／胡廣雯／朱宥丞

みどころ

第５７回金馬奨で３部門を受賞した本作は、今流行（？）の“同性パートナー”を巡る人間ドラマ。冒頭は殺人と薬物所持を巡る法廷シーンから始まるが、ヒッチコック風のミステリー犯罪ドラマではなく、一つ一つ先行して提示される事実は一つ一つ丁寧に説明されていくので、それに注目！

もっとも、最後まで分からないのは同性パートナーの死亡。すべての物語はそこから始まったわけだが、最後にはそれに納得！なるほど、なるほど・・・。

——＊——＊——＊——＊——＊——＊——＊——＊——＊——＊——

■□■第５７回金馬奨３部門受賞作のテーマは？■□■

“台湾のアカデミー賞”と呼ばれる第５７回金馬奨で、最優秀主演男優賞、最優秀助演女優賞、最優秀オリジナル音楽賞の３部門を受賞した本作は、法廷シーンから始まる。手錠を掛けられて法廷に連れて行かれた林健一（ジエンイー）（莫子儀（モー・ズーイー））の容疑は殺人と薬物所持だ。ジェンイーには黙秘する権利と弁護士を付ける権利があることが告げられたが、さて、ジェンイーの対応は？

私はその後の法廷シーンの展開を期待したが、それは全くなく、スクリーンはすぐ別のシーンに転換する。それは、亡くなった王立維（リーウェイ）（姚淳耀（ヤオ・チュエンヤオ））の弟で、リーウェイの一人息子である王悠宇（ヨウユー）（白潤音（バイ・ルンイン））の叔父さんに当たる王立綱（リーガン）（是元介（ジェイ・ミー））が祖母の周秀玉（シウユー）（陳淑芳（チェン・シューファン））が暮らすマンションを訪れているシークエンスだ。その屋上のペントハウスの間借り人になっているジェンイーもその席で一緒に正月を祝っていたが、祖母と一緒に暮らしているヨウユーはどことなく不機嫌そうだ。また、彼らの全体の雰囲気は、どことなくぎこちない。ヨウユーはお年玉をもらって少しご満悦になった（？）が、ヨウユーの父親は何故そこにいないの？また、ヨウユーの母親は？

他方、ジェンイーはシウユーやヨウユーと一緒に食卓を囲むことなく、間借りしているペントハウスで１人食事をしながら、糖尿病のため壊死してしまった右足の痛みに苦しんでいるシウユーの介護をしていたが、それは一体何のため？また、この導入部のシークエンスの中で、ヨウユーはジェンイーの養子だと言っていたが、なぜジェンイーはそんなことをしたの？何より疑問なのは、そんな生活が続いているのなら、シウユーは当然ジェンイーに感謝しているはずだが、シウユーはある時、ジェンイーに対して、「私に尽くしたら息子が生き返るとでも思っているの？」ときつーい言葉を発していたから、アレレ。

このように、本作導入部は、これらの登場人物を巡るさまざまな問題点を提示してくれるが、本作のテーマは一体何？

■□■なぜジェンイーに殺人と薬物所持の容疑が？■□■

「法廷モノ」には、検事、弁護士、裁判官という“法曹三者”が登場するはずだが、なぜか本作には、女性検事の張麗萍（チャン）（謝瓊煖）しか登場しない。そして、前記２つの導入部が終わった後の本作は、なぜジェンイーが殺人と薬物所持の容疑で法廷に立っているのかを少しずつ見せていく。

その第１弾はチャン検察官によるジェンイーの取り調べだ。そこでは、シウユーが不動産を孫のヨウユーに譲った時に、ジェンイーはヨウユーを養子にしていたのか？と質問されたが、ジェンイーは不動産の名義変更など全く知らなかったらしい。さらに、チャン検察官は「あなたと亡くなったリーウェイとの関係は？」と聞かれると、ジェンイーは、「・・・？」。やっと答えた「屋上のペントハウスの間借り人だ」との答えは正しいが、もちろん質問の趣旨はそんなことを聞くためのものではない。言葉に詰まりながら、結局ジェンイーは「リーウェイと付き合っていた。リーウェイと僕は同性パートナーだ」と答えたが、その意味は？また、「ヨウユーの母親はリーウェイの元妻だ」と答えたが、リーウェイは、なぜ元妻と離婚したの？さらに、「ジェンイーとリーウェイとの同性パートナーの関係については、シウユーから子供のヨウユーには言わないようにと口止めされていた」と答えたから、これにてすべては解明され、全てすっきり！

いやいや、コトは全く正反対だ。思わぬ事態の前に、ジェンイーは「もし僕が女でリーウェイの死亡後、シウユーの世話をしていたなら、同じ質問をするの？」と反論したが、それを聞くと、さらになんとなくモヤモヤ・・・。シウユーが糖尿病による右足の壊死で苦しんでいることは間違いないが、いつどんな状況下でシウユーは亡くなったの？また、薬物所持の容疑とは？

■□■事実の提示を先に！説明は後で！そんな手法で次々と！■□■

私は台湾の鄭有傑（チェン・ヨウジエ）監督作品を本作ではじめて観たが、本作は先に事実を提示して、観客に「それはなぜ？」と疑問を持たせた後に、少しずつスクリーン上でその説明をしていくという手法がとられている。それは映画演出でよく取られる手法だが、本作はそれがトコトン徹底されているので、それに注目！

本作導入部では、ジェンイーに殺人と薬物所持の容疑で裁判にされていることが明示されるが、それに続いて明示されるのはシウユーの死亡。足の痛みに苦しんでいたものの、すぐに死亡するとは考えられないはずなのに、なぜ彼女は死んでしまったの？今日、警察官の郭小隊長（呉朋奉）と小蔡（沈威年）がジェンイーのペントハウスを捜索令状を持って捜索したのは、シウユーの死亡に薬物が絡んでいたためだ。もし、ジェンイーのペントハウス内から同じ薬物が発見できれば、不動産取得目的のためにジェンイーがシウユーを殺害したことになるし、ヨウユーを養子にしたのもそのためということになる。そう考えれば、すべて合理的に説明できそうだ。郭小隊長と小蔡はそう考えたが、さて捜索の結果は？

■□■薬物の入手先は？売人との関係は？■□■

“紀州のドン・ファン”こと野崎幸助氏の殺人容疑で、元妻の須藤早貴が逮捕。２０２１年５月の日本列島はこのニュースで盛り上がったが、その決め手になったのは、須藤がネットで覚せい剤を入手していたことが判明したためだ。しかも、須藤はその証拠を隠滅するため、スマホの情報を抹消していたから、それは須藤に不利。本作中盤は、それと同じように、ジェンイーがネット上で、エリック（尤士軒）（王可元）からある種の薬物を入手していた事実や、ジェンイーがスマホ上のその情報を抹消していた事実が判明したから、ヤバイ。

警察の捜査網にかかったエリックを逮捕したことによって、エリックがジェンイーにある種の薬物を売っていたことが判明したが、それはシウユーが死亡する前日だったから、さらにヤバイ。ジェンイーがその日にエリックに連絡を取り、薬物を購入したのは一体何のため？そもそも、それまで何の縁もゆかりもなかったジェンイーとエリックが知り合ったのは何のため？それを巡って、スクリーン上には私はあまり見たくないシークエンスが登場してくる。去る６月１７日に観た『戦場のメリークリスマス　4K修復版』では、デヴィッド・ボウイと坂本龍一とのキスシーンが今なお名シーンとして語り継がれているが、さて本作に見るジェンイーとエリックとの“絡みシーン”は？

■□■“パパ2号”誕生秘話は？回想シーンに見る秘話は？■□■

日本では養子縁組は戸籍上の届け出だけでオーケーだ。しかし、本作を観れば、台湾でのそれは、法廷に出廷して裁判官の前でそれを確認する必要があることがわかる。その手続きのポイントは、９歳のヨウユーがジェンイーの養子になることを理解し、承諾しているか否かだが、それをどうやって確認するの？裁判官から「養子の意味は分かる？」と聞かれたヨウユーは、「分かる」と答えたが、「ジェンイーをパパと呼びたいか？」と聞かれると、「呼びたくない」と答えたからアレレ。これでは養子縁組は無理。一瞬そう思ったが、ヨウユーは続いて「“パパ２号”と呼ぶ」と答えたから、裁判官の判断は？

他方、そんなシークエンスの中で回想シーンとして登場するのが、ジェンイーとリーウェイが仲良く共同生活を営んでいるシークエンスだ。今やLGBT（レズビアン（Lesbian）、ゲイ（Gay）、両性愛（Bisexual）、トランスジェンダー（Transgender））は完全な市民権を得ている上、映画界ではそれが大人気のテーマになっている。そのため、「同性パートナー」と言う言葉も今や何の抵抗もなく受け入れられているから、本作でもこの回想シーンに違和感はないようだ。しかし、ジェンイーは独身男性だから誰と付き合っても、誰と同性パートナーになってもオーケーだが、リーウェイはヨウユーの父親だし、ヨウユーには母親、つまり、リーウェイの妻がいるはずでは？すると、養子縁組をするについて、その処理は？

■□■シウユー死亡の真相は？その全貌は？■□■

本作では、シウユーが死亡したことは明示されるが、その死亡原因の説明はない。そして、そこにジェンイーの殺人容疑がかけられるところがストーリーのミソになる。アルフレッド・ヒッチコック監督なら、それだけをテーマにしたスリリングな犯罪映画を作るところだが、本作では、なぜジェンイーに殺人容疑がかけられているのかだけがわかればそれで十分だ。その原因が薬物であることが既に明示されるとともに、その提供者がエリックであることも明示されると、シウユー死亡の真相やその全貌が少しずつ見えてくる。

そして、本作中盤ではジェンイーがシウユーの痛み止めのためにエリックから購入し、台所にしまっておいた薬物を、ヨウユーがシウユーに求められるがままに提供し、シウユーが１粒ずつそれを飲んでいくシークエンスが描かれるから、それに注目！これが真相であり、全貌であることがわかれば、ジェンイーが殺人犯ではないことが明白だし、９歳のヨウユーに殺人の意思がないことも明白だ。ジェンイーが有能な弁護士に依頼してそのことをしっかり主張すれば、薬物所持の罪は認めなければならないものの、殺人容疑は無罪になること明らかだ。しかし、スクリーン上では・・・。

■□■同性パートナーとしての幸せな日々は？その崩壊は？■□■

本作では、冒頭からジェンイーがヨウユーの“パパ２号”になっていることが明示されるが、なぜヨウユーの父親であるリーウェイかがいないのかさっぱりわからない。その上、本作中盤では、警察の捜査が迫る中、ヨウユーと２人でリュックとテントをもって山中に逃げ込んだジェンイーが、回想シーンの中で、リーウェイと同性パートナーになっていく物語が描かれる。リーウェイは、山登りの仲間だったジェンイーと一緒に登った山のテントの中で、妻と離婚すること、弟のリーガンの借金のために仕事を掛け持ちして働いているのにリーガンが中国本土に逃げてしまったことを打ち明けたが、そこでのジェンイーの回答は「俺が君が探している同居人になる。そして俺が君を養う」というもの。なるほど、そんな経緯によってジェンイーがペントハウスに住む（実は同性パートナーとして同居する）ことになったわけだ。

しかし、そのことを９歳のヨウユーにどう説明し、どう納得させるかは確かに難しいはず。しかも、そんなことが妻にバレたら、それが格好の離婚原因になってしまう上、リーウェイが妻に支払う慰謝料額も格段にアップしてしまうはずだ。今、ジェンイーを逮捕するためにテントまで追いかけてきた郭小隊長と小蔡を前に、身柄の拘束を覚悟したジェンイーは、ヨウユーに「これからはもう側にいられない。お前は何も悪くない」と語ったが・・・。ジェンイーとリーウェイがヨウユーを育てながら同性パートナーとして過ごした幸せな日々は、シウユーの死亡に続く、こんな形でのジェンイーの逮捕によってあっけなく終わってしまったわけだ。しかし、シウユーの死亡に続いて、ジェンイーが死刑になってしまったら、ヨウユーはどうやって生きていけばいいの？

■□■逃亡した合歓山の標高は？高山病の心配は？■□■

私は台湾旅行に3回行ったことがあるが、ジェンイーが間借りしているペントハウスのあるマンションは、基隆の町にあるらしい。私も一度行ったことのある基隆は、台北の近くにある港町として栄えた町。現在でも、基隆港は巨大タンカーや客船が出入りする国際港湾だ。また、ここは夜市でも有名で、台北観光に合わせて、夕方は廟口夜市を楽しむコースは日本人の観光ツアーとして定着している。

他方、警察の追及から逃れてジェンイーがヨウユーと２人で登った山は合歓山だが、「合歓山森林遊楽区」は、「日本人がまだ知らないかもしれない台湾」ランキング２位の絶景スポットらしい。台湾には、国家森林遊楽区が１８カ所あり、合歓山もそのうちの一つに指定されている。合歓連峰は主峰、東峰、北峰、西峰、石門山、合歓尖山、石門北峰という７つの山からなっているが、これらは全て標高が３０００m級で、このうち５つは「台湾百名山」にも選ばれている。

台湾では「ニイタカヤマノボレ」の暗号で有名な「新高山（玉山）」が台湾 NO. １の高い山で、その標高は３９５２mもある。台湾が日本領だった時代には、標高３７７６mの富士山よりも高く、「日本一高い山」だった。「トラトラトラ」の暗号が「我、奇襲ニ成功セリ」の意味だったのに対し、「ニイタカヤマノボレ」は「１９４１年１２月８日午前零時をもって対米英開戦」を伝える意味だ。合歓山の標高が何mなのかは知らないが、その雄大な風景はすばらしい。本作では、最優秀オリジナル音楽賞を受賞した音楽とともに、合歓山の美しい風景もしっかり味わいたい。しかして、ジェンイーはヨウユーを連れてなぜそんな山に逃亡したの？それが最後のシークエンスで明かされるので、それに注目！

■□■同性パートナーはなぜ死亡？すべての問題はここから！■□■

前述のように、本作は、事実の提示を先にやり、後からその説明をするという手法を採用している。そのため、なぜ、ヨウユーはジェンイーの養子になっているの？なぜ、シウユーは死亡したの？なぜ、ジェンイーとリーウェイは同性パートナーになっていたの？等々も、すべて事実が先行し、説明は後回しとされている。そんな手法の中、最後まで分からないのは、ジェンイーの同性パートナーであるリーウェイがなぜ死んでしまったの？ということだが、最後にそれが明かされるので、それに注目！

本作中盤では、検察官の他に２人の刑事が登場し、家宅捜索や売人エリックの逮捕等で活躍する。ところが、逮捕する前にジェンイーの逃亡を許してしまったからジェンイーを疑っていたリーガンがそれを怒ったのは当然だ。もっとも、ジェンイー自身が警察の追及を受けていることが分かっているから、ヨウユーを連れて山の中に逃げ込んでも、ジェンイーには逃亡の意思などないことは明らかだが、なぜジェンイーはわざわざそんな山の中に逃げたの？

去る６月２６日に観た『ブータン　山の教室』（１９年）では、“デモシカ先生”の若い主人公は、標高２３２０ｍの首都ティンプーから、標高４８００ｍのブータン１の辺鄙なルナナ村への赴任を、「そんなの嫌だ。高山病になってしまう」と拒否していたが、高山病が発生するのは標高何メートルくらいから？ブータンの高い山と台湾の高い山をどう比べればいいのかも私にはわからないが、そんな比較をしつつ、リーウェイが高山病で死亡していくサマをしっかり確認し、すべての物語はここから始まったことを、しっかり噛みしめたい。

『親愛なる君へ』
配給：　エスピーオー、フィルモット

２０２１（令和3）年7月5日記

熱血弁護士

坂和章平

中国映画を語る〈54〉

(さかわ・しょうへい) 1949年愛媛県松山市生まれ、大阪大学法学部卒。都市開発に関わる訴訟を数多く手がけ、日本都市計画学会「石川賞」、同年に日本不動産学会「実務著作賞」を受賞。『坂和的中国電影大観』(2004年)、『ナニワのオッチャン弁護士、映画を斬る！』シリーズをはじめ映画に関する著書多数。(公社)日中友好協会参与、NPO法人大阪府日中友好協会理事。

なぜ殺人容疑が？ 同性パートナーを巡る人間ドラマ

第57回金馬奨で3部門を受賞した本作は、法廷シーンから始まる。手錠を掛けられたジェンイーの容疑は殺人と薬物所持だ。

スクリーンはすぐ別のシーンに転換する。死亡したリーウェイの一人息子である幼いヨウユーは、祖母のシウユーと一緒に暮らしていた。そのマンション屋上のペントハウスの間借り人・ジェンイーは、糖尿病のため壊死した右足の痛みに苦しむシウユーの介護をしていたが、シウユーはジェンイーに「私に尽くしたら息子が生き返るとでも思っているの？」ときつーい言葉を発したから、アレレ。

検察官による取り調べで「あなたと亡くなったリーウェイとの関係は？」と聞かれたジェンイーは、言葉に詰まりながら、「リーウェイと僕は同性パートナーだ」と答えた。さらに「もし僕が女なら、同じ質問をするの？」と反論したが、それを聞くとモヤモヤ……。

本作は先に事実を提示して、観客に疑問を持たせた後に、少しずつ説明する手法が徹底してとられている。ジェンイーの容疑に続いて明示されるのは、シウユーの死亡。シウユーの死亡原因の説明がないまま、ジェンイーの容疑がかけられるところがストーリーのミソになる。

中盤では、ジェンイーがシウユーの痛み止めのために購入し、しまっておいた薬物を、ヨウユーがシウユーに求められるがままに提供する問題シーンが描かれるから、それに注目！

捜査が迫る中、ジェンイーはヨウユーと共に山中に逃げ込み、「もう側にいられない。お前は何も悪くない」と語ったが……。本作では、最優秀オリジナル音楽賞を受賞した音楽と共に、2人が登った台湾・合歓山の美しい風景もしっかり味わいたい。

なぜ山に逃亡したの？ なぜリーウェイは死んでしまったの？ それらが最後に明かされるので、それにも注目！ すべての物語はそこから始まったことを、しっかり噛みしめたい。

親愛なる君へ

シネマート新宿・心斎橋ほか全国順次公開中

原題：親愛的房客／Dear Tenant
監督・脚本：鄭有傑
出演：莫子儀／陳淑芳／白潤音／姚淳耀／是元介／謝瓊煖／吳朋奉／沈威年／王可元／陳甄／胡廣雯／朱宥丞
製作年：2020年、台湾、106分
配給：エスピーオー、フィルモット

みどころ

台湾の夜市は日本人に大人気の観光名所だが、あんなに人が集まったところで無差別銃乱射事件が勃発したら？銃乱射事件はアメリカの専売特許ではなく、１８歳の少年の手によって台湾の夜市でも起きたが、それは一体なぜ？

再開発を巡る立ち退き問題は台湾でも日本以上に深刻だが、１人のジャーナリストがそれを取材している中で無差別銃乱射事件に巻き込まれたから、さあ大変！彼は九死に一生を得たが、あの死者は一体なぜ？

もし「クレオパトラの鼻がもう少し低かったら・・・？」と同じような“歴史上の if”に基づく「３話構成」の本作は興味深い。そのため、第５８回金馬奨をはじめ多くの賞を受賞したが、無差別銃乱射事件の動機となった少年の心の中に潜む闇を、あなたはどう読み解く？

——＊——＊——＊——＊——＊——＊——＊——＊——＊——＊——

■□■台湾の夜市で無差別銃乱射事件が勃発！■□■

アメリカでは痛ましい無差別銃乱射事件が多発しているが、その根本原因はアメリカでは自衛のための銃の保有が認められていること。その点は日本と大違いだが、日本と同じように銃の保有が禁じられているはずの台湾でも、１８歳の誕生日を迎えたばかりのジャン・ウェン（ホァン・シェンチョウ）による無差別銃乱射事件が勃発！

アメリカではその舞台（？）は学校内が多いが、本作に見る銃乱射事件の舞台は、日本人観光客に大人気の夜市。台湾の夜市は狭い通路をたくさんの人が行き交っているから、そこで「あいつ、銃を持ってるぞ！」と騒がれる中で無差別銃乱射事件が起きれば大変だ。ジャン・ウェンの使用した銃がアメリカで販売されているような本格的なものでなく、改造した空気銃だったため、死者がシャオセン（ライ・ハオジャ）１人だけだったが、発生した怪我人は多数に上ったらしい。

本作は冒頭、店頭の檻の中に入っている一匹の犬をジャン・ウェンと親友のアーシン（パン・ガンダー）の２人が逃がすシーンから始まる。せっかくの２人の好意（？）にもかかわらず、この犬が再び檻に戻ってくるのがこの冒頭シーンのミソ（オチ？）だが、これって一体何を象徴しているの？

■□■TVゲーム「王者の世界」に注目！このタイトルは？■□■

私は（無料の）TVゲームは一切やらないし、ネットで（有料で）配信されているTVゲームも一切やらないから、本作冒頭のシーンに続いて登場する、「王者の世界」なるTVゲームのことも全くわからない。スクリーン上を見ていると、これは、私が昔流の“劇画”として知っている面白そうなTVゲームだが、スクリーン上でそれを楽しんでいる（演じている）のは、公務員の中年男シャオセンと高３の女の子、リンリン（ワン・ユーシュエン）の２人だ。

ジャン・ウェンは両親が離婚したため、今は財力のある父親の下で厳格に育てられているらしい。しかし、そんな状況下でもゲームに影響を受けた彼は、大学への入学を当然のように言っている父親の目を盗んで物語を書き、アーシンがそれを漫画化した上でネットに投稿していた。

しかして、本作の原題は『該死的阿修羅』、邦題は『ガッデム　阿修羅』だが、これって一体ナニ？

■□■再開発を巡る記者の取材レポートが本作の基に！■□■

私は約４０年間、都市問題、再開発問題を弁護士としてのライフワークにしているが、リンリンが住んでいる黎明アパートの再開発問題を取材しているジャーナリスト、メイ・ジュンズ（モー・ズーイー）も、台湾の再開発を巡る立ち退き問題に大きな興味と関心を持っていたらしい。リンリンは授業中、密かにTVゲームを楽しみながらも、数学を教えている先生の質問への答えをすぐに引き出すことができるほど頭のいい高３の女の子だが、劣悪な黎明アパートの中で酒びたりの母親と２人で生活していたから、小遣い稼ぎのために援助交際も・・・？そんなリンリンがメイ・ジュンズの再開発問題の取材対象として適しているかどうかは疑問だが、何でもあけすけに本音を語ってくれるという意味ではメイ・ジュンズは目の付けどころがシャープ！

他方、そんなリンリンがTVゲーム「王者の世界」で一緒に楽しんでいた中年男シャオセンには、広告会社で働いている美人の恋人ビータ（ホァン・ペイジァ）がいた。しかし、何事にも優柔不断でTVゲームにハマっているシャオセンと、第一線でバリバリ仕事をこなしているキャリアウーマンのビータとの間には今、隙間風が吹いているらしい。

ジャーナリストのフー・ムーチンによる無差別銃乱射事件に関する取材レポートが基になっている本作は、以上に紹介した男４人と女２人が、夜市でのジャン・ウェンによる無差別銃乱射事件を巡って織りなす社会派サスペンスドラマだから、まずはこの６人の主人公のキャラをしっかり確認しておきたい。

■□■全３話構成だがその意味は？歴史上のifってあり？■□■

私は中学時代から物理や化学は苦手だが、日本史、世界史は大好きだった。「歴史は年代を丸暗記しなければならないから嫌い」という人もいたが、私はそうは思わない。「もし、クレオパトラの鼻がもう少し低かったら・・・？」という“歴史上のｉｆ”を考えながら、歴史上の事実についての“物語”を考えていけば、歴史は面白い科目だった。しかして、全３話構成とされている本作の第１部では、厳格な父親の下で大学進学、アメリカへの留学等が至上命題とされ、「俺は（冒頭に見た）檻の中の犬と同じ“囚われの身”だ」と思い込んでいるジャン・ウェンが、鬱積した気持ちから抜け出せないまま、ある日、夜市で銃乱射事件に至るストーリーが描かれる。

夜市は日本人観光客には観光名所だが、台湾に住んでいる人々には日常だから、そこには、ある偶然からメイ・ジュンズがいたし、シャオセンもいた。メイ・ジュンズはうまく身を隠しながら、ジャン・ウェンが銃を乱射する姿の一部始終を目撃していたが、シャオセンの方は間が悪く、ジャン・ウェンが発射した弾に当たってしまい、唯一の死者になってしまったから、アレレ。もちろん、ジャン・ウェンはすぐに逮捕されたが、アーシンが言うように、１８歳の誕生日を迎えた直後だったから「少年法」は適用されないことになる。そこでアーシンは、第１に犯罪に至った動機、すなわちジャン・ウェンの心の中に巣食っている社会や家庭に対する不平不満をぶちまけて弁明し、第２に被害者に謝罪し、第３に父親の金で被害者に被害弁償し、第４に弁護士を通じて被害者と示談をするよう説得したが、さて、ジャン・ウェンは？

フー・ムーチンの３つのレポートを基に映画化された本作が面白いのは、そんな「第１話」をベースとした上で、「もし・・・だったら？」という“歴史上のｉｆ”の視点から「第２話」、「第３話」を構築したこと。夜市で銃乱射事件が勃発したことや、そこでシャオセンが死亡したこと自体は動かしようのない事実だが、「もし○○がいたら・・・？」、あるいは「もし○○がいなかったら・・・？」、そんな“歴史上のｉｆ”はいくらでもあり得るはずだ。しかして、本作の「第２話」、「第３話」が描く“歴史上のｉｆ”とは？

■□■第５８回金馬奨等々を受賞！その問題提起に注目！■□■

本作のホームページには「６人の運命は、あの夜一変した。」、「善になるも、悪になるもタイミング次第なのかもしれない。」との“見出し”で、本作のポイントが紹介されている。２０２２年３月に台湾で公開され話題を呼んだ本作は、２０２１年の台湾のアカデミー賞とされる金馬奨でワン・ユーシュエンが最優秀助演女優賞に選出された他、２０２２年には台北映画祭の台北電影奨で、脚本賞、音楽賞、最優秀助演女優賞を受賞した。また、２０２３年米国アカデミー賞では、国際長編映画賞部門で台湾代表作としてエントリーされた。

１８歳の誕生日を迎えたばかりのジャン・ウェンと同級生のアーシンはもともと親友だし、シャオセンとビータはその仲に波風こそ立っているものの恋人同士だが、この両者にはもともと何の接点もない。他方、黎明アパートに住む高３のリンリンは母子家庭の孤独な身だが、持ち前の美貌と勝気な性格、そして頭の良さを生かして、一方ではゲーム「王者の世界」を通じてシャオセンとの接点を深めていたし、他方では再開発の取材を通じてジャーナリスト、メイ・ジュンズとの接点を深めていた。

そんな本作の主人公たる６人の男女の運命が交錯したのは、あの日の夜市だ。無差別銃乱射事件はアメリカの専売特許ではなく、台湾でも起きたわけだが、それは一体なぜ？ジャン・ウェンはなぜあの日、あの夜市であんな行動をとったの？ジャン・ウェンはなぜTVゲーム「王者の世界」の物語を書いていたの？ジャン・ウェンの心の中に潜む闇は一体何だったの？ジャーナリスト、メイ・ジュンズの黎明アパートを巡る再開発の取材は一体何だったの？もしあの時、○○が、そして△△が、あの行動ではなく別の行動をとっていたら・・・？無差別銃乱射事件の動機となったジャン・ウェンの心の中に潜む闇を、あなたはどう読み解く？

クレオパトラは紀元前４４年にシーザーが暗殺された後、アントニウスと愛し合い、ローマ＝エジプト連合を夢見たが、紀元前３１年のアクティウムの海戦によって、シーザーの正当な継承者を自称するオクタヴィアヌスによって滅ぼされてしまった。しかし、もしクレオパトラの鼻がもう少し低かったら、シーザーとクレオパトラとの恋はなかったし、シーザーの死後、アントニウスとクレオパトラの恋もなかったのかも・・・？

そんな“歴史上の if”も興味深いが、もしビータがあの夜市でシャオセンと待ち合わせの約束をしていなかったら・・・？その他いろいろな歴史上の if を考えると、前述した本作のホームページの見出しはなおさら興味深い。本作の問題提起とそんな歴史上の if は、「第２話」、「第３話」でしっかりと！

２０２３（令和5）年5月３０日記

熱血弁護士
坂和章平
中国映画を語る〈76〉

（さかわ・しょうへい）
１９４９年愛媛県松山市生まれ、大阪大学法学部卒。都市開発に関わる訴訟を数多く手がけ、日本都市計画学会「石川賞」、同年に日本不動産学会「実務著作賞」を受賞。『坂和的中国電影大観』（２００４年）、『ナニワのオッチャン弁護士、映画を斬る！』シリーズをはじめ映画に関する著書多数。（公社）日中友好協会参与、NPO法人大阪府日中友好協会理事。

台湾の夜市で無差別銃乱射事件が勃発！ 18歳の少年の心の中の闇は？
―３つの物語に見る６人の男女の運命は？ もし歴史上のifがあったなら？―

銃乱射事件は銃を保有する権利に固執する米国の専売特許？

金馬奨等を受賞し大ヒット中の本作は、少年Aが親友Bと共に檻に入った犬を店頭から逃がす場面から始まる。続いてしがない公務員がゲーム「王者の世界」で高3の少女と楽しんでいる場面。そのゲームに影響を受けて、親友Bは漫画を描き、ネットに投稿している。公務員には婚約者がいたが、仕事中心の婚約者との仲はヤバそうだ。

他方貧しい母子家庭の少女は成績優秀だが、将来に絶望し目下援助交際中？記者は黎明アパートの再開発を巡って少女を取材中に偶然銃乱射事件に遭遇！死者は公務員だけだったが受傷者多数の大惨事に。その記者のレポートに触発され製作された本作は以上６人の男女の運命を交錯させながら３つの物語で構成されるが、「ガッデム阿修羅」とは？更に少年Aの心の中の闇は？大学進学や留学の圧力は台湾の若者に共通だが、「弁明し謝罪しろ」と勧める親友Bに対し、少年Aが一切の弁明を拒否し死刑を望むのはなぜ？

歴史上のifは「クレオパトラの鼻がもう少し低かったら」として語られるが、もしあの時公務員が婚約者と夜市で待ち合わせしていなければ？もし６人が各自乱射事件前に別の選択をしていたら？そんな台湾の夜市における歴史上のifの展開は興味深い。

18歳の少年Aに少年法の適用はないが、有能な弁護があれば執行猶予は可能。そんな映画も一興だが、大惨劇で終わる第1話に対して、６人の選択を別のパターンで描いた第2話、第3話の展開は如何に？ハッピーエンドのifもあり？それはあなた自身の目でしっかりと。

ガッデム阿修羅
全国順次公開中

©Content Digital Film Co., Ltd

監督：樓一安
プロデューサー：陳彥翰
出演：黃聖球、莫子儀、黃姵嘉、潘綱大、王渝萱、賴澔哲
原題：該死的阿修羅
配給：ライツキューブ
2022/ 台湾 /114 分

Data

監督・脚本：廖明毅（リャオ・ミンイー）

出演：林柏宏（リン・ボーホン）／謝欣穎（シエ・シンイン（ニッキー・シエ））／張少懐（チャン・シャオファイ）

みどころ

台湾のアカデミー賞と呼ばれる第５７回金馬奨で６部門にノミネートされながら、『１秒先の彼女（消失的情人節）』（２０年）と『親愛なる君へ（親愛的房客）』（２０年）に敗れ、無冠に終わったのが本作。

『１秒先の彼女』とともに本作のユニークさは際立っている。そもそも、原題の『怪胎』って一体ナニ？凸凹コンビの物語は多いが、邦題どおりの奇妙な物語から考えさせられることは多い。

美男美女の恋物語の対極にある、"怪胎"（＝異常者？）同士の恋模様は如何に？そのビフォーVSアフターを、しっかり確認したい。

――＊――＊――＊――＊――＊――＊――＊――＊――＊――＊――

■□■"怪胎"とは？こんな凸凹コンビが主人公に？■□■

凸凹コンビの物語は多いが、「潔癖症＆不器用な彼と、潔癖症＆窃盗症の彼女　運命的な出会いを果たしたカップルに巻き起こる奇怪千万な恋！」を描いた本作は珍しい。

ボーチン（林柏宏（リン・ボーホン））は、家では隅々まで徹底的に掃除し、外出するときは防塵服を着て手袋とマスクをするほどの完全武装をする、重度の潔癖症の青年。彼がある日、電車に乗る姿は、まさに原題の『怪胎』どおりの"変人"だ。そんなボーチンに対して、もう１人の主人公、ジン（謝欣穎（シエ・シンイン、ニッキー・シエ））は？

台湾のアカデミー賞と呼ばれる第５７回金馬奨では、『１秒先の彼女（消失的情人節）』（２０年）が作品賞、監督賞、脚本賞、編集賞、視覚効果賞の５部門を、『親愛なる君へ（親愛的房客）』が最優秀主演男優賞、最優秀助演女優賞、最優秀オリジナル音楽賞の３部門を受賞した。本作も最優秀主演男優賞と最優秀主演女優賞を含む６部門にノミネートされていたが、無冠に終わったらしい。それは残念だが、その内容には興味津々。

■□■２人の出会いは？モーションがけはどっちから？■□■

ある日、ボーチンが電車に乗っていると、同じ車両内に同じような“完全武装”をした女性、ジンを発見。思わず（？）南京復興駅で降りた彼女の後をつけたボーチンは、潔癖症のジンがスーパーマーケットでチョコを万引きするのを発見。ボーチンは潔癖症で不器用なだけだが、ジンは潔癖症の上に窃盗症もあるらしいから、更に大変だ。そんな２人は、２人とも「自分は一生、他人と隔絶してひとりぼっちで生きていくのだ」と自覚していたが、万引きの現場で“運命の出会い”を果たした２人の、その後は？

小中学校では、肉体の成長は女子の方が男子より早いが、同じ潔癖症でも、女性の方が男性より“その方面”の成長は早い（？）らしい。そのため、屈託なく「私が好き？」と、“その方面”のモーションをかけてきたのは、ジンの方だ。その他、デートの約束、自宅への招待等々、ジンの屈託ない言動に、ボーチンは「このイカれた子は、僕をドキドキさせる」とメロメロに。その結果、ジンがボーチンの家に引越し、２人は同居することに。

似た者同士（？）の仲良し同棲生活（？）は一見順調そうだが、キスの仕方を巡ってもどこか不自然だから、その前途には不安もいっぱいに・・・。

■□■ある日、潔癖症が完治！そりゃ、めでたいが・・・■□■

「おじいさんは山へ芝刈りに、おばあさんは川へ洗濯に」、それがおとぎ話の世界だ。また、「男は外で仕事を、女は家で家事を」、それが昭和の時代の日本だ。それはそれなりにマッチしていたわけだが、ボーチンが出版社の編集者として働き始めると、２人（だけ）の生活は少しずつ変容していくことに。もちろん、それは２人で相談した上での決定だったが、職場の若い女性メイユー（チャン・シャオファイ）との接触や、外での会食が増えていくと・・・。その結果起きる夫婦喧嘩（？）のサマは一般的なものだが、本作でユニークなのは、そんな激変中、なぜかボーチンの潔癖症が治ってしまうことだ。

『恋の病 ～潔癖なふたりのビフォーアフター～』
配給： エスピーオー、フィルモット
© 2020 牽猴子整合行銷股份有限公司　滿滿額娛樂股份有限公司
台灣大哥大股份有限公司

本来、それはおめでたいことだが、そうなると、２人はもはや一緒にいられないことに？「僕は正常になったんだ！」、「すると、私は異常？私はおかしい？」。それが、２人の究極の“売り言葉”に“買い言葉”の喧嘩だが、その判定は如何に？

■□■正常者VS異常者。そんな変わった構造が顕著に！■□■

この奇妙な映画はどうなっていくの？どんな結末を迎えるの？そう思いながら見ている

と、今やすっかり仲良しになったボーチンとメイユーが２人でスーパーに入っていく姿を目撃したジンが思わずその後をつけていくシークエンスになる。そんなジンを見て、メイユーがボーチンに「知ってる人？」と尋ねたが、それに対するボーチンの答えは、何と・・・。これは、結構ヤバいのでは？

日本では「家守」もしくは「守宮」と書くヤモリは、縁起のいいものとされている。それと同じように、台湾では「壁虎（ビーフー）」と書くヤモリは、台湾でも縁起のいいものらしい。私は、それを『１秒先の彼女（消失的情人節）』（２０年）ではじめて知った。同作には本物？それとも幻覚？そんな形でヤモリが登場していたが、本作でも、なぜかきれいに拭いたはずの窓にヤモリが登場し、ボーチンにも、ジンにも、これは本物？それとも幻覚？そんなシークエンスになるので、それに注目！

■□■愛さえあれば欠点も長所に！そう思うのだが・・・■□■

映画は、回想シーンをいつでもどこでも使えるから便利な芸術。また、あっちの回想シーンとこっちの回想シーンをくっつけることも可能だから、何でもオーケーだ。『１秒先の彼女』のストーリーも、何でもありのハチャメチャぶりが面白かったが、奇妙な設定で始まった“純愛モノ”たる本作の結末は如何に？

『恋の病 〜潔癖なふたりのビフォーアフター〜』
配給： エスピーオー、フィルモット
© 2020 牽猴子整合行銷股份有限公司　滿滿額娛樂股份有限公司　台灣大哥大股份有限公司

潔癖症が治癒したボーチンは、今や正常。「元の病気に戻してくれ！」と医者にお願いしてもそれは無理だったのだから、正常者への復帰は喜ぶべきことだ。しかし、そのことは、片や今なお深刻な病状にあるジンとは、“正常者”vs“異常者”のまますれ違っていくことを意味しているの？つまり、愛がある間はお互いの欠点も長所になっていたが、愛がなくなれば・・・？「そんなもんだよ！」と言ってしまえばそれまでだが、それってあまりに寂しすぎるのでは？

２０２１（令和3）年7月5日記

Data

監督・脚本：陳玉勲（チェン・ユーシュン）

出演：劉冠廷（リウ・グァンティン）／李霈瑜（リー・ペイユー）／周群達（ダンカン・チョウ）／黒嘉嘉（ヘイ・ジャアジャア（ジョアン・ミシンガム））

みどころ

台湾には、ホウ・シャオシェンやエドワード・ヤンのような先発完投型の本格派がいれば、チェン・ユーシュンのような下手投げの変則型左腕ピッチャーもいる。『熱帯魚』や『ラブ ゴーゴー』はその典型だったが、彼が長年構想を温めていた本作はまさにそれ！こんな映画、観たことない！

邦題はアインシュタインの「相対性理論」を彷彿とさせる難しさ（？）だが、本作はやっぱり原題と英題の方がピッタリ。しかし、“失われたバレンタインデー”とは一体ナニ？

本作は、頭の固い人向きではない。あくまで頭を柔らかくして、スクリーン上に登場するすべてのエピソード、すべての物語を受け入れる度量（？）を持たなければ！それができれば、本作は最高傑作だが・・・。

――＊――＊――＊――＊――＊――＊――＊――＊――＊――＊――

■□■久しぶり！台湾のチェン・ユーシュン監督最新作は必見■□■

１９９０年代の台湾を代表する監督は、ホウ・シャオシェン（侯孝賢）とエドワード・ヤン（楊徳昌）等“台湾ニューシネマ”と呼ばれる巨匠たちだが、それに続く“台湾新世代”の“異端児”として出現したのが、１９６２年生まれのチェン・ユーシュン（陳玉勲）監督だ。ところが、長編デビュー作『熱帯魚』（９５年）と、それに続く『ラブ ゴーゴー』（９７年）で、主に若い世代からの熱狂的人気を獲得した彼は、その後CM業界に活躍の場を移し、映画製作から離れてしまったから、アレレ・・・。その後、２０１３年に『祝宴！シェフ（總舗師）』で復帰した彼の、復帰後第３作目が本作だ。

私が台湾のチェン・ユーシュン監督をはじめて知ったのは、２０１９年１０月にシネ・ヌーヴォで開催された「台湾映画傑作選」で『熱帯魚』と『ラブ ゴーゴー』を観た時だ。したがって、私にとって彼の最新作は１年８か月ぶりだが、『ラブ ゴーゴー』の公開年から数えればすでに２３年経っているから、彼の最新作はホントに久しぶりだ。
私がデジタルリマスター版で観た『熱帯魚』と『ラブ ゴーゴー』では、チェン・ユーシュン監督のユニークさにビックリ。当然、この手の映画の監督は脚本も兼ねているが、『熱帯魚』では誘拐という凶悪犯罪の中にも、身代金要求を巡る物語にはほのぼの感があったし、犯人を追う警官達も牧歌的だった。そして、全く読めない展開の中、最後には誘拐事件もハッピーエンドに収束させていくお手並みは見事だった（『シネマ４７』２５９頁）。続いて、恋愛モノに挑戦した『ラブ ゴーゴー』では、"個性豊か"、というより、ハッキリ言って"はみ出し者"の３人の主人公が織り成す吉本新喜劇風の恋愛ドタバタ劇と、展開が全く読めない怒涛の展開がメチャ面白かった（『シネマ４７』２６４頁）。
そんなチェン・ユーシュン監督の久しぶりの最新作は必見！

■□■第57回金馬奨で最多5冠！本作のテーマは？■□■

「台湾のアカデミー賞」と言うべき第５７回金馬奨では、７月１日に観たチェン・ヨウジエ（鄭有傑）監督の『親愛なる君へ（親愛的房客）』が最優秀主演男優賞、最優秀助演女優賞、最優秀オリジナル音楽賞の３冠をゲット。それに対して、本作は作品賞、監督賞、脚本賞、編集賞、視覚効果賞の最多５冠をゲットしている。その優劣を評価すれば、演技面では『親愛なる君へ』が優位だが、作品の出来としては本作の方が優位・・・？それはともかく、私はこの金馬奨レースからは、本作に見るチェン・ユーシュン監督の脚本に注目したい。
『親愛なる君へ』のテーマは、「今は亡き同性パートナーの母と子の血のつながりを超えた家族の絆を紡ぐ物語」という"クソ難しい"ものだった。それに対して、本作のテーマは、「人よりワンテンポ早い彼女とワンテンポ遅い彼。２人の間のちょっとした時差（タイムラグ）から生まれるかつてない奇跡」だが、それってナニ？本作の原題は『消失的情人節』だが、中国語の勉強が進んでいる私には「情人節」とはバレンタインデーのことだとわかる。また、『消失的情人節』は直訳すれば「失われたバレンタインデー」だし、英題も『My Missing Valentine』だ。日本ではバレンタインデーは2月１４日で、女性から男性にチョコを渡す習慣になっている。しかし、台湾ではバレンタインデーは年に2回あり、２月１４日よりも7月７日の「七夕情人節」の方が重要なイベントらしい。また、中国でも台湾でも、日本とは逆に、男性から女性にチョコをプレゼントするものとされている。なるほど、なるほど。しかし、「消失的」って一体ナニ？
他方、本作の邦題は『１秒先の彼女』だが、それも一体ナニ？ちなみに、チラシには、山内マリコ（作家）の「こんな映画、観たことない。まぎれもなく、まったく新しい、物語の可能性に満ちたラブストーリー！」の文字が躍っている。パンフレットにも、同氏の「こんな映画、観たことない。」という Review があるが、本作はそんなに変わっているの？本作の評論を書いている７月４日の夜には、キアヌ・リーブス主演の『マトリックス』（９９年）が TV で放送される。仮想現実空間を舞台に、人類とコンピュータの戦いを描いた

SFアクションたる同作では、香港アクション界の雄、ユエン・ウーピンをアクション指導に招いて取り入れたワイヤーアクションと、バレットタイムと呼ばれる撮影法によって生み出された革新的なアクションシーンが見もので、約２０年前の「こんな映画、観たことない」映画の典型だった。しかして、本作のテーマは？タイトルの意味は？

■□■まずは自己紹介から！なるほど、それを邦題に！？■□■

７月１日に観た台湾映画『恋の病～潔癖なふたりのビフォーアフター～（怪胎）』は「潔癖症＆不器用な彼」と、「潔癖症＆窃盗症の彼女」の自己紹介から始まり、２人の面白い出会いから物語がスタートした。それと同じように、本作も、郵便局の窓口で働く３０歳の独身女性ヤン・シャオチー（リー・ペイユー（李霈瑜））の自己紹介から始まるが、彼女を特徴づけるものが、邦題の「１秒先の彼女」ということだ。つまり、シャオチーは幼い頃から何でもワンテンポ早いという設定だが、そんな人間が日常生活を営むのは大変だ。

ちなみに、郵便局での彼女の仕事ぶりを対比的に説明するために登場するのが、シャオチーの隣に座る女性ペイ・ウェンだが、それを美人女優ヘイ・ジャアジャア（黒嘉嘉）が演じていたから私はビックリ。彼女は私が日曜日毎に見ている NHK 囲碁講座の「囲碁フォーカス」のミニレース「黒嘉嘉の GO ビギナーズ」の講師を担当している、本物のプロ棋士だ。囲碁界での若手女性棋士の台頭は将棋界をはるかに越えており、藤沢里菜、上野愛咲美が両トップ。それを１２歳の仲邑菫が追っている状況だが、ヘイ・ジャアジャアはモデルをしたり、CM やミュージックビデオに出演したりと“二足の草鞋”を履いている珍しいキャラのプロ棋士だ。もっとも、本作を観ている限り、彼女の演技力はハッキリ言って、まだまだ・・・？

それはともかく、ペイ・ウェンと違って、男とは全く縁のないシャオチーはバレンタインデーにも全く縁がないから、今夜も１人でラジオを聴いていた。すると、ラジオからは「今夜のテーマは“失くし物”。一番忘れられない“失くし物”について投稿してね」と語る DJ の声が聞こえてきたから、シャオチーは、十数年前に豆花を買いに行くと言ったきり失踪し、そのまま戻ってこなかった父親を思い出すことに。なるほど、なるほど・・・。しかし、これって一体何の物語？

■□■偶然の出会いから恋の予感が！バレンタインデートは？■□■

そんな「１秒先の彼女」たるシャオチーが、ある日の仕事帰り、公園でダンスをしている集団に入っていくと、そのダンス教師である好青年のリウ・ウェンセン（ダンカン・チョウ）から声を掛けられたからシャオチーは何かが起こりそうな予感に胸をときめかせることに。すると、翌日リウが郵便局の窓口に現れ、「口座を作りたい」と言ってきたからこれはホンモノ！？

微笑みながらそんな２人を観ている隣のペイ・ウェンにバレないよう、メモの交換によって“映画デート”の約束を交わしたから、２人の展開は順風満帆だ。さらに、“映画デート”の帰り道、「明日のバレンタインの予定は？」、「ないわ、ずっとそうだった・・・」という会話の後、リウは突然、幼い頃に自分と同じように、身寄りがなく施設で暮らす５歳の女の子の心臓移植費用が足りないことを語り出したから、ますます２人の距離は近づくことに。すっかり同情したシャオチーがそこで思いついたのは、明日のバレンタインに行われる大会に参加すること。そこで優勝すれば賞金と航空券がもらえるから、と参加することを決め、２人は指切りをすることに。

このように“映画デート”は順調だったが、さて、明日のバレンタインデートは？

■□■なるほど、これが消失的情人節！■□■

『ラブ ゴーゴー』は、吉本新喜劇的なドタバタ劇が奇妙に面白かった。それと同じように、シャオチーとリウとのバレンタインデートを巡って、本作は突然、ロマンチックラブコメディ風の展開から、吉本新喜劇風のドタバタ劇に転化していくので、それに注目！

「１秒先の彼女」は、目覚まし時計よりも目覚めるのも１秒早いはず。したがって、大切なバレンタインデートの日、朝８時の目覚ましより先に目覚めたシャオチーは、予定していた服に着替え、意気揚々と待ち合わせ場所に向かうべくバスに乗り込んだが・・・。

『マトリックス』では、さまざまな革新的アクションを観客に理解してもらうため（?）にスローモーションが多用されていたが、映画でそんな手法を使うことの賛否は分かれるはず。それと同じように、本作でチェン・ユーシュン監督は、なぜか8時３５分になって慌てて飛び起きるシャオチーの姿をスクリーン上に映し出していくから、アレレ。この時、鏡に映るシャオチーの姿はパジャマではなく、デート服を着て日焼けで全身真っ赤だから、アレレ・・・。さらに、会場は閑散としており、清掃員に「バレンタイン大会の会場は？」と聞くと、「バレンタインは昨日ですよ」の答えだったから、アレレ。バレンタインは消えてしまったの？混乱するシャオチーは慌ててリウに電話したが、電話も繋がらなくなっていたから、さあ大変だ。なるほど、なるほど、これが消失的情人節！

■□■脚本は自由自在に！この３つの物語は？ワケわからん！■□■

本作はここから、「消えたバレンタイン」を探し始めるシャオチーの物語になっていく。そんな彼女の周りには、まさに“吉本新喜劇の台湾版”とも言うべき、３つの奇妙な物語が登場するから、それに注目！それが次の３つだ。

①通りにある写真館に飾られた、身に覚えのないシャオチーの写真（しかも目を開けている）。店主に聞くと「顔を腫らしたグアタイという男に現像を頼まれた」という。見ると、どこかの海辺で撮られているようだ・・・。

②ある夜、ブレーカーが落ちた部屋のクローゼットから、突如現れたヤモリから「あん

たの失くし物だ」と言われて渡された、「０３８」の鍵。

③シャオチーと同じように、全身真っ赤に日焼けし、顔中殴られた姿のウー・グアタイ（リウ・グァンティン（劉冠廷））という名の“変人”の登場。彼はシャオチーと違って、人よりワンテンポ遅く、シャオチーの郵便局へ毎日手紙を出しに来る常連客の１人だが・・・。

「映画は何でもあり」だし「脚本は自由自在」だが、全く脈絡のないこの３つの物語の提示は一体ナニ？ワケわからん！ホント、こんな映画、観たことない！

■□■後半の物語は？視点が大転換！ヒロインの自分探しは？■□■

前記３つの全く脈絡のない出来事は、何を意味するの？ある日、郵便局で私書箱のロッカーの鍵を手にした瞬間、シャオチーはどこかにあるはずの「０３８」の私書箱を見つけるための旅に出る決意をすることに。法律を勉強して弁護士になった私は、法廷で裁判闘争を展開するについては、徹底気に事実の追及が大切であることを学んできた。その目的はただ１つ、真実を発見することだが、何が真実かは神様しかわからないもの。したがって、裁判での真実は、さまざまな認定事実の積み上げとして、判決に記載された事実に過ぎない。そんなことを考えると、本作前半のラストに見た“失われたバレンタイン”は一体ナニ？そして、シャオチーが体験したバレンタインデー早朝の“２つの事実”は、一体どちらが真実？それが全く分からないまま、シャオチーは休暇を取り、列車に乗って旅に出たが、さて、本作後半の物語は如何に？

前記、山内マリコの「Review」には「物語にここから、大きくドライブがかかる。実はヤン・シャオチーの物語はＡ面に過ぎず、Ｂ面は視点人物がウー・グアタイに変転。窓口に毎日やって来て郵便を出す“あの変人”に！さらに消えたバレンタインデーの１日の謎が明かされるにいたって、もう一段階ドリフト」と書かれているが、本作後半はまさにそんな展開になっていくので、あっと驚きながらそれに注目したい。台湾は広いが、チェン・ユーシュン監督がそんなシャオチーの旅に登場させる舞台は『熱帯魚』の舞台と同じ嘉義県東石村だ。私は3度も台湾旅行をしているが、美しい東側の海岸線を観たのは1度きりだ。シャオチーが何度台湾の東海岸を旅したのかは知らないが、その旅でシャオチーが見たものとは？

パンフレットにある「Director's Interview」で、チェン・ユーシュン監督は「私の作品には全て『自分探し』という要素が入っています」と語っているが、さて、本作後半に見るシャオチーの自分探しの旅とは？

■□■誰が善人で誰が悪人？１秒のズレが積み重なると？■□■

人間を“見た目”で判断してはダメなことは常識だが、凡人はなかなかそれができない。したがって、イケメンや美女は何かと有利だが、そのことは、本作前半のハンサムなダンス講師チョウを見ているとよくわかる。しかし、“映画デート”の帰り道にチョウが語っていた心臓移植の話を聞いていると、ひょっとしてこの男は詐欺師？そう感じた私が正しかったことは本作後半に立証されていくので、それに注目！

他方、本作後半の圧巻は、バスの運転手であるグアタイがシャオチーを含む大勢の乗客を乗せて市街地を走行中、なぜかすべての世界（交通）がストップしてしまうこと。子供の頃の私がテレビで大相撲を観戦していた当時は、対戦後のVTRによる再生はなく、"分解写真"による分析だった。もちろん、分解写真は１コマずつ動いていくが、本作では巨大なスクリーンの動きが、グアタイ以外すべてストップしてしまうからビックリ！こりゃ一体ナゼ？

それは、難しく言えばアインシュタインの「相対性理論」によるものかもしれないが、本作でその"仕掛け"が成立するのは、何事も１秒早いシャオチーと、何事も１秒遅いグアタイの"１秒のズレ"が、ある時、１日分まで積み重なった時に起きるらしい。なるほど、なるほど。

そんなストーリーの撮影は大変そうだが、それは製作陣の努力にまかせ、私たちはひたすら"失われたバレンタインデー"の１日間に、グアタイがいかなる行動をとるのかに注目したい。

■□■豆花は？失踪した父親は？物語の収束は？■□■

私の事務所のすぐ近くに最近、台湾風の朝食を"売り"にしたお店が開店したが、その人気は上々。しかして、本作導入部では「豆花を買いに行く」と言って出かけるシャオチーの父親の姿が描かれるが、台湾の豆花とは？それはストーリー構成上どうでもいいことだが、なぜ父親は失踪したの？という論点は、ストーリー構成上重要だ。しかし、「こんな映画、観たことない」と形容される本作では、次から次へとワケの分からないエピソードが登場するとともに、前半と後半で物語の視点を全く変えるという"転調"にビックリさせられるから、父親の失踪事件などとっくに忘れてしまう。しかし、本作がラストに近づいてくると・・・。

７月６日に観た『アジアの天使』（２１年）のラストは、韓国の江陵（カンヌン）の海の浜辺が舞台となり、そこに何とも奇妙な"アジアの天使"が登場してきた。しかして、本作でも"消失したバレンタインデー"の１日、すべての動きが停止する中、台湾の東海岸にある嘉義県東石村にバスを移動させ、シャオチーを浜辺に運び込んだグアタイが、記念撮影（?）を含むさまざまな行動をとるシークエンスが登場するので、それに注目！グアタイが毎日郵便局を訪れて窓口のシャオチーから切手を購入し、手紙を送っていたのは一体何のため？また、その手紙は誰に宛てられたもの？その中には何が書かれていたの？

本作でずっと見てきたすべての疑問は、物語のラストに向けてそのすべてが収束していくので、それはあなた自身の目でしっかりと！そうすればきっと、チェン・ユーシュン監督への拍手喝采の気持ちが生まれてくるはずだ。

２０２１（令和3）年7月１２日記

Data

監督・脚本：徐漢強（ジョン・スー）
原作：ゲーム版「返校－Detention－」
出演：王淨（ワン・ジン）／曾敬驊（ツォン・ジンファ）／傅孟柏（フー・モンボー）／蔡思韵（チョイ・シーワン）／李冠毅（リー・グァンイー）／潘親御（パン・チンユー）／朱宏章（チュウ・ホンジャン）

みどころ

“学園ホラーもの”たる本作の原作は、台湾で大ヒットしたゲーム「返校－Detention－」。時代は戒厳令下の１９６２年。翠華高校の「読書会」に参加するヒロインの運命は如何に？

“政治モノ”としての拷問シーンにビックリなら、ダークミステリーとしての巨大な軍人の霊の登場にもビックリ！映像効果や音響効果もあって、怖さは相当なもの。少し詰め込み過ぎ感もあるが、そのチャレンジや良し！

——＊——＊——＊——＊——＊——＊——＊——＊——＊——＊——

■□■原作はホラーゲーム！映画も大ヒット！金馬奨でも！■□■

私は本作について何も知らなかったし、原作になったというゲームについても何も知らなかった。パンフレットには、キャナ☆メン（電撃オンライン編集部）による２０１７年１０月３１日付「ゲーム評」があり、台湾で大ヒットしたゲーム「返校－Detention－」について詳しく解説している。テレビゲームなど一度もやったことのない私はそれを読んでもさっぱりわからないが、「detention」とは「引き止め、阻止、拘留、留置、拘禁、放課後の留め置き」の意味。つまり、そのゲームは１９６０年代の台湾を背景に、架空の舞台・翠華高校で起きた暗く悲しい出来事を描くホラーアドベンチャーゲームで、学校に閉じ込められた主人公は、謎と怪奇に満ちた校内を探索し、その真相を突き止めていくものらしい。本作が長編映画デビュー作となる若手の徐漢強（ジョン・スー）監督は、「ゲーム版『返校－Detention－』がリリースされたその日に私はゲームをクリアし、そのメランコリックで美しいストーリーに強く心を動かされました」と語っている。幸運にも愛するゲームの監督として起用された彼は、どんなスタンス（思想）でその映画化を？

「監督プロフィール&インタビュー」の中で彼はそれを詳しく語っているので、それは必読だが、ゲームとの対比などとてもできない私でもはっきりわかるのは、本作の政治色の強さだ。それも生半可な強さではなく、『悲情城市』（８９年）（『シネマ１７』３５０頁）や『牯嶺街少年殺人事件』（９１年）（『シネマ４０』５８頁、『シネマ４４』１８４頁）で描かれた、国民党政権下における、「白色テロ」がテーマにされているからビックリ！「三國志ゲーム」や「戦国ゲーム」のような“エンタメもの”がゲームとして楽しまれるのは当然だが、台湾では「返校－Detention－」のようなもともと政治色の強いゲームがなぜ大ヒットし、その政治色を更に強調した本作のような映画がなぜ大ヒットしたの？

私にはそれがサッパリわからないが、スクリーン上には戒厳令下にある１９６２年の台湾で、翠華高校に登校する高３生のヒロインのファン・レイシン（方芮欣）（ワン・ジン（王淨））や、密かに「読書会」に集っている、１年後輩のウェイ・ジョンティン（魏仲廷）（ツォン・ジンファ（曾敬驊））、ホアン・ウェンション（黄文雄）（リー・グァンイー（李冠毅））たちの姿が登場する。そんな中、登校する生徒たちをチェックしていた国民党のバイ教官（チュウ・ホンジャン（朱宏章））から突然「鞄の中身を見せろ」と言われたら・・・。

■□■白色テロとは？読書会がバレたら？まずその理解を！■□■

台湾は自由と人権を尊重する民主主義国だが、それはつい最近のこと。韓国も大統領は民主的な選挙で選ばれているが、それもつい最近のことだ。日本は１９４５年の敗戦後、それまでの軍国主義から民主主義国家に転換していったが、半島を南北に二分した朝鮮戦争後の韓国では、長い間軍事独裁政権が続いた。そして、台湾では、大陸から逃げ込んできた国民党が“外省人”として“内省人”を支配すると共に、１９４７年の二・二八事件から１９８７年に戒厳令が解除されるまでの間は、「白色テロ時代」が続いた。「白色テロ」とか「赤色テロ」という物騒な言葉を今ドキの若者は知らないかもしれないが、その知識は本作を理解する上で不可欠だからしっかり勉強してもらいたい。

本作冒頭のバイ教官のチェックによって、もし生徒の鞄の中に入っている『共産党宣言』が見つかったら・・・？３年生のレイシンも、２年生のジョンティンやウェンションも、教師のチャン・ミンホイ（張明暉）（フー・モンボー（傅孟柏））やイン・ツイハン（殷翠涵）（チョイ・シーワン（蔡思韵））が組織する「読書会」のメンバーだが、「読書会」って一体何？本作で彼らがその教材にしているのはタゴールの『迷い鳥たち』や厨川白村の『苦悶の象徴』だが、そこには何が書かれているの？読書会で彼らは何を勉強しているの？今の日本は最高に自由な国。したがって、「菅総理はバカだ！」と公言しても罪に問われることはないし、どんな本を読もうがそれは自由だ。しかし、戒厳令が布かれ、「白色テロ」が横行していた１９６２年当時の台湾では？

本作の原作がゲームであることにはビックリだが、本作を理解するためには、何よりも「白色テロ」を理解する必要がある。また、「読書会」に参加しているのがバレたらどうなるの？それを理解することも不可欠だ。

■□■ダークミステリーとしての面白さは？その評価は？■□■

夏は暑い。そこで、背筋をぞぉっとさせ、冷気を感じさせるには、“怪談モノ”が１番。

そのため、夏の映画には“ホラーもの”、“怪談モノ”が多い。その代表が「お岩さん」が登場する『四谷怪談』（６９年）だが、さて、本作のホラー度は如何に？

私は怖いホラー映画は嫌いだから、基本的には観ない。本作導入部では、ある日、うっかり教室で眠ってしまったレイシンが目を覚ました後、ロウソクの光を頼りに廊下を歩くシークエンスが登場するが、それだけでも映像効果や音響効果もあってかなり怖い。レイシンがなぜそこで後輩のジョンティンと出会うのかはともかく、その後２人が教室で体験するさまざまな出来事は不思議なことだらけで、ダークミステリー色がどんどん強くなっていく。２人が教員室へ駆けつけると部屋は封鎖され、ドアの横に「国家の転覆をはかる地下組織が見つかった」という張り紙があり、チャン先生とイン先生の机が荒らされていたから、さあ大変。そこで、今度は「読書会」の会場として使っていた備品室へ行ってみると、そこでも椅子は壊され、ノートは破られ、誰の姿もなかったから、こちらも大変だ。しかして、これらはすべて夢？それとも現実？

■□■原作の政治色を更に強烈に！その是非は？■□■

日本でも中国でも、“学園ホラーもの”は多いし、ホラーゲームもたくさんある。しかし、「白色テロ」という政治色を強調したゲームは、日本にはもちろん、「返校－Detention－」以前は台湾にもなかっただろう。そんなゲームを映画化するについて、ジョン・スー監督はその政治色を更に強烈にすることを狙ったそうだが、その是非は？本作のヒロインとして登場するレイシンは、台湾の青春映画に数多く登場してくる女優と同じような美少女だが、ダークスリラーたる本作の節目節目に登場してくる“地獄の使者”のような霊（＝巨大な軍人の霊）はかなり異様な姿をしているし、かなり恐い。ジョン・スー監督の説明によると、原作には、伝統的な道教の要素が至る所に存在していたが、その映画化については、政治的な面と歴史的な面に焦点を当てるため、道教の衣装をやめ、登場人物にとってそれが象徴的に恐ろしい姿だということを、顧客が理解しやすいよう、その外見を軍人風の衣装に変えることに決めた、そうだから、その姿はあなたの目でしっかりと。

「読書会」の参加者として逮捕された生徒への拷問、仲間の自白によるチャン先生とイン先生を含む「読書会」メンバーたちの逮捕と処刑。それらのシークエンスは『悲情城市』で観たものと同じだが、本作では“巨大な軍人の霊”が繰り返して呟く「共産党のスパイの告発は国民の責務・・・」のフレーズが耳から離れない。「白色テロ」時代の台湾の実像については、パンフレットにある、若林正丈（早稲田大学台湾研究所顧問）の「台湾が『監獄島』だった頃　映画『返校』時代背景解説」を読めばよくわかる。そんな時代の翠華高校で「読書会」に集う生徒たちは、「自由が罪になる世界で僕らは生きていた」と語っているが、さて、今ドキの台湾の高校生はそれをどの程度理解し、実感できているのだろうか？日本の高校生にとって、それはかなり縁遠い世界で、かつほとんど興味のない世界だと思っている私には、出来の良し悪しは別として、そんな政治色の強い本作が台湾で大ヒットしたことを高く評価したい。

２０２１（令和3）年8月１３日記

第４章
日本が舞台、日本人が主役、日中友好

みどころ

河瀬直美と中国の賈樟柯（ジャ・ジャンクー）がエグゼクティブプロデューサーとなり、２００９年にスタートした“今と未来、奈良と世界を繋ぐ”映画製作プロジェクト、ＮＡＲＡｔｉｖｅが鵬飛（ポン・フェイ）監督を起用した日中合作映画が公開。テーマは“中国残留孤児”。タイトルからは感動のフィナーレが予想されるが、さて現実は？

日本に帰国したまま、消息を絶った陳麗華を捜すべく、義母の陳慧明が一人で来日。奈良に住み、慧明を祖母のように慕っているシャオザー（日本名・清水初美）が麗華捜しの頼りだが、なぜ定年退職した元刑事もその協力を？

俳優はもとより、撮影スタッフも超一流。重いテーマかつ悲しい結末だが、“日中友好の絆”をしっかり感じ取りたい。それにしても、ラストでのテレサ・テンが歌う『グッド・バイ・マイラブ』の登場にビックリ！その意図を、あなたはどう解釈？

——＊——＊——＊——＊——＊——＊——＊——＊——＊——＊——

这是由河濑直美和中国的贾樟柯担当制片人，从2009年开始的一个“连接现在与未来、奈良和世界”的电影制作项目。ＮＡＲＡｔｉｖｅ任命鹏飞为导演的这部中日合作电影正式公开上映。主题是“中国遗留孤儿”。标题预示着一个动人的结尾，但实际上会是吗？

为寻找回到日本后就失去消息的陈丽华，养母陈慧明独自来到了日本。住在奈良的、像祖母一样照顾陈慧明的小泽（日本名字：清水初美）是寻找丽华的依靠，但为什么一个退休的前刑警也来提供帮助？

不仅仅演员，拍摄人员也是超一流的。虽然是一个沉重的主题和一个悲伤的结局，但也请好好感受“日中友谊的纽带”。然而，最后出现了邓丽君演唱的《Good by My Love》还是让我很惊讶！这首歌出现的意义，你会如何解释呢？

■□■日中国交正常化50周年の今、中国残留孤児をテーマに■□■

田中角栄と周恩来の握手に象徴される1972年の日中国交正常化から50年。この50年間に中国の国力（経済力、軍事力）は飛躍的に拡大し、今やかつての“東西冷戦”に代わって“米中対立”がキーワードになっている。台湾問題は今日的に大きなその一つだが、中国残留孤児問題は、日本が“あの戦争”を考えるうえでの一つの大問題。

中国残留孤児とは、第2次世界大戦後、両親と離別して中国に残された日本人孤児のことで、そのほとんどは日本が旧満州国として中国東北部を支配した時の満蒙開拓移民や軍人の子供。その数は数千～数万人とも言われているが、1981年から肉親捜しが始まり、日本人の親が発見できた孤児については順次帰国が進められた。その結果、今では2400人以上が既に帰国しているが、孤児や肉親の高齢化など問題は多い。しかして、ポン・フェイ監督はなぜ、今そんなテーマで本作を？どうやって麗華を捜し出すの？

■□■おばあちゃんが養女捜しのために一人で来日！■□■

本作は、残留孤児だった養女・陳麗華を捜すため、中国黒竜江省に住む養母の陳慧明（ウー・イエンシュー）が一人で日本にやって来るところから始まる。しかし、本作の主役は麗華ではなく、シャオザー（イン・ズー）。シャオザーが関西国際空港まで慧明を迎えに行ったのは、中国に住む残留孤児一世の父を持ち、日本の奈良で暮らしているシャオザーが義母代わりに幼少時の父の面倒を見てくれた慧明を祖母のように慕っていたためだ。

慧明は、成人した麗華を1994年に実の両親のいる日本に帰したが、その後、定期的に麗華からの手紙を受け取っていた。ところが、ここ数年それが途絶えているため、心配になった慧明は麗華を捜すべく、たった一人でシャオザーを頼って奈良にやってきたわけだ。しかし、その手掛かりは麗華の写真と麗華から届いた十数通の手紙だけ。そんな状態で、どうやって麗華を捜し出すの？

■□■鵬飛監督の脚本には3つの欠点が？■□■

本作のパンフレットの冒頭には、ポン・フェイ監督のDirector's Messageがあり、そこには「日本と中国二国の間に生まれた真の家族愛をこの作品を通して描きたいです」と書かれている。本作にそれがたっぷり描かれていることは確かだが、私には本作の脚本には次の3つの欠点があると思わざるを得ない。

その第1は、「麗華の日本名すら分からない」と設定されていること。1994年に日本にいる実父母の元に戻り、以降手紙のやり取りを続けていた麗華の日本名すら分からないとは一体どういうこと？第2は、日本語を全く喋れない慧明がたった一人で日本にやって来てどうするの？ということ。シャオザーが慧明を迎えても、麗華捜しには何の役にも立たないはず。したがって、本作にも登場する中国残留帰国者協会等を頼って調査するのがベストだと思うのだが・・・。

そして第3は、本作の主役の芯になる日本人の吉澤一雄（國村隼）が麗華捜しに参加する動機や理由が全然見出せないこと。居酒屋で働いているシャオザーと偶然知り合っただけの関係の吉澤はなぜ、「実は麗華に会ったことがあると思う」という嘘をついてまで、麗華捜しの旅に参加したの？娘が東京に嫁ぎ、今は奈良で一人暮らしをしている元警察官、というだけの設定では、本作の脚本は不十分なのでは・・・？

■□■バックにはNARAtiveと河瀬直美監督らの力が！■□■

ポン・フェイが本作の監督に抜擢されたのは、「なら国際映画祭」（２０１８年）で監督第２作品目の『ライスフラワーの香り』（１７年）が観客賞に選ばれるという実績を評価されたため。そしてまた、NARAtive のバックには、奈良を舞台に世界的に活躍する河瀬直美監督の力がある。その上、本作には、中国第五世代監督の代表とも言われるジャ・ジャンクー監督が河瀬直美監督と並んでエグゼクティブプロデューサーを務めているから、その威力は大きい。

そんな背景の下で、ポン・フェイ監督は奈良の御所に拠点を構えた上、中国から優秀な撮影スタッフを呼び、本作を演出・撮影したから、本作は全般的に素晴らしい出来になっている。また、本作で主役を務めたウー・イエンシューとイン・ズー、そして國村隼の演技力は素晴らしいし、少しだけの出番だが名優永瀬正敏の存在感も大きい。

「日中国交正常化５０周年」の節目に向けて、日中友好を高める映画を作るなら、中国残留孤児問題は実にいいテーマ。さらに、奈良を舞台にそれを作るなら、河瀬直美監督とNARAtive は心強いバックになる。それは間違いないが、さて本作の出来は？

■□■ラスト近くに見る、車中での会話は？■□■

村上春樹原作の短編『ドライブ・マイ・カー』だけでは映画化に不十分だと考え、作者の了解を得て、『シェエラザード』と『木野』を付け加えた濱口竜介監督の映画『ドライブ・マイ・カー』（２１年）（『シネマ４９』１２頁）は、第９４回アカデミー賞の作品賞、監督賞、脚本賞等４部門にノミネートされたが、これは日本初の快挙。もし、作品賞と監督賞を受賞すればすごい。同作は、“濱口メソッド”による“会話劇”が見ものだが、とりわけ『ドライブ・マイ・カー』というタイトル通り、車中での会話劇が随所でポイントになっている。

本作もそれと同じように（？）、ラスト近くで吉澤が運転する車に慧明とシャオザーを乗せて帰る途中、吉澤の携帯に入ってきた電話を巡って何とも重々しい会話劇が展開していくので、それに注目！麗華捜しの旅で何らの目ぼしい情報も得られない中での帰り道だから、車中に重い空気が漂っていたのは仕方ない。他方、今や車の運転中にかかってきた携帯の声が、車中のマイクから流れるのは常識。したがって、吉澤の携帯にかかってきた電話も、マイクを通して後部座席に座っている慧明とシャオザーに丸聞こえになっていたが、その電話は何を告げるものだったの？さらに、その直後に吉澤は「本当は麗華と会ったことがない」と２人に“告白”したが、それは一体なぜ？

■□■ラストになぜこの曲が！？そのセリフに注目！■□■

私はテレサ・テンの歌が大好きで、中国語の歌詞で歌えるように勉強している。彼女には有名なたくさんのオリジナル曲があるが、それだけではなく“カバー曲”にも名曲が多い。その１つがアン・ルイスが歌って大ヒットした「グッド・バイ・マイ・ラブ」のカバー。この曲は覚えやすく歌いやすい名曲だが、そのポイントは曲の合間に流れるセリフにある。タイトルといかにもピッタリな、少し長いけれども切ないセリフは、同曲を聞いている人々を泣かせる名調子になっている。しかし、本作ラストになぜ突然この曲が鳴り響くの？

それは、麗華捜しのポイントとなる、麗華がおばあちゃんに宛てた手紙の朗読だ。ストーリー展開中には、麗華が「大好きな中国のお母さんへ、私は日本で元気に暮らしています」と書いた最後の手紙をシャオザーが日本語で朗読するシークエンスが数回登場するが、これは曲と曲の合間のセリフとして最適！ポン・フェイ監督はきっとそう考えたに違いない。なるほど、なるほど！

慧明の来日とシャオザーの協力、更には動機が少し不純かもしれない（？）吉澤の協力によっても、結局、麗華は見つからなかったばかりか、逆に悲しい結果が明らかになってしまったが、さて本作ラストに見る風景は？日中国交正常化５０周年を迎えた２０２２年、日中関係は“不太好”。しかし、本作の主人公として登場した３人のような日中友好の絆があちこちで実現すれば・・・？

２０２２（令和４）年2月２２日記

『日本と中国』2263（2022年4月1日）

熱血弁護士

坂和章平

中国映画を語る（61）

（さかわ・しょうへい）1949年愛媛県松山市生まれ、大阪大学法学部卒。都市開発に関わる訴訟を数多く手がけ、日本都市計画学会「石川賞」、同年に日本不動産学会「実務著作賞」を受賞。「坂和的中国電影大観」（2004年）、「ナニワのオッチャン弁護士、映画を斬る！」シリーズをはじめ映画に関する著書多数。（公社）日中友好協会参与、NPO法人大阪府日中友好協会理事。

1972年の日中国交回復から50年。かつての東西冷戦にも似た米中対立が続く中、昨今の日中関係は〝不太好〟。そんな時代状況下、中国残留孤児をテーマに日中合作映画が公開。

舞台は05年の奈良。日本に帰国したまま消息を絶った陳麗華を探すべく、養母の陳慧明が黒竜江省から一人で来日。但し、本作の主人公は麗華ではなく、シャオザー。中国に住む残留孤児一世の父親を持ち奈良で暮らす彼女は義母代わりに幼少時の父の面倒を見てくれた慧明を祖母のように慕っており、日本語はバッチリだ。『再会の奈良（又見奈良）』というタイトルを見れば、ラストは慧明と麗華の感動の再会！ そう思ったが、そこでは突然アン・ルイスのヒット曲をテレサ・テンがカバーした名曲が流れ、セリフ部分は「大好きな中国のお母さんへ、私は日本で元気に過ごしています」と書かれた最後の手紙をシャオザーが朗読するシーンになるのでそれに注目！ なぜ麗華はすぐに発見できないの？ 中国残留帰国者協会に頼めば容易なのでは？ 慧明とシャオザーに協力するのは、警察官を定年退職し一人暮らしをしている吉澤（國村隼）。「麗華に会ったことがあると思う」と嘘をついてまで麗華探しに奔走するのは一体なぜ？

テーマは中国残留孤児！ 麗華を探す3人の旅は？
奈良を舞台に、日中の俳優・スタッフの力を大結集！

美しい奈良の風景が次々と登場する上、芸達者な3人の麗華探しの旅は時にシリアスに時にユーモラスに展開していくから本作は絶妙。永瀬正敏らスポット陣の存在感も抜群だ。他方、『ドライブ・マイ・カー』で見た濱口流の会話劇は一つ一つに重みがあったが、目ぼしい情報がなく重い空気の中で吉澤の携帯に入った情報とは？ 今や携帯の声がマイクから流れるのは常識だが、それならそれで対処法があるのでは？ また、運転席の彼はなぜそこで「本当は麗華と会ったことがない」と告白したの？ そんな不満もあるが、ラストの余韻はしっかり味わいたい。

再会の奈良

全国順次公開中

© 2020 "再会の奈良" Beijing Hengye Herdsman Pictures Co., Ltd, Nara International Film Festival, Xstream Pictures (Beijing)

脚本・監督：ポンフェイ
エグゼクティブプロデューサー：河瀨直美、ジャ・ジャンクー
出演：國村隼、ウー・イエンシュー、イン・ズー、秋山真太郎、永瀬正敏
中題：又見奈良
製作年：2020年／中国、日本／99分
配給：ミモザフィルムズ

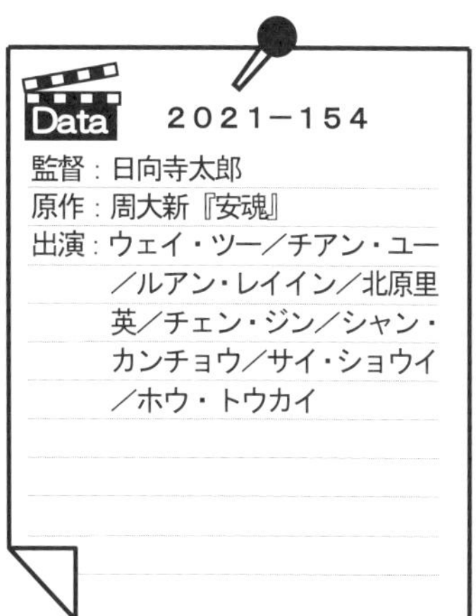

みどころ

ノーベル賞作家・莫言と同世代の中国人作家・周大新の同名の原作が日中国交正常化５０周年の日中合作映画として、日向寺監督の手で映画化！

"安魂"とは魂を安んじることだが、原作者自身を体現した主人公（?）は、突然逝ってしまった最愛の息子の魂を探し求めて、如何なる行動を？"降霊術者"と聞くだけでインチキっぽいが、いやいや、この父親のような"信念の人"こそ、それにハマりそう・・・。

興味深い物語の展開の中で導かれる結末は如何に？奇跡は起きるの？それは、あなた自身の目でしっかりと！

——＊——＊——＊——＊——＊——＊——＊——＊——＊——＊——

原作的作家是与获得诺贝尔奖的作家莫言同一时代的中国人作家周大新，作为中日外交正常化50年中日合作的电影，由日向寺担当导演。

所谓的安魂是指灵魂得到安放。主人公最心爱的儿子突然去世，怎样才能找到儿子的灵魂？向能通灵的人去询问，虽然听起来像是骗局，但对于有像这位父亲一样有信念的人，一定会沉迷于这部电影的。

这么有深度的电影结局究竟会变成什么样？会发生奇迹吗？来亲身感受吧！

——＊——＊——＊——＊——＊——＊——＊——＊——＊——＊——

■□■"中国国家第一級作家"の原作を周大新監督が映画化！■□■

私は中国人で初めてノーベル文学賞を受賞した莫言の小説『赤い高粱』や、それを張芸謀（チャン・イーモウ）監督が映画化した『紅いコーリャン（紅高粱）』（８７年）（『シネマ5』７２頁）等をよく知っていたが、ほぼ同世代の中国人作家・周大新（１９５２年生れ）は全く知らなかった。彼も人民解放軍の軍人で、政府から「中国国家一級作家」に認定されているそうだから、中国は広い。そんな彼の原作『安魂』を、なぜか『火垂るの墓』（０８年）（『シネマ２０』２８０頁）等の日向寺太郎監督が、日中国交正常化５０周年の日中合作映画として映画化することに。

■□■父子の対立と再生の物語！そう思っているとアレレ・・・■□■

父親の唐大道（ウェイ・ツー）は、原作者自身を体現するような有名な作家。社会的な名誉も地位も手に入れた大道は、自ら選んだ道こそが正しいものだと信じて疑わない信念の人（独善的な人？）だった。そのため、一人息子の英健（チアン・ユー）に対する教育も厳格で、今日は、息子が自宅に連れてきた恋人・張爽（ルアン・レイイン）について、「彼女は農村出身だ。お前にはふさわしくない。」と完全拒否！おい、おい、今どき、それはないだろう・・・。

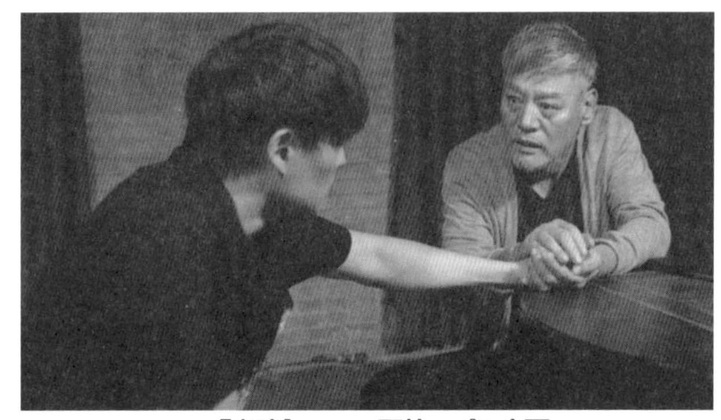

『安魂』　配給：パル企画
1月15日より岩波ホールほか全国順次ロードショー

本作は、そんな父子の対立と再生の物語・・・？そう思っていると、突然、英健が重度の脳腫瘍であることが判明した上、あっけなく死んでしまったからアレレ・・・。本作は一体どんなストーリーに？

■□■安魂とは？そのやり方は？降霊術って本物？■□■

原作も本作も、タイトルは『安魂』これは、日本語では「魂を安んじること」だが、中国語でもそれは同じ。したがって、本作の焦点は、英健の死亡にもかかわらず、英健の魂はまだ自分の近くにいるはずだと信じ込み、キリスト教、イスラム教を含む様々な本を読み漁り、英健の魂を探し求める大道の姿になっていく。

そんな中、大道はある日、英健と瓜二つの若者・劉力宏（チアン・ユー）に出会うと、力宏に息子の姿を重ねることに。その挙句、大道は力宏と彼の父親代わりになっている叔父の劉万山（ジャン・リー）の元を度々訪れることに。"降霊術者"を名乗る万山らの仕事は「魂を呼び戻すこと」だが、それって本当？ひょっとして、そりゃインチキなのでは？

■□■女優・北原里英の挑戦とその中国語に注目！■□■

私は昔から女性アイドルが大好きだが、AKB４８を卒業し女優として大成長したのが、初代センターを務めた大島優子と、それに続いて『もらとりあむタマ子』（１３年）（『シネマ３２』１２５頁）で主演した前田敦子だ。しかして、本作には、２０１８年にAKB４８を卒業した後、舞台、ドラマ、映画に挑戦している北原里英が、爽の友人になる日本人留学生・星崎沙紀役で登場し、全編中国語のセリフに挑戦しているのでそれに注目！

傷心の爽と偶然知り合っただけの沙紀が、本作のような重要な役割を果たしていく脚本には少し違和感があるが、彼女の汉语は私でも十分聞き取れるのでうれしい。しかし、沙紀の意見を聞くまでもなく、誰がどう見ても力宏と万山の「安魂商売」はインチキだとわかるはずだ。しかるに、なぜ大道は次々と大枚を注ぎ込んで“安魂”にのめりこんでいくの？本作はそこらあたりの展開がキモだが、妻・胡瑞英（チェン・ジン）の忠告をあくまで無視し続ける大道の姿に、私はアレレ・・・。

■□■安魂商売のインチキ性とは本作に見る奇跡は？■□■

中国語の「骗（ピエン）」は「騙す」という意味で、「诈骗（ジャー・ピエン）」は日本語の詐欺と同じだ。しかして、力宏や万山がやっている“安魂商売”は、きっと詐欺！そう確信している大道の妻・瑞英は、恐る恐る大道の後について安魂の現場（？）に臨んだが、そのインチキ性は如何に？

『安魂』　　　配給：パル企画
1月15日より岩波ホールほか全国順次ロードショー
©2021「安魂」製作委員会

作家・周大新が『安魂』というタイトルの小説を書いたのは、どうしても息子の死を受け入れることができない父親と、死んでしまった息子との間で、親子とは？死とは？魂とは？生命の繋がりとは？そんな根源的な問いを突き詰めるためだ。したがって、そんな物語の結末が「詐欺師、逮捕！」で終わるはずはない。

本作の公式パンフレットでは、「しかし、息子にもう一度会いたいと願う強い気持ちは一つの奇跡を起こすことに。」と書いている。さあ、そんな本作の結末は如何に？それは、あなた自身の目でしっかりと！

２０２１（令和3）年１１月１０日記

『日本と中国』２２６０（２０２２年１月１日）

熱血弁護士
坂和章平
中国映画を語る〈58〉

（さかわ・しょうへい）
１９４９年愛媛県松山市生まれ、大阪大学法学部卒。都市開発に関わる訴訟を数多く手がけ、日本都市計画学会「石川賞」、同年に日本不動産学会「実務著作賞」を受賞。『坂和的中国電影大観』（２００４年）、『ナニワのオッチャン弁護士、映画を斬る！』シリーズをはじめ映画に関する著書多数。（公社）日中友好協会参与、NPO法人大阪府日中友好協会理事。

失った時間を、誰と生きる？
日中国交正常化 50 周年に日中合作で描かれる、心の再生の物語

『火垂るの墓』『こどもしょくどう』の日向寺太郎監督と、ベテラン脚本家・冨川元文の御両人が初タッグを組んだ日中合作映画が登場した。

本作はベルリン国際映画祭金熊賞を受賞した『香魂女ー湖に生きる』（シェ・フェイ監督）の原作者でもある周大新（チョウ・ターシン）の同名原作を映画化したもの。原作は、一人っ子政策の渦中に生まれた一人息子を若くして亡くした周氏自身の、息子との魂の交流を綴った体験を元にした物語だ。

原作のテーマとなる「大切な人に先立たれた人々の心の再生」に冨川氏が大胆なアレンジを加え、息子と瓜二つの青年との出会いを通して、主人公の父親とその家族が生きていく力を取り戻していく姿を感動的に描いている。わが子に先立たれた喪失感と後悔の念を抱え、息子が生きた証を探し求める父親が見つけたものとは…？

主人公は社会的名誉も地位も手に入れた作家の唐大道。彼は自ら選んだ道こそが最も正しい道だと信じて疑わない独善的な人間。それは、愛する息子・英健に対しても同じで、恋人の張爽が〝農村出身〟という理由だけで息子の幸せにならないと断定し、強引に別れさせていた。しかし、その絶対的な信念は、「父さんが好きなのは、自分の心の中の僕なんだ」という言葉を遺して英健が29歳の若さでこの世を去ると崩壊してしまうことに。

息子はどんな生き方を望んでいたのか？まだ近くにいるはずだと様々な本を読みあさり息子の魂を探す中、英健と瓜二つの劉力宏と出逢い、息子の姿を重ね度々彼のもとを訪れる大道。妻の瑞英は大道を制止するが、彼と会うことを止めることはできなかった。夫の誤った信念と暴走は如何に？張爽と日本人女子留学生との間で展開する意外な心の交流にも注目しながら、息子にもう一度会いたいと願う強い気持ちが最後に生み出す〝ある奇跡〟をしっかり見極めたい。

監督：日向寺太郎　原作：周大新
脚本：冨川元文
出演：ウェイ・ツー、チアン・ユー、ルアン・レイイン、北原里英、チェン・ジン
製作年：2021年中国・日本　108分
配給：パル企画
1月15日より岩波ホールほか全国順次ロードショー

Data

監督・脚本・編集：近浦啓

出演：ルー・ユーライ／藤竜也／赤坂沙世／松本紀保／バオ・リンユ／シェ・リ／ヨン・ジョン／塚原大助／浜谷康幸／石田佳央／堺小春／占部房子

みどころ

ヨーロッパほど深刻ではないが、日本でも移民問題はある。身近には、外国人とりわけ中国人の違法滞在、違法就労問題だ。今、チェン・リャンは頑固な店主の下で蕎麦打ち職人を目指していたが、その実態は？

店の承継問題に悩む店主が、バカ息子とは大違いの誠実な中国の若者に期待したのは当然。孤独な若者もそれに応える中、スクリーン上では厳しい修行の中にも温かい父子の愛情が！

しかし、ある日・・・？コンプリシティとは？優しい共犯とは？マンガのようなゴーン被告の逃走劇を現実に見た今、おいおい、こんな結末でいいの！？

——＊——＊——＊——＊——＊——＊——＊——＊——＊——＊——

■□■テーマは？ストーリーは？違法就労問題は？■□■

チラシによると、本作は「技能実習の職場から逃亡、他人になりすまして働きにきた中国人青年と、彼を受け入れる孤独な蕎麦職人。嘘の上に絆を強める二人を待つものとは——？その決断に心震えるヒューマンサスペンス。」とされている。そして、「この嘘だけは守りたかった」の見出しが躍っている。

また、チラシによれば、「この決断をあなたは許せるだろうか？」と題された本作のストーリーは次のとおりだ。

> 技能実習生として来日するも、劣悪な職場環境から逃げ出し、不法滞在者となってしまった中国人青年チェン・リャン（ルー・ユーライ）。彼は他人になりすまし、蕎麦屋で働き口を見つける。口数が少なく不器用な蕎麦屋の主人・弘（藤竜也）は、実の息子との関係も悪くどこか心に孤独を抱えていた。厳しくも温かい弘の背中に父を重ねるチェン・リャンと、彼

の嘘をつゆ知らず情を深めていく弘——２人はまるで親子のような関係を築いていく。しかしはかない嘘の上に築いた幸せは長く続かず、チェン・リャンを追う警察の手が迫り、すべてを清算する日がやってくる。その時、二人はお互いのためにある決断をする——

島国の日本では、ヨーロッパほど大量の移民問題や難民問題そして違法な移民問題は深刻ではない。しかし、技能実習生として日本にやってきた外国人、とりわけ中国人の違法就労問題や不法滞在問題はあちこちで起きている。そんな時代状況の中、そんなテーマに切り込んだ本作のチャレンジはすばらしい。その結果、チラシには「世界の映画祭を席捲した、圧巻の長編デビュー作」の見出しが躍っているが、どうやら受賞は東京フィルメックス観客賞受賞だけのようだ。しかし、その狙いと出来栄えに私は興味津々！

■□■タイトルの意味は？優しい共犯者ならＯＫ？■□■

本作の原題は『Cheng Liang』、そして英題は『Complicity』だが、邦題には、『コンプリシティ』の後に「優しい共犯」というサブタイトルが付いている。それは一体なぜ？また、コンプリシティとは、共犯、共謀、連座の意味だが、私を含めて大学までの英語教育を受けた者のうち、どれぐらいがその単語の意味がわかるのだろうか？

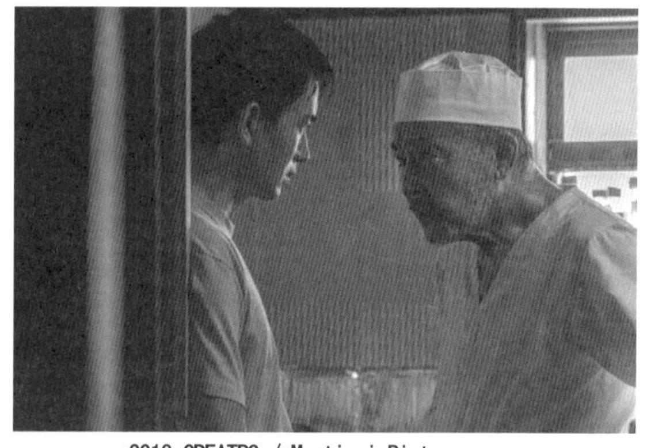

©2018 CREATPS / Mystigri Pictures

本作公開直後の１月２０日付読売新聞には、「偽装留学仲介で処分」「甘い誘惑で高額手数料　留学ベトナム人借金背負い不法滞在」の見出しが、１月２１日付読売新聞には「日本語試験替え玉横行」「ベトナム『人民証明書』に別人写真」の見出しが躍ったが、この記事のような「偽装留学問題」や外国人の「違法就学問題」は日本国にとって重大な社会問題であり、違法行為だ。それなのに、近浦啓監督が『Complicity』と題する映画を作り、しかも、そこに「優しい」と形容詞をつけていいの？

後述のように、ゴーン被告の国外逃亡は「出入国管理及び難民認定法」第２５条違反の罪だし、それを手助けしたとされる米国籍の３人の男はその共犯者になるはず。それと同じように、中国から技能実習生としてやってきたチェンが、本作冒頭に窃盗犯として実行行為に加担した後、今は蕎麦屋を営む弘の下で名前を偽り蕎麦打ち職人を目指して働いているのは、明らかに違法就労の罪に該当するはずだ。したがって、もし弘がそれを手伝っていれば、弘も明らかに共犯だから、いくら「優しい共犯者」でも、それはやっぱりダメなのでは！

■□■ゴーン被告の国外逃亡とその共犯をどう考える？■□■

２０２０年のお正月には、「保釈中のゴーン被告が日本からレバノンに逃亡！」のニュースに日本中がびっくり！ゴーン被告は保釈中だったから「裁判の執行により拘禁された既決又は未決の者が逃走したときは」と規定する刑法第９７条の「逃走の罪」には該当しない。しかし、「本邦外の地域に赴く意図をもつて出国しようとする外国人（乗員を除く。次条において同じ。）は、その者が出国する出入国港において、法務省令で定める手続により、入国審査官から出国の確認を受けなければならない。」（１項）、「前項の外国人は、出国の確認を受けなければ出国してはならない。」（２項）と定める「出入国管理及び難民認定法」第２５条違反の罪に該当することは明らかだ。ゴーンの刑事弁護人だった弘中惇一郎弁護士と高野隆弁護士は現在懲戒申立を受けているが、ゴーンが東京から新幹線に乗って関西国際空港に行き、同空港からレバノンへ逃亡するについての「謀議」は弘中弁護士の事務所で行っていたらしい。もちろん、その席に弘中弁護士も高野弁護士も同席していないから、彼らが「出入国管理及び難民認定法」第２５条違反の罪の共犯に問われる可能性は低い。しかし、もし、弘中・高野両弁護士がその逃亡を手助けしていれば、彼らは同罪の共犯になる。そして、現実にその逃亡を手助けした米国籍の３人の男が同罪の共犯に該当することは明らかだ。高野弁護士がブログに「日本の司法とそれを取り巻く環境を考えると、この密出国を『暴挙』『裏切り』『犯罪』と言って全否定することはできない」と記載したことは、「違法行為の肯定とみなされかねない発言で、弁護士全体の信用に関わる」と批判されているが、さて懲戒申立の行方は？

そんな大問題が噴出している中、本作におけるチェンの違法就労の罪と、それを手助けする（？）弘の「優しい共犯」を、どう考えればいいの？

■□■店主はなぜ協力を？バカ息子よりよほど愛情が！？■□■

本作で弘役を演じた藤竜也は、かつて『愛のコリーダ』（76 年）で吉蔵役を演じた新進気鋭の俳優だった。それが４４年を経た今では、息子から「いつまで蕎麦屋を続けるの？」と詰問（？）され、「それは俺が決める！」と言い返す頑固（親父）ぶりがよく似合う俳優になっている。その頑固なまでに一徹な生き方を私は大好きだし、出来の悪い息子に代わってチェンに対してホントの息子のような愛情を感じる姿を私は十分理解・共感できる。

私の友人に蕎麦打ちを趣味としている人がいた。そんな友人がいると便利なもので、事務所で開いた天神祭パーティーに「蕎麦打ち職人」として来てもらった彼は、朝からラストまで大奮闘！出来立てのおいしい蕎麦は最高だった。彼の話では、蕎麦打ちをマスターするのはかなり難しいはずだが、本作では弘が一方で息子のように可愛がりながら、他方で厳しく仕込んでいくチェンの蕎麦打ちの技量はメキメキと上達していくので、それに注目！このまま順調にいけば、店の承継問題がクリアするばかりか、一緒に北京で日本蕎麦の店を開く新たな夢の実現も・・・？そんな風に弘とチェンの関係が急速に親密になっていく本作後半の展開はほのぼのとした温かみがあるし、藤竜也の芸達者ぶりもあって説得力も十分だ。しかし、ある日遂に店までやって来た刑事が、店の外で対応したチェンに対し弘の出頭を求めると・・・？本作ではそこからが大問題で、法治国家である日本の一国民として守るべき法的義務は守らなければならないのでは？

その点について、新聞紙評では、例えば山根貞男氏（映画評論家）は、見出しを「食が結ぶ店主と青年の心」としたうえ、「祖母と蕎麦屋の店主が、心ある一徹さという点で好一対をなす。」「彼は、店主は、どう対処するのか。見ていて胸が締め付けられる。」と書き、店主と青年の心に寄り添っている。しかし、ホントにそれでいいの？弁護士の私に言わせれば、少なくともチェンが違法就労の外国人らしきことがわかり、警察がそれを追及しようとしていることがわかった時点で方向を是正し、警察に協力すべきが当然では？また、少なくともチェンを雇い入れるについて、パスポートのチェックをきっちりすることは、外国人を雇用する人間として最低限の義務なのでは？

■□■葉月との恋は？テレサ・テンの名曲は？■□■

本作は、弘とチェンとの実の父子の情愛にも似た（いやそれ以上の）心の交流をテーマにした問題提起作。しかし、それだけでは固すぎて若者受けには不十分と考えた（？）近浦啓監督は、本作中盤にチェンと画家を志す美大生・中西葉月（赤坂沙世）との淡い恋模様を挿入した。２人の出会いは、チェンが出前の蕎麦を、自分のデッサン室で創作に励む葉月の元に届けたこと。普通はそれだけで男女の交流や恋模様が生まれることはあり得ないが、本作では、たまたま葉月が北京に留学するべく中国語の勉強をしていたこともあって、積極的にチェンに話しかけたことで接点が生まれ、それが次第に恋模様に進展していくことに。もっとも、極めて不安定な身分であるため生きていくだけで精一杯のチェンにとって、葉月との恋模様をいかに進めていくかまで頭が回らないのは当然。したがって、２人の恋が空回り（葉月からの一方通行）になるのはミエミエだ。そのうえ、私がこの展開を見て不思議に思ったのは、葉月の周りにはまともな日本人のボーイフレンドが１人も

いないこと。これは、弘が自分のバカ息子に見切りをつけたのと同じように、葉月の周りの日本人の美大生もバカばっかりだったため？そう考えると、その面からもこの国の未来にかなり心配が・・・。

それはともかく、私が本作に親しみを覚えたのは、チェンと葉月との交流のきっかけに、テレサ・テンの名曲『我只在乎你』が使われたこと。これは『時の流れに身をまかせ』のタイトルで日本でも大ヒットした名曲だが、中国でも大ヒットしたため、私が『月亮代表我的心』に続いて中国語の勉強を兼ねてマスターした曲だ。デート中の２人（？）の間にこの曲が流れ、葉月が「あ、私この曲知ってる」と言った途端にチェンがそれを中国語で歌い始め、「中国人なら誰でも知ってるよ」と返したところから、それまで２人の間にあった垣根が一気に取り払われてしまったから歌の力は大したものだ。そんなこんなで始まったチェンと葉月の恋模様は、葉月が北京に留学した後もしっかり継続できるの？

■□■日本で活躍する中国人の目からは？■□■

私は中国語の新聞『関西華文時報』を読んでいるが、そこには林港人氏が書く「華流百花繚乱」があり、その第２２回では本作を取り上げている。そして、その中で、「普段、映画評論家であると同時に不動産事業に携わり、また、自身もマンションを経営している」彼は、まず「もし、私が経営するマンションに不法滞在者がいたら、そりゃもう大変なことになる！」「そんなものは『国籍の壁を越えた美しい心の交流』どころか、私は不法滞在している外国人を匿っていることになるので、日本の法を犯し、犯罪に加担していることになるのだから、とんでもないことなのだ！」と書いている。

そして、その上で、本作が犯罪を美化していることを弾劾し、「だから、この作品のように美談にしてはならないのだと強く断じたい！本作を観て感動したと言うのなら物事の本質を見誤っていることになる。」と結論づけている。私は、この評論（批判）に大賛成だ。

■□■共犯を越え犯人蔵匿罪に！こんな結末でいいの？■□■

今は弘に代わって厨房で蕎麦打ち作業を行っているチェンの周りには当然包丁もある。そこで弘は、店の前までやってきた刑事に対して、「蕎麦打ち作業が終われば連れてくるので、しばらく客席に座って待っていてくれ」と申し入れたが、その裏でチェンに対して「出前にいけ」と命じたからアレレ。しかもその肩には店の売上金を入れたバッグをかけてやったから、これでは口で言わないまでも「逃亡しろ」の意思表示がミエミエだ。

前述のように、ゴーンの国外逃亡に協力していない弘中・高野両弁護士は、「出入国管理及び難民認定法」第２５条違反の罪の共犯に問われることはないだろうが、この弘の行動は、明らかにチェンの不法滞在の共犯を越えて、刑法第１０３条の犯人蔵匿の正犯に該当するはずだ。おいおい、本作はホントにこんな結末でいいの？

２０２０（令和2）年2月７日記

みどころ

渡辺謙がジュリアン・ムーアと共演してハリウッド進出なら、役所広司は張静初（チャン・ジンチュー）と共演して中国へ！「ヒマラヤ・サミット」が開催される中、彼がヒマラヤ救助隊の隊長として山頂近くのデスゾーンで挑む過酷な任務とは？

『ジョン・ウィック』シリーズにおける、ガン・フー、カー・フー、馬・フー等を含めアクションは多種多様だが、「ヒマラヤ・アクション」は史上初！しかし、あの高さ、あの雪と氷の中でホントに拳銃をぶっ放していいの？また、あの気象条件の中で峰の合い間にヘリを飛ばしても大丈夫なの？そんな心配の中、どんなストーリー、どんなアクションが？

もっとも、私の最大の注目は久しぶりにみる第２の章子怡（チャン・ツィイー）と言われた美人女優チャン・ジンチュー だったが、アレレ・・・。

——＊——＊——＊——＊——＊——＊——＊——＊——＊——＊——

■□■渡辺謙がハリウッドなら、役所広司は中国で！■□■

本作と同じ日に観た『ベル・カント　とらわれのアリア』(17年) の話題が、日本が誇るハリウッドスター渡辺謙とハリウッドの大女優ジュリアン・ムーアとの共演なら、本作は日本映画を代表する名優・役所広司と、章子怡（チャン・ツィイー）に続いてハリウッド進出を果たした中国の名女優・張静初（チャン・ジンチュー）との共演が話題。さらに、本作は香港からハリウッドに進出して、『レッドクリフＰａｅｔＩ』(08年)（『シネマ34』73頁)、『レッドクリフＰａｒｔⅡ』(09年)（『シネマ34』79頁）等のヒット作を多数手がけたプロデューサーである張家振（テレンス・チャン）の製作だから、台湾の林柏宏（リン・ボーホン）も共演しているうえ、カナダからの出演陣も多く、国際色豊かなことも話題だ。さらに、本作は何と自分自身がモンブランやエベレストに登頂している登山家であるとともに、ゲーム会社Gameloft社の元中国グローバル副総裁という経歴を持つ中国の余非（ユー・フェイ）の初監督作品というから、ビックリ。

エベレストにまつわる物語と映画はたくさんある。近時私が観たものだけでも、『エベレスト　３D』（15年）（『シネマ37』82頁）、『エヴェレスト　神々の山嶺』（16年）（『シネマ37』86頁）、『フリーソロ』（18年）（『シネマ45』未掲載）等がある。それらを含め、彼はパンフレットにある「ユー・フェイ監督に影響を与えたエベレストにまつわる実話」に書かれている通りの「心境」で、「史上空前のスケールと映像美で贈るスペクタクル・エンターテイメント」たる本作を完成させたわけだ。

ちなみに、本作は中国歴代最高の興行収入約１０００億円（５６億元）を達成した映画『戦狼２　ウルフ・オブ・ウォー２』（17年）（『シネマ41』136頁）の製作会社である「春秋時代」とテレンス・チャンがタッグを組んだもの。本作は、中国・日本映画だが、原題を『Wings Over Everest』、中国題を『冰峰暴』としているから、最初から中国・日本市場以上にハリウッド市場を意識したものだ。製作費を日本がいくら負担したのかは知らないが、本作で役所広司演じる民間のヒマラヤ救助隊である「チーム・ウィングス」の隊長で、「ヒマラヤの鬼」と呼ばれる男・姜月晟（ジアン・ユエシュン）は日本人ではなく、「日系人」とされているのもミソ。私には、これはグローバル化が進んだ今の世界状況下では純粋な「日本人」では通用しないと言われているようなものと読めたが、さて・・・。

■□■ヒマラヤ・サミットでの「ヒマラヤ公約」の締結は？■□■

トランプ大統領は「パリ協定」をいとも簡単に離脱してしまった。「パリ協定」は長い間の苦労の積み重ねの上で、やっと２０１５年に１９６ヶ国が締結した「気候変動抑制に関する多国間の国際的な協定（合意）」。しかし、排出量削減目標の策定義務化や進捗の調査など一部は法的拘束力があるものの、罰則規定はない。その枠組みは、途上国を含むすべての参加国に排出削減の努力を求めると言うものだが、そこでは、いわゆる「先進国」と「後進国」で負担に差があるのが特徴。そのため、「米国第一」を掲げるトランプ大統領の主張は「地球温暖化という概念は、アメリカの製造業の競争心を削ぐために中国によって中国のためにつくりだされた」ということになるわけだ。他方、２００８年には北海道の洞爺湖で洞爺湖サミットが開催された。そのため、それが開催されたザ・ウィンザーホテル洞爺リゾート＆スパはその後有名になり、多くの観光客を集めた。私も２０１３年9月の北海道旅行でそのサミット会場を見学したが、それは立派なものだった。

それと同じように（?）、今ネパールのカトマンズでは、ヒマラヤ地域の平和のための「ヒマラヤ公約」を締結するべく多数の国の首脳が集まっていた。しかし、その水面下では「パリ協定」の締結を巡って紛糾したのと同じように、関係各国の利害が対立していた。しかして、その論点は？関係各国の主張は？

その点を追求すれば政治的テーマを含む社会問題提起作になるが、本作はその追求は一切せず、ある１つのテーマのみに特化している。それは、エベレスト山頂付近に眠る、平和のカギを握るという機密文書だ。なるほど、なるほど・・・。

■□■張静初はもっと美人だったはず？年齢の配慮は？■□■

私が、中国福建省出身の美人女優チャン・ジンチューを見たのは、『孔雀　我が家の風景』

(05年)(『シネマ17』176頁)と『SEVEN SWORDS セブンソード(七剣)』(05年)(『シネマ17』114頁)を観た時。美人女優チャン・ジンチューの印象はそこで詳しく書いているが、そこで私は「中国では第2の章子怡、ポスト章子怡と呼ばれる女優が多いが、彼女もその呼び声が高い女優の1人。今後も次々と出演作が控えているとのことだから、注目しなければ・・・。」と書いた(『シネマ17』177頁)。2005年のベルリン国際映画祭で銀熊賞を受賞した『孔雀　我が家の風景』で一躍脚光を浴びたチャン・ジンチューは、その後『唐山大地震』(10年)での大ヒットを受けて、ハリウッドに進出し『ラッシュアワー3』(07年)や『ミッション・インポッシブル』(15年)に出演している。チャン・ジンチューが目標としているチャン・ツィイーは2019年の第32回東京国際映画祭で審査委員長を務める等、映画人としての国際的な役割を果たしつつ、女優業もしっかり続け、美しい顔とスタイルを保ち続けている。しかし、本作に見るチャン・ジンチューは?

命がけでエベレスト登頂に臨む山男やヒマラヤ救助チームであるチーム・ウィングスの面々が、日焼けや雪焼けを気にしたのでは仕事にならない。それは当然だが、やっぱり女優は美しいお肌の顔を保たなければ・・・。誰もがそう思うが、チーム・ウィングスに参加し、すぐに危険な任務に挑んでいる小袋子(シャオタイズ)(チャン・ジンチュー)が、お肌の美容までケアできないのは仕方ない。したがって、本作冒頭に見る女優チャン・ジンチューの美人度は?男しか入れないチーム・ウィングスに例外としてシャオタイズが入れたのは、きっとジアン隊長が同じ登山家として自分の夢を求めていた亡き娘の面影を彼女に重ねたため・・・?本作はそんなストーリーだから、シャオタイズの正確な年齢は設定されていないが、せいぜい20歳を少し過ぎたくらい。チーム・ウィングスで1番若い救助ヘリのパイロットである韓敏勝(ハン・ミンシャン)(林柏宏(リン・ボーホン))と恋に落ちるストーリーが釣り合うためには、彼より若い方がベターだが・・・。あまり女優の年齢のことを書くと怒られるのでこれ以上は控えるが、1980年生まれのチャン・ジンチューを本作で役所広司と共演させ、リン・ボーホンと恋人関係にさせたのは、ちょっと無理があったのでは・・・?

■□■依頼者は厳選を!カネにつられると?■□■

『ベル・カント　とらわれのアリア』でも、ソプラノ歌手ロクシーヌ・コスが危険の多い南米の某国の私的コンサートに出演したのは、結局「カネのため」だった。それと同じように本作でも、ジアン隊長がインドの特別捜査官と名乗るヴィクター・ホーク(ビクター・ウェブスター)とその弟マーカス・ホーク(グラハム・シールズ)からの、エベレスト山頂の通称「デスゾーン」に墜落した1機の飛行機から平和のカギを握る重要機密文書を探し出すという依頼を受けたのは、結局カネのため。ヴィクターの話では、「その文書は国家間の戦争を引き起こす可能性があるため、65時間後、カトマンズで開かれるサミットの前に文書を取り戻したい」という話だった。ジアン隊長はこの依頼には何か裏があるのではないかと感じていたが、結局カネの力に負けてしまったらしい。もっとも、用心深いジアン隊長は、オフィスにいるタシ（プブツニン）と連絡を取りながら依頼された任務に挑むとともに、ヴィクターとマーカス兄弟に対しては、「もし天候が悪化したら即中止する」等の条件を呑ませていた。

しかし、弁護士の私に言わせれば、それは単なる口約束だし、ヒマラヤの山頂でそんなことを主張して言い争っても何の意味もないはずだ。弁護士の仕事も依頼者との信頼関係が大切で、それが築けないにもかかわらず多額の報酬につられて働くとロクな結果にならないことが多い。もちろん、百戦錬磨のジアン隊長もそんなことは百も承知だが、本件依頼を受ければチーム・ウィングスの財政難を一気に解消できると言われると、ついその誘惑に・・・。

「オーバー・エベレスト　陰謀の氷壁」
Blu-ray￥4,800+税　DVD￥3,800+税
2020年4月22日発売　発売元：バップ
©Mirage Ltd.

■□■ヒマラヤ・アクションの是非をどう考える？■□■

本作をプロデュースしたテレンス・チャンは１９４９年生まれだから、私と同じ年齢。そんな彼の実績はすばらしいもので、香港では『狼／男たちの挽歌・最終章』（89年）、ハリウッドでは『Ｍ：Ｉ－２』（00年）や『レッドクリフＰａｅｔⅠ』『レッドクリフＰａｒｔⅡ』等を手掛けている。近時のハリウッドのアクションは『ジョン・ウィック』シリーズにおけるキアヌ・リーブスのガン・フー、カー・フー、ナイ・フー、馬・フー、犬・フーが面白いが、本作では世界初の「ヒマラヤ・アクション」に注目！

前述のようにエベレスト登頂を目指す映画は多いが、それらはすべて真剣そのもので、それぞれ命がけで自分の夢に挑戦している。もちろん、本作の「ヒマラヤ・アクション」も真剣で命がけだが、標高８７００ｍ地点のデスゾーンで墜落した飛行機の残骸のあるところまでやっと登ったにもかかわらず、そんなところで命がけのアクションをド派手に展開するのはチョー異例。そのエネルギー消費量を考えれば、それはかなり非現実的・・・？私はそう思うのだが、すでに還暦を過ぎた役所広司をはじめ、本作では全出演者がそんなヒマラヤ・アクションに初挑戦！

本作のパンフレットには、斎藤綾子氏（作家）の「息せき切る展開の連続に、鑑賞後は走り回ったかのような爽快感」と題するレビューがあるが、あなたはヒマラヤ・アクションの是非を如何に？そこに書かれているのと同じような「爽快感」を感じることができる？私は、標高８７００ｍ地点でのヘリの操縦や拳銃の発射はもちろん、ザイルを振り回しながらの殺し合いも厳禁とし、ヒマラヤ・アクションは封じ込めたいと思ったが・・・。

２０１９（令和元）年１１月２５日記

みどころ

私は、『キムチを売る女』（０５年）しか知らなかったが、中国朝鮮族３世のチャン・リュル（張律）監督の活躍は、その後も続いているらしい。

福岡の柳川が“日本のベニス”と呼ばれていることは私も知っていたが、なぜ彼はそんな柳川を舞台に、またそれをタイトルに、本作を作ったの？それは、『漫长的告白』という原題を考えれば、よくわかる。

北京に住む、性格が正反対の兄弟が、なぜ同じ女性リウ・チュアンを愛したの？彼女は、なぜ突然姿を消したの？なぜ今、柳川に住んでいるの？

韓国のホン・サンス監督の会話劇も面白いが、本作のさまざまな会話劇も面白い。しかして、末期癌の告知から始まる、本作の“長い告白”とは？その内容と味わいは、あなた自身の目でしっかりと！

——＊——＊——＊——＊——＊——＊——＊——＊——＊——＊——

■□■監督は張律、主演女優は倪妮。こりゃ必見！■□■

『柳川』と題された本作のチラシを見ても私には、本作が中国映画だとわからなかった。しかし、本作はれっきとした中国映画だ。そして、本作の監督・脚本が『キムチを売る女』（０５年）（『シネマ１７』４５５頁）で私に強烈な印象を残した中国朝鮮族３世の張律（チャン・リュル）監督だと知り、さらに、本作の主演女優が張芸謀（チャン・イーモウ）監督の『金陵十三釵』（１１年）（『シネマ３４』１３２頁）で強烈な印象を残した、倪妮（ニー・ニー）であることを知ると、こりゃ必見！

さらに、ビックリしたのは、本作に若手を代表する俳優、池松壮亮と、『君よ憤怒の河を渉れ』（７６年）（『シネマ１８』１００頁）で、中国でも有名な女優、中野良子が出演していることだ。なぜ中国映画にこんな日中のスターが共演しているの？しかもそのタイトルが『柳川』（やながわ）なの？

■□■日本の柳川（やながわ）＝汉語の柳川（リウチュアン）■□■

本作の舞台は、日本のベニスと呼ばれる福岡の柳川。これは、日本語で読めば“やながわ”だが、中国語では“リウチュアン”だ。本作の冒頭、中年になり、自分が不治の病であることを知ったドン（チャン・ルーイー／張魯一）は、長年疎遠になっていた兄チュン（シン・バイチン／辛柏青）を、日本の柳川の旅に誘う。それは、柳川が、北京語では“リウチュアン”と読み、２人が青春時代に愛した女性リウ・チュアン（ニー・ニー／倪妮）と同じだったから・・・。そんなくだらない（?）ゴロ合わせから始まる物語は一見バカバカしいようだが、何の何の！そんなストーリーは、かなり面白そう！

■□■兄の恋人チュアンはなぜ消えたの？なぜ柳川に？■□■

冒頭の舞台は北京。ゼロコロナ政策が急転換した今、北京でも爆発的に感染が広がっているから、北京の病院が日本のニュース番組に登場するケースも多い。しかして今、病院から出てきたドンの表情は陰鬱そのもの。そんな彼の口から語られる言葉とは?

続いて登場してくるのは、ドンと兄チュンとの対話劇。２人で店のカウンター席に隣り合わせで座る中で、ドンがチュンに対して、決して饒舌ではないが、はっきり一緒に日本の柳川に行こうと誘っていることは明らかだ。しかし、なぜ末期癌の告知を受けたばかりのドンが、約２０年前に兄の恋人だったリウ・チュアンが住んでいるという福岡県の柳川を訪れようという気になったの？このドンとチュンの兄弟は、陽のチュンに対して、陰のドンと、性格が正反対だということがよくわかる。２人の会話を聞いていると、かつて北京に住んでいたチュアンはチュンの恋人としてそれなりにうまくいっていたようだが、なぜかある日、何も告げないまま姿を消してしまったらしい。それは一体なぜ?そして、彼女は今なぜ日本の柳川に住んでいるの？さらになぜドンはそれを知っているの？そして何よりも、今なぜドンはチュンとともにチュアンが住んでいる柳川に行こうとしているの?

■□■風景に注目！宿にも注目！宿には第三の男も？■□■

大阪の道頓堀を訪れる中国人の観光ツアーは、買い物目当てのド派手な“ご一行様”が多い。しかし、本作に見る中年男２人の柳川訪問は、それとは正反対の静かなものだ。宿はドンが手配したらしいが、それは独身男の中山大樹（池松壮亮）が自宅の一部を宿（民宿?）として使っている珍しいものだ。ドンはどうやってこんな宿を見つけたの？それはともかく、本作ではまず暖かい“こたつ舟”による“柳川の川下り”の風情をドン、チュン兄弟と共に味わいたい。愛媛県の松山市で生まれ育った私は、道後温泉をはじめとする故郷の観光名所をよく知っているが、約1時間かけて船頭さんが案内してくれる柳川の川下りも一度は行ってみたいものだ。北京育ちのチュンが喜んだのは当然だろう。

そんな観光を終えた後の２人のお目当てはもちろん、リウ・チュアンが歌っているというバーの訪問。遠くの席に座ってチュアンが歌う姿を見ながら「俺たちのことに気づくかな?」と話していると、歌い終えたチュアンが、まっすぐ２人の席に向かって来たからすごい。さあ、そこから３人の間でどんな会話が・・・？

本作では場所やシチュエーションを様々に変えながら展開していく２～３人の会話劇が最大のポイント（面白さ）だが、宿に帰ってみると、チュアンも中山の宿（家？）に住んでいるようだから、アレレ。こりゃ、一体どうなってるの？チャンの見立てでは、中山もチュアンに気がありそうということだが、その真偽は？チャン・リュル監督の映画の特徴はパンフに詳しく解説されているが、本作を見れば、節度を持った会話劇の巧妙さにあることがよくわかる。"会話劇"ばかりで２６作も作り続けている韓国のホン・サンス監督作品の会話劇も面白いが、本作ではチュアンを巡る"第三の男"として登場する中山を含めた３人の男たちと、チュアンとの間で展開される様々な会話劇を存分に味わいたい。

■□■チュアンの魅力は？お気軽な女？魔性の女？いやいや■□■

私が高校時代にたくさん見てきた女優・吉永小百合の魅力は、清純さ。『泥だらけの純情』（６３年）では、それが際立っていた。それに対して、吉永の後輩ながらやけに演技がうまかったのが和泉雅子。浅丘ルリ子や芦川いづみは、やはり石原裕次郎との共演が最も似合っていた。そんな日活の女優陣に比べると、岩下志麻等の松竹の女優陣はまったく異質だったし、今なお活躍している女優、加賀まりこは"魔性の女"がピッタリだった。

しかして、若い頃チュンの恋人だった（？）チュアンが一言も言わずに北京から姿を消してしまったのは、夫の浮気に反発したチュアンの母親がロンドンに移住したためだが、チュアンはなぜそれをドンやチュンに説明しなかったの？チュンはドンに対して、今でもチュアンのことを"お気軽な女"と称していたし、柳川でも密かにチュアンの部屋に入っていた（？）から、Hな関係などこれっぽっちも考えられないドンに対して、北京に妻子のいるチュンの方は今でもチュアンとHな関係を続け、お気軽な女と見ているの？

他方、こちらも独身を保っているとばかり思っていた中山には、チュアンとの会話の中で、意外にも１５歳になる娘がいることが語られるからビックリ！しかして、本作では、なぜか、たった１人で中山の宿（家？）の近くをうろつく中山の娘（新音）の姿と、ある偶然によって彼女に寄り添う形になるチュアンの姿が登場するので、それにも注目！もっとも、中山とその娘の間の会話劇は一切登場しないので、現時点での２人の確執や思いは、観客が１人１人想像するしかない。しかし、それをうまくチュアンが橋渡ししてくれる（？）ので、チャン・リュル監督による、その構成の妙にも注目したい。

さあ、そんな風に３人の男たちだけでなく、中山の娘にも影響を与える女、チュアンの魅力は如何に？この女は、お気軽な女？魔性の女？それとも・・・？

■□■女優・中野良子の魅力と存在感をじっくりと！■□■

１９４５年３月生まれの吉永小百合は"戦中派"だが、１９４９年１月生まれの私は"戦後派"。それと同じように、１９５０年５月生まれの中野良子も"戦後派"だ。１９７２年４月に司法修習生となり、１９７４年４月に弁護士登録をした私は、忙しい毎日を送っていたが、それでも中野良子が島田陽子らと共演したＴＶドラマ『光る海』（７２年）は、石坂洋次郎の人気小説が原作だったことと、美人女優がたくさん出ていたから、よく観ていた。しかし、中国で大ヒットし、日本の美人女優、中野良子の名を中国全土に知らしめた、『君よ憤怒の河を渉れ』（７９年）は、私が独立した年に公開されたこともあって、観ていない。後になって何度かＴＶ放映で観たが、東京の街中を彼女が馬に乗って失踪するシークエンスは何とも奇想天外な魅力がいっぱいで、その美女ぶりも際立っていた。

そんな絶世の美女も今や７０歳を超えている。オードリー・ヘップバーンのことを思い起こすと、若い頃に絶世の美女だった女性は、老人になると見られなくなってしまう恐れもあるが、中野涼子はそうではない。居酒屋の女将役として、好きなように働いている彼女の姿は今なお魅力がいっぱいだ。もちろん、本作における彼女はあくまで脇役だから、ドンとチュンが語り合うシーンに、カウンターの向こう側に立って、時々言葉を挟むだけ。しかし、彼女は本作におけるそんな自分の役柄をしっかりこなしている上、中山から１人娘についての“悩み相談”を聞いてやるシークエンスでは、自分の生きてきた道を振り返りながら、味わい深い人生訓を垂れてくれるので、それにも注目。

チャン・リュル監督が本作に女優、中野良子を起用したのは、一方ではもちろん中国人受けを狙ったものだろうが、他方で彼女のしっかりした演技力を信頼、期待してのものだということを、彼女の演技を見ながらしっかり確認したい。

■□■ドンは何のために柳川へ？癌の告白は？最後の舞台は？■□■

兄弟の関係は微妙なもの。徳川家の３代目を巡っては、２代将軍・秀忠の死後、秀忠の長男・家光と、次男・駿河大納言忠長の間で大変な争いが勃発したことは、『柳生一族の陰謀』（７８年）を見ればよくわかる。兄と２人兄弟である自分自身を振り返っても、その微妙さがよくわかるから、本作におけるチュンとドン兄弟の微妙な関係は興味深い。

本作はドンに対する末期癌の告知から始まり、兄のチュンを誘って柳川旅行に赴き、チュアンとの再会の中でさまざまなドラマが展開されるから、私はどの時点でドンの癌告白が始まるのかをずっと注視していた。ところが、本作はそんな私の期待（？）を完全に裏切ってくれるから面白い。しかし、それなら、ドンは何のためにチュンを誘って柳川に出かけたの？自分が末期癌に罹患したことを告白するには絶好の兄弟旅行であり、チュアンとの再会旅行であることは明白だが、なぜドンは柳川旅行中にそれを告白しなかったの。

しかして、スクリーン上の最後の舞台は、ドンが末期癌を告白したのか、しなかったのかを教えてくれないまま、１年後の北京になっていくので、それに注目。ちなみに本作の邦題は『柳川』だが、原題の『漫长的告白』は“長い告白”だということが日本人でも理解できるが、長い告白の中に末期癌の告白は含まれていたの？それとも含まれていなかったの？ラストのシークエンスには、ドンは一切登場しないが、それはもちろんドンが既にこの世を去っているからだ。そんなドン亡き後の北京で、チュンとチュアンはどんな会話劇を繰り広げながら本作の結末に向かうの？原題を『漫长的告白』とした本作の結末は、あなた自身の目でしっかりと。

２０２３（令和5）年1月１８日記

Data　２０２２－８６

監督：佐藤信介
脚本：黒岩勉、原泰久
原作：『キングダム』原泰久
出演：山﨑賢人／吉沢亮／橋本環奈／清野菜名／満島真之介／岡山天音／三浦貴大／濱津隆之／豊川悦司／高嶋政宏／要潤／加藤雅也／高橋努／渋川清彦／小澤征悦／大沢たかお

みどころ

秦の嬴政、後の始皇帝は、如何にして中華統一を成し遂げたの？その史実や真相を知るために学ぶべきことは多いが、架空のキャラも交えて楽しみつつ学ぶには、既刊６５巻になっている漫画『キングダム』を読むのが一番！

若き日の嬴政と信との友情は？信が憧れる王騎将軍の魅力は？実写版１は、ほんの序章だったが、実写版２は、秦と魏の「蛇甘平原の戦い」を描くもの。「関ケ原の戦い」「ワーテルローの戦い」さらには「五丈原の戦い」と対比しながら、その規模や迫力を楽しみたい。

第１作には“山の民”の王たる美女・楊端和が登場したが、第２作では“悲しみの暗殺一族・蚩尤”の美女・羌瘣が登場し、あっと驚く“殺しのテクニック”を披露するので、それにも注目！

伍の一員としての奮闘で信は大出世を遂げたが、王騎将軍に追いつくのはまだまだ先。引き続いて、２０２３年公開予定の第３作に期待！

―――＊―――＊―――＊―――＊―――＊―――＊―――＊―――＊―――＊―――＊―――

■□■原作漫画もＴＶアニメも大人気！実写版２は必見！■□■

累計発行部数９０００万部超の大ヒットを誇る原泰久の原作『キングダム』を、２０１９年に実写映画化した『キングダム』（１９年）は、興行収入５７億円の大ヒットを記録した。私は、その「みどころ」として、「漫画とバカにしてはダメ。現在まで刊行された原泰久の『キングダム』５３巻は、中国の春秋戦国時代を舞台に、大将軍になるという夢を抱く戦災孤児の少年・信と、中華統一を目指す若き王・嬴政を壮大なスケールで描くもの。すると、それを実写映画化すれば、『始皇帝暗殺』（９８年）、『HERO（英雄）』（０２年）や、かつて勝新太郎が主演した７０ミリの超大作『秦・始皇帝』（６２年）にも並ぶエンタメ超大作に！」と書いた（『シネマ４３』２７４頁）。

実写版第１作たる同作は、単行本が５３巻刊行された時点で、１から５巻を実写化したものだったから、まだまだ序の口。そのため、「みどころ」の最後には、「嬴政と“山の民”との同盟はいかにも漫画チックだが、全編を通してキーマンになるのは、いかにも一匹狼的で謎めいた王騎将軍。本作で兄弟ゲンカのケリはついたが、『この国のかたちは？』と問う王騎に対する嬴政の答えは・・・？ 以降のシリーズでは、「始皇帝暗殺」に至るまでの、秦王・嬴政の前向きの国づくりの実態をしっかり見せてもらいたいものだ。」と書いた。

他方、大人気の原作漫画は、２０１２年６月からすでに第１、第２、第３シリーズがTVアニメとしてNHKの各チャンネルで放映されている。そして、２０２２年４月からは、その第４シリーズがNHK総合で放映されているため、私はそれを全て録画して鑑賞している。このように、原作漫画もTVアニメも大人気、しかも実写版１も大ヒットした本作の実写版２は、こりゃ必見！

■□■五丈原の戦いは有名だが、蛇甘平原の戦いは？■□■

現在鑑賞中の中国時代劇TVドラマ『三国志～司馬懿 軍師連盟～』の後半は、蜀の軍師・諸葛公明と魏の軍師・司馬懿の“知恵比べ”が面白い。その最大のハイライトは五丈原の戦い。そこでは、「死せる孔明、生ける仲達を走らす」の“成語”が有名だ。

しかし、『キングダム』の実写版２が描くのは、若き王・嬴政（吉沢亮）が誕生した秦の国に、隣国の魏が侵攻してきたことによって生まれる蛇甘平原の戦いがメイン。この戦いにおける魏の総大将は、かつての秦の六代将軍に並ぶと噂される、軍略に優れた天才・呉慶将軍（小澤征悦）。それに対する秦の総大将は、戦いと酒に明け暮れる猪突猛進の豪将・麃公将軍（豊川悦司）だ。『キングダム』全編で“注目のキャラ”として登場するのが、大沢たかお扮する王騎将軍だが、実写版２では、蛇甘平原の戦いにおける麃公将軍と呉慶将軍がキーマンになるので、それに注目！日露戦争では「奉天会戦」が、ナポレオン戦争では、「ワーテルローの戦い」や「ライプツィヒの戦い」が大会戦として有名。「関ケ原の戦い」も、天下分け目の大会戦だった。しかして、中国の紀元前２世紀における大会戦、「蛇甘平原の戦い」は如何なる展開に？

ちなみに、本作のサブタイトルになっている「遥かなる大地へ」は、トム・クルーズとニコール・キッドマンが共演したハリウッド映画『遥かなる大地へ』（９２年）と全く同じ。同作は、かつてアメリカにあった、いくつかの区域に分けられた土地に誰よりも早く着いた者が旗を立てて自分の土地にできるという、“ランドレース”と呼ばれる制度を夢見て、アイルランドからアメリカに移ったトム・クルーズが扮する小作人が奮闘するというストーリーだったから、『遥かなる大地へ』というタイトルがいかにもピッタリだった。中国大陸もアメリカ大陸と同じように広大だが、六国が争う戦国時代における魏VS秦の「蛇甘平原の戦い」をテーマにした本作で、「遥かなる大地へ」というサブタイトルはあまりピッタリこないのでは・・・？

■□■伍の仲間は？信の活躍は？総大将の戦略と指揮は？■□■

伍長や軍曹という兵隊の階級は今でも生きているが、秦軍の歩兵は伍（５人組）を最小の単位とし、その集合体として構成されていることを本作ではじめて知ることができた。５人組を組むのなら、強い奴と組んだ方が得。誰でもそう思うから、強そうな奴から順番に"売れていった"のは当然。その結果、同郷の尾平（岡山天音）、尾到（三浦貴大）と再会した信（山﨑賢人）が彼らと組んだのは当然だが、あとの２人は、"残り者"の頼りない伍長・澤圭（濱津隆之）と、子供のような風貌に哀しい目をした羌瘣（清野菜名）と名乗る人物になったからアレレ、こんな最弱の（？）５人組でホントに大丈夫？

他方、平地の大会戦では、小高い丘をどちらが占拠するかが大きなポイントになる。関ヶ原の戦いでは、松尾山に布陣した西軍の小早川秀秋が裏切ったことによって大勢が決したが、本作でもそれと同じような丘の争奪をめぐる攻防戦が展開されていくので、それに注目！面白いのは、秦の麃公将軍が歩兵だけを前線に出して、騎兵を全く動かさないこと。そのため、騎兵を指揮する縛虎申（渋川清彦）はイライラ状態だが、それは一体なぜ？他方、私が納得できないのは、『三国志～司馬懿 軍師連盟～』に見る戦いでは大量の弓矢が行き交う風景が常だったにもかかわらず、本作では両軍の激突前の弓矢合戦がないこと。これは明らかにおかしいのでは？蛇甘平原の戦いをメインに描く本作では、５人組の一員としての信の奮闘と双方の総大将の戦略・指揮に注目！

■□■第１作は楊端和と河了貂、第２作は羌瘣に注目！■□■

第１作には山界の王、楊端和（長澤まさみ）率いる山の民が登場し、秦の嬴政は彼らと同盟を結んだが、これはいかにも漫画的なキャラだった。もっとも、山の民がこれほど異様に映るのは仮面のためで、仮面をとって１人ずつの素顔を見れば、楊端和は本当は美しい山界の王だった。また、第１作の導入部では、信の逃亡を手助けする自称、戦闘服を着ている河了貂（橋本環奈）が登場したが、実はこれも戦闘服を脱ぐとかなりの美女だった。

それに対して、第２作で注目すべきキャラとして登場するのが、無口で陰気、そして何を考えているのかサッパリわからない雰囲気でいっぱいの羌瘣。５人組はお互いに助け合うのが当然だが、羌瘣はシャーシャーと、「自分のためには戦うが、他人を助けるのはまっぴら」と言っていたから、当初はみんなから嫌われたのは当然だ。しかし、蛇甘平原の戦いの中で孤立してしまった秦の歩兵軍団の中、羌瘣は自分のためにはもとより、５人組のために信と共に大奮闘するので、その戦う姿に注目！その途中で羌瘣が実は女だとわかってしまうが、彼女はどこでそんな"殺しのテクニック"を身につけたの？彼女は"悲しみの暗殺一族・蚩尤"の１人で、姉同様だった羌象（山本千尋）の仇を打つため、魏との戦いに参加していることが、あるシークエンスでしんみりと明かされるので、それに注目！

■□■騎兵の特徴は？突撃命令に注目！その迫力は？■□■

騎兵の最大の特徴は、スピードを生かした突破力にある。日本陸軍の騎兵を育成したのが、『坂の上の雲』の主人公の１人である秋山兄弟の兄・秋山好古。彼はフランスに留学する中で騎兵のそんな特徴をしっかり学んだが、いかんせん日本の騎兵は、馬も少なければ兵の数も少ないから、一旦そんな突撃命令を下して多くの人馬を失えば、それで一巻の終わりになってしまう。そのため、日露戦争における実戦では、騎兵は馬から降り、守りに徹していたそうだ。

それに対して、本作では、信たちの奮闘で秦の歩兵軍団が想像以上の踏ん張りを見せる中、騎兵を率いる麃公将軍は、魏の総大将・呉慶将軍の本陣を目指して、一見無謀とも言える突撃命令を下すので、それに注目！敵の馬を奪い取った信は麃公将軍の隣につけて突撃命令に従ったが、本作ではその迫力ある突撃ぶりをしっかり堪能したい。

■□■様子見の王騎将軍は解説者に！総大将の一騎打ちは？■□■

本作を描く「蛇甘平原の戦い」で第１に納得できないのは、前述のとおり、両軍激突前の弓矢合戦がないこと。第２に納得できないのは、「蛇甘平原」であるにもかかわらず、両軍が攻防の要とする小高い丘が存在しているうえ、騎兵の猛攻にさらされた秦の歩兵軍団が全滅必至と見られる中、信たち一部の敗残兵たちが山の中に（?）逃げ込み、九死に一生を得ることだ。まあ、漫画が原作だし、エンターテイメント超大作だから、そんな粗探し（?）のようなことを言わなくてもいいのだが、これはどう考えても不自然では・・・。他方、本作の脚本作りには原作者の原泰久氏が参加したため、戦いの真っ最中であるにもかかわらず、原作にはない、信と羌瘣とのしんみりとした語りのシークエンスが登場する。これは映画としては面白いし、本作では信の次に羌瘣を主人公として扱っていることを示すものだ。したがって、本作では秦の六大将軍の１人で、信が憧れる王騎将軍の出番はなし！そう思っていると、歩兵軍団の頑張りを見た秦の総大将・麃公将軍が馬にまたがって突進していく局面になると、突如、王騎将軍が戦場に現れ、丘の上に陣取ったうえで蛇甘平原の戦いの“解説”がなされるので、それに注目！大相撲では、元横綱の北の富士親方の名解説（?）が有名だが、王騎将軍による側に位置する信に対する、蛇甘平原の戦いの解説は如何に？王騎将軍は蛇甘平原の戦いには一切参加せず、様子見を決め込んでいたが、なるほど、さすが天下の六大将軍の１人だけあって、その解説は適切だ。大方の予想に反して麃公将軍は遂に呉慶将軍の本陣まで到達。そこで麃公将軍は呉慶将軍に対して、一騎打ちを呼びかけ、呉慶将軍はそれに応じたが、さてその結末は？その実況中継と解説はあなた自身の目でしっかりと。

■□■撮影はどこで？合戦の規模は？迫力は？第３作はいつ？■□■

「蛇甘平原の戦い」の規模が関ヶ原の戦いやワーテルローの戦い、さらに後の五丈原の戦いと比べてどうなのかは知らないが、その戦いをメインに据えた実写版２たる本作は、戦いの規模も迫力も素晴らしい。現在の映画界ではCG撮影で何でもできてしまうが、本作の撮影がそうでないことは肉弾戦の迫力を見ればよくわかる。しかして、その撮影はどこで？それについてはパンフレットをじっくり読み込みたい。

関ヶ原の戦いは小早川秀秋の裏切りによって、石田三成の盟友・大谷刑部が討ち取られたところから急転換したが、蛇甘平原の戦いでは、麃公将軍と呉慶将軍の総大将同士の一騎打ちの勝敗が戦い全体の勝敗を決することになったのは当然。その点では、王騎将軍の解説どおり、呉慶将軍が麃公将軍の挑発に乗ったことが大きな誤りだが、その一部始終を丘の上から王騎将軍の解説付きで眺めていた信の成長も大きいはずだ。

他方、麃公将軍が呉慶将軍と一騎打ちできるまでに戦況を支えたのは、何よりも信たち歩兵軍団の頑張りにあったことは明らかだから、戦い終了後の論功行賞で信はいかなる賞を？信の夢は王騎将軍のような大将軍になることだから、その夢の実現はまだまだ先だが、伍の一員に過ぎなかった信はどこまで出世するの？木下藤吉郎は、主君・織田信長にその手腕が認められ、足軽大将になったところから出世ゲームが始まったが、さて信は？

第１作から第２作までは３年間を要したが、本作終了後の予告では、第３作は２０２３年に公開されるらしい。２０２２年６月現在、既刊６５巻になっている原作のすべてを映画化するのに何年、何作を要するのかは知らないが、第２作で蛇甘平原の戦いを描いた以上、五丈原の戦いまでは続けてもらいたいものだ。第３作にも期待！

▪□■大阪梅田では原画展を開催！こりゃ必見！■□▪

来たる２０２２年１０月からは、大阪梅田で『キングダム』の原画展が開催される。『キングダム』の舞台は、春秋戦国時代の中国。戦国七雄と呼ばれた七つの国（秦、趙、燕、韓、斉、楚、魏）が覇権を争う中、秦が他の六国を滅ぼし、中華統一を目指す様子が描かれている。そこでは、一方では架空の人物として原作者が設定した、下僕の身から大将軍になることを目指す信と、他方では現実に後の秦の始皇帝になる政の２人が物語の軸だ。

また、ストーリー全体は前漢時代の歴史書「史記」を踏まえた歴史漫画になっている。そこには、信や政のほか、商人から臣下としての最高職にまで上り詰め、秦王の座も脅かす呂不韋、秦の将軍の桓騎や王翦、秦と戦う趙の李牧ら、実在の人物も多く登場する。北方謙三らの「三国志」“本流”とは異質かつユニークな「キングダム」だが、その物語はメチャ面白い。そんな『キングダム』は連載開始から１６年だが、原作者の原康久氏は漫画を紙に描いているらしい。そんな彼は「今はおそらく９割以上の漫画家さんがデジタル。もはや珍しくなってしまった生の原画を、一人でも多くの人に見てもらいたいですね。」と語っている。会場が大阪・梅田のグランフロント大阪北館ナレッジキャピタルというのもすごいが、２５００円という高すぎる料金はいかがなもの・・・？

２０２２（令和４）年７月２５日記

Data　2023−90

監督：佐藤信介
脚本：黒岩勉／原泰久
原作：『キングダム』原泰久
出演：山﨑賢人／吉沢亮／橋本環奈／清野菜名／満島真之介／岡山天音／三浦貴大／杏／山田裕貴／高嶋政宏／要潤／加藤雅也／高橋光臣／平山祐介／片岡愛之助／山本耕史／長澤まさみ／玉木宏／佐藤浩市／大沢たかお

みどころ

『インディ・ジョーンズ』や『ミッション：インポッシブル』等の、ハリウッドの人気シリーズが次々と終了していく中、邦画の人気シリーズ『キングダム』は大成功！主要なキャラも完全に定着した。

第2作のテーマは「蛇甘平原の戦い」だったが、本作の前半は“紫夏”編に、後半は“馬陽の戦い”編にバランス良く大別されている。紫夏編はTVドラマ『コウラン伝　始皇帝の母』や塚本青史の小説『バシレウス　呂不韋伝』と合わせて観れば、より面白く、かつ理解が深まるはずだ。

他方、「馬陽の戦い」は、「関ケ原の合戦」とも対比しながら、双方15万ずつの将兵の配置図をしっかり確認したい。また、そこでは、秦の大将軍・王騎（大沢たかお）が信率いる百人隊を“飛信隊”と名付け、“ある特殊任務”を与えたのがミソ。当然それは過酷な任務だが、もしそれを達成することができれば・・・？

このシリーズはメチャ面白い！早くも第4作への期待が高まるばかりだ。パンフレットも購入し、しっかり勉強して、次作に備えたい。

——＊——＊——＊——＊——＊——＊——＊——＊——＊——＊——

■□■シリーズ化大成功！主要なキャラも定着！こりゃ面白い■□■

原泰久原作の人気漫画『キングダム』がはじめて映画化されたのは2019年。秦の始皇帝は、陳凱歌（チェン・カイコー）監督の『始皇帝暗殺』（98年）（『シネマ5』127頁）や張芸謀（チャン・イーモウ）監督の『HERO（英雄）』（02年）（『シネマ3』29頁、『シネマ5』134頁）が“本場モノ”の代表だが、かつては勝新太郎が主演した70ミリ大作の代表『秦・始皇帝』（62年）という日本版もあった。近時はTVドラマの『ミーユエ　王朝を照らす月』が始皇帝の高祖母（おばあさんのおばあさん）である宣太后を、『コウラン伝　始皇帝の母』が始皇帝の母親、李皓鑭（リ・コウラン）を描いている。他方、塚本青史の小説『バシレウス　呂不韋伝』も大ヒットしているから、始皇帝については、その暗殺をめぐるスリリングな物語だけではなく、始皇帝＝嬴政の出自や人質とされた幼少期についてのスリリングな物語への興味も増している。

原泰久の『キングダム』は、そんな『ミーユエ　王朝を照らす月』、『コウラン伝　始皇帝の母』、『バシレウス　呂不韋伝』等とは全く別に、原のオリジナルな視点から彼流の独創的なキャラを多数作り出した上で、彼流の『キングダム』を構成したものだ。そのシリーズ第1作となる『キングダム』（19年）（『シネマ43』274頁）では、戦災孤児の信（山﨑賢人）と中華統一を目指す嬴政（吉沢亮）という2人の主人公を軸に、影武者、替え玉、双子という面白い“仕掛け”が大成功！さらに、政と“山の民”との同盟や、一匹狼的な大将軍・王騎（大沢たかお）の登場など、マンガチックなキャラクターも面白い。佐藤信介監督が演出した『キングダム』では、意外にもそれらの多種多様なキャラクターが嬴政による“中華統一”という壮大な夢にうまくマッチしていた。さらに、『キングダム2　遥かなる大地へ』（22年）（『シネマ51』158頁）では、秦と魏との「蛇甘平原の戦い」をテーマとして壮大な物語を展開させていた。しかして、『キングダム　運命の炎』のテーマは？

2023年の夏は、『インディ・ジョーンズ』シリーズ第5作、『ミッション：インポッシブル』シリーズ第7作、『ロッキー』シリーズ第3作等のシリーズモノが次々と公開されたが、『キングダム』のシリーズ化が大成功であることは、本作の人気を見れば明らかだ。信、嬴政、山の民、そして王騎等のキャラは定着化してきた上、それまで「五丈原の戦い」くらいしか知らなかった、日本の中国史ファンにも、第2作では「蛇甘平原の戦い」を楽しませることができた。しかして、本作では、秦と趙による「馬陽の戦い」が描かれるのでそれに注目。関ヶ原の合戦もワーテルローの戦いも興味深いが、さて紀元前220年代の「馬陽の戦い」とは？それを指導した将軍たちは？そして現場で展開されたさまざまな戦法とは？さらに、第2作で5人隊を率いた信は、第3作では百人隊＝飛信隊の隊長として重要な役割を演じるので、それに注目！

■□■戦国七雄形成図は？合従連衡策とは？■□■

秦の始皇帝の物語を楽しむためには、最低限、春秋戦国時代（BC770～221年）における「戦国七雄の形成図」と「合従連衡策」を理解する必要がある。そこで、ここにも『キングダム』に掲載した形成図を再び掲げておく。

前述したように、『キングダム2　遥かなる大地』がテーマにしたのは秦が魏と戦った「蛇甘平原の戦い」だったが、本作のテーマになるのは秦が趙と戦った「馬陽の戦い」だ。ちなみに、趙は『始皇帝暗殺』や『HERO（英雄）』で描かれた、「十歩必殺」の剣で始皇帝暗殺を狙う刺客“無名”の出身国。また、趙は『ミーユエ　王朝を照らす月』でも描かれた秦の大将軍“白起”によって、多くの趙の敗残兵が生き埋めにされてしまった国だから、秦への恨みは深い。

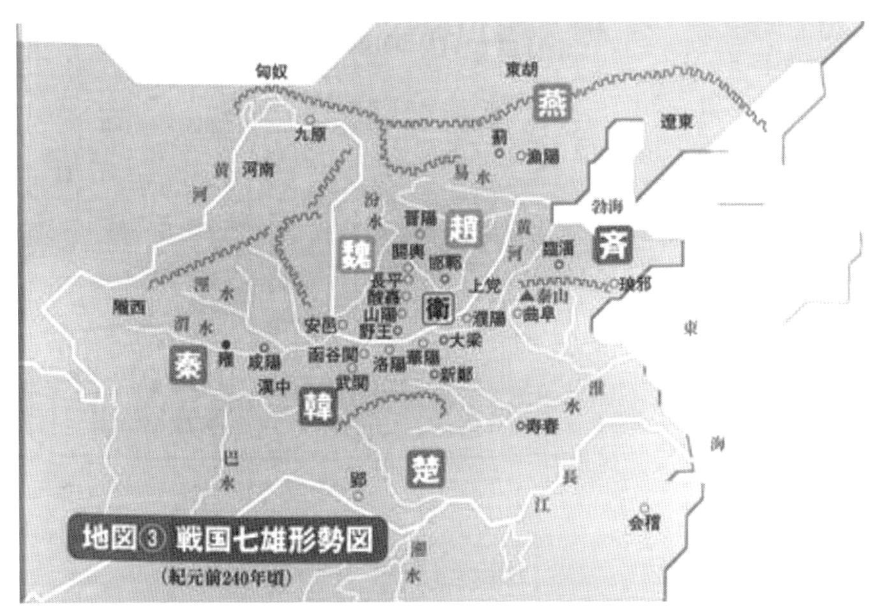

地図③ 戦国七雄形勢図
(紀元前240年頃)

■□■趙が侵攻！その数は？総大将は？VS 秦の大将軍は？■□■

しかして、今、秦への侵攻を目指す趙の軍隊の数は15万。それを率いるのは、総大将・龐煖（吉川晃司）に代わって指揮をとる大将軍の趙荘（山本耕史）だ。彼は平原での戦いを避けようとする王騎の狙いを見抜き、荒地での対決に奮起したが・・・。また、趙軍の右翼を指揮し、秦軍を追い詰める副将が馮忌（片岡愛之助）、そして、趙軍の左翼を守るのが、かつて長平の戦いで秦に虐殺された趙国民の憎しみを背負って戦う趙軍の副将・万極（山田裕貴）だ。他方、趙軍侵攻の報告を受けた嬴政は直ちに“朝議”を開いたが、そこに参加するのは、丞相の呂不韋（佐藤浩市）、呂氏四柱の1人で文武に優れた天才軍師・昌平君（玉木宏）や昌文君（髙嶋政宏）、肆氏（加藤雅也）たちだ。急遽召集された秦の軍隊の数もおよそ15万。そこでの大問題は誰を総大将として任命すべきかだが、興味深いのは、そこにしばらく第一線を退いていた秦の大将軍・王騎が登場してきたこと。その背景には、いかにも中国的な“裏の事情”があれこれあるので、それらを含む側近たちの駆け引きと“朝議”の模様はあなた自身の目でしっかりと。

ただ1つだけ、ここで私が明記しておきたいのは、王騎が嬴政に対して、「なぜ、あなたは“中華統一”を目指しているのか？」と本質的な質問をし、それに対して政が真正面から答えることだ。この“問答”は紀元前220年当時のことだが、考えてみれば、2023年の今、習近平国家主席に対して、政と同じく「あなたは、なぜ今、“中国梦”（中華民族の夢）＝中華民族の統一を目指しているのか？」と質問すれば、一体どんな回答が出されるのかをよく考えながら、本作のこの問題提起をしっかり考えたい。

■□■政が中華統一を目指すのは紫夏との約束を果たすため！■□■

『チコちゃんに叱られる』はNHKには珍しく刺激的かつ挑発的な番組だが、そこでは毎回「〇〇が△△するのは一体なぜ？」という質問が出され、それに答えられないと「ボーっと生きてんじゃねーよ！」と叱られてしまう。王騎から「あなたが中華統一を目指す理由は何か？」と質問された政がまともに答えられなければ、政もチコちゃんから「ボーっと生きてんじゃねーよ！」と叱られそうだが、そこで政はしっかり「紫夏との約束を果たすためだ」と答えたから、偉い。

私は『バシレウス　呂不韋伝』で、はじめて呂不韋なる人物を知り興味を持ったが、本作に登場する女性・紫夏（杏）は原泰久原作の『キングダム』にのみ登場するオリジナルな女性だ。『コウラン伝　始皇帝の母』では、趙の人質とされていた秦国の26番目の王子である嬴異人（嬴子楚、嬴政の父）が、呂不韋と李皓鑭の協力によって秦国に連れ戻されるストーリーが前半のハイライトだったが、その後で趙の人質になっている政を秦に連れ戻す役割を果たすのが紫夏だ。信と共に5人組の1人として素晴らしい殺陣を披露する女性・羌瘣（清野菜名）や、第1作で山の民のリーダーとして独特の存在感を見せていた楊端和（長澤まさみ）はシリーズ全体の中で長く活躍するはずだが、紫夏は本作のその役割だけで「お役ごめん！」となるはずだから、その働きぶりに注目！

第1作では、信の友人の漂（吉沢亮）が政の犠牲になり、第3作では政を秦に送り届けるために紫夏が犠牲になるが、政はそんな犠牲の上に秦の王になっていくことを如何に考え、そして中華統一の夢に如何に結びつけていくの？それは、あたかも現在の習近平が目指している“中国梦”と同じようにも見えるが、さてその実態は？

■□■馬陽の戦いの布陣は？戦いはどこから？飛信隊の役割は■□■

東軍9万VS西軍8万が激突した、天下分け目の関ケ原の戦い（1600年）の布陣は、石田三成率いる西軍方がもともと有勢だったそうだが、松尾山の上に陣を敷いていた小早川秀秋の裏切りによって西軍は崩壊した。しかして、パンフレットには「馬陽の戦い」開戦

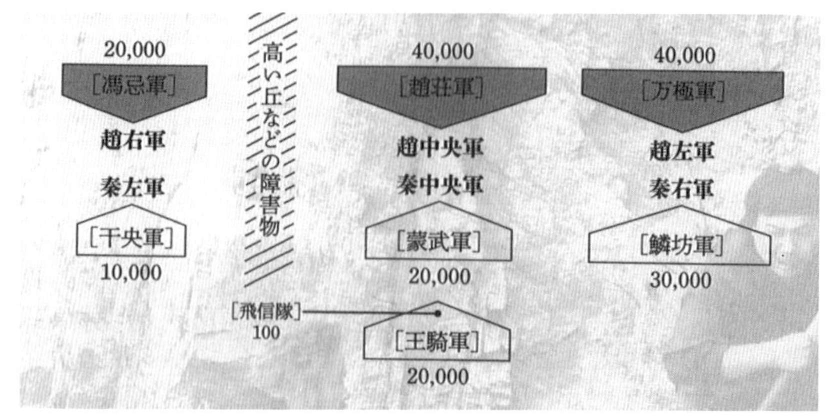

時の布陣が描かれているので、それを転載しておきたい。マイクも双眼鏡もないあの時代に、10 万人単位の軍隊をどうやって動かしたのかについてはいろいろ疑問もあるが、馬陽の戦いで、秦の総大将・王騎と趙の総大将・趙荘が見せる指揮ぶりはメチャ面白いのでそれに注目！王騎に従う副将は蒙武（平山祐介）、騰（要潤）、壁（満島真之介）、干央（高橋光臣）たちだが、彼らはそれぞれ如何なる役割を？

「馬陽の戦い」は、王騎が左翼軍・干央軍 1 万に、趙の右翼軍・馮忌軍への襲撃を命じたところから始まったが、これは趙の趙荘の読み筋通り。しかし、そこで意外だったのは王騎が信を百人隊の隊長に任命した上、これを飛信隊と名付け、ある特殊任務を与えたことだ。本作後半では、この飛信隊の活躍がハイライトとして登場し、信や羌瘣たちの目覚ましい働きと、王騎の軍略の素晴らしさが実証されていくので、それに注目！さあ、飛信隊の役割とは？わずか 100 人の部隊が 10 万人規模で展開している戦場でどんな役割を果たせるの？本作はそれを実感できる、稀に見るエンタメ戦争劇になっているので、それをたっぷり楽しみたい。

■□■シリーズ第４作は如何に？その期待は高まるばかり！■□■

本作と同じ日に観た『リボルバー・リリー』（23 年）のラストは、無事に任務を終えたリボルバー・リリーこと小曾根百合が、愛人（？）の岩見良明と共に“逃避行”と洒落込む中、新たな敵となる男として、鈴木亮平扮する眼帯の男が登場するところで終わった。これは、同作のシリーズ化が決定したことを明確に示すものだが、そんな風にシリーズの次作をほんの少しだけ最後に見せつける手法は、近時、定着化している。したがって、それは本作でも同じ。

本作最後に“チラリズム”として見せるのは、第 1 作に登場した“山の民”のリーダーたる楊端和（長澤まさみ）だから、早くもシリーズ第 4 作への期待が高まるばかり。シリーズ第 2 作たる『キングダム 2　遥かなる大地』は「蛇甘平原の戦い」一本に絞ってストーリーを構成したが、シリーズ第 3 作たる本作は明確に、前半の「紫夏編」と後半の「馬陽の戦い編」に分けて構成したが、そのバランス感は絶妙だった。シリーズ第 4 作では本作で大活躍した王騎もきっと最期を迎えるだろうが、さてその構成は如何に？期待は高まるばかりだ。

2023（令和 5）年 8 月 15 日記

熱血弁護士

坂和章平

中国映画を語る〈79〉

（さかわ・しょうへい）１９４９年愛媛県松山市生まれ、大阪大学法学部卒。都市開発に関わる訴訟を数多く手がけ、日本都市計画学会「石川賞」、同年に日本不動産学会「実務著作賞」を受賞。「坂和的中国電影大観」（２００４年）、「ナニワのオッチャン弁護士、映画を斬る！」シリーズをはじめ映画に関する著書多数。（公社）日中友好協会参与、NPO法人大阪府日中友好協会理事。

このシリーズで“戦国七雄”と“合従連衡”のお勉強をしっかりと！
―趙の人質だった嬴異人の息子、嬴政はいかにして秦の始皇帝に？―

8月16日からBS12のTV劇『キングダム 戦国の七雄』が始まった。これはBC770～221年の春秋戦国時代を燕国篇、趙国篇、秦国篇等の全7話で描く力作だ。原泰久の既刊69巻の人気漫画も同じタイトルだが、初心者はまずその異同から学習したい。

TV劇『コウラン伝 始皇帝の母』『ミーユエ 王朝を照らす月』や塚本青史の小説『バシレウス 呂不韋伝』は、秦の太子の27人の息子の一人で趙の人質とされていた嬴異人が命がけで脱出を果たす物語を描いている。趙の刺客・荊軻が〝十歩必殺の剣〟で始皇帝暗殺に挑む物語は『始皇帝暗殺』『HERO（英雄）』で有名だが、原泰久版『キングダム』の公開（19年）によって嬴異人の息子である嬴政にも注目が！ 影武者・替え玉という〝仕掛け〟の中で描く若き主人公・信（山﨑賢人）や大将軍・王騎（大沢たかお）は架空の人物だが、この原作は9月29日公開の『沈黙の艦隊』のかわぐちかいじの8年全32巻の原作と同じく超骨太の問題提起作で、6年全17巻で完結した北方謙三の『チンギス紀』の価値にも匹敵！

第1作では信と共に山界の死王・楊端和（長澤まさみ）や山民族の末裔・河了貂（橋本環奈）が大活躍。第2作では伍の仲間に暗殺一族の美女・羌瘣（清野菜名）が加わり、魏と秦の〝蛇甘平原の戦い〟で信と共に大活躍！ そこでは、関ヶ原の戦いと同じく総大将の戦略と指揮が見所だった。その結果、今やシリーズも各人のキャラも定着！ 第3作前半では、嬴政を脱出させる商人女・紫夏（杏）に注目！ 後半の見所は趙と秦、双方15万の大軍による〝馬陽の戦い〟における布陣の妙と〝飛信隊〟の大活躍だが、最大の注目点は王騎の「あなたはなぜ中華統一を目指すのか？」との質問。嬴政の答えは如何に？ こりゃ必見！ じっくり戦国七雄と合従連衡のお勉強を！

全国東宝系にて公開中

©原泰久／集英社 ©2023 映画「キングダム」製作委員会

監督：佐藤信介
脚本：黒岩勉　原泰久
音楽：やまだ豊
原作：「キングダム」原泰久（集英社「週刊ヤングジャンプ」連載）
出演：
山﨑賢人／吉沢亮　橋本環奈　清野菜名／山田裕貴／大沢たかお　他

第４編
名作をデジタル・リマスター版で！

みどころ

１９８２年に北京電影学院を卒業した後、共に世界に羽ばたいた張芸謀（チャン・イーモウ）と陳凱歌（チェン・カイコー）は、１９８０年代の『紅いコーリャン』（８７年）と『黄色い大地』（８４年）で好敵手になったが、９０年代には、『活きる』（９４年）と本作『さらば、わが愛　覇王別姫』（９３年）で、再び対抗！日本軍の大陸侵攻を含む、激動の中国現代史は複雑だが、面白い。新中国建国後の国共対立と文化大革命の激動も興味深い。しかし、そんな中、人々の生活は？

『活きる』の主人公は金持ちのボンボンだったが、本作の主人公は子ども時代共に京劇俳優養成所で厳しい訓練を受けた段小楼と程蝶衣。２人は、京劇『覇王別姫』の大スターに上り詰めたが、そこに女郎あがりの菊仙が段小楼の妻として登場してくると・・・？

激動の中国現代史と『覇王別姫』をしっかり勉強しながら、陳凱歌の最高傑作をしっかり楽しみたい。

――＊――＊――＊――＊――＊――＊――＊――＊――＊――＊――

■□■30年前の“超名作”を20年ぶりに再々鑑賞！■□■

今年２０２２年は、田中角栄と周恩来の握手に象徴される、１９７２年9月２９日の「日中国交回復」５０周年の年だが、２月２４日のロシアによるウクライナ侵攻を受けて、西側VS東側の対立が深まる中、日中関係はよろしくない。

私が陳凱歌（チェン・カイコー）監督の“超名作”、『さらば、わが愛　覇王別姫』をはじめて見たのは、日中国交正常化３０周年記念として、シネ・ヌーヴォが２００２年１２月２１日から２００３年2月７日まで「中国映画の全貌２００２－３」を開催し、６３本の中国映画を一挙上映した時だ。「年末年始なら、なんとか時間が取れる。何としてもたくさん見ておかないと・・・」と考え、5回券を2枚買った。そして、２００４年6月１９日から7月３０日までシネ・ヌーヴォが開催した「中国映画の全貌２００４」で2回目の鑑賞をした。

そんな“超名作”がなぜか今、テアトル梅田で上映されていると知れば、こりゃ必見！劇場に聞くと、「土日は満席も！」とのことだったので、午前中にわざわざチケットを購入して席を確保し、午後から劇場へ。列をなしている人の中では、あちこちで中国語も。思いがけず、こんな企画をしてくれたテアトル梅田に感謝！

■□■字幕は不是簡体字。不是中国映画、是中国・香港映画■□■

本作は１９９３年に公開されたが、２００２年の鑑賞時に私が知っていた俳優は鞏俐（コン・リー）だけ。彼女は張芸謀（チャン・イーモウ）監督の『紅いコーリャン』（８７年）（『シネマ５』７２頁）で目に焼き付いてしまった美人女優だ。当時の私は、京劇の「覇王別姫」の項羽を演じた本作の段小楼役の俳優、張豊穀（チャン・フォンイー）は全然知らなかったし、「覇王別姫」の別姫を演じた怪しげな女役である本作の程蝶衣役が香港の人気俳優、張國榮（レスリー・チャン）だということも知らなかった。また、２０年前に見た時は中国語が全然わからなかったが、今は中国語検定３級とHSK５級に合格しているので、ある程度読めるし、聞き取ることもできる。そのため、今回はじめて本作が簡体字でないことを知り、また、本作が中国映画ではなく、中国・香港映画であることを知ることができた。

■□■第五世代監督代表として北京電影学院卒業後、世界へ！■□■

陳凱歌は、張芸謀監督や田壮壮（ティエン・チュアンチュアン）ら、後に「第五世代監督」と呼ばれる面々とともに、１９６６年から７７年まで続いた文化大革命が終了したため再開された北京電影学院に１９８７年に入学し、１９８２年に卒業した後に映画制作を開始し、一気に世界中に“中国ニューウェーブ”を知らしめた人物だ。彼を一躍有名にしたのは『黄色い大地』（８４年）（『シネマ５』６３頁）だが、１９７８年から改革開放政策が始まっても、１９８９年には天安門事件が発生したから中国は大変。映画製作も激変する政治情勢に左右されるのは仕方ない。

そんな時代状況の中、張芸謀が監督した『菊豆』（９０年）（『シネマ５』７６頁）、『古井戸』（８７年）（『シネマ５』７９頁）、『活きる』（９４年）（『シネマ５』１１１頁）等にはビックリ！よくぞ、ここまで中国社会の問題点を直視した映画が公開できたものだ。ちなみに、『青い凧』（９３年）（『シネマ５』９８頁）の田壮壮監督は中国当局の批判を受け、１０年間映画を撮ることを許されない処分を受けている。

そんな彼らと同じように、『黄色い大地』の翌年に『大閲兵』（８５年）（『シネマ５』６９頁）を作った陳凱歌監督は、１９９３年に本作を監督したが、それが中国映画ではなく、中国・香港映画になったのは、ある意味で必然・・・。

■□■京劇VS歌舞伎。京劇では訓練さえ受ければ大スターに？■□■

本作は１７２分の長尺だが、ある瞬間に段小楼と程蝶衣が登場するまでは、少年時代の小石頭と小豆子の厳しい訓練風景が清朝末期の時代状況の中で描かれる。今ドキの邦画のスクリーンはとにかく明るく美しいものが多いが、１９９３年公開の本作はそうではない。今で言えば、完全な"児童虐待"と糾弾されるはずの、京劇俳優養成所での訓練風景に圧倒されるだけではなく、モノクロ風のなんとも言えず印象深い撮影技術にも圧倒されるはずだ。苦しい中で互いに助け合っていた仲間である小癩が自殺で死んでしまったのは残念だが、自慢の石頭をそのまま芸名にしていた先輩・小石頭は順調に成長したし、女郎の私生児として養成所に連れてこられた小豆子は小石頭に思慕の念を抱きながら共に成長したから大したものだ。

歌舞伎では"血筋"や"家柄"が重要だから、各家元に生まれてきた男の子は、今ドキの日本では珍しく、幼い時から厳しい訓練を受けることになる。しかし、それは本作に見る小石頭や小豆子に対する訓練の厳しさとは全く異質のものだ。しかし、それだけの訓練を受けただけに、成長した段小楼と程蝶衣の京劇役者としての力量は？京劇では、厳しい訓練さえ受け入れれば、誰でも大スターに？

それぞれ段小楼、程蝶衣の芸名を名乗り、「覇王別姫」の共演でトップスターになった２人だが、段小楼は置屋の女郎である菊仙（鞏俐（コン・リー））とねんごろになっていく一方、程蝶衣は彼の女役としての怪しい魅力にぞっこんになった、京劇界の重鎮で同性愛者でもある袁四爺（葛優（グォ・ヨウ））とねんごろに・・・。日本軍による中国大陸侵攻が始まり、時々刻々と権力者が揺れ動く時代状況の中、２人の京劇人生のスタートは、如何に？

■□■波乱の京劇人生のスタートは袁四爺との出会いから！■□■

清朝末期は、中国にとって西欧列強からの帝国主義的侵略に続いて、大日本帝国からも中国大陸への侵攻を受けた屈辱の時代。「腐った清王朝ではダメ」と認識し、開明的な思想を武器に"革命"を目指して日本に留学した孫文は、中国に帰った後に、大活躍したが、それより前に"腐った清王朝"に代わって中国を支配したのが袁世凱。彼は後の軍閥として力を発揮し、政界にものし上がってくる張作霖と共に、清朝末期の中国では有名かつ特記すべき人物だ。彼が本当はどんなキャラだったのか私は知らないが、本作の袁四爺を見て、私は袁世凱＝袁四爺と考えてしまったが、それは完全な誤解で、袁世凱は１９１６年に死亡している。しかして、本作に見る京劇界の重鎮として、また、（女形の）役者の被護者（同性愛者）としての袁四爺は・・・？

近時大活躍の張芸謀監督の『愛しの故郷』（２０年）の第１話『続・Hello 北京』（『シネマ４９』２４３頁）で大活躍している俳優が葛優（グォ・ヨウ）。彼は『狙った恋の落とし方。』（０８年）で大人気になったが、私は、『活きる』での素晴らしい演技を見た時から彼の大ファンになっていた。そのグォ・ヨウが本作では袁四爺役で登場し、味わい深い演技を見せてくれるので、それに注目！

■□■2人の京劇人生は激動の中国現代史と共に！■□■

『活きる』の主人公・福貴は、贅沢な家庭に育ちながらサイコロバクチにうつつを抜かす男だったが、１９４９年の新中国建国前後の激動の中国現代史の中で、したたかに生き抜く姿が感動的だった。そこには、一度は愛想をつかしながら、再び福貴のもとに戻ってくる、鞏俐扮する妻・家珍の強い支えがあったから、同作は夫婦愛の物語としても絶品で涙を誘った。

それに対して本作は、子供の時から京劇俳優養成所で厳しい訓練を受け、やっと今、京劇スターとして花開いた段小楼と程蝶衣の兄弟愛が中心だったが、そこに女郎だった菊仙が段小楼の妻として入り込んでくるため、終始一貫、奇妙な三角関係がストーリーの中核になる。それが非常に面白いのは、日本軍が大陸に侵攻してくる中、袁四爺と程蝶衣との同性愛も長く続かず、本作の主役として登場する３人の男女の運命が否応なく激動の時代の流れの渦の中に巻き込まれるためだ。激動する時代の中で生きていくためには、時の権力者に迎合することも必要！そんな経験は誰にでもあるが、そんな立場ばかり主張していたのでは、身が持たない。『活きる』に見る福貴はとりわけそれが強かったし、本作に見る段小楼と程蝶衣もそうだ。子供の時から石頭を自慢にしてきた段小楼は、大人になってからも自我の主張が強かったから、何かと大変。程蝶衣や菊仙のとりなしで、何とかそれをしのいでいたが、文化大革命が進み、京劇そのものが旧体制の遺物だとして否定されてくると・・・？さあ、激動の中国現代史の中で、２人の主人公は如何に？

■□■成長した捨て子は毛沢東思想にどっぷり！師弟対決は？■□■

本作に見る京劇俳優養成所がどんなシステムで成り立っているのか、私にはサッパリわからないが、女郎の私生児として、母親から捨てられるように養成所に入れられた程蝶衣が、兄弟子・段小楼の“指導よろしき”を得て成長し、大スターになったのは立派。そんな程蝶衣だから、ある日、養成所で目にした「捨て子」を見捨てることができなかったのは仕方ない。しかして、激動する時代の中、師匠の死亡で養成所の解散を余儀なくされた後、程蝶衣の弟子として訓練を受け成長してきた捨て子の小四（雷漢（レイ・ハン））は、１９６６年から文化大革命が始まると、いっぱしの紅衛兵になっていたから、彼の動静にも注目！中国古来の伝統的な価値をすべて“旧幣、旧悪”と決めつけた文化大革命では、知識階級が自己批判を余儀なくされ、焚書坑儒まで実行されたから大変だ。『活きる』では、ベテラン医師が排除され、経験の少ない若い女の子が福貴の娘の出産の処理をしたため、その結果は悲惨なものになってしまった。

段小楼も程蝶衣も、そんな時代状況に“迎合”すれば、京劇のスターとして生きていくこともできたはずだが、『覇王別姫』を捨てて、人民大衆のための演劇を！と言われても・・・。日本敗戦後に北京に入ってきた国民党の兵士たちの『覇王別姫』の鑑賞ぶりには納得できなかったが、そうかといって、国民党に代わって新たな支配者になった共産党の演劇論もイヤ。そう考えただけならまだしも、段小楼と程蝶衣が現実にそんな行動をとれば、堕落の象徴として弾圧されている京劇の大スターである段小楼と程蝶衣が“自己批判”を強要されることになったのは当然だ。その結果、１９７０年代の中国のニュースとして、私たちがよく見ていた、あの集団の中での自己批判（吊し上げ）の風景が本作のスクリーン上に広がっていくから、それに注目！そして、それをリードしたのが、今や完全に毛思想に心酔した小四だから、その対比は鮮やかだ。成長した小四が毛思想に心酔するのは自由だが、自分の青春をかけて学んだ京劇を旧体制の遺物として完全に否定してどうなるの？いやいや、そこは大丈夫、毛思想を体現する新たな人民大衆のための芸術は、演劇界でも立派に育っていたらしい。

しかして、文化大革命って一体何だったの？本作では、小四の姿を通じて、『活きる』と同じように、それをしっかり考えたい。

■□■別姫の最期は？覇王の最期は？■□■

日本の歌舞伎では、白塗りの千両役者が見得を切るところが見どころだが、京劇『覇王別姫』の見どころは？中国史を理解し、中国語を勉強すれば、「四面楚歌」という四文字熟語が何を意味するかがよくわかる。また、司馬遼太郎の小説『項羽と劉邦』を読めば、項羽こと覇王の天才性もよくわかる。しかして、別姫とは？

唐の時代では、玄宗皇帝の愛妾、楊貴妃が有名だが、それと並んで有名なのが項羽の愛妾、虞美人、すなわち別姫だ。本作の中では、何度も京劇俳優養成所からの逃亡を繰り返していた程蝶衣だったが、ある日、生の『覇王別姫』の覇王と別姫の演技を見ると涙を流しっぱなしに。それは一体なぜ？本作では、『覇王別姫』の名場面が何度も登場するので、それに注目！しかして、四面楚歌の中、別姫はなぜ自らの首をはねてしまったの？そして、項羽（覇王）の最期は？

本作ラストは、文化大革命の混乱が収まったある時期、２人だけで舞台に立つシークエンスになるので、それに注目。そんな中、２時間５２分という長尺の本作はいかなるラストを？それは、あなた自身の目で感動の涙と共にしっかりと！

２０２２（令和4）年7月４日記

熱血弁護士
坂和章平
中国映画を語る〈32〉

（さかわ・しょうへい）
１９４９年愛媛県松山市生まれ、大阪大学法学部卒。都市開発に関わる訴訟を数多く手がけ、日本都市計画学会「石川賞」、同年に日本不動産学会「実務著作賞」を受賞。「坂和的中国電影大観」（２００４年）、「ナニワのオッチャン弁護士、映画を斬る！」シリーズをはじめ映画に関する著書多数。（公社）日中友好協会参与、ＮＰＯ法人大阪府日中友好協会理事。

さらば、わが愛／覇王別姫

京劇『覇王別姫』を軸に、激変する中国の現代史を綴る

京劇は、派手な衣装と化粧、そして独特の演技法と発声が特徴の伝統的な舞台芸術である。主要かつ人気のある演目は歴史的な題材が多く、『覇王別姫（はおうべっき）』はその代表的なものだ。

１９２０年代後半、清帝国の時代―。段小楼と蝶衣の２人の少年が京劇の一座の中で、厳しい訓練を受けるところから物語は始まる。当時、中国の北東部を支配していた軍閥の袁世凱は、京劇のファンであり、理解者だった。一座の師匠は徹底したスパルタ教育で、段小楼や蝶衣はしごかれ、罰を受け、逃亡しながらも、次第に京劇の芸を身につけていった。

やがて２人とも成人し、今や段小楼は男役として、張國榮（レスリー・チャン）扮する蝶衣は女役として不動の名声を得ていた。２人が演じる『覇王別姫』は、袁世凱の強い応援を受け、とりわけ女役の蝶衣は袁世凱と道ならぬ…の仲に…。

時代は１９３０年代後半、日本の中国進出は拡大し、ついに日中戦争が勃発。日本軍の中国大陸支配が強まる中、蝶衣は日本軍将校の前で彼らのご機嫌をとるために京劇を披露した。

袁世凱の中国北東部支配から、日本軍による中国侵略へ。そして１９４５年の日本軍の降伏。中国は蒋介石率いる国民党の天下となったが、それもつかの間、国民党と共産党の内戦へと突入し、１９４９年10月１日中華人民共和国の成立。中国は共産党の天下となった。絶対的な指導者はもちろん毛沢東である。１９６４年に『毛沢東語録』が刊行され、さらに「文化大革命」の嵐が吹き荒れた。そして「四人組」事件…。激変する時代、京劇の舞台役者として圧倒的な人気を誇った段小楼と蝶衣は、『覇王別姫』を誰のために、どのように演じたのだろうか。

中国を代表する監督・陳凱歌（チェン・カイコー）が手掛け、第46回カンヌ国際映画祭でパルム・ドール賞を受賞した本作。京劇『覇王別姫』を通して、激動の中国の現代史を鮮明に描いていく。

◇◇◇◇◇◇◇◇◇◇◇◇◇◇◇◇◇◇

原題：覇王別姫
監督：陳凱歌（チェン・カイコー）
出演：蝶衣／張國榮、段小楼／張豊毅、菊仙／鞏俐
製作年：1993年、中国・香港合作、172分
配給：ヘラルド・エース＝日本ヘラルド映画

Data　2022―45

監督：張鑫炎（チャン・シンイェン）
出演：李連杰（ジェット・リー）／于海（ユエ・ハイ）／胡堅強（フー・チェンチァン）／張建文（チャン・チェンウェン）／丁嵐（ティン・ラン）／王光權（ワン・クァンチュアン）／計春華（チー・チュアンホア）／于承恵（ユイ・チェンホイ）／閻滌華（イェン・ディホア）

みどころ

今から４０年前の１９８２年、私の独立後３年、日本はバブル直前で元気いっぱいだった。香港もブルース・リーやジャッキー・チェンに続いて、本作でジェット・リーが登場し、香港武術アクション映画の黄金期を築いていた。“雨傘運動”がポシャリ、“一国二制度”が有名無実化した今の香港と大違いだ。

本作の時代設定は清ではなく、隋王朝の５８１～６１８年。あくまで“専守防衛”を標榜しながら武術の鍛錬に励む少林寺の僧侶たちに救われた主人公はいかに成長していくの？

他方、プーチン大統領を彷彿させる横暴な群雄の一人、ワン将軍の野望は如何に？その横暴には屈するしかないの？いやいや、現在のウクライナ情勢と対比しながら、“最後の戦い”のあり方と少林寺の勝利をしっかり見届けたい。

―――＊―――＊―――＊―――＊―――＊―――＊―――＊―――＊―――＊―――＊―――

40年前，即1982年，也是我事业独立的3年后，日本正处于如火如荼的泡沫经济之前。此时，香港也筑建了武术动作片的黄金时代。继李小龙和成龙之后，李连杰以这部影片开始登场。那时的香港与今天的截然不同。今天的香港，”雨伞运动 ”已经泡汤，”一国两制 ”已经有名无实。

这部电影设定的时代背景不是清朝，而是581～617年间的隋王朝。被宣扬”专守防卫“、精练武术强身健体的少林僧人救下的主人公，会如何成长呢？

另外，作为像普京总统这样横暴群雄中的一员，王将军的野心是什么呢？除了屈服于他的蛮横之外就别无选择吗？ 不，不，对比现在的乌克兰情势，一定要好好看看 ”最后之战 ”的进展，以及少林寺的胜利。

―――＊―――＊―――＊―――＊―――＊―――＊―――＊―――＊―――＊―――＊―――

■□■４０年前の香港映画はホンモノ揃い！迫力満点！■□■

２０２２年の今、岸田文雄総理は「新しい資本主義」を標榜しているが、平成の"失われた３０年間"からの脱却は容易にできず、日本の"国力"は衰えていくばかりだ。バブル期に入り、それが弾けてしまった１９８０年代の"元気だった日本"が懐かしいような、反省すべきような・・・。

そのように、日本も１９８２年から２０２２年までの４０年間で大きく変わったが、それ以上に激変したのが、香港。１９９７年の中国への返還以降は、「一国二制度」の下、超高層ビルが隣立するあんな小さな面積で、国際金融都市としての大きな役割を果たしてきたのはお見事！そんな中で"民主化"の動きが出てきたのはある意味当然だが、"雨傘運動"と呼ばれたそれが挫折してしまったのは周知の通りだ。そんな状況下『バーニング・ダウン　爆発都市』（２０年）のような興味深い映画も登場したが、近時の香港映画が全体的に元気をなくしているのはやむを得ない。

それに対して、１９８０年頃の香港映画は、①ブルース・リー、②ジャッキー・チェンに続いて、③本作のジェット・リー（当時はリー・リンチェイ）の登場によって、次々とホンモノの武術アクション映画が登場！とりわけ、ブルース・リーの登場は、分野こそ違え、『エデンの東』におけるジェームス・ディーンの登場と同じ、いや、それ以上の衝撃だった。そして、中国全国武術総合大会で最年少の優勝を飾り、その後合わせて５度のチャンピオンに輝いた１９歳のジェット・リー（当時はリー・リンチェイ）が、本作で初主演したのも、それと同じレベルの衝撃だった。

もっとも、私はリアルタイムにそれらの香港武術アクション映画を見ておらず、もっぱらTV で①ブルース・リーの『ドラゴンへの道』（７２年）、『燃えよドラゴン』（７３年）や『死亡遊戯』（７８年）、②ジャッキー・チェンの『少林寺木人拳』（７６年）や『ドランクモンキー　酔拳』（７８年）、③ジェット・リーの『少林寺２』（８４年）等々を楽しんでいただけだ。そんな私だから、「"リアル・アクション映画"最高峰、スクリーン大復活。」と聞けば、こりゃ必見！

■□■時代設定は隋王朝！アレレ、清王朝ではないの？■□■

ブルース・リーの登場によって武術アクションが香港映画の代表的なジャンル映画として世界的に有名となり、続いてジャキー・チェンの登場でコミカル・クンフーが流行する中、本物の中国武術を取り入れたアクション映画ができないかと企画されたのが本作。１９８２年１月の春節に中国で公開された本作は大ヒット。"武術アクション映画の金字塔"となった。日本では同年１１月に公開されたが、公開されるや年間興行収入第６位となる大ヒットとなり、日本におけるアジア映画の興行収入記録として、２００３年公開の『英雄／HERO』（『シネマ５』１３４頁）まで２１年間破られなかったそうだ。

本作は4K リマスター版であるにもかかわらず、新たに大型のパンフレットが作られ、そこには古い資料もたっぷり、詳しい資料もたっぷり載せられている。そのコラムの１つ、宇田川幸洋氏（映画評論家）の「４０年の時を経た今、映画『少林寺』から感じるいくつかのこと」を読むと、「少林寺もののほとんどが清王朝のはなしであることに気づいた」とある。たしかに私もそう思っていた。ちなみに、ジャッキー・チェンの９９作目の出演作で、劉徳華（アンディ・ラウ）、謝霆鋒（ニコラス・ツェー）、范冰冰（ファン・ビンビン）、吴京（ウー・ジン）らと共演した『新少林寺（新少林寺／SHAOLIN）』（１１年）（『シネマ３４』４７２頁）が描いた少林寺の時代は、辛亥革命直後の１９１２年だった。中国に進出してくる西欧列強と台頭する軍閥によって中国全土が混乱に陥った清朝末期の１９１２年、少林寺はいかなる教えや武術を示したの？銃や大砲の前にそれは無力だったの？否、そんなことは決してないはずだ。

ところが本作の時代設定はそうではなく、隋王朝の５８１年から６１８年の３７年間だ。そして本作の主役は、ジェット・リー扮するシャオフー（小虎）とタン師父（曇宗師父）（ユエ・ハイ）をはじめとする若き１３人の僧侶たちだが、それに加えて重要な役割として登場するのが、唐の大都督、リー将軍（李世民）（ワン・クァンチュアン）とタン師父の娘パイ（白無瑕）（ティン・ラン）。えっ、少林寺はそんな昔の時代からあったの？中国の歴史を学び、かつ中国語の理解が深まってくると、本作のような中国（香港）映画はより興味深くなる。さあ、そんな時代設定の中、少林寺（の存亡）は？

■□■拳、槍、刀、棍、縄etc. 中国武術の真髄をタップリと！■□■

本作の"悪役"は、唐の大都督、リー将軍から天下を取ろうと企てている、群雄の１人であるワン将軍（王仁則）（ユエ・チェンホイ）。本作冒頭、少林寺が河南省の嵩山にあることが紹介されるが、本格的ストーリーは、ワンに父親を殺されながらも、シャオフーが命からがら少林寺に逃げ込むところから始まる。

僧上のソンジ（僧値）（イェン・ディホア）は災いが降りかかることを恐れたが、管長（チャン・チェンウェン）は「御仏のままに」と介抱の許可を出したため、シャオフーはタン師父たちの指導を受け、若き僧侶たちとの交流を深めることに。しかし、ワン将軍への復讐を誓っているうちは、シャオフーが僧侶になれないのは当然。すると、シャオフーは何のために少林寺で武術の鍛錬に励んでいるの？

そこら辺りが本作では少し不明確だが、他方、シャオフーとタン師父や仲間たちとの交流ぶりを見ていると、犬の肉を食ったり、酒を飲んだり、適当に羽目を外しているところが本作は面白い。さらには、師父の娘、パイとの恋物語（？）まで展開していくからサービス満点だ。そんな中でもシャオフーは僧侶となり、チェユアン（覚遠）という法名までもらい、武術の鍛錬に励んだが・・・。

■□■パイの危機は？リー将軍の危機は？チェユアンの危機は？■□■

ロシアのウクライナ侵攻から約２ヶ月が経ち"戦争"は新たな局面に入りつつある。そこで誰がどう見ても目立つのは、ロシア（プーチン大統領）の横暴さだ。それは４０年前の本作でも同じで、パイがワン将軍の部下にさらわれる姿を見ていると、それはどう見ても横暴。“ある決意”で少林寺を抜け出したチェユアンが、そんなパイを見てパイを助けたのは当然。また、危機が迫った２人を助けてくれたのはワンの偵察をしていたリー将軍だったから、パイの説得で再び少林寺に戻ったチェユアンが、少林寺近くでワン将軍らに追われているリー将軍を救助したのは当然だ。

パイの力を借りてリー将軍を黄河まで逃がしたチェユアンだったが、ワン将軍の部下たちに取り囲まれてしまったから、さあ大変。そこに助けに来たタン師父たちが武器を持って命がけでワン将軍の部隊と戦い、これを蹴散らしてくれたおかげで助かったが、ワン将軍の横暴に、ただ耐えるだけでいいの？反撃は不要なの？さらに、チェユアンがワン将軍に追われているため、タン師父は彼に寺を去るように伝えたから、さあ、チェユアンはそんな危機をどう切り抜けるの？

■□■少林寺の危機は？管長の死を乗り越えて、遂に対決！■□■

仏の道に尽くすはずの少林寺が、なぜ武術に励み、さまざまな武術を生み出しているの？それは、すべて自らの修行、鍛錬のためだが、管長の言葉によれば、小林寺武術はあくまで自衛のもので攻撃のためのものではないらしい。日本の憲法や世論が頑なに守る“専守防衛”の思想が隋の時代からあったことが、本作を観ているとよくわかる。

しかし、「リー将軍を差し出せ。拒否したら、少林寺を焼き払うぞ！」と脅されたら、管長はどうするの？織田信長は、強力な僧兵を擁して一大政治勢力になっていた比叡山を焼き払い、僧侶はもとより女・子供まで皆殺しにしたが、少林寺もそうなってしまうの？その段階でも管長は、「話せばわかる。私がすべての責任を取る」と言って、火あぶりの刑に処せられようとしたが、ワン将軍の横暴の前にそこまで屈服する必要があるの？

連日報道されているウクライナ情勢と対比しながら本作を観ているとそんな疑問が湧いてきたが、そこに馬に跨がり、武器を持って戦うべく駆けつけてきたのがタン師父たちだ。彼らの少林寺武術のレベルは高いが、所詮多勢に無勢。弓矢を使った反撃の前にタン師父も胸を射抜かれてしまったが、そこから起きる“大逆転劇”に注目！

安倍政権当時から議論されてきた「敵基地攻撃能力」は、一方ではその必要性が認識されながら、他方では一種の拒否反応も強かった。しかし、自民党の安全保障調査会（小野寺五典会長）は、４月２１日の会合で、その名前を「反撃能力」へ改称したうえで保有するよう提唱した。名前を変えただけというのは一種のインチキかもしれないが、それでも私は机上の空論ではなく、本音の議論が進んでいくことを喜びたい。

少林寺における仏法の修業と武術の鍛錬が今日まで続いていることは歴史的な事実だから、この時のワン将軍の野望は儚く潰えたのだろう。本作ラストではそれをしっかり確認すると共に、ウクライナでも同様の結末になることを期待し、見守りたい。

２０２２（令和4）年4月２１日記

みどころ

ジョン・ウーとツイ・ハーク、そして、チョウ・ユンファ、ティ・ロン、レスリー・チャン。そんな男たちが勢揃いした、“香港ノワールの金字塔”が35年ぶりに復活！

１９６０～７０年代の日活・東映のヤクザ路線をアレンジした香港映画の全盛時代は、民主化運動が弾圧され、一国二制度が崩壊した今は終わってしまったから、なおさら本作は懐かしい。マッチ棒をくわえたニヒルな笑い、ド派手な２丁拳銃のぶっ放し等々の名シーンの数々は、今見ても実に楽しい。これからも４Ｋリマスター版で、かつての名作を次々と鑑賞したいものだ。

――＊――＊――＊――＊――＊――＊――＊――＊――＊――＊――

■□■“香港ノワールの金字塔”が３５年ぶりに復活！■□■

１９５０～６０年代の日活は石原裕次郎、小林旭という若き２大スターの登場によって日活アクション映画が花開き、和田浩二、高橋英樹、渡哲也らがそれに続いた。また１９６０年代の東映は、鶴田浩二、高倉健演ずるヤクザ映画が大ヒットし、以降、藤純子、菅原文太、松方弘樹らがそれに続いた。これは、戦後復興をいち早く成し遂げ、１９６０年の日米安保条約締結によって、軽武装で経済成長に集中できた日本のあっと驚く神ワザだ。毛沢東率いる中国（中華人民共和国）は１９５０年代の“大躍進政策”の失敗後、１９６６年からの“文化大革命”でも大混乱に陥ったから映画どころではなく、『黄色い大地』（８４年）、『紅いコーリャン』（８７年）が世界に発表されたのは１９８０年代半ばだった。

他方、イギリスの統治下にあった香港では、１９７０年代のブルース・リーとジャッキー・チェンの登場、さらに１９８２年の『少林寺』におけるジェット・リーの登場によって香港武術映画が花開いた。さらに、香港では１９８６年に“香港ノワールの金字塔”たる本作が登場。「香港は武術アクション映画のみにあらず！」と主張して、新たな歴史を刻んでいくことに。そんな名作が今、３５年ぶりに復活！

■□■ジョン・ウーとツイ・ハークに注目！香港と台北が登場■□■

本作の監督・脚本はジョン・ウー、そして製作はツイ・ハークだ。ジョン・ウーは後にハリウッドで大活躍したが、１９８０年代の彼は、香港の映画界で独自の路線を貫き通したため、台湾に追われて不遇の生活を送っていたらしい。そこで、友人のツイ・ハークが「もう一度、香港で映画を作ろう」と台湾に出向いて、ジョン・ウーを香港映画界に復帰させたことが本作製作のきっかけらしい。そんなエピソードを裏付けるかのように、本作冒頭は、香港のヤクザ「三合会」の幹部であるホー（テイ・ロン）とその親友のマーク（チョウ・ユンファ）が、台湾に渡って大きな取引に臨むストーリーになる。しかし、その取引の舞台はどこかヘン？そう思っていると・・・。

日本の野球界では、かつて“松坂世代”が注目されたが、今や佐々木朗希を頂点とする“朗希世代”が注目の的。女子ゴルフ界では、とうの昔にプラチナ世代が席巻している。それと同じように、１９８０年代の香港の映画界は製作陣も俳優陣もまさに黄金時代。本作では、一方ではマッチ棒を口にくわえてニヒルに笑い、他方ではド派手に２丁拳銃をぶっ放すチョウ・ユンファのカッコ良さと、ティ・ロンの渋い魅力がメインだが、若き日のレスリー・チャンのキュートな魅力にも注目！

■□■最後の取引で逮捕！その間シャバでは？■□■

ホーは闘病中の父親と学生である弟キット（レスリー・チャン）の面倒を見ていたが、キットが警察官を希望しているため、ヤクザの足を洗うよう父から懇願され、それを承諾。したがって、台湾での取引はホー最後の大仕事だったが、誰かの密告のため、警察の手入れを受け、絶体絶命の状態に。そこでやむなくホーは、部下のシン（レイ・チーホン）を逃がして自分は自首し服役することに。

他方、その間に父親は陰謀によって殺され、そのことで兄が三合会の幹部だと知ったキットは、以後ハッキリ兄を敵とみなして警察官の道に専心していくことに。また、マークは報復のため乗り込んだレストランで敵を皆殺しにしたものの、足を負傷するというアクシデントに見舞われることに。あれだけの大事件で逮捕されたヤクザの幹部であるホーがわずか３年で出所してくる脚本にはビックリだが、それはさておき、３年間の刑務所生活を終えたホーが出所後に直面したシャバの現実は？

■□■リーダーは誰に？ホーは？マークは？キットは？■□■

男は黙って己の義務を果たして刑務所へ。しかし、刑期を終えてシャバに戻ってみると、その現実は？１９６０～７０年代の日活や東映の（純正）ヤクザ映画はそんなストーリーが多かったが、それを引き継いだ１９８０年代の“香港ノワール”はまさにそれ。わずか３年の間に三合会はどう変わってしまったの？自首してくれたホーのおかげでシンは幹部になれたのだから、出所してきたホーに対してそれなりの礼を尽くすべきだが、さて現実は？また、左足の自由が利かなくなったマークは今どんな仕事を？

今や三合会の中にホーの居場所がないのは当然だし、ホーも警官になった弟キットのためにもそれを望んでいなかったが、そんなホーに安定した勤務先はあるの？大阪でお好み焼きチェーン店『千房』を経営している中井政嗣氏は刑務所から出所してきた、いわゆる"前科者"を雇用する会社として有名だが、ホーにもユー（シー・イェンズ）を社長とする、そんなタクシー会社があったからラッキー！かつてのヤクザの幹部だって、足を洗ってカタギになれば単なる一人の市民。ホーはそう主張したいわけだが、それは世間はもとより、警察でも通用しないらしい。そのため、いくら成績が良くても身内にヤクザの幹部がいるという理由で出世できない上、現在進行中のシンの捜査からも外されてしまったキットの不満は爆発するばかりだ。恋人のジャッキー（エミリー・チュウ）がいくらキットをなだめても、兄弟間の確執と対立は収まりそうもない。私が中学時代に見た、高橋英樹主演の『男の紋章』シリーズでは、ヤクザの親分の跡目を継がず、医者の道を選びながらも、結局、組の親分に復帰する姿が描かれていたが、さて本作では？

本作では、３年ぶりに再会したホーに対して、マークが「俺は３年間待ったんだ！もう一度２人で巻き返そう！」と絶叫する名シーンが中盤のみどころだが、それに対するホーの答えは？さらに、酒を飲んでいるマークとホーの席にやってきたシンが「２人を幹部として迎えるから、組に戻ってくれ」と勧誘するシーンも登場するが、それに対するホーの答えは？マークの答えは？さらに、これを見張っていたキットはホーに詰め寄り罵声を浴びせたが、マークが「なぜ兄を許してやらないのか！」とキットに迫るのも名シーンだ。

ことほど左様に、それぞれの立場が異なる男たちの渡世は大変だから、本作の『男たちの挽歌』というタイトルは実にピッタリ！

■□■クライマックスで浮上する男たちの挽歌をタップリと！■□■

高倉健主演の『唐獅子牡丹』シリーズも、高橋英樹主演の『男の紋章』シリーズも、ストーリー仕立ては単純。しかし、香港ノワール最高峰たる本作のクライマックスは少し複雑だし、ド派手さではハリウッド並の迫力だから、それに注目！

ホーが勤めるタクシー会社を痛めつけても、マークをトコトンいたぶっても、ホーは三合会への復帰を拒否！その頑固さは見事だが、それにしびれを切らしたシンは、一方で嘘の情報を警察の捜査陣から外れたキットに流し、他方で、ある取引を！そんな中、"もはや我慢もこれまで！"となったマークは再び２丁拳銃を手に、ある企てを！

そんな最後の取引の舞台は、日活映画では"波止場"と決まっていたが、本作もそれを踏襲し（？）、大量の火薬を使用しながら、"これぞ香港ノワール"と納得させる一大アクション劇を繰り広げていくので、それに注目！ド派手な銃撃戦の中で銃弾はホーにも当たったはずだが、それはそれ。ジョン・ウー監督が描くアクション活劇は、そんな傷はものともせず、すぐに復活させてくること間違いないはずだ。そんなワクワク、ドキドキの大活劇を楽しみつつ、マカロニ・ウエスタン風の"孤独感"とは異質の、香港流「男たちの挽歌」をしっかり味わいたい。

２０２２（令和4）年5月6日記

Data　2023−50

監督：王家衛（ウォン・カーウァイ）
出演：鞏俐（コン・リー）／張震（チャン・チェン）

みどころ

エロス。そう聞くだけで、若者が興奮し、ときめくのは当たり前。したがって、いかにも日活ロマンポルノ風のタイトルだったオムニバス映画『愛の神、エロス（eros)』（０４年）が大ヒットしたのは当然だ。その中の１つである、王家衛監督の『エロスの純愛「若き仕立屋の恋」』が４４分から５６分になったLong versionで公開。こりゃ、必見！

マギー・チャンの美しい脚を強調したチャイナドレスが魅力的だった『花様年華』（００年）と同じ、１９６０年代の香港が舞台だが、女優がマギー・チャンVSコン・リーだし、恋のお相手（？）も不倫相手のトニー・レオンVS若き仕立屋のチャン・チェンだから、その異同に注目！

さらに、コロナ禍に襲われた今、本作撮影時の２００３年の香港はSARS禍にあったことを再確認の上、『愛神 手』の原題、『The Hand』の英題に注目！感染防止のためには“接触しないこと”が最も大切だが、“愛の交換”のためには、手は不可欠・・・？

―――＊―――＊―――＊―――＊―――＊―――＊―――＊―――＊―――＊―――＊―――

■□■王家衛監督の名作がLong versionで一週間の限定上映■□■

いかにも“日活ロマンポルノ風”のタイトルだった『愛の神、エロス（eros)』（０４年）は、カンヌ国際映画祭を制した中国・アメリカ・イタリアの３人の名監督の視点による、純愛、悪戯、誘惑をテーマとした、３つの別々の物語の総タイトルだった。

アメリカからはスティーヴン・ソダーバーグ監督の『エロスの悪戯「ペンローズの悩み」』、イタリアからはミケランジェロ・アントニオーニ監督の『エロスの誘惑「危険な道筋」』、そして、中国からは王家衛（ウォン・カーウァイ）監督の『エロスの純愛「若き仕立屋の恋」』だから、そのラインナップはすごい。監督名とタイトル、そして中国の名女優、鞏俐

（コン・リー）の名前を見ただけで、「これは絶対！」と思うもので、２００４年のヴェネツィア国際映画祭の話題をさらったのも当然だ。私は、その評論（『シネマ１７』３２５頁）の中で『若き仕立屋の恋』について、「『若き仕立屋の恋』にみる純愛と性愛―その１」、「『若き仕立屋の恋』にみる純愛と性愛―その２」の小見出しで、その素晴らしさを評論したが、同作は４４分の短編だった。

同作は２００４年のヴェネツィア国際映画祭で非公開のプレミア上映作品として発表されたが、その後、尺が１２分伸びた５６分のロングバージョンとして２０１８年の北京映画祭で上映されたそうだ。４４分から５６分のロングバージョンになったことで、どこがどう変わった（補強された？）の？私はそんな興味をもって座席に座ったが、タイトルも原題が『愛神 手』、英題が『The Hand』だということが、今回はじめてわかった。『エロスの純愛「若き仕立屋の恋」』も日活ロマンポルノ風のタイトルだが、この原題にも英題にも、映画が始まってすぐに始まる、若き仕立屋のチャン（チャン・チェン）が、高級パトロンに囲われている高級娼婦ホア（コン・リー）の手で“性の手ほどき”を受けるシークエンスを見ていると、納得！さすが、王家衛監督はすごい！

■□■同じ王家衛作品だが、『花様年華』と本作の異同は？■□■

王家衛監督は香港を代表する名監督で、初期の代表作は第２作目の『欲望の翼』（９０年）（『シネマ５』２２７頁）だ。同作は、１９６０年の香港を舞台に、頽廃的で自由奔放な主人公役のレスリー・チャンと、これに惹かれる２人の女性、マギー・チャンとカリーナ・ラウ、そこにアンディ・ラウとトニー・レオンら香港の６大スターを共演させた青春群像劇だった。それに続く『楽園の瑕』（９４年）は『欲望の翼』の第2部として構想されたものだが、同作はイマイチだった（『シネマ５』２３１頁）。

しかし、王家衛監督には珍しい“不倫もの”で、トニー・レオンとマギー・チャンを共演させた『花様年華』（００年）（『シネマ５』２５０頁）は、素晴らしい作品だった。『宋家の三姉妹』（９７年）（『シネマ５』１７０頁）で、次女慶齢役を演じたマギー・チャンは、前半は孫文の秘書としてテキパキと尋問をこなす優秀な女子の姿を、後半は共産党を支援して蒋介石と対決する革命の闘士の役を見事に演じていたが、『花様年華』では一転して、１９６０年代の香港を舞台に、同じアパートの隣同士に住む夫婦が、お互いの夫と妻の不倫を知って“急接近”していく“不倫モノ”を豊満な肉体と美しいチャイナドレス姿を見せながら、圧巻の演技（艶技）を魅せていた。

そんな『花様年華』と同じように、『若き仕立屋の恋』と題された本作も、舞台は１９６０年代の香港。しかし、違うのは、「夫や妻が浮気するのなら、俺たちだって！」とばかりに（？）互いに変な言い訳をしながら対等の関係で不倫を楽しんでいた『花様年華』に対して、『若き仕立屋の恋』は男女の年齢と力関係が圧倒的に離れていることだ。コン・リーとチャン・チェンとの年齢差を考えればその設定は妥当だが、最初から最後までその男女の力関係の差を強調した『若き仕立屋の恋』も見応えいっぱい！男女間に大きな力関係の差があればこそ、『愛神 手』という原題も『The Hand』という英題も、いかにもぴったりだった。本作の楽しみを倍増させるためには、本作と『花様年華』との異同比べが不可欠だ。

■□■あなたはどちら派？コン・リーVSマギー・チャン■□■

１９６０年生まれのマギー・チャンが『花様年華』に出演した時の年齢は３６歳。チャイナドレスを着ると、たとえ１００ｇでも体重の増減があればわかってしまうため、撮影中はよく「太ったね、痩せたね」と言われ、その度にドレスを微調整したとのことだ。それに対してチャン・イーモウガールとしてデビューし、『紅いコーリャン』（８７年）（『シネマ５』７２頁）、『菊豆』（９０年）（『シネマ５』７６頁）、『活きる』（９４年）（『シネマ５』１１１頁）を筆頭とし、チェン・カイコー監督の『さらば、わが愛／覇王別姫』（９８年）（『シネマ５』１０７頁）への出演等でも中国を代表する女優No. １となったコン・リーは１９６５年生まれだから、『若き仕立屋の恋』の時は３９歳。美しい脚を強調するチャイナドレス姿を次々と披露した『花様年華』のマギー・チャンに対して、『若き仕立屋の恋』で高級娼婦を演じたコン・リーは奔放さと気の強さが目立っている。「若き仕立屋」の男を待たせていることを知りながら、平気で喘ぎ声を出しているかと思えば、パトロンとの電話では金切り声で怒鳴ったり、逆に甘えた声でおねだりをしたり・・・。他方、『若き仕立屋の恋』と題されているにもかかわらず、本作でコン・リーの美しい脚を魅せたチャイナドレス姿を拝む

ことは全くできず、チャンがアイロンをかけたり大切そうに畳んだりと、チャイナドレスそのものがスクリーン上で大切な素材になっているだけだ。
　したがって、チャイナドレスに包まれたコン・リーの美しい脚を見たい人には少し欲求不満かもしれないが、その分、高級娼婦として、若き仕立屋の男チャンに“いろいろなサービス”をしてくれるから、それに注目！しかして、あなたはマギー・チャン派？それともコン・リー派？

■□■コロナ禍の洗礼を受けた今、SARS 禍を再確認！■□■

　『活きる』では、１９４０～６０年代の中国の歴史が激動する中、コン・リーが演じる家珍が、夫の福貴と共にしたたかに生き抜く姿が感動的に描かれていた。しかし、本作の冒頭とラストは、病魔に襲われ死期が迫ったコン・リーの姿だから、実に残念！本作の舞台は１９６０年代の香港だが、撮影されたのはSARSが香港で猛威を振るった２００３年。奇しくも２０２０年から始まったコロナ禍はたちまち世界的パンデミックとなり、約3年間、世界中が大きな影響（被害）を受けたが、２０年前の香港がまさにそうだったことを、本作を観てあらためて再確認！ちなみに、王家衛監督はそのことについて、かつて発表したステートメントの中で、「人々が常に互いに意識したのは『何にも触れてはならない』ということでした。私たちは、いつも手を洗わなければなりませんでした。常に触れるだけで感染する恐れがつきまとう。私は“触ることについての映画を作る時が来たのかもしれない。それが、どのように伝染するかについて”と考えました。それはSARSについてではなく、“エロス”の話になったのです」とつづっている。なるほど、なるほど・・・。
　本作の劇中に見るコン・リー演じるホアは、高級娼婦としてパトロンを怒鳴り散らしていたが、所詮、娼婦は娼婦。美しさに衰えを見せてくると、さらにSARSのような病魔に襲われたとなると、伝染を恐れるパトロンたちが彼女に寄りつかなくなるのは当然だ。そうすると、ホアがパトロンに多額の代金を払わせながら、若き仕立屋のチャンに作らせていた美しい洋服の数々は・・・？あれほど高慢だったホアが、お金のために、ほとんど袖を通していない洋服を処分してくれとチャンに依頼する姿は実に痛々しい。もちろん、その依頼を聞いてあげてもいいのだが、チャンは自分がホアのために作った数々の洋服を処分することなど到底できず、大切に保管していたらしい。
　本作の冒頭とラストは、全く同じシーンから始まるのでそれに注目だが、ラストのシーンでは「感染するから近づいてはダメ」とチャンの接近と接触を拒否するホアに対して、チャンは・・・？原題を『愛神 手』、英題を『The Hand』とする、王家衛監督独特の美しい映像を見ながら、そんなホアの最期の姿を見守りたい。合掌・・・。

２０２３（令和5）年4月２６日記

Data

監督・脚本：陳玉勲（チェン・ユーシュン）
出演：林嘉宏（リン・ジャーホン）／席敬倫（シー・チンルン）／林正盛（リン・チェンシェン）／阿匹婆（アピポー）／文英（ウェン・イン）／連碧東（リェン・ピートン）／黄美文（ホアン・メイウェン）／羅斌（ルオ・ビン）／李靜美（リー・ジンメイ）／陳慕義（チェン・ムーイー）

みどころ

中国に陳凱歌（チェン・カイコー）、張芸謀（チャン・イーモウ）監督あれば、台湾には侯孝賢（ホウ・シャオシェン）、楊德昌（エドワード・ヤン）、さらに蔡明亮（ツァイ・ミンリャン）あり！小津安二郎、黒澤明ら日本の巨匠と並んで、彼らの作品は歴史に残る名作揃いだ。

他方、３８年間も続いた戒厳令が解除され、急速に民主化が進む台湾に突如登場し、１９９５年のこのデビュー作で第４８回ロカルノ国際映画祭青豹賞を受賞したのが陳玉勲（チェン・ユーシュン）監督。厳しい受験競争の中で、格差が広がっていく当時の台湾を生きる、ちょっと変わった若者たちの生きザマを、何と誘拐事件をテーマにひょうひょうと描いた本作は面白い。

園子温監督の『冷たい熱帯魚ーCold Fish』（10年）は恐ろしい熱帯魚だったが、さて、英題を『Tropical Fish』とする本作の熱帯魚は、どこをどう泳ぐの・・・？

――＊――＊――＊――＊――＊――＊――＊――＊――＊――＊――

■□■台湾の陳玉勲監督をはじめて発見！■□■

日本に小津安二郎、溝口健二や、黒澤明、今井正等の世界的に有名な監督がいるのと同じように、台湾にも侯孝賢（ホウ・シャオシェン）、楊德昌（エドワード・ヤン）、蔡明亮（ツァイ・ミンリャン）等の世界的に有名な監督がいる。私が最初に知ったのは、『悲情城市』（89年）（『シネマ17』350頁）のホウ・シャオシェン監督だが、その後、『牯嶺街(クーリンチェ)少年殺人事件』（91年）（『シネマ44』184頁）でエドワード・ヤン監督を知り、さらに『西瓜』（05年）、『楽日』（03年）（『シネマ17』270頁、276頁）で、韓国の天才キム・ギドクにも比肩しうる台湾の天才ツァイ・ミンリャン監督を、『迷子』（03年）（『シネマ17』280頁）で、すべてのツァイ・ミンリャン監督作品で主役を演じてきた李康生（リー・カンション）監督をはじめて知った。

また、4K デジタルリマスター版でリバイバル上映された『残酷ドラゴン　血斗竜門の宿』（67 年）と『俠女』（71 年）（『シネマ 44』180 頁、182 頁）で胡金銓（キン・フー）監督をはじめて知り、今回はシネ・ヌーヴォで開催された「台湾映画傑作選」で、はじめて陳玉勲（チェン・ユーシュン）監督を知ることに。

■□■初監督作品で第 48 回ロカルノ国際映画祭青豹賞を！■□■

中国映画の"ヌーベルバーグ（新潮派）"とも言うべき、第５世代監督の陳凱歌（チェン・カイコー）と張芸謀（チャン・イーモウ）による中国映画史上「最も重要な事件」は、第１に１９８５年にチェン・カイコー監督の『黄色い大地』（84 年）（『シネマ 5』63 頁）が第３８回ロカルノ国際映画祭で銀豹賞を受賞したこと。第2に、１９８８年にチャン・イーモウ監督の『紅いコーリャン』（87 年）（『シネマ 5』72 頁）が第３８回ベルリン国際映画祭でグランプリを受賞したことだ。

それと同じように、台湾では、１９９５年にチェン・ユーシュン監督の本作が第４８回ロカルノ国際映画祭で青豹賞を受賞したが、それはなぜ？

■□■時代は？舞台は？台湾の変化は？■□■

日本は１９４５年の敗戦から一転して、アメリカの占領下で平和国家、民主国家に変化していった。しかし、大陸から日本帝国主義を追っ払った中国では、共産党と国民党の「国共内戦」が続いた末、蒋介石率いる国民党は台湾に逃走し、「内省人」を弾圧した挙句、長い「戒厳令」を敷いた。台湾の重く苦しいこの時代の歴史は、侯孝賢（ホウ・シャオシェン）監督の『悲情城市』や、萬仁（ワン・レン）監督の『スーパーシチズン　超級大国民』（95 年）（『シネマ 44』191 頁）等で描かれている。しかし、１９８７年に３８年間も続いたその戒厳令が解除されると、台湾は日本と同じように、いやそれを上回る猛スピードで民主化と経済成長が進んだ。

本作のパンフレットは、その時代について「１９９０年に米 TIME 誌が「貪欲な島」と形容したように、台湾中の誰もが株式投資や不動産投機に走り、賭博に興じ、拝金主義的な価値観が誘拐事件を含む凶悪犯罪を誘発した時代でもあった。社会はバランスを欠き、都市と地方、貧富、高学歴と無教養等様々な格差に溢れていた。」と解説している。そんな（いい意味での）激動の時代なればこそ、本作は「当時の世相を反映するさまざまな要素をユーモアたっぷりに盛り込みつつ、急速に都市化する生活で失われつつあった、台湾人が元来持ち合わせている古き良き人情味や、素朴さ、そして人の良さをコミカルなタッチで描いた野心作。」らしい。そしてまた、「その背景は、台湾青春映画『あの頃、君を追いかけた』（11 年）や『私の少女時代』（15 年）に描かれる、１９９０年代半ばの台湾のリアルタイムな姿であり、チェン監督の考える荒唐無稽な台湾の日常だった。」そうだ。本作が公開された１９９５年は、日本では1月１７日に阪神淡路大震災が起き、３月には地下鉄サリン事件が発生した、歴史に刻まれる年。そんな年に、台湾では、陳玉勲（チェン・ユーシュン）監督が本作のような面白い映画を作っていたとは！

本作の舞台は、台湾南部の西海岸にある東石村。嘉義市のすぐ西側だ。しかして、本作はなぜ『熱帯魚』というタイトルなの？台湾にはホントに熱帯魚がいるの？いくら台湾が日本より南にあり、暖かい気候の国でも、熱帯魚はいないはずだが・・・

■□■誘拐は凶悪犯罪だが、本作ではどこかにほのぼの感が■□■

誘拐、とりわけ身代金目的の誘拐が凶悪犯罪であることは１９６３年の「吉展ちゃん誘拐殺害事件」でもハッキリしているし、瀬々敬久監督の『６４－ロクヨン－前編』『６４－ロクヨン－後編』（17 年）（『シネマ 38』10 頁・17 頁）でもハッキリしている。また、１７００万ドルの身代金が要求された『ゲティ家の身代金』（17 年）も、陰惨な誘拐事件だった（『シネマ 42』172 頁）。他方、同じ誘拐事件でもちょっとのどかでほのぼの感のある誘拐（？）が『幸福なラザロ』（18 年）（『シネマ 45』149 頁）だった。それは"ある特殊な理由"のためだが、陳玉勲監督が本作で描く誘拐事件も、のどかでどこかほのぼのしているから、それに注目！

主犯の頼（ライ）（チェン・ムーイー／陳慕義）に誘拐された小学生が、王道南（ワン・タウナン）（シー・チンルン／席敬倫）。そして、ある日ニュースで見た誘拐事件の被害少年ワンが犯人らしき男と一緒にいるところに出くわし、ワンを助けようとして逆に共に誘拐されてしまったのが、本作の主人公劉志強（リョウ・ツーチャン）（リン・ジャーホン／林嘉宏）だ。ところが、主犯のライが不慮の交通事故で死亡したため、その後を継いだ子分の阿慶（アケン）（リン・チェンシェン／林正盛）は、途方に暮れながらも、少年たちを連れて祖母や弟妹が暮らす故郷の東石村に戻り、家族と共に身代金奪取を目論んだが・・・。

『６４－ロクヨン－』では誘拐犯と警察との手に汗を握る攻防戦が見物だったし、『ゲティ家の身代金』では、大富豪が「私には１４人の孫がおり、一度支払えば１４人の孫全員が誘拐されることになる」というもっともらしい理由で身代金の支払いを断固拒否する姿が印象的だった。しかし、本作では、東石村に住むアケンの家族たちが電話で身代金要求を伝える風景自体がのどかでどこかにほのぼの感が・・・。ああ、この人たちはホントはいい人たちだとすぐにわかるから、その脅迫行為や脅迫文言に全く迫力がないうえ、その行為自体が"お笑い"のようにさえ思えてくる。それは一体なぜ？本作では、そんな誘拐事件のどこかほのぼのとした雰囲気をしっかり味わいたい。

■□■熱帯魚はどこに？■□■

『バッド・ジーニアス　危険な天才たち』（17 年）は、奨学金付の海外留学の夢を果たすために、若者たちがマークシート方式の入学試験の"カンニング"に精を出す、面白い映画だった（『シネマ 43』205 頁）が、それはタイも「学歴社会」だということが前提になっている。それと同じように、１９９５年当時の台湾も、「高中聯考」と呼ばれる高校入試の統一試験がめちゃ難しいことを前提として理解しなければ、当時台湾で頻発していた誘拐事件に高校入試を控えた生徒が巻き込まれるというユニークな設定のコメディ映画の本当の面白さは理解できない。

本作冒頭、高校受験を間近に控えながらも、現実より夢の中で生きている少年ツーチャンが受験勉強に全く身が入らず、片思いの女の子にラブレターを書き、ラジオから流れる物語の世界に逃避している姿が描かれる。そんなツーチャンがある日ワンと共に誘拐されてしまったから、さあ大変。「高中聯考」の日は刻一刻と迫ってくるが、誘拐されたままのツーチャンが受験勉強に精を出すことができないのは当然だ。テレビではニュースキャスター（ラン・ズーユン／郎祖筠）が、誘拐事件の悪質さもさることながら、その被害者が受験生だということをとりわけ強調したこともあって、世間の目はツーチャンの解放よりも、ツーチャンが「高中聯考」を受けられるかどうかに注目が集まっていた。なるほど、当時の台湾の「高中聯考」はそれほど大変なイベントだったわけだ。

しかして、本作のスクリーン上には、時々、優雅に泳ぐ熱帯魚が登場するが、これは一体何を暗示しているの？園子温監督の『冷たい熱帯魚』（10 年）も、本作と同じように熱帯魚が何かを暗示していた（『シネマ 26』172 頁）。その英題が『コールド・フィッシュ』だったのに対し、本作の英題は『トロピカル・フィッシュ』。その両者を比べると、同じ熱帯魚でも大違いだから、その違いにも注目！

■□■誘拐犯の家族は？彼らはどんな協力を？その不手際は？■□■

『ゲティ家の身代金』では、誘拐されたゲティ３世の母親は、ゲティの息子と結婚しながら、離婚の際には一切の慰謝料、財産分与、子供の養育費を放棄する見返りに、子供の養育権と監護権を獲得してゲティ家と縁を切った女性だった、という複雑な家族関係や、ゲティの孫が１４人もいることが大きなポイントで、そのことがギスギスした人間模様を浮き彫りにしていた。本作はそれと正反対で、死亡したライに代わって横滑り的に誘拐事件の主犯になってしまったアケンが故郷の東石村に戻ってきたため、家族も必然的に彼と共に身代金奪取に精を出すことになっただけ。相次ぐ台風被害で水浸しになっている彼の家は、漁業に精を出しているものの貧乏そのものだし、妹の阿娟（チュエン）（ホアン・メイウェン／黄美文）は「高中聯考」を受けることすらできずに働かざるを得ない状況だったから、誘拐で身代金が入ればラッキー。

そんな気持ちでアケンに協力する家族は、認知症気味の阿嬤（おばあちゃん）（アピポー／阿匹婆）を筆頭に、阿雄（ヒョンおじさん）（リェン・ピートン／連碧東）、阿姨（おばさん）（ウェン・イン／文英）、その娘のミンツーとその夫のチャン、そして弟のヘンと妹のチュエンたちだ。しかし、彼らにとって誘拐犯として身代金を要求する電話ははじめての体験だったから、そこにはいろいろな不手際が・・・？その最大のものは、電話している間に家族が口々に話しかけたことだが、いくら何でもそこで本名を呼ぶのはマズいのでは・・・？また、彼らのマヌケぶりはアケンの弟ヘンが何度ツーチャンの自宅に電話を掛けてもつながらなかったというくだりにも現れる。なんと、彼は東石村から台北に電話するについて、市外局番を回すのを忘れていたらしい。

更に、誘拐事件では『６４－ロクヨン－』で見られたように、金の受け渡し場所をどこに定めるかが最大のポイントだが、彼らは「中正路のビンロー屋台」と指定しただけだったから、犯人一家は東石村から一番近い嘉義市内の中正路を想定していたが、警察が台北市内の中正路を想定したのは仕方ない。そのため、所定の時間になっても警察は犯人を逮捕できなかったが、そのことの功罪は？

■□■警官も牧歌的？誘拐事件もハッピーエンドに！■□■

吉本新喜劇では警察官が登場してもそこに厳しさはなくお笑いを誘うが、本作に登場する東石村の警官もお笑いを誘うほどではないが、どこか牧歌的。したがって、アケンたちは、「中正路」としか指定しなかったことによって身代金の受け渡しに失敗した挙げ句、脅迫電話を逆探知されてしまったから、普通ならそれで一気に捜査網が狭まり、犯人逮捕に至るはず。しかし、アケンたちはツーチャンとワンを船に乗せてさらに逃亡したから、捜査の手も後手後手に回ることに。本作では、警察の包囲網の狭め方がその程度なら、誘拐犯たちもどこか牧歌的だ。その中でも面白いのは、入試の日が近づいてくるのを知った誘拐犯たちが、ツーチャンの受験に協力するべく、妹のチュエンが以前使っていた教科書や参考書を差し出し、受験勉強を続けられるように協力する姿。それは、船で洋上に逃げ出した後も続くから、それに注目！

そんな状況下、本作のクライマックスは、入試の前日になってツーチャンの将来を案じたアケンがついに身代金を諦め、２人を台北に返すことを決意するところから始まる。これは、連日報道されるニュースキャスターの発言に影響を受けた面もあるが、ポイントはやはりアケンの人間性と思いやり。しかして、本作クライマックスの焦点は、無事ツーチャンが入試を受けられるかどうかに移るが、その前に警官の前に現れたアケンたちの逮捕が先だ。ところが、そこで２人の少年は、「犯人に海へ放り出された後、アケンが助けてくれた」と証言したから、アケンたち誘拐一家の罪はどうなるの？

そんなこんなの吉本新喜劇を彷彿させるドタバタ劇の中、ツーチャンを乗せたパトカーは一路台北の入試会場に向かうことに。そこでは、誘拐事件のハッピーエンドを暗示し、ツーチャンの合格を暗示するかのように、チュエンの手紙で彼女の“ある秘密”が暴露されるので、それに注目！さらに、その手紙と共に託されたガラス瓶の中では熱帯魚が泳いでいたが、さて、これをあなたはどう解釈？

２０１９（令和元）年１０月３０日記

Data

監督・脚本：陳玉勲（チェン・ユーシュン）

出演：坐娜（タン・ナ）／施易男（シー・イーナン）／陳進興（チェン・ジンシン）／廖慧珍（リャオ・ホェイチェン）／馬念先（マー・ニエンシエン）／黄子佼（ミッキー・ホアン）／邱秀敏（チウ・シューミン）

みどころ

デビュー作で、高校入試を控えた主人公が誘拐される事件をユーモラスに社会問題提起した陳玉勲監督が、第２作目では恋愛モノに挑戦！

３人の主人公はそれぞれ"個性豊か"というより、ハッキリ言って"はみだし者"。そのため、バブル時代の日本で大ヒットした「トレンディドラマ」のカッコ良さはなく、どこか吉本新喜劇風・・・？

レモンパイ、ポケベル、痴漢撃退グッズ、等々のキーワードを巡る面白い恋愛ドタバタ劇（？）をしっかり楽しみたい。

―＊―＊―＊―＊―＊―＊―＊―＊―＊―＊―

■□■陳玉勲監督の第２作は恋愛モノ。３人の主人公は？■□■

『熱帯魚』（95年）で鮮烈なデビューを飾った陳玉勲（チェン・ユーシュン）監督の長編第２作が、原題を『愛情來了』、邦題を『ラブゴーゴー』とする本作。ハリウッドはもとより、邦画でも韓国映画でも、恋愛モノは美男美女が主役と決まっているが、陳玉勲監督は美男美女より変わり者が好きらしい。そのため、『熱帯魚』でも、主人公の中学生をはじめ、登場人物たちに美男美女はひとりも登場しなかった。それは、たった一人の例外の美女リーホァ（坐娜／タン・ナ）を除いて、本作も同じだ。

本作は３人の主人公が織りなす恋愛ドラマ。主人公の第１は、冴えないアラサー男子・阿盛（アシェン）（陳進興／チェン・ジンシン）で、彼は叔母のパン屋で働くケーキ職人だ。第２はアシェンと同じアパートに住む、明るく食欲旺盛なおデブの女の子・莉莉（リリー）（廖慧珍／リャオ・ホイチェン）。第３は痴漢撃退グッズのセールスマンをしている若者・阿松（アソン）（施易男／シー・イーナン）だ。アソンはセールスマンだから、半そでシャツにネクタイを締めている。したがって、中身は冴えないが、風貌はそれなりのもの。しかし、アシェンもリリーも、その風貌だけで恋愛モノの主人公に不向きなことがわかる。

しかして、陳玉勲監督はなぜこんな３人を主人公に？１９９７年の日本では、既にバブルは崩壊したものの、なおテレビ上では美男美女の恋愛ドラマが続いていた。そんな時期に、台湾ではなぜこんな恋愛モノが大ヒットしたの？しかも、アシェンを演じたチェン・ジンシンは映画の裏方スタッフ、リリー役のリャオ・ホイチェンはテレビ業界のマネージャーと、２人とも演技はズブの素人だったにもかかわらず、２人は見事その年の金馬奨を受賞したというから、すごい。

■□■ショートケーキ、のど自慢大会、透明人間、初恋■□■

冴えないアラサー男子アシェンの物語のキーワードは、ショートケーキ、のど自慢大会、透明人間、初恋だ。そこには、アシェンを特訓するミュージシャン志望の友人・小徐（シュー）（馬念先／マー・ニエンシエン）と、パン屋の経営者である叔母が登場するが、話はどこかトンチンカン。また、アシェンの物語の最大のポイントは、初恋の女性リーホァがレモンパイを買うために毎日店にやってくることだが、小学生の頃2人でブランコ遊びをする中で、アメリカに透明人間に会いに行こうという約束をしていたのに、リーホァはアシェンのことをホントに覚えてないの？そんな日々の繰り返しの中、アシェンが心を込めて書いたラブレターがひょんな形でリーホァの手に届けられたが、さて、その反応は？

その後、スクリーン上はリリーの物語、続いてアソンの物語に転換していった後、再度ラストには、のど自慢大会でテレビに登場したアシェンを、リーホァが自宅で笑いを堪えながら見るシークエンスを迎えることに・・・。

■□■ダイエット、ポケベル、ポケベルの君■□■

リリーはアシェンと同じアパートに住んでいるが、これだけ大量のパンを毎日食べていれば太るのは当然。あの程度のダイエットでは効果がないはずだ。そんなおデブの女の子、リリーの物語は、ある日、道端に落ちていたポケベルを拾ったところから、まだ見ぬ"ポケベルの君"を巡って急展開していく。今やポケベルは完全な死語だが、日本でもTVドラマ『ポケベルが鳴らなくて』が大ヒットした１９９３年当時、これは重要な恋愛グッズだった。

当初、リリーは拾ったポケベルからキザな留守電応答メッセージを聞くばかりだったが、ある時、持ち主である喬書培（チャオ・シューペイ）（黄子佼／ミッキー・ホアン）への通話が繋がると・・・？互いに体型の特徴を述べ合ったため、リリーはそれまでとは一変する、懸命なダイエットに励んで晴れの会見に臨んだが・・・。

■□■痴漢撃退グッズの活用場面は？■□■

パンフレットにある、栖来ひかり氏（在台文筆家）の「惜しみなく、愛は余る。～陳玉勲のはみだした世界」が指摘するとおり、陳玉勲監督は、はみだした世界とはみだし者が大好きらしい。しかし、アシェンとリリーのはみだしぶりは顕著だが、痴漢撃退グッズのセールスマンであるアソンのはみだしぶりはそれほどでもない。むしろ、彼は世間からはみださず、まともな道を歩もうとしている若者のようだが・・・。

彼が、痴漢撃退グッズを最初に持ち込んだのは、アシェンがケーキ職人をしている叔母さんの店だが、所詮叔母さんには痴漢撃退グッズは不要。そのため、「若い娘が集まっているところで売らなきゃ」とアドバイスされたのは当然。そこで、アソンの物語で、彼はリーホァが経営している理容店で散髪してもらうことをエサに商品を売り込もうとしたが、その首尾は？そこで起きたハプニング的な“女同士の闘い”にアソンはビックリだが、そこでアソンがカバンから取り出した商品の１つ、ピストル型の護身グッズの効用は？

陳玉勲監督の映画はストーリーの展開が全く読めないから、メチャ面白い。その後、ビルの屋上で展開される、誕生日の“ある風景”をしっかり楽しみたい。

■□■本作ラストは何を暗示？■□■

『熱帯魚』(95 年) でも、ラストはガラス瓶の中で泳ぐ熱帯魚が印象的で、それが“何か”を暗示していた。それと同じように、本作ラストは、ダイエットの呪縛から解放されたリリーがハンバーガーショップで暴飲暴食をしている中で、今度は忘れ物らしき携帯電話を発見するシーンとなる。しかして、これは何を暗示しているの？リリーの場合は、男関係も食生活も単純そのもの（?）だが、アシェンの初恋の女性だったリーホァの場合は、美人だけに男関係も複雑で、１人の恋人を巡る女同士の闘いも熾烈だ。そんなリーホァの傷ついた心を慰めたのが、のど自慢大会でテレビに映っているアシェン。しかし、それだけで２人の恋が成就するとは到底思えない。

本作を観ていると、ある程度はその後の主人公たちの人生が予測できるから、本作ラストが何を暗示しているかの答えはそれほど難しくない。『ラブゴーゴー』と題された本作では、それくらいでちょうどいいのだろう。二枚目で文武両道を備えた男性諸君や容姿端麗、絶世の美女たちには、本作のような映画は全く興味がわかないだろうが、そうでない男女は、本作を観ればくすっと笑えるし、何よりも同感できるはずだ。そんな陳玉勲の監督第２作をしっかり楽しみたい。

２０１９（令和元）年１０月３０日記

監督：侯孝賢（ホウ・シャオシェン）
原作：韓子雲（ハン・チーユン）、張愛玲（チャン・アイリン）『海上花列伝』
出演：梁朝偉（トニー・レオン）／羽田美智子／李嘉欣（ミシェル・リー）／劉嘉玲（カリーナ・ラウ）／高捷（ジャック・カオ）／ウェイ・シャホェイ／潘迪華（レベッカ・パン）／ファン・シュエン／伊能静／徐明（シュイ・ミン）

みどころ

『悲情城市』（８９年）を代表作とする台湾の巨匠、ホウ・シャオシェン監督には本作のような異色作も！松竹が共同出資した本作では、トニー・レオン演じる主人公に羽田美智子が絡むが、２０１９年の東京フィルメックスでの４Kデジタルリマスター版の世界初上映に際して「良い夢をご覧ください」とメッセージした本作は一体何？

次代は清朝末期、舞台は高級遊郭。遊郭での室内シーンばかりを繋ぎ合わせた本作の陰影に満ちた撮影は素晴らしい。長回しのシークエンスも多少退屈だが素晴らしい。しかし、肝心の物語は？

有名スターの共演も、「良い夢」も悪くはないが、やっぱりホウ・シャオシェン監督の真の価値は『悲情城市』のような問題提起にあるのでは？

——＊——＊——＊——＊——＊——＊——＊——＊——＊——＊——

■□■ホウ・シャオシェン大特集開催！観たかった本作を！■□■

台湾の巨匠、侯孝賢（ホウ・シャオシェン）監督が２０２０年台湾金馬奨終身成就奨を受賞！そんな「ホウ・シャオシェン監督デビュー４０周年記念」として、シネ・ヌーヴォで６月２６日から２３日の間「ホウ・シャオシェン大特集」が開催された。そのラインナップの中には、前から観たいと思っていた本作があった。しかも、今回は「4K デジタルリマスター版」で劇場初上映だから、こりゃ必見！さあ、その出来は？

■□■なぜ遊郭を舞台に？なぜ大スターを？なぜ松竹が出資？■□■

ホウ・シャオシェン監督の代表作は、何と言っても『悲情城市』（８９年）（『シネマ１７』３５０頁）。私が同作をはじめて観た時の衝撃は大きかった。それより以前の『冬冬の夏休み（冬冬的假期）』（８４年）（『シネマ４４』１９８頁）、『ナイルの娘（尼羅河女兒）』（８７年）（『シネマ４４』１９７頁）のような、ほのぼのとした温かい作品とは全く異質の、「ニ・

二八事件」に切り込むという、監督生命をかけた同作の問題提起性は素晴らしかった。また、『ホウ・シャオシェンのレッド・バルーン（紅気球之旅）』（０７年）（『シネマ２０』２５８頁）も彼流の鋭い問題提起があったし、直近の監督作品たる『黒衣の刺客（聶隠娘刺客）』（１５年）も若々しさに満ちた素晴らしいエンタメ作品だった。

ところが、本作は１９世紀末の清朝末期の上海のイギリス租界に軒を連ねる高級遊郭を舞台に、そこに出入りする男たちと娼婦たちの関係を描き出したものだ。ホウ・シャオシェン監督は、なぜこの時期（１９９８年）にそんな映画を作ったの？また、本作は日本の松竹が一部出資して製作されたうえ、当時「チームオクヤマ」女優として活躍していた羽田美智子が主役の１人である沈小紅役で登場している。松竹の共同出資は『憂鬱な楽園（南國再見、南國）』（９６年）に続くものだが、それは一体なぜ？さらに、本作は主演のトニー・レオンの他、女優陣にはミシェル・リーやカリーナ・ラウ等のビッグ・ネームが名を連ねている。ホウ・シャオシェン監督の初期作品では無名の俳優をうまく使っていい効果を生んでいたのに、なぜ本作ではそんな有名スター志向になったの？

本作については、そんないくつかの疑問がある。その答えは如何に？

■□■清朝末期における、旦那衆vs高級遊郭の遊女の生態は？■□■

去る６月５日に観た『HOKUSAI』（２０年）では、町人文化が花開いたと言われている徳川の文化文政時代における遊郭の遊女たちの生態を知ることができた。そこでは、飲食と踊り、そして遊女との色恋沙汰の他、浮世絵という芸術の趣が強調されていた。ところが、本作に見る清朝末期の上海のイギリス租界に軒を連ねた高級遊郭に通う旦那衆の遊びは単純なじゃんけんゲームだから、レベルが低い。

とは言っても、遊郭の経営を成り立たせるには、如何にいい女の子を集めて働かせるかがポイントだが、遊郭という舞台を通した「男と女の営み（色恋沙汰）」は、時代や国が違っても所詮同じだから、本作では何よりも主人公のワン（王蓮生）（トニー・レオン）と２人の遊女、シャオホン（沈小紅）（羽田美智子）とホェイジャン（張蕙貞）（ウェイ・シャホェイ）を巡る"恋模様"に注目したい。

■□■主人公と２人の遊女との三角関係が焦点だが・・・■□■

ワンは上海からやってきた役人（官僚）だが、本作では仕事をしているシーンは全くなし。彼は、旦那衆が集まった宴会で適当にじゃんけん遊びをしているだけだ。しかし、ワンは今、長年親しい関係にあったシャオホンが別の男に心を寄せているという噂を聞いてイライラしているらしい。ワンは、嫉妬心の中からそんな噂を教えてくれたホェイジャンと結婚してしまうが、やがてホェイジャンも不倫していることを知り、ホェイジャンとも別れてしまうことに。本作はそんな"メインストーリー"を、遊郭を舞台にした室内シーンの中で展開していくだけだから、ある意味で退屈・・・？

そんな"三角関係"が生まれる中で、ワンと別れたシャオホンは、経済的には恵まれないまま若い恋人と新しい人生を歩もうとしているそうだが、その展開は？他方、ワンの方も、上海でろくな仕事もしていないのに、生まれ故郷の広東に出世して戻れることになったらしいから、そりゃラッキー。なるほど、なるほど。しかし、そうだからと言って、本作は一体どんな物語になっていくの・・・？

ホウ・シャオシェン監督は、２０１９年の東京フィルメックスでの4K デジタルリマスター版の世界初上映に際して、「良い夢をご覧ください」というメッセージを寄せているが、さて、これだけのストーリーでホントに良い夢を見ることができるのだろうか？

■□■陰影に満ちた撮影に注目！吸っているのはアヘン？■□■

近時の邦画は明るく美しい画面ばかりだが、孤島の灯台における新旧２人の灯台守だけで物語を紡いだ『ライトハウス』（１９年）は、モノクロで正方形のスクリーンが“売り”だった。本作はカラーだが、本作の“売り”も、それと同じく陰影に満ちた撮影だ。本作のパンフレットには、「李屏賓（リー・ピン・ビン）撮影による光線設計も、それ自体が芸術品のように素晴らしい」と書かれているが、まさに、本作ではその素晴らしさを堪能したい。

デンマークの女流監督スサンネ・ビアは、あっと驚くようなクローズアップ撮影が特徴。彼女の監督作品である『アフター・ウェディング』（０６年）（『シネマ１６』６３頁）をはじめて観た時は、「デンマークにすごい女性監督を発見！人間描写の深さと独特の映像美は特筆物で、韓国のキム・ギドク監督を知った時と同じような衝撃が走った」と書いた。本作には、そんなクローズアップは登場せず、逆に“長回し撮影”が特徴だが、じゃんけん遊びをメインにした旦那衆の宴会シーンにも、個室におけるワンのイライラシーンやワンとシャオホンたちの痴話喧嘩シーンにも、“長回し撮影”はピッタリ。そのため、私たち観客も、一瞬上海の高級遊郭でそんな宴会に参加している気分に浸ることができる。

ちなみに、私が体験した中国式宴会では、おいしい食べ物が次から次に運ばれていたが、本作に見る旦那衆は、ワン以外は老人ばかりだから料理の量はそれほどでもない。飲んでいる酒も、アルコール度数が６０％以上になる白酒ではなさそうだ。本作で非常に気になるのは、宴会席ではじゃんけんゲームに忙しいからやっていないものの、個室での飲食シーンになると必ず登場する、長いキセルで何かを吸っているシーン。あれは水タバコ？それともアヘン？その真相は？ちなみに、本作は韓子雲（ハン・チーユン）と張愛玲（チャン・アイリン）の原作『海上花列伝』を映画化したものだが、原作ではそれをどのように表現しているのだろうか？

■□■ストーリーの面白さは？問題提起性は？■□■

前述のように、本作はワンと２人の遊女、シャオホンとホェイジャンとの確執がメインストーリー。これは、ワンを専属の旦那としているシャオホンが５年も他の客を取ることがなかったにもかかわらず、ワンがホェイジャンを買ったことによって生じたトラブルだ。遊郭ではそんなことは日常茶飯事のはずだから、私にはなぜそれがトラブルになるのか自体よくわからない。しかし、シャオホンにはシャオホンの言い分があることはスクリーンを見ているとよくわかる。お坊ちゃま育ち（?）のワンがそれに対して頭ごなしに反論できないのは仕方ないが、私に言わせれば、シャオホンの主張には何の正当性もなく、ワンの主張（弁解）が正当だ。金を払って遊郭に来ているワンが、それくらいのことで、シャオホンから文句を言われる筋合いはないはずだ。

他方、本作のサブストーリーは、ツイフォン（黄翠凰）（ミシェル・リー）にシュアンチュウ（周双珠）（カリーナ・ラウ）がアヘン入りの酒を無理やり飲ませようとするもの。そんな事態になったのかは、こちらも女同士の突っ張り合いによるものだが、このサブストーリーは心中未遂事件に発展していくから面白い。しかも、そこで注目すべきは、ツイフォンがシュアンチュウにアヘンを入れた酒を飲ませて心中を図ろうとするシークエンスだ。しかし、そんなものがホントに飲めるの？本作を観ていると、本物のアヘンを飲むのは、酒に入れても難しいことがよくわかる。

ちなみに、高級遊郭はもちろん“アヘン窟”ではないが、当時の遊郭ではアヘンの使用はどの程度許されていたの？鋭い社会問題提起をするホウ・シャオシェン監督なら、そんな点にも触れてほしかったが、残念ながら、本作にはそんな点への言及はない。もちろん、それはそれで仕方ないが、このサブストーリーも、そうだからと言って一体何なの？本作は、美しい撮影が魅力的な“遊郭モノ”と考えればそれで十分満足できるものだが、私にはどうしてもそんな不満が・・・。

２０２１（令和3）年7月２８日記

Data　2023−99

監督・脚本：楊徳昌（エドワード・ヤン）

出演：倪淑君（ニー・シューチン）／陳湘琪（チェン・シャンチー）／王維明（ワン・ウェイミン）／王柏森（ワン・ポーセン）／李芹（リチー・リー）／鄧安寧（ダニー・ドン）／王也民（ワン・イエミン）／陳以文（チェン・イーウェン）／閻鴻亜（イエン・ホンヤー）／陳立美（チェン・リーメイ）

みどころ

中国ニューウェーブの代表がチャン・イーモウ（張芸謀）とチェン・カイコー（陳凱歌）なら、台湾ニューウェーブの代表はホウ・シャオシェン（侯孝賢）とエドワード・ヤン（楊徳昌）。エドワード・ヤン監督の代表作は『牯嶺街（クーリンチェ）少年殺人事件』（91 年）だが、その 3 年後に、前作とは全く異なるアプローチで現代の台北で生きている男女を描いた本作は、“エドワード・ヤン監督のフィルモグラフィの中でも最大の野心作”だ。

そのことを濱口竜介監督は彼特有の造語で「重厚な歴史青春群像劇」から「軽佻浮薄な都市的恋愛模様」に変わっていったと表現しているが、さすが、カンヌ国際映画祭で脚本賞を受賞した映画監督だけあって、これは言い得て妙だ。

戦後復興を急速に成し遂げた日本は、1960 年代の「所得倍増計画」と「高度経済成長政策」でひた走りに走ったが、1996 年に総統の直接選挙を実現させた台湾では、それまでの戒厳令や白色テロの悪夢を乗り越えて、急速な経済成長を進めていった。とりわけ、首都台北の経済成長が東京以上にすごいことは、本作のスクリーンを見れば、よくわかる。

他方、60～70 年代の日本は『青い山脈』（63 年）に代表される、夢と希望に満ちた真っ直ぐな経済成長への道だったが、①国共内戦、②本省人と外省人の対立、③戒厳令と白色テロ、④「反攻大陸」という状況下で苦悩してきた台湾の若者たちには、各人各様の“屈折”があるので、その屈折ぶりや屈折度に注目！60 年代の『青い山脈』とも 90 年代の『東京ラブストーリー』とも異質な、10 人の男女が濃密な会話劇で織りなすエドワード・ヤン（楊徳昌）監督の青春群像劇をしっかり鑑賞し、タップリ楽しみたい。

――＊――＊――＊――＊――＊――＊――＊――＊――＊――＊――

■□■『牯嶺街少年殺人事件』と並ぶ台湾の名作を鑑賞！■□■

“中国ニューウェーブ”を代表する（第5世代）監督がチャン・イーモウ（張芸謀）とチェン・カイコー（陳凱歌）なら、“台湾ニューウェーブ”を代表する監督がホウ・シャオシェン（侯孝賢）とエドワード・ヤン（楊徳昌）。そして、1947年生まれのホウ・シャオシェン（侯孝賢）監督の代表作が『悲情城市』（89年）（『シネマ17』350頁）なら、1947年生まれのエドワード・ヤン（楊徳昌）監督の代表作は映画史上に屹立する『牯嶺街（クーリンチェ）少年殺人事件』（91年）（『シネマ40』58頁）だ。

『牯嶺街少年殺人事件』直後の1994年に、前作とは全く異なるアプローチで、現代の台北で生きている男女を描いた本作は、“エドワード・ヤンのフィルモグラフィの中でも最大の野心作”と言われている。2022年のヴェネチア国際映画祭で、そんな映画の4Kレストア版がワールドプレミアされるやいなや、トロント、NY、東京と世界中の映画祭が相次いで上映し、「90年代の台北で描かれるすべてのことは、21世紀の大都市でも起こることだ」と絶賛されたらしい。しかして、本作のチラシには「早すぎた傑作が4Kで蘇る」と謳われているが、それは一体なぜ？

なお、本作のチラシには、財閥の娘・モーリー（倪淑君／ニー・シューチン）と並んで本作のヒロインとして登場する、モーリーの親友・チチ（琪琪）（陳湘琪／チェン・シャンチー）と、その大学時代からの恋人ミン（明）（王維明／ワン・ウェイミン）が映っているが、そこでのチチの圧倒的な美人度にも注目！

■□■重厚な歴史青春群像劇から軽佻浮薄な都市的恋愛模様に■□■

本作のパンフレットには濱口竜介氏（映画監督）の「エドワード・ヤン　希望は反復する」があるが、これは全6ページにわたる超力作だから必読！そこでの最初の問題提起は、次の通り実に鋭いものだ。すなわち、

> 加速度的な経済発展に浮かれる社会における、生身のからだの疲弊と消尽こそを不可避の問題と看破しつつ、それをギリギリでも「恋愛コメディ」と見えるような枠組みへと落とし込んだエドワード・ヤンの洞察と手腕に、遅まきながら深く驚いたのだった。

その上で、濱口監督は次の通り指摘している。すなわち、

> 1990年代半ば、待望の新作として『エドワード・ヤンの恋愛時代』を見た観客たちは深く驚いたろう。動揺したかもしれない。ひとまずは「重厚な歴史青春群像劇」とでも言えそうな傑作『牯嶺街少年殺人事件』から3年を隔てて発表された『恋愛時代』は一見したところ「軽佻浮薄な都市的恋愛模様」といった印象で、テーマは様変わりして見える。それだけでなく、後述するように形式の面でも相当に異なっており、両作の間には「亀裂」とも言いたくなるようなギャップがある。

ここでの「重厚な歴史青春群像劇」VS「軽佻浮薄な都市的恋愛模様」は濱口監督の特有の造語だが、さすがカンヌ国際映画祭で脚本賞を受賞した映画監督だけあって、その言葉

（表現）は、言い得て妙だ。私の感覚では、『牯嶺街少年殺人事件』はエドワード・ヤン監督の本質的な部分を知った上で、深く切り込まなければ容易に理解できない映画であるのに対し、本作は軽佻浮薄な気分で十分楽しめる映画なのかもしれない。

日本では1990年代のバブル時代に『東京ラブストーリー』（91年）というトレンディドラマが大ヒットしたが、私に言わせれば、これこそ、日本型バブルの時代に生まれた「軽佻浮薄な都市的恋愛模様」ドラマだった。しかし1994年に台北を舞台として公開された本作は、「軽佻浮薄な都市的恋愛模様」でありながらも、90年代の日本のトレンディドラマとは全く異質なものだ。そのことは、本作の原題が『獨立時代』、そして、英題が『A Confucian Confusion』（儒者の困惑）とされていることをよくよく考えれば明らかだ。

■□■60年代の日本の経済成長はなぜ？その特徴は？■□■

1945年8月15日に終戦（敗戦）を迎えた日本は、『リンゴの唄』（46年）が流れる中、サンフランシスコ講和条約（51年）、朝鮮特需（50～52年）等の中で“戦後復興”を進めた。そして、1956年の『経済白書』の中で、「もはや戦後ではない」と宣言し、池田勇人首相が所得倍増計画を打ち出した後の日本は、高度経済成長の軌道に乗った。とりわけ、1964年10月に開催された東京オリンピックは、そんな日本の復興と豊かさを世界に知らしめた画期的なイベントだった。1960年の日米安保条約（改定）によって、軽武装、経済重視路線を確立させる中、まさに60年代の日本の高度経済成長ぶりは驚くばかり。1970年の大阪万博がそれに輪をかけたのはもちろんだ。

そんな中、小説では源氏鶏太の『三等重役』（51～52年）がヒットし、これは東宝が『新・三等重役シリーズ』（59～60年）として映画化した。歌では1962年に植木等が歌った『スーダラ節』が大ヒットし、『無責任シリーズ』（62～71年）等のクレイジー映画が大ヒットした。私が3本立て55円の日活映画を見始めたのは1961年に愛光中学に入学した後だが、その当時の邦画の隆盛ぶりはすごかった。吉永小百合と浜田光夫の純愛コンビをはじめ、人気俳優はほぼ“年間12本”も撮っていたほどだ。これからの日本は前向き、そして、そこでは若者たちが主役。そんな思いを込めた日活の代表作が、石坂洋次郎の原作を映画化した青春群像劇『青い山脈』（49年）だった。また、世界的大都市に復活しようとする東京の銀座を舞台にした、石原裕次郎、浅丘ルリ子コンビによる“珠玉の大人のラブストーリー”たる『銀座の恋の物語』（62年）もあった。おっと、それとは逆に、深窓の令嬢とチンピラヤクザとの純愛と悲哀を描いた藤原審爾の原作を映画化した、吉永小百合×浜田光夫コンビによる『泥だらけの純情』（63年）は、今なお私の目に焼き付いている。

■□■90年代の台湾の経済成長はなぜ？日本とは全く異質！■□■

このように、日米安保条約の恩恵を受けて高度経済成長路線をひた走った60～70年代の日本に対して、台湾は1945年の日本統治終了後も後記の通り、①国共内戦での敗北、②本省人と外省人の対立、③1949年から1987年まで38年間も続いた戒厳令と白色テロ、④「反攻大陸」のスローガン、という大問題点を抱えていたから大変だ。しかし、中華民国（台湾）の初代総統、蒋介石の後を継いだ2代目の蒋経国が1988年に死去すると、その後継者として李登輝が急浮上！彼の尽力によって、1996年には台湾初の総統直接選挙が実施され、李登輝が台湾初の民選総統として第9期総統に就任した。日本は1886年の明治維新によって近代化と民主主義が急速に進んだが、台湾では、この1996年の総統直接選挙以降、急速に民主化が進んだわけだ。ちなみに、1996年の直接選挙に先立つ1994年には、①第9期総統選から直接選挙を実施することを決定すると共に②総統の「1期4年・連続2期」の制限をつけて、独裁政権の発生を防止する規定も定められた。

1994年に公開された本作は、まさにそんな台湾の激変期を生きる男女10人の青春群像劇なのだ。

■□■出演者の多くは『牯嶺街少年殺人事件』と共通！■□■

「小公園」と「217」という2つのグループに分かれて抗争を繰り広げる若者たちの姿を描いた236分の超大作、『牯嶺街少年殺人事件』を観て、私はミュージカルの傑作『ウエストサイド物語』（61年）を思い出したが、その共通点はあくまで表面上のものだった。なぜなら、『牯嶺街少年殺人事件』は、①国共内戦の敗北、②本省人と外省人、③長く続いた戒厳令と白色テロ、④「反攻大陸」というスローガンと、プレスリーをはじめとした洋楽への憧れという歴史的背景の中での、若者たちの抗争を描くものだったからだ。つまり『牯嶺街少年殺人事件』は、あくまであの時代の台湾特有の映画だった。

同作はエドワード・ヤン（楊徳昌）監督の代表作になったが、それから3年後の本作には、豊かになった台北市内を舞台として、抗争グループの中心人物として活躍した若者たちが少し成長し、男はカッコ良い背広姿で、女はキレイなドレスやスーツ姿で登場するので、その"対比"に注目！

『牯嶺街少年殺人事件』の舞台になったあの台北市が、わずか3年後に本作に見るような近代的な大都市に成長し、『牯嶺街少年殺人事件』でチンピラだった男女が、わずか3年後に本作のような自由奔放な（？）恋愛模様を繰り広げる男女に成長したとは！

■□■本作に登場する10人の男女たちの"屈折度"に注目！■□■

60年代に日本を席巻した『青い山脈』は「若くあかるい 歌声に 雪崩は消える 花も咲く・・・」という主題曲を聴いても、とにかく前向きで明るいものだった。それに対して、本作に登場する10人の男女たちは豊かさを求めてそれぞれの努力をしながらも、各人の"屈折度"が強いのでそれに注目！もちろん、その内容とレベルは各人各様だから、本作では、"濃密な会話劇"の中で浮かび上がるそれをしっかり鑑賞し、分析したい。

■□■2人のヒロインのキャラは？その対比に注目！■□■

本作全編を通じた2人の主人公はモーリーとチチ。財閥の娘で出版や映像を手広く扱うカルチャー・ビジネス会社の社長であるモーリーの経営者としての能力はイマイチらしい。本作冒頭、気に食わないスタッフの一員である社員のフォン（小鳳）（李芹／リチー・リー）の"クビ切り"を一方的に宣言している風景を見ていると、「この女社長ではダメ」ということがよくわかる。

他方、モーリーの大学時代からの同級生で、今はモーリーの会社でモーリーの右腕として働いているチチは、愛嬌ある性格でコミュニケーション能力も高く、リストラから再就職の世話までそつなくこなす優等生だ。ところが、そんなチチも、「いい子のフリをしている」と周りから思われていることに悩んでいるようだから、アレレ・・・。

本作の鑑賞については何をおいても、この2人のヒロインのキャラの対比をしっかりと。

■□■2人の婚約者のキャラは？その役割分担は？■□■

モーリーの婚約者は、同じ大財閥の御曹司であるアキン（阿欽）（王柏森／ワン・ポーセン）だが、こちらも"経営能力はゼロ"で、会社のことはすべてお抱えコンサルタントのラリー（Larry）（鄧安寧／ダニー・ドン）に任せっぱなしだ。もっとも、この単純でお人よしの2代目は、両家の親同士が決めた結婚ながら、いつかはモーリーと愛を育みたいと願うロマンチストでもあるところが面白い。また、ラリーはフォンと不倫関係にあったから、後述のように、「モーリーが同級生のバーディ（Birdy）（王也民／ワン・イエミン）と浮気している」というニセ情報を流す他、フォンの救済のためにひと肌脱ぐことになるので、その役割に注目！

他方、チチの恋人のミンは、大学時代からの同級生で、役所に勤める公務員だ。彼はチチとの結婚を考えているが、チチの意思や感情を無視した言動が仇となり、最近うまくいっていないから、悩みは多いらしい。また、ミンは公務員の仕事は「どこまで公平性に徹し、どこまで私情を捨てるか」が難しいことを、汚職のために捕まり、退職した父親から学んでいたらしい。そのため、同僚のリーレン（立人）（陳以文／チェン・イーウェン）に、工期が遅れて違約金を請求されている業者に対して「助けてあげたら？」というアドバイスをしたところ、そのアドバイスに従って書類を書き換えたリーレンが、文書偽造と収賄を理由に解雇されてしまうという大変な結果になってしまったから、アレレ・・・。

本作の鑑賞については、あまりにも対照的なモーリーとチチの婚約者のキャラもしっかり深掘りしたい。

■□■ホンモノVSニセモノに拘泥する2人の男のキャラは？■□■

他方、モーリーの姉（陳立美／チェン・リーメイ）と今は別居中の夫である小説家（閻鴻亜／ヤン・ホンヤー）と、モーリーとチチの大学時代の同級生で、今は人気の舞台演出家のバーディの2人は、モンモノVSニセモノという問題を内包させている当時の台湾人特有のキャラの代表として（？）本作に登場しているので、それに注目！

60年代の日本の若者たちは、安全保障や平和問題は横において（無視して）、ひたすら経済成長だけを目指せばよかったのに対し、本作に登場する10人の男女には、急速な経済成長を遂げる都市、台北で生きていく中で、ややもすればそのインチキ性に気づき、目的を失ってしまうという不安がつきまとっていることがよくわかる。本作では、台湾の青春群像劇特有のそんな“屈折ぶり”をしっかり理解したい。

■□■大事件が勃発！その解決に会話劇は機能するの？■□■

本作は「都市に生きる男女の姿を二日半の時間で描き切り、時代を先取りした青春群像劇」。しかして、それぞれの“屈折ぶり”を抱えた10人の男女たちによる本作の青春群像劇は、濃密な会話劇の中で次々と大事件が勃発していくので、それに注目！

その第1は、女グセが悪く、自分の利益のためなら平気で嘘をつく男、ラリーが、アキンとモーリーの仲を攪乱させるべく「モーリーが同級生のバーディと浮気している」というニセの情報を流したこと。それでなくとも、ワガママで経営者としての能力はイマイチのモーリーは、フォンがラリーの愛人であることを知ると、即“解雇宣言”を下したから、問題がさらに広がっていくことに。

他方、モーリーは何か問題が起こるたびにその処理をチチに委ねていたから、フォンへの解雇通告も当然チチの役目だ。ところが、チチにはもう1つ、今はモーリーの姉と別居中の小説家との間で“著作権を巡る交渉”をまとめ上げるという重要な任務が与えられていたところ、その任務の遂行を巡って次第にモーリーとチチの間に意見の対立が生まれてきたから、大変だ。

さあ、そんな風に次々と起こる大事件の解決に、エドワード・ヤン（楊德昌）監督の脚本による濃密な会話劇はどこまで機能するの？

2023（令和5）年8月29日記

参考資料

坂和的
中国電影大観
社会派熱血弁護士中国映画を語る
SHOW-HEYシネマルーム5
坂和章平著

坂和的
中国電影大観
2
北京电影学院
ナニワのオッチャン弁護士、
映画を斬る
17
坂和章平
Shohei Sakawa
数々の名匠を輩出した
北京電影学院で
明日の映画界を担う
俊英たちを前に
喋ってきたで!
特別講義
「坂和的中国電影論」
の様子を
完全採録
文芸社 定価（本体1,905円＋税）

34
SHOW-HEY
シネマルーム
坂和的
中国電影大観
3
弁護士 坂和章平

SHOW-HEY
シネマルーム
44
坂和的
中国電影大観
4
弁護士
坂和章平

—参考資料1—

『坂和的中国電影大観1』(シネマルーム5)目次(全66本)

―参考資料2―

『坂和的中国電影大観2』（シネマルーム17）目次（全83本）

第3章　忘れていた何かがここにある

消えゆく風景をフィルムに焼き付けた作品

第4章　日本と中国の浅からぬ縁

日本人が活躍する映画を観る

第5章　アジアは才能の宝庫

新たな人材を発掘せよ

第6章　手法・テーマで様々な実験

社会派映画の秀作をラインナップ

第9章 肩肘張らずに楽しもう！
一風変わった娯楽作品群

―参考資料3―

『坂和的中国電影大観3』(シネマルーム34) 目次 (全90本)

第4章　これぞ中国映画！

第5章　社会問題提起作　その１　—４人の監督の視点から—

—参考資料4—

『坂和的中国電影大観4』（シネマルーム44）目次（全58本）

〈序章　中国映画に注目・中国映画の楽しみ方〉

第1　中国映画に注目―『法苑』コラム

第2　中国映画の楽しみ方―講演会レジメ

〈第1編　坂和的中国映画評論〉

第1章　中国直近の話題作5作

興行収入1000億円！中国歴代トップの大ヒット！

張艾嘉（シルビア・チャン）が監督・主演！

第2章　中国の巨匠たちの最新作

第3章　合作映画が大流行

≪巻末コラム１≫熱血弁護士・坂和章平が報告！「新疆ツアー　第一陣」壮行会

『日本と中国』２２７９号（２０２３年８月１日）

熱血弁護士・坂和章平が報告！

「新疆ツアー 第一陣」壮行会

本紙「中国映画を語る」（9面）で有名な弁護士で映画評論家の坂和章平先生が、中国駐大阪総領事館肝いりの日本人向け「新疆ツアー第一陣」壮行会・夕食会に参加した。その様子を、同総領事館広報アドバイザーでもある坂和先生の「生の言葉で」お届けする。

第一陣は21名が参加

２０２３年６月18日（日）午後６時から、中国駐大阪総領事館で、日本人向け「新疆ツアー第一陣」壮行会、夕食会が開催された。これは、薛剣総領事が日中平和友好条約締結45周年の節目のイベントとして企画したもので、６月19日～28日の日程で実施され、計21名の日本人が参加することになった。壮行会・夕食会には、ほとんどのツアー参加者とツアー運営者、そして私たち数名の広報アドバイザー等が出席する中、まず薛剣総領事が「ツアー開催の意義」について挨拶した。全中国の６分の１、日本の4・4倍の面積を持つ新疆は、自然と文化そして多くの少数民族の魅力に溢れたところだが、同時にウルムチを中心とした都市では高層ビルが林立している発展途上の地方だそうだ。また、新疆は綿花の生産地としても有名だ。そんな新疆の近時のキーワードは、①シルクロード、②多民族、③資源、④一帯一路の４つ。それを一言でまとめれば「新疆は良いところ」ということになるため、薛総領事はさまざまな思いを込めて今回の新疆ツアーを企画し、実現することができた、ということだ。

新疆は日本の4・4倍の広さ

挨拶の２番目は、日中共同ニヤ・ダンダンウイリク遺跡学術研究日本側隊長の小島康誉氏。僧侶でもある彼は長年にわたってニヤ・ダンダンウイリク遺跡の共同発掘を続けており、新疆を１５０回以上訪問し続けているそうだからすごい。さらに、彼は『中国新疆36年国際協力実録』の著者でもあるため、新疆のことを隅から隅まで知り尽くしているようだ。そんな彼のお話は、短いながら含蓄の深いものだった。

ウイグルのポイント10ヶ条

３番目のスピーチは少し砕けて、ウイグル出身の女性で、大阪での仕事を続けている、広報アドバイサーでもある李思萱氏。彼女はスクリーンを使って〝ウイグルのポイント10ヶ条〟を解説してくれた。それは、①右から書くウイグル語、②踊りがある、③1日の昼夜の温度差がすごい、④変な時差ボケにならない、⑤フルーツのふるさと、⑥串焼き、⑦ナム（かま焼き）、⑧西遊記、⑨美人が多い、⑩あなた自身が発見する魅力、だが、そんなスクリーンを見ていると、誰もが新疆の魅力に取り憑かれてしまう。

1日の移動距離が数百キロ

以上の挨拶の後、新疆のさまざまな、おいしい郷土料理を食しながら、ツアー日程の説明がされた。1日の移動距離が数百キロにのぼる（強行）日程は少し心配だが、観光名所はテンコ盛り。こんな風に効率よく〝シルクロードの名所・旧跡〟を観光するのは、通常のツアーでは絶対にムリ。薛総領事以下の努力や新疆政府、さらに民間諸団体の大きな協力があったことがよくわかる。ツアーの説明が終了した後、ツアー参加者1人1人に対して、薛総領事から査証ビザ付きのパスポートが交付された。

〝新疆同郷会〟の歌と踊り

おいしい料理が腹に入ったところで、舞台上では〝新疆同郷会〟の人々による歌と踊りが始まった。言葉はサッパリわからないが、その華やかな踊りと歌は魅力いっぱいだ。更に「新疆のポイント10ヶ条」の2番目にあったように、新疆には至るところに踊りがあることが、舞台から降りてきた踊り子たちと会場の参加者が一体となって踊り始めたことで実証された。こんな壮行会・夕食会ははじめて。これぞまさに新疆ツアー壮行会だ。会場一体となった壮行会にもお開きが近づいてきたが、そこで、最後に「こんにちは」「ありがとう」「さようなら」の3つについて、新疆語のにわかレッスンも！この3つさえしゃべることができれば、どこで誰と会っても安心だ。

以上のように、新疆ツアー第一陣は魅力と楽しみがいっぱい。ツアー参加者は是非、今回のツアーで見たこと、聞いたこと、感じたことを、SNSで発信してもらいたい。聞くところによると、さまざまなコンテストもあるそうだから、それも楽しみだ。第一陣が成功すれば、第二陣、第三陣の企画も加速するはず。ツアー参加者の皆さん、安全安心を第1に、しっかり楽しんでください。

薛剣総領事を中心にツアー参加者全員で記念撮影。第一陣は思い出をたくさん抱えて帰国してきた

＊新疆ツアー第二陣は９月１日～９日で、旅費は一人当たり約 33 万円（２名１室の場合）と発表されている。

≪巻末コラム２≫「2023 大阪・中国映画週間」開催
―開幕式・レセプションに参加

（2023 年 10 月 27 日 Facebook 投稿より）

2023 年 10/26（木）3 時半から TOHO シネマズ梅田 8 階で「2023 大阪・中国映画週間」が開催された。これは、昨年 11/11 にはじめて開催された「2022 大阪・中国映画週間」に続く 2 回目で、今年は計 13 本の最新作品が上映されるうえ、中国から多くの監督や出演陣が来阪。そのため、開幕式は豪華なラインナップとなった。3 時半から『封神～嵐のキングダム～』（23 年）を鑑賞した後、舞台をウェスティンホテル 4 階に移して、盛大なレセプションにも参加。中国から来阪した監督や俳優の他、昨年の「対談」に出席した滝田洋二郎監督も挨拶するなど、恒例の歌や踊りを含む、和気藹々とした雰囲気の中でレセプションが盛り上がっていった。昨年以上の規模の大きさにビックリするとともに、中華人民共和国駐大阪総領事館の薛総領事たちの 1 年間の努力に敬服！昨年以上の豪華なラインナップが実現した「大阪・中国映画週間」の更なる継続と発展を期待したい。

≪巻末コラム３≫「2023 大阪・中国映画週間」開幕式で『封神～嵐のキングダム～』を鑑賞

（2023 年 10 月 30 日 Facebook 投稿より）

あなたは、秦の嬴政（えいせい）が、長い間続いた春秋（B.C.770 年～B.C.453 年）・戦国（B.C.453 年～B.C.221 年）時代に終止符を打って、中華を統一し、B.C.221 年に始皇帝を名乗ったことを知っているはずだ。それは、原泰久の人気漫画を実写化した東宝の大作『キングダム』シリーズや、2023 年 8～9 月に 7 回にわたって放映された中国の TV ドラマ『キングダム　戦国の七雄』を見ればよくわかる。しかし、始皇帝以前の「中国史」として、夏（B.C.2070 年頃～B.C.1600 年頃）、殷（自称は商）（B.C.17 世紀頃～B.C.1046 年）、周（B.C.1046 年頃～B.C.256 年）の時代があったことを知ってる？また、有名な『西遊記』、『三国志演義』、『水滸伝』、『金瓶梅』という“四大奇書”に次ぐ、『封神演義』の存在とその内容を知ってる？

『封神～嵐のキングダム～』は、その『封神演義』を題材とした 148 分の大作であり、3 部作シリーズの第 1 部だ。本作は、仙人や道士、妖怪が人界と仙界を二分して大抗争を繰り広げるスケールの大きい作品だが、本作ではファンタジー色を含めた壮大な世界観の中、「暴虐の天子・紂王」を主人公とした一大歴史ドラマ（の第 1 部）が大音響の中で展開されるので、それに注目！こりゃ必見！なお、本編終了後は「イエス・キリストの復活」と同じような（?）、あっと驚く主人公の復活編（予告編）もあるので、絶対に最後まで席を立たないように。

おわりに

1）2002年6月に始まった『シネマ本』の出版は、2023年12月には『シネマ53』まで到達した上、『中国電影大観』は本書で5冊目となりました。1949年1月26日生まれの私は、2015年11月7日に大腸がんの手術を、2016年9月14日に胃がんの手術を受けましたが、幸い早期発見だったため、その後の転移もなく無事に回復することができました。2020年3月から2023年夏までの3年余、世界中はコロナ禍に見舞われましたが、緊急事態宣言下でも換気に問題のない映画館だけは休館はあっても閉館されることがなかったため、私の映画館通いは継続しました。さすがに試写室への“ご招待”は激減しましたが、株主優待や高齢者割引等の活用により、私がこだわる「ホンモノの映画館での映画鑑賞」は、年間概ね150本状態が続いています。2024年1月26日には75歳の誕生日を迎えますが、健康が許す限り、また自転車での移動がしんどいと思わない状態が続く限り、今後も映画館通いを続けていくつもりです。

2）2022年2月24日に起きた、ロシアによるウクライナ侵攻以降、ウクライナを軍事的、経済的に支援する米国及びEUを中心としたヨーロッパ諸国と、ロシアを支援する中国、北朝鮮等の国々との対立が深まりました。この「西欧型民主主義国VS独裁専制主義国」の対立構造が時間の経過とともに長期化、固定化していた状況下、2023年10月7日には、突然ハマスによるイスラエルへのロケット弾攻撃とそれに対するイスラエルの大規模反撃という、とんでもない事態が発生しました。2023年10月末時点における中東情勢を見ていると、「第5次中東戦争」勃発の可能性が十分にあります。他方、従来から心配されていた、中国の海洋進出と軍事力増強に伴う「台湾有事」の可能性が強まり、また、2022年12月の大統領選挙によって「親北政権」から「親米・親日政権」に政権交代した韓国と北朝鮮との対立の激化に伴う「朝鮮半島有事」の可能性も強まっています。この中国と北朝鮮が、ロシアとの連携を強めるだけでなく、中東情勢における“反イスラエル”側に立てば、下手すると第3次世界大戦の可能性も十分・・・？そんな危機が現実的なものになっていると感じざるを得ない昨今の世界情勢をしっかり見据えなければなりません。

3）私は長い間、大阪府日中友好協会の活動に参加し、また、それより以前から『人民中国』の愛読者でした。そんな縁で始まった『日本と中国』への「熱血弁護士・坂和章平　中国映画を語る」の連載は、すでに7年、80回にのぼっています。また、2023年3月に中華人民共和国駐大阪総領事館から広報アドバイザーの一人に任命された後は、さまざまなイベントに参加し、その広報活動をしてきました。さらに、昨年11月11日に大阪ではじめて開催された「2022大阪・中国映画週間」の開幕式では、「滝田洋二郎監督×薛剣総領事×弁護士兼映画評論家・坂和章平の対談」が実施されました。待望された大阪での中国映画祭は、今年もより規模を拡大して、10月26日～11月1日まで「2023大阪・中国映画週間」が開催されました。また、2023年の夏から秋にかけて総領事館が主催した「新疆ツアー」は、第1陣と第2陣が実施されましたが、それに伴って、壮行会、写真・作文コンクール、報告会等の素晴らしい展開が続きました。日々の業務に忙しい私は残念ながらその大規模なツアーには参加できませんでしたが、近い将来実施されるであろう“近場”へのツアーにはぜひ参加し、私なりの日中友好活動を展開したいと考えています。

4）章子怡（チャン・ツィイー）×仲村トオルの『パープル・バタフライ』(03年)（『シネマ17』220頁）は、“魔都上海”を舞台とした、素晴らしいスパイ映画でしたが、それに続く婁燁監督の『サタデー・フィクション』(23年) もまた、上海の英仏租界を舞台とした、女スパイ鞏俐（コン・リー）×暗号専門の海軍少佐オダギリジョーによる、興味深い、日米海戦直前七日間の“偽りの愛と策略の物語”です。折しも、2023年9～10月には、30年前のNHKのTVドラマ『エトロフ遥かなり』(93年) が4回にわたって再放送されました。これは、ハワイ奇襲作戦のために日本の総力を挙げた機動部隊をエトロフ（の単冠湾＝ひとかっぷわん）に集結させるという情報を巡る面白いスパイものでしたが、『サタデー・フィクション』は「日本軍のアメリカへの攻撃は本当か？そして、それはいつ、どこへ、どんな規模で？」を巡る手に汗握るスパイものです。「トラトラトラ」は「我奇襲に成功せり」、「新高山登れ一二〇八」は「12月8日に攻撃を開始せよ」の暗号でしたが、機密保持のため、すべてを更新した海軍の新暗号を解説するべく上海にやってきたオダギリジョー扮する海軍少佐が解説する“山桜（ヤマザクラ）”とは一体ナニ？また、「蘭心劇場」で公演される『サタデー・フィクション』の裏側で展開される激しい銃撃戦の末に、主演女優＝女スパイ＝鞏俐が命を懸けて辿り着いた情報とは？

5）『日本と中国』12月1日号の「熱血弁護士・坂和章平　中国映画を語る」の題材を、そんな『サタデー・フィクション』にしたのは、もちろん2023年12月8日に迎える82回目の日米開戦記念日の意義を、前述した第3次世界大戦の危機と合わせて考えてもらいたいためです。去る10月20日に始まった臨時国会における所信表明演説で、岸田文雄総理は「経済！経済！経済！」と絶叫しましたが、その具体的政策の1つである「増収分の還元策＝岸田減税」のお粗末なこと！こんな“どうでもいいこと”＝“バカバカしいこと”で、国会の貴重な討論時間を浪費していいのでしょうか？他にもっとやるべき事＝為さねばならぬ事がいっぱいあるのでは！私の『シネマ本』の読者には、そのことを十分考えてもらいたいものです。

6）私は2024年1月26日に75歳の誕生日を迎えますが、なお引き続いて弁護士業務と映画評論家業に励み、『シネマ本』の出版を続けていくつもりです。ウクライナやイスラエルのガザ地区での“戦争”が早期に“解決”すること、そしてまた、民間レベルでの日中友好の輪がより広がることを期待して、『シネマ54』＝『中国電影大觀5』の「おわりに」とします。

2023（令和5）年11月2日

弁護士・映画評論家　坂　和　章　平

弁護士兼映画評論家　坂和章平の著書の紹介

＜都市問題に関する著書＞

『苦悩する都市再開発～大阪駅前ビルから～』（都市文化社・８５年）（共著）
『岐路に立つ都市再開発』（都市文化社・８７年）（共著）
『都市づくり・弁護士奮闘記』（都市文化社・９０年）
『震災復興まちづくりへの模索』（都市文化社・９５年）（共著）
『まちづくり法実務体系』（新日本法規・９６年）（編著）
『実況中継　まちづくりの法と政策』（日本評論社・００年）
『Ｑ＆Ａ　改正都市計画法のポイント』（新日本法規・０１年）（編著）
『実況中継　まちづくりの法と政策　ＰＡＲＴⅡ―都市再生とまちづくり』（日本評論社・０２年）
『わかりやすい都市計画法の手引』（新日本法規・０３年）（執筆代表）
『注解　マンション建替え円滑化法』（青林書院・０３年）（編著）
『改正区分所有法＆建替事業法の解説』（民事法研究会・０４年）（共著）
『実況中継　まちづくりの法と政策　ＰＡＲＴⅢ―都市再生とまちづくり』（日本評論社・０４年）
『Ｑ＆Ａ　わかりやすい景観法の解説』（新日本法規・０４年）
『実務不動産法講義』（民事法研究会・０５年）
『実況中継　まちづくりの法と政策　ＰＡＲＴ４―「戦後６０年」の視点から―』（文芸社・０６年）
『建築紛争に強くなる！建築基準法の読み解き方―実践する弁護士の視点から―』（民事法研究会・０７年）
『津山再開発奮闘記　実践する弁護士の視点から』（文芸社・０８年）
『眺望・景観をめぐる法と政策』（民事法研究会・１２年）
『早わかり！大災害対策・復興をめぐる法と政策
　―復興法・国土強靱化法・首都直下法・南海トラフ法の読み解き方―』（民事法研究会・１５年）
『まちづくりの法律がわかる本』（学芸出版社・１７年）
『新旧対照・逐条解説　宅地造成及び特定盛土等規制法』（民事法研究会・２３年）　ほか

＜映画評論に関する著書＞

『ＳＨＯＷ―ＨＥＹシネマルームⅠ～二足のわらじをはきたくて～』（０２年）
『社会派熱血弁護士、映画を語る　ＳＨＯＷ―ＨＥＹシネマルームⅡ』（オール関西・０３年）
『社会派熱血弁護士、映画を語る　ＳＨＯＷ―ＨＥＹシネマルームⅢ』（オール関西・０４年）
『ナニワのオッチャン弁護士、映画を斬る！ＳＨＯＷ―ＨＥＹシネマルーム４』（文芸社・０４年）
『坂和的中国電影大観　ＳＨＯＷ―ＨＥＹシネマルーム５』（オール関西・０４年）
『ＳＨＯＷ―ＨＥＹシネマルーム６』～『ＳＨＯＷ―ＨＥＹシネマルーム２１』（文芸社・０５年～０９年）
『ＳＨＯＷ―ＨＥＹシネマルーム２２』～『ＳＨＯＷ―ＨＥＹシネマルーム３９』（自費出版・０９年～１６年）
『ＳＨＯＷ―ＨＥＹシネマルーム４０』～『ＳＨＯＷ―ＨＥＹシネマルーム５１』
（ブイツーソリューション・１７年～２２年）
※『シネマルーム5』『シネマルーム１７』『シネマルーム３４』『シネマルーム４４』は中国映画特集「坂和的中国電影大観」１～4
『名作映画から学ぶ裁判員制度』（河出書房新社・１０年）
『名作映画には「生きるヒント」がいっぱい！』（河出書房新社・１０年）
『"法廷モノ" 名作映画から学ぶ生きた法律と裁判』（ブイツーソリューション・１９年）
『ヒトラーもの、ホロコーストもの、ナチス映画大全集』（ブイツーソリューション・２０年）

＜その他の著書＞

『Ｑ＆Ａ　生命保険・損害保険をめぐる法律と税務』（新日本法規・９７年）（共著）
『いま、法曹界がおもしろい！』（民事法研究会・０４年）（共著）
『がんばったで！３１年　ナニワのオッチャン弁護士　評論・コラム集』（文芸社・０５年）
『がんばったで！４０年　ナニワのオッチャン弁護士　評論・コラム集』（１３年）
『がんばったで！４５年　ナニワのオッチャン弁護士　評論・コラム集』
（ブイツーソリューション・１９年）
『いまさら人に聞けない「交通事故示談」かしこいやり方』（セルバ出版・０５年）

＜中国語の著書＞

『取景中国：跟着电影去旅行（Shots of China）』（上海文芸出版社・０９年）
『电影如歌　一个人的银幕笔记』（上海文芸出版社・１２年）

最新シネマ本
『シネマルーム５３』

発行：ブイツーソリューション
（２０２３年１２月）

＜都市問題に関する著書＞

（1985年8月）

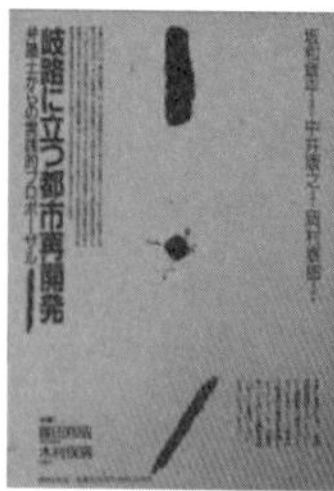

（1987年7月）

（1990年3月）

（1995年8月）

（1996年5月）

（2000年7月）

（2001年6月）

（2002年9月）

（2003年7月）

（2003年9月）

（2004年6月）

（2004年11月）

（2005年4月）

（2006年9月）

（2007年7月）

（2008年4月）

（2012年4月）

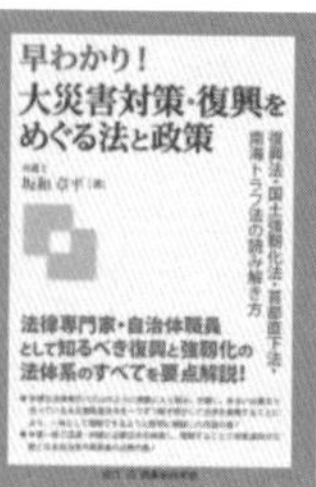

（2015年11月）

（2017年6月）

（2023年1月）

＜コラム集＞

(2005年8月)

(2013年12月)

(2019年4月)

＜名作映画から学ぶ＞

(2010年3月)

(2010年12月)

(2019年3月)

(2020年5月)

＜その他の著書＞

(2004年5月)

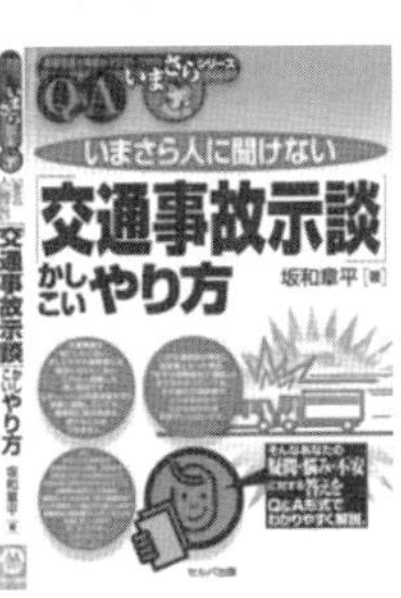

(2005年10月)

＜中国語の著書＞

『取景中国：跟着电影去旅行』
(2009年8月)

『电影如歌
一个人的银幕笔记』
(2012年8月)

＜シネマルームは１巻から５２巻まで＞（シネマ５、１７、３４、４４は中国映画）

（２００２年６月）

（２００３年８月）

（２００４年４月）

（２００４年１１月）

（２００５年５月）

（２００５年１０月）

（２００６年２月）

（２００６年７月）

（２００６年１１月）

（２００７年２月）

（２００７年６月）

（２００７年１０月）

（２００７年１０月）

（２００８年２月）

（２００８年５月）

（２００８年９月）

（２００８年１０月）

（２００９年２月）

（２００９年５月）

（２００９年８月）

（２００９年１２月）

（２０１０年７月）

（２０１０年１２月）

（２０１１年７月）

（２０１１年１２月）

（２０１２年７月）

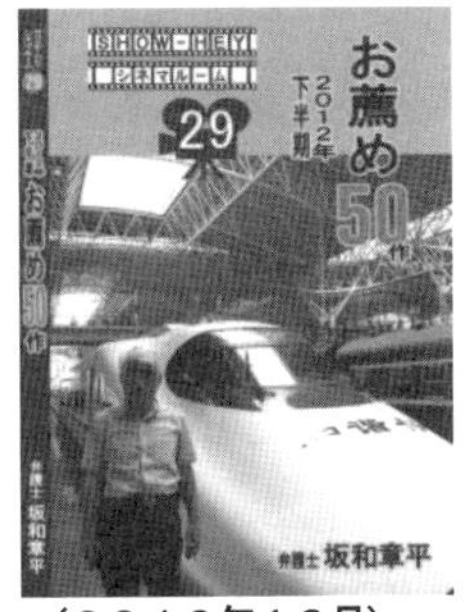

（２０１２年１２月）

（２０１３年７月）

（２０１３年１２月）

（２０１４年７月）

（２０１４年１２月）

（２０１５年７月）

（2015年12月）

（2016年7月）

（2016年12月）

（2017年7月）

発行：ブイツーソリューション
（2017年12月）

発行：ブイツーソリューション
（2018年7月）

発行：ブイツーソリューション
（2018年12月）

発行：ブイツーソリューション
（2019年7月）

発行：ブイツーソリューション
（2019年12月）

発行：ブイツーソリューション
（2020年6月）

発行：ブイツーソリューション
（2020年12月）

発行：ブイツーソリューション
（2021年7月）

発行：ブイツーソリューション
（2021年12月）

発行：ブイツーソリューション
（2022年7月）

発行：ブイツーソリューション
（2023年1月）

発行：ブイツーソリューション
（2023年7月）

＊著者プロフィール＊

坂和 章平(さかわ しょうへい)

１９４９（昭和２４）年１月　愛媛県松山市に生まれる
１９７１（昭和４６）年３月　大阪大学法学部卒業
１９７２（昭和４７）年４月　司法修習生（２６期）
１９７４（昭和４９）年４月　弁護士登録（大阪弁護士会）
１９７９（昭和５４）年７月　坂和章平法律事務所開設
（後　坂和総合法律事務所に改称）
現在に至る

＜受賞＞

０１（平成１３）年５月　日本都市計画学会「石川賞」
同年同月　日本不動産学会「実務著作賞」

＜検定＞

０６（平成１８）年　７月　映画検定４級合格
０７（平成１９）年　１月　同　３級合格
１１（平成２３）年１２月　中国語検定４級・３級合格
２０（令和２）年　７月　HSK（汉语水平考试）３級合格
２１（令和３）年　６月　HSK（汉语水平考试）４級合格
２２（令和４）年　３月　HSK（汉语水平考试）５級合格

2005 年 10 月 22 日撮影
泰山頂上近くの美しい風景
をバックに

＜映画評論家ＳＨＯＷ－ＨＥＹの近況＞

０７（平成１９）年１０月　北京電影学院にて特別講義
０７（平成１９）年１１月９日～
０９（平成２１）年１２月２６日　大阪日日新聞にて「弁護士坂和章平の LAW DE SHOW」を毎週金曜日（０８年４月より土曜日に変更）に連載
０８（平成２０）年１０月１６日　「スカパー！」「e2by スカパー！」の『祭り TV！　吉永小百合祭り』にゲスト出演（放送期間は１０月３１日～１１月２７日）
０９（平成２１）年　８月　中国で『取景中国：跟着电影去旅行（Shots of China）』を出版
同月１８日　「０９上海書展」（ブックフェア）に参加　説明会&サイン会
０９（平成２１）年　９月１８日　上海の華東理工大学外国語学院で毛丹青氏と対談&サイン会
１１（平成２３）年１１月３～６日　毛丹青先生とともに上海旅行。中国語版『名作映画には「生きるヒント」がいっぱい！』の出版打合せ
１２（平成２４）年　８月１７日　『电影如歌　一个人的银幕笔记』を上海ブックフェアで出版
１３（平成２５）年　２月９日　関西テレビ『ウエル エイジング～良齢のすすめ～』に浜村淳さんと共に出演
１４（平成２６）年　９月　劉茜懿の初監督作品『鑑真に尋ねよ』への出資決定
１４（平成２６）年１０月　日本とミャンマーの共同制作、藤元明緒監督作品『僕の帰る場所／Passage of Life』への出資決定
１５（平成２７）年　６月２９日　北京電影学院“实验电影”学院賞授賞式に主席スポンサーとして出席
１７（平成２９）年１０～１１月　『僕の帰る場所／Passage of Life』が第３０回東京国際映画祭「アジアの未来」部門で作品賞と国際交流基金特別賞をW受賞
１８（平成３０）年　３月　『僕の帰る場所／Passage of Life』が第１３回大阪アジアン映画祭・特別招待作品部門で上映
２０（令和２）年２月　『海辺の彼女たち』への出資決定
２０（令和２）年９月　『海辺の彼女たち』が第６８回サン・セバスチャン国際映画祭・新人監督部門にてワールドプレミア上映
２０（令和２）年１１月　『海辺の彼女たち』が第３３回東京国際映画祭ワールド・フォーカス部門で選出、上映
２２（令和４）年３月　若手中国人アーティストによるコンテンポラリーアート展「在地，園宇宙」をエグゼクティブプロデューサーとしてプロデュース
２２（令和４）年８月１６日　中華人民共和国駐大阪総領事館主催の「私の好きな中国映画」作文コンクールで「「タイムスリップもの」は面白い！賈玲監督の『こんにちは、私のお母さん（你好，李焕英）』に涙、涙、また涙！」が三等賞に入賞

SHOW－HEYシネマルーム５４
坂和的中国電影大観５

2024年2月28日　初版　第一刷発行
著　者　　坂和 章平
〒530-0047 大阪市北区西天満3丁目4番6号
西天満コートビル3階　坂和総合法律事務所
電話　　06-6364-5871
ＦＡＸ　06-6364-5820
Ｅメール office@sakawa-lawoffice.gr.jp
ホームページ https://www.sakawa-lawoffice.gr.jp/
発行所　　ブイツーソリューション
〒466-0848 名古屋市昭和区長戸町4-40
電話　　052-799-7391
ＦＡＸ　052-799-7984
発売元　　星雲社（共同出版社・流通責任出版社）
〒112-0005 東京都文京区水道1-3-30
電話　　03-3868-3275
ＦＡＸ　03-3868-6588
印刷所　　藤原印刷
万一、落丁乱丁のある場合は送料当社負担でお取替えいたします。
小社宛にお送りください。
定価はカバーに表示してあります。
　ISBN 978-4-434-33362-0